진실, 광장에 서다

민주화운동 30년의 역정

진실, 광장에 서다

김정남 지음

추천의 글

수레바퀴 속에서 외친 기록

어디선가 김정남 선생을 가리켜 '민주화운동의 대부'라고 한 것을 본 적이 있습니다. 과연 민주화운동 30년은 그의 삶 자체였습니다. 그의 발길이 미치지 않고 그의 손길이 닿지 않은 민주화운동이 없었다고 해도 과언이 아닙니다. 그러나 그는 한번도 자신을 드러내 앞에 나서지도 않았고, 또 내세운 일도 없었습니다.

김선생이 '민주화운동 30년의 역정'을 잡지에 꾸준히 연재하더니 이번에 창비에서 책으로 나오게 되었다는 소식을 듣고 "마땅히 써야 할 사람이 썼구나" 하는 생각을 하면서 참으로 반가웠습니다. 어떻게 보면 이 책은 그가 온몸으로 헤치고 겪어나온 '민주화운동 30년'의 역사라 할 수 있습니다.

이제까지 민주화운동의 과정과 그 내용이 개인적, 부분적으로는 정리된 것이 있지만, 이렇게 민주화운동 전체를 조감한 책은 나오지 못했습니다. 그런 점에서 이 책은 역사의 폭풍을 뚫고 수레바퀴 속에서 외친 이 나라 민주화운동의 산 기록이라 하겠습니다. 민주화운동을 경험하지 못한 분들에게는 이 책이 '이런 때도 있었다'는 것을 새삼 깨닫게 해줄 것이요, 민주화운동에 참여했던 분들에게는 그때의 그 절실하고 순수했던 초심으로 돌아가 자신을 돌아보고 새롭게 가다듬을 수 있는 계기가 되리라 믿습니다.

2005년 5월

추기경 김수환

김수환

서문을 대신하여

'나'를 찾아가는 도정

그때의 초심으로 돌아가기 위하여

신새벽 뒷골목에

네 이름을 쓴다 민주주의여

내 머리는 너를 잊은 지 오래

내 발길은 너를 잊은 지 너무도 너무도 오래

오직 한가닥 있어

타는 가슴속 목마름의 기억이

네 이름을 남 몰래 쓴다 민주주의여

아직 동트지 않은 뒷골목의 어딘가

발자국소리 호르락소리 문 두드리는 소리

외마디 길고 긴 누군가의 비명소리

신음소리 통곡소리 탄식소리 그 속에 내 가슴팍 속에

깊이깊이 새겨지는 네 이름 위에

네 이름의 외로운 눈부심 위에

살아오는 삶의 아픔
살아오는 저 푸르른 자유의 추억
되살아오는 끌려가던 벗들의 피묻은 얼굴
떨리는 손 떨리는 가슴
떨리는 치떨리는 노여움으로 나무판자에
백묵으로 서툰 솜씨로
쓴다.

숨죽여 흐느끼며
네 이름을 남 몰래 쓴다.
타는 목마름으로
타는 목마름으로
민주주의여 만세

—김지하 「타는 목마름으로」 전문

잊었는가 타는 목마름의 기억을

앞의 시는 1975년 봄 김지하의 원주 집에서 발견되었는데, 당시에는 아직 정서되지 않은 상태로 잡기장에 적혀 있었다. 그때 김지하는 감옥에 있었다. 민청학련사건으로 구속되었다가 석방된 지 27일 만에 또다시 투옥된 것이다. 아마도 김지하는 유신체제의 암흑이 온누리를 짓누르고 있던 어느날 갑자기 시상(詩想)이 떠올라 단숨에 이 시를 써내려갔을 것이다. 그렇기 때문에 민주주의에 대한 타는 목마름이 절절하다. 필경 이 시 역시 '남 몰래 숨죽여 흐느끼면서' 씌어졌을 것이다.

이 시는 1970년대 이래 민주화와 인권을 위한 집회 때마다 낭독되었고, 언제부터인가 노래로 불리기 시작했다. 그때마다 이 시는 듣는 사람들로 하여금 때로는 두 주먹을 불끈 쥐게 만들기도 했고, 민주주의에 대한 비장한 결의를 다지게도 했다.

이렇게 우리에게는 '타는 목마름으로' 민주주의를 갈구하고 또 절규하던 시절이 있었다. 민주화된 세상에서 한번 살아보는 것이 소원이던 그런 시절이 있었다. 하고 싶은 말 마음껏 하면서 살 수 있는 그런 세상을 꿈꾼 시절이 있었다. 그런 시절이 '한때' '잠깐'이 아니라 30여년이나 계속되었다. 그리고 그것은 먼 옛날의 얘기가 아니다. 그러나 우리는 너무 빨리 그때 그시절을 잊고 있다. 뿐만 아니라 기록도 제대로 정리하지 못하고 있다. 그 타는 목마름의 기억을…… 누군가의 말처럼 용서할 수 있어도 잊을 수는 없다. 과거는 우리의 미래이기도 하기 때문이다.

과연 민주화는 되었는가

1993년 2월 25일, 김영삼은 제14대 대통령 취임사에서 "오늘을 맞이하기 위하여 30년의 세월을 기다려야 했다"라고 자못 감격적으로 얘기했다. 그로부터 5년후 김대중도 비슷한 감회를 피력했다. 과연 문민정부 또는 그 이후 국민의정부 출범으로 민주화가 완성되었는가. 문민정부나 국민의정부 출범은 민주화의 결과였을 뿐 민주화의 자랑스런 결실도 민주화의 완성도 아니었다. 김영삼은 1990년 이른바 3당합당을 하면서 호랑이를 잡으려면 호랑이굴로 들어가야 한다는 논리로 자신을 합리화했지만, 그는 호랑이굴에 들어가 호랑이 등에 업혀 나왔다. 그것은 김대중도 마찬가지였다. 50년 만의 수평적인 정권교체라고 하지만, 실상은 유신본당을 자처하는 김종필과의 야합에 의한, 그리고 망국적인 지역구도를 이용한 집권이었을 뿐이었다.

그러한 자기한계와 정략 때문에 그 누구도 민주화가 민족사의 정통이라는 것을 당당하게 선포하지 못했다. 반민주독재, 반민중특권의 편에 섰던 사람들에게 "그때 당신은 어디서 무엇을 하고 있었는가"를 공개적으로 물어보지도 못했다. 그들 무리 또한 개인적이건 집단적이건 그동안의 죄과에 대하여 통회(痛悔) 한번 없이 민주화된 사회에 편승할 수 있었다. 용서하고 용서받은 것이 아니라 어물쩡 그렇게 된 것이다. 거꾸로 그들이 이 나라 이 공동체의 주류로 자처하면서, 오히려 민주화운동 세력을 제척(除斥)하려는 갖가지 음모까지 획책했다. 용공음해는 그들이 상투적으로 쓰는 전가의 보도였고, 지금도 그들은 틈새만 생기면 그 칼을 들이밀고 있다.

나는 그들에게 말했다. "조국의 현실을 끌어안고 한번쯤 울어본 적도 없는 너희들이 과연 조국의 현실을, 공동체의 내일을 얘기할 자격이 있느냐."

그리하여 우리 사회에는 아직 한 개인으로서 어떻게 사는 것이 역사와 양심에 비추어 부끄럽지 않고 자식 앞에 떳떳하며 민족정기에 부합하는 삶인지 명시적으로 확인되거나 국민의 삶 속에 각인된 것이 없다. 어떤 것이 참다운 인간의 길인지가 대낮처럼 분명해야 하는데도 어물쩡 그렇게 넘어가고 있는 것이다.

길을 내며 달려온 발걸음, 민주화

민중의 피와 땀과 눈물로 헤쳐온 것이 이 나라 민주화의 과정이었고, 또 그 길이었다. 그런 점이 이 나라 민주화가 더욱 빛나고 값진 이유이다. 0.75평 감방 안에서 밥을 배부르게 먹을 수 있고 신문이나 잡지를 구독할 수 있게 된 것은 정치권력의 시혜 때문이 아니라, 민주화투쟁 과정에서 정치범과 양심수들이 피흘려 싸워왔기 때문이다. 법전에 조문으로만 남아 있는 인권보호조항들이 저절로 지켜져서 인권상황이 개선된 것이 아니다. 그 인권조항 하나하나가 살아숨쉬는 인권조항이 되기까지 얼마나 많은 희생과 피나는 투쟁이 있었던가. 엄청난 불이익을 감수할 각오 없이는, 법에 보장된 재판부기피신청조차도 힘이 들었다. 재판에 아무것도 기대할 수 없는 상황에서 이쪽의 진실을 알리는 수단으로 개발된 것이 모두진술권(冒頭陳述權)이었다. 그 모든 것이 험한 수풀을 헤치고 길을 내며 달려온 민주화의 과정이었다. 정치권력과 그 앞잡이가 되어버린 재판부를 향하여 얼마나 많은 '계란으로 바위치기'가 있었던가. 그렇게 하면서 인권의 길, 민주화로 가는 길을 내며 여기까지 온 것이다.

민주주의란 무엇인가. '임금의 귀는 당나귀 귀'라고 사실을 사실대로 외칠 수 있는 권리가 아닌가. 하고 싶은 말을 하고 양심과 진실을 말할 수 있는 사회, 할말 하며 살 수 있는 사회, 그것이 우리가 갈망해온 민주주의 사회이다. 할말을 했기 때문에, 진실을 외쳤기 때문에 얼마나 많은 사람들이 수난과 희생을 겪었던가. 그런 점에서 민주화 30년의 역정은 '말'을 찾아나선 도정이기도 했다. 종국적으로 민주주의는 인간이 인간답게 살 수 있는 조건을 스스로 만들어나가는 삶의 환경을 말한다. 노동자와 농민, 그리고 각 부문의 사람들이 스스로 운명의 주인공이 되기 위하여 떨쳐일어나 싸워온 과정이 또한 민주화 30년이다. 그 싸움이 너무 길었고 또 치열했기 때문에 아직까지도 우리 사회는 깊은 불신과 분열로 인한 갈등을 겪고 있다.

누가 가르쳐준 것도 아니요 길을 내준 것도 아닌데, 우리 민중이 스스로 길을 찾고 길을 내며 험한 수풀 헤치고 걸어온 길이 곧 민주화 30년인 것이다. 그것은 길고도 먼 길이었으며, 동시에 장한 길이었다.

아직도 끝나지 않은 길

일찍이 단재 신채호는 민족의 역사를 '나'와 '나 아닌 것'의 투쟁의 역사라고 설파한 바 있다. '나 아닌 것'으로부터 '나'를 찾아나가는 과정이 곧 올바른 민족의 역사라는 것이다. 한국의 현대사는 민족·민주·민중·통일을 추구하는 한 축과 반민족·반민주·반민중·반통일의 편에 서는 세력의 끊임없는 투쟁의 역사라고 할 수 있다. 전자가 '나'라면 후자는 '나 아닌 것'이라고 할 수 있다. 한국 민주화의 역사는 투쟁을 통하여 '나 아닌 것'으로부터 '나'를 되찾아오는 역사인 것이다. 민주화와 함께 그 투쟁은 종결된 것이 아니라 여전히 계속되고 있다. 이것이 우리가 앞으로도 항상 깨어 있어야 하는 이유이다.

민주화투쟁의 과정은 '나'와 '나 아닌 것' 사이의 첨예한 투쟁이었지만, 민주화 이후의 과제는 '더 큰 나'를 지향해나가는 일이라고 할 수 있다. '더 큰 나'는 무엇인가. '민주 대 반민주'라는 대결구도 속에서의 자기소모를 하루속히 끝내고 세계평화, 인류의 진보와 행복을 위해 홍익인간의 정신으로 우리 민족이 기여, 헌신하는 일이 바로 그것이다.

박정희와 전두환의 군부독재 30년이 저지른 과오와 폐해 가운데 가장 큰 것은 인류진보와 세계평화를 위해 기여, 보비(補備)해야 할 이 나라의 유능한 인력을 '민주 대 반민주'라는 소모적인 내전상태로 몰아넣은 것이다. 그리하여 우리 공동체는 너무도 오랫동안 자기소모를 거듭했고, 그 결과 내부분열과 갈등이 심화되었다.

어떻게 보면 투쟁은 쉽고 건설은 어렵다. 저항은 쉽지만 참여와 창조는 힘들다. 창업보다 수성이 어렵다는 말이 있듯이, 민주화는 되었지만 새로운 조국을 누가 어떻게 개혁하고 창조해나갈 것인지는 앞으로 우리에게 남겨진 과제이다. 이제까지 민주화를 향해 달려온 저항의 에너지를 참여와 창조의 에너지로 치환해내야 한다. 이제 이 나라 이 공동체의 실질적인 주인공이 되어 '우리는 어디에 서 있으며 어디로 가고 있는가'를 놓고 창조적인 고뇌를 해야 할 때이다. 그리고 무엇보다 투쟁의 과정에서 우리가 가졌던 '나 아닌 것'들에 대한 불신과 미움을 포용과 사랑으로 바꿔내야 한다. 우리는 우리가 미워한 사람들보다 품이 더 크고 가슴이 더 따뜻해야 한다. 그것이 개인적으로건 전체적으로건 '더 큰 나'로 거듭나는 길이라고 나는 믿는다. 그런 점에서 볼 때 우리의 민주화는 끝난 것이 아니라 새로운 출발점에 서 있는 것이다.

초심의 기록

어디에서 어디까지를 민주화운동이라고 해야 할지 명확한 정의를 내리기는 어렵지만, 외형상 민주화를 부르짖던 사람이 집권한 문민정부 이후를 민주화시대라고 말할 수 있을 것이다. 다시 국민의정부를 거쳐, 지금 우리는 참여정부 시대에 살고 있다. 그러는 동안 국민 사이에서 민주화운동 세력에 대한 일정한 인식도 형성되었다. 솔직히 말해 국민 일반의 평판이 그렇게 썩 좋은 것만은 아니다.

민주화운동 세력에 대한 폄훼는 대체로 무능, 부패, 분열, 부박(浮薄), 무책임, 무경륜 같은 것이다. 물론 이러한 인식과 평판에는 민주화운동에 참여하지 못했거나 그 반대편에 섰던 사람들의 열등감과 의도적인 질시도 배어 있을 것이다. 그러나 적어도 그런 평을 듣는 사람의 처지에서는 겸허하게 받아들여야 한다고 생각한다. 오직 민주화만을 위하여 좌빙우고(左騁右考)하지 않고 달려왔기 때문에 시야가 좁고 경륜이 부족한 것도 사실이지 않은가.

그런 것은 그렇다고 치더라도 무엇보다 도덕성을 의심받는 것은 참으로 안타깝다. 민주화운동의 기본정신이랄까 가장 내세울 수 있는 덕목은 도덕성이 아닐까 한다. '영광은 국민에게' 돌리고, '고난은 내가' 떠맡는 도덕성이 바로 그것이다. 먼저 나라를 걱정하고, 그다음에 나를 생각하는 선우후락(先憂後樂)의 마음가짐이 이제까지 민주화운동 세력이 걸어온 길이 아니던가. 우리의 민주화운동은 무슨 반대급부 같은 것을 바라고 한 것이 결코 아니었다.

그러나 점차 민주화운동 세력의 도덕성이 퇴색하거나 아예 없어지고 있다. 부패에 연루된 몰골을 보면 모골이 송연하고 얼굴이 화끈거리는 것을 어쩔 수 없다. 민주화운동 관련 보상법을 제정해놓고 재빨리 제가 먼저 보상금을 타먹는 것이나, 수단과 방법을 가리지 않고 다투어 보상금을 찾아먹는 것을 보면 씁쓸하기 짝이 없다. 더욱이 민주화운동을 했다는 것을 빌미로 현직(顯職)에 오른 사람들이 그럴 때는 더 눈꼴이 시리다. 내몫 찾아먹기에 몰두하는 사람들의 모습 또한 많은 사람들을 슬프게 한다. 대개의 경우 그런 사람들이란 민주화운동에 실질적으로 기여한 것이 거의 없거나, 기회주의적으로 약게 처신한 사람들이다. 그 가운데에는 민주화가 돌이킬 수 없는 대세가 되었을 때 막차로 편승한 사람들도 있다.

어쨌든 민주화운동 세력에 대한 사회와 국민의 존경은 사라지고 있다. 존경은커녕 손가락질을 하지 않으면 그나마 다행이다. 그리고 실제로 민주화운동 세력의 행태가 자신들의 도덕성을 무너뜨리고 있다. 그것이 이 나라 민주화를 위한 자신들의 헌신과 수난을 헛되이 만들고 있다. 어떻게 할 것인가. 민주화운동에 투신했을 때의 그 초심으로 돌아가야 한다. 그 초심을 지킬 수 있다면 어찌 국민의 존경과 신뢰를 받지 못하랴. 자성하고 또 자성할 일이다.

이 기록은 바로 그 초심의 기록이다. 초심을 되찾아오는 데 이 기록이 조금이나마 보탬이 된다면 더 바랄 것이 없을 것이다.

차 례

제1부 군사독재의 시작과 유신시대

제2부 제2기 군부정권과 87년 6월항쟁

제 1 부

군사독재의 시작과 유신시대

30년 정치적 밤의 시작

군사독재와의 투쟁이 숙명으로

내가 주도적으로 참여해서 초안한 문민정부 제14대 대통령 취임사는 이렇게 시작되고 있다. "오늘 우리는 그렇게도 애타게 바라던 문민 민주주의 시대를 열기 위하여 이 자리에 모였습니다. 오늘을 맞이하기 위하여 30여년의 세월을 기다려야 했습니다." 취임사는 이렇게 이어진다. "부정한 수단으로 권력이 생길 때 국가의 정통성이 유린되고 법질서가 무너지게 됩니다. 목적을 위해서 절차가 무시되는 편법주의가 판을 치게 됩니다. 이땅에 다시는 정치적 밤은 없을 것입니다." 여기서 말하는 '30여년의 세월'은 부정한 수단으로 권력을 탈취한 세력에 의하여 민주주의가 유린된 군사통치시대 30여년을 의미하며, "이 땅에 다시는 정치적 밤은 없을 것"이라고 한 것은 권위주의적 군사통치시대는 이제 영원히 끝났다고 선언하는 결연한 의지의 표현이다.

권위주의적 군사통치시대의 출발점은 어디인가. 그것은 두말할 것도 없이 '대한민국은 민주공화국'이라는 헌법 제1조를 정면으로 유린한 1961년의 군사쿠데타였다. 그것은 동시에 민주화투쟁의 출발점이었다. 5·16 군사쿠데타는 4·19를 짓밟고 나라를 하루아침에 정치후진국으로 끌어내렸다. 이후 이 나라의 정치사는 깊은 어둠 속으로, 징치의 밤 속으로 빠져들어갈 수밖에 없었다. 나라에도, 국민에게도 고난의 역사가 시작된 것이다. 민주주의로 가는 나라의 기운이 차단되면서 그 안에 살고 있는 많은 사람들의 운명과 진로도 달라져야 했다. 그것은 내 경우도 예외가 아니었다.

나는 1961년 4월, 청운(?)의 꿈을 안고 서울대학교에 진학했다. 입학 당시만 하더라도 이승만 백색독재를 몰아낸 4·19 혁명의 뒤끝이라, 이제 새로운 민족사의 진운이 열릴 수 있으리라는 희망과 꿈에 부풀어 있었다. 그러나 입학한 지 한달 남짓 지났을 때, 우리는 5·16 군사쿠데타를 만나게 되었다. 한강다리를 건너는 쿠데타군의 총성과 함께 우리의 꿈과 희망도 사라졌다. 이제 우리가 해야 할 일은 오직 군사독재와의 투쟁이요, 이땅에서 군사독재를 몰아내는 것이었다. 지금도 '사진으로 본 해방 50년' 같은 책자에는 내 사진이 나온다. 당시 쿠데타정권은 4년 더 군정을 연장하겠다고 나섰다. 그것은 도저히 용납될 수 없는 일이었다. 그래서 우리는 군정연장결사반대투쟁에 나섰고, 군정연장계획은 백지화되었지만 군복을 벗은 군사통치는 여전히 계속되었다.

4·19 제3주년을 맞이하여, 당시 대학 3학년이던 나는 서울대학교 4·19 제4선언문을 썼다. "우리는 자유의 종을 난타하는 타수의 일익임을 자부한다"는 구절이 있는 것이 제1선언문이고, 해마다 제2, 제3, 제4선언문이 발표되었다. "4월의 하늘은 이토록 청명한데, 우리를 둘러싼 대기는 왜 이처럼 암울한가. (…) 4월의 피의 대가인 자유권은 헌법책자의 지면 위에서만 효력을 발휘하고, 입헌주의는 중대성명주의로 대치되었다. (…) 그러나 우리는 자유와 진리와 역사가 항상 우

리의 편입을 4월의 광장에서 다짐한다." 4·19 제4선언문의 일절이다. 이제 군사독재와의 싸움은 우리 세대에게는 거역할 수 없는 숙명이 되어버린 것이다.

나 개인으로 말하면, 이 무렵부터 사찰과 연행을 반복해서 당해야 했다. 1964년에는 이른바 6·3 사태, 즉 굴욕적 한일회담을 반대하는 학생시위를 배후에서 조종하고 관련문건을 작성했으며 반국가조직을 결성하려 했다는 이유로 투옥되어 23세의 나이에 독거수(獨居囚)가 되었다. 이후 30여년 동안 수배와 투옥을 거듭 당하면서, 길고긴 정치적 어둠의 밤을 포복과 익명의 세월로 감내해야 했다. 중국에서 문화대혁명을 겪은 뒤 수난을 당한 지식인들 사이에서 '환아청춘(還我青春, 내 청춘을 돌려다오)'을 부르짖는 소리가 한때 유행했다고 하는데, 민주화투쟁 과정에서 많은 사람들이 그렇게 청년시절을 덧없이 흘려보냈다. 군사독재가 끝났을 때 그들은 어느덧 장년 또는 반백초로의 나이가 되었다. 어디 가서 청춘을 보상받을 것인가. 역사는 말이 없다.

재야민주세력의 형성

군부독재권력은 걸핏하면 자신들이 목숨 걸고 한강을 건너온 것을 마치 큰 자랑이라도 되는 듯이 내세운다. 그것은 자신들이 결코 호락호락하게 권력을 내놓지 않겠다는 결의의 표시이기도 하고, 겁을 주어 국민을 협박하는 한 수법이기도 하다. 1960년대의 군부건 1980년대의 군부건 그때마다 나는 그들에게 이렇게 묻고 싶다. "누가 당신들보고 한강다리를 건너라고 했더냐. 누가 당신들보고 쿠데타를 해달라고 했더냐."

한번 쿠데타에 맛들인 박정희(朴正熙) 군사독재정권은 1969년 10월 3선개헌으로 다시 한번 돌아오지 않는 다리를 건넌다. 물론 3선개헌의 과정도 변칙과 탈법의 연속이었다. 도둑이 제발 저리다고, 3선개헌의 돌아오지 않는 다리를 건넌 박정희정권은 이때부터 민주주의를 유린하고 민생과 인권을 탄압하는 강도를 날로 높여갔다. 그와 함께 부패와 타락도 더욱 심화되었다.

이런 와중에서 1970년 6월 김지하(金芝河)가 유명한 담시(譚詩) 「오적(五賊)」을 『사상계』와 당시 신민당기관지 『민주전선』에 발표하여 재벌, 국회의원, 고급공무원, 장성, 장·차관의 부패와 전횡을 통렬하게 풍자했다. 그것이 문제 되어 김지하는 관련자들과 함께 투옥된다. 11월 13일에는 평화시장 노동자 전태일(全泰壹)이 "내 죽음을 헛되이 하지 말라"는 유언을 남기고 분신자살했다. 이를 계기로 노동운동과 학생운동, 그리고 개신교 쪽의 저항운동이 더욱 세차게 일어난다.

이러한 반독재 민주화투쟁의 연장선 위에서 1971년 4월에는 김재준(金在俊) 목사, 이병린(李丙璘) 변호사, 함석헌(咸錫憲), 천관우(千寬宇), 강기철(姜基哲) 등이 이심전심으로 모여 민주수호국민협의회(민수협)를 결성한다. 이와 함께 민주수호기독교협의회, 민주수호청년협의회 등도 결성되는데, 이는 재야민주화투쟁 단체의 독자적 탄생을 의미하는 것이었다. 물론 1960년대에도 한일회담에 반대하는 재야운동이 있었고, 3선개헌 때도 야당과 연계된 '3선개헌반대 범국민투쟁위원회'가 있었다. 그러나 재야민주화세력이 비장한 결의로 자생적인 민주화투쟁의 길을 걷기 시작한 것은 3선개헌 이후의 일이다. 이로부터 반독재 민주화투쟁의 중심은 무기력한 야당을 떠나 재야 쪽으로 이동했다.

민수협은 결성과 동시에 민주적 기본질서가 파괴된 현실을 직시하고, 그 회복을 위하여 국민의 총궐기를 호소하며, 4월 27일과 5월 25일에 실시되는 제7대 대통령선거와 제8대 국회의원선거를 민주헌정의 분수령으로 설정한다. 그리하여 4·27 대통령선거 때는 6천여명의 참관인단을 지방에 파견했지만, 이 선거가 관권·금권선거였음을 확인했을 뿐이었다. 이에 5·25 국회의원선거는 거부하기로 의견을 모았으나, 막상 선거거부운동은 야당이 참여하지 않아 실효를 거두지 못했다.

한편 3선개헌헌법에 의거해, 그리고 자유당정권 못지않은 부정선거를 치르고 1971년 4월 27일 제7대 대통령에 가까스로 선출된 박정희는 장기집권에 상당한 위협을 느낀 나머지, 10월 8일 서울 일원에 위수령을 발동하고 각 대학에 무기휴교령을 내린다. 12월 6일에는 국가비상사태를 선포한 데 이어 12월 27일에는 초헌법적인 '국가보위에 관한 특별조치법'을 제정하여 국가비상사태를 선포할 수 있는 절대적인 권한을 갖게 된다. 이에 따라 박정희는 비상사태 아래에서 자신의 재량에 따라 경제규제 명령, 국가동원령 선포, 옥외집회와 시위 규제, 언론·출판에 관한 특별조치, 근로자의 단체행동권 제한, 군사상의 목적을 위한 세출예산 조정 같은 특별조치 권한을 갖게 되었다.

이와같은 상황 아래에서도 10월 5일 원주교구에서 지학순(池學淳) 주교와 교구사제단이 참여하는 대규모 부정부패추방시위가 일어났고, 크리스마스에는 김수환(金壽煥) 추기경이 이례적일 만큼 강경한 성탄메씨지를 발표했다. 김수환 추기경은 성탄메씨지를 통하여 정부와 여당에 이렇게 물었다.

여러분은 과연 이른바 국가보위특별조치법이 국가안보상 시기적으로

나 정세적으로나 필요불가결의 것이라고 양심적으로 확신하고 계십니까? 국가보위법이 이 시기에 과연 국민총화를 이룩하는 데 도움을 준다고 믿고 있습니까? 이와 반대로 민주국민의 정신을 위축시키고, 정부와 국민의 위화감을 조장할 뿐만 아니라, 국민총화 자체를 오히려 해칠 염려가 크다고 생각해볼 수는 없습니까? 이 법은 북괴의 남침을 막기 위해서입니까, 아니면 국민의 양심적인 외침을 막기 위해서입니까?

더 깊은 어둠 속으로

1972년 7월에는 남북한 관계에서 가히 획기적이라 할 수 있는 7·4 남북공동성명이 발표된다. 그 내용은 외세의 의존 없는 평화통일, 상호비방 중지와 군사충돌 방지, 제반의 남북교류 활성화, 남북적십자회담의 적극화, 서울-평양 직통전화 설치, 남북조절위원회 구성, 민족의 이름으로 합의사항에 대한 준수약속 등 7개항이었다. 7·4 남북공동성명은 그 이전과 이후에 걸쳐서 박정희정권에 가장 견결하게 맞섰던 장준하(張俊河)조차도 7·4 성명으로 민족통일에 긍정적 여건이 마련되었다고 환영할 만큼 전향적인 것이었다.

8월 3일에는 8·3 조치라고 불리는 긴급재정명령이 발동되었다. 이는 사채동결조치로서 국민의 재산권을 침해하여 기업에 엄청난 특혜를 주는 관치경제의 극치였다. 자본주의 시장경제의 흐름이 대통령의 긴급명령 하나로 좌지우지되는 전형을 보여준 것이다. 그러나 이 모든 것은 10월 17일 유신정변을 향한 수순이었고, 그것을 위한 속임수였으며, 또 유신에 철저하게 이용되었다.

박정희는 10월 17일 "남북대화의 적극적인 전개와 급변하는 주변

정세에 맞추기 위해서는 체제개혁의 단행이 불가피하다. 이를 위해 2개월간 헌법의 효력을 일부 정지시킨다"는 비상조치와 함께 전국에 비상계엄을 선포했다. 대학에는 휴교조치가 내려졌고, 공공기관과 언론사에는 계엄군이 진주했으며, 전 언론은 사전검열을 받게 되었다. 이어서 10월 27일 개헌안이 공고되고, 91.9퍼센트의 투표율과 91.5퍼센트의 찬성으로 이른바 유신헌법이 확정되었다. 유신시대가 도래한 것이다. 유신체제는 박정희가 자신의 임기를 무제한으로 보장하기 위해 기존의 헌정질서를 스스로 파괴한 또 하나의 쿠데타였다. 대통령은 국민의 뜻과는 무관한 통일주체국민회의에서 선출되고, 연임에 제한이 없으며, 입법·사법·행정의 상위에 존재하므로, 국민의 위임을 받아 권력을 행사한다는 '주권재민'의 민주주의원리는 완전히 실종되고 말았다.

1973년 8월에는 일본 토오꾜오에서 김대중(金大中)납치사건이 자행된다. 유신정권이 이렇게 끝간 데 없이 기승을 부리는 것과 반비례하여, 재야민주화운동은 심각한 좌절과 위축을 거듭하고 있었다.

이러한 강요된 침묵에 맨 처음 저항의 깃발을 든 것은 학생들이었다. 1973년 10월 2일 유신헌법철폐와 독재타도를 외치는 학생시위가 서울대학교에서 일어난 것을 시발로 반유신투쟁이 전 대학가로 확산되었다. 이에 당황한 중앙정보부가 서울대 법대 최종길(崔鍾吉) 교수를 연행했고, 3일 만에 최종길 교수가 의문의 죽음을 당한 사건이 발생했다. 최근 의문사진상규명위원회 조사 결과, 이 사건은 사제단의 주장대로 고문치사에 의한 것임이 밝혀졌다. 하지만 아직 그 실체적 진실은 밝혀지지 않고 있다.

재야민주화운동 진영은 혹심한 감시와 탄압 아래 11월 5일과 12월 13일 시국선언을 발표했지만, 민수협은 이미 사실상 활동을 정지당한 상태였다. 이런 상황에서 두 갈래의 반유신투쟁이 준비되고 있었다. 하나는 장준하, 백기완(白基玩) 등 재야인사 30여명이 중심이 되어 공개적으로 추진한 '개헌청원 1백만인서명운동'이었고, 다른 하나는 신·구 교회와 학생운동 쪽이 연계하여 추진하는 광범위한 반유신투쟁의 내부적 준비였다. 여기에는 김지하, 조영래(趙英來) 등이 중심이 되어 천주교 쪽에는 지학순 주교, 개신교 쪽에는 윤보선(尹潽善) 전대통령과 박형규(朴炯圭) 목사가 연결되어 있었다.

먼저 '개헌청원 1백만인서명운동'이 개시되자, 유신정권은 1974년 1월 8일 긴급조치 1호를 발표했다. 유신헌법에 대한 일체의 비판과 논의를 금지한다는 것이었다. 긴급조치 2호는 비상군법회의를 설치하는 내용이었다. 개헌운동을 초장에 봉쇄하는 것이 목적이었으므로, 당연하게도 1월 13일 장준하, 백기완 등이 긴급조치 위반으로 구속되고 관련된 다수 인사들도 연행되어 조사를 받았다.

개헌서명운동에 대한 이같은 신속한 대응과 보복적인 대량구속은 다른 민주화운동 세력에게도 경고의 의미가 있었다. 실제로 반유신투쟁을 내밀하게 준비하고 있던 신·구 교회와 학생운동권에 대한 내사는 이미 진행중이다. 당사자들도 머지않아 유신정권의 마수가 자신들에게 뻗쳐올 것을 알고 있었다. 3개월 뒤 긴급조치 4호로 체포되는 김지하의 시 「1974년 1월」이 이를 잘 말해준다. 우리 사회에 닥쳐올 회오리이자 자신에게 다가오는 검은 그림자를 그때 그는 이미 예감하고 있었던 것이다. 이렇게 우리는 더욱 깊은 어둠, 죽음 속으로 빠져들고 있었다. 바야흐로 긴급조치시대로 접어들게 된 것이다.

긴급조치시대

사형, 사형, 사형

군사독재정권이 국민의 기본적 인권을 유린하고 독재권력을 강화함에 있어, 시대에 따라 그들이 집중적으로 적용하는 법률이 달라졌다. 물론 국가보안법은 역대 군사정권이 모두 전가의 보도로 악용했지만, 그래도 정권의 성격과 시대상황에 따라 조금씩 편차는 있었다. 재야민주화운동 진영에서는 어떤 법률을 중점적으로 적용했는지에 따라 '긴조(긴급조치)시대' '집시(집회 및 시위에 관한 법률)시대' '국보(국가보안법)시대'로 나누어 불렀다. 가장 살벌한 것이 긴조시대였다고 한다면, 가장 교활한 것이 집시시대요, 가장 악랄한 것이 국보시대였다고 할 수 있다.

긴조시대는 1974년 1월부터 박정희 대통령이 김재규(金載圭) 중앙정보부장에 의하여 궁정동에서 살해된 1979년 10월 26일까지의 기간이다. 새로운 긴급조치로 앞에 있었던 긴급조치를 풀었다가 다시 유사한 내용의 긴급조치를 발동하는가 하면, 특정한 사안, 특정한 대학 하나를 대상으로 해서도 긴급조치를 발동하는 등 긴급조치가 정권의 편의에 따라 남발되었다. 1호에서 9호까지 긴급조치의 핵심내용은 유신헌법에 대한 부정·반대·왜곡·비방 금지, 헌법개정에 대한 주장·발의·제안·청원 금지, 유언비어 금지, 이러한 금지행위에 대한 보도 금지, 그리고 위반자에 대해서는 영장없이 체포 및 최고 사형에 처할 수 있다는 것이었다.

이 가운데서도 가장 살벌했던 것은 1974년 4월 3일에 발표된 긴급조치 4호였다. 긴급조치 4호는 이른바 민청학련(전국민주청년학생총연맹) 관련활동 금지, 교내외에서 집회·시위·성토·농성 금지, 시위 주동자는 최고 사형까지 처하고, 긴급조치를 위반한 학교는 폐교할 수 있으며, 치안유지를 위해 지방장관이 요청하면 병력을 출동시킨다는 것 등을 그 내용으로 하고 있었다.

민청학련사건은 당시까지 단일 사건으로는 해방 이후 사상 최고인 1204명이 검거되어 조사를 받았고, 그중 180명이 긴급조치 4호 위반으로 구속기소된 사건이다. 그러나 나중에 확인된 바에 의하면, 민청학련이란 그 실체가 없는 것이었다. 학생들은 단지 자유민주주의제도 회복을 바라고, 또 그것을 위해 평화시위를 계획했을 뿐 국가변란이나 공산혁명, 무력혁명 같은 것은 생각조차 한 적이 없었다.

그러나 대부분의 학생들은 중앙정보부에서 물고문, 전기고문, 잠을 재우지 않는 고문 등 가혹한 육체적 압박을 통하여 허위자백을 강요받았고, 법정에서 공소사실을 부인하면 검찰관이 구치소까지 찾아와 구타, 고문하여 본인의 의사와는 관계없이 조서가 작성되었다. 심지어 중앙정보부에서 미리 공소장을 작성해놓고 그 공소장대로 진술서를 강요하는 식의 수사도 다반사였다.

이러한 강압수사를 통하여 검찰은 "민청학련은 평소 공산주의사상을 가진 이철, 유인태 등이 폭력혁명으로 정부를 전복시키고, 과도적

통치기구를 만든 후 궁극적으로 공산국가를 건설키 위해 전국 6개 도시의 24개 대학과 10여개 고등학교를 총망라하여 조직한 국가변란 목적의 반국가단체"(검찰의 논고)로 규정했다.

더욱 통탄스러운 일은 인혁당(인민혁명당)이라는 가공의 용공단체를 고문으로 조작하여, 이들이 민청학련을 배후조종했다고 덮어씌운 것이다. 군법회의 검찰은 논고에서 이렇게 말하고 있다.

> 공산주의자들인 이들(인혁당 관계 피고인들)이 북괴의 대남적화 전략·전술 목표에 영합하여 인민민주주의혁명노선에 의한 통일전선형성과 폭력혁명에 의한 정부타도후 공산정권을 수립하기 위해 동조세력을 규합, 지하 공산비밀조직인 인민혁명당을 조직하고 학원의 데모풍조를 이용, 반정부인사와 학생으로 민청학련을 조직했다. (…) 피고인들은 배후에서 민청학련을 지원, 조정하여 일거에 폭력으로 정부를 전복하는 국가반란과 공산정권수립을 획책했으며, 이같은 음모가 사전에 저지되지 않았던들 국가가 전복될 뻔한 건국 초유의 대규모 공산혁명기도사건이었다.

참으로 대단한 작문(作文)이다.

이 사건은 몇부분으로 나뉘어 재판이 진행되었는데, 첫 재판이 열릴 때까지 피고인들에게는 가족의 면회조차 금지되었다. 재판정에는 형식상 피고인 1인당 가족 한사람만의 방청이 허용되었는데, 그나마 재판기일을 몰라서 못 가거나 정문에서 제지당해 들어오지 못한 경우가 태반이었다. 또한 수갑도 풀지 않은 채 재판을 시작하는 등 형사소송법의 원칙이 무시되었고, 변호인의 사건기록 열람도 단 하루밖에 허용되지 않았으며, 변호인의 반대신문이 생략되고 증언조차 채택되지 않은 채 재판은 일사천리로 진행되었다.

선고형량은 검찰의 구형과 완전히 일치했는데, 민청학련사건 관련으로는 김지하, 이철(李哲), 유인태(柳寅泰), 김병곤(金秉坤) 등 6명이 사형선고를 받았으며 인혁당사건 관련으로는 이수병(李銖秉), 서도원(徐道源), 도예종(都禮鍾) 등 7명이 사형선고를 받았다. 나머지 피고인들도 15년 이상의 중형이 선고되었다. 사형 구형이 떨어지자 "영광입니다"(김병곤)라고 한 사람이 있는가 하면, "나는 사형을 구형받지 못하여 친구들 보기가 민망하다. 여러분! 용기를 가지자"(김효순金孝淳) "가능하다면 학생들보다 더 무겁지는 못하더라도 가벼운 벌이 아닌 무거운 벌을 주기 바란다"(박형규 목사)라는 최후진술도 있었다.

민청학련에 관련되어 사형선고를 받은 사람 중 김지하 등 5명은 국방부장관의 판결확인과정에서 무기징역으로 감형되었지만, 인혁당 관계자 7명과 민청학련 관계자 중 인혁당과 교량 역할을 한 혐의를 받은 여정남(呂正男)은 끝내 감형되지 않았다. 긴급조치 1·4호 위반으로 구속된 사람이 모두 203명이었는데, 유기징역형을 선고받은 사람들의 형량을 모두 합하면 1천8백여년이 될 정도였다. 이 숫자는 사형이나 무기징역형을 선고받은 사람들을 뺀 나머지 사람들만의 형량 합계이다. 이는 평균 선고형량이 10년이 넘었다는 것을 말해준다.

박정희정권은 1975년 2월 12일, 유신헌법에 대한 국민투표를 실시했다. 민주회복국민회의 등 재야민주운동 세력은 국민투표 자체를 거부했지만, 유신정권은 관의 힘으로 밀어붙였다. 유신정권은 유신헌법이 국민의 신임을 받은 것으로 위장하면서, 2월 15일과 17일 두차례에 걸쳐 긴급조치 1·4호 위반으로 구속된 양심수들을 대폭 석방했다. 그러나 이때 국가보안법 위반혐의가 걸려 있던 인혁당 관계자와 유인태, 이현배(李賢培), 이강철(李康哲), 김효순 등은 석방에서 제외되었다.

인혁당 관계자들의 죽음

그러나 인혁당 관계자들을 제외하고는, 시간의 낙차는 있지만 모두 석방되었다. 감형에서 제외된 인혁당 관계자 8명의 사형이 집행된 것은 그로부터 채 두달이 지나지 않아서였다. 4월 8일 대법원은 8명의 사형을 확정했다. 바로 다음날인 4월 9일 오전, 서울구치소에서 이들 8명에 대한 교수형이 집행되었다. 긴급조치가 끝내 여덟사람의 억울한 생명을 앗아간 것이다. 긴급조치 발동 후 최초의, 그것도 엄청난 희생이었다. 이때 사형당한 우홍선(禹洪善)은 재판의 최후진술에서 "중앙정보부에 조사받으러 갈 때 나를 태운 차가 교통위반을 하면서 마구 달렸다. 나는 횡단보도의 파란 불을 보고 건너다 내가 탔던 중앙정보부 차처럼 교통위반을 하면서 마구 달리는 차에 치인 기분이다"라고 했는데, 결국 이들 인혁당 관계자 여덟사람이야말로, 교통신호를 위반하면서 폭력질주하는 권력이라는 이름의 차에 치여 숨져간 것이다.

박정희정권은 그로부터 10년 전인 1964년에도 민청학련사건 때와 비슷한 방식으로, 한일회담반대운동의 절정인 6·3 사태가 공산주의자들인 인혁당의 배후조종에 의한 것이라고 덮어씌운 적이 있었다. 독재권력은 이렇게 자신들이 위기에 몰릴 때마다 용공조작사건을 만들어 국민을 기만하고, 저항하는 사람들의 입에 재갈을 물리려고 했다. 한번 용공조작사건에 휘말려 몰리게 되면, 사회와 주변으로부터 처참하게 외면당하기 마련이다. 그들을 돕거나 가까이하다가는 자칫 함께 용공으로 몰리기 때문이다. 요즘 말로 하면 사회로부터도 이웃으로부터도 '왕따'당하는 것이다. 실제로 인혁당 관계자의 초등학교 다니는 아들이 동네 꼬마들에 의해 나무에 묶인 채 빨갱이 자식이니 죽어야 한다면서 칼로 두들겨맞는 끔찍한 일을 당한 적이 있었다.

긴급조치 위반으로 2백여명이 구속되던 그때도, 다른 구속자 가족들은 "인혁당 문제를 거론하면 민청학련사건의 해결이 복잡해진다"면서 인혁당사건 가족들을 탐탁하지 않게 생각했으며, 또 일정한 거리를 두었다. 그래서 인혁당사건 가족들은 기도회에서건 집회에서건 항상 겉돌아야 했다. 그들에게 그래도 따뜻하게 대해준 사람들은 외국인선교사들이었다. 메리놀 외방전교회 제임스 시노트(James P. Sinnott, 한국명 진필세) 신부와 베네딕트 츠베버(Benedict Zweber, 한국명 최분도) 신부, 그리고 개신교의 조지 오글(George Ogle, 한국명 오명걸) 목사는 누구보다 열심히 그 가족들을 돌보았으며, 또 인혁당사건에 대한 국내외의 관심을 호소했다. 이들의 이러한 활동이 권력당국의 비위를 거슬러 오글 목사와 시노트 신부는 정부에 의하여 추방되었다.

어쨌든 인혁당사건은 당시의 유신정권에게는 매우 민감한 사안이었다. 그들은 인혁당사건의 허구성이 드러나는 것을 매우 두려워한 것 같다. 1975년 3월에 김지하가 재수감된 것도 인혁당사건의 허구성을 폭로한 것이 계기가 되었고, 외국인선교사들을 서둘러 추방한 것도 인혁당사건에 정권이 얼마나 민감했는지 잘 말해주고 있다. 그럴수록 그 가족들이 받는 수난도 다른 구속자 가족들과는 엄청나게 달랐다.

중앙정보부는 구명운동하는 가족들을 연행해 구속자들의 죄를 너희들이 대신 시인하라고 닦달하는가 하면, "다시는 구명운동을 하지 않겠다" "성당이나 목요기도회에 나가지 않겠다"라는 각서와 "남편들이 이러이러한 죄가 있다"라는 진술서를 쓸 것을 강요했다. 심지어는 부인들에게 최음제를 먹여놓고 흥분상태에 빠지는 것을 웃으며 지켜보는 등, 인간으로서는 차마 할 수 없는 만행도 서슴없이 저질렀다. 마지 못해 각서와 진술서를 쓰고 나와서는 자살을 기도하는 가족도 있었다.

이들에게 정의구현사제단과 명동성당은 하나의 구원이었다. 사제들은 그들에게 커다란 의지처가 되었다. 사제단은 기도회 때 그들이 신자들에게 하소연할 수 있게 해주었고, 그들의 처지를 깊이 이해하려 애썼다. 특히 문정현(文正鉉) 신부는 그들에게 항상 큰 힘이 되어주는 분으로 깊이 각인되어 있었다. 한걸음 더 나아가 사제단은 1975년 2월 24일, 기자회견을 통해 민관합동진상조사단 구성, 구속중인 관계자들에 대한 자유로운 접견 보장, 형사재판기록 열람 보장, 비밀재판이 아닌 공개재판 등을 요구했다. 그로부터 얼마 뒤 사제단은 가족들의 양심선언과 진술, 변호인들의 증언, 피고인들의 상고이유서와 참고인들의 증언 등을 바탕으로 내가 조사, 작성한 진상조사결과를 발표했다.

진상조사결과는 그들이 50일에 걸쳐 얼마만큼 혹독한 고문을 받았으며 재판과정이 얼마나 일방적이었는지를 잘 말해주고 있다. 담당변호사가 법정에서 "증인채택도 기각시키고, 증거물도 압수해가버린 이런 재판정에서 내가 무슨 말을 할 것인가. 변호사로서 이 자리에 서게 된 것이 피고인 보기에 부끄러울 따름이다"라고 스스로 고백할 정도였다. 더욱 충격적인 것은 공판조서가 사실과 다르게 변조되어 기록되었다는 점이다. 예컨대 "피고인 등이 모여 어떠한 조직과 결의를 하였는가"에 대한 답변으로 분명히 "그런 사실이 없다"라고 했는데, 공판기록에는 "네, 혁신계 동지를 규합, 통일적 조직을 구성, 대정부투쟁에 합의하고, 4인 지도부를 조직하여 활동상황을 조정하기로 합의하였습니다"로 기록되어 있는 것이다. "사실이 아닙니다"라고 분명히 말한 것이 "네, 사실입니다"라고 대답한 것으로 기록되어 있었다. 사제단은 결론으로 "이와같은 제반의 사정을 살펴본다면, 인혁당은 조작된 것이며, 어떤 정치적 목적에 의하여 날조된 것이라는 결론에 도달하게 된다"라고 말하고 있다.

그러나 이같은 구명운동이 오히려 그들의 사형집행을 서두르게 했는지, 1975년 4월 9일 아침 서대문구치소 앞의 조그마한 공간은 그야말로 눈물과 통곡, 그리고 한탄의 바다였다. 대법원 판결이 내려진 바로 다음날 새벽 4시부터 같은 사건 관계자 8명을 잇따라 처형한 경우는 이전에도 이후에도 그 유례가 없었다. 가족들은 신부들의 옷깃을 붙잡고 "신부님, 안 죽을 거라 하더니 이렇게 죽었잖아요" 하면서 울부짖었다. 가족들은 미사라도 드리고 장례를 치르고 싶다는 생각에서 함세웅(咸世雄) 신부가 있는 응암동성당에 시신을 안치하려 했지만, 경찰은 이들의 마지막 소원마저도 묵살한 채 그들이 설정한 장지로 차를 끌고 갔다. 시신을 실은 차를 빼앗기지 않기 위해 문정현 신부 등이 차바퀴 밑으로 들어갔다가 바퀴에 깔려 다리를 다쳤다. 만행은 산 사람에게뿐 아니라 죽은 사람에게까지 이른 셈이다. 지금 그들은 편안히 눈을 감고 있을까. 또 인혁당사건 관련자들을 죽이는 데 가담한 사람들은 지금 어떤 생각을 하고 있을까.

전태일과 김상진

우리는 기계가 아니다

청년실업 문제가 제기되고, 노령화사회가 급격히 다가옴에 따라 국민경제의 전망이 어렵다고들 말하고 있지만, 고도성장과 산업화 과정에서 얼마나 많은 노동자들이 피와 땀 그리고 눈물을 흘렸는지 모른다. 1960~70년대에는 저임금을 토대로 한 불균형성장정책과 선성장 후분배주의가 국가의 당면한 과제로 제시되고 있었기 때문에, '시키는 대로 일하고 주는 대로 받는' 것이 당시의 노동현실이었다. 거기다 박정희 독재권력의 인권탄압이 가중되던 때라 노동운동은 철저하게 금압(禁壓)되고 있었다.

그 가운데서도 특히 평화시장은 노동운동의 사각지대로, 열악하다 못해 처절한 노동환경을 갖고 있었다. 전태일을 중심으로 한 삼동친목회(삼동三棟이란 평화시장, 통일상가, 동화시장 세 건물을 지칭)가 8백개 업체, 2만5천여명의 노동자를 대상으로 조사한 바에 의하면 하루 작업시간은 평균 13~14시간, 한달 작업일은 평균 28일로 일요일조차 없었으며, 거의 모든 노동자가 신경성소화불량·만성위장병·신경통을 앓고 있었다. 심지어 폐병에 걸린 사람도 적지 않았다. 더욱이 시다로 일하는 13~17세 소녀들은 영양실조와 직업병에 시달리면서 하루 1백원꼴인 월 3천원의 임금을 받고 있었다.

이와같은 상황 속에서 최소한의 생존을 위한 노동자들의 자연발생적 노동운동조차 철저하게 사회적으로 소외당했다. 이렇게 그들의 노력이 벽에 부딪히자 전태일은 '죽음의 항의'를 통해 자기 자신을 산화시켰다. 바로 1970년 11월 13일의 일이다. 한국노동운동의 전설로 기록되고, 우리들 기억 속에 '젊은 노동자 전태일'로 남아 있는 그의 일생과 죽음 전후를 음미해보자.

전태일은 1948년 대구에서 태어나 가난 때문에 가족과 이합(離合)을 거듭하는가 하면 구두닦이, 아이스케키 장사, 우산 장사, 뒤밀이꾼 등을 전전하면서 불우한 소년시절을 보냈다. 1965년 평화시장에 견습공으로 취직해 1966년에는 미싱사가 되고, 1967년 2월에는 재단사가 되었다. 1968년부터 그는 평화시장 내의 근로조건개선운동을 추진하기 위해 재단사들의 모임을 주동해 1969년 6월 바보회를 창립했다. 바보회의 활동목표는 근로기준법(8시간 노동, 일요일 휴무 등) 준수투쟁, 근로기준법 및 노동운동 연구, 노동자들의 실태 조사, 독지가를 찾아내어 근로기준법을 준수하는 모범업체를 만드는 것 등이었다.

그러나 바보회 창립 소문이 퍼지면서 전태일은 위험분자로 몰려 해고당하고 바보회도 사실상 해체되었다. 그래도 전태일은 절망하지 않고 1970년 9월 16일 바보회를 확대한 삼동친목회를 만들어, 노동실태에 대한 설문조사 결과와 노동조건 개선을 요구하는 건의사항을 회사와 노동청 등에 올리고, 신문사나 방송국을 찾아다니며 평화시장의 노동조건 실태를 호소했다. 건의사항이 번번이 묵살되자 전태일은 노동청 앞에서 시위를 계획했다가, 국정감사를 앞둔 노동청이 요구조건을 들어주겠다고 해서 데모계획을 중단했다. 그러나 국정감사가 끝난 후 노동청은 '마음대로 해보라'는 식으로 나왔다.

이에 전태일 등 5백여명의 평화시장 노동자들은 11월 13일 '우리는 기계가 아니다'라는 현수막을 들고 데모에 나섰다. 그러나 경찰과 경비원들의 강력한 저지에 부딪혀 시위대가 앞으로 나아가지 못하자, 전태일은 10분 가량 어딘가를 갔다가 다시 나타나 동료에게 성냥불을 그어 달라고 부탁했다. 몸에 석유를 붓고 온 것이다. 전태일은 삽시간에 불길에 휩싸였고, 불길 속에서 근로기준법 책을 손에 쥔 채 "근로기준법을 준수하라" "우리는 기계가 아니다" "일요일은 쉬게 하라" "노동자들을 혹사하지 말라"라는 구호를 외치다 쓰러졌다. 달려온 구급차에 실려 국립의료원으로 이송되었다가 다시 성모병원으로 옮겨졌다. 성모병원으로 뒤쫓아온 어머니에게 온몸이 숯덩이가 된 가운데 "내가 못다 이룬 일 어머니가 꼭 이루어주십시오"라고 부탁하고, 동료들에게는 "내 죽음을 헛되이 말라"라고 외친 후 "배가 고프다"라는 말을 마지막으로 남긴 채 그날밤 운명했다. 어머니와의 마지막을 좀더 살펴보기로 한다.

내 죽음을 헛되이 말라

어머니가 병원으로 달려가 아들을 찾고 있을 때 전태일은 갈증을 견디다 못해 "물 좀 주세요!" 하고 소리를 질렀다. 어머니는 그 소리가 아들의 소리임을 알고 아들에게로 달려갔다. 화상으로 온몸에 붕대를 감고 있던 전태일은 "태일아!" 하고 소리치며 들어서는 어머니를 향해 "어머니, 놀라시면 안됩니다"라고 하면서 어머니를 진정시키려고 했다. 어머니는 얼굴과 팔다리가 다 굳어 송장같이 되어버린 아들의 몸을 어루만지면서, 죽어가는 아들의 가슴에 손을 얹고 기도했다. "노동자를 위해 애쓰는 태일이의 뜻이 이 모양으로 해서만 이루어질 수 있다면 하나님의 뜻대로 하옵소서. 참새 한마리도 당신의 뜻이 아니고서는 떨어질 수 없다고 하였으니, 이 가엾은 목숨도 당신 뜻대로 하소서."

어머니의 기도를 듣고 어머니의 마음이 진정된 것을 확인한 전태일은 어머니에게 당부했다. "어머니, 담대하세요. 마음을 굳게 가지세요. 그래야 제가 말씀을 드릴 수가 있습니다. 어머니, 우리 어머니만은 나를 이해할 수 있지요? 나는 만인을 위하여 죽습니다. 이 세상의 어두운 곳에서 버림받은 목숨들, 불쌍한 노동자들을 위해 죽어가는 나에게 반드시 하나님의 은총이 있을 것입니다. 어머니, 걱정 마세요. 조금도 슬퍼 마세요. 두고두고 깊이 생각해보시면 어머니도 이 불효자식을 원망하지 않을 것입니다. 어머니, 저를 원망하십니까?"

"나는 너를 이해한다. 어찌 너를 원망하겠니? 원망하지 않는다." 어머니의 대답을 듣고 아들은 엷은 미소를 지으면서 말을 계속했다. "어머니, 내가 못다 이룬 일, 어머니가 꼭 이루어주십시오." "그래, 아무 걱정 마라. 내 목숨이 붙어 있는 한, 기어코 내가 너의 뜻을 꼭 이룰게." 어머니의 이 다짐은 죽어가는 아들을 안심시키기 위한 형식적인 대답이 아니었다. 전태일의 말이 어머니의 가슴속에서 썩어 새로운 생명의 씨앗으로 열매맺게 되었다. "내 죽음을 헛되이 말라"라는 유언을 들은 친구들도 그 말을 가슴속 깊이 간직했다. 이날 이자리에서 한국노동운동의 새로운 역사가 시작된 것이다.

어머니는 아들이 죽은 뒤, 근로기준법 준수, 일요일 휴무 등 아들의 뜻이 이루어지기 전에는 시신을 인수하지 않겠다고 버텼다. 이런 가운데 11월 15일 오전 장기표(張琪杓)를 비롯한 서울대 법대생들이 찾아와 장례 문제를 상의하고 자신들이 시신을 인수하여 장례를 치르기로 결정하는가 하면, 서울대 법대·상대·문리대 등에서 박정희정권의 노동정책을 규탄하고 전태일의 뜻을 계승할 것을 결의하는 등 집회와 시위가 계속되었다. 이렇게 전태일의 죽음이 당시 최대의 국민적 관심사로 떠오르자, 11월 17일 노동청장이 영세사업장에도 근로기준법을 적용하고 노조활동을 허용하겠다고 공개적으로 약속함으로써 장례의 길이 열렸고, 11월 18일 어머니가 다니던 창동의 감리교회에서 엄숙하게 영결식을 치를 수 있었다. 그리고 그로부터 이틀 뒤 전태일의 친구들은 청계피복노조준비위원회(전국연합노동조합 청계피복지부 결성준비위원회)를 결성하고, 11월 27일에는 5백명의 조합원으로 노조결성대회를 가졌다.

전태일은 고등공민학교(중학교 과정) 1년 중퇴의 학력이 전부이다. 그런데 그가 어떻게 남들이 다 어쩔 수 없는 시대상황으로 보고 절망한 그 '불가능의 벽'에 도전할 결심을 했는가. 그 자신의 기록에 의하면, 전태일은 자기보다 더 어린 소녀들의 비참한 생활을 목격하면서 뜨거운 인간애가 싹트기 시작했다고 한다. 때때로 그는 점심을 굶고 있는 시다 소녀들에게 버스값을 털어서 1원짜리 풀빵을 사주고, 자신은 도봉산의 집까지 걸어가곤 했다. 한마디로 전태일의 인간애는 끊임없는 자기희생의 연속이었다. 그 연장선 위에서 나를 죽여서 저 어린 소녀들을 살려야겠다고 결심한 것이다. 전태일의 일생을 담은 영화 제목이 「아름다운 청년, 전태일」이었는데, 진실로 전태일은 아름다운 청년이었다.

전태일의 죽음은 즉각 학생운동, 민주화운동과 노동운동의 결합을 가져왔다. 학생들의 노동운동에 대한 관심과 자각은 이로부터 비롯되었으며, 학생들이 노동현장에 뛰어드는 이른바 위장취업도 전태일의 죽음이 가져다준 각성의 결과였다. 조영래 변호사는 수배생활중에

『어느 청년노동자의 삶과 죽음—전태일 평전』을 썼으며, 장기표는 전태일의 어머니와 그 동료들의 가장 가까운 동지가 되었다. 살아생전에 "나에게도 대학생 친구가 있으면" 했다는 전태일의 소원이 죽어서 이루어진 것이다.

전태일의 어머니는 노동운동계에서 '창동어머니'로 불리면서, 분신자살 등 1970년대 노동운동의 현장에 어김없이 나타나 "그동안 우리 자식들이 얼마나 죽어갔는가. 죽어서도 이름조차 알려지지 않은 채 더러운 손들에 의해, 심지어 시신마저도 빼앗기는 일들을 겪으면서 (…) 죽고 싶어도 절대 죽지 말고, 제발 그 힘과 그 마음으로 힘차게 싸우라" 하며 힘을 북돋웠다. 그리하여 어느 시인의 말처럼 '한 아들의 착하고 어진 어머니에서 천만 노동자의 어머니'가 된 것이다.

아아 김상진

김상진(金相眞)은 1975년에 서울대 농대 축산과 4학년이었다. 그는 4월 9일 8명의 인혁당 관계자를 처형하는 등 유신정권의 끝간 데 없는 부도덕과 잔학성을 보고 다음날 집에서 '대통령께 드리는 공개장'을 썼다. 죽음을 준비하기 시작한 것이다. 여기서 그는 "인간이 느껴야 할 기본적 양심이 무엇이고, 사회가 추구해야 할 정의가 무엇이며, 민족이 획득해야 할 진정한 자유가 무엇인가를 우리 국민은 알고 있다"라고 전제하고 "위대한 지도자의 진정한 용기는 영광의 퇴진을 위한 숭고한 결단에 있다고 저는 확신합니다. (…) 각하의 숭고한 결단 하나로 사회의 안녕을 가져오고, 학원의 평화가 유지되며, 진실로 국가의 앞날을 걱정하는 우리 민족에게 국민총화의 계기를 마련해주며, 단결된 힘으로 뭉친 안보태세의 만전이 기해지리라 믿는 바입니다"라고 하여 대통령의 퇴진을 정중하고도 간곡하게 호소했다.

4월 11일 김상진은 농대생들의 시위현장에서 유언이라고 할 양심선언을 발표하면서 할복했다. 양심선언은 비장하기 짝이 없었고, 그 말미에 가서는 바람결에 소리가 희미해지는데 이때 그는 할복한 것이다.

> 이 정권, 끝날 때까지 회개치 못하고, 이 민족을 끝까지 못살게 군다면, 자유와 평등과 정의를 뜨겁게 외치는 이땅의 모든 시민의 준열한 피의 심판을 면치 못하리라. 역사는 이러한 사태를 원치 않으나, 우리는 하나가 무너지고 또 무너지더라도 무릎꿇고 사느니 차라리 서서 죽을 것임을 재천명한다.
>
> 탄압과 기만의 검은 바람이 불어오는 것을 보라. 우리는 이제 자유와 평등의 민주사회를 향한 결단의 깃발을 내걸어 일체의 정치적 자유를 질식시키는 공포의 병영국가가 도래했음을 민족과 역사 앞에 고발코자 한다. 이것이 민족과 역사를 위하는 길이고, 이것이 우리의 사랑스런 조국의 민주주의를 쟁취하는 길이며, 이것이 영원한 사회정의를 구현하는 길이라면, 이 보잘것없는 생명 바치기에 아까움이 없노라. (목소리가 희미해지기 시작하며) 저 지하에선 내 영혼에 눈이 뜨여 만족스런 웃음 속에 여러분의 진격을 지켜보리라. 그 위대한 승리가 도래하는 날! 나! 소리없는 뜨거운 갈채를 만천하에 울리게 보낼 것이다.

전태일의 죽음 뒤에는 노동자들의 분신자살이 뒤따르고, 김상진의 죽음 뒤에는 민주화를 요구하는 학생들의 분신 또는 투신이 뒤를 이었다. 이로부터 독재정권 치하에서 얼마나 많은 귀중한 생명이 그 뒤를 따랐던가. 사제단은 1975년 4월 24일 명동성당에서 김상진을 추모하는 기도회를 열고 '김상진군의 죽음에 답하라'는 성명을 발표하여 "현정권에 남겨져 있는 것은 김상진군이 죽음으로 촉구한 숭고한 결단뿐"이라면서, 김상진의 죽음에 답하고 그 피에 보답할 것을 촉구했다. 이때 조시(弔詩) 「아아 김상진」이 익명으로 발표되었는데, 이 시는 당시 서대문구치소에 재차 투옥된 김지하가 김상진의 죽음 소식을 듣고 써서 밖으로 내보낸 것이었다. 김상진의 죽음이 시인에게 준 절절한 감상이 그대로 나타나 있다. 다음은 그 시의 일부이다.

아아 김상진
아아 김상진
비겁이 지배하는 우리 가슴에
용기를 주었다
두려움에 사로잡힌 우리 마음에
슬기를 주었다
분열이 잦은 우리 전열에
단결을 주었다
좌절에 빠진 동지에게
희망을 주었다
압제가 판치는 이 나라에
자유의 종소리가 되었다
총칼이 번뜩이는 저 거리에
평화의 꽃다발이 되었다

—김지하 「아아 김상진」 중에서

유신정권의 개신교 탄압

기묘하게 일하시는 하느님

나이가 좀 든 사람이라면 1960년대말과 1970년대초 한때 유행한 '행운의 편지'라는 것을 받아보았거나, 아니면 들어보기라도 했을 것이다. 발신인을 밝히지 않은 채 "이 편지를 받는 즉시 같은 내용의 편지를 여러장 작성하여 발신인 없이 보내고 싶은 사람에게 보내라. 그러면 행운이 돌아올 것이요, 그러지 않을 경우 불행한 일이 발생할 것"이라는 예언(?)을 담고 있어, 받고 나서 그대로 따라하자니 속는 것 같고 안하자니 찜찜한 것이 바로 '행운의 편지'였다. 더구나 그 편지의 내용이 덕담이라면 좋지만, 악담을 담고 있는 것이라면 이러지도 저러지도 못하기 십상이었다. 같은 내용의 편지가 기하급수적으로 늘어나게 하는 편지 릴레이라고나 할까.

1972년 11월 6일 전주 남문교회 은명기(殷明基) 목사 앞으로 온 '행운의 편지'를 부인 이영림 여사가 받았다. 은명기 목사는 광주 출장중이었기 때문에 부인이 편지를 뜯어보게 되었는데, 그 내용은 현실비판적인 것이었다. 부인은 교인에게 부탁해 편지 내용을 인쇄까지는 했지만 무언가 찜찜해서 그냥 폐기하고 말았다. 그런데 이 사실을 어떻게 알았는지 11월 15일 전주경찰서는 이영림 여사를 연행해 조사한 뒤 이틀후 석방했다. 그것으로 끝난 줄 알았는데 11월 27일에 또다시 연행, 구금하더니 곧바로 광주의 계엄군법회의에 회부했다. 구속된 이영림 여사가 발병하자 당국은 12월 2일 전주 예수병원에 급히 입원시켰고, 이어 십이지장궤양 및 담석증으로 수술을 받게 되자 불구속으로 처리해 모든 문제가 가라앉는 듯했다.

그러나 12월 10일부터 남문교회 교인과 2명의 목사들을 연행했다가 석방하는 일을 반복하더니, 13일 밤 11시에는 철야기도중인 은명기 목사를 연행하고 신도들을 강제해산시켰다. 이는 유신정변 때 발령된 계엄이 해제되기 한시간 전이었다. 이때 은명기 목사는 광주군법회의에 전격적으로 송청되었다가 나중에 일반재판에 회부되었는데, 그 공소내용은 "피고인은 특히 10월유신을 위한 개헌안과 계엄령 선포에 대하여 반대의사를 표시하여오던 자인 바"라고 전제하면서, 구체적인 포고령 위반행위로 "10월유신은 국민투표에 의하여 통과될 것이고, 비상계엄은 남북통일을 빙자하여 정권을 연장하기 위한 하나의 조치"라고 말한 것 등 3개항을 적시하고 있었다. 그러나 당시는 유신 초기라 강압의 바람이 법원에까지 미치지 않은 탓인지, 은명기 목사는 2월 7일 판사의 병보석 결정으로 석방되었다. 제1심은 지지부진하다가 그해 11월 14일 검찰의 기소사실을 그대로 인정해 징역 8월에 집행유예 2년을 선고하는 것으로 막을 내렸다.

한국기독교장로회 전북노회는 11월 19일 유죄판결에 대한 성명을 발표했는데, 그 내용은 자못 단호했다. 성명은 "의외의 유죄판결에 대하여 경악과 분노를 금치 못하며 민족의 앞날을 더욱 염려치 않을 수 없다"면서, "성전에서 기도하는 교인들을 강압으로 축출한 일이나 기도하는 목사를 체포한 처사는 전 교회와 전 성직자에 대한 탄압이요 신성모독이라고 생각하기에, 이로 인한 어떠한 행동도 당국의 책임임을 분명히한다" "우리는 자유신앙이나 사회정의의 구현을 위한 행동은 창조주 하느님의 요청이요 성서적인 진리라 믿기에 하느님이 주신 양심과 자유를 방해하려는 그 어떤 악의적인 세력에 대해서도 결코 묵과하지 않고 적극적으로 항거할 것"이라고 말하고 있다.

탄압이 있는 곳에 저항이 있게 마련이다. 민주화운동의 전과정을 통하여 신·구 교회를 막론하고 전주 지역이 꺼지지 않는 투쟁의 장이 된 것은 결코 우연이 아니다. 가톨릭에 문정현, 문규현(文奎鉉) 형제 신부가 있었다면, 개신교 쪽에는 은명기 목사가 버티고 있었던 것이 아주 큰 힘이 되었다. 공명심 따위에 사로잡혀 먼저 도발하는 것은 언제나 독재권력 쪽이었다. 그 폭력이 민중의 잠자는 의식을 흔들어깨운 것이다. 유신정변 이후 최초의 탄압사건은 이렇게 시작되었다.

남산 야외음악당 부활절 사건

은명기 목사 구속사건이 재판에 계류중이던 1973년 7월 7일 도하 각 일간지는 4단 크기로 검찰이 발표한 내란음모사건을 일제히 보도했다. "서울제일교회 박형규 목사와 권호경 전도사를 비롯한 일당 15명이 지난 4월 22일 부활절 예배날을 거사일로 결의, 남산 야외음악당 부활절 예배장소에 모인 10만여 군중 속에 '민주주의 부활은 대중의 해방이다. 주여, 어리석은 왕을 불쌍히 여기소서' 등의 내용이 적힌 전단을 뿌렸으며, 플래카드를 들고 행동대원이 4개의 방향으로 군중들을 유도, 이를 저지하는 경찰과 투석전을 벌이면서 중앙방송국을 점거, 중앙청을 비롯한 관공서들을 점령할 계획 등 내란음모를 기도했다"라는 내용이었다. 수사기관의 이같은 사건발표는 역사에 묻혀 지나가버렸을 한 사건을 세상 사람들의 관심거리로 만들었을 뿐만 아니라, '남산 야외음악당 부활절 사건'에 개신교 민주화운동사에 있어서 최초의, 또 획기적인 사건이라는 새로운 의미를 부여했다. 개신교회로 하여금 유신체제의 껍질을 벗기고 본질을 폭로하며 불의한 권력에 맞서게 하는 계기가 된 것이다.

그때는 이미 부활절에서 70여일이 지난 뒤였다. 그해 부활절인 4월 22일 새벽 5시에 남산 야외음악당에서는 부활절 연합예배가 거행되었다. 이는 개신교의 진보세력을 대표하는 한국기독교교회협의회(KNCC)와 보수세력의 연합체인 대한기독교연합회(DCC)가 자리를 같이한 최초의 부활절 연합예배로서, 두 단체가 각기 별도의 부활절 예배를 개최해온 지 17년 만의 일이었다. 이 뜻깊은 연합예배가 끝난 뒤 몰려내려오는 신자들을 향하여 한모퉁이에서 몇몇 청년들이 간단한 문구가 적힌 전단을 나누어주었지만, 그것은 누구의 관심도 끌지 못했다. 그런데 바로 이 사건이 뒷날 내란음모사건으로 둔갑하여 나타난 것이다.

서글픈 부활절

재판과정 등을 종합할 때 사건의 내용은 이렇다. 당시 제일교회 전도사로 있으면서 빈민선교에 관여하고 있던 권호경(權晧景) 전도사는 많은 기독교인이 한자리에 모이는 연합예배를 통해 기독교인이 나라의 장래를 위해 기도할 수 있게 되었으면 하는 생각을 가졌다. 그래서 구체적인 방법으로 현수막을 준비하여 예배 참석자들의 관심을 환기시키고, 전단을 뿌려 좀더 구체적으로 국가의 바른 장래를 위해 기도하도록 호소하고자 했다. 그는 이런 생각을 박형규 목사에게 말해 원칙적인 동의를 얻었다. 이리하여 현수막의 내용을 "주여, 어리석은 왕을 불쌍히 여기소서" "서글픈 부활절, 통곡하는 민주주의" "사울왕아, 하늘이 두렵지 않느냐" 등으로 정하고 당시 군 내부의 갈등을 암시하는 뜻에서 "윤필용 장군을 위해 기도합시다"라는 내용도 포함시켰다. 전단은 김동완(金東完) 전도사가 맡기로 결정했는데 그 내용은 간단한 구호, 예컨대 "회개하라, 때가 가까웠느니라" "회개하라, 위정자여" "주여, 어리석은 왕을 불쌍히 여기소서" "주님의 날이여, 어서 오시옵소서" 등 성서적인 표현을 중심으로 하고, "회개하라, 이후락 중앙정보부장" "윤필용 장군을 위해 기도합시다" 등의 표현도 포함한 것이었다. 이렇게 하여 현수막 10개, 전단 2천여장이 제작되었고 그 경비는 박형규 목사에게 빌려서 충당했다.

현수막은 예배가 끝난 후 단상 주변에 걸 계획이었으나 이미 많은 경찰이 출동해 있었기 때문에 적절한 기회를 잡지 못하여 하나도 사용하지 못하고, 전단만 일부 배포했을 뿐이었다. 하마터면 그마저 역사에 파묻혀버릴 뻔한 것이다. 그러나 문제는 엉뚱한 곳에서 터졌다. 사용하지 않은 현수막들을 소각하지 않은 채 제작 관여자들의 집에 보관하고 있다가 그만 그들 친척 중 한사람에게 발각된 것이다. 그 친척은 현수막을 보관하고 있다는 약점을 이용해 금품을 요구하는 과정에서 보안대를 사칭했고, 이것이 빌미가 되어 공무원자격사칭 등의 혐의로 보안사령부의 조사를 받게 되었다. 이 조사과정에서 문제의 현수막에 대해서도 발설하게 된 것이다.

이를 기화로 6월 29일에 박형규 목사와 권호경 전도사가, 30일에 김동완 전도사가, 그리고 7월 1일에는 사건관련자 전원이 수도경비사령부에 연행되었다. 수도경비사령부는 검거된 사람들에 대한 수사를 마친 뒤 이 사건을 검찰로 넘겨 공식처리케 했다. 사건을 인계받은 검찰은 7월 6일의 발표내용처럼 4명을 구속하고, 11명을 즉심에 회부했다. 7월 24일자로 된 공소장을 보면 당국이 이 사건을 어떻게 끌고 가려 했는지, 왜 이 사건이 유명해졌는지 알 수 있다. "플래카드와 삐라를 지참한 행동대원들을 예배군중 속에 배치시켜두었다가 예배가 끝날 무렵, 예배 주최측에서 지시한 것처럼 가장하여 예배군중들을 선동, 데모대를 형성하고 이를 둘로 나누어 한쪽은 방송국을 점거하고 다른 한쪽은 서울시내로 진입, 중앙청과 국회의사당을 비롯한 중앙 관공서를 파괴, 점거하고 서울시내를 완전히 장악한 다음, 일반 국민과 윤필용 추종세력의 지지 아래 현정부를 강제로 축출, 타도하고 각계각층의 양심적이고 민주적인 인사들로 임시통치기구를 구성한 후, 유신헌법을 폐기하고 동 기구가 입법 · 사법 · 행정 등 3권을 통괄하여 과도적으로 통치하면서 새로운 헌법을 제정키로 하였다"라는 것이다. 그야말로 엄청난 조작이고 대단한 작문이었다.

이는 개신교계에 이루 말할 수 없는 경악과 충격을 주었고, 미증유의 사태에 대한 발빠른 대응을 불가피하게 했다. 은명기 목사 구속사건의 경우, 엉겁결에 당한 첫 도발인데다가 지방에서 발생했기 때문에 효과적으로 대응하지 못했지만 이번에는 달랐다. 7월 24일 한국기독교교회협의회는 '박형규 목사 사건 조사위원회'를 구성하는 한편, 그동안의 경과를 나라 안팎에 알리는 작업을 계속했다. 기독교장로회를 비롯해 교회의 각 기관, 단체별로 성명을 발표하거나 대책위원회를 구성했다. 8월 19일에는 새문안교회 대학생부 주최로 '박형규 목사를 위한 철야기도회'가 수도교회에서 열리기에 이르렀다. 첫 공판이 있기 전날인 8월 20일에는 가톨릭에서 이한택(李漢澤), 장익(張益), 도요한(미국명 존 트리쏠리니 John Trisolini) 신부가 참여하는 초교파적인 대책위원회가 구성되었다. 뿐만 아니라 미국과 일본의 교회협의회를 비롯한 세계 각국의 교회와 교회기관이 다투어 격려와 성금을 보내오거나 대통령에게 항의서한을 발송했다.

고행의 출발점

재판은 비교적 빠른 속도로 진행되었다. 박형규 목사는 "시위나 데모는 생각 못했다. 단지 종교적인 내용의 플래카드를 만들어 부활절 예배에 참석한 교인들에게 알리는 것을 계획했을 뿐이다. 현정권의 전복을 꾀한 일도 없고, 또 바라지도 않았다"라고 진술했고, 권호경 전도사도 "정부에 비민주적인 요소가 많다고 생각하여 현정부가 회개하기를 바랐다. 온 교회가 정부의 회개를 위해 기도하도록 하기 위해 기도 제목이 담긴 플래카드와 삐라를 살포하려 했던 것이다"라고 말했다. 9월 18일에 있었던 최후진술에서 박형규 목사는 "이 사건의 모든 책임은 성직자이고 연장자인 나에게 있다. 젊은 사람들은 그들의 앞길을 생각하여 그들의 앞길에 지장이 없도록 해달라"라고 자신의 입장을 밝혔고, 권호경 전도사는 "본인은 아직도 한국에 종교적 자유가 있다고 생각하며, 단지 나라를 위하는 예배가 되도록 하고자 했을 뿐"이라고 진술했다.

9월 25일 박형규 목사와 권호경 전도사는 각각 징역 2년을 선고받았다. 이들이 유죄판결을 받자 교회는 더욱 강경한 대응에 나섰고, 법원은 돌연 이틀 뒤인 9월 27일 피고인들에 대한 보석결정을 내렸다.

이렇게 하여 이 사건은 일단 끝났다. 처음에 그 요란하던 발표에 비하면 너무나 싱겁게 끝나버린 것이다. 그러나 이 사건은 유신정권과 사회정의를 구현코자 하는 개신교의 관계가 앞으로 어떻게 전개될 것인지를 예감케 해주었다. 그리고 유신정변후 교회로서는 최초의 저항이자 피해였다는 점도 결코 간과할 수 없다. 1970년대와 1980년대를 통틀어 수백번 연행되고 다섯번씩이나 구속된 박형규 목사의 고행(苦行)의 출발점이기도 했다. 민주화운동의 한가운데에 가톨릭에는 김수환 추기경이 있었듯이 개신교에는 박형규 목사가 있었던 것이다.

이 사건과 관련해서는, 석방된 뒤 박형규 목사와 권호경 전도사의 이름으로 발송된 인사장의 문구가 인상적이다. 어떻게 보면 이 인사장이 사건의 실체와 기묘하게 일하시는 하느님, 그리고 그 모든 것을 말해주고 있다고 할 수 있다.

> 사람의 생각을 초월하시고
> 기묘하게 일하시는 하느님께
> 찬송과 영광을 드립니다.
> 땅에 묻힌 파수꾼의 나팔소리가
> 이렇게 크게 세상을 진동시킬 줄
> 꿈에도 생각하지 못했습니다.

천주교정의구현전국사제단의 탄생

가난하고 억눌린 자를 위한 복음

민주화운동 과정에서 수많은 단체들이 생겼다가는 없어지고, 연합했다가는 흩어지기를 수도 없이 반복했다. 그것은 민주화의 과정이 그만큼 길고 험난했음을 말해주기도 한다. 내가 관여했거나 우리의 열정을 다 바쳐 만든 단체 중에서도 없어진 단체가 많다. 인권회복과 민주화를 위하여, 또 민주화 과정에서 자생적으로 결성되어 활동해오면서 오늘에 이르기까지 당당하게 자기 모습을 가지고 있는 단체는 그렇게 흔치 않다. 더욱이 천주교정의구현전국사제단처럼 민주화의 중요한 고비고비마다 결정적인 역할을 스스로 떠맡아오면서 같은 걸음걸이로 제자리를 지켜온 단체는 매우 드물다.

천주교회사 안에서는 사제단의 활동을 어떻게 평가할 수 있는가. 1984년 한국천주교 2백주년에 즈음해 서강대에서 열린 쎄미나에서, 대부분의 참석자들은 사제단을 비롯한 천주교회의 1970년대 여타 활동에 대해 '한국교회가 박해시대에 한국민중, 한국역사와 만난 이래, 오랜 침체 끝에 비로소 제2의 만남을 이루었다'는 데 견해를 같이했다. 『한국천주교 200년』을 쓴 조광(趙珖) 교수는 "1970년 이후의 한국교회는 제2의 성령강림을 맞이했다고 볼 수 있으며, 이 당시 우리 교회는 새로운 개혁을 위한 몸부림을 하게 되었던 것이고, 또한 민족을 위해서 봉사할 수 있는 자세를 가다듬어보고자 했던 것"이라고 말하여 '나'를 위한 중요한 각성의 시기로 보고 있다.

역사가 '나'의 정체성을 찾아나가는 과정이라면, 초기 박해시대 이래 다시 '나'를 찾는 노력을 시작했다는 것이다. 초기 박해시대에 신앙의 선조들이 자발적으로 천주교를 수용하고 그 가르침을 실천하며 박해 속에 흩어지고 쫓기면서까지 이웃에게 변화를 준 것이 한국천주교회로서의 '나'를 처음 세운 것이라 한다면, 그로부터 장장 2백년을 기다려 1970년대에 비로소 한국민족과 현실 속에서 다시 '나는 누구인가'를 확인하고 자각하기 시작했다고 말할 수 있다. 그것은 1970년대 후반 이후, 그 이전과 비교하여 현저하게 높아진 신자증가율이 말해준다. 이러한 점에서 사제단의 탄생은 단순한 한 사건이 아니라, 한국의 민주화운동사에서, 그리고 한국의 교회사에서 중요한 한 획을 긋는 사건이다.

십자가—고난과 영광

그러나 사제단이 교회 안팎으로부터 이러한 평가를 받기까지의 역정은 그렇게 순탄하지만은 않았다. 안팎으로부터 시련이 만만치 않았던 것이다. 영광은 언제나 그렇듯이 고난 뒤에 찾아오기 마련이다. 우선 1974년 7월 지학순 주교의 구속 이후, 명동성당 입구에 있었던 가톨릭출판사와 그 안의 성가수녀원 분원은 사제단 탄생의 보이지 않는 무대가 되고 그 밑바탕이 되었지만, 안팎의 시선은 매우 따가웠다.

비록 창립선언 같은 것은 없었다 하더라도, '천주교정의구현전국사제단'이라는 공식명칭을 쓰기 시작하면서 제1시국선언을 발표한 1974년 9월 26일을 사제단 탄생의 기점으로 잡을 수밖에 없다. 지학순 주교의 구속 이후, 여러 차례에 걸쳐 다양한 단체 명의로 기도회와 성명발표가 있었지만, 그것들은 모두 사제단 탄생을 위한 준비과정으로 보아야 할 것이다. 다만 9월 23일 원주에서 개최된 성직자 쎄미나에 참석한 3백명의 사제들이 사제단의 결성과 공식명칭에 합의한 것과 그 다음날 그들이 모두 참석하는 기도회를 원주의 원동성당에서 개최한 것은 특별히 빼놓을 수 없는 내용이다. 그리고 초기 사제단의 탄생과 활동에서 핵심적 역할을 한 사제들이 대부분 제2차 바티칸공의회 이후 서품된 사제들이었다는 점도 주목할 만하다.

9월 26일의 기도회는 그 명칭이 '순교자 찬미기도회'였는데, 사제단은 이 기도회를 "조국을 위하여, 정의와 민주회복을 위하여, 옥중에 계신 지주교님과 고통받는 이들을 위하여 이 기도회를 바칩니다"라고 하여 그 지향을 분명히 밝히고 있다. 이후 사제단은 기도회를 계속하면서 제2시국선언(1974. 11. 6), 사회정의실천선언(1974. 11. 20), 제3시국선언(1975. 2. 6), '민주·민생을 위한 복음운동을 선포한다'(1975. 3. 10) 등을 통하여 시국에 대한 견해와 지향을 재차 확인했다.

> 민주제도는 정치질서에 있어서 국가 공동체가 그 본연의 사명을 완수할 수 있는 가장 적절한 정치제도임을 우리는 믿는다. 교회는 이와같은 인간의 존엄성과 소명, 그의 생존권리, 기본권을 선포하고 일깨우고 수호할 권리와 의무를 가진다. 그러기에 교회는 이 기본권이 짓밟히고 침해당할 때면, 언제 어디서나 피해자나 가해자가 누구이든 그의 편에 서서 그

를 대변하면서 유린당한 그의 권리를 회복해주기 위하여, 그를 거슬러 항변하고 저항하고 투쟁할 권리와 의무를 가진다.(제1시국선언)

정치권력의 비대와 남용을 통제하고, 이를 방지하려는 민중의 편에 서서 그들을 대변하여 인간의 기본권과 생존권에 대한 복음의 가르침을 재천명하고, 집권자와 국민의 상호 의무와 권리를 다시 한번 각성시키는 것이 우리의 사명임을 확신한다.(제2시국선언)

하느님 나라는 인간의 영혼만을 위한 것이 아니라 묵은 세상과 구질서의 모든 구조를 뒤엎고, 새 세상과 새 질서를 마련하는 결정적 전기요 하나의 위력이다. 그러기에 하느님 나라는 다가올 내세만이 아니고 철저하게 인간화된 현세, 그 구조가 변혁되고 그 면모가 일신된 현세까지를 포함한다.(사회정의실천선언)

우리는 우리의 기도에서 이땅의 인권회복, 민주회복을 하느님의 소명으로 확인했다. 인권회복은 정치권력의 무한한 횡포로부터 우리의 기본적 인권을 찾자는 것이다. 이땅의 인간회복은 인간다운 삶을 보장받자는 것이며, 이땅의 민주회복은 독재정치의 굴레로부터 해방되자는 것이다. 이것은 정치적 요구가 아니라 인간적 요구이다.(제3시국선언)

여기 우리는 우리 교회의 사명에 따라 우리 사회에 누적된 비극을 청산하기 위해 민주·민생을 위한 복음운동을 선포한다. 우리가 선포하는 복음은 죽은 자를 천당으로 인도하기만 하는 복음이 아니며, 구호물자의 도착을 알리는 자선냄비의 복음도 아니다. 고통받는 이웃을 하느님이 창조하신 인간다운 모습으로 되살리기 위한 복음이다. 가난하고 억눌린 자를

위해 우리 교회가 해방의 요람이 되기 위한 복음이다.('민주·민생을 위한 복음운동을 선포한다')

이 선언문들을 통하여 사제단은 인권회복, 민주회복, 인간회복, 사회정의, 가난하고 억눌린 사람을 위해 교회가 그 보호막이 되고 대변자가 되고자 한다는 것을 명백히했다. 이들 선언문은 지금까지도 국내외에서 민중신학 논의의 텍스트로 원용되는 핵심 문건으로 자리잡고 있다.

말씀의 폭풍

십자가를 앞세우고 1백여명의 사제가(많을 때는 3백명이 넘을 때도 있었다) 제의를 입고 장엄한 행렬을 이루며 입당한다. 이미 성당에는 수도자들을 비롯해 많은 사람들로, 중앙통로를 제외하고는 입추의 여지없이 꽉 차 있다. 밖에도 역시 미처 들어오지 못한 사람들이 군중을 이루어 기대와 흥분으로 다소 들떠 있다. 제1부 미사가 진행된다. 그리고 이어서 제2부 기도회가 시작된다. 신자이건 아니건 벅찬 감동과 엄숙으로 누구 한사람 자리를 뜰 수가 없다. 불의에 짓밟히고서도 호소할 데 없는 사람들의 기도가 있고, 어제 오늘 있었던 독재권력의 만행을 고발하기도 한다. 그리고 선언문이 낭독될 때도 있다. 기도회가 끝나고 난 후 이미 어둠이 내린 가운데 진행된 성모동굴까지의 촛불행진은 얼마나 숙연했던가.

서울, 전주, 대전, 원주 등 전국 12개 교구에서 동시에 인권회복기도회를 개최할 때도 많았다. 그것은 가히 말씀의 폭풍이었다. 이 엄숙한 의식을 독재권력도 감히 어쩔 수 없었다. 명동성당에서 기도회를 개최할 때면 보통 3천여명이 참석하는데다가, 동시다발로 전국에서 개최되는 것에 유신권력당국도 기가 질렸을 것이다. 그것이 억압받고 짐에 눌려 신음하고 있는 사람들에게는 얼마나 큰 위안이며, 또한 격려와 힘이 되었는지 모른다. 1975년 5월 김지하는 감옥에서 사제들에게 다음과 같은 편지를 썼다.

> 칼날 위를 걷는 바로 이 어려움이야말로 사제단의 정의구현활동을 범속한 정치운동이 아닌 집단적인 기도요, 고행이며, 십자가의 아픔이요, 하늘에로의 성스러운 행진이도록 하는 것은 아닐는지요? 부디 저들의 이언(利言)과 모략을 뚫고, 이 침묵의 세계를 말씀의 폭풍으로 뒤흔들어주십시오. 사제단만이 구원의 불빛입니다. 저와 제 이웃의 작은 형제들에게 빛이 비추이도록 해주십시오. 부디 천주의 능력이 폭포수처럼 사제단의 활동에 내리쏟아져 이 주림과 슬픔뿐인 세상에 정의가 강물처럼 흘러넘치게 해주십시오.

이땅의 많은 사람들이 그때 사제단의 기도회에 얼마나 큰 기대를 갖고 있었는지 말해주는 대목이다. 어디 감옥에 있는 사람들뿐이랴. 달리 위로받을 데 없고 호소할 데 없는 사람들, 가장 처절하게 짓밟히고 있는 가장 작은 형제들에게는 더욱 그랬다. 사제단의 등장과 활동은 폭압에 찌든 모든 사람들에게 탁류 속의 청수요 암야의 횃불로 받아들여졌다. 사람들의 눈에 사제단 신부들은 인간해방과 인류구원을 위해 자신의 안위를 돌보지 않고 헌신하는 우리들의 신부님, 시대의 사제들로 비쳐졌다. 그러기에 그때 사형선고까지 받았으면서도 다른 구속자 가족들에게 따돌림을 받고 있던 인혁당사건 가족들은 찾아갈 데가 사제단밖에 없었다. 명동성당만이 그들을 감싸안고 돌봐주는 유일한 위안처였던 것이다. 이 무렵 언론자유실천운동으로 신문사에서 쫓겨나 거리를 방황하던 동아·조선일보의 해직기자들도 명동성당에 와서 그들의 억울함을 호소했다. 똥물 세례를 받고 후미진 쓰레기더미에 내던져진 여성노동자들도, 판잣집에서 쫓겨난 도시철거민들도, 이땅에서 뿌리뽑힌 모든 사람들이 그때 마지막으로 찾아갈 곳은 명동성당뿐이었고 그들을 보살펴야 했던 것은 이들 사제들이었다.

뿐만 아니라 사제단은 스스로 원했든 원하지 않았든 시대의 어려운 짐을 떠맡아야 했다. 유신체제후 최초의 반유신 민주화운동 조직이라 할 수 있는 민주회복국민회의를 이끌어야 했으며, 인혁당사건에 대한 진상을 조사, 발표해야 했다. 4·13 호헌조치에 맞서 단식투쟁으로 민주화운동을 선도해야 했으며, 박종철(朴鍾哲) 고문치사사건 범인조작 사실을 세상에 알려야 했다. 누구도 그 짐을 맡아지기를 꺼리는 궂고 위험한 일, 사제단이 아니면 할 수 없었던 크고작은 짐이 얼마나 많았던가. 그러나 사제단은 시대가 안겨준 무거운 짐을 지고 오늘 여기까지 온 것이다.

명동성당—민주화의 성지

이러한 과정을 하나하나 거치면서 명동성당은 점차 이 나라 민주화의 성지로 자리매김하고 있었다. 누가 그렇게 부르짖은 것도 아니요, 그렇게 되기를 바란 것도 아니다. 어느덧 국민의 마음속에 명동성당은 민주화의 성지요 요람으로, 정의와 양심의 목소리가 울려퍼지는 곳, 사랑과 위안을 받을 수 있는 곳으로 자리잡았다. 그러하기에 김수

명동성당은 6월항쟁 이후 이 나라 민주화의 성지로 자리매김했다.
6·10 싸움 ©박용수

환 추기경이 집전하는 성탄 자정미사는 언제나 초만원이었고, 명동성당 주변은 성탄을 축복하는 사람들로 가득 찼다.

1785년 명례방의 김범우(金範禹) 집에서 이벽(李檗), 이승훈(李承薰), 정약전(丁若銓) 등의 신앙집회가 발각되어, 양반들은 방면되고 중인이었던 김범우만 단양으로 유배되던 도중 고문의 상처로 죽어 이 나라 최초의 순교자가 되었다. 그 신앙집회 터에 세워진 명동성당이 2백년 뒤 이 나라 이 국민 앞에 시대의 등대 역할을 다하고 '어머니와 교사'로 진실을 제시하게 된 것은 결코 우연만은 아닐 것이다.

사제단에서 발행하는 『빛두레』 1999년 2월 21일자에는 이런 글이 실려 있다.

> 그동안 가난한 이들 편에서, 억울한 이들 편에서 늘 함께해주신 신부님들이 가시면 누가 강론 때 저희 귀를 안 멀게 헌대요?
>
> 인혁당사건 때 무릎연골이 파열되셔서 지팡이 짚고 다니시는 아버지 신부님하고, 기아특수강 구속노동자 재판정에 늘 함께 오신 작은 신부님, 매주 금요일 미군부대 앞 점심집회에 나오셔서 시민사회단체 회원들에게 힘과 용기를 주셨는데 떠나시면 누가 우리 땅을 찾는대요?

신부님이 본당을 떠나가는 것을 두고 신자들이 하는 얘기를 몇가지 인용한 것이다. 신자들이 교회에서 신부들로부터 세상 얘기를 듣고 눈과 귀를 떴는데, 신부님들이 있어 큰 힘이 되었는데, 그분들이 떠나면 우리는 어떻게 하느냐는 걱정이다. 이제 교회는 더이상 폐쇄사회가 아니라 이만큼 가난한 사람, 고통에 신음하는 모든 사람들과 기쁨과 희망, 슬픔과 번뇌를 함께하는 교회가 되었다. 사제단의 활동과 개개인 신부들의 노력으로 교회와 사회, 교회와 이웃은 이렇게 가까워진 것이다.

인권변호사 그룹의 형성

감옥에 간 인권변호사

벽돌도 차거니와 인심도 어나보다

격장천리 소식이야 알듯말듯 하다마는

밤마다 잠 못이루는 내 가슴이 아파라.

인권변호사의 뿌리이자 대부요, 또 대장 격이라 할 이병린 변호사가 지은 「양심수」라는 시조다. 담장 하나로 천리나 멀어진 감옥의 양심수를 걱정하는 노(老)변호사의 애틋한 마음이 담겨 있다. 과연 인권변호사다운 염려요 애정이다.

크게 보면 변호사라는 직업 자체가 법의 정의를 실현하고 국민의 기본적 인권을 수호하는 것을 사명으로 하기 때문에 그들 모두가 인권변호사라고 할 수 있다. 그러나 우리가 흔히 인권변호사라고 하면 군사독재 시절, 특히 유신시대 이래 권력의 제도적인 또는 정치적인 인권유린에 맞서 양심수, 정치범에 대한 법률구조활동을 적극적으로 전개해온 일단의 변호사들을 가리킨다. 변호사로서 인권사건 수임은 그 자체로 상당한 위험부담이 따른다. 보이지 않는 손에 의해 협박과 공갈도 적지 않게 당하며 심한 경우 사임의 압력을 받는다. 일반사건의 수임이 자꾸만 줄어들기 때문에 생활상의 어려움도 겪어야 한다. 어디 이뿐인가. 도청과 미행, 더 나아가서는 연금과 연행, 그리고 구속까지도 당할 수 있다. 이런 점에서 인권사건을 맡는다는 것 자체가 변호사로서는 하나의 결단이요, 어떤 의미에서 투신이라고도 말할 수 있다. 1974년 긴급조치 1·4호 발동 이후부터는 더욱 그러했다.

1974년 4월 3일 이른바 민청학련을 겨냥한 긴급조치 4호를 발동하면서 권력당국은 당시 해방 이후 최대라고 할 수 있는 1204명을 연행, 조사하고 180명을 기소했다. 사전에 구속된 사람도 있었고 뒤늦게 쫓기는 사람도 있었다. 이와같은 급박한 상황에 즈음하여, 구속자 가족들이 변호사를 선임하고자 동분서주했으나 사건을 맡으려는 변호사는 거의 없었다. 워낙 시국이 살벌했을 뿐만 아니라 일반법정이 아닌 군법회의에서 재판을 받아야 했기에 더욱 꺼림칙하게 생각한 것이다.

이때 마침 황인철(黃仁喆) 변호사 사무실에 실무연수차 와 있던 사법연수생 이우근(李宇根)이 고등학교친구 이철 등 민청학련사건 관련자들이 겪고 있는 변호인 선임의 어려움을 호소하게 된다. 이에 황인철, 홍성우(洪性宇) 변호사 등 서울법대 동기생 변호사들이 토론 끝에 '우리라도 나서서 도와줘야 한다'는 결론을 내리고 이 사건 관련자 33명의 변론을 맡게 된다. 임광규(林昽圭) 변호사는 지학순 주교의 변론을 맡은 적이 있었고, 하경철(河炅喆) 변호사는 일찍부터 교회인권활동에 참여하고 있었다. 친지들의 부탁으로 강신옥(姜信玉) 변호사가 김지하의 변호인으로 참여하고, 개인적인 친분으로 변론에 참여하게 된 사람이 몇명 더 있었다. 이들 변호사들이 인권변호인단의 효시가 된다.

그렇지만 군사재판은 형사소송법상의 원칙을 무시한 채 일사천리로 진행되었다. 그렇기 때문에 변호사로서도 속수무책이었다. 피고인 접견은 극도로 제한되었으며, 기록열람도 하루밖에 허용되지 않았다. 피고인의 반대주장이나 증언도 받아들여지지 않았다. 이런 과정을 거쳐 결심에서 여러 사람이 졸지에 한꺼번에 사형을 구형당하기에 이르렀다. 이때 30대 후반의 청년변호사였던 강신옥, 홍성우 변호사는 격한 어조로 변론을 한다. 특히 강신옥 변호사는 "지금 군검찰관들은 나라를 걱정하는 애국학생들을 내란죄, 국가보안법 위반, 반공법 위반으로 몰아 사형과 무기를 멋대로 구형하고 있다. 이는 법이란 이름으로 저지르는 사법살인행위이다"라고 지적하면서 "본 변호인은 기성세대이기 때문에 또 직업상 이 자리에서 변호를 하고 있지만, 그렇지 않다면 차라리 피고인들과 뜻을 같이하여 피고인석에 앉아 있겠다"라는 요지의 변론을 했다. 강신옥 변호사는 이 변론 때문에 구속된다. 변론 내용이 문제되어 변호사가 구속된 것은 동서고금에 없는 일이라 강신옥 변호사의 구속은 외국언론에도 크게 보도되었다. 당시의 심경을 강신옥 변호사는 뒷날 그의 상고이유서에서 이렇게 말하고 있다.

> 당시 변론 직전 본인의 심정은 지금까지 법을 정의의 학문으로 믿고 배우고 연구해온 것을 크게 후회하게 되었고, 법의 목적에 대해 큰 회의를 품었을 뿐만 아니라, 본인이 변호인으로서 이런 사건에서 얼마나 무력한가를 뼈저리게 통감하였고, 이 사건의 변호인이 되었던 것 자체를 어리석게 생각하였습니다.

인권변호사의 대부—이병린 변호사

이처럼 인권변호사가 된다는 것 자체가 수난을 예고하는 것과 다름없었다. 인권변호사에 대한 탄압은 날로 더욱 확대된다. 1975년 1월 이병린 변호사가 간통혐의로 구속되고, 3월에는 한승헌(韓勝憲) 변호사가 자신이 쓴 수필 때문에 반공법 위반으로 구속된다. 이병린 변호사를 구속한 것은 당시 새롭게 출범한 민주회복국민회의에 대한 탄압의 일환이었고, 한승헌 변호사에 대한 구속은 거기에다 인혁당 관련 발언으로 재투옥된 김지하의 변호를 맡은 데 대한 보복적 성격이 강했다.

긴급조치 1·4호 위반으로 윤보선 전대통령을 비롯해 지학순 주교, 박형규 목사, 김찬국(金燦國) 목사, 김동길(金東吉) 교수 등이 연루 또는 구속되면서 신·구 교회를 비롯한 종교계의 반유신투쟁이 확대되고, 언론사에서는 자유언론실천운동이 전국으로 확산되면서 민주화운동의 불길이 여기저기서 피어올랐다.

이렇게 새롭게 점화된 민주화운동을 하나로 결집해 민주회복국민회의가 탄생한 것도 그 무렵의 일이다. 1974년 11월 27일 재야인사 71명의 연명과 참석으로 민주회복국민선언대회가 이루어진 데 뒤이어, 12월 25일에는 창립대회가 열린다. 창립대회에서는 '민주회복국민회의는 민주체제를 재건, 확립하기 위한 범국민적인 운동을 발전시킬 것을 목적으로 하는 국민연합체'임을 분명히하고, 윤보선, 김대중 등 18명을 고문으로, 윤형중(尹亨重) 신부를 상임대표위원으로, 이병린, 함석헌, 천관우 등을 대표위원으로 선출했다. 그리고 사무총장에 홍성우 변호사, 대변인에 함세웅 신부, 운영위원에 김병걸(金炳傑), 김정례(金正禮) 등이 선임되어 1975년 1월부터는 명실공히 민주화운동의 구심으로 활동하기 시작했다.

유신권력은 유신 이후 가장 강력한 반유신투쟁에 직면하게 되었다. 유신정권으로서는 어떻게 하든 민주회복국민회의를 와해시켜야 했다. 실제로 유신정권은 이병린 변호사에게 민주회복국민회의의 대표위원직을 사임하면 기소하지 않을 것을 협상조건으로 내걸었다. 물론 이병린 변호사는 이같은 제의를 단호하게 거절했을 뿐만 아니라 그 사실을 한승헌 변호사를 통해 공개했다. 이것이 뒷날 한승헌 변호사가 구속되는 빌미가 된다. 이병린 변호사는 동료 이돈명(李敦明) 변호사 등의 기민한 노력으로 소(訴)가 취하되어 23일 만에 석방되지만, 명예에 치명적인 상처를 입게 되었다. 이병린 변호사가 「나의 자화상」이라는 글에서 "법적 책임은 여하간에 나의 수치임은 분명하다" 라고 고백했거니와, 어쨌든 이 사건으로 이병린 변호사는 대내외활동을 계속하기가 어려워졌다. 그리하여 석방된 후 민주화운동과 인권활동에서 물러나게 된다. 이병린 변호사는 1975년 12월 서울을 떠나 아무런 연고도 없는 김천, 상주, 안동을 오가며 변호사 생활을 하다가 1986년 8월 21일 76세를 일기로 굴곡의 생애를 마감했다.

서울을 떠나면서 홍성우 변호사에게 남긴 시조 두편 중 하나가 앞에 인용한 것이며, 나머지 하나는 「떠나면서」라는 시조다. 그리고 이와 함께 「우음(偶吟)」이라는 한시 한 편도 남겼다.

고우(故友)여 태안하라 북악도 잘 있거라
남행천리 가는 길에 북풍한설 몰아치니
눈물도 얼을싸하여 손수건에 담노라

年去年來又一春 해가 가고 해가 오면 봄이야 또 오지만

白髮揮處友情新 백발 날리는 곳에 우정이 새롭구나
誰作痛者離別苦 누가 병든 사람에게 이별의 아픔을 안겨주나
梅下分手與故人 매화나무 아래서 친구들과 헤어짐의 악수를 나누네

그로 하여금 서울을 떠나게 한 것은 악랄하고 모진 권력이었다. 이병린 변호사에게 시골행은 유배나 추방에 다름없었다. 뒷날 시골에서 병으로 고생하는 자신을 찾아온 이돈명 변호사의 손을 꼭 잡고 "어려운 일 고마워, 꼭 해야 돼"라고 한 것을 보면, 얼마나 인권변론활동에 애정을 쏟고 있었는지 알 수 있다. 이병린 변호사는 호방, 강직, 담대한 면모를 가진 우리시대의 거목이라 할 수 있다. 1964년 대한변협회장 시절, 6·3 사태와 관련한 인권건의서를 박정희에게 올려 구속된 적이 있었다. 그가 아니면 감히 할 수 없는 일이었다. 친구와 헤어지고 서울을 떠나는 아픔을 한편의 시조로 남기는 멋 또한 법조인으로서는 보기 드문 일이다. 이병린 변호사의 호방함을 알 수 있는 「경포대」라는 시조 한편을 보자.

삼백년 경포대야 일배주(一杯酒) 동해수야
산삼 캐어 안주하고 선조님네 모셔놓고
순신시(舜臣詩) 추사필(秋史筆)을 청천에 부치리라.

인권변호사의 맏형—이돈명 변호사

이병린 변호사를 인권변호사의 뿌리요 대부라고 한다면, 이돈명 변호사는 맏형 격이라 할 수 있다. 그렇지만 이돈명 변호사가 감옥에 간

경위는 앞의 경우와는 사뭇 다르다. 이돈명 변호사의 구속은 나와도 상당한 관련이 있고, 그 진상이 부분적으로 또 간헐적으로 알려지기도 했지만, 좀더 소상하게 진실을 알릴 필요가 있다고 생각한다. 이돈명 변호사에 대하여 죄의식이라 할까 죄송스러운 마음을 가지고 있는 나로서는 적어도 그의 생전에 진상을 있는 그대로 알리는 것이 나의 책무라고도 생각한다.

1986년 5월 당시 재야와 야당은 직선제개헌을 관철하기 위해 전국을 순회하면서 개최하던 현판식 겸 집회를 인천에서 갖기로 했다. 그러나 당국은 이 집회가 불순세력에 의한 폭력집회라는 이유로 이부영(李富榮) 등 다수의 재야인사를 공개수배했다. 이 때문에 많은 사람들이 갈 곳 없이 거리를 방황해야 했다. 나는 이부영의 도피처를 고영구(高泳耉) 변호사에게 부탁했고, 고영구 변호사는 흔쾌히 자신의 집에 이부영을 머물게 했다. 당국이 혈안이 되어 찾고 있는 수배자를 숨겨준다는 것은 참으로 어려운 일이었다. 이리하여 이부영은 고영구 변호사의 집에서 먹고 자는 것에는 별다른 불편 없이 지냈다.

그러던 어느날 이부영이 말하기를, 지금 있는 곳이 더없이 편하고 그집 식구들이 그렇게 잘해줄 수가 없지만, 만약 범인은닉 사실이 알려지면 문제라는 것이었다. 즉 고영구 변호사의 노모는 여든을 넘어 고령이고 부인은 신경성위경련을 앓고 있는데, 만약 고영구 변호사의 신변에 이상이라도 생기면 그 충격으로 집안이 온통 풍비박산 나는 것이 아닌가 하는 염려였다.

그후 이돈명 변호사를 만나게 되어 이부영이 처한 전후사정을 설명하고 대책을 물어보았다. 기억이 확실하지는 않지만 아마도 내가 이돈명 변호사에게 "선생님 댁에 있었던 걸로 하면 어떨까요?"라는 의견을 조심스럽게 내비쳤고, 이돈명 변호사도 "그렇게 하지" 하고 별로 대수롭지 않게 받아들였던 것 같다. 이부영이 잡히리라고는 예상하지 못했고, 또 이돈명 변호사는 65세를 넘긴 노령이라 적어도 구속까지는 가지 않으리라 생각한 것이다.

그해 10월 어느날 이부영은 나와 만났다. 내 전화가 도청되었는지, 맥줏집에서 만나는 중 이상한 기관원이 한바퀴 돌아보고 나간 뒤 이부영은 뒷문을 통해 나가다가 잡혔다. 그러나 며칠 동안은 정말 이상하리만치 아무 일도 일어나지 않았다. 그래서 예정되었던 지리산 등반도 이돈명 변호사와 함께 다녀왔다. 산행중 이부영의 구속 사실과 어쩌면 이돈명 변호사의 집에서 은신했던 것으로 이부영이 진술할지 모른다는 것 등에 관해 얘기했다. 이돈명 변호사는 이때도 역시 대수롭지 않게 생각하는 것 같았다. 산행에서 돌아왔을 때, 이부영이 도피중 만났거나 그에게 도움을 준 사람들이 안기부에 연행되어 조사를 받은 것을 알고, 나는 집에서 나와 도피했다.

그날이 유현석(柳鉉錫) 변호사의 아들 결혼식 날이었다. 아침 나절에 남영동 치안본부 대공분실 사람들이 이돈명 변호사를 연행하러 사무실로 왔다. 이돈명 변호사는 결혼식에 참석하고 난 뒤 가겠다고 그 사람들과 가까스로 합의를 봤다. 이렇게 이돈명 변호사는 연행되었고 바로 그날 저녁으로 구속되었다. 우리들의 희망적인 예측과는 달리 저들은 대어를 낚았다고 개가를 올리고 있었다. 이 무렵 안기부 사람들이 새벽에 몰려와 우리집을 뒤졌고, 나에 대한 공개수배령이 내려졌다. 한편 저들은 이돈명 변호사가 장학생으로 데리고 있던 이윤(李潤)을 연행해 이부영이 이돈명 변호사 집에 있었다는 진술을 확보했다. 이부영과 눈빛으로 말을 맞춘 것이다.

이돈명 변호사가 구속되자 놀라고 당황한 것은 나였다. 또 이부영은 이돈명 변호사 집에 있었다고 거짓진술을 할 때, 그리고 설상가상으로 이돈명 변호사가 구속되어버렸을 때 얼마나 고통스럽고 죄송스러웠을까. 나는 그 다음날인가 황인철, 홍성우, 조준희(趙準熙), 고영구 변호사와 만나 그동안의 경위를 자세히 설명했다. 이제는 고영구 변호사가 펄쩍 뛰었다. 모든 것을 사실대로 밝혀야지 어떻게 이돈명 변호사에게 그 죄를 씌우냐는 것이었다. 그러나 설사 진실을 밝힌다고 하더라도, 저들은 이제 이돈명 변호사를 '위계에 의한 공무집행방해죄'로 잡아넣을 것이고, 고영구 변호사는 범인은닉으로 또 들어가야 한다는 것이 다른 변호사들의 판단이었다. 결국 이대로 갈 수밖에 없다는 결론에 도달했을 때는 모든 사람의 눈에 눈물이 고였거나 눈이 충혈되어 있었다.

나는 이돈명 변호사가 구속되기까지의 전과정을 김수환 추기경에게 서면으로 전했고, 황인철 변호사는 윤공희(尹恭熙) 대주교에게 전후사정을 말했다. 이렇게 하여 이돈명 변호사는 그 다음해 봄 1심에서 집행유예로 석방되기까지 그해 겨울을 감옥에서 나야 했다. 그리고 감옥에서 심장병을 얻어서 나왔다. 면회 가서 위로하는 추기경한테 다른 것은 아무렇지도 않지만 신자로서 거짓말을 해야 하는 것이 가장 괴롭노라고 고백했다고 들었다. 나는 수배된 몸으로 쫓기면서도, 이돈명 변호사에게 얼마나 죄송스러웠는지 모른다. 고영구 변호사가 겪은 마음의 고통은 나보다 몇배 더 컸다. 감옥처럼 불도 때지 않은 방에서 밤을 지새운 적도 많았다고 알고 있다. 그때의 구속에서 이부영은 박종철 고문치사 은폐조작사건의 진상을 밖으로 알려 6월항쟁의 도화선을 당겼다.

지금도 그때를 생각하면 이돈명 변호사에게 못할 짓을 해 큰 죄를 지은 것 같은 느낌을 떨쳐버릴 수가 없다.

구속자가족협의회의 탄생

무릎을 꿇고서 사느니보다는

내가 바라는 세상이 어떤

세상인고 하면 별로 대단한 게 아니여

(…)

대천에서 썰물이 슬슬 빠지듯 감옥에서

사람이 하나 둘 슬슬 빠져나가고

되돌아오는 사람이 줄어드는 세상 말이여

(…)

(감옥에) 백기를 올리는

세상이 되었으면

더 바랄 게 없겠구만 말이여

—문익환 「내가 바라는 세상」 중에서

1999년 8월 5일 명동성당에서 있었던 민주화실천가족운동협의회

(민가협) 주최의 행사에서 낭독된 문익환(文益煥) 목사의 시 「내가 바라는 세상」이다. 구속된 적이 있는 사람이나 그 가족들이 바라는 세상, 그것은 분명 감옥에 죄수가 하나도 없는 세상이다. 외국에서는 한 달이고 두달이고 하얀 깃발이 올려져 있는 그런 감옥이 있다는 꿈같은 얘기도 들린다. 그런 세상이 우리에게도 과연 올 수 있을까.

1995년부터 1998년까지 민가협은 명동성당에서 한여름에 '하루감옥체험'을 공개적으로 실시했다. 인권문제에 관심있는 인사들이 양심수로 0.75평의 감옥에 들어가고, 구속된 경험이 있는 청년들이 교도관이 되어, 교도소 안의 수형생활을 재현했다. 개인적으로는 양심수의 고난에 참여한다는 것에 의미가 있지만, 더 크게는 양심수가 엄존하는 오늘의 인권현실을 고발하는 데 초점이 맞추어져 있다. 1999년에는 이 행사가 '1999 양심수 석방과 국가보안법 폐지를 위한 캠페인'의 일환으로 치러졌다. 다양한 프로그램 가운데는 '양심수를 위한 시민가요제'도 있었다.

해마다 좀더 큰 규모로 이런 행사가 치러지는 것을 보면서, 세상은 우리가 모르는 사이에 많이도 변했다는 것을 실감하지 않을 수 없다. 지금은 그 이름이 민가협으로 바뀌었지만, 1974년 9월경 창립될 무렵의 구속자가족협의회는 지금과 비교해서 실로 천양의 차이가 있었다. 긴급조치 1·4호가 선포되면서 1천여명의 학생, 지식인들이 구속되자 그 가족들은 몹시 당황했고 어쩔 줄 몰라했다. 면회는 안되지만 영치금, 책, 옷을 넣어주기 위해 서대문구치소로 가족들이 몰릴 수밖에 없었다. 그때의 어머니들은 가뜩이나 겁에 질려 있었다. 그래서 어머니들은 "비싼 돈 들여서 가르쳤더니 부모한테 보답한다는 것이 고작 이것이냐"면서 자식들을 원망하는 것이 일반적이었다. 그동안 가족들이 정보과 형사를 비롯해 주변의 싸늘한 시선을 너무도 진하게 받은 까닭이었다. 그래서 어머니들은 마치 자신들이 죄수라도 된 양 주눅들어 있었다.

그해 8월말쯤 되었을까. 나는 명동성당에서 박형규 목사의 부인 조정하(趙貞夏) 여사, 서강대 김윤(金潤) 학생의 어머니 김한림(金韓林) 여사, 김지하의 어머니 정금성(鄭琴星) 여사, 그때 구속된 박형규 목사의 뒷바라지를 하던 손학규(孫鶴圭) 등을 만나 구속자 가족들의 모임을 결성하고 운영하는 문제를 상의했다. 구속자 가운데는 지학순 주교의 비중이 가장 높았지만, 지학순 주교는 어머니는 물론 아내도 없었다. 동생 지학삼(池學三)은 처음 당하는 일로 허겁지겁 동분서주하고 있을 때였다. 그러다보니 박형규 목사의 부인 조정하 여사가 중심이 되고, 여기에 윤보선 전대통령의 부인 공덕귀(孔德貴) 여사, 연세대생 김학민(金學珉)의 아버지 김윤식(金允植) 등이 힘을 보태서, 그해 9월쯤 구속자가족협의회가 탄생한 것이다.

공덕귀 여사가 회장, 김윤식이 부회장, 김한림 여사가 총무를 맡았다. 구속자가족협의회를 결성하여 활동하는 데 큰 힘이 되어준 것은 개신교에서는 1974년 7월 중순에 시작한 목요기도회였고, 가톨릭에서는 전·진·상 교육관이었다. 가톨릭 여학생관으로 불린 전·진·상 교육관의 아피(AFI, 국제가톨릭형제회) 선생님들은 긴급조치가 터지고 많은 사람들이 붙잡혀들어가자 내복과 침낭을 구입해 가족들로 하여금 감옥에 영치하게 하는가 하면, 영치금을 마련하는 일 등에 발벗고 나섰다. 또 가족들이 교육관에서 서로 만날 수 있도록 장소를 개방했고, 지친 어머니들에게 따뜻한 식사를 대접했으며, 크고 작은 문건을 만들어 배포하는 데도 많은 도움을 주었다. 어떤 때는 구속자 소식을 해외에 알리고 그 도피처를 마련하는 일도 서슴없이 했다. 가족들이 마음 놓고 얘기할 수 있는 곳, 지친 마음과 육신이 쉴 수 있는 곳이 바로 거기였다. 그해 11월 11일 구속자 가족 50여명이 단식기도회를 연 곳도 전·진·상 교육관이었다. 어머니들이 단식을 끝낸 뒤 계성학교를 통해 종로로 진출해서 시위를 전개한 것도 당시로서는 특기할 만한 사건이었다.

이렇게 결성된 구속자가족협의회는 실로 많은 일을 했다. 우선 구치소 마당에서 만나는 가족들을 목요기도회, 명동성당기도회 등에 동참하게 하여 그들이 결코 외롭지 않다는 것을 확인시켰고, 우리의 아들딸들이야말로 얼마나 자랑스러운지를 깨닫게 했다. 겁만 내던 가족들로 하여금 자식들의 행동이 옳았다는 신념을 갖게 만들었다. 그리하여 자식들을 나무라고 원망하는 자세에서 자식들을 격려하고 고무하는 입장으로 바뀐 것이다. 그것은 감옥에 있는 자식들에게는 커다란 위안이 되었으며, 또한 용기가 되어 법정에서 더욱 당당할 수 있게 했다.

그 길이 옳다면, 그래 그 길을 가거라

우리 구속자 가족들은 우리들의 투쟁 없이 자식과 남편을 구할 수 없고, 우리들의 투쟁 없이 얻는 자유는 진정한 자유라 할 수 없음을 깨달았습니다. (…) 우리는 이제 자식이 외치다가 들어간 부정부패 일소를 외쳐야 하며, 우리는 이제 자식이 외치다가 들어간 유신독재 철폐를 부르짖어야 하겠습니다. 이것이 진정으로 아들들이 그토록 사랑하던, 남편이 그토록 사랑하던 조국을 위하는 길이고, 자식을 구하는 길임을 알았습니다. (…) 사랑하는 내 아들딸, 그리고 남편이 독재의 철창을 깨뜨리고 나오는 날, 우리 함께 얼싸안고 우리 함께 정의와 자유의 만세를 소리높여 불러봅시다.

이것은 1974년 11월 21일에 발표된 두번째 결의문의 일절이다. 가족들은 사정이 더 어려운 가정을 돌보는 것은 물론, 재판정에 다 함께 몰려가 피고인들을 격려했다. 구속자 가족들이 집단적으로 가서 방청하는 것 자체가 검찰이나 재판부에는 엄청난 도덕적 압력이었다. 특히 1977년 청계피복노조사건 등 노동자들의 재판에 참석해 그들을 돕고 지지하는 사람들이 많다는 것을 몸으로 보여주었다. 그리고 명동성당의 인권회복기도회를 비롯해 전국 각지에서 열린 신·구 교회의 기도회에 참석하여 민주세력의 연대를 이끌어주었다. 어머니들은 치마나 보따리 속에 구명운동 서명철, 성명서, 옥중서신, 항의문, 진정서, 호소문 등을 가지고 다니면서 만나는 사람들에게 전달하는 등 어려운 시절 비밀연락의 역할도 했다. 실제로 1974년말 민주회복국민회의의 결성과 그 활동, 1977년 3월 22일의 민주구국헌장 발표 등에서 이 어머니들의 역할은 참으로 컸다.

또한 언론이 침묵하던 그 시절, 어머니들은 구전(口傳)으로 전국의 교도소와 신·구 교회, 그리고 대학에서 일어나는 가슴아프고 눈물겨운 이야기, 따뜻하고 훈훈한 사랑의 이야기, 분노에 찬 노동자들의 이야기, 애절하고 간절한 기도회 소식 등을 세상에 알렸다. 그리고 가장 열렬히, 그것도 최일선에서 독재정권과 맞섰다. 11월 21일에는 당시 포드(Gerald R. Ford) 미국대통령의 방한을 앞두고 구속자 가족 21명이 미대사관 앞에서 시위를 벌였는데, 이들은 '더이상 못 참겠다 구속자 석방하라' '포드는 유신체제를 지지하는가?' 등의 현수막을 당당하게 내걸었다. 시위중 종로경찰서로 강제연행되었다가 경찰이 석방하려 하자 "우리 자식 내놓기 전에는 못 나간다"라고 몇시간씩 버티기도 했다. 당시 서울대 의대생으로 보안법 사건에 연루되었던 서광태의 어머니가 명동성당 기도회에 나와 "내 자식은 빨갱이가 아니다"라면서 시위하다가 기절한 일도 있었다. 서광태가 비교적 빨리 석방될 수 있었던 것은 그 어머니의 이처럼 간곡한 투쟁의 덕도 있었다고 기억된다.

외신기자를 만나 국내의 소식을 해외에 알리는 일에도 김한림 여사를 비롯한 구속자 가족들이 큰 몫을 했다. 당시는 외신기자들도 공개적인 행사의 취재 이외에는 민주인사를 따로 만나는 일이 어려웠다. 추방당할 위험, 사찰당할 위험이 있었기 때문이다. 그렇지만 가족들은 두려움없이 만나 자료들을 전했다. 이런 일들은 구속자 가족이기에 가능한 일이었다. 3·1 사건 때는 사건 관련자 가족들이 다같이 보라색 한복을 맞추어 입고, 양산에 '민주인사 석방하라'라고 쓴 채, 구호가 적힌 큰 부채를 펴들고, 검정색 테이프로 입에 십자가를 만들어 붙이고 덕수궁 앞을 지나 법원에 들어갔는데, 그 자체가 하나의 시위였다. 이런 다양한 시위 형태는 곧바로 해외언론에 보도될 수 있었다.

오늘날 민가협의 구명운동 범위가 비전향장기수까지 확대되고 또 상당한 성과를 이미 거둔 바 있지만, 감옥에 있는 모든 정치범과 양심수에게 구원의 손길을 뻗친 것도 실은 구속자가족협의회 때부터였다. 지학순 주교는 석방된 뒤 매년 추석과 성탄절에 모든 정치범과 양심수에게 내복 한벌씩을 넣어주었다. 대체로 1인당 1만원 정도가 소요되었다. 양심수 5백명이 갇혀 있다면 5백만원이 필요한 것이다. 그런데 어느해에는 지학순 주교가 해외출장중이어서 돈을 마련할 길이 막연한 적이 있었다. 그래서 윤보선 전대통령에게 휘호를 써달라고 해서 그것을 팔아 충당한 적이 있는데, 그런 궂은 일은 모두 구속자가족협의회가 도맡아서 했다. 구속자가족협의회 활동에 적극적이었던 인사들은 앞서 밝힌 사람들 외에도 리영희(李泳禧), 박현채(朴玄埰), 김찬국, 이해학(李海學), 문익환, 이문영(李文永)의 부인, 이규상의 누나, 유홍준(兪弘濬)·이현배·유인태의 어머니들이었다.

그렇지만 시련도 적지 않았다. 시위를 하면 강제로 닭장차에 태워져 서울 변두리를 돌다가, 한두사람씩 어딘지 모르는 곳에 내동댕이쳐졌다. 다시 모이지 못하게 하려는 것이다. 다시 현장을 찾아가거나 모이는 것은 그만큼 힘들었다. 이것을 '설사똥'이라 불렀는데, 구속자 가족들은 이같은 일을 수도 없이 당했다. 미행·연행·도청은 물론이고, 수배와 구속을 당하는 일도 적지 않았다. 남편과 자식이 번갈아 연행되는 경우도 많았다. 리영희 선생이 들어갔다가 나중에는 딸 미정이가 또 잡혀갔는데, 자식이 들어갔을 때가 더 안타깝고 가슴이 아프더라고 사모님이 말씀하시는 것을 들은 적이 있다.

신나게 아픔을 이겨나가던

구속자가족협의회가 활동하면서 새로운 문화가 형성되었다. 비록 자식이나 남편은 구속되었지만 석방운동은 신명나게 하는 것이다. 외국인들도 이런 가족들의 신명을 이상한 눈초리로 보았다. 슬퍼해야 할 사람들이 슬퍼하기는커녕, 놀 때는 신명나게 놀고 싸울 때는 또 신나고 격렬하게 싸우는 것이다. 실제로 처음에 자식이나 남편이 구속되었을 때는 울고짜고 하기 마련이다. 그러나 구속자 가족들끼리 만나면서부터는 슬퍼하고 있지만 않았다. 신명의 문화는 어쩌면 우리 민족의 원형질 같은 것은 아닐까.

목요기도회를 비롯해 가족들이 모이면, 손에 손을 잡고 신명나게 노래를 부른다. 「오! 자유」「우리들은 뿌리파다」 같은 노래를 불렀다. 박형규 목사가 미국민요에 가사를 새로 붙여 만든 노래이다.

무릎을 꿇고서 사느니보다는

서서 죽기를 원한단다 좋다 좋아

우리들은 뿌리파다 좋다 좋아

언젠가 안국동 윤보선 전대통령 집에서 구속자 가족들을 위한 파티가 있었는데, 이때 많은 가족들이 참석해 모두 신나게 놀았다. 우울한 분위기를 바꾸기 위해 노래도 부르고 춤도 추었는데, 김한림 여사가 박형규 목사를 호명하여 춤을 추게 했다. 원래 박형규 목사의 춤은 잘 모르는 사람이 보기에도 가락이 있고 장단도 있어 참 좋았다. 여기에 김한림 여사가 짝이 되어 넘실넘실 춤을 추고 모든 사람들이 덩달아 덩더쿵 춤을 추는 것이었다. 춤추는 것을 보던 윤보선 전대통령이 박형규 목사의 춤을 가리켜 '돈 많이 들인 춤'이라고 했는데, 실제로 춤을 배우는 데 젊은 시절 꽤 많은 돈을 들였다는 얘기를 박형규 목사 본인으로부터 들었다.

민가협으로 그 이름이 바뀐 것은 1980년대 이후의 일이다. 1980년대에는 또 정치범, 양심수가 양산되었고, 자연스럽게 세대교체된 것이다. 전두환 군사독재가 들어서는 과정에서 김재규 재판이 있었고, 이때 김재규 구명운동에 나선 것은 가톨릭 쪽과 윤보선 전대통령 쪽밖에 없었다. 김재규 구명운동을 위하여 소책자를 인쇄한 것이 문제가 되어 김한림 여사가 수배되었다. 이때까지 김한림 여사는 구속자가족협의회 총무 일을 계속 맡고 있었는데, 수배와 동시에 사실상 구속자가족협의회 활동은 중단될 수밖에 없었다.

1993년에 김한림 여사도 79세를 일기로 한많은 일생을 마감했고, 그때 항상 함께 어울려다니던 사람들 가운데도 공덕귀 여사를 비롯해 죽은 사람이 많다. 그들이 함께 기도회다 뭐다 해서 떼지어 다닐 때가 그렇게 보기 좋을 수가 없었다. 사제관에도 몰려다녔고 민주인사들의 경조사에도 멀고 가까운 것을 가리지 않고 찾아다녔다. 진실로 이들이야말로 기쁨은 나눌수록 커지고 슬픔은 나눌수록 작아진다는 것을 행동으로 보여주었다. 참으로 엄혹한 시절임에도 조금도 주눅들지 않고, 신나게 구속의 아픔을 함께 이겨나가던 모습이 지금도 생생하다. 재판정에 몰려가 자식들에게는 희망과 용기를 주고 검찰과 판사들에게는 양심의 위압이 되던 이런 어머니들을 우리는 그때 '어머니부대'라 불렀다.

그제나 이제나 석방의 기준이라는 것이 모호하기 짝이 없어서, 어떻게 하다가 반공법 딱지 하나가 더 붙거나 심지어 대학원생은 학생이 아니라는 이유로 석방에서 제외되면, 2~3년을 더 속절없이 감옥에서 보내야 했다. 1999년 석방 때 70세가 넘은 손성모(孫聖模), 신광수(申光洙)가 석방에서 제외되는가 하면, 준법서약서를 제출하지 않았다는 이유로 한총련 3~5기 의장단이, 그리고 현대자동차노조 김광식 위원장 등 다수의 노동자들이 배제되었다. 누구는 제외되고 누구는 석방되는 비극이 언제나 멈춰질 것인가. 아직도 구속자 석방을 부르짖을 수밖에 없는 현실이 안타깝다.

자유실천문인협의회의 탄생과 활동

어떠한 탄압에도 표현의 자유를 실천하리라

권위주의 군사독재정권 아래서 하나씩 둘씩 우리 문인들은 분연히 일어났고, 바로 그 때문에 수없이 많은 핍박을 받아왔다. 민주화투쟁 과정에서 문인들은 중요한 일익을 담당했다. 1969년 3선개헌 이후 처음 치러진 1971년의 대통령선거 과정에서 뜻있는 인사들이 모여 민주수호국민협의회를 결성하여 활동했는데, 이때 김지하, 이호철(李浩哲), 남정현(南廷賢), 한남철(韓南哲), 염무웅(廉武雄), 조태일(趙泰一), 박태순(朴泰洵) 등의 문인들이 참여했다. 1972년의 유신 이후 소강상태를 보이던 학생운동이 1973년 10월에 들어서면서 전국으로 확산될 무렵 함석헌, 천관우, 지학순 주교 등이 주도한 11월 5일의 '지식인 15인 시국선언'에도 김지하와 이호철이 참여했다.

1973년 12월초로 기억하는데, 백범사상연구소(소장 백기완)가 주축이 되어 명동의 대성회관에서 '민족문학의 밤' 행사를 가진 적이 있었다. 백범사상연구소가 『항일민족시집』을 간행하고 얼마 뒤가 아니었나 싶다. 마침 백기완의 부인이 근무하던 초등학교의 한 동료교사가 급박한 사정 때문에 퇴직금을 받을 요량으로 사표를 내게 되었다. 그런데 정작 사표를 내고 나니 규정이 바뀌었는지 퇴직금 일시불지급이 안된다는 것이었다. 나는 그때 마침 총무처에 아는 사람이 있어 가까스로 퇴직금을 일시불로 받게 해줄 수 있었다. 그때 수고비 조로 몇만 원인가를 받았는데, 그 돈이 '민족문학의 밤' 행사준비 비용의 전부였다. 준비라야 행사장 대관과 현수막 대신 큰 종이 한장에 글자 한자씩 써서 붙인 '민·족·문·학·의·밤'이 전부였다. 문인들 섭외의 일부는 내가 맡았다. 시작은 엉성했지만 그날의 행사는 시종 진지했고 뜨거웠다. 시인들이 나누어 항일민요와 항일시를 낭송했다. 어떤 시인은 자작시를 낭송하기도 했다. 내 기억으로는 이런 식의 행사는 처음이 아니었나 생각된다. 이것이 인연이 되어 문인들은 '개헌청원 1백만인서명운동'에 참여하게 된다.

이때가 밖으로는 학생들의 반유신투쟁이 고조되고, 안으로는 장준하, 백기완 등이 개헌청원운동을 내밀하게 준비하고 있던 때였다. 이로부터 얼마 뒤인 12월 24일 '개헌청원 1백만인서명운동'이 전개되기 시작했다. 그날 함석헌, 장준하, 천관우, 김동길, 계훈제(桂勳梯), 백기완 등은 오전 10시 YMCA회관 2층회의실에서 유신헌법개정청원운동본부를 결성하여 1백만인서명운동을 전개키로 했다고 발표했다. 청원운동본부는 당시의 현실이 "경제의 파탄, 민심혼란, 남북긴장의 재현이란 상황 속에서 학원과 교회, 언론계와 가두에서 일고 있는 자유화의 요구로 요약된다"라고 말하면서, "그러나 유신헌법은 그 개정의 발의권이 사실상 대통령에게만 속해 있는 것"이라고 지적하며 그래서 "대통령에게 유신헌법의 개정을 요구하는 1백만인서명운동을 전개하는 것"이라고 주장했다.

독특한 것은 서명운동 방법이었다. 청원운동본부의 서명자 30명 각자가 본부 역할이며, 대학생 연령층 이상인 민족의 성원이면 누구든지 연령 및 시·도·군을 명기하여 개인이나 집단으로 서명한 후 서명자 30명 중 한명에게 보내면 된다고 했다. 30명의 청원운동본부에 문인으로는 박두진(朴斗鎭), 김지하, 이호철이 포함되어 있었다. 그러니까 다른 문인들은 서명을 받아 이들 세명 중 한명에게 갖다주면 되는 것이다.

자유실천문인협의회의 탄생

이호철의 집은 서울 불광동에 있는 천관우 선생의 집 옆에 있었다. 그리고 등 너머 뒤쪽에 내가 살고 있었다. 그때만 해도 해마다 정월 초순께면 몇군데 세배를 다니는 풍속이 있었다. 그 가운데 하나가 천관우 선생 댁이었는데, 그 댁에 세배 다녀와서는 흔히 이호철의 집에 들르기 마련이었다. 1974년 정초 이호철의 집에는 자연스럽게 백낙청(白樂晴), 신경림(申庚林), 염무웅, 한남철, 박태순, 황석영(黃晳暎), 최민(崔旻) 등이 모였다. 이 자리에서 당연하게도 "역사와 사회에 있어서의 문학의 책임을 강조하는 우리가 가만히 있을 수는 없지 않느냐"라는 얘기가 나왔고, 더 나아가 백낙청이 개헌운동에 참여하는 성명서 초안과 유인물을 만들기로 하는 등의 논의가 있었다. 1월 7일에 문인 61명의 이름으로 '개헌청원 1백만인서명운동'에 동참을 선언하는 문인들의 성명서 낭독이 명동성당 앞 찻집에서 있었다. 이 찻집에 모여 준비한 성명서를 다 낭독하기도 전에, 겁을 먹은 주인의 신고로 출동한 사복경찰관들에 의해 문인들은 해산되었다. 그 자리에서 몇사람은 잡혀갔고, 다른 사람들은 다음날 집에서 연행되었으나 대부분 석방되었다. 공교롭게도 그날은 긴급조치 1·2호가 발포된 1월 8일의 하루 전이었다.

그러나 이에 대한 보복은 엉뚱하게 나타났다. 그때 일본 교포사회에서는 『한양(漢陽)』이라는 잡지가 우리말로 발간되고 있었는데, 민단계(民團系)이기는 하지만 반정부적 색채를 띠고 있었고, 보기에 따라서는 진보적인 분위기를 풍기고 있었다. 그 잡지는 문학분야에 상당 부분을 할애하고 있었다. 그러므로 일본에 간 문인들이 『한양』의 편집 관계자나 경영 관계자와 만나는 것은 자연스러운 일이었다고 할 수 있다. 장백일(張伯逸) 교수 같은 이는 『한양』에 고정필자처럼 글을 쓰기도 했다. 문인들이 『한양』의 관계자와 만났다는 이유로 유신권력당국은 이른바 문인간첩단사건이란 것을 만들었다. 이리하여 이호철, 임헌영(任軒永), 장백일, 김우종(金宇鍾) 등이 1월 25일경 구속되었다. 문인들의 반유신투쟁에 대한 보복이었을 수도 있고, 문인들의 활동에 제동을 걸기 위해 계획된 공작이었을 수도 있다. 저 무서운 긴급조치 1·4호가 그후에 발동된 탓도 있지만, 실제로 문인들은 이때 크게 위축될 수밖에 없었다. 특히 이호철 같은 이는 문인간첩단사건 이후 활동을 극도로 자제했다.

이때까지만 해도 권력당국은 문인 또는 문인단체에 별반 주목하지 않았다. 문인들을 담당하고 있는 정보기관원들조차도 필명(筆名)이 무엇인지, 왜 있는지도 몰랐고, 황석영(黃晳暎)의 '석'을 '철'로 읽어 '황철영'이라고 하는가 하면, 최민(崔旻)의 '민'을 '문'으로 읽어 '최문'이라고 부르기도 했다. 그러나 이후부터 문인들은 중요한 사찰대상이 된다. 연행, 연금은 물론이요 협박과 회유의 대상이 된 것이다. 지금은 아무렇지도 않게 누구나 읽을 수 있는 납북 또는 월북문인의 문학작품을 읽다가, 심지어 에세닌(Sergei A. Esenin) 같은 외국시인의 시를 읽다가 잡혀가는 경우도 종종 있었다.

1974년 7월 이후 명동성당에서는 사제단의 인권회복기도회가 열리기 시작하고, 개신교에서는 목요기도회, 금요기도회가 정례화되면서 민주화운동은 조금씩 활기를 띠기 시작했다. 10월 24일에 있었던 동아일보 기자들의 자유언론실천선언을 계기로 자유언론 실천이 전 언론계로 확산되었다. 이러한 고무적인 움직임과 궤를 같이하여, 문학계도 바쁘게 돌아가고 있었다. 1974년 11월 16일 백낙청, 신경림, 고은(高銀), 이문구(李文求), 한남철, 조태일, 황석영, 최민, 이성부(李盛夫) 등은 모임을 갖고 '문학인 101인 선언'을 발표키로 하는 한편, 이 선언을 통해 발표되는 내용을 대변할 수 있는 문인단체의 이름을 자유실천문인협의회로 결정했다.

드디어 11월 18일 오전 9시 50분, 광화문 비각 뒤 의사회관(당시 문인협회 사무실이 있던 건물) 계단에서 자유실천문인협의회 이름으로 '문학인 101인 선언'이 발표되었다. 자유실천문인협의회의 탄생이었다. 그러나 출발은 그렇게 화려하지도 성공적이지도 못했다. 30여명의 문인들이 예정된 장소에 도열하고 내외신기자 20여명이 취재하는 가운데, 고은이 선언문을 낭독하기 시작하자 부근에 있던 사복경찰들이 달려들어 선언문을 탈취했다. 선언문을 탈취당하자 나머지 후반은 황석영이 낭독했다. 이어 '우리는 중단하지 않는다' '시인 석방하라'라는 현수막을 들고 송기원(宋基元)의 선창으로 "유신헌법 철폐하라"라는 구호를 외치며 광화문네거리 쪽으로 가두시위를 벌였다. 그러나 이내 경찰버스가 달려와 고은, 이문구, 윤흥길(尹興吉), 조태일, 박태순, 송기원, 이시영(李時英) 등 7명을 경찰서로 연행했다. 나머지 문인들은 그 길로 한국문인협회 사무실에서 연행 문인들의 석방을 요구하며 철야농성을 벌였다. 다행스럽게도 연행된 문인들은 19일 오후 3시에 모두 풀려났다. 얼마 뒤로 예정된 포드 대통령 방한 등의 사정으로 당국으로서도 어쩔 수 없었던 것이다. '문학인 101인 선언'을 보자.

우리 뜻있는 문학인 일동은 우리의 순수한 문학적 양심과 떳떳한 인간적 이성에 입각하여 다음과 같은 주장을 결의·선언하는 바이며, 이러한 우리의 주장이 실현되는 것만이 국민총화와 민족안보에 이르는 길이라고 선언하는 바이다.

1. 시인 김지하씨를 비롯하여 긴급조치로 구속된 지식인·종교인 및 학생들은 즉각 석방되어야 한다.

2. 언론·출판·집회·결사 및 신앙·사상의 자유는 여하한 이유로도 제한될 수 없으며, 교수·언론인·종교인·예술가를 비롯한 모든 지식인은 이 자유의 수호에 적극 앞장서야 한다.

3. 서민 대중의 기본권·생존권을 보장하기 위한 획기적인 조치가 있어야 하며 현행 노동 제법은 민주적인 방향에서 개정되어야 한다.

4. 이상과 같은 사항들이 원칙적으로 해결되기 위해서는 자유민주주의의 정신과 절차에 따른 새로운 헌법이 마련되어야 한다.

5. 이러한 우리의 주장은 어떠한 형태의 당리당략에도 이용되어서는 안될 문학자적 순수성의 발로이며, 또한 어떠한 탄압 속에서도 계속될 인간 본연의 진실한 외침이다.

서명자는 고문에 이희승(李熙昇), 이헌구(李軒求), 박화성(朴花城), 김정한(金廷漢), 이영도(李英道), 박두진, 김상옥(金相沃), 이인석(李仁石), 박연희(朴淵禧), 장용학(張龍鶴)이었으며, 대표간사는 고은, 간사는 신경림, 염무웅, 박태순, 황석영, 조해일(趙海一)이 맡았다. 이렇게 자유실천문인협의회는 어렵게, 그러나 튼튼한 뿌리로 탄생했다.

그리하여 자유실천문인협의회는 1987년 6월항쟁을 거쳐 그해 9월 17일 민족문학작가회의로 확대개편한 후 오늘에 이르기까지 연면히 활동을 계속하고 있다. 정의구현사제단만큼이나 끈질긴 생명력으로 오늘에 이르고 있다고 할 수 있다. 사제단이 교회라는 범접하기 어려운 배경을 가지고 존속했다면, 자유실천문인협의회는 참여자들의 결연한 역사의식으로 오늘에까지 이어져왔다는 점에서 더 자랑스럽다고 할 수 있다. 민족문학작가회의로 확대개편되면서 문인들의 투쟁 및 관심의 대상은 이제 자유와 민주주의를 뛰어넘어 민족의 화해와 통일, 더 나아가 참다운 민족문학 건설로 확대된다. 민족문학작가회의의 창립선언 내용을 보자.

1974년 11월 '문학인 101인 선언'으로 출범한 자유실천문인협의회는 70년대의 유신독재와 80년대의 개편된 군부독재체제에 맞서 범국민적 민주화항쟁의 일익을 맡아왔다. (…) 이에 우리는 참다운 민족문학을 열망하는 모든 사람들의 구심점을 마련하고 민주화와 통일을 위한 싸움에 더욱 알차게 기여하고자, 기존의 자유실천문인협의회를 확대·개편하여 민족문학작가회의를 창립하기로 뜻을 모으고 다음과 같이 우리의 결의를 밝힌다.

(…)

1. 민족의 사활이 걸린 통일문제는 한반도 민족성원들의 자주적 결단에 맡겨져야 하며, 정부당국과 일부 외국인들이 그 논의를 독점하는 사태부터 먼저 시정되어야 한다.

(…)

1. 민족통일과 민주주의 실현의 과제는 문학만으로 풀 수 없는 역사의

큰 일감인 동시에 문학을 통한 생생한 현실점검과 뜨거운 북돋움, 인류문화의 공동유산에 대한 문학인의 개방적 자세와 민족전통에 대한 끈덕진 애착을 보태지 않고서는 이루지 못할 지난한 과제이기도 하다. 우리는 이러한 사명감과 긍지를 갖고, 무엇보다도 우리들 스스로의 이기주의·타협주의·도식주의와 준엄히 싸우며 참다운 민족문학의 건설에 헌신할 것을 다짐한다.

민족문학작가회의 창립선언문에도 '문학인 101인 선언'에서 제시한 구속자 석방, 언론·출판·사상의 자유, 서민대중의 생존권 보장을 주장하는 것은 대체로 그대로이다. 여기 소개한 2개항은 '문학인 101인 선언'에는 없었던 내용이다. 그만큼 가슴이 넓어지고 시야가 커진 것이다.

민주회복국민회의의 탄생

이렇게 주저앉을 수는 없다

1974년 수백명의 젊은이들이 쫓기거나 잡혀가 고문을 당하고 사형, 무기징역을 무더기로 선고받는 가운데 많은 사람들은 통곡하거나 하늘을 원망했다. 어쩌면 그것이 일반적인 사람의 심정이었을 것이다. 인간이 인간에게 안겨주는 그 엄청난 재난 앞에서 그것까지 어떻게 신의 섭리로 받아들일 수 있단 말인가.

너무나 한꺼번에 그리고 졸지에 닥쳐온 재앙 앞에서 처음에는 모두 넋을 잃었다. 그리고 하늘을 원망하기도 했다. 그러다가 점차 정신을 차리면서 '이럴 수는 없다' '이대로는 안된다'라는 각성이 시작되었다. 그것이 신·구 교회의 기도회로, 언론인들의 자유언론수호투쟁으로, 문학인 선언으로, 구속자가족협의회의 결성으로 나타났다. 그리고 그 연장선 위에서 재야민주화운동 세력의 결집체라 할 수 있는 민주회복국민회의가 탄생했다.

그해 가을 나는 당시 구속자 가족들을 뒤에서 열성적으로 돕고 있던 김정례 여사와, 그때까지 외롭게 혁신운동을 이끌고 있던 김철(金

哲)을 만나 민주회복을 위한 범국민운동의 중심체제를 구축하는 문제에 대해 논의하기 시작했다. 우리 세사람은 각각 분야를 나누어 서명을 받아나갔다. 나는 법조계·문인·학계·언론계·천주교 쪽을, 두 사람은 원로·여성·개신교·정당 쪽을 맡았다. 이렇게 해서 71명의 서명을 받았고, 11월 27일에는 서울 기독교회관 2층소회의실에서 민주회복국민선언대회를 가질 수 있었다. 모든 절차와 과정은 세사람이 김정례 여사 집에 모여 상의, 결정했는데, 민주회복국민회의라는 이름은 내가 지었고 선언문은 김철이 썼다. 한사람 한사람씩 직접 만나서 서명을 받아야 했고, 그때 그 엄중했던 정보정치의 와중에서 무사히 선언대회까지 마칠 수 있었던 것은 당시로서는 기적 같은 일이었다.

선언문은 "민주체제를 보장하는 것이 아닌 유신헌법은 최단시일 안에 합리적인 절차를 거쳐 민주헌법으로 대체되어야 한다" "반정부 행동으로 말미암아 복역·구속·연금 등을 당하고 있는 모든 인사들을 사면·복권하고 언론의 자유를 보장하라" "정부는 자주경제의 토대를 구축, 가난한 사람들의 생활과 복지를 보장하라" 등 6개항의 주장을 담았으며, 끝으로 "우리는 이제 우리의 공통된 의사를 국민의 이름으로 내외에 선언하고, 자유와 민주주의를 쟁취하기 위하여 줄기찬 범국민운동을 벌이고자 민주회복국민회의를 발족"한다는 점을 분명히했다.

희생과 아픔

누가 역사는 도전과 응전의 과정이라고 했던가. 그 말은 분명 맞는 말이기는 하지만, 도전과 응전의 과정에는 반드시 희생과 아픔이 따르기 마련이다. 우리가 선언대회를 치른 사흘 뒤인 11월 30일, 국민선언문에 서명한 경기공업전문대학의 김병걸 교수가 학교에서 권고사직을 당했다. 12월 9일에는 교육공무원 신분에 어긋나는 정치활동을 했다는 이유로 문교부가 서울대 백낙청 교수의 파면을 의결하기에 이르렀다. 어떤 위험이 따를 것인지 전혀 예상하지 못한 것은 아니지만, 유신권력의 보복과 탄압은 아주 가혹하고 신속했다. 그들이 교수직을 박탈당하는 희생을 당한 데 대하여, 그들을 이 운동에 끌어들인 나로서는 그때나 지금이나 큰 죄를 지었다는 느낌을 지울 수가 없다. 불이익을 감수하면서도 기꺼이 서명에 응해준 그들의 결단에는 지금도 존경의 마음을 가지고 있다. 이러한 정치보복에 항의하는 서울대 영문과 학생들의 서명운동도 있었고, 서울시내 각 대학 교수 34명이 연명으로 발표한 교수자율권선언도 있었지만, 그런 요구에 귀를 기울일 유신정권이 아니었다. 김병걸 교수는 고령이고 해서 끝내 복직되지 못했고, 백낙청 교수는 1970년대 내내 해직교수로 지내야 했다. 그동안의 신산과 고초는 얼마나 컸던가. 나는 이렇게 민주화운동 과정에서 희생을 당하고, 또 고통을 당한 분들께 정신적인 부채라 할까 마음의 빚을 지게 되었다.

이러한 희생과 아픔 속에서도 민주회복국민회의는 발빠른 행보를 시작했다. 12월 25일에는 YMCA에서 창립총회를 갖고, "민주회복국민회의는 11월 27일의 국민선언 정신에 따라, 민주체제를 재건, 확립하기 위한 전국민적인 운동을 발전시킬 것을 목적으로 하는 국민연합체"라는 규약을 채택하고, 상임대표위원에 윤형중 신부, 대표위원에 이병린, 이태영(李兌榮), 양일동(梁一東), 김철, 김영삼(金泳三), 김정한, 천관우, 강원룡(姜元龍), 함석헌, 운영위원에 홍성우(사무총장), 함세웅(대변인), 한승헌, 김정례, 김병걸, 임재경(任在慶) 등이 선임되었다. 윤형중 신부가 상임대표위원이 되면서, 실무책임자로서 민주회복국민회의를 이끌어간 사람은 함세웅 신부였다.

1975년 1월 6일 윤형중 신부는 명동성당에서 상임대표위원으로서 첫 기자회견을 갖고 "한국의 안보를 해치는 것은 민주주의를 향한 국민의 열망이 아니라 그것을 억압하는 독선이요, 유보되어야 할 것은 자유가 아니라 그것을 짓누르는 독재"라고 규정하면서, "1인의 장기집권과 권력의 집중, 폭압과 기본권 유린을 보장하는 유신헌법의 철폐와 그에 따른 민주헌법의 채택만이 현재의 난국을 타개하는 길"이라고 천명했다. 아울러 구속인사 석방과 국민의 기본적 인권, 생존권 보장을 요구했다.

이처럼 민주회복국민회의가 민주회복운동의 상징적인 중심체로 자리를 잡아나가자, 서울과 지방에서 민주회복운동 조직이 자생적으로 생겨나기 시작했다. 민주회복국민회의의 산하단체로 신청해온 지방조직이 1월 중순에 이미 50여개나 되었으며, 3월초에는 7개의 시·도지부, 20여개의 시·군지부가 결성되어 지역에서 민주회복운동을 선도해나갔다. 사제단 신부들이 중심이 되어 결성한 곳도 적지 않았다. 이렇게 민주회복국민회의의 조직이 확장되자 방해와 탄압공작도 만만치 않게 전개되었다. 서명자에게 서명철회 또는 사퇴를 강요하는가 하면, 운영위원들을 중앙정보부로 연행해 조직 자체를 와해시키려 했다. 김정례 여사의 경우처럼 장기간 구류하는가 하면, 이병린 변호사처럼 엉뚱한 죄목으로 구속하는 일도 서슴지 않았다. 또 강압을 통해 탈퇴서를 쓰게 하고 그렇게 쓴 탈퇴서를 민주회복국민회의로 우송하는 일도 있었다.

그러면서 다른 한편으로 유신당국은 유신헌법에 대한 국민투표를 획책했다. 즉 민주회복국민회의를 비롯해 유신체제에 대한 광범위한 국민적 저항이 악화일로에 있는 국제여론과 함께 유신정권을 더욱 궁지에 몰아넣게 되자, 1월 22일 대통령은 특별담화를 통해 유신헌법에 대한 찬반여부와 대통령에 대한 신임여부를 묻는 국민투표를 2월 12일에 실시한다고 발표했다. 결과적으로 볼 때, 유신헌법은 고수하되 긴급조치 위반으로 구속된 사람들을 석방할 명분으로 국민투표를 선택한 것이다. 그렇기에 국민투표에 대한 찬성과 반대의 의사표시는 철저히 금지되었다. 국민투표는 오직 정략적 요식행위에 지나지 않았던 것이다.

국민투표 반대와 양심선언운동

물론 민주회복국민회의는 즉각 국민투표 전면거부를 선언했고, 신민당을 비롯한 야당과 사제단 그리고 한국기독교교회협의회를 비롯한 개신교 단체들도 서둘러 반대를 천명하고 나섰다. 2월 12일을 '국민투표 거부의 날'로 정하고 행동강령을 발표하는가 하면, 광범위한 거부운동을 위해 다른 정당, 사회단체들과 함께 공동성명도 발표했다. 2월 3일에 민주회복국민회의는 또다시 기자회견을 갖고 분명한 입장을 다시 한번 내외에 천명했다. 즉 민주회복국민회의는 국민투표의 과정이나 결과에 관계없이 민주회복을 향한 투쟁을 계속할 것임을 선언하고, 민주회복국민회의에 대한 분열, 와해 책동과 탄압, 사찰을 중지할 것을 요구하면서, 수사기관에서 쓴 각서와 진술서는 무효임을 선언하는 양심선언운동을 범국민적으로 전개했다.

폭압의 시대에 이런 양심선언운동은 상당한 의미를 가진다. 수사기관에 끌려가 강압과 고문에 못 이겨 엉뚱한 사람의 이름을 불거나 허위자백을 했을 경우, 많은 사람들이 양심의 괴로움을 겪는다. 때로는 수사기관이 일방적으로 진술내용을 사실과 다르게 고쳐서 발표한다. 그래도 속수무책이었다. 양심선언운동은 강요된 허위자백이나 왜곡된 진실 때문에 괴로워하지 말고 양심선언을 발표하여 바로잡자는 것이다. 진실을 밝혀 양심의 괴로움으로부터 벗어나자는 것이다. 또 정부당국의 비리나 부당한 처사를 고발, 폭로할 때도 양심선언을 통해 그것이 진실임을 내외에 고백하자는 것이다. 민주회복국민회의가 양심선언운동을 제창한 이래, 1970~80년대에 걸쳐 다양한 형태의 양심선언이 발표되었다. 양심선언은 많은 사람들에게 자신의 진실을 고백할 수 있는 기회를 마련해주었다. 누군가 양심선언을 발표하면 많은 사람들이 그것이 바로 진실임을 믿어주었고, 그 용기를 아주 높게 평가했다.

국민투표는 처음부터 유신정권의 국민투표 거부에 대한 강력한 단속 아래 진행되었고, 결과는 유권자의 79.8퍼센트가 국민투표에 참여하여 73.1퍼센트가 찬성한 것으로 나타났다. 이 자료만 놓고 보더라도, 유신헌법 제정 당시의 91.9퍼센트 투표, 91.5퍼센트 찬성률에 견주어 현저한 민심의 이반이라 할 수 있다. 더욱이 2·12 국민투표가 일방적인 찬성유도와 선심공세, 투표하라는 위협과 동원, 대리투표·사전투표·무더기투표·공개투표, 교육공무원 투입 등으로 점철된 불법부정선거였다는 점을 고려하면, 그 투표율과 찬성률은 아주 저조한 것이었다. 여주군 능서면에서 초등학교 교사 허헌구가 양심선언을 통해 부정선거 획책과정과 대리투표 사실을 폭로하는가 하면, 공화당원 김진환은 27명분의 투표용지로 대리투표했음을 고백하는 등 민주회복운동이 국민투표의 과정에도 크게 작용했다.

하지만 박정희 대통령은 2월 13일 압도적인 찬성으로 현행 헌법은 물론 자신에 대한 신임이 확인되었다고 주장하면서 "이번 국민투표로 확인된 국민적 정당성에 입각하여 국민총화를 바탕으로 한 거국적 정치체제를 발전시켜나갈 것"이라는 특별담화로 여유를 보인다. 그리고 이틀 뒤인 2월 15일에는 긴급조치 1·4호 위반자 중 인혁당 관련자와 반공법 위반자를 제외한 모든 구속인사를 석방하도록 지시한다. 이리하여 2월 15일에서 17일에 걸쳐 전국에 분산 수용되어 있던 긴급조치 1·4호 위반자들이 구속집행정지나 형집행정지 처분을 받고 석방되었다. 그렇지만 국민투표와 석방조치를 통해서 한국사회가 달라진 것은 아무것도 없었다.

반면 구속자들의 석방은 민주회복 분위기를 다소 고조시켰다. 석방된 인사들은 서둘러 구속자협의회를 결성하고 민주회복구속자선언과 양심선언을 발표했다. 이런 분위기에 당황한 유신정권은 3월 13일 김지하를 재구속하는 등 또다시 철권을 휘두르기 시작했다. 2월 28일 윤형중 신부는 3·1 민주국민헌장을 발표했다. 당국의 가혹한 탄압에 맞서기 위해 비타협, 불복종의 정신으로 싸워나갈 것임을 밝히는 내용으로 자못 비장하고 장중했다. "우리는 천부의 양심에 따라 의(義)를 행함에 떨쳐일어나 국가와 국민의 운명을 가름할 이땅의 민주건설을 위하여 언제 어디서나 거국적인 민족·민주의 국민운동에 헌신한다"라면서, 3·1 독립선언의 공약 3장을 연상시키는 다음과 같은 강령 3장을 발표한다.

하나, 우리의 민주화투쟁은 시대적 양심의 소명이며, 민주국민으로서의 의무요 정당한 권리의 행사이다. 우리의 투쟁은 두려움없이 비폭력, 평화적인 방법으로써 전개한다.

하나, 주권자인 우리들 민주국민은 부당한 권력의 자기존속을 위한 어떠한 음모와 횡포에 대해서도 비타협, 불복종의 정신으로 대처한다.

하나, 평화와 양심을 사랑하는 우리는 국내외의 모든 민주역량과 상호 연계를 강화하고 단결하여, 통일되고 조직된 힘으로 그릇된 권력에 대항한다.

자유언론, 내릴 수 없는 깃발

닭은 비바람에도 운다

김수환 추기경은 일찍이 언론의 자유가 있는 나라는 '진실의 등불이 타는 밝은 나라'요, 언론의 자유가 없는 나라는 '진실의 등불이 꺼진 어두운 나라'라고 말하면서, 언론인이 지니고 있는 사명의 신성함에 비추어볼 때 그 직업은 성직에 가깝다는 견해를 밝힌 적이 있다. 언론의 자유와 언론인이 서 있어야 할 모습에 대해서 다시 한번 되새기게 하는 지적이다.

언론자유수호운동과 권력

우리는 흔히 민주주의의 나무는 피를 먹고 자란다고 말한다. 실제로 우리가 30여년에 걸쳐 이룩한 민주화 역시 숱한 피 위에서 비로소 가능했다. 참다운 민주주의를 실현하는 데 없어서는 안될 언론의 자유 역시 저절로 얻어지는 것은 아니다. 그것은 이 나라 언론의 역사가 잘 말해주고 있다. 이 나라 언론사는 정권의 억압과 통제로부터 자유언론을 쟁취하기 위한 투쟁의 역사 바로 그것이었다.

절대권력일수록 언론의 자유를 싫어하기 마련이다. 3선개헌으로 장기집권의 길을 연 1970년대 초반부터 권력이 언론의 자유를 더욱 혹독하게 억압하기 시작한 것은 결코 우연이 아니다. 1971년 4월 27일에 있었던 제7대 대통령선거는 3선개헌후 처음 치르는 선거였다. 이때 국민들 사이에는 '이번 선거가 국민의 손으로 치르는 마지막 선거'라는 소문이 돌았다. 이미 그전부터 중앙정보부 요원이 언론사 편집국에 무단출입하면서 기사내용을 놓고 빼라, 넣어라, 줄여라, 키워라 일일이 간섭하고 있었다. 그들의 요구대로 기사가 처리되지 않으면 기자를 수사기관으로 연행하여 공포 분위기 속에서 협박하고 구타하기 일쑤였다. 그런 언론상황을 중견 언론인이었던 천관우는 '연탄가스 중독론'에 비유했는데, 처음에는 권력의 통제라는 연탄가스에 조금씩조금씩 중독되는 것으로 시작해서, 나중에는 자각증상이 없어져 점차 연탄가스에 얼마나 중독되어 있는지조차 모르게 되어 권력이 시키는 대로 따라하게 된다는 것이다.

이런 언론의 '연탄가스 중독' 상황에 대하여 경종을 울린 것은 학생들이었다. 1971년 3월 24일에서 26일에 걸쳐 서울대 법대, 문리대, 상대 학생들은 학생총회를 통해 언론화형식을 갖거나 '언론인에게 보내는 경고장'을 채택하는가 하면, 세종로네거리 동아일보사 앞에서 '민중의 소리 외면한 죄, 무엇으로 갚을 텐가'라고 쓰여진 현수막을 앞세우고 시위를 감행했다. 그 내용은 "이제 권력의 주구, 금력의 시녀가 되어버린 너 언론을 슬퍼하며, 조국에 반역하고 민족의 부름에 거역한 너 언론을 민족에 대한 반역자, 조국에 대한 반역자로 규정하여 민중의 이름으로 화형에 처하려 한다"(언론화형식 선언문) "안타깝다.

그자리 그건물이건만, 민주투사는 간 곳 없고 잡귀만 들끓는가. 사자의 위용은 어디 가고 도적 앞에 꼬리 흔드는 강아지 꼴이 되었는가. (…) 언론은 권력으로부터 독립하라. 자주적인 편집을 방해하는 중앙정보부 요원을 신문사에서 축출하라"(언론인에게 보내는 공개장) 등이었다. 학생들에 이어 종교계·학계·문화계에서도 언론을 질타하고 나섰다.

이러한 언론에 대한 국민적인 질타는 기자들에게 커다란 충격과 부끄러움을 안겨주었으며, 이대로 있을 수만은 없다는 각성을 불러일으켰다. 그리하여 1971년 4월 15일 동아일보 기자 일동의 이름으로 언론자유수호선언을 하기에 이르렀으며, 이를 시발로 언론자유수호운동이 전국의 언론계로 번져나갔다. 언론자유수호선언에서 기자들은 "꺼져가는 언론자유의 불씨를 살리기 위해 불퇴전의 자세로 일어설 것"을 다짐하고 "우리는 기자적 양심에 따라 진실을 진실대로 자유롭게 보도한다" "우리는 외부로부터 가해지는 부당한 압력을 일치단결하여 배격한다" "우리는 정보부 요원의 사내 상주와 출입을 거부한다"라는 결의문을 채택한다. 실제로 중앙정보부 요원의 출입도 한때 자제되었다.

그러나 기자들의 이같은 움직임이 전체 언론상황에 큰 변화를 가져오지는 못했다. 당시 언론계를 얽매고 있던 독재권력의 사슬은 너무도 완강했다. 오히려 유신정변을 향해가면서 언론상황은 더욱 나빠지고 있었다. 1971년 10월 15일 서울시 전역에 위수령이 발동되면서, 언론인들이 무더기로 수사기관에 강제연행되고, 폭행을 당하는 일이 속출했다. 12월 6일에는 박정희정권이 중국의 유엔가입 등 국제정세의 변화로 한국의 안보에 중대한 위기가 도래했다고 주장하면서 "국가의 안보를 최우선으로 하고, 일체의 사회불안을 용납치 않겠다"라는 내용의 '국가비상사태'를 선언함으로써 언론의 자유는 더욱 혹독한 시련을 당하게 된다.

대통령은 담화를 통해 "혹세무민의 일부 지식인들은 언론자유를 빙자하여 무책임한 안보론을 분별없이 들고나와 민심을 더욱 혼란케 하고 있다" "언론은 무책임한 안보논의를 삼가해야 한다"라며 공개적인 자유언론 말살정책을 표방하고 나섰다. 국가비상사태 선언과 함께 언론자유수호선언 이후 언론기관 출입을 자제하던 중앙정보부 요원의 언론사 출입과 간섭이 다시 공공연하게 이루어지기 시작했다. 뿐만 아니라 프레스카드제가 실시되어 1천여명의 기자가 프레스카드를 받지 못해 언론계를 떠나야 했으며, 정부부처 하나에 기자실을 하나로 줄이고, 출입기자 1사1인제가 실시되었다.

수호에서 실천으로

1972년 7월 4일에 발표된 7 · 4 남북공동성명은 그처럼 엄혹한 탄압 속에서도 전국민적인 통일 열망에 불을 붙였다. 그러나 이처럼 통일을 열망하는 민족의 염원을 1인의, 1인에 의한 영구집권 음모로 악용할 줄 누가 알았으랴. 이른바 10월유신이 바로 그것이다. 일체의 정치활동은 정지됐고, 대학엔 휴교령이 내려졌으며, 신문과 방송은 계엄사령부의 검열을 받은 후에야 뉴스를 보도했다. 10월 17일 각 정부부처의 기자실이 폐쇄되었고, 18일에는 각 경찰서의 기자실마저 문을 닫았다. 기자실 폐쇄는 유신정권 아래에서 이제 언론이 단순한 홍보의 수단으로 전락했음을 의미한다. 11월 21일 국민투표에서 개헌안이 확정되면서 유신시대가 열리고, 그때부터 언론에 대한 탄압의 강도는 한층 드세지기 시작했다. 탄압의 방식도 달라졌다. 유신 이전의 탄압 방식이 비교적 거칠고 직접적인 것이었다면, 유신 이후는 빈틈없이 숨통을 조여나가는 정교하고도 세련된 방식이었다.

그런 가운데서도 언론자유수호운동은 계속되었다. 바람이 세면 누웠다가 바람이 자면 일어나는 잡초처럼, 쓰러졌다가 다시 일어나기를 거듭했다. 유신 1년 뒤인 1973년 10월 2일 서울대 문리대에서 최초의 유신철폐운동이 일어나더니 곧 전국의 대학으로 확산되었다. 그렇지만 어느 신문도 이를 보도하지 못했다. 학생들은 취재기자들에게 "기사도 한줄 못 쓰면서 취재는 뭐하러 하느냐"라고 항의했고, 이에 자극받은 젊은 기자들은 제2차 언론자유수호운동을 일으키게 되었다. 경향신문, 동아일보로부터 비롯된 움직임은 그해 11월 전국의 언론사로 급속히 번져나갔다. 기자들은 정부의 언론에 대한 부당한 간섭을 배제하고 언론의 자유가 확보될 때까지 모든 힘을 다 바친다고 결의했다.

그러나 다시 기지개를 켜던 언론자유수호운동은 긴급조치 1·2호의 발동으로 이른바 '긴조시대'를 맞는다. 긴급조치 1·2호는 유신헌법에 대한 부정·반대·왜곡·비방이나 헌법개정을 주장·청원·제안·발의하는 행위를 금지했고, 유언비어를 날조·유포·선전하거나 방송·보도·출판 등 기타의 방법으로 타인에게 알리는 일체의 언동은 비상군법회의에서 재판을 받도록 규정했다. 사실상 민주화운동과 자유언론운동을 동시에 겨냥한 것이다. 실제로 당시의 언론은 민주화를 요구하는 학생 및 양심적인 지식인, 종교인들의 행동과 노동자의 인권유린 그리고 고난받는 민중의 삶을 전혀 보도하지 못했다. 긴급조치 4호 발동과 함께 수백명이 구속되거나 수배되고, 고문에 의한 범죄조작으로 사형과 무기징역이 무더기로 선고되어도 한마디의 방송이나 한줄의 보도도 할 수 없었다. 반면에 유신정권은 언론사에 거침없이 이런저런 주문을 했다. 1974년 10월 19일 문공부장관은 각 언론사의 편집국장과 방송국장을 소집해서 "①데모·휴강·개강 등 학원 내의 움직임 ②종교계의 민권운동 ③베트남에서 일어나는 반독재, 반티우 운동 ④연탄부족 문제 등 사회불안을 조성할 우려가 있는 기사를 취급하지 말 것"을 요청하기까지 했다.

그러나 이러한 참담한 언론현실 속에서도 동아일보에서는 이계익(李啓諡) 기자를 중심으로 자유언론실천운동이 내밀하게 준비되고 있었고, 그것이 마침내 10월 24일 동아일보 기자 180여명이 3층 편집국에서 발표한 자유언론실천선언으로 나타났다.

> 우리는 교회와 대학 등 언론계 밖에서 언론의 자유회복이 주장되고 언론인의 각성이 촉구되고 있는 현실에 대하여 뼈아픈 부끄러움을 느낀다. (…) 우리는 자유언론에 역행하는 어떠한 압력에도 굴하지 않고, 자유민주사회 존립의 기본요건인 자유언론 실천에 모든 노력을 다할 것을 선언하며, 우리의 뜨거운 심장을 모아 다음과 같이 결의한다.
>
> 하나, 신문·방송·잡지에 대한 어떠한 외부간섭도 우리의 일치된 단결로 강력하게 배제한다.
>
> 하나, 기관원의 출입을 엄격히 거부한다.
>
> 하나, 언론인의 불법연행을 거부한다. 만약 어떤 명목으로라도 불법연행이 자행된다면, 그가 귀사할 때까지 퇴근하지 않는다.

기자들은 선언과 동시에 선언문의 내용과 결의사항을 동아일보와 동아방송을 통해 보도하기로 하고, 이 요구가 받아들여지지 않을 경우 신문이나 방송제작을 거부하기로 하여 마침내 관철시켰다. 자유언론실천선언이 그 이전의 언론자유수호운동과 다른 점은 '수호'라는 방어적 자세에서 '실천'이라는 능동적 의지를 분명히하고, 그것을 즉각 실행에 옮겼다는 점이다. 이같은 자유언론실천운동은 즉각 전국의 언론사로 빠르게 확산되었고, 동아일보 기자들은 10월 26일 자유언론실천선언을 지면과 방송제작에 좀더 질서있게 반영하기 위해 자유언론실천특별위원회를 구성하면서 미흡한 부분에 대해 회사측에 요구해나가기 시작했다.

언론탄압의 극치—광고해약

그러나 아직도 금기시되거나 누락되는 기사가 많았다. 특히 민청학련·인혁당 사건 관련자들의 고문조작 사실, 민권운동, 종교계 활동에 관한 보도는 여전히 지면에 실리지 못했다. 그래서 기자들은 구속자 가족들로부터 "쓰지도 못하는 취재를 하면 뭐하냐" "방송에 내보내지 않으려면 취재도 하지 마라"라는 핀잔을 들어야 했다. 이런 가운데 11월 11일 저녁 정의구현사제단이 주최하는 인권회복기도회가 전국에서 동시에 열렸다. 기자들은 기도회를 사회면 머릿기사로 보도해야 한다고 주장했다. 이어 기자들이 기도회 보도를 요구하며 제작거부에 들어가, 12일자 신문이 하루 쉬는 진통을 겪게 되었다. 11일의 인권회복기도회는 당시의 상황으로 보아 중요한 이슈이기도 했지만, 11월 9일에 김종필(金鍾泌) 총리가 한 발언의 보도와도 관련이 있었다. 11월 9일 아침 김종필 총리가 기독교 실업인이 주최하는 조찬기도회에 참석하여 시노트 신부와 오글 목사를 비난한 발언에 대해 동아일보는 '외국인 교역자의 반정부선동은 탈선' '인권침해·종교탄압 운운도 부당'이라는 제목으로 1면 중간머릿기사(6단 컷)로 보도했다.

민주화운동 보도를 요구하는 기자들과 자제를 요청하는 회사측의 갈등이 계속되는 가운데, 동아일보에 대한 광고탄압이 시작되었다. 12월 16일 주요 광고주들이 "이유를 묻지 말아달라"면서 전화로 광고계약을 해지하거나, 광고동판을 회수해가기 시작했다. 20일부터는 무더기 해약사태가 벌어졌다. 25일부터는 영화광고가 일제히 끊겼다. 1975년 1월 23일까지 거대광고주 20여개사의 광고를 비롯해 평상시 상품광고의 98퍼센트가 떨어져나갔다. 동아방송은 12월 20일부터 광고계약이 해지되기 시작해, 1월 7일의 무더기 해약사태를 거쳐 1월 11일에는 전체의 84퍼센트가 해약되었다. 문공부의 지도와 감독을 받는 홍보협회는 1974년 12월 25일부터 1975년 1월 22일 사이에 서울신문에는 161건의 광고물을 게재한 반면, 동아일보에는 단 1건의 광고밖에 주지 않았다. 광고해약사태가 정권 차원에서 이루어졌음을 말해주는 일례다.

기자들은 12월 25일 오전 편집국에서 긴급총회를 갖고 "10·24 선언을 확고히 다져 어떠한 외부압력에도 결연히 대처한다" "광고계약의 전면적인 철회 경위를 신문과 방송에 자세히 보도하고 철회된 광고면을 백지 그대로 제작한다" 등 3개항을 결의했다. 이리하여 1974년 12월 26일자 동아일보에 '동아일보 광고 무더기 해약' '새 수법의 언론탄압으로 규정'이라는 제목으로 무더기 광고해약사태 보도와 함께 백지광고가 그대로 게재되었다. 이로써 광고탄압 사실을 알게 된 국내외 각계각층에서 분노의 함성이 일기 시작했다. 백지광고가 격려광고로 대치된 것은 바로 직후의 일이다.

광고탄압 사실이 알려지자 당시의 야당 신민당을 비롯해 기자협회, 정의구현사제단 등의 항의와 지원성명이 줄을 이었고, 동아일보에 성금 행렬이 이어졌다. 12월 27일 사제단은 "광고해약은 분명히 당국의 압력이 기업주에 가해져 일어난 것"이라면서, 범국민적인 동아일보 지원을 호소했다. 구속자가족협의회는 '자유언론의 사명을 다하기 위해 온갖 어려움을 겪고 있는 동아일보의 용기에 감사한다'는 뜻과 함께 당시로서는 거금인 성금 5만원을 전달했다. 그리고 12월 30일부터 '동아는 승리한다' '자유언론 만세' 등 격려광고가 쏟아져들어오기 시작했다. 이때 들어온 광고들은 모두 시대상황과 그 아픔을 반영한 것으로, 몇몇 격려문안을 소개하면 다음과 같다.

동아일보를 위해 성금을 내는 것이 아니라 자신이 떳떳해지기 위해서 성금을 낸다.(일용직 근로자)

배운 대로 실행하지 못한 부끄러움을 이렇게 광고한다.(서울법대 제23회 동기생)

정권은 망해도 언론은 영원하다.(국민의 한 사람)

동아, 너마저 무릎 꿇는다면 진짜로 이민갈 거야.(이대생 S)

국민 여러분, 우리 손자에게 아빠를 돌려주셔서 감사합니다.(김지하 석방되는 날, 박경리)

직필은 사람이 죽이고, 곡필은 하늘이 죽인다.(부산의 어느 기자)

작은 광고들이 모두 민주의 탄환임을 알라.(어느 출판사 편집부)

안타까운 마음으로 이 여백을 삽니다.(밥집 아줌마)

부러지더라도 휘지는 않겠다.(냉장고 장수)

교회 쪽에서도 열성적으로 광고를 실었다.

조국의 정의구현을 위하여 애쓰는 동료 신부님들의 장한 용기에 박수를 보내며, 착한 사마리아 사람들을 본받고자 억울하게 고통을 당하고 있는 동아일보를 돕는 영광스러운 대열에 우리도 함께 참여합니다.(캐나다 토론토 한인천주교회)

비록 위협을 당할지라도 나의 지식을 인도주의에 어긋나게 쓰지는 않겠노라.(가톨릭의대 4년생 일동의 히포크라테스선서)

눈물로 씨뿌린 사람들이 곡식단 들고올 제 춤추며 돌아오리이다.(시편 25:5-6, 대건신학교 부제 일동)

정의와 진리의 사도, 지학순 주교님 만세.(천주교 춘천교구 사제단)

여러분, 감사합니다.(지학순 주교)

천주교정의구현전국사제단에게 마음으로부터 격려를 보냅니다.(화양동 꾸르실리스타 일동)

이돈명 변호사를 비롯한 변호사들은 매일 사회면에 돌출로 '대한민국은 민주공화국이다' '대한민국의 주권은 국민에게 있고, 모든 권력은 국민으로부터 나온다'는 헌법조문과 민주주의·인권과 관련된 장전(章典)을 연속광고로 게재했다. 동아일보의 지면은 오히려 화려해졌고, 1975년 1월 4일자 신문은 평상시 광고대금의 두배가 넘는 격려광고가 들어왔다. 격려광고야말로 민중의 소리 그 자체였으며, 영국 신문 『가디언』(*Guardian*)의 표현처럼 '수많은 한국인들이 처음으로 읽는 정치적 개인칼럼'이었다.

격려광고는 한때 회사측에서 '격려광고 일부는 지면부족으로 내일로 미룹니다'라는 안내광고까지 내야 할 만큼, 그리고 시민 쪽에서는 '동아일보 광고 차례 기다리기가 이렇게 어려워서야……'라는 광고를 실을 만큼 폭주했다. 이와 함께 동아일보에 대한 지지와 성원도 각계각층에서 다투어 이어졌다. 1월 11일 기자협회는 "광고해약은 잔혹한 언론탄압임이 명백하므로 즉각 철회되어야 한다"라고 요구했고, 1월 12일에는 전국의 성당과 교회에서 '동아일보를 위한 기도회'가 열렸다. 1월 13일에는 한국일보와 조선일보에서, 14일에는 중앙일보에서 기자들이 동아일보 탄압에 대한 공동투쟁을 결의했다. 국내에서뿐만 아니라 해외에 있는 언론단체와 교포들도 동아일보에 격려와 성원의 목소리를 높였다.

이보다 앞서, 1월 9일 명동성당에서 있었던 '인권과 민주회복을 위한 기도회'에서는 '우리의 결의'를 채택했는데, 제4항에서 "언론탄압의 교활한 간계를 즉각 중지할 것을 요구한다. 언론자유에의 탄압은 곧 양심과 진실을 두려워하는 현정권의 속성을 반영하는 것이다. 자유언론의 승리를 위하여 우리는 최대한의 노력을 경주할 것이며, 국민의 성원이 그에 밑받침할 것을 확신한다"라고 했다. 이심전심으로 국내는 물론 국외에서도, '세무사찰 및 은행융자회수 위협으로 중앙정보부 등이 광고주들에 압력을 가했다'(1월 25일자 『뉴스위크』*Newsweek*)는 사실을 알게 되었다. 그리고 프랑스신문 『르몽드』(*Le Monde*)가 "한국의 중앙정보부가 검열·간섭·위협으로도 동아를 막지 못했다"라고 할 만큼, 박정희정권의 광고탄압은 민의의 봇물에 밀려 실패하는 것처럼 보였다. 그러나 흔히 그렇듯이 적은 내부에 있었다. 안에서 치밀한 음모가 진행중이었던 것이다.

거리로 내쫓기는 기자들

비록 격려광고와 성금이 줄을 잇고는 있었지만, 그것이 정상적인 것이 아닌 한, 동아일보의 경영상태가 위기를 맞고 있었던 것은 사실이다. 이것이 빌미가 되어 기자들이 해임당하기 시작했다. 2월 28일 주주총회에서 사장 중임이 결정되고, 새 주필에 이동욱(李東旭)이 임명되면서 내부상황이 급변했다. 3월 3일 이동욱 주필은 취임인사를 통해 "이사회의 권한에 도전하거나, 위계질서를 문란케 하는 언사나 행위, 회사 내에서의 집단적인 집회 등의 행위, 회사 내에서의 유인물 배포 행위는 결코 용납하지 않겠다"라고 협박성 발언을 한 뒤, 회사경영난을 이유로 1실3부를 폐지하고, 그 부서에 근무하는 18명의 기자들을 무차별적으로 해임하기에 이르렀다. 공교롭게도 해임된 18명의 기자들은 한결같이 언론자유의식이 투철하고 애사심이 강한 사람들이었다.

가혹한 광고탄압 속에서도 동아일보를 '민족의 동아, 세계의 동아'로 끌어올렸다고 자부하던 기자들에게 그런 해임조치는 청천벽력과도 같은 소식이었다. 더구나 3월초는 그 누구의 눈에도 광고탄압을 자행하고 있는 박정희정권이 국내외에서 궁지에 몰리고 있는 시기였다. 기자들은 '알림'이라는 유인물을 통해 해임의 부당성을 지적하고, 경영이 어려우면 월급을 줄여서라도 함께 싸워가자고 호소했다. 그러나 회사측은 불법유인물을 작성, 배포하고 주필을 모욕했다는 이유로 3월 10일에 2명의 기자를 또다시 해임했다.

이는 움직이면 목을 자른다는 신호였다. 실제로 당시 편집국에서 농성하는 기자들 앞에 회사의 인사부장을 대동하고 나타난 주필은 "자른다면 자르는 거야!" 하면서 농성해제를 요구했다. 기세에 눌렸든지 아니면 회사의 진의를 파악하기 위함이었든지 기자들은 일단 해산했다가, 12일 아침 9시 10분경 편집국에서 기자협회 동아일보분회 집행부의 주재로 긴급총회를 개최하고 「자유언론실천백서」와 결의문을 채택했다. 「자유언론실천백서」는 그동안 투쟁의 과정과 성과를 확인하고, 위정자들에게는 "당신들은 동아에 대한 광고탄압이 성공도 못 거둔 채 국내외의 물의만 일으키는 역효과로 끝나자 이제 자유언론을 주장, 실천하는 기자들을 구조적, 제도적으로 제거하려는 이른바 '언론유신' 작업을 꾀하고 있다"라고 지적하고, 경영진들을 향해서는 "부정불륜한 권력과의 야합, 결탁을 거두고 자유·진리·정의를 사랑하는 국민의 쪽으로 돌아올 것"을 간곡히 촉구했다.

이와 함께 제작거부를 결의하고 편집국에서, 그리고 일부는 공무국에서 단식농성에 돌입했다. 또 11시 뉴스를 통해 "동아일보와 동아방송 기자 일동은 오늘 오전 9시 「자유언론실천백서」를 발표하고, 해임된 동료 20여명의 복직을 요구하며 신문·방송 뉴스와 잡지의 제작을 거부했습니다"라고 방송했다. 회사는 이 날짜로 권영자(權英子) 기자협회 분회장을 비롯한 17명을 해임했다. 이런 와중에 12일자 신문은 조선일보 공무국의 시설을 빌려 그날밤 늦게 4면으로 발행되었다.

13일자 신문 역시 4면으로 발행되었는데, 왼쪽 상단에 「동아의 입장」이라는 글을 통해 "광고탄압이라는 외우(外憂)와 사원들이 하극상을 함부로 하는 내환(內患) 속에서 질서를 바로잡기 위해서는 인사조치가 불가피하다"라고 밝혔다. 이에 대해 기자들은 자신들이 제작한 '알림'을 통해 "자유언론 실천을 열망하는 기자들의 목을 치는 신문이 뻔뻔스럽게 격려광고를 싣고 있다" "동아일보의 위대한 전통은 3월 11일자 지령(紙齡) 1만6443호로 멈추었다"라고 선언했다.

12일부터 강제해산이 있었던 17일 사이에는 함석헌, 천관우, 공덕귀, 박형규, 김관석(金觀錫), 함세웅, 홍성우 등 재야인사들의 격려방문이 잇따랐고, 기자들을 지지하는 성명도 발표되었다. 격려방문 때 기자들은 애국가를 합창하기도 했으며, 함께 손을 잡고 눈물을 흘리기도 했다.

1974년 10월 24일 오전 9시, 동아일보 편집국에서 2백여 기자들이 참석한 가운데
역사적인 자유언론실천선언대회가 열렸다. 사진제공 : 동아투위

3월 15일에는 송건호(宋建鎬) 편집국장이 "현재의 사태를 수습하는 길은 해임사원들을 전원 복직시키는 것"이라면서 회사측에 사의를 표명했다. 16일에는 "오늘밤에 강제해산이 있을 것 같다"라는 소문이 돌아 재야인사들이 회사 주변에 포진했으며, 시노트 신부는 아예 기자들의 농성에 동참했다. 시노트 신부는 이날밤 기자들로부터 "이제 우리는 동아에서 양심의 시대가 가고, 배반의 시대가 시작됐음을 선언한다"라는 내용의 양심선언을 전달받았다.

3월 17일 새벽 3시 15분경 농성장의 철문을 뜯어내는 용접기 소리와 해머 소리 속에 회사에서 동원한 사람 2백여명이 들이닥쳐 기자들을 끌어내기 시작했다. 4시 45분경 기자들은 전해 10월 24일 편집국에 내걸었던 '자유언론실천선언'이라는 족자를 걷어 앞세우고, 계단을 통해 정문으로 흐느끼며 내려왔다. 회사 정문 앞에서 애국가를 제창하고 헤어졌다가 8시 30분에 다시 집결했다. 10시에는 기자협회에서 기자회견을 통해 '폭력에 밀려 동아일보를 떠나며'라는 성명을 발표했다. 거기서 기자들은 "10 · 24 자유언론실천 이후, 국민적 성원과 세계 양식의 격려에 힘입어 빈사의 상태에서 기적처럼 회생한 동아는 이제 권력의 강압과 경영주의 마비된 이성으로 끝내 추악한 모습을 드러냈다. (…) 이제 동아는 어제의 동아가 아니다. 그러나 동아의 정통성은 폭도를 고용한 저들에게 있는 것이 아니라, 자유언론을 사수하는 우리들에게 있다"라고 주장했다.

3월 18일 기자 163명은 동아자유언론수호투쟁위원회(동아투위)를 결성하고, 6개월이 되는 그해 9월 17일까지 아침마다 회사 정문 앞에 도열해 시위를 벌이면서 출근하는 사원들과 행인들에게 유인물을 배포했다. 붓을 빼앗긴 기자들의 시대, 이른바 투위시대가 시작된 것이다. 투위 관계자들은 이때부터 구류 · 연행 · 구속을 거듭 당하면서, 기자 아닌 실업자로 기약없는 거리 생활을 계속하게 되었다. 한 기자는 아들에게 보내는 형식의 글에서 그들이 겪은 2년 동안의 어려움을 이렇게 회고했다.

> 모두들 먹고살아야 했기에, 아니 살아남아 과거의 일들을 전해주기 위해 낯선 밥벌이들을 찾아나섰다. 옷장사, 능금장사, 고기장사, 쌀장사, 종이장사, 인쇄장사, 글장사, 돌가루장사, 그림장사, 그리고 어느 선배의 넋두리처럼 '몸파는 기분으로' 틀어박히는 취직 등 먹고살아야 한다는 절망을 한번쯤 겪어본 사람들에게 무슨 장사인들 못할 것인가.

물론 투위와 기자들에 대한 국민의 성원도 쇄도했다. 사제단은 3월 21일 명동성당에서 '언론자유를 위한 기도회'를 갖고 "자유언론을 실천하려는 기자들의 고귀한 노력과 요구가 이어질 수 있도록 기자들을 구체적, 적극적으로 도울 것"을 호소하면서 "권력당국과 경영주들이 그들의 부당한 조치와 패배주의를 청산하고 이제는 붓이 없어 목청으로 외치는 기자들의 외침을 받아들이고, 그들에 대한 부당한 해임·파면·무기정직 조치를 취소할 것"을 촉구했다.

조선일보 두 기자의 전격해임

1974년 10월 24일 자유언론실천선언 이후 동아일보를 비롯한 각 언론사에서는 기자들에 의한 자유언론실천운동이 활발하게 전개되고 있었다. 당시 기자들의 행동에는 '의사가 환자에게 유해한 시술만을 강요당할 때는 진료를 거부할 권리와 책임을 갖는다'는 논리가 밑받침되고 있었다. '유해한 시술'이란 그동안 직접·간접, 유형·무형의 외부압력에 의해 형성되고 누적된 보도 금기사항을 충실히 지킴으로써, 국민의 알 권리를 가로막는 일을 말한다. 대통령이나 국무총리 등 최고집권자나 중앙정보부 같은 권력기관에 대해서는 일자일획의 비판도 용납되지 않은 반면, 야당지도자에 대해서는 시시콜콜한 데까지 파헤쳐 비판하는 것이 당연한 일로 되어왔다. 강자에게 약하고 약자에게 강한, 부도덕할뿐더러 균형을 잃은 제작이 당연시된 것이다.

12월 18일 조선일보사에서는 언론의 이러한 '유해한 시술'에 대한 기자의 항의가 빌미가 되어 두 기자가 해임되었다. 12월 17일자 4면에는 당시 유정회 소속의 전재구(全在球) 의원이 기고한 「헛점을 보이지 말라」라는 글이 실렸다. 이 글은 아전인수격으로 동북아와 한반도 정세를 분석한 다음, 유신체제만이 살 길이라는 주장을 담은 글이었다. 이에 대해 백기범(白基範), 신홍범(愼洪範) 두 기자는 17일 편집국장에게 찾아가 ①기사에는 계기가 있어야 하는데 이 기사에는 계기가 명확하지 않다는 점 ②기사 취급에 있어 다른 의견의 게재 등 형식상의 균형조차 갖추지 못했다는 점 ③회사 내외의 압력에 의해서 들어간 것이라면 그것은 편집권이 침해받는 것으로, 편집권이 침해당하는 기사라면 싣지 않는 것이 바람직하다는 뜻을 전달했다. 이에 대해 편집국장과 회사측은 "신문은 편집국장 책임하에 만들어지는 것인데 감히 편집권을 침해하느냐"라면서, 17일 오후에 견책통보와 함께 "위계질서를 파괴하고 편집권을 침해했으나, 앞으로는 절대 이런 행동을 하지 않을 것이며, 그런 행동이 있을 때는 어떤 처벌도 달게 받는다"라는 내용의 시말서를 요구했다.

이에 대해 두 기자는 "편집권이 침해당하는 것을 보고, 그것이 침해당해서는 안된다고 의견을 얘기하는 것이 어떻게 편집권의 침해가 되며, 기자가 편집국장에게 신문이 보다 올바르게 만들어져야 한다고 의견을 제시한 것이 어떻게 위계질서의 파괴가 되는가" "징계절차에 있어 양쪽 당사자 중 한쪽인 기자들의 의견은 청취하지 않았으며, 우리는 시말서를 써야 할 아무런 잘못이 없다. 우리가 시말서를 쓰는 것은 동료기자들의 피나는 언론자유실천운동에 찬물을 끼얹고 또 모욕하는 행위"라면서 거부했다. 회사측은 17일 밤에 기자들의 해명기회 없이 징계회의를 거쳐 해임을 결의하고 18일에 방(榜)을 붙였다.

19일 편집국 기자 1백여명은 비상총회를 개최하고 "두 기자의 해임은 10·24 자유언론실천선언과 이에 따른 자유언론실천운동에 대한 억압"임을 지적하며 해임철회를 요구하는 농성에 들어갔다. 농성에 들어간 지 7시간 만에 김윤환(金潤煥) 부국장은 회사측을 대표하여 "3개월 이내, 창간기념일인 3월 5일 이전에 복직시킨다. 만약 이 공약이 실현되지 않을 경우 편집국장단이 인책 총사퇴하겠다"라는 입장을 표명하여 농성은 해제되었다. 회사측의 약속을 믿고 농성을 푼 데는 당시 기자들이 뜻을 합쳐 모처럼 자유언론을 실천하고 있는 마당에 회사측과의 마찰은 되도록 피하고자 하는 뜻이 있었다.

조선투위의 탄생과정

언론사간의 경쟁과 상업주의는 참으로 묘한 것이어서, 동아일보에서 자유언론실천운동이 활발히 전개되자 조선일보의 간부진들은 자사에서도 기자들이 자유언론실천운동을 전개해줄 것을 은근히 종용했다. 그러나 그것은 어디까지나 외형상의 요청일 뿐 실제로는 여전히 자유언론 실천을 억압하고 있었다. 실제로 각 부서 대표로 대책회의를 구성해 자유언론 실천을 시도하면 여지없이 억압했으며, 사실보도의 성과는 아직도 미미한 상태에 머물러 있었다. 기자들은 자유언론실천운동을 좀더 조직적, 체계적으로 추진하기 위해서 형식상으로만 존재하던 기자협회 조선일보 분회를 개편하여 자유언론 실천의 구심으로 삼기로 하고, 1975년 1월 11일 새로운 분회장을 선출했다. 원래 기자협회는 1964년에 창설된 기구로 기자들의 자질 향상, 언론자유 수호, 권익 옹호를 목표로 내걸었으며, 회사측의 억압과 방해를 피할 수 있는 기자들의 유일한 조직이었지만, 그때까지는 유명무실하게 방치되어왔다. 그러나 10·24 자유언론실천운동을 전후하여 기자협회에 대한 인식과 태도가 바뀌어 기자들은 기자협회를 개편하고 능동적으로 참여하게 되었다.

기자협회 조선일보 분회는 1월 13일 회사측과의 힘겨운 싸움 끝에 동아일보 광고탄압사태를 보도하기 시작하고, 이어서 15일에는 한국편집인협회도 "10·24 선언과 그 이후 기자들의 자유언론 실천노력을 언론의 자구행위로 지지하고, 동아일보 광고탄압사태의 종식을 촉구하"는 성명을 발표한다. 그러나 분회의 출범은 회사측의 분회장 입후보 예상자에 대한 사표제출 강요 등 처음부터 완강한 방해와 억압으로 시련을 겪어야 했다. 2월 1일 분회 집행부는 조선일보 지면을 매일매일 분석하여 '현저하게 보도원칙을 일탈한 기사'를 파악한 후 편집국 간부층과 기자들에 제시하기로 하고 『분회소식』 1호를 발간했다. 그러나 회사측은 즉각 『분회소식』의 발간중지를 명했다. 분회측이 이를 거부하고 2월 11일 2호를 발간 배포하자 회사측은 지시위반을 이유로 정태기(鄭泰基) 분회장을 파면조치하고 분회 임원 4명을 견책하기로 결의했다.

그렇지만 방우영(方又榮) 사장이 돌연 2월 13일 오후 8시에 간부회의를 소집해 "지금부터는 조선일보를 정론지로 만들 결심이 섰다. 편집국은 원칙대로 소신껏 신문을 제작하라"라고 지시한 데 이어, "지금까지 지켜오던 신문제작의 금기사항들에 구애받지 말고 각 부서별로 과감한 지면제작을 하라"라는 구체적인 지시를 한다. 또 17일에는 징계결의를 백지화한다. 이에 대한 화답으로 기자들은 2월 14일 총회를 열어 정론지 제작에 혼연일체 단합하기 위해 기자협회 분회활동을 당분간 중단하기로 결의한다. 그러나 이러한 밀월은 오래가지 못했다. 뿐만 아니라 2월 15일에서 3월 1일에 이르기까지의 기사도 구속인사 석방 보도가 묵살·왜곡·삭제되는 등 공정보도의 원칙이 현저하게 훼손되었다.

더욱 놀라운 일은 2월말경부터 회사측은 두 기자의 복직을 약속한 사실이 없다고 발뺌하기 시작한 것이다. 약속은 김윤환 부국장이 개인 차원에서 한 것이며, 사장한테 사죄의 뜻을 표명해야 한다는 등 태도가 표변했다. 실제로 사장은 3월 4일 찾아온 기자들에게 복직시킬 수 없다는 뜻을 밝혔다. 이에 기자들은 창간기념일인 3월 5일부터 약속을 지켜야 한다는 원칙에 따라 분회활동을 재개하여 6일에는 『분회소식』 제3호를 배포하고, 오후 2시에는 기자총회를 열어 "10·24 선언에 따라 자유언론에 도전하는 외부권력은 물론 언론 내부의 안이한 패배주의와도 싸울 것"을 주장하는 제1선언문과 "① 백기범·신홍범 두 기자의 즉각 복직 ② 기자들의 자유언론 실천노력을 외면하고 두 기자의 복직 약속을 저버린 편집국장단의 인책 사퇴"를 요구하는 결의문을 채택, 발표하고 그 자리에서 농성에 돌입했다. 오후 4시 사장은 제작 참여를 거부하는 기자는 전원 파면한다고 통보했다. 실제로 3월 7일 회사는 정태기 분회장을 비롯한 집행부 5명의 파면을 공고했다. 그러나 기자들은 기자협회 분회 임시집행부를 구성하고 농성을 계속했다. 이것이 이른바 3·6 사태이다.

3월 8일은 농성 3일째 되는 날로, 기독교여성연합회를 비롯한 사회단체들의 지원성명이 일제히 발표되었으며, 『기자협회보』는 증면호를 발행하여 3·6 사태를 보도했다. 『기자협회보』는 증면호를 발행했다는 이유로 10일 폐간조치된다. 한편 기자들은 8일 제2선언문을 발표하여 "반일·반공·반독재로 55년 동안 점철된 조선일보의 지령이 1975년 3월 8일로 정지되었음"을 선언했다. 10일에는 분회 2차집행부 기자 5명이 파면공고되지만 다시 임시집행부를 구성하고 농성을 계속했다. 11일에는 편집국 간부로서는 처음으로 정치부 이종구(李鍾求) 차장이 농성에 참가하는데, 회사는 곧바로 이종구 차장 등 4명을 파면공고하고, 농성중인 기자 중 임시집행부 5명을 포함해 37명을 일거에 무기정직시켰다. 이로써 3·6 사태 발생후 파면 14명, 무기정직 37명 등 51명이 징계를 받았고, 나머지 40여명이 농성을 계속했다. 이날 기자들은 '언론계에 보내는 호소문'을 발표하여 "우리는 누가 뭐래도 우리 조선일보를 사랑합니다. 그러나 우리가 사랑하는 조선일보는 제호와 허울만의 것이 아닌, 국민적 요청에 응답하는 진실과 정의의 신문 조선일보일 뿐입니다"라고 울부짖는다. 그러나 이날밤 7시 30분, 최후의 일인까지 최후의 일각까지 남아 옥쇄하기로 결의했던 농성기자 40여명은 회사측에 의해 편집국에서 강제축출된다.

그 다음날 오전 10시에 징계 또는 축출된 기자 전원은 회사 앞에서 항의시위를 벌인 뒤 신문회관 소강당에서 총회를 열기 시작하여, 매일 오전 10시 총회를 계속했다. 3월 21일에는 쫓겨난 기자 전원의 이름으로 조선일보자유언론수호투쟁위원회(조선투위)를 구성한다. 3월 28일 정태기 위원장은 기자들의 생계문제 등을 놓고 고민하다, 나중에 파면된 기자 14명을 제외한 모든 기자들의 회사 복귀를 결정했다. 그러나 회사측은 4월 4일, 18명의 회사 복귀를 거부하고 이들을 추가 파면시킨다. 이로써 해임된 기자는 모두 32명(무기정직 1명)으로 이는 조선일보 편집국 기자의 3분의1에 해당한다. 이들 33명은 조선투위의 일원으로서 1970년대와 1980년대 그리고 오늘에 이르기까지 붓을 빼앗긴 채, 인고의 세월을 부둥켜안고 살아야 했다.

민중에게 자유를, 민족에게 통일을!

이들은 3월 12일 쫓겨난 뒤 발표한 제5선언문에서 "아무리 험난해도 결코 외로울 수 없는 이 자랑스러운 길을 따라 우리는 어깨를 맞대고 전진할 것이다. 정론지 조선일보 만세!"라고 하여 조선일보에 대한 한없는 사랑을 끝까지 포기하지 않았다. 3월 17일 동아일보 기자들이 강제축출되자 "자유언론은 이제 조종을 울렸다. (…) 이제 55년 면면히 지켜져온 민족지 정통성 수호의 보루는 깨어진 채 조선과 동아는 반민족적, 반민주적 세력들에 의해 강점되었다"라고 선언한다.

이후 동아·조선투위의 기자들은 유신의 암흑기에 민주회복운동에 참여하여 거리의 언론인으로서뿐만 아니라 유신세력이 쓰러질 때까지 재야의 핵심세력 가운데 하나로 역사적인 활동을 전개하게 된다. 1977년 12월 30일 조선·동아투위가 발표한 민주민족언론선언에서는 민주화운동 속에서 더욱 성숙하고 확신에 찬 그들의 신념을 읽을 수 있다.

> 지난 3년여의 인고 속에서 과거의 언론인이 아닌 미래의 언론인으로 성장한 우리는, 오늘의 사이비언론을 타도하고 민주민족언론을 세우는

역사적 책무를 통감한다. (…) 민주언론은 민중의 아픔을 같이하는, 민중을 위한, 민중에 의한, 민중의 것이어야 한다. 따라서 우리는 한줌도 안 되는 지배자의 언론이기를 거부한다. 체제나 정권은 유한하다. 그러나 민중과 민족은 영원하다. 이 영원한 민중과 민족을 위한 언론, 즉 민주민족언론을 우리는 지상과제로 삼는다. 자유언론은 어느 한 시대를 뛰어넘는 우리의 영원한 실천과제다. 따라서 우리는 영원한 투쟁을 선언하며, 영원한 승리를 확신한다.

이들이 거리로 쫓겨나온 1년 뒤, 선배 언론인 천관우는 명말청초(明末淸初)의 사상계를 대표하는 고염무(顧炎武)의 「염치(廉恥)」라는 시를 인용해 이들을 격려했다.

松柏後凋於歲寒 송백은 추위가 와도 끝까지 시들지 않고
鷄鳴不已於風雲 닭은 비바람이 와도 울 때는 운다.

이렇게 회사에서 쫓겨난 기자들은 점차 흩어져 생업을 찾아나서야 했고, 그 과정에서 타계하는 사람들도 많아졌다. 30년이 지난 지금까지도 해직된 기자들의 문제는 여전히 미해결의 장으로 남아 있고, 20·30대였던 그들은 이미 60대의 나이에 접어들었다. 1999년 10월 24일 동아일보는 1974년 10월 24일의 '자유언론실천선언' 25돌을 기념하여, 3일에 걸친 특집기사를 자랑스럽게 게재했다. 그러나 10·24 선언을 주도했던 자유언론수호의 투사들은 동아일보에 한사람도 남아 있지 않았다. 고난 속에 자유언론을 수호하고 실천한 사람들은 간 곳 없고, 그들을 내쫓은 사람들의 잔치만 요란했다.

김지하의 양심선언

수난에 대한 정열

김지하는 2000년에 쓴 책 『옛 가야에서 띄우는 겨울편지』에서 자신의 이름과 관련하여 이렇게 말하고 있다.

> 20대 초반 학생시절의 여름 한낮, 술에 잔뜩 취해 비틀거리다 길바닥의 입간판 위쪽에 쓰인 작고 검은 글씨의 '지하'라는 한글 글자를 보고 문득 붙이기 시작한 필명 '김지하'는 분명 지하(地下)의 뜻입니다. 지금의 한자 지하(芝河)는 국내외 신문기자들이 기사를 쓰다가 적당히 붙여준 것입니다. (…) '지하'라는 이름을 쓴 뒤로 저의 삶은 내내 감옥, 정보부 지하실, 경찰서 유치장과 취조실, 싸구려 지하술집, 컴컴한 뒷골목, 허름한 삼류여관, 남의 집 비좁은 문간방이나 뿌우연 형광등 속의 병원침대를 면치 못하였으니 과연 이름이란 무서운 것입니다. (…) 제 이름은 국제적으로는 '언더그라운드 킴'인 것입니다. (…) 실제로 그것이 30여년 동안 저의 내면을 지배해왔습니다. 거기에는 저의 문학자적인 괴팍과 자칭 혁명가적인 무자비한 과격성과 순교자적인 자기연민 따위가 이리저리 이름 언

저리에 엇섞여 있습니다. (…) 작년 초겨울 음력 개천절에 공언한 바 있습니다만, 아버님이 지어주신 본명 '영일(英一)'로 돌아가 어둠과 과격과 자기연민이 아닌, 작고 아리땁고 소담한 제자리에 자연스레 피는 '꽃 한 송이'로 살겠다는 것입니다. (…) 연초에 문득 자호(自號) 두 글자가 뇌리에 떠올랐으니 왈 노겸(勞謙), 근로와 겸손입니다. '영일(英一)'을 꽃피우려면 '노겸(勞謙)'해야만 한다는 뜻인 듯합니다. (…) 해서 부탁인데요, 이름인 '영일'보다 호인 '노겸'에 성을 붙여 그저 한글로 '김노겸'이라 불러주었으면 합니다. (…) '지하'가 이제까지의 저의 고통과 어둠과 오류와 부덕의 상징이라면, '영일'은 제가 돌아갈 생명의 자리, 제 삶의 작고 자연스럽고 소박한 목표가 되며, '노겸'은 그것을 위한 저의 피나는 노력과 애쓰는 마음속의 텅빈 겸허를 말함이요, '김노겸'은 참으로 제가 살아갈 새 삶의 이미지 자체인 것입니다.

자신의 본명을 되찾고 스스로 호를 지어 이렇게 불러달라고 하기까지의 심경을 애써 솔직담대하게 적고 있음을 느끼게 해주는 글이다. '김지하' 시절의 역정과 고통을 그 누구보다 잘 알고 있는 나로서는 그의 그런 심경 토로가 가슴에 절절히 와닿는 느낌이었다. 이제 그가 불러달라는 이름 '김노겸'의 가장 어두웠던 시절의 이야기로 들어가 보기로 한다. 즉 '김지하' 시절, 그중에서도 그가 죽음을 넘나들던 1970년대 이야기이다.

우리가 죽음을 이겨냈다

김지하는 1974년 4월 이른바 민청학련사건으로 흑산도에서 체포, 구속되었다. 지학순 주교에게서 돈을 받아 조영래 등을 통해 민청학련에 자금을 대주고 민청학련사건을 배후에서 조종했다는 것이 혐의내용이었다. 제1심 군법회의에서 사형을 선고받았고, 국방부장관의 확인과정에서 무기징역으로 감형되어 영등포교도소에서 복역중 1975년 2월 15일 형집행정지로 출감했다. 나중에 글 자체가 또 문제되기도 했지만, 당시 광고탄압의 와중에 있던 동아일보에 3회에 걸쳐 기고한「고행 … 1974」라는 옥중수기에는 사형선고를 받았을 때의 느낌을 이렇게 적고 있다.

> 사형이 구형되었다. 김병곤의 최후진술이 시작되었다. 첫마디가 '영광입니다.' 아아! 이게 무슨 말인가? 이게 무슨 말인가? 나는 엄청난 충격속에 휘말려들기 시작했다. 죽인다는데, 목숨이 끝난다는데, 일체의 것이 종말이라는데, 꽃도 바람도 눈매 서글한 작은 연인도, 늙으신 어머니의 주름살 많은 저 인자한 얼굴 모습도, 흙에 거칠어진 아버지의 저 마디 굵은 두 손의 훈훈함도, 일체가 모든 것이 갑자기 자취없이 사라져버린다는데…… 그런데 '영광입니다.' 성자의 말이다. 우리가 성자인가? 사형을 집행하지 못할 것이라고 생각하고 비꼬는 말이다. 그러나 무슨 일이든 저지를 수 있는 저들의 그 독살스러움을 잘 알고 있는 우리가 다만 집행하지 못하리라고 생각하여 여유있게 비꼬고 있을 그럴 처지인가? 아니다. 그러면 무슨 말인가? 그렇다. 확실히 그렇다. 우리가 드디어 죽음을 이긴 것이다. 그 지옥의 나날, 피투성이로 몸부림치며 순간순간을 내내 죽음과 싸워 드디어 그것의 공포를 이겨내버린 것이다.

이어서 김지하는 그 신비스러운 경험을 이렇게 감동적으로 쓰고 있다. 죽음을 받아들임으로써 죽음을 이겼고, 죽음을 스스로 선택함으로써 비로소 집단의 영생을 얻게 된 역사적인 순간이었고, 그것은 동시에 종교적인 천상의 예감이었다는 것이다. 이 재판에서 변론을 맡았던 홍성우 변호사도 그가 쓴 「법정의 애국가」라는 글에서 사형선고를 받았을 때, 눈물을 흘리며 죽음을 뛰어넘어 애국가를 함께 부를 때의 감동을 실감나게 전하고 있다.

그 어떤 거짓도 거절하라고

사형에서 무기로 감형을 거쳐, 영등포교도소 인쇄공장에서 복역하던 김지하는 2월 15일 일단 석방되었다. 그러나 석방 27일 만인 3월 13일, 처가인 정릉의 박경리 집에서 원주로 가기 위하여 나오던 중 중앙정보부원들에 의해 연행, 구속되었고, 같은 날 저들은 자택과 처가를 수색하여 영등포교도소에서 작성했던 옥중메모 등을 압수해갔다. 마침 연행되어가는 것을 당시 구속자가족협의회 총무 김한림 여사가 목격했으며, 이 사실은 즉각 목요기도회와 천주교정의구현사제단에 전해졌다. 이번 연행과 구속은 그를 1970년대 내내 감옥에 있게 하는 계기였다. 이후 그로 하여금 '부단히 저 불길하고 잿빛뿐인 미래와 눈을 부릅뜨고 맞서게' 한 것이다.

뒷날 공소장에 적시된 그의 혐의내용은 무엇인가. 옥중수첩에 「장일담」 등의 시작(詩作), 극작 구상을 메모한 것은 반국가단체를 찬양하는 표현물 제작행위요, 이른바 인혁당 관련발언들은 반국가단체에 대한 찬양·고무·동조 행위이며, 원주 집에다 몇권의 서적을 놓아둔 것은 반국가단체를 찬양·고무·동조할 목적으로 표현물을 은닉·보관한 행위로써 반공법 제4조 등을 위반했다는 것이다. 그러나 이는 단지 공식적인 협의내용일 뿐이었다.

김지하에 의하면, 그들은 처음에 "김대중납치사건의 진상을 시로 써달라는 부탁을 받지 않았는가?" "원고는 어디에 있는가?"라고 물으며 매우 신랄히 추궁했다고 한다. 또 하나는 공소장에도 나와 있지만, 인혁당사건의 진실에 대한 김지하의 증언을 봉쇄하려는 데 목적이 있었다고 보여진다. 김지하는 당시 '인혁당사건 진상보고서'를 작성중이던 사제단에서도 증언했고, 또 3월 1일에 있었던 단독성명과 기자회견에서도 인혁당사건의 진상에 대하여 자신이 듣고 본 바를 증언했다. 그리고 「고행 … 1974」에서도 인혁당사건에 상당한 분량을 할애해서 그들의 억울함을 증언했다.

> 잿빛 하늘 나직히 비 뿌리는 어느날, 누군가 가래끓는 목소리가 내 이름을 부르더군요. 인혁당 하재완이었습니다. "말 마이소! 창자가 다 빠져 나와버리고, 부서져버리고, 엉망진창입니다. (…) 저그들도 나보고 정치 문제니께로 쬐끔만 참아달라고 합디다." (…) 출정하다가 인혁당 이수병 씨를 만났습니다. "정말 창피하군요. 이거 아무 일도 나라 위해 해보지도 못한 채 끌려들어와서 슬기로운 학생운동 똥칠하는 데에 어거지 부역이나 하고 있으니." (…) 법정에서 경북대생 이강철이 분명하게 "나는 인혁당의 인자도 들어보지 못했는데 그것을 잘 안다고 시인하지 않는다면서 검사 입회하에 전기고문을 수차례나 받았습니다"라고 하더군요.

김지하는 이때 그 어떤 거짓도 거절해야 한다고, 어둠 속에 감추어진 진실을 빛 속에 드러내야 한다고 생각한 것이다. 박정희정권의 처지에서 보면 인혁당사건의 진실, 즉 그 조작사실이 밝혀진다는 것은 그들의 도덕성에 치명적이었다. 우선은 입을 막기 위하여 어떠한 죄목으로든 김지하를 잡아넣어야 했고, 인혁당사건의 진실을 영원히 은폐하기 위해서는 김지하에게 철저하게 정치보복의 광기(狂氣)를 부려야 했다. 김지하가 또 한번 죽음의 벽을 넘어야 한 것은 바로 박정희정권의 이러한 광기 때문이었다.

'칼이 선' 법정에서

김지하는 여러 차례에 걸쳐 투옥되었다. 그 바로 1년 전에도 민청학련사건으로 서대문구 현저동 101번지 서울구치소에 수감되지 않았던가. 그러나 이번에는 그에 대한 서울구치소의 감호행태가 이전과는 천양지차로 달랐다. 우선 가족접견이 거부되었고, 성서를 비롯한 일체의 책 차입도 허용되지 않았다. 여간 살벌한 것이 아니었다. 그는 이때를 "활자도 언어도 복음서마저도 없는 어둡고 좁은 독감방에 갇힌 채 면벽만이 생활의 전부인 무명의 나날"이었다고 말하고 있다.

감옥 안에서만 김지하를 옥조이고 있는 것은 아니었다. 중앙정보부는 김지하를 검찰에 송치할 때, 단순히 반공법을 위반한 것이 아니라 '철저한 맑스주의자'로 둔갑시켜 발표했는데, 김지하는 중앙정보부에 끌려가서 처음부터 가톨릭에 침투한 공산주의자임을 시인하라는 강요를 5~6일에 걸쳐 받았다고 한다. 검찰은 기소장에서 그들의 상투적인 문구인 "빈곤과 질병으로 인한 열등감과 좌절감 때문에 공산주의자가 되었다"라는 표현과 함께 김지하를 가톨릭에 침투한 공산주의자, 민주주의자를 위장한 음험하고 교활한 공산주의 음모가로 몰아갔다.

그리고 구속되고 얼마 뒤인 4월 9일에는 인혁당 관련자 8명을 전격적으로 처형했다. 이 무렵 검찰은 또 공소사실 자체는 그대로 놓아둔 채, 최고 7년형까지 선고할 수 있는 반공법 제4조 위에, 같은 종류의 범죄를 여러 차례 저지른 경우 최고 사형까지 처할 수 있다는 국가보안법을 적용하는 취지의 공소장변경을 신청했다. 사뭇 불길한 조짐이었다. 결국 박정희정권이 어떻게 하든 김지하를 재판이라는 형식을 통하여 죽이려 하는구나 하는 느낌이었다. 김지하도 그것을 감옥 안에서 몸으로 느꼈으며, 밖의 사람들도 막연하게 그런 낌새를 알아채고 있었다.

지금은 고인이 되었지만, 감히 우리시대의 의인이라고 부르기에 조금도 부족함이 없는 박윤배(朴潤培) 같은 이는 "나는 지하가 죽는 꼴은 결코 못 본다. 그를 구출할 수 있는 길이 있다면 우리 무슨 짓이라도 하자. 최악의 경우, 정말 그 길밖에 없게 된다면 파옥이라도 하자"라고 그 큰 몸집에 울먹거리면서, 그가 흥국탄광에서 퇴직금으로 받아 쓰고 남은 돈 50만원을 나에게 맡겼다. 그 무렵 국내전시차 한국에 온 빠리의 방혜자(方惠子) 화백은 전시회에서 판 그림값 일부를 김지하 구명을 위해 써달라면서 맡기고는 불안한 표정으로 프랑스로 돌아갔다.

그해 3월 21일과 4월 8일 명동성당에서의 사제단 주최 인권회복기도회에서도 김지하의 구속과 기소에 대하여 시국선언, 성명서, 현실고발 등을 통해 강도높게 항의했지만, 저들은 들은 척도 하지 않았다. 오히려 시국은 더욱 험악하게만 돌아갔다. 5월 13일 박정희 대통령은 '국가안전과 공공질서의 수호를 위한 대통령 긴급조치 제9호'를 발동하여 유신헌법에 대한 부정·반대·왜곡·비방, 개정 및 폐기를 주장하거나 청원, 선동 또는 이를 보도하는 행위를 일체 금지시켰으며, 위반자는 영장없이 체포한다고 발표하여 사회분위기는 극도로 위축되었다. 이런 가운데 당국은 『김지하 반공법위반사건의 진상』이라는 노란 표지로 된 책자를 국내외에 대량으로 배포했다. 거기에 그들이 강요해서 쓴 김지하의 자필진술서를 그대로 게재해 마치 김지하가 스스로 자신이 맑스주의자임을 고백한 양 선전했다. 이런 가운데 제1차 공판기일이 나왔다. 5월 19일이었다. 재판은 일사천리로 진행될 것이 뻔했고, 그렇게 되면 우리들이 우려하는 일이 그만큼 빨리 우리 앞에 다가올 것이었다. 어떻게 하면 재판을 연기 또는 무산시킬 수 있을까. 그것이 곧 생명을 구하는 길이요, 그게 아니더라도 적어도 생명을 연장할 수는 있다고 믿었다.

이렇게 해서 찾아낸 묘수가 재판부기피신청이었다. 피고인에게 불리한 편견을 가지고 있는 것이 명백한 사람이 재판을 맡은 경우, 그것을 기피할 수 있는 제도인데 그때까지는 기피신청을 하는 경우가 거의 없었다. 마침 담당재판장이 1년전 군법회의에서 인혁당사건을 재판한 판사였다. 이미 처형된 8명의 사형수를 비롯한 인혁당 관계자들의 혐의를 검찰의 주장대로 추인해준 판사라면 김지하에 대해서 불리한 판결을 할 것이 뻔했다. 어떻게 보면 그 판사가 김지하의 재판을 맡게 된 것은 오히려 하늘이 도운 일인지도 몰랐다.

변호사접견 등 가능한 모든 채널을 통해 김지하와 통신을 하면서 우리는 재판부기피신청을 준비했다. 재판부기피신청은 이런 유형의 사건에서는 처음 있는 일인데다가 사회분위기가 하도 험악했기 때문에, 직접 신청하는 것은 변호사가 아니라 피고인 김지하가 하기로 했다. 5월 19일 제1차 공판 때, 김지하는 이 사건으로는 처음으로 법정에 출정했다. 그러나 교도관들이 겹겹이 김지하를 둘러싸고 계호(戒護)하는 것이 여간 엄중한 것이 아니었다. 정보부원들이 문인들을 찾아가 김지하 재판에 방청 나오지 못하도록 이미 공갈을 쳤기 때문에 법정도 썰렁했고 그만큼 살기가 돌았다. 뒷날 김지하가 그때의 법정을 가리켜 "칼이 섰었다"라고 말한 적이 있는데 과연 그랬다. 그 누구보다도 김지하가 그것을 직접적으로 느낄 수 있었을 것이다.

재판이 시작되고 인정신문이 끝나자마자였다. "재판장이 인혁당을 재판한 판사로서, 인혁당사건이 조작되었다는 나의 발언이 문제된 이 사건에서, 인혁당사건에 대한 예단을 가지고 있을 것이 분명한만큼 재판부기피신청을 한다"라는 김지하의 말은 박정희정권 당국의 허를 찌른 것이었다. 그때만 해도 기피신청이 처음 있는 일이라, 기피신청에 대한 결정이 날 때까지 재판을 연기하는 것으로 1차 공판은 끝이 났다. 위기의 순간을 한번 넘긴 것이다.

정의와 진리를 사랑하는 이들에게

기습적인 재판부기피신청을 통하여 가까스로 위기를 벗어나기는 했지만, 5월 19일 제1차 공판은 김지하가 다가오는 위험의 실체를 피부로 느끼기에 충분했다. 타고난 기질 탓인지 모르지만, 징역을 비교적 낙천적으로 견디어내던 김지하도 아연 긴장하기 시작했고, 밖에 있던 가족과 주변 사람들에겐 더할 수 없는 조바심을 안겨주었다. 이대로라면 필경 일을 당하고야 말 것 아닌가 하는 걱정과 두려움이 쌓이기 시작했다. 우리에겐 무엇인가 특단의 대책이 필요했다. 그래서 생각해낸 것이 김지하의 양심선언이다. 옥중의 김지하가 심혈을 기울여 자신의 진실을 담은 양심선언을 작성하고 그것을 성공적으로 반출해 국내외에서 광범위한 구명운동을 전개함으로써 국제적인 여론의 힘으로 김지하를 구출하자는 계획이었다. 사형까지도 내릴 수 있다는 내용의 공소장변경 직후부터 그런 교감이 이루어지기 시작했다. 더욱

이 제1차 공판이 준 충격이 컸기 때문에 그러한 계획은 절박했고 긴장 속에 가속이 붙게 되었다.

당시 김지하와의 접견은 변호사접견과 성직자들의 성사접견만 허용되었을 뿐, 가족접견 같은 것은 일절 허용되지 않았다. 그나마 변호사나 성직자들의 접견도 하도 엄중하게 감시되고 있었기 때문에 의례적인 안부 이상은 엄두도 내지 못했다. 따라서 민주화운동에 우호적이던 몇몇 교도관들을 통하여 은밀히 통신을 할 수밖에 없었다. 1970~80년대 민주화운동의 전과정 내내 이들 교도관들의 헌신적인 협력은 눈물겨웠다. 그들은 일신의 안위를 돌보지 않았다. 그들 가운데 어떤 사람은 바로 그런 일 때문에 퇴직당했는가 하면, 또 어떤 사람은 감옥에서 만난 민주인사를 숨겨주었다가 그 자신이 투옥되기도 했다. 김지하의 양심선언도 이들의 협력이 없었다면 애당초 불가능한 일이었다. 1987년 6·10 항쟁의 도화선이 되었던 박종철 고문치사사건의 진실을 안과 밖에서 릴레이식으로 운반한 것도 그들이었다. 민주화운동의 전과정에서 결코 잊을 수 없는 사람 가운데 하나가 그들 중 한사람인 전병용(全炳鏞)이다.

전병용의 도움으로 우리는 김지하와 충분한 교신을 할 수 있었고, 또 위험을 무릅쓴 그의 헌신적인 협력으로 양심선언을 작성, 반출할 수 있었다. 전병용은 야간근무가 돌아올 때마다 취침시간이 지나고 밤이 깊을 때까지 기다렸다가, 모두가 잠든 것을 확인한 뒤에 준비해온 종이와 필기구를 김지하에게 건네주었다. 그러기를 수차례에 걸쳐 반복했다. 김지하에 대한 감시가 철벽 같았으니 그때마다 얼마나 마음을 졸였겠는가. 김지하는 며칠 동안 밤을 새우다시피 하면서 양심선언을 집필했다. 거의 새벽녘이 다 되어서야 집필을 멈추었고, 그 문건은 다시 전병용에게 넘겨졌다. 그것을 퇴근 때까지 전병용이 몸 속에 보관했다가 나에게 전달했다. 이렇게 작성된 양심선언의 초고는 당시 수배중이던 조영래가 정리했다. 정리된 원고가 김지하에게 들어갔다가 되돌아나오고, 안에서는 추신(追伸)이, 밖에서는 의견이 여러 차례 넘나들었다.

이 작업의 진행 못지않게 중요한 것은 작성과 반출의 경위를 그럴듯하게 맞추어놓는 일이었다. 희생을 최소한으로 줄여야 했기 때문이다. 그런 대책 없이는 나중에 엄청난 피해와 희생이 구치소 안에서 속출할 것은 불을 보듯이 뻔했다. 감옥 안에 있는 김지하로서는 피해를 최소화하는 것이 그 누구보다 절실했다. 김지하의 이런 심경이 양심선언의 추신 "다만 이 글이 밖으로 나가 발표될 때에, 연관된 선의의 사람들에게 가해질 그 쓰라린 피해만이 걱정이다. 벗들, 부디 그들의 고통에 관심을 기울여달라"에 잘 나타나 있다. 그래서 전병용은 종이와 필기구의 출처, 반출경위 등을 오랜 기간에 걸쳐 치밀하게 짜맞추었다. 종이와 필기구는 김지하의 옆방에 수감되어 있던 학생이 항소이유서를 쓰고 남은 것을 전해받은 것으로 했다. 그때까지만 해도 시국사범이나 요시찰자에 한해서는 항소이유서를 감방 안에서 작성토록 했으며, 그를 위해서 먹지와 골필을 공급했다가 회수하곤 했던 것이다.

다음은 반출경위를 짜맞추는 일이었다. 마침 김지하가 수감되어 있던 사동(舍棟)의 청소를 담당하던 소년기결수 한사람이 만기출소하게 되어 있어, 그 편에 밖으로 반출하는 것으로 맞추었다. 말만 그렇게 맞추는 것이 아니라, 실제로 그와같이 연출해야 했다. 나중에 조사받을 때를 대비해서다. 이리하여 형식상 양심선언의 반출일은 그 소년수의 만기출소일인 5월 22일이 될 수밖에 없었다. 그날 김지하는 미리 준비한 종이뭉치를 소년수에게 전하면서 "명동성당에 가서 윤형중 신부를 찾아 이걸 좀 전해달라"라고 부탁했다. 그 종이뭉치 안에는 사실 아무것도 씌어지지 않았지만, 겉에는 물고기 두마리가 그려져 있었다. 윤형중 신부에게 가는 신표였다. 이렇게 양심선언 반출의 모든 형식이 완료되었다. 그러나 진짜 양심선언은 5월 22일을 전후하여 완벽하게 정리되어 이미 내 손에 들어와 있었다.

이제는 그것을 어떻게 발표할 것인지가 문제였다. 지학순 주교 구속 때부터 일본의 '가톨릭 정의와 평화 협의회'가 한국의 민주화운동과 교회의 인권회복운동에 깊은 관심을 가지고 연대, 지원하고 있었다. 한국교회의 민주회복·인권회복 운동을 해외의 형제교회에 알리는 창구 역할도 했다. 그것이 천주교회에는 커다란 위안과 힘이 되었다. 또 김지하에 대한 관심도 여러 차례에 걸쳐 표명한 것으로 기억된다. 그래서 김지하의 양심선언을 일본의 '가톨릭 정의와 평화 협의회'에 보내, 거기를 통해 국내외에 발표하는 것이 일단은 바람직하다는 생각을 했다. 그렇지만 정작 보내기까지 상당한 우여곡절이 있었다. '가톨릭 정의와 평화 협의회'까지 어떻게 운반할 것인지도 문제였지만, 눈치를 챈 김지하의 어머니가 혹시 이것이 잘못되어서 김지하에게 더 큰 불행을 가져오지 않을까 염려한 나머지 한사코 막는 것이 더 큰 문제였다. 한번은 개신교의 외국인성직자 편에 부탁했는데, 어떻게 알았는지 그 사람을 찾아가 도로 가져온 일도 있었다.

그해 8월 4일 '가톨릭 정의와 평화 협의회'의 소오마 노부오(相馬信夫) 주교는 토오꾜오에서 기자회견을 통하여 일본어와 영어로 김지하의 양심선언 전문을 번역, 공표했다. 그 자리에서 소오마 주교는 그간의 경위에 대해 공식적으로 이렇게 밝혔다.

이 양심선언은 금년 5월에 씌어져 만기출감자를 통해 서울 명동대성당의 윤형중 신부님께 전해졌으며, 그것이 윤신부님을 방문한 외국인선교사에 의해 미국의 시노트 신부님께 원문이 전달되었고, 시노트 신부님으로부터 그 사본이 7월 상순 일본 '가톨릭 정의와 평화 협의회'에 송부되어, 가급적 빠른 시일에 전세계에 일제히 공표하여달라는 의뢰가 온 것입니다.

실제로 시노트 신부를 거쳐서 간 것은 아니지만, 쓸데없는 피해를 처음부터 없애기 위해서 이렇게 발표했다. 양심선언이 일본에서 발표된 바로 그날 저녁, 중앙정보부는 김지하뿐만 아니라 상당수의 교도관을 중앙정보부로 연행했다. 그리고 작성과 반출경위를 집요하게 파고들었지만, 이미 맞추어놓은 각본 이상의 것을 찾아내지는 못했다. 다만 검방 담당을 비롯해서 김지하 사동에 근무했던 사람들이 애꿎게 파면 또는 좌천당했다. 그분들에게는 매우 미안한 일이지만, 그 정도에서 끝난 것은 다행스러웠다. 그 소년수도 조사를 받았지만 모르고 한 일이라 정보부에서 몇대 쥐어맞는 것으로 끝났다. 그러나 중앙정보부에서 조사를 마치고 다시 구치소로 돌아온 김지하는 이전보다도 더욱 혹심한 감시 아래 놓여졌다. 그가 수감되어 있는 좌우 몇개의 방을 비워놓고 감시했을 뿐만 아니라 일체의 차입과 변호사, 성직자의 접견까지도 금지되었다. 심지어는 텔레비전 카메라를 설치하여 그의 행동을 일일이 점검했다. 뿐만 아니라 종이라고 생긴 것은 어떤 것이든지 공급을 중단했기 때문에 용변 후에 사용할 휴지마저도 없이 참담한 수감생활을 해야만 했다.

양심선언이 발표되자 국내는 물론이고 세계 각지에서 김지하를 구출하기 위한 구명운동이 광범위하게 전개되었다. 김지하의 사상과 신앙을 보증하기 위한 성명서에는 독일의 신학자 요안 메츠(Johann Baptist Metz)와 위르겐 몰트만(Jürgen Moltman)을 비롯해서 구미와

제3세계에 걸쳐 15개국의 신학자 2백여명이 서명했으며, 브란트(Willy Brandt)를 비롯해서 저명한 세계적 정치인, 석학들이 김지하에 대한 지지와 지원을 표명했다.

한편 재판부기피신청에 대한 법원의 판결을 기다리는 중에 양심선언이 발표되었고, 양심선언을 발표한 지 한달쯤 뒤인 9월 중순 김지하의 1심 구속기간이 만료되었다. 이렇게 되자 법원은 서둘러 1975년 2월 15일에 있었던 긴급조치 1·4호 위반의 무기징역 형집행정지결정을 취소하고 재수감하는 형식을 취했다. 그리하여 김지하는 1980년 12월 11일에 풀려날 때까지 1970년대 내내 구금생활을 하게 된다. 그의 재판은 공교롭게도 그 다음해에 있었던 3·1 민주구국선언사건과 서로 맞물리면서 진행되었다.

김지하의 양심선언은 "자유와 정의를 사랑하는 모든 이들에게 이 글을 보낸다"로 시작하는 본문과 추신 그리고 '사제단 신부님들께' 보내는 편지로 되어 있다. 물론 김지하는 자신에게 들씌워지고 있는 어처구니없는 모략, 즉 가톨릭에 침투한 맑스·레닌주의자로, 민주주의자를 위장한 공산주의 음모가로 몰아가는 데 대한 자기방어로 이 글을 썼다. 첫머리에 "분명히 말해두거니와 이것은 나 개인에 대한 모략만이 아니라 우리들의 민주회복운동 전체와 사회정의구현을 위해 투쟁하는 신·구 교회에 대한 중상·모략 소동의 일환이며, 특히 천주교정의구현전국사제단의 활동과 민주회복국민회의 및 일체의 청년학생운동을 용공으로 몰아 압살하려는 대탄압의 예비작업인 것이다"라고 모략의 성격을 규정한 뒤, '내가 공산주의자인가' '민주주의와 혁명과 폭력에 관하여' '혁명적 종교에의 꿈—「장일담」의 세계' '나는 반공법을 위반했는가'라는 소제목 아래 끓어오르는 열정으로 힘차게 자신의 입장과 진실을 토로하고 있다. 그렇기 때문에 단순히 이번 사건과 관련한 개인의 방어라기보다는 박정희정권의 정치탄압에 대한 민주적 지성의 항의요 박정희정권에 의하여 탄압받고 있는 정치범들을 위한 집단적 변론이라는 성격이 짙다. 말하자면 1970년대라는 엄혹한 상황 아래에서 자유와 정의를 사랑하는 동시대인들의 자기선언으로서 시대의 교과서라 할 만한 것이었다.

예컨대 저들의 상투적인 용공조작에 대하여 김지하는 온몸으로 이렇게 말한다.

> 어제오늘에 시작된 것이 아닌 이 지긋지긋한 반공법 제4조의 상투적·견강부회적·무차별적·모략적 적용이야말로 우리 사회의 정신적 성장과 발전을 가로막아온 최대의 질곡이며, 우리 민중으로부터 말의 자유를 빼앗아 숨막히는 암흑과 침묵의 문화를 보급함으로써 민주주의를 압살하고 부패특권의 압제권력을 유지해온 최대 억압의 무기이다. 나는 이에 대하여 자유의 이름으로, 머리끝부터 발끝까지 치떨리는 분노로 항의한다. 나는 나에게 들씌워진 이 더러운 질곡을 단호히 거부한다. 인간을 인간답게 하는 개성의 허용, 사상의 자유, 표현의 자유를 온몸으로 요구한다.

또한 혁명과 폭력에 대하여는 이렇게 말한다.

> 총을 든 신부의 모습은 성스럽다. 그의 이념이나 그의 방법이 옳은 것인지 아닌지를 나는 알지 못한다. 그럼에도 불구하고 떨리는 걸음으로 골고타로 가는 길을 찾아 헤매는, 인간을 사랑하기 위하여 자신의 죄악까지도 각오하는, 그리하여 지옥 끝까지라도 가려 하는 그 처절한 사랑의 모습이 눈물겹도록 성스럽게 느껴진다. 비겁한 비폭력이 잔인한 폭력과 통하듯이 사랑의 폭력은 '용기있는 비폭력'과 본질적으로 같은 것이라고 나

는 믿는다. (…) 내가 지지하는 혁명은 이와같은 철저한 비타협, 불복종의 비폭력주의와 고뇌스런 사랑의 폭력을 결합, 통일하는 가운데 이루어지는 것이다. 거기에 이르기 위하여, 다시 말하면 비폭력이 비굴로 흐르지 않고, 폭력이 사랑으로부터 벗어나지 않기 위하여 나는 인간의 부단한 내적, 영신적 쇄신이 필요하고, 또 민중의 보편적인 자기각성의 과정이 필요하다고 본다.

박정희정권이 '반국가적 표현물제작 예비음모'로 몰고 있는 「장일담」과 「말뚝」의 시작 구상에 대해서도, 김지하는 그 구상에 대한 구차한 변명보다는 신과 혁명의 통일이라는 영상을 끌어안고 그동안 몸부림쳐온 자신의 구도자적인 노력뿐만 아니라 인간해방의 원리를 창출하려는 문학적 상상력에 대하여 자신의 구상을 솔직담대하게 밝힘으로써 우리에게 깊은 이해와 감동을 가져다준다. 그리고 끝으로 그는 이렇게 말한다.

우리는 무엇 때문에 싸워왔는가? 인간을 위하여서이다. 자유롭고 해방된 인간, 신이 창조한 인간을 본래의 모습으로 회복하기 위해서이다. 우리의 이 과제는 그 무엇보다도 우선하는 것이며, 잠시도 늦출 수도 멈출 수도 없는 것이다.

강제추방당한 선교사들

그래도 나는 한국을 사랑합니다

1974년 11월 9일자 동아일보는 유엔본부발 기사로 당시의 김동조(金東祚) 외무부장관이 "한국은 종교의 자유를 그 어느 나라보다 보장해주고 있다. (…) 그럼에도 불구하고 외국인 성직자들이 포교 등 종교활동이 아닌 국내 정치문제에 간여하고 있는 것은 엄연한 입국목적 위반이다. (…) 그러한 행위가 계속된다면 이들에 대한 추방령도 내릴 수 있다. 세계 어느 나라가 내정간섭을 하는 선교사들을 허용하겠는가"라고 발언한 내용을 보도했다. 같은 날 동아일보는 그날 아침 김종필 총리가 자신을 위한 조찬기도회에서 한 유사한 발언도 나란히 보도했는데 그 내용은 다음과 같다.

> 법을 위배하고 질서를 문란케 한 사람들이 의법 심판을 받고 있는 것을 가리켜 정부가 그들의 인권을 탄압하는 것이라고 비난하는 사람들이 있지만 그것은 부당하다. (…) 외국인 교역자들은 어디까지나 이 나라에 손님으로 와 있는 분들이며, 손님이라면 응당 지켜야 할 절도가 있어야 함

은 물론이고, 또한 입국목적에 충실해야 할 것인데, 외국인 교역자 중 일부는 그 자유가 지나쳐 강론에서 정부를 비판하는가 하면, 미사를 올리려고 모인 신자들을 선동하여 가두데모에 나서게 하고 그 앞장을 서는 일이 일어나고 있는 것은 참으로 이해 못할 탈선행위라고 하지 않을 수 없다. (…) 교역자나 성직자의 신분으로 남의 나라 정치문제에 간여한다는 것은 어느 모로 보나 일탈한 행위라고 하지 않을 수 없다.

이처럼 외국인선교사들에 대한 비난과 위협이 장관과 국무총리 등에 의해 공공연히 이루어지고 있는 데 대하여 맨 처음 항의하고 나선 것은 원주교구내 골롬반선교회 소속 외국인 신부 5명이었다. 이들 신부들은 11월 12일 반박성명을 작성하여 발표하는 동시에 『뉴욕타임스』(*New York Times*)에 게재해줄 것을 요청했다. 이들은 성명서에서 교회는 성경의 가르침대로 이웃을 사랑하고 인권이 보장되도록 노력할 권리와 의무가 있다고 주장하면서, "외국인 신부들은 반정부운동을 한 적이 없으며 다만 보편적인 인권옹호 문제에 간여한 것뿐이다"라는 입장을 밝혔다.

이를 시작으로 하여 민주수호기독자회가 '김총리의 종교망언을 취소하라'는 제목의 성명(11월 14일)을, 그리고 기독교교회협의회가 '최근 정부요인들의 기독교에 대한 발언에 관하여'라는 제목의 성명(11월 18일)을 통하여 기독교회의 사회참여의 당위를 설명하고 정치지도자들의 올바른 이해와 각성을 촉구했다. 그러나 이들 성명은 엉뚱하게도 개신교 내부의 반박논쟁을 불러일으켰다. 보수교단 한국예수교협의회의 기독교반공시국선언문과 대한기독교연합회의 성명이 바로 그것인데, 이들 성명은 반공을 기독교인의 최고 의무로 주장하고 아울러 세계교회협의회(WCC)를 용공으로 몰아 비방하는 것을 주조(主

潮)로 하고 있다.

오글 목사의 강제추방

구속자 가족들을 돕는 등 외국인선교사들의 인권활동에 대해 유신 정부의 요인들이 공개적으로 비판, 위협하기 훨씬 전부터 이들에 대한 추방계획이 진행되고 있었다. 오글 목사는 1974년 10월 10일 목요기도회에서 행한 설교를 통하여, 인혁당사건 관계자들이 아무런 증거도 없이 사형, 무기징역 등 중형을 선고받았음에도 불구하고 그들이 반공법위반 혐의를 받고 있다는 이유만으로 아무도 그들을 구출하려 하지 않는다고 지적하면서 그들을 위해 기도해줄 것을 호소했다. 이 설교로 인해 오글 목사는 다음날 중앙정보부에 연행되어 20여시간 동안 조사받았는데, 연행에서 귀가에 이르기까지의 전과정을 그는 '중앙정보부 연행기'로 작성했다. 이 기록은 다시 중앙정보부 당국이 얼마나 인혁당사건의 진실을 은폐하기에 급급했으며, 이 문제에 얼마나 날카롭게 촉각을 곤두세우고 있었는지를 여실하게 보여주고 있다. 인혁당사건을 총괄지휘한 사람으로 널리 알려진 이용택(李龍澤) 수사국장과의 만남도 이 기록에는 자세하게 나타나 있다. 이때 이미 인혁당사건에 대해서 더 언급한다면 추방한다는 의중을 드러내고 있었던 것이다.

오글 목사에 대한 강제추방 움직임은 실제적으로는 12월 6일에 처음으로 나타났다. 그날 오후 1시경 오글 목사는 주한미국대사관의 에릭슨 부대사로부터 "이제부터 유신체제를 비난하지 않고 선교사업만 하겠다는 각서를 9일 오후까지 제출해달라. 그렇지 않으면 한국을 떠나야 한다"라는 노신영(盧信永) 외무부차관의 전언이 있었다는 통고를 받았다. 한국정부의 방침을 이렇게 간접적으로 전해들은 오글 목사는 12월 9일 인편을 통해 "나는 한국에서 신념에 따라 행동했을 뿐 정치나 사회적인 야망 그리고 특정 정당을 지지하지 않았다"라는 내용으로 각서가 아닌 성명을 외무부에 제출했다.

12월 10일 법무부 서울출입국관리사무소는 오글 목사를 소환해 출입국관리법 위반 여부를 조사했고, 12일에는 2차 소환이 있었다. 14일 오전 9시 30분 오글 목사는 출입국관리소에 소환되어 강제추방이 결정되었다는 소식을 전해들었다. 오글 목사는 즉시 이의신청서를 작성하여 제출했지만(이는 바로 그 날짜로 기각되었다) 호송되다시피 해 강제귀가당했을 뿐이었다. 그날 오후 1시 라디오 뉴스는 저녁 7시 45분 비행기로 오글 목사가 강제출국당하게 되었음을 알리고 있었다.

오글 목사는 오후 5시경 가족 및 외국인선교사 15명과 연세대 구내 자택에서 예배를 본 뒤 법무부직원 2명과 중앙정보부원 1명의 안내로 집을 나서, 집뜰에서 기다리던 국내외 동료 교역자들과 찬송가 「다시 만날 때」를 합창한 다음, 5시 30분 법무부 소속 차량에 올라 김포공항으로 향했다. 55분경 오글 목사가 탄 차는 그대로 김포공항 승강대 안까지 들어가 여객기 앞에서 멈추었다. 떠나기 전 자택에서 발표한 출국성명서에서 그는 "나는 그리스도의 구원과 자유와 정의의 메씨지를 설교하고자 한 것이며, 고통받고 있는 사람들을 돕고자 한 것입니다. (…) 나는 어떠한 법적인 혹은 도의적인 이유 없이 추방되고 있음을 강조하고 싶습니다. 내가 알고 있는 한 나는 아무런 한국의 법도 위반하지 않았습니다"라고 절규하고 있었다.

오글 목사는 1929년생으로 1945년 처음으로 한국에 와 선교활동을 시작한 이래 네차례에 걸쳐 14년간 감리교 목사로서 선교 및 교수 활동에 종사했다. 미국 위스콘씬(Wisconsin)대학에서 노사관계연구로 박사학위를 받았고, 1973년 9월 1일부터는 서울대 상대에서 노사관계 강의를 하는 한편 선교활동에 종사해왔다. 그동안 한국에서 1남2녀를 낳아 종교활동과 학문으로 인생의 황금기를 한국에 바친 종교인이었다. 오글 목사는 비행기 안에서도 여러명의 사복경비원들의 감시를 받으면서 15일 오후 1시(한국시간) 로스엔젤레스에 도착했다.

시노트 신부의 강제추방

오글 목사가 추방될 무렵, 시노트 신부도 경고조치를 받았다. 오글 목사와 시노트 신부의 공통점은 구속자 가족들 후원에 누구보다 열성적이었고, 특히 인혁당사건과 소외당하던 그 가족들에 각별한 관심을 가지고 있었다는 점이다. 시노트 신부는 미국 뉴욕 출신으로 1960년 메리놀(Maryknoll)신학교를 졸업하고 사제로 서품된 후 한국에 파견되어 1961년 인천 답동성당의 보좌신부로 한국선교를 시작했다. 그 후 인천 화수동본당 보좌, 백령도본당 보좌를 거쳐 1965년 영종도본당 초대 주임신부로 부임하여 성당을 짓고 도서주민들을 위한 의료사업 등을 열성적으로 벌였다. 1974년부터는 긴급조치 상황 아래에서 벌어지고 있는 인권유린 문제를 놓고 신앙적 입장에서 고뇌하기 시작해 구속자가족협의회 후원회장직을 맡기에 이르렀다. 1974년 11월 11일에서 14일까지 가톨릭 여학생관에서 있었던 구속자 가족들의 단식기도회와 그 뒤에 있었던 가두시위에 참여했다가 연행된 것을 비롯해, 1975년 동아·조선투위 기자들의 활동을 지원, 격려했으며 1975년 2월 24일에는 명동성당에서 있었던 정의구현사제단의 인혁당사건 진

인혁당 관계자 여덟명이 사형당한 직후
시신을 지키며 거세게 항의하는
시노트 신부를 경찰들이 끌어내고 있다.

상조사결과 발표 및 인혁당사건의 공동조사를 제의하는 기자회견에 열성적으로 참여했다. 특히 최분도 신부와 함께 인혁당 가족들을 비롯한 구속자 가족들에게 따뜻한 이웃이 되어주었다. 4월 9일 인혁당 사건으로 사형을 선고받은 8명에 대한 전격적인 처형이 있은 후, 그들의 장례식을 사진으로 찍어 사형수 시신인도과정에서 발생한 불미스런 사건들을 생생하게 공개하기도 했다.

이처럼 이 나라에서 소외되고 버림받은 이웃을 위해 헌신하는 가운데 4월 14일 시노트 신부는 규정에 따라 체류기간연장신청을 냈다. 그러나 4월 25일 법무부는 체류를 불허하면서 4월 30일까지 한국에서 떠나줄 것을 통보했다. 이날 오후 6시 30분 시노트 신부는 명동성당 사제관에서 기자회견을 갖고, 당국의 결정에 대한 자신의 견해를 피력했다. 그는 "인권운동은 죄가 될 수 없으며, 나는 죄가 없는 걸로 안다"면서 "무슨 죄가 있는지 가르쳐주지도 않고, 그저 정치활동을 했다는 이유로 출국하라는 것은 내가 15년간 같이 살아온 한국인을 무시하는 것으로밖에 생각할 수 없다. (…) 아마도 인혁당 문제를 큰 소리로 말한 것이 추방의 이유일 것이다. 그렇지만 정부는 선교사가 선동한다고 보지 말고 그가 있는 나라와 국민을 위해 일한다는 사실을 알아야 할 것"이라고 말했다.

오글 목사에 대한 추방과 그 집행이 전격적으로 이루어진 것에 비해서 시노트 신부의 경우는 다소 시간적 여유가 있었기 때문에 추방에 항의하는 움직임이 활발하게 전개되었다. 한국의 천주교주교단은 4월 28일자로 대통령에게 "시노트 신부는 많은 무료병원을 설립했으며, 불우한 주민들에게 봉사를 하고 가난한 사람, 불구자, 맹인, 무력자 등 불우한 사람들을 도왔으며, 인천 앞바다 8개 섬에 대한 다양한 자립정책을 세웠고, 1967년 이래 인천교구 부주교로 일해오고 있다"면서 "한국에서 추방되는 것을 재고해달라"는 진정서를 제출했다. 같은 날 사제단 역시 "시노트 신부에 대한 강제추방 조치는 분명히 종교와 신앙의 자유에 대한 침해이며, 우리는 즉각 출국조치를 취소할 것을 요구한다"는 내용의 결의문을 기도회에서 채택, 발표했다. 이날 오후 7시에 있었던 시노트 신부를 위한 기도회에는 김수환 추기경과 지학순 주교 등 120여명의 신부와 3백여명의 수도자, 그리고 1천2백여명의 신자와 구속자 가족들이 참석했다.

신부가 소속된 메리놀회 한국지부는 29일, 체류기간연장 거부를 통한 새로운 형태의 선교사 추방에 항의하는 성명을 발표했다.

시노트 신부님은 약 2년 전부터, 날이 갈수록 한국에서는 인권이 침해당하고 있다는 것을 알게 되었습니다. 인권을 침해당한 사람들과 고통을 받는 사람들은 그때마다 사제이며 선교사인 시노트 신부님께 호소하게 되었고, 신부님은 침묵을 깨고 활발히 외치기 시작했습니다. 즉 자비와 정의를 부르짖는 이 사람들을 위해서 대변하는 활동을 하기에 이른 것입니다. (…) 그것은 더 나아가 사회정의를 부르짖는 우리 동료사제들의 권리를 억압하고 탄압하려는 전조라고 믿는 바입니다. (…) 우리는 그분이 그렇게도 사랑과 봉사로써 전부를 바친 한국과 한국국민들 앞에 다시 돌아오게 될 것을 기도하며 염원하는 바입니다.

교회를 중심으로 한 이러한 계속적인 항의 속에서 4월 30일은 다가왔고, 시노트 신부는 이날 오후 7시 대한항공편으로 한국을 떠나야 했다. 그는 가능한 한 빨리 한국에 돌아오겠다면서, 한국국민과 동료사제와 목사들에게 보내는 성명을 남겼다.

지금 여러분과 헤어지면서 한없는 아픔으로 가득차 있는 이 순간, 우리가 그 언젠가는 서로 또다시 만날 수 있을 것이라는 그런 생각이 들다가도 앞일을 생각하면 그저 괴롭기만 합니다. 왜냐하면 앞으로는 이루 헤아릴 수 없는 여러 가지 시련과 고난이 여러분에게 부닥쳐올 것이라는 것을 나는 잘 알고 있기 때문입니다. 그리하여 내가 무엇보다도 괴로워하는 것은 오늘 내가 떠나게 됨으로써 앞으로 여러분의 고난과 시련을 같이 나눌 수 없게 되고, 여러분의 고통을 덜어줄 수 없게 되고, 여러분을 위해서 내 자신을 바칠 수 있는 그런 기회가 없어지게 된 것이 제일 마음아픕니다.

선교사 강제추방은 몇년 뒤 1978년 6월 17일 스티븐 라벤더

(Stephen V. Lavender) 선교사의 추방으로 이어진다. 그 추방의 이유 역시 여성노동자들의 억울한 사정을 교회에 호소한 일, 구속자들을 위한 기도회에 참석한 일 등이 '정치활동'이라는 것이었다. 당국은 6월 12일에 체류기간 연장을 불허하더니, 17일까지 출국하도록 명령했다. 1979년 10월, 10·26 사태 직전에는 일본인 사와 마사히꼬(澤正彥) 목사가 강제출국당했다. 그가 크리스챤아카데미사건 재판을 보고 "이 사람들이야말로 하느님의 뜻을 따르는 사람"이라고 한 설교를 문제삼은 것이다.

원주선언

총화는 침묵이 아니다

1970~80년대의 역사는 어떻게 보면 고난을 결단한 몇몇 사람들과 집단들의 악악(鍔鍔)으로 그 명맥이 이어져왔다고 해도 과언이 아니다. 수천명의 굴종한 지식인이나 침묵한 언론인보다 바로 이러한 인사들이 있었기 때문에 마침내 민주화가 이루어질 수 있었고 또 그만큼 자랑스러운 것이다. 독재적 억압이 아무리 세차게 몰아쳐도 그때마다 그것에 맞서 "이대로는 안된다"라고 외치는 사람들이 나타났다. 1975년 5월 긴급조치 9호가 발동되어 또다시 깊은 암흑이 온세상을 짓누르고 있을 때, 그 어둠을 맨 먼저 헤친 움직임은 1976년 1월 23일의 원주선언이 아니었나 싶다. 그러나 원주선언은 세상에 그렇게 널리 알려지지 않았다. 내용에 있어서나 시대상황에 있어서나 원주선언은 매우 중요한 의미를 지닌다. 유신시대에 나온 여러 문건 가운데서도 가장 잘 정리된, 유신시대의 대표적인 반유신선언이라 할 수 있다.

도둑을 피하기 위해 재산을 불태워서야

가톨릭교회의 달력은 신·구 교회의 일치주간을 두고 있다. 1976년의 일치주간은 1월 18일에서 25일이었고, 일치주간을 계기로 신·구 교회가 합동으로 원주교구 원동성당에서 '인권과 민주회복을 위한 기도회'를 가졌다. 물론 이 기도회는 치밀하게 준비되었고, 개신교 목사들에게도 정중하고 비밀스럽게 참석을 요청했다. 결코 단순한 기도회가 아니었다. 긴급조치 9호 아래 모두가 숨죽이고 있던 당시의 현실을 어떻게 하든 흔들어깨울 계기가 필요함을 다들 느끼고 있었다. 그렇게 준비된 것이 이 기도회였고 기도회가 끝난 뒤 발표 예정인, 신·구 교회 성직자들이 서명한 원주선언도 미리 초안이 작성되어 있었다. 기도회의 강론은 신현봉(申鉉峯) 신부가 맡았다. 그날의 복음은 신·구 교회가 전 민중과의 일치를 지향한다는 것이 주된 내용이었다.

신현봉 신부는 당시 크게 보도되었던 억대 도박, 7공자의 행태, 권력과 결탁한 부실기업 등을 하루 5원짜리 저임금이 있다는 사실과 대비시키면서 빈부격차 문제를 제기했다. 여기서 신현봉 신부는 춘향전에 나오는 유명한 "금잔의 좋은 술은 천사람의 피요, 옥쟁반의 맛있는 안주는 만백성의 고혈이라. 촛물이 떨어질 때 백성이 눈물 흘리고, 노랫소리 높은 곳에 원성 또한 높다"라는, 걸인으로 변장한 어사또의 시를 인용하기도 했다. 또 당시 양심선언 발표 이후 혹독한 감시와 탄압을 받고 있던 김지하에 대한 인간다운 대우를 요청했으며, 저곡가와 저임금정책, 농어민운동과 노동운동을 거론하면서 민중의 생존권리 회복을 주장했다. 아울러 도시빈민, 판자촌 주민의 생존권 보장도 요구했다. 요컨대 국민 모두의 일치를 저해하는 유신정권의 정책을 구체적인 예증을 들어 설파한 것이다. 참석자들이 모두 깊은 감명을 받을 만큼 아주 잘 준비된 강론이었다.

기도회가 끝나고 신·구 교회의 성직자들은 교육원에 모여, 그동안 있었던 인권·민주 상황과 관련한 경과보고를 들었고, 이어서 준비된 제목없는 성명서를 읽고 모두 거기에 서명했다. 바로 이 제목없는 성명서가 원주선언인데, 국내에는 한줄도 보도된 적이 없지만 외신에는 기도회 소식과 원주선언의 내용이 보도되었다. 당시의 유신독재 권력과 민주화투쟁 세력 사이의 현실인식이 얼마나 극명하게 대비되는지 잘 보여주는 것이 원주선언이다. 길지만 몇가지 주목할 만한 대목들을 살펴보자.

①베트남사태 이후 안보문제가 국민의 중대관심사로 떠오르고 있다. 안보의 목적이 되는 가치와 국민총화의 방법이 집권층에 의하여 왜곡될 때는 안보니 총화니 하는 구호가 도리어 자유를 질식시키고, 민주주의의 숨통을 끊음으로써 참된 안보와 총화를 해치게 하는 구실로 악용될 뿐임을 분명히 밝힌다. 안보를 위하여 민주주의를 사실상 포기하여야 한다는 주장은 절도를 피하기 위하여 가진 재산을 모두 불태워야 한다는 주장과 같다.

②적어도 하나의 제도가 민주주의로 불리어지기 위해서는 반드시 지켜져야 할 근본이념과 최소한의 원칙이 있으며 이것이 파괴될 때는 이미 민주주의는 존재하지 않는다. 그 근본이념이란 국가권력의 절대성과 무오류성을 부인하고, 견해와 이익의 다양성과 가치의 상대주의를 용납하며, 국가권력을 민중의 자유에 대한 가상의 적으로서 부단히 감시, 견제, 제한하는 비판정신을 장려하는 데 있다. 그 최소한의 원칙들이란 주권재민, 기본적 인권의 최고우월성 보장, 인신구속 영장제도, 죄형법정주의, 비판적 언론의 자유, 신앙·사상·양심의 자유, 집회·시위·결사의 자유, 생존권 특히 노동3권의 보장, 3권분립의 원칙, 특히 사법권과 입법권의 행정

권력으로부터의 독립, 정당활동의 자유 그리고 공명선거의 보장 등이다.

③불평등 속의 총화나 억압에 의한 총화란 논리적으로도 모순되는 개념이며 현실적으로도 실현불가능한 환상이다. 국민총화의 적은 바로 부패와 특권 그리고 그것을 유지하기 위한 억압과 착취의 질서이며, 그로 인한 민권과 민생의 위축과 지나친 사회불균형이다. 총화는 침묵이 아니며, 총화의 적은 비판과 저항이 아니다.

④우리는 민주인사들을 비애국으로 탄압하면서 애국과 안보를 혼자 떠맡는 듯이 하던 티우와 론놀, 바로 그들 자신이 결정적인 시기에 조국을 버리고 거금을 싸서 도망친 사실을 깊이 음미해야 한다. 배는 난파되어도 선장용의 구명보트만은 안전했다는 사실은 압제자의 운명과 민중의 운명은 어떠한 경우에도 절대로 일치할 수 없다는 사실을 웅변해주는 것이다.

⑤최근 들어 일련의 극단적인 억압정책은 일시적으로는 민중을 침묵시킬지 모르나, 장기적으로는 민주주의를 사멸시킴으로써 국민총화를 파탄시킴은 물론, 우리나라를 국제적 고립화와 파멸의 길로 인도하게 될 것이다. 그러므로 우리는 위와 같은 억압조치들이 낱낱이 철회, 취소, 중지되어야 한다고 주장하는 바이다.

⑥김지하 사건은 민주세력 파괴책동의 새로운 모습을 보여주고 있다. 현정권은 그를 공산주의자로 모는 일방적인 선전책자를 대량으로 배포했으며, 6개월이 지나도록 재판을 할 수 없게 되자 1975년의 형집행정지 결정을 취소함으로써 무기수로 만들었다. (…) 우리는 현정권의 모든 수치스러운 재판놀음을 즉각 걷어치우고 투옥된 민주인사, 애국학생들을 즉각 석방할 것을 요구한다.

평화에서 패배하면 우리는 모든 것에서 패배하는 결과가 된다. 우리는 먼저 우리 안에서의 진정한 화해와 평화의 정신만이 현재의 안보위기를 극복하는 첩경이며 국제적 고립을 벗어나 자주, 자립의 길을 찾는 정도이며, 실추된 민족적 긍지와 자부를 되찾는 길임을 거듭 확인하는 바이다.

원주선언에는 사제단 신부들 대부분과 이 기도회에 참석한 개신교의 문익환, 문동환(文東煥), 서남동(徐南同), 조화순(趙和順) 목사, 함석헌 등이 서명했다. 1월 23일의 원주기도회는 3·1절을 불과 한달가량 앞두고 개최되었다. 이 기도회에 참석한 개신교 목사들은 3·1절에 원주기도회와 같은 행사를 열어 원주선언 같은 문건을 발표해야겠다면서, 원주선언의 사본을 한부씩 챙겨가지고 돌아갔다. 특히 서남동 목사는 원주선언이 아주 잘되었다면서, 개신교 쪽 책임 아래 가톨릭과 짝을 이루어 3·1절에 무엇인가 역사적인 일을 해야겠다는 집념을 가지고 있었다. 이렇게 하여 개신교 쪽에서 준비하기 시작해 3월 1일 명동성당에서 발표한 이른바 3·1 민주구국선언이 탄생하게 된다. 이렇게 보면 원주선언은 3·1 민주구국선언의 모체가 되는 셈이다.

3·1 민주구국선언으로 연결

그후 3·1 민주구국선언은 좀더 복잡한 과정을 거친다. 3·1절이 다가오면서, 재야민주화진영 여러 갈래에서 3·1절에 즈음한 성명 또는 시국선언이 모색되고 있었다. 한 갈래는 김대중 전 신민당 대통령후보와 정일형(鄭一亨) 의원 등 정치권이었고, 다른 한 갈래는 앞서 말한 바와 같이 개신교 쪽이었다. 양쪽은 다같이 윤보선 전대통령의 서명을 받고 싶어했다. 워낙 살벌한 시기인 만큼, 윤보선 전대통령을 서명에 합류시키는 것이 더 안전하다고 판단했기 때문이다.

당시 윤보선 전대통령은 유신반대와 긴급조치철폐에 아주 적극적이고 단호했으며, 명백한 반대와 철폐가 아닌 모호한 표현을 쓰는 것을 좋아하지 않았다. 양쪽의 문안이 안국동 윤보선 전대통령 집으로 모여서 하나로 접합되고, 유신반대와 긴급조치철폐 입장이 더욱 분명해진 선언문이 나오게 되었다. 이 과정에서 민주구국선언을 실질적으로 주도한 사람은 문익환 목사였다. 그는 이 선언문을 기초했을 뿐만 아니라, 발표에 이르기까지 중심적인 역할을 수행했다. 그 자신이 법정에서 밝혔듯이 "내가 꼭 이 일을 해야 한다"라는 소명의식을 가지고 일을 추진했고, 그러한 열정이 글이나 법정진술에 그대로 나타나 있다. 그러나 발표 당시의 서명자 이름에는 문익환 목사가 빠져 있다. 그것은 문익환 목사가 참여하여 당시 신·구 교회가 함께 진행중이던 성경의 공동번역작업이 마무리 단계에 있었기 때문이다.

한편 원주선언은 2월 중순경 사제단의 이름으로 발표되어 외신에 보도되었다. 유신권력당국은 1월 23일의 기도회와 원주선언에 대해서 이미 전모를 파악하고 있으면서도 손을 대지 않고 있었다. 3월 1일이 다가오면서 개신교측에서는 발표할 장소가 마땅치 않게 되자 가톨릭측에 명동성당에서 3·1절 기념미사를 할 때 민주구국선언을 발표할 기회를 줄 것을 요청했다. 즉 원주선언은 독자적으로 가톨릭측에서 이미 발표한 뒤였기 때문에 민주구국선언은 가톨릭을 제외한 재야와 개신교측이 발표하는 것으로 역할분담을 한 것이다. 신부들이 민주구국선언에 서명하지 않은 뒤안에는 이와같은 까닭이 있었다. 그리하여 민주구국선언은 1976년 3월 1일, 명동성당의 3·1절 기념미사에서 발표되었다.

3·1 민주구국선언사건

무죄 아니면 중형을 달라

1976년 3월 1일 오후 6시, 명동성당에서는 전국에서 올라온 20여명의 사제단 신부들이 공동집전하고, 2천여명의 신·구 교회 관계인사 및 신자가 참석한 가운데 3·1절 기념미사가 열렸다. 1부와 2부로 나뉘어 진행된 이 미사는 1부에서 사제단의 김승훈(金勝勳) 신부가 강론을, 2부에서는 개신교의 문동환 목사가 설교를 맡았다. 이어 2월 16일 전주에서 있었던 기도회의 경과보고 형식으로 전주에서 올라온 문정현 신부가 김지하 어머니의 호소문을 낭독했으며, 마무리기도의 형식을 빌어 서울여대 이우정(李愚貞) 교수가 재야인사 10명이 서명한 3·1 민주구국선언을 낭독했다. 그리고 9시 45분경 3·1절 기념미사는 아무 일 없이 조용히 끝났다.

민주구국선언은 서두에서 해방 이후 정국의 전개과정과 국제정세를 살펴본 후 다음과 같이 이어졌다.

①이 나라는 민주주의 기반 위에 서야 한다. (…) 첫째로 우리는 국민

의 자유를 억압하는 긴급조치를 곧 철폐하고, 민주주의를 요구하다가 투옥된 민주인사들과 학생들을 석방하라고 요구한다. 둘째로 우리는 유신헌법으로 허울만 남은 의회정치가 회복되어야 한다고 주장한다. (…) 셋째로 사법권의 독립을 촉구한다.

②경제입국의 구상과 자세가 근본적으로 재검토되어야 한다.

③민족통일은 오늘 이 겨레가 짊어진 지상 과제이다. (…) 이때에 우리에게는 지켜야 할 마지막 선이 있다. 그것은 이 나라, 이 겨레를 위한 최선의 제도와 정책이 국민에게서 나와야 한다는 민주주의의 대헌장이다. 다가오고 있는 그날을 내다보면서 우리는 민주역량을 키우고 있는가, 위축시키고 있는가. 승공의 길, 민족통일의 첩경은 민주역량을 기르는 일이다. 이것이야말로 오천만 온겨레가 새역사 창조에 발벗고 나서는 일이다. 이것이야말로 3·1 운동과 4·19에 쳐들었던 아시아의 횃불을 다시 쳐드는 일이다. 이것이야말로 민주주의가 공산주의 틈바구니에서 당한 고생을 살려 민주주의의 진면목을 세계만방에 드날리는 일이다. 이것이야말로 통일된 민족으로 정의가 실현되고 인권이 보장되는 평화스런 나라와 국민으로 국제사회에서 어깨를 펴고 떳떳이 살게 하는 일이다.

민주주의 만세!

당초 이 민주구국선언에 서명한 사람은 윤보선, 함석헌, 정일형, 김대중, 윤반웅(尹攀熊), 안병무(安炳茂), 이문영, 서남동, 문동환, 이우정 등 10명이었다.

기도회가 정부전복선동사건으로

기도회는 조용히 끝났지만 3월 2일부터 개별적으로 여기저기서 연행당하기 시작했다. 여러 사람이 기관원에 의해 끌려간 뒤 종적이 묘연해진 것이다. 행방을 알려고 서로 수소문하기도 했다. 나는 교도관들을 통하여, 연행된 사람들이 중앙정보부를 거쳐 서대문구치소에 수감된 사실을 알게 되었다. 문익환 목사로 하여금 가족에게 보내는 편지를 쓰게 하여, 그 편지를 내가 문익환 목사 자택에 찾아가 부인인 박용길(朴容吉) 장로에게 전달하고서야 비로소 가족들도 문익환 목사가 서대문구치소에 있는 것을 알게 되었다.

관련자들의 행방이 알려진 것도, 그리고 이 사건이 갑자기 세인의 관심거리로 등장한 것도 1976년 3월 10일이었다. 이날 오후 5시 30분, 서울지검 서정각(徐廷覺) 검사장은 이 사건을 아예 '일부 재야인사들의 정부전복선동사건'이라고 명명하면서, 이와 관련된 20명을 긴급조치 9호 위반으로 입건했다고 발표했다. 이리하여 이 사건이 충격적으로 세상에 알려지게 된 것이다. 발표문은 "일부 재야인사들은 기회있을 때마다 반정부분자를 규합하여 그동안 각 계열별로 민주회복국민회의 또는 갈릴리교회 등 종교단체 또는 사회단체를 만들어 각종 기도회, 수련회, 집회 등 종교행사를 빙자하여 수시로 회합, 모의하면서 긴급조치철폐, 정권퇴진요구 등 불법적 구호를 내세워 정부전복을 선동하였다"라고 하여, 3·1 민주구국선언만이 아니라 이제까지 있었던 신·구 교회의 기도회와 재야민주단체의 집회까지도 광범위하게 문제삼고 있음을 시사했다.

실제로 기소하면서 검찰은 '3·1절 명동성당 민주구국선언사건'이라는 긴 이름 아래, 그때까지 있었던 여러 집회와 기도회를 짜깁기하여 사건을 눈덩이처럼 부풀렸다. 즉 '3·1절 명동성당 민주구국선언사건'을 빙자하여 당시 유신권력에 눈엣가시처럼 여겨진 많은 사람들을 각기 다른 혐의를 들씌워 투망식으로 이 사건에 옭아맸다. 이 사건을 기화로 재야민주진영에 비열한 정치보복을 감행한 셈이었다. 우선 구국선언 서명자는 10명인데 기소된 사람은 18명이나 되었다. 1976년 3월 1일 명동성당에서 행해진 3·1절 기념미사와 기도회에 한정하지 않고, 이보다 앞서 1월 23일에 있었던 원주 원동성당에서의 신·구 교회 연합기도회와 원주선언사건을 연루시켜 신·구 교회의 핵심 민주화운동 세력을 한꺼번에 거세하려 했다.

뿐만 아니라 2월 16일 전주에서 있었던 천주교 전주교구사제단 주최 기도회에서 김지하 관련발언 또는 유인물을 배포한 혐의로 문정현 신부를 집요하게 옭아매었다. 이밖에도 개신교에서 목요기도회를 주도한 이해동(李海東) 목사, 처음에 심부름한 것밖에는 이 사건과 아무 관련이 없는 이태영 여사, 그리고 단지 미사를 집전하거나 미사의 사회를 보았다는 이유만으로 김승훈, 장덕필(張德弼) 신부를 엮어 기소한 것 등은 이 사건을 재야민주세력에 대한 대량보복의 기회로 삼았음을 보여주는 사례라 할 것이다. 그들은 처음에는 안충석(安忠錫), 김택암(金澤岩) 신부까지도 불구속 입건했다.

그러나 그들의 계산과는 달리, '3·1절 명동성당 민주구국선언사건'은 유신체제에 반대, 항의하는 범재야민주세력의 실체를 내외에 드러내는 결과가 되었다. 이 사건이 유신체제의 한가운데 가장 어두운 시기에 이루어진데다가, 관련된 면면이 전직 대통령, 제1야당의 대통령후보, 현역 정치인, 재야원로와 교수 그리고 신·구 교회의 중심 인물들이었다는 점에서 내외에 미치는 파장이 클 수밖에 없었다. 그만큼 법정에서 정치적·법률적인 체제공방도 치열했다. 무엇보다 중요한 것은, 이 사건을 계기로 재야민주세력의 새로운 연합이 형성되었다는 사실이다. 다시 말하면 3·1 민주구국선언 자체가 연합의 산물이라기보다는 유신체제가 거꾸로 이 사건을 통하여 재야민주세력을 연합, 연대시켜주었다고 할 수 있다.

몸뚱이는 가둘 수 있어도 신앙과 양심은 가둘 수 없다

이 사건의 재판은 그해 5월부터 8월 28일 선고공판까지 15차례에 걸쳐 주 1회꼴로 진행되었다. 27명의 변호인단은 이 사건의 실체적 진실을 충분히 밝히고 피고인들의 행위의 정당성을 소명하기 위해서는 충분한 시간적 여유와 철저한 증거조사가 있어야 한다고 역설했지만, 그 주장이 받아들여지기에는 역부족이었고 재판부는 막무가내였다. 그랬기 때문에 1심과 2심에서 각각 재판부기피신청을 했지만 재판부는 '급속을 요하는 상황'이라는 이유를 붙여 그대로 공판을 진행했다. 11월 13일부터 시작된 항소심공판에서도 12월 29일 선고공판까지 10차례의 공판을 주 1회꼴로 진행했다. 이는 김지하 재판과도 맞물려 진행되었는데, 대전교구 이계창(李啓暢) 신부를 비롯해 재판을 방청한 신부들이 각기 교구주보에 방청기를 실어 두 재판과정을 자세히 알렸다.

특히 검찰은 원주 원동성당에서 한 신현봉 신부의 강론과 문정현 신부의 경과보고 등이 긴급조치를 위반했다고 기소하면서도 그 증거를 내놓지 못했다. 이는 지나가는 사람을 붙들고 다짜고짜 "네가 그때 이러이러한 범죄를 저지르지 않았느냐"라고 삿대질하는 것과 다름없었다. 그렇기 때문에 신현봉, 문정현 신부는 "증거조사로 진실을 밝히지 않으면 이 재판은 무효"라고 주장하면서 변호인 유현석 변호사를 통하여 신부들이 김지하에 관한 강론·성명서·양심선언 등에서 사실을 왜곡했는지와 정보기관에서 김지하를 잠을 안 재우고 공산주의자로 조작했는지 여부를 확인하기 위해 김지하를, 경과보고 내용이 사실을 왜곡했는지 알기 위해 박형규, 김관석 목사를, 문정현 신부의 '김지하 어머니의 호소문' 여부를 확인하기 위해 김지하의 어머니 정금성 여사를, 신현봉, 함세웅 신부 외 5명의 공소사실에 있어서 종교인의 사회관, 정치관, 정교분리, 언론과 양심의 문제와 관련한 교회의 입장을 알아보기 위해, 또 1심에서 명동사건이 지학순 주교의 지시로 이루어진 것처럼 검찰이 주장했는데, 이와 관련해 지학순 주교를 증인으로 신청했지만, 하나도 채택되지 않았다.

이밖에도 변호인이 윤보선 전대통령을 '각하'로, 김대중 전 신민당 대통령후보를 '후보'로 부르는 것을 놓고 검찰과 피고인, 그리고 변호인단과 재판부 사이에 격론이 일기도 했다. 대부분의 피고인들은 설사 법정에서는 유죄가 되더라도 자신들의 양심은 떳떳하므로 두려울 것도 부끄러울 것도 없다는 당당한 태도를 보였다. 함석헌 피고인은 하느님의 법정, 역사의 법정에 선다는 생각으로 베옷을 입고 나와 시종 서서 재판을 받기도 했다. 또 3·1 민주구국선언사건 가족들은 보라색 옷을 입고 나오거나, 입에 테이프를 붙이고 침묵시위를 하는 등 일찍이 없었던 어두운 시대의 삽화들이 많이 펼쳐지기도 했다. 사실왜곡에 대한 변소(辯疏)를 위해 20여명의 변호인들이 기소내용을 항목 또는 분야별로 나누어 변론한 것도 특기할 만한 사항 중 하나였다.

이 재판에서 특히 논란의 대상이 된 것은 3·1 민주구국선언의 내용과 1월 23일 원주에서 행한 신현봉 신부의 강론내용이었다. 그 모든 내용이 사실왜곡이요, 따라서 긴급조치 9호 위반이라는 것이다.

사실왜곡 여부에 대한 공방은 필경 체제공방이 될 수밖에 없었다. 피고인들은 첫째 유신체제는 법적 절차에 당위성이 없고, 둘째 유신헌법을 성립시키는 국민투표의 과정과 내용에 정당성이 없으며, 셋째 정부가 주장하는 유신헌법의 명분과 목적을 인정할 수 없을 뿐더러, 넷째 유신헌법의 내용이 독재적인 요소로 가득 채워져 있어 민주공화국 헌법으로서의 성격을 갖추지 못했다는 점 등을 내세웠다. 피고인들의 입장은 "인간의 양심과 자연법, 그리고 인간의 절대권과 우상화를 거부하는 신앙에 비추어 유신헌법과 긴급조치에 단호히 반대한다. 그 긴급조치에 의해 이 법정에 섰으므로 마땅히 재판을 거부해야 할 일이지만, 우리들의 정당성과 양심을 밝히기 위해 재판에 임한다"라는 것이었다.

기도회를 빙자했다는 검찰의 주장에 대해서는 "신앙의 자유 유무는 그 시대에 하느님께서 하시는 일에 우리가 신앙고백을 하고, 같이 일함에 있어 그 일이 제약되고 있느냐의 여부에 따라 논해져야 한다. 성당 안에서 미사를 올리면서 정말 내 나라와 내 겨레를 위해서 이렇게 개선했으면 좋겠다는 의사를 발표한 것은 신앙의 고백이요 예배행위의 일부"라고 대응했다. 피고인들은 최후진술에서 무죄가 아니면, 적어도 학생들보다는 무거운 중형을 달라고 요구했다.

그렇지만 1976년도 저물어가는 12월 29일, 제2심 재판부가 피고인들의 항소에 대하여 모두 이유없다고 판시하면서 선고한 내용을 이후 1977년 3월 22일 대법원이 그대로 확정한 형량은 다음과 같다. 문익환, 김대중, 윤보선, 함석헌은 징역 5년에 자격정지 5년, 정일형, 이우정, 이문영, 문동환, 함세웅, 신현봉, 문정현, 윤반웅은 징역 3년에 자격정지 3년, 이해동, 안병무, 김승훈은 징역 2년 자격정지 2년에 집행유예 3년, 장덕필은 징역 1년 자격정지 1년에 집행유예 2년. 고령인 윤보선, 함석헌, 정일형과 여성인 이우정, 이태영은 확정판결과 동시에 형집행이 정지되었지만, 정일형은 유죄실형 확정으로 국회의원직을 박탈당했다. 그후 1977년 7월 17일 제헌절을 기해 윤반웅과 신현봉이, 12월 25일 성탄절을 기해 함세웅이, 12월 31일에 문익환, 문동환, 서남동, 이문영, 문정현이 각각 형집행정지로 석방되었으나 이들 중 문익환, 함세웅, 문정현 등은 유신 말기 오원춘 사건을 전후해 형집행정지가 취소되어 또다시 수감되기도 했다. 그리고 1977년 12월 18일 전주교도소에서 서울대병원으로 옮겨진 김대중은 1978년 12월 27일 제9대 대통령 취임을 기해 형집행정지로 석방되었다.

민주구국헌장 발표

민주국민으로서 태도를 분명히하라

3·1 민주구국선언사건은 그 관련자들의 비중이나 사회적 명망으로 인하여 광범위한 국내외의 관심과 지원을 불러일으켰다. 1976년 3월 13일 일본의 '가톨릭 정의와 평화 협의회'와 '기독자 한국문제 긴급회의' 등 7개 단체가 공동으로 성명을 내고, 3·1 민주구국선언사건을 기독교 신앙양식에 대한 정치적 탄압이라고 규정하고, 한국 기독교인들의 신앙을 본받아 정의를 위한 행동에 나설 것을 내외에 호소한 것을 비롯해, 미국과 독일에서도 교회들이 구명과 지원운동에 나섰다. 비록 좌절되기는 했지만 신민당도 3월 16일 소속 국회의원 56명의 이름으로 '3·1 사건 진상조사특별위원회구성 결의안'을 국회에 제출했다. 3월 19일 미 국무부대변인은 명동사건과 관련하여 한국의 인권문제에 강한 우려를 표명했다. 그리고 라이샤워(Edwin Reischauer)와 코언(Jerome Cohen) 교수 등이 『뉴욕타임스』에 투고하여 미국의 정계지도자들에게 한국의 인권탄압정책에 반대하라고 촉구하는가 하면, 미 하원의원 102명과 상원의원 17명은 박정희대통령에게 서한을

발송해 민주회복을 촉구하는 인사들에 대한 탄압소식을 접하고 비탄에 잠겨 있다면서 이런 상태에서는 미국의 유권자들에게 남한에 대한 군사적 지원을 정당화하기가 어렵다고 주장했다.

명망가들의 운동

3·1 민주구국선언 관련자들에 대한 재판소식도 해외언론에 그때그때마다 보도되었다. 나는 당시 엇비슷하게 진행되던 김지하 재판과정과 함께 3·1 사건 재판과정을 정리하여 한국을 방문하는 교회관계자들을 거쳐 일본의 '가톨릭 정의와 평화 협의회'에 보냈다. 이것을 송영순(宋榮淳)이 일본어로 번역해서 때로는 기자회견을 통하여, 때로는 '가톨릭 정의와 평화 협의회'의 단행본으로 간행함으로써 일본언론에 전파했다. 민주화운동의 전기간을 통하여 한국의 민주화운동, 특히 가톨릭교회의 활동을 세계에 널리 알린 것은 일본의 '가톨릭 정의와 평화 협의회'였는데, 그것은 송영순의 보이지 않는 헌신적인 노력이 있었기에 가능했다. 우리는 편지로만 연락했을 뿐 일면식도 없었다. 그의 얼굴을 볼 수 있었던 것은 6·29 선언 이후였다. 일본교회에서 그가 한 활동을 한국의 정보기관들이 훤히 다 알고 있었기 때문에 민주화운동 기간 내내 그는 한국에 올 수 없었고, 그로 인하여 엄청난 재산상의 손실까지도 입어야 했다.

어쨌든 3·1 민주구국선언사건은 내외의 지대한 관심과 지원을 집중적으로 받을 수 있는 사건이었기 때문에, 그로 인해 긴급조치 9호 아래에서 민주화운동, 인권운동이 활성화될 수 있었다. 실제로 당시의 민주화운동이나 인권운동 자체가 거의 모두 이 사건을 중심으로 전개되는 양상을 띠었다. 그러다보니 자연히 모든 관심과 지원이 이 사건에만 쏠려 다른 인권탄압이나 노동운동탄압 사건은 상대적으로 소외될 수밖에 없었다. 즉 3·1 민주구국선언사건의 피고인이나 그 가족들은 내외 여론의 각광을 받고 또 국내외에서 집중적으로 지원을 받았지만 구속학생이나 노동자 그리고 다른 민주화운동 관련자들에 대한 관심과 지원은 소홀해진 것이다. 다 같은 정치범, 양심수인데도 이와같은 불평등이 생겨났다. 명망가들에 의한 운동의 성격과 한계라고 할까. 또 가정을 가진 피고인들의 가족들이 그들끼리 어울려다니며 활발하게 활동한 것은 직계가족이 없는 사람들에게 한편으로는 부러움의 대상이기도 했지만, 그들이 소외감을 느끼게 만든 것도 사실이다.

교회 내부의 갈등과 분열

3·1 민주구국선언사건을 비판적으로 보는 견해 또한 만만치 않았다. 먼저 조선일보 1976년 3월 14일자 사설을 보면, 그것이 원주선언이나 3·1 민주구국선언의 주장과 얼마나 대조적인지 극명하게 알 수 있다.

> 결론부터 말하면 유감스럽다는 것이다. 이 유감스럽다는 것은 느닷없다는 인상 때문이다. (…) 월남의 비극적 사태가 있은 후 일반국민은 물론 이른바 민주회복운동에 가담했거나 관심을 가졌던 사람들도 한국은 결코 월남꼴이 되어서는 안된다는 생각에서, 그렇게 안되기 위하여는 안보와 경제성장에 최우선을 부여해야 하며, 그러기 위한 대전제로서 질서와 안정이 절대적으로 요청되는 만큼 언동에 세심한 조심을 기울여왔고,

신중에 신중을 기해오고 있는 것이다. (…) 월남의 붕괴가 1년을 채 넘지 못한 때에 그러한 사건이 일어났다는 것은 분명히 느닷없다는 인상이 아닐 수 없는 것이다. (…) 먼 장래는 몰라도 적어도 앞으로 상당 기간 종교는 정치에 개입해서는 안되며, 따라서 정치에 이용돼서도 안된다고 우리는 생각한다. 그토록 끈질기게 종교가 정치에 간섭한 월남이 오늘날 어떤 꼴이 되었으며, 그토록 정력적이던 성직자와 사원, 신앙이 어떻게 되었는가 하는 것을 우리는 다 같이 한번 생각해보았으면 한다. (…) 적과 싸우는 나라에서 고고하기 짝이 없는 진리와 민주주의만 내세워 그토록 극성스럽게 세속의 현실정치를 몰아친 결과는 민심의 혼란을 일으켜 국민의 사기를 떨어뜨리고 일체감과 국제적 신뢰를 상실케 함으로써 나라와 민주주의와 종교를 한꺼번에 잃어버리고 만 것이다.

요컨대 도둑을 피하기 위해서는 가지고 있는 모든 것을 다 버려야 한다는 것이다. 안보와 경제성장을 위해서는 민주주의니 인권이니 하는 것을 다 버려야 한다는 것이다. 교회의 사회현실에 대한 발언은 모두 정치에 대한 개입이라는 것이다. 1975년 4월 월남패망 이후 정부가 민주화운동을 탄압하기 위해 펴온 논리의 대변이자 반복이었다. 그러나 이런 논리는 재판과정에서 피고인들에 의하여 여지없이 거부되었다. 피고인들은 이러한 주장을 하나하나 정연한 논리로 반박했다.

반드시 이러한 주장과 궤적을 같이하는 것은 아니겠지만, 교회 안에도 3·1 사건에 대해 시각을 달리하는 사람들이 많았다. 3·1절 명동기도회사건을 빌미로 신부들이 억울하게 유신정권의 정치조작과 보복에 의하여 투옥되었는데도, 마치 신부들이 3·1 민주구국선언사건을 계획적으로, 또 조직적으로 일으킨 양 구속된 신부들을 비난하는 분위기가 천주교회 안에 넓게 퍼져 있었다. 그런 분위기가 3월 15일 명동성당에서 구속된 사제들을 위한 미사중 행한 김수환 추기경의 강론에도 배여 있었다.

이날의 미사는 3명의 주교와 2백여명의 사제, 그리고 2천2백여명의 신자가 모인 가운데 열렸다. 김수환 추기경은 강론 서두에서 "오늘 저녁 이 기도의 모임 자체도 좋으냐 나쁘냐로 이견이 있는 줄 알고 있고, 또 저 역시 그 점을 많이 생각해보았습니다"라고 하여 미사를 열기까지 이견이 있었음을 내비치고 있다. 그러나 김수환 추기경은 구속된 사제들이 던진 문제, 즉 "정신적으로나 물질적으로나 가난한 자, 병든 자, 불우한 형제, 감옥에 갇힌 자, 불의에 짓밟히고 있는 사람들에 대해서 교회는 너무나 미흡하고 미온적"이라는 문제를 교회가 외면해서는 안된다면서 "교회가 자신의 이익을 생각하지 말고, 이런 사람들 속에 먼저 현존해 있어야 합니다. 한국교회는 전체적인 면에서 과연 이런 사람들 속에 현존하고 있는가, 이런 사람들과 그들의 고통을 나누며 그들의 고통을 덜어주기 위해 노력하는 교회인가를 우리는 진정 이 시점에서 깊이 생각하고 반성해보아야 하겠습니다"라고 하여 다 같이 교회에 대한 자기성찰을 할 것을 호소했다.

1974년부터 전개된 정의구현사제단의 활동은 당시로서는 실로 '암흑 속의 횃불'이었다. 사제들이 아니면 그 누구도 짊어질 수 없는 시대의 짐과 고통을 기꺼이 떠맡아졌고, '불의에 짓밟히고서도 호소할 데 없는, 보잘것없는 이웃들의 참된 형제'가 되어주었다. 박완서(朴婉緖)의 묵상집에서 자신은 사제단의 눈부시도록 정의로운 활동을 보고 가톨릭에 입문했노라는 대목을 본 적이 있다. 이런 사제들의 활동을 안에서 발목잡고 트집잡는 일이 있었다는 것은 부끄럽고 또 안타까운 일이 아닐 수 없다. 옛말에 "나 스스로가 나를 업신여긴 연후에야 남이 나를 업신여긴다"라고 했는데, 이 무렵 가톨릭 내부의 분열과 갈등도 그것의 예외는 아니었다고 생각한다.

민주구국헌장을 발표하기까지

3·1 민주구국선언사건이 끝나갈 무렵, 나는 3·1 사건이 이대로 끝나서는 안된다고 생각했다. 3·1 사건이 끝나고 나면, 그것 때문에 그나마 명맥을 유지하던 민주화운동이 급속하게 침잠할 것이 뻔했다. 학생운동과 노동운동은 더욱 가혹한 탄압을 받고 있었고, 3·1 사건 이후 유신정권의 감시·연금·미행·동행·구금은 시도때도 없이 이루어졌다. 특히 3·1절이다 제헌절이다 하면 더욱 극성스러웠다. 나는 국민 모두에게 이런 암흑상황을 돌파할 수 있다는 설득력을 지닌, 그리고 국민에게 용기와 꿈을 줄 수 있는 민주장전이랄까, 시대의 양심선언이랄까 하는 것을 3·1 사건이 끝나기 전에 만들었으면 하는 바람을 가지게 되었다.

나는 김대중을 비롯한 구속된 관계자들에게 합법적으로 쓸 수 있는 상고이유서 등을 통해 민주주의에 대한 소신을 밝히고 국민에게 민주주의를 향한 결단을 호소하는 글을 쓰는 것이 좋지 않겠느냐는 뜻을 가능한 방법을 통하여 전달했다. 그렇지만 내 뜻이 제대로 전달되지 않았는지, 지금 기억으로는 중요한 문건으로 기록될 만한 것이 많이 나오지 못했다. 그렇지만 함세웅 신부를 비롯한 세 사제들의 상고이유서는 주목할 만한 것이었다고 생각한다. 문정현 신부와 신현봉 신부는 인혁당사건과 김지하 사건을 집중 거론했다. 함세웅 신부는 가난한 이웃, 특히 전태일이 분신자살한 평화시장의 노동자들처럼 버림받고 가난한 형제들에게 관심을 가질 것을 호소하면서 이렇게 말하고 있다.

이곳에서 우리는 우리시대의 모순이요, 그 모순에 찔린 짓밟힌 인간들의 고뇌를 보다 절실한 아픔으로, 보다 선명하게 바라볼 수 있고, 우리 형제들에 대한 보다 순결한 사랑으로 우리 영혼을 맑게 할 수 있습니다.

1977년 이래 전국 각 교구에서 개최된 인권회복, 민주회복 기도회에서 함세웅 신부를 비롯한 세 신부들의 상고이유서가 낭독되고 또 유인물로 배포된 것은 당연한 일이었다. 나는 그때 "새가 죽을 때 그 노래가 슬프고, 사람이 죽을 때 그 말이 착하다"라는 옛말을 모두(冒頭)로 인용하여 윤보선 전대통령의 상고이유서를 썼다. 한때 이 상고이유서가 널리 읽힌 적도 있었다. 그리고 3·1 사건 상고심재판이 끝나는 1977년 3월 22일, 나는 윤보선 전대통령과 상의하여 민주구국헌장을 작성, 발표했다. 이것은 어떻게 하든 민주화운동의 불씨와 긴장을 계속 유지하기 위한 궁여지책이기도 했다. 그러나 바로 이 민주구국헌장을 보고 또 서명했다는 이유로 구속자가족협의회 어머니들을 비롯해 수많은 사람들이 중앙정보부에 연행되어 곤욕을 치렀다.

우리는 이 문서가 민주시민들 사이에 널리 전파될 수 있기를 희망하며, 그것을 위하여 많은 사람들의 보이지 않는 노력을 기대한다.

① 3·1 민주구국선언과 1·23 원주선언은 모든 민중의 선언이다. 우리는 민중의 선언을 탄압하는 법정에서 선언에 참여한 인사들과 함께 서 있음을 자처한다. 3·1 민주구국선언 피고인들의 상고이유서는 바로 민주주의를 갈망하는 모든 민중의 역사와 진리의 법정에의 상고이유서이다.

(…)

③이 시점에서 현정부가 민족사적 도전을 극복하기 위하여 할 수 있는 모든 것은 ㄱ) 유신헌법과 긴급조치의 철폐와 무효선언 ㄴ) 모든 정치범의

완전한 인권회복과 비민주적 제도와 법의 폐지 ㄷ) 고문, 사찰 등 폭압과 정보정치의 종식 ㄹ) 언론, 학원, 종교의 자유 및 사법권 독립의 보장 ㅁ) 노동자, 농민 등 모든 민중의 생존권보장 ㅂ) 국내외적으로 부정, 부패의 척결과 정당하고도 공개적인 선린외교의 자세 확립을 지체없이 실천에 옮기는 일이다.

④인류의 평화와 공동선을 지향하는 우리는 인간의 존엄한 권리와 그것을 위한 노력에는 국경이 있을 수 없다고 확신한다. (…) 그러므로 민주주의와 인권의 증진을 위한 한국민의 고난에 찬 노력에 자유와 평화를 사랑하는 세계의 모든 민중들이 함께 연대하는 것은 인간으로서의 당연한 권리이며 의무이다.

⑤민주주의와 민족의 자주와 통일을 위하여 싸우는 것은 오늘날 각계각층의 모든 민중에게 있어서 최대의 책무이다. 노동자, 농민, 봉급생활자, 공무원, 정보원, 학생, 종교인, 지식인, 중소상공업자 등 인간으로서의 자존심과 자유와 생존의 권리를 짓밟히고 있는 모든 민중들이 최선의 용기와 창의력을 발휘하여 시급히 민주주의를 향한 열정을 확인함으로써 민주국민으로서의 태도를 분명히하기를 호소한다.

우리는 이 문서를 우리 자신이 범국민적인 민주국민연합을 이룩하기 위하여 노력하겠다는 약속으로 삼는다.

윤보선, 정구영, 윤형중, 천관우, 정일형, 양일동, 함석헌, 지학순, 박형규, 조화순.

감방 이야기

말깨나 하는 놈 감옥소 가고

민가협 양심수후원회의 집계에 의하면 북송장기수 63명이 한국의 감옥에서 산 햇수를 모두 합하면 2천년이 넘는다고 한다. 공식적으로 세계 최장기수로 확인된 김선명(金善明)은 만 43년 10개월을 복역했다. 40년 이상 복역한 사람만도 3명에 이른다. 그나마 이들이 살아서 돌아갈 수 있었던 것은 기적 같은 행운이라 하기에 족하다. 돌보는 이 없이 감옥을 전전하다가 소리없이 죽어간 사람도 많았고, 1972년 7·4 남북공동성명 발표 이후 박정희 유신정권의 비전향장기수에 대한 대대적인 전향공작 때 살인적인 구타와 고문으로 죽거나, 스스로 목숨을 끊은 사람도 적지 않았다. 북송장기수들이야말로 분단 50년의 비극을 몸 전체로 증언하고 있는 사람들이다. 먼 훗날 우리의 후손들이 "그때 우리 선조들은 무엇 때문에 서로 죽이고 가두고 하였느냐?"라고 물으면 과연 우리는 어떻게 우리 시대를, 우리 자신을 설명할 수 있을 것인가.

북송장기수들을 비롯한 이른바 사상범들이 가장 오래, 또 가장 처절하고 그만큼 치열하게 수감생활을 한 옛날 대전교도소는 담이 높기로 유명했다. 1919년 기미년 만세의 함성 속에서 준공되어 1984년 3월 이전하기까지 65년 동안 죄수들에게는 감옥 중의 끄렘린으로, 또 가장 두려워하는 곳으로 깊게 각인되어왔다. 대전교도소가 있던 자리와 관련해서는 이런 전설이 있다고 한다. 옛날에 수염이 길고 지혜 또한 깊은 어느 노승이 그 자리를 지나다가, 거기에 서려 있는 짙은 안개 기운을 보고 훗날 여기에 큰 절이 서리라는 예언을 남기고 홀연히 사라졌다는 것이다. 과연 그 예언이 맞은 것으로 봐야 할는지. 어쨌든 그 자리에서는 푸른 죄수복을 입고 머리 깎은 수천명의 사람들이 고행수도를 해온 것이 사실 아닌가. 이렇게 감옥은 이념을 달리하는 사람들을 격리하는 체제장치로 냉전기간 내내 활용되어왔다.

여름 징역, 겨울 징역

이들뿐만 아니라 권위주의 군사독재 아래에서는 독재에 반대하는 사람들이 시대에 따라 죄명을 달리하며 감옥 안에 유폐, 격리되어왔다. 감옥은 단순히 범죄를 저지른 사람들을 격리, 교화하는 장소로서의 기능 이외에, 이처럼 이념을 달리하는 사람, 독재의 탄압과 수탈에 저항하는 사람들을 대중과 차단하는 구실도 한 셈이다. 감옥은 벽으로 되어 있다. 높은 벽으로 밖과 차단되어 있으며 안에도 수없이 많은 벽으로 촘촘히, 또 곳곳이 차단되어 있다. 그렇기 때문에 감옥에서는 꿈에서조차 벽을 만난다. 자연히 벽을 뚫고 거기를 벗어날 수만 있으면 하는 아련한 소망을 가지고 그들은 살아가기 마련이다.

옥 뜰에 서 있는 눈사람. 연탄조각으로 가슴에 박은 글귀가 섬뜩합니다. '나는 걷고 싶다.' 있으면서도 걷지 못하는 우리들의 다리를 깨닫게 하는 그 글귀는 단단한 눈뭉치가 되어 이마를 때립니다.

이 글은 통혁당(통일혁명당)사건으로 무기징역형을 받아 복역중이던 신영복(申榮福)이 1988년 1월 '계수씨께' 쓴 편지의 일절이다. 걷고 싶은 그 절절함과 그럴 수 없는 애처로움이 우리들의 가슴을 저민다.

감옥 안의 겨울은 유난히 춥고 또 길다. 겨울이 일찍 오고 또 늦게 간다. 춘하추동의 네 계절이 있는 것이 아니라, 춘하동동(春夏冬冬) 아니면 하하동동(夏夏冬冬)만 있는 것이다. 가을은 다만 추위를 예고하는 길 바쁜 전령일 뿐, 더불어 향유할 시간을 주지 않는다. 그렇기 때문에 겨울을 두번 나야 하는 1년 6월의 징역형이 장기수와 단기수의 분수령이 되고, 그것을 일컬어 '곱징역'이라고 하는 것이다. 겨울이 비록 춥기는 하지만, 겨울에는 서로의 체온으로 서로를 녹이는 따뜻함이 있는 대신, 여름에는 더위 때문에 사람을 멀리하고 싶은 본능이 발동하기 마련인데, 이와 관련해서는 신영복의 감동적인 글을 소개하고 싶다.

없는 사람이 살기는 겨울보다 여름이 낫다고 하지만, 교도소의 우리들은 없이 살기는 더합니다만, 차라리 겨울을 택합니다. 왜냐하면 여름 징역의 열가지, 스무가지 장점을 일시에 무색케 해버리는 결정적인 사실—여름 징역은 바로 자기의 옆사람을 증오하게 한다는 사실 때문입니다. 모로 누워 칼잠을 자야 하는 좁은 잠자리는 옆사람을 단지 37도의 열덩어리로만 느끼게 합니다.

이것은 옆사람의 체온으로 추위를 이겨나가는 겨울철의 원시적 우정과는 극명한 대조를 이루는 형벌 중의 형벌입니다. 자기의 가장 가까이에 있는 사람을 미워한다는 사실, 자기의 가장 가까이에 있는 사람으로부터 미움받는다는 사실은 매우 불행한 일입니다. 더욱이 그 미움의 원인이 자신의 고의적인 소행에서 연유된 것이 아니고, 자신의 존재 그 자체 때문이라는 사실은 그 불행을 매우 절망적인 것으로 만듭니다.

감옥 밖의 감옥

사실 자신의 반대자를 무턱대고 투옥하려는 독재정권 아래에서는 감옥 밖도 역시 감옥이기는 마찬가지이다. 도청 · 연금 · 미행 · 구금이 일상적이기 때문에 거기도 '창살 없는 감옥'일 뿐이다. 일제 때 어떤 사람이 감옥에서 막 나온 월남(月南) 이상재(李商在) 선생에게 문안 인사를 드렸다. "선생님! 감옥에서 얼마나 고생하셨습니까." 월남은 그 사람을 물끄러미 바라보더니 단호하게 말했다. "그럼 너는 감옥 밖에서 호강을 했니?"

말깨나 하는 놈 감옥소 가기는 일제 때나 군사정권 때나 마찬가지였다. 또 정치범들에게 가혹하기는 일제 때부터였고, 그때의 나쁜 전통이 해방 이후까지 이어져내려온 것이다. 책을 읽는 데도 제한을 가하는 것은 물론, 감옥 안에서 집필은 항소, 상고이유서 쓰는 경우를 제외하고는 거의 허가되지 않았다. 조선시대 다산(茶山) 정약용(丁若鏞)이 18년 유배에 5백여권의 저서를 남길 수 있었던 것이나, 인도의 네루(Pandit J. Nehru)가 감옥에서 167쪽에 달하는 자서전을 쓰고, 자기 딸에게 보내는 편지 형식으로 1560쪽이나 되는 방대한 저서 『세계사편력』을 쓴 것은 실상 한국의 정치범들에게는 꿈같은 얘기요, 그림의 떡일 뿐이었다.

진정 정의로운 법과 법집행이라는 것이 있다면, 그것은 반드시 인간의 얼굴을 한 것이어야 한다고 나는 믿는다. 그러나 군사독재 시절의 법집행은 단 한번도 인간의 얼굴을 갖지 않았다. 비인간적이었고 또 반인간적이었다. 1977년 리영희 교수는 그의 저서 『전환시대의 논리』 『우상과 이성』 『8억인과의 대화』에서 반국가단체 또는 국외 공산계열을 찬양했다는 이유로 두번째 투옥을 당했다. 리영희 교수가 감옥에 있는 동안 그의 어머니가 돌아가셨다. 추운 겨울에 감옥 밖에 있는 사람들이 있는 정성을 모아 장례를 치른 기억이 지금도 새롭다. 그때 우리는 단 하루만이라도 리영희 교수를 장례에 참석할 수 있게 해달라고 모든 수단을 다 동원하여 검찰에 호소했다. 그 모든 것이 안되자 마지막 가는 어머니의 영구가 교도소 앞이나마 지나갈 수 있게 해달라고 요구했지만 차갑게 거절당했을 뿐이다. 여든여섯의 어머니는 "아들이 어디 갔느냐" "왜 돌아오지 않느냐"는 말을 되뇌이다가 끝내 돌아가셨고, 아들 리영희 교수는 장례식이 거행되는 시간에 먹지 않고 남겨둔 가다밥(감옥에서 먹는 식사)과 오경찬, 식은 콩나물국을 감방 마룻바닥에 마련한 제상 위에 모시고 제사를 지냈는데, 그때 수감중인 김지하가 몰래 보내온 알사탕 한봉지도 그 옆에 진설했다고 한다. 어머니의 발인 전에 배달되기를 바라며 써보낸 엽서(그러나 발인 뒤 날짜로 우체국소인이 찍혀 있었다)를 보자.

어머님 영전에 바칩니다. 평소에 불효자식이더니 끝내 어머니가 세상을 떠나시는 자리에서 임종도 못한 죄인이 되었으니 한만이 앞섭니다. 어디로 간다고 말씀도 드리지 못한 채 집을 나와, 지금 이곳 몸의 자유를 잃고 있는 그동안, 늘 어머니가 아들을 찾는 소리를 듣고 몸부림을 치고만 있었었습니다. 좁은 감방 안에 지금 주어진 음식과 과일을 괴어놓고, 멀리서 하루 세번 어머니의 명복을 비오니, 부디 극락 가셔서 먼저 가신 아버지를 만나 영원히 행복하옵소서. 죄 많은 불효자 영희 드림.

이렇게 한을 남기게 된 경우가 리영희 교수뿐이랴. 소설가 송기원도 감옥에서 어머니의 부음을 들어야 했다. 1980년대초 송기원이 내란음모사건에 연루되어 10년이 넘는 중형을 선고받고 징역살이를 하고 있는 사이에 그의 어머니는 목을 매어 자진했다. 어머니는 자신의 목숨을 바쳐 간첩으로 몰린 자식의 구명을 바랐던 것이다. 그의 어머니는 어렸을 적 송기원의 손을 잡고 "오메, 내 새끼야아" 소리를 목메어 외친 적이 있었다. 그 말 한마디가 자신을 움직인 한마디로 지금도 그의 가슴을 치고 있다고 한다.

6조지 8통 3체

도스또예프스끼는 그의 소설 『죄와 벌』에서 "감옥에는 독특한 계율이 있고, 복장이 있고, 풍습과 습관이 있고, 어디에도 없는 생활이 있고, 특별한 인간이 있다"라고 쓰고 있다. 한국의 감옥에도 독특한 나름의 감옥문화가 있다. 그것을 일일이 다 예거하기는 어렵고, 몇가지 예만을 살펴보기로 한다. 지금도 그런지는 모르지만, 1960~70년대초에는 감옥에 들어가면 "안에서는 건강이 이찌방(제일), 밖에서는 부인(否認)이 이찌방"이라는 말이 맨 먼저 듣는 소리였다. 경찰, 검사, 판사 앞에서는 무조건 부인하고 보는 것이 '장땡'이라는 것이다.

또 '6조지'라는 것이 있는데, '순사는 때려 조지고' '검사는 불러 조지고' '판사는 미루어 조지고' '교도관은 세어 조지고' '가족은 팔아 조지고' '나는 먹어 조진다'라는 것이다. 파렴치범들에 대해서 예전에는 경찰이 고문을 통해 범행의 자백을 받아내는 것이 다반사였기 때문에 '순사는 때려 조진다'라는 말이 생겨났다. 조서작성을 위해 검사는 피의자를 검사실로 불러내는데, 불려나갔다가 허탕치고 돌아오는 경우가 훨씬 더 많았기 때문에 '검사는 불러 조진다'라는 말이 나왔다. 판사는 일찌감치 판결을 내려서 억울한 피의사실을 밝혀주거나 기결수가 되게 해주지 않고 마냥 재판을 미루기만 한다고 해서 '판사는 미루어 조진다'라는 말이 생겨났다. 교도관은 근무교대시는 물론 아침, 점심, 저녁 그리고 출정, 출장시 등 하루에 열두번씩 머릿수를 맞추어보느라고 사람 수를 센다. 그래서 '교도관은 세어 조진다'라고 한다. 누가 감옥에 들어가면 가족들은 어떻게 하든 그를 빼내기 위해서 있는 재산을 팔아먹기 때문에 '가족은 팔아 조진다'라고 하고, 감방 안에 갇힌 나는 가족들이 하는 대로 그저 재산만 축내면서 '먹어 조지는' 것이다.

'8통'은 감방 안에 있는 8개의 기구 또는 구멍을 말한다. 뺑기통(변기통), 밥을 넣어주는 식구통, 물을 담아놓는 식수통, 바람이 통하게 되어 있는 환기통, 밖에서 안을 들여다볼 수 있는 시찰통, 교도관을 부를 때 치는 패통 등이 바로 그것이다. 8통은 생활필수품이거나 생활수단으로 감옥 안에서 금방 익숙해질 수밖에 없는 것들이다.

교도소에 들어온 사람들은 거짓말을 잘할 수밖에 없다. 자기과시를 위해서도 거짓말은 필수인 것이다. '3체'란 이런 과시욕을 가리키는 말이다. '못난 것이 잘난 체' '모르는 것이 아는 체' '없는 것이 있는 체'하는 사람이나 행동을 '3체'라고 한다. 단언하기는 어렵지만 감옥에 들어갔던 사람치고 '3체' 중 어느 하나쯤 '체'하지 않은 사람은 없을 것이다.

지금은 없어졌지만 1960년대까지만 해도 수화(手話)가 있었다. 열 손가락을 가지고 글씨를 쓰는 것이다. 손을 이마에 대고 어느 방향을 가리키면, 교도관이 지금 그 방향으로 가고 있다는 신호다. ㅇ은 엄지와 검지를 동그랗게 하고, ㄱ은 엄지와 검지로 ㄱ자를 만든다. 익숙한 사람은 매우 빠른 속도로 앞동 또는 뒷동의 사람들과 대화를 한다.

바깥으로 편지 등을 통해 연락을 취하는 것을 '비둘기를 날린다'라고 하고, 원이 없을 만큼 실컷 먹는 일을 '양띠기'라고 했다. 교도소 안에서 흔히 쓰는 은어를 든다면, 강아지(담배), 개 한섬(담배 한갑), 대가리(성냥), 말고기(껌), 두꺼비(소주), 짬밥(부스러기밥), 마깨비(교도관), 범털(돈 많은 죄수), 개털(돈 없는 죄수), 넥타이공장(사형장), 깃발(재소자 중 관리를 맡아보는 사람), 소제(청소하는 기결수), 껍데기(부모), 가이나(애인), 전중이(빵잽이, 재소자, 전과자) 등인데, 수감생활을 경험한 시기와 징역의 내용에 따라 은어는 한없이 늘어날 수 있을 것이다. 특히 정치범이 급격히 늘어나면서, 교도소 안의 문화도 급속히 바뀌었기 때문에 이런 은어를 모르는 사람도 많을 것이다.

가톨릭농민회와 함평고구마사건

썩은 고구마를 보상하라

지금은 농자천하지대본이라는 말이 농악(農樂)의 깃발에서만 펄럭이고 있다. 그러나 '농사가 천하의 근본'이라는 이 말은 농업을 주업으로 하던 20세기 전반까지만 하더라도 적어도 우리나라에서는 너무나 당연하게 받아들여졌다. 또한 이 말 속에는 농업이야말로 '인류의 영양에 필요한 식량을 생산하고 공업에 필요한 수많은 원료를 공급하는 창조의 장엄한 전당으로서, 민족과 인류공동체의 기초산업이요 생명산업이며 창조산업'이라는 거룩한 뜻이 담겨 있다.

우리나라는 오랜 농경생활을 통하여 농민문화를 창조하여 유지, 발전시켜왔다. 농민은 농업노동과 유희를 통해 자기를 실현함으로써 자신들의 의식과 관습과 전통을 형성하여 문화를 창조해왔다. 농민의 문화는 자기실현의 과정이었고, 공동체의 결실이며, 공동체적 삶의 지향이었다. 억압당하고 수탈당하는 농민들은 19세기까지는 농민운동 등을 통하여 공동체적 삶의 지향을 실현하려 했다. 그래서 한국의 민중운동사는 19세기까지는 농민을 주축으로 한 농민운동사였다고 해도 과언이 아니다.

그러나 한국에서 경제개발이 시작된 1960년대부터 농민문화, 농민의 공동체적 삶의 지향은 강요된 분해의 과정을 밟아야 했다. 외형적 성장목표의 달성이라는 강요된 신화로 인해, 농촌이나 농민의 소외는 당연한 것이라는 개발논리가 지배하기 시작했다. 개발을 위해서는 저노임정책이 불가피하고, 그것을 위해서 저농산물가격정책이 정당화되었다. 저농산물가격정책은 농민들로부터 땀흘린 보람을 앗아갔고, 생산의욕을 감퇴시켰다. 제값을 받지 못하니까 생산량이 줄고, 식량이 부족하니까 이젠 경제논리를 내세워 외국농산물을 수입하고, 수입하니까 농산물은 더욱더 제값을 못 받는 악순환이 반복되었다. 농산물은 주겠다는 가격으로 팔아야 했고, 생필품을 비롯한 공산품은 달라는 값으로 사야 했다. 그러면서도 농촌과 농민의 진실은 철저하게 소외, 은폐되었다.

가톨릭농민회의 탄생과 활동

농촌과 농민이 겪고 있는 이런 고통과 어려움에도 불구하고, 농민들은 자신의 처지를 알리고 항의할 수 있는 기구와 통로를 갖고 있지 못했다. 농협이나 농지개량조합 등 '농민'이라는 이름을 붙인 기구들이 있었지만, 이들은 이미 농민의, 농민에 의한, 농민을 위한 조합이 아니었다. 그렇기 때문에 농민으로서는 자신들의 권익을 지킬 수 있는 조직은 물론 농산물의 가격결정에 참여하거나, 자신들의 권익에 직접적인 영향을 미치는 농업정책에 자신들의 처지와 의사를 반영할 수 있는 길이 없었다.

이처럼 농촌, 농민문제의 심각성과 위기가 더해가는 가운데 가톨릭농민회가 출현했다. 개발경제 아래에서 농민의 자발적인 조직체가 사실상 처음으로 탄생한 것이다. 1970년대와 1980년대에 농민문제에 대한 관심과 해결노력은 거의 모두가 가톨릭농민회의 활동과 연계되어 나타났다. 가톨릭농민회는 1970~80년대 민주화운동 과정에서도 정정당당하게, 또 체계적 · 합리적으로 농민운동을 전개하여 가장 건강하고도 내실있는, 내외로부터 신망받는 단체가 되었다.

가톨릭농민회는 1964년 한국가톨릭노동청년회(JOC) 산하에 농촌청년부가 설립되는 것으로부터 비롯되지만, 1971년 11월 가톨릭농민회로 바뀌고, 1972년 4월에 회칙을 제정해 조직질서를 확립하고 그 조직을 확대하기 시작하면서 새롭게 출발한다. 회칙에는 가톨릭농민회의 목적을 이렇게 규정하고 있다.

> 한국가톨릭농민회는 농민 스스로의 단결과 협력으로 농민의 권익을 옹호하고 인간적 발전을 도모하며, 사회정의 실현을 통한 농촌사회의 복음화와 인류공동체 발전에 기여함을 목적으로 한다.

이로부터 가톨릭농민회는 서두르지 않고 하나씩하나씩 체계적으로, 또 실사구시적인 방법으로 농민문제에 접근하기 시작한다. 예컨대 농민문제의 핵심인 토지문제를 해결하기 위해서는 먼저 농지실태조사를 실시하고, 그것을 바탕으로 농토오염, 투기자본의 농토잠식, 부실경지 정리로 인한 피해 등으로부터 농민을 보호하는 활동을 전개했다. 농산물에 대한 정당한 값을 보장받기 위하여 1975년부터 해마다 쌀생산비 조사를 실시하고, 그것을 기초로 쌀생산비 보장, 수매가 예시, 외국농산물 수입중지, 농지세와 농업자재값 인하를 주장했다.

농협 등 농업 관계 단체들의 반농민적 행태를 규명하기 위하여 농협의 실태를 조사해서 문제점을 구체적으로 제시함으로써 조합장선거제 실시 등 농협의 민주화를 적극적으로 추진했다. 뿐만 아니라 억울하게 권리를 짓밟힌 농민들과 연대하여 문제해결에 크게 기여했는데, 1977년 3월 경북 선산군청이 농민들에게 공급한 2백여가마의 봄보리종자가 문제가 있어 전혀 수확이 되지 않자 가톨릭농민회가 개입해 마침내 선산군청으로부터 피해보상을 받아냈다. 그러나 가톨릭농민회의 활동이 그렇게 평탄하게 진행된 것만은 아니었다. 얼마나 어렵게 한고비한고비 넘어왔는지를 우리는 함평고구마사건을 통해서 알 수 있다.

썩은 고구마는 누구의 책임인가

전라남도 함평군은 해남군, 무안군과 함께 고구마의 주산지로서 당시 매년 약 2만여톤의 고구마를 생산하고 있었다. 그런데 1976년에는 예년보다 많은 2만5천여톤이 생산되었다. 그때 마침 농협이 1976년산 고구마는 전량을 수매함은 물론 수매가격을 17.4퍼센트 인상하겠다고 농민들에게 확약, 발표했다. 그러나 11월 출하기가 되어도 수매는 이루어지지 않았다. 그리하여 농민이 수확한 고구마는 노천에서 썩어가고 있었다. 농민들은 단위조합에 가 항의했지만, 농협측은 계획에 차질이 생겼다는 등 무책임한 답변으로 일관했고, 농민들은 초조해지기 시작했다.

이에 11월 17일 가톨릭농민회 현지회원들을 중심으로 '함평고구마피해보상대책위원회'를 결성했다. 대책위원들의 자체 피해조사에 따르면, 농협이 고시가격대로 수매하지 않음으로써 초래된 손실금이 약 280만원, 수매시기가 늦어져 부패함으로써 생긴 손해가 223포대 29만원으로, 조사대상농가 160가구의 직접적인 총피해액은 309만원으로 집계되었다.

대책위원들의 피해조사가 진행되자 농협직원들은 각 피해농가를 찾아다니며 "농협에는 하등의 이의가 없음을 확인함"이라는 내용의 확인증을 반강제로 받아가는가 하면, 피해보상을 적극적으로 주장하는 사람들에게는 대책위원회에서 탈퇴하라고 회유했다.

이렇게 문제해결에 아무런 진전이 보이지 않자 가톨릭농민회 전남지구연합회는 해를 넘긴 1977년 1월 31일 오후 광주가톨릭쎈터에서 모임을 갖고, 「함평군 고구마 생산농가의 피해 내막과 그 경과」라는 제목의 보고서를 작성해 농협의 무책임한 처사를 낱낱이 지적하면서, "당장 농민의 피해보상을 받아내는 것은 물론 농협의 민주화를 위해서 문제가 해결될 때까지 우리의 노력을 그치지 않을 것"을 다짐하고, 한편으로는 이 문제를 여론화하면서 다른 한편으로는 결속과 투쟁결의를 확인했다. 전라남도 경찰국은 사건확대를 우려하여 조속한 해결을 위해 나섰지만 정작 당사자라 할 농협은 "고구마 피해는 농협과 무관하다. 농민들의 관리소홀로 썩었다"라며 책임을 회피했다.

이에 가톨릭농민회는 4월 22일 광주 계림동성당에서 기도회를 갖고 전국에 호소하기로 결정했다. 이에 당황한 농협이 피해농가 160가구에 15만원씩의 융자를 통한 간접보상방법 등을 제안해왔지만, 농협 군조합장의 공개사과와 직접보상 없는 협상은 거부되었다. 이리하여 4월 22일의 기도회는 6백여명의 회원과 성직자들이 참석한 가운데 윤공희 대주교의 집전으로 경과보고(1부), 미사(2부), 농협으로 찾아가 농협 도지부장 면담(3부)의 순으로 개최되었다. 그러나 농협 도지부장 면담을 위한 행진은 경찰의 차단으로 이루어지지 못했다. 이 기도회에서 농민회는 "함평 농민의 피와 땀이 뒤범벅된 고구마가 노변에 눈비를 맞고 굴러밟히는 것이야말로 온 농민이 짓밟히는 것으로 보고, 그들이 흘린 피와 땀의 대가가 보상되고 그들의 정당한 권리가 회복될 때까지 끝까지 투쟁할 것"을 선언했다.

5일 뒤인 4월 27일, 농수산부와 농협중앙회에서 파견된 피해상황 조사단이 현지에 내려왔다. 그들이 조사한 결과는 당초 피해보상대책위원회가 조사한 피해액보다 훨씬 많은 것으로 나타났으며, 농협 도지부장이 텔레비전방송을 통해 전량수매를 약속한 사실까지 드러났다. 농민들은 조사결과에 고무되어 피해보상이 있을 거라는 기대에 부풀었지만, 농수산부나 농협중앙회는 "계속 연구중" "앞으로 계약재배 효율화방안 강구" 운운으로 사건을 얼버무리고만 있었다.

309만원을 받는 데 걸린 2년

가톨릭농민회는 각종 기도회는 물론 기회가 있을 때마다 함평고구마사건의 진상을 공개 폭로하고 무성의한 농협의 처사를 여론에 호소하며 조속한 문제해결을 계속 촉구해나가는 것 외에는 다른 길이 없었다. 당국은 문제가 확산되어가는 듯하면 경찰서 정보과장 등을 통해 "1백만원을 보상할 테니 타협하자" "곧 보상이 확정될 테니 조금만 참아달라"는 식으로 회유 또는 집단행동의 보류를 은근히 요구했다. 농민회는 농협중앙회장에게 공개장 또는 면담요청 공문을 보내기도 했지만, 아무런 회신도 받지 못한 채 1977년 한해가 저물었다. 1978년이 되어 열린 농민회 전국대의원총회에서는 고구마사건을 특별의

농협이 고구마수매 약속을 어긴 것에 항의하여 1976년부터 3년에 걸쳐 투쟁한 끝에
정부로부터 보상을 받아낸 함평고구마사건은 1970년대를 대표하는 농민운동이었다.

제로 심의하고, 전국적인 차원에서 좀더 적극적인 활동을 전개하여 사건을 신속히 해결할 것을 결의했다. 그후 전국대책위원회가 새로이 결성되어 여러 차례 협의를 한 끝에 전국규모의 기도회를 개최하기로 결정했다.

이렇게 하여 1978년 4월 24일 오후 3시, 광주 북동성당에서 전국규모의 기도회가 개최되었다. 전국 각지에서 모인 7백여명의 회원, 격려와 성원을 위해 온 민주인사들이 참석한 가운데, 윤공희 대주교와 농민회 지도신부단의 공동집전으로 기도회가 시작되었다. 이 기도회에서 참석자들은 "농협의 한심스러운 작태에 주인인 농민으로서 뼈

저린 부끄러움을 느끼면서, 함평 피해농민의 정당한 보상과 농협의 건전한 발전 촉구를 위해 어떠한 행동도 불사하겠다"라는 내용의 선언문과 6개항의 결의문을 채택했다.

주최측은 기도회에 앞서, 이 사건 해결을 위해 농협 도지부장이 오후 5시까지 현장에 나오도록 서면요구했으나 답변이 없었다. 이에 분개한 농민들이 오후 7시경 농협 도지부로 가기 위해 성당문을 나섰으나 대기중이던 기동경찰에 의해 제지당했다. 농민회원과 피해농민들은 성당 뜰에 연좌하여 농민의 요구를 외치고 사정을 시민에 알렸다. 오후 9시경 지도신부단은 도지부장을 면담하고 그로부터 중앙회에 연락하여 결과를 알려주겠다는 약속을 받았다. 밤 11시에 성당으로 들어가 철야기도회를 가진 농민들은 4월 25일부터 무기한 단식투쟁에 들어갔다. 이 단식에는 지도신부단도 동참했다. 4월 27일 당국은 성당 주변의 현수막을 밤에 몰래 철거하고 신자들의 새벽미사 참여를 제지했다.

성당 통행이 차단되자 단식중인 농민회원들은 고립상태에 놓이게 되었다. 이에 지도신부단은 전 교회와 국민에게 보내는 호소문을 채택, 발송했고 맨 먼저 광주대교구 사제단이 동참을 선언하기에 이르렀다. 이날 광주 YWCA회관에서 열린 개신교 인권회복기도회 참가자들이 기도회가 끝난 후 단식현장으로 몰려오자, 기동경찰은 이를 무력으로 해산하고 20여명을 연행했다. 28일에는 농민회원들이 '전국회원에게 보내는 글'을 작성, 발표했다. 단식투쟁 소식은 급속히 전국에 알려져, 서울 등지로부터 현장을 방문하여 격려하는 민주인사들의 행렬이 줄을 이었다. 민주인사들은 이심전심으로 전국농민인권위원회를 결성하자는 데 의견을 모아가고 있었다.

단식 5일째를 맞는 4월 29일, 단식자 중 5명이 쓰러져 급히 병원으로 옮겨졌다. 그러나 단식자들은 고구마 피해보상이 이루어지기 전까지는 절대로 단식을 풀지 않겠다는 결의를 다시 굳혔다. 이날 오전 북동천주교회 사제관에서 지도신부단 대표 및 농민 대표와 농협 도지부 판매과장, 중앙정보부 조정관, 도경 형사분실장 사이에 회담이 열렸고, 이 자리에서 309만원의 보상과 연행회원의 석방을 약속받았다. 그리고 곧 도지부 판매과장과 기관원이 현금 309만원을 단식현장으로 가져왔다. 단식자들은 "돈의 성격이 분명하지 않은 돈은 받을 수 없다"고 거부하여 되돌려보냈다가, 오후 4시 5분 정식으로 피해보상금 지불증과 함께 309만원을 받았다. 그러나 27일 연행된 2명의 회원이 석방되지 않아 단식은 그들이 석방된 5월 2일까지 계속되었다. 4월 30일, 단식투쟁이 여전히 계속되는 가운데 신자들의 뜨거운 성원과 격려품이 계속 들어오고 민주인사들의 방문이 이어졌다. 5월 1일 오후 7시 30분부터 전국에서 모인 민주인사들이 참석한 가운데 남동성당에서 특별기도회가 열렸다. 사실상 함평고구마사건에서의 고난에 찬 승리를 함께 감사하는 기도회였다. 2년 가까운 투쟁 끝에 어렵게 얻은 소중한 승리였다. 함평고구마사건은 가톨릭농민회 활동 중에서도 특기할 만한 사항이지만, 이 나라 농민운동 또는 민주화운동에서도 길이 기억될 중요한 사건이었다.

그후 5월 6일 감사원이 발표한 바에 의하면 "농협은 주정회사 및 상인과 결탁, 중간상인으로부터 산 것을 농민으로부터 직접 수매한 것처럼 꾸며, 1976~77년 2년 동안 농협자금 80억원을 유용" 했다는 것이다. 2년에 걸친 농민들의 투쟁은 어렵게 승리로 끝났으나, 그 안에 숨겨진 부정과 부패가 밝혀진 것은 그 이후의 일이었다.

독재와 풍자

「오적」「민중의 소리」「미친 새」

1970년 5월, 잡지 『사상계』에는 김지하의 담시(譚詩) 「오적(五賊)」이 실렸고, 이것이 6월 1일에는 당시 야당이던 신민당의 기관지 『민주전선』에 전재되었다. 당국이 뒤늦게 김지하를 비롯해 『사상계』 『민주전선』 관계자를 구속함으로써 「오적」의 통렬한 풍자는 세상에 더욱 널리 알려졌고 또 인구에 회자되었다.

「오적」은 "시를 쓰되 좀스럽게 쓰지 말고 똑 이렇게 쓰랏다./내 어쩌다 붓끝이 험한 죄로 칠전에 끌려가/볼기를 맞은지도 하도 오래라 삭신이 근질근질/방정맞은 조동아리 손목댕이 오물오물 수물수물/뭐든 자꾸 쓰고 싶어 견딜 수가 없으니, 에라 모르겠다/볼기가 확확 불이나게 맞을 때는 맞더라도/내 별별 이상한 도둑 이야길 하나 쓰겄다"로 시작하는 3백여행에 달하는 장시로, 우리 사회의 부패와 타락상을 입담 좋게 풀어내고 있다.

'오적'은 재벌, 국회의원, 고급공무원, 장성, 장·차관을 가리키는데 작품에서는 괴상한 동물의 형상으로 그려져 있다. 그들이 하는 행태에 대한 묘사를 한번 보자.

저놈 재조봐라 저 재벌놈 재조봐라
장관은 노랗게 굽고 차관은 벌겋게 삶아
초치고 간장치고 계자치고 고추장치고 미원까지 톡톡쳐서 실고추 파마늘 곁들여 날름
세금받은 은행돈, 외국서 빚낸 돈, 왼갖 특혜 좋은 이권은 모조리 꿀꺽
(…)
귀띔에 정보얻고 수의계약 낙찰시켜 헐값에 땅샀다가 길뚫리면 한몫잡고
천원공사 오원에 쓱싹, 노동자임금은 언제나 외상외상
(…)
또 한놈이 나온다
국회의원 나온다
(…)
혁명공약 모자쓰고 혁명공약 배지차고
가래를 퉤퉤, 골프채 번쩍, 깃발같이 높이들고 대갈일성, 쪽 째진 배암샛바닥에 구호가 와그르르
혁명이닷, 구악은 신악으로! 개조닷, 부정축재는 축재부정으로!
근대화닷, 부정선거는 선거부정으로! 중농이닷, 빈농은 이농으로!
(…)
셋째놈이 나온다 고급공무원 나온다
(…)
산같이 높은 책상 바다같이 깊은 의자 우뚝나직 걸터앉아
공은 쥐뿔 없는 놈이 하늘같이 높이 앉아 한손으로 노땡큐요 다른 손은

땡큐땡큐

되는 것도 절대 안돼, 안될 것도 문제없어, 책상위엔 서류뭉치, 책상밑엔 지폐뭉치

높은놈껜 삽살개요 아랫놈껜 사냥개라, 공금은 잘라먹고 뇌물은 청해먹고

(…)

넷째놈이 나온다 장성놈이 나온다

(…)

엉금엉금 기나온다 장성놈 재조봐라

쫄병들 줄 쌀가마니 모래가득 채워놓고 쌀은 빼다 팔아먹고

쫄병 먹일 소돼지는 털한개씩 나눠주고 살은 혼자 몽창먹고

엄동설한 막사없어 얼어죽는 쫄병들을

일만하면 땀이난다 온종일 사역시켜

막사지을 재목갖다, 제집크게 지어놓고

부속 차량 피복 연탄 부식에 봉급까지, 위문품까지 떼어먹고

배고파 탈영한놈 군기잡자 주어패서 영창에 집어넣고

열중쉬엇 열중열중열중쉬엇 열중

(…)

마지막놈 나온다

장차관이 나온다

(…)

검정세단 있는데도 벤쯔를 사다놓고 청렴결백 시위코자 코로나만 타는구나

예산에서 몽땅먹고 입찰에서 왕창먹고 행여나 냄새날라 질근질근 껌씹으며

켄트를 피워물고 외래품 철저단속 공문을 휙휙휙휙 내갈겨 쓰고나서
어허 거참 명필이다.

—김지하 「오적」 중에서

당초 당국은 반공법 위반으로 김지하를 비롯한 4명을 구속했기 때문에 법정에서는 법리공방이 치열했다. 증인 또는 감정인으로 나선 박두진과 소설가이자 언론인이던 선우휘(鮮于煇)는 각각 "이 정도의 풍자와 고발은 조금도 부당하거나 공공질서를 해치거나 국민의 기본권의 범위를 벗어난 것이 아니다. 작가적 책임과 사명을 자각하는 문학인이라면 「오적」 정도의 표현은 당연한 것으로 보아야 한다" "시는 시로 감상해야지 시로 보지 않고 문학적 목적성을 따지는 것은 지극히 어리석은 일"이라고 지적했다. 그러나 1972년 12월 20일 불구속으로 제1심 선고공판을 열었을 때 판결문은 "그 빙자의 도가 너무 지나쳐 우리나라 실정에서는 담시의 범위를 넘어선 것이라고 보여지며, 이로 인해 계급의식을 조성, 북한의 선전자료에 이용되었으므로 유죄로 인정된다. 그러나 정상을 참작, 형의 선고를 유예한다"라고 했다.

「오적」사건으로 인해 기소중인 김지하는 1972년 3월 천주교 서울대교구에서 발행하던 종합잡지 『창조』 4월호에 또다시 「비어(蜚語)」라는 제목의 담시를 발표했다. 「비어」 역시 「오적」과 마찬가지로 판소리가락에 맞추어 창을 할 수 있도록 되어 있다. 그 안에는 소리내력, 고관(尻觀), 육혈포숭배 등 세가지 이야기가 전개되고 있다. 이미 담시 「오적」의 통렬한 풍자가 온세상에 널리 알려져 한바탕 떠들썩했던 터라, 그와 비슷한 유형의 담시가 가톨릭교회 잡지에 또다시 발표되자 당국은 이번에는 처음부터 달려들어 문제삼기 시작했다. 『창조』 4월호를 압수하는 한편 4월 12일에는 김지하를 중앙정보부로 연행했

다. 그리고 5월 31일에는 서울지검 공안부를 통해 그를 반공법 위반 혐의로 입건했는데, 김지하의 지병이 악화되어 7월 15일 마산 가포의 결핵요양소에 연금상태인 채로 일단 풀려날 수 있었다. 이 사건을 빌미로 당국의 비상한 관심과 주목을 받기 시작한 『창조』는 1972년 11월 끝내 자진휴간 형식으로 문을 닫고 말았다.

「민중의 소리」

김지하의 「오적」이 발표된 이래, 대학가를 비롯해서 평화시장 등 노동운동계 내부에서는 비슷한 형태의 글들이 돌아다녔다. 「민중의 소리」「공장의 불빛」 등이 그것이었는데, 「민중의 소리」는 1974년 3월 대학가에 이미 나돌고 있었다. 그 당시에는 이 역시 김지하의 작품이 아닌가 하는 소문이 조심스럽게 퍼져 있었다. 그러나 김지하의 담시는 대개가 판소리 형식과 가락을 담고 있었던 데 반하여, 이렇게 나돌던 문건들은 4·4조의 운율을 띠면서 비교적 단조롭게 진행된다는 것이 특징이라면 특징이라 할 수 있었다. 말하자면 문학작품으로서의 성취도랄까, 완성도 면에서는 김지하의 작품에 많이 뒤떨어지지만, 직정성(直情性)이나 대중성 측면에서는 상당한 전파력을 갖고 있었다.

사실 이 시의 작가가 상당히 오랫동안 밝혀지지 않은 것은, 작가인 장기표가 민청학련사건으로 수배중에도 용케 잘 피신하고 다닌 탓도 있었다. 그렇지만 장기표는 1977년 2월 25일 검거되어 3월 21일에 긴급조치 9호, 반공법, 향토예비군설치법, 주민등록법 등 위반혐의로 구속되는데, 이때 「민중의 소리」가 공소사실 제1항이 된다. 이 시가 긴급조치 9호가 발동되기 이전에 씌어졌기 때문에 미처 긴급조치 9

호를 적용하지 못하고, 반국가단체를 이롭게 했다는 이유로 반공법이 적용된 것이다. 향토예비군설치법과 주민등록법을 위반할 수밖에 없었던 것은 수배중인 몸으로는 불가피한 노릇이었다. 이렇게 당국은 검거된 장기표에게 그들이 씌울 수 있는 혐의는 죄다 씌웠다.

공소장에 의하면 장기표가 「민중의 소리」를 작성, 배포하게 된 경위는 1973년 3월 10일경, 고향 후배이면서 민청학련사건 주모자의 한사람인 김병곤으로부터 학생데모를 멋있게 한판하고자 하는데 거기에 필요한 글을 써달라는 제의를 받고, 5~6일에 걸쳐 「민중의 소리」를 작성, 3월 17일경 서울 도봉동에서 김병곤에게 전달했다는 것이다.

전체는 275행에 이르는 장문인데, 중요하다고 생각되는 구절만 여기에 인용한다.

우리호소 들어보소 배고파서 못살겠소
유신이란 간판걸고 국민대중 기만하여
민주헌법 압살위에 유신독재 확립하니
기본권은 간곳없고 생존마저 위태롭다
반체제를 내세워서 민주인사 투옥하고
학생들과 종교인을 반역자로 몰아치니
공포정치 폭력정치 최후발악 하는구나
(…)
반공법과 보안법을 정권유지 수단삼아
문인들과 지식인을 간첩으로 둘러대며
유언비어 법만들어 민주시민 잡아대니
법치국가 이름밑에 악법들이 난무쿠나
(…)

우리모두 궐기하여 유신독재 타도하고
사월혁명 정신살려 민주민권 쟁취하자
나아가자 피흘리자 민주혁명 이룩하자
낙동강의 모래톱과 호남벌의 검정흙이
주체의식 되살리어 새역사의 주인될때
자유평등 사랑속에 태평가를 부르리라

장기표는 법정에서 「민중의 소리」에 있는 내용이야말로 현실을 올바로 지적한 것임을 소신있게 주장했고, 현정부에 대한 불만이 곧바로 대남적화노선에 동조함을 의미하는 것이라고 주장하는 공소장의 전제는 논리적 비약이라고 주장했다. 장기표는 최후진술로써 한시간 넘게 자신의 민주주의에 대한 신념과 철학을 논리정연하게 펼쳤고, 그것이 비공식적으로 정리되어 운동권 안에서 널리 읽히기까지 했다. 그렇지만 장기표는 1심에서 징역 5년에 자격정지 5년을, 2심에서 징역과 자격정지 각 3년을 선고받았다. 그는 10 · 26 사태 이후 비로소 석방될 수 있었다.

「미친 새」 필화사건

세상에 거의 알려지지 않은 필화사건도 적지 않았다. 그 가운데 하나가 『현대문학』 1977년 10월호에 게재된 「미친 새」라는 단편소설과 관련된 사건이다. 이 작품이 발표되자 당국은 작가 박양호(朴養浩)와 편집장 김국태(金國泰)를 11월 11일 구속했다가, 자신이 없었는지 기소유예로 석방했다. 물론 이 사실은 국내언론에는 단 한줄도 보도되지 않았다. 그러나 입에서 입으로 소문은 빨리 번져서, 당국이 문제된 책의 회수에 들어갔을 때 그 책은 거의 배진상태였다고 한다. 「미친 새」의 줄거리는 다음과 같다.

사육사와 개가 닭 무리를 감시하면서 알을 낳게 하고 있는 어느 닭장에 신참자 한마리가 들어온다. 그는 들어오자마자 "나는 닭이 아니라 날 수 있는 새다"라고 첫마디를 해서 닭들을 놀라게 한다. 자신들에게 날개가 있다는 것도 잊어버린 채, 사육사가 시키는 대로 따라하던 닭들에게 그 소리는 충격이었던 것이다. 그래서 닭들은 '미친 놈'이 왔다고 소곤댄다. 그러나 신참자는 그들의 따돌림과 린치에도 불구하고, "나는 닭이 아니라 새"라면서 날아오르는 시범까지 보인다. 이때 닭들은 비로소 자신들에게도 날개가 있다는 사실을 깨닫는다.

이제까지 닭들은 사육사가 정해놓은 규칙에 따라서 행동해야 했다. 사육사는 닭으로부터 알을 얻기 위해 부지런히 모이를 주고, 저항의 무기인 발톱을 잘랐다. 그러고는 맛있는 특식을 주었다. 닭들은 발톱을 잃은 데 대한 저항보다 특식을 기다리는 습관에 젖어 있었다. 사육사는 개들을 시켜 닭들을 지켰다. 그러면서 살쾡이로부터 닭들을 보호한다는 명분을 내세웠다.

사육사는 "바깥세상은 무섭다. 나가기만 하면 너희들은 살쾡이한테 물려죽는다. 너희들을 가두어놓은 것은 다 너희들을 잘 먹이고 잘 입히고 잘 살게 하기 위해서야"라고 입버릇처럼 말한다. 그렇게 닭들을 세뇌시킨 것이다. 그러나 닭들은 점차 '미친 새'에 의해서 의식화되어 갔다. '우리도 나는 힘을 길러서 철조망도 없고, 개도 없고, 살쾡이도 없는 저 하늘로 날아가야지.' 그래서 닭들은 어느날 밤부터 나는 연습을 시작한다. 날개의 힘을 키우기 위해 처음에는 모이를 열심히 먹었으나 날개보다 먼저 몸통이 불어난다는 사실을 알고부터는 굶을 것을 결심한다. '신념을 가지자. 우리에게 가장 중요한 문제는 어떤 난관을 겪더라도 새처럼 날아야 한다는 거야.'

닭들이 모이를 거부하자 사육사는 사육촉진제도 넣고 특식도 더 잘 만들어주었다. 그러나 이미 날기를 결심한 닭들은 사료를 거부한다. 짙푸른 창공을 쳐다보면서 그들의 꿈을 키우는 것이다. 그리하던 어느날 사육사는 수의사들을 데려다 닭들을 검사하고, 그 '미친 새'와 그에 가장 열렬히 동조하던 닭의 우두머리를 개로 하여금 물어뜯어 죽게 한다.

일본의 『아사히신문(朝日新聞)』 1977년 11월 2일자는 이렇게 해설을 붙여 보도했다.

> 국민을 닭, 위정자를 사육사, 치안기관을 닭을 지키는 개, 북한을 살쾡이로 표현하여 현재 한국의 폐색된 상황을 통렬하게 비꼰 우화소설 「미친 새」가 서울에서 화제를 불러일으키고 있다.

시인들의 수난

김명식과 양성우

유신 이래 독재의 시대를 살아오면서 이땅의 시인들은 억눌리고 빼앗기며 살아가는 민중의 삶과 닫혀 있는 사회를 고발했다. 때로는 은유로, 혹은 소리없는 흐느낌으로 시를 쓰기도 했고, 어떤 사람은 좀더 걸쭉하고 용기있는 목소리로 현실을 질타하거나 풍자했다. 그들이 쓴 시편이 문제되어 사법적 심판을 받게 된 필화사건이 적지 않게 발생했다. 도저히 견딜 수 없어서, 더이상 참을 수가 없어서 한편의 시로 시대의 울분을 달랬고, 그것을 서로 나누어보면서 서로를 위안하기도 했다. 가까운 사람들끼리 시를 나누어보다가 사직당국에 적발되어 동료 일행이 모두 구속되는 사태에 이른 것이 「10장의 역사연구」사건이요, 견딜 수 없는 몸부림으로 시를 쓴 것이 외국의 잡지에 게재되어 필화를 겪게 된 것이 양성우(梁性佑)의 「노예수첩」사건이었다.

「10장의 역사연구」

1976년 4월 14일, 당시 예수회 수사 김명식(金明植)과 김정택(金正澤), 살레시오회 수사 김정수(金貞洙), 예수고난회 수사 김승종, 서강대 교무과 직원 김무길 등 5명이 긴급조치 9호 위반혐의로 구속되었다. 이들은 김명식 수사가 쓴 「10장의 역사연구」라는 제목의 장시를 나누어보다가 사직당국에 적발되었다. 이 시는 5·16 군사혁명 이후 15년간에 걸쳐, 우리 사회에서 일어난 사건 또는 현실을 풍자하는 내용이었다. 작가인 김명식 수사는 그해 6월 4일 1심에서 징역 5년형을 선고받았고, 항소심에서도 징역 3년의 실형을 선고받았다. 공교롭게도 이 사건은 당시에 단 한줄도 보도되지 않았을 뿐만 아니라, 구속자가족협의회 등 당시의 인권운동단체에도 전혀 알려지지 않았다. 수사들이기 때문에 옥바라지하는 가족이 없었던 탓도 있었을 것이다.

내가 이 사건에 대한 소식을 들은 것은 1심재판이 끝난 뒤였다. 이한택 신부로부터 들었다고 생각되는데, 3·1 민주구국선언사건에 가려져 있던 이 사건의 내용을 처음 듣게 된 것이다. 뒤미처 다행스럽게도 「10장의 역사연구」 전문을 구할 수 있었다. 나는 이것을 인편을 통하여 일본 '가톨릭 정의와 평화 협의회'에 보냈고, 이것이 잡지 『세까이(世界)』 10월호에 번역 전재되었다. 이때 이 시를 해설한 사람이 일본에서 역사교과서 왜곡문제를 놓고 치열한 시민운동을 벌이고 있던 와다 하루끼(和田春樹) 교수였다. 결국 이 시는 한국에서보다 일본에서 먼저 알려졌고, 또 한국에서는 등사된 시편만이 몰래 손에서 손으로 전해졌지만, 일본에서는 대중매체를 통하여 널리 퍼져나갔던 것이다. 「10장의 역사연구」의 제1장은 이렇게 시작한다.

여보게

시간이 이렇게 많이 지났는데도

뼈만 아픈 기억이 솟아나

기억도 병이라 생각하니

(…)

온 세상이 그놈들 세상이라

(…)

그놈들이

(…)

법도 새로 만들고

(…)

장군도 새로 만들고

(…)

사회도 새로 만들고

그 나라도 새로 만들고

(…)

그놈들이

온 나라 백성들의 입을 틀어막고

바람구멍만큼한 주둥아리만 열게 하여

새야. 새야. 유하고 신새야

새하고 마하고 을하고… 하고… 하고… 고 고…

노래 부르게 하며

—김명식 「10장의 역사연구」 1장 중에서

제1장이 총론이라면 제2장에서 제10장까지는 각론이라 할 수 있

다. 즉 4 · 19 때로 거슬러올라가 5 · 16 군사쿠데타를 비롯한 한국현대사의 주요 장면을 묘사 또는 풍자하고 있다. 예컨대 1965년 한일회담을 전후한 일본의 한국 진출은 이렇게 풍자하고 있다.

이쯤에서
그놈들은
바다 건너 푼돈을 장만했고
원한 맺힌 생명의 잔영 댓가로
콧물 담긴 지폐로
(…)
정조 지킨 소녀의 얼굴에
살얼음을 끼얹고
(…)
"하이. 이랏이 마셍"의 노리개가
그 숱한 애국의 장난에
불쌍한 운명을 마중했나뇨

—같은 시 2장 중에서

또한 억압과 독재의 실상은 이렇게 묘사했다.

그놈은. 그리고 그놈들은
사람을 이국에서 팔아넘겼다.
사람을 생매장하여 처치했다.
사람을 감옥에 가두었고
사람을 글방의 책상에서 쫓아버렸고

그놈은 그리고 그놈들은
자기 지위에
백성의 핏줄기를 동여매 놓았다
피를 빠는 흡혈귀.

—같은 시 6장 중에서

그러나 단순한 풍자만 있는 것이 아니라 격조 높은 시어(詩語)로 희망을 노래하기도 했다. 그 마지막은 이렇게 되어 있다.

여보게
말 못하는 세상의 어둠이여
희망 잃은 마음의 참담함이여
질서없는 나라의 혼돈함이여
길 잃은 자 갈 길에 방황함이여
빛으로
밝혀서
평탄케
길잡이

새날을 밝게 하고
새희망을 마중하고
새질서를 마련하고
새사람 길 잡아서
여보게
먼 먼 행로에 어둠이 깃들지 않게

합시다. 그려—

여보게

여보게

여보게

(모든 시간과 모든 이야기, 그리고 모든 꿈은 새롭게 되리니, 그날이 오면—)

—같은 시 10장 전문

긴급조치와 문학논쟁

시인 양성우는 광주 중앙여고 교사로 재직하던 중, 1975년 2월 광주 YWCA 구국기도회에서 「겨울공화국」이라는 자작시를 낭송한 것이 문제되어 파면당했다. 그런 그가 1977년 6월 13일 수사기관으로 연행되더니, 6월 27일 해외출판물에 의한 국가모독 및 긴급조치 9호 위반혐의로 구속되었다. 공소사실은 일본잡지 『세까이』 1977년 6월호에 번역 게재된 「노예수첩」이란 장편시에서 우리나라의 정치·경제·사회 전반 및 헌법에 의하여 설치된 국가기관에 관해 사실을 왜곡하여 국가를 모독하고 긴급조치를 위반했다는 것이다. 또 몇사람에게 배포한 「우리는 열 번이고 책을 던졌다」라는 시에서 긴급조치를 비방하고 사실을 왜곡하여 역시 긴급조치를 위반했다는 것이다. 요컨대 문학작품, 곧 시가 사실을 있는 그대로 전달한 것이 아니라, 없는 사실을 마치 실제로 있는 사실인 것처럼 꾸미거나 과장하여 표현함으로써 사실을 왜곡했다는 것이 주된 혐의내용이었다. 김명식 수사의 「10장의 역사연구」에 있어서와 마찬가지였던 것이다.

예컨대 「노예수첩」 14장을 보자.

호남선 열차는 서둘러서 온다
아침에 떠났다가 저녁이면 온다
이빨 갈며 주먹을 휘둘러대며
맞아 죽은 머슴들이
서울로 온다
말하라 말하라
총칼 앞에서,
어두워도 호남선 열차는 떠나고
떠났다가 한숨만 가득 싣고
온다
맞아 죽은 머슴들의 단단한
설움,
녹지 않는 설움만
가득 싣고 온다

—양성우 「노예수첩」 14장 전문

이에 대하여 공소장은 이렇게 적시하고 있다. “도시의 자본가나 기업가에 의해 수탈당하여온 농민들이 생계에 필요한 최소한의 생활마저 보장받지 못하여 견디지 못하고 서울로 올라올 뿐만 아니라 자신들의 비참한 상황을 호소해볼 자유조차 가지지 못하고 있는 양 사실을 왜곡하여 묘사하고 있다.”

문학작품이란 그것이 소설이든 시이든 하나의 허구라는 것은 너무도 당연한 상식이라 할 수 있는데, 있는 그대로의 사실을 묘사한 것이 아니라는 이유로 긴급조치를 들이대고 있는 것이다. 이는 아마도 검찰이나 법원의 무지의 소치이거나 어떻게든 얽어넣고자 하는 강박관념의 소산이라고 볼 수 있다. 나는 당시 이 사건의 변론을 준비하면서, 문학작품이 허구를 바탕으로 한다는 것을 증명하기 위해 창작과비평사에서 나온 아르놀트 하우저(Arnold Hauser)의 『문학과 예술의 사회사』에 나오는 해당 내용을 적시하기까지 했다. 뿐만 아니라 시인 김규동(金奎東)을 증인으로 신청해 "문학의 본질상 사실과 다른 내용을 묘사하는 것이 결코 문제될 수는 없다"라는 증언까지 받아냈다. 그러나 검찰은 당시 예총회장이던 극작가 이봉래(李奉來)로 하여금 시평서(詩評書)를 제출하게 했는데, 여기서 이봉래는 "단순한 현실불만이 아니라 국가를 부정, 파괴하기 위한 표현이며, 전근대적인 공산주의 수법의 문학사상"이라고 주장했다. 이처럼 홍성우 변호사와 양성우 피고인은 법정에서 검찰과 때아닌 문학논쟁을 치열하게 벌였는데, 법원은 제1심에서 공소사실 전부를 유죄로 인정하며 양성우에게 징역 및 자격정지 각 3년을 선고했고, 항소심 역시 항소를 기각했다. 결국 검찰과 법원은 문학적 표현 자체를 문학적으로 판단한 것이 아니라 문학적 표현 밖의 피고인의 사상과 견해를 유추하여 그것을 유죄로 몰고간 것이다. 사실 「10장의 역사연구」나 「노예수첩」 등이 문학작품인 이상 긴급조치 9호의 사실왜곡죄를 적용한 것은 문학의 본질에 비추어 아주 부당한 것이었다.

「노예수첩」은 프롤로그와 35개 장에 이은 에필로그로 대미를 맺고 있는 장시로 군사독재, 특히 유신체제 아래에서 노예가 되어가고 있는 민중의 참상을 묘사하고 있다.

프롤로그

시인들아
이 땅에 읊을 것이 무엇 있느냐
너희들이 즐거워 소리지르며
이 땅에 읊을 것이 무엇 있느냐
사람도 골목도 마당 끝까지
음침한 그늘과 한숨소리뿐,
밤마다 아침마다 짓밟히면서
너희들이 읊을 것이
무엇 있느냐
칼든 자의 잔인한 노략질 끝에
혈관까지 영혼까지 짓밟히면서
너희들이 즐거워 소리지르며
이땅에 읊을 것이
무엇 있느냐

(…)

4

우리들은 억울하게 발 묶인 노예,
해가 지면 산비탈에 드러누워서
들 가운데 옹기종기 모여 살면서
몇십 년을 악몽으로 시달렸는가

꿈 속에서도 난군들은 몰아쳐 와서
채찍으로 총창으로 짓이겨대고,
보고 싶다
압록강아, 삼수갑산아
야윈 손목들을 움켜쥐고 서서
그리운 이름들을 부를 수도 없는,
부르다가 개처럼 끌려가 죽고
죽어서도 눈 감고 돌아올 수 없는,
우리들은 노예,
우리들은 노예,
서울에서, 발시린 늦가을의
논바닥에서
우리들은
노예

(…)

에필로그

보았느냐
남 모르게 뿌려 둔 작은 씨앗이
총칼 밑에 소리 없이 싹 트는 것을……
시인들아 너희들이 입을 모아서
죽어간 사람들을 불러 보아라
들리느냐 어디선가 대답하는 소리,

주먹으로 주먹으로 허공을 치며
땅끝까지 울리는 굵은 소리가
들리느냐 시인들아
무덤 속에서
반만년의 서러운 무덤 속에서

—양성우 「노예수첩」 중에서

「우리는 열 번이고 책을 던졌다」

「우리는 열 번이고 책을 던졌다」는 억압과 착취 아래에서 마침내 책을 던질 수밖에 없었던 당시의 사회상황을 묘사한 시이며 아홉연으로 되어 있다. 양성우는 이 시를 광주의 인권변호사였던 이기홍(李基洪) 등에게 여섯부를 교부했는데 이것이 긴급조치 위반으로 걸린 것이다.

우리는 열 번이고 책을 던졌다
군대 때문에, 비밀경찰 때문에
오오, 요즈음은 더구나 굶주림 때문에
우리는 열 번이고 책을 던졌다

(…)

모두 숨고 긴급조치만 남아
모두 숨고 국가보안법만 남아
오오, 모두 숨고 반공법만 남아

우리들을 노리고
오오, 모두 숨고 유신도당만 남아
우리들을 찌르기 때문에

(…)

불행한 시대에 태어났기 때문에
그래서 더 이상 참을 수 없기 때문에
밥 먹듯이 남산에 끌려가 죽사발이 되고
혹은 이유 없이 빨갱이로 몰려
이 감옥 저 감옥 옮겨다니며
허리 굽고 팔다리 끊어지면서

—양성우 「우리는 열 번이고 책을 던졌다」 중에서

양성우는 서울구치소에서 1978년 6월 다른 긴급조치범들과 함께 반정부구호를 외친 것 때문에 2년형이 추가되어 형기가 징역 5년이 되었다가 2년여 만인 1979년 제헌절에 형집행정지로 석방되었다. 양성우는 이에 앞서 감옥생활 과정에서 악성치질과 탈항, 장파열로 피를 쏟는 등 병으로 고통을 당했는데, 마침 옥중결혼한 부인 정정순(鄭正順)의 탄원과 문인 113명의 진정 등에 힘입어 영등포시립병원에서 수술을 받기도 했다. 한편 양성우가 수감되어 있는 동안, 그의 시집 『겨울공화국』을 출판한 시인 조태일과 고은이 1977년 9월 28일 구속되었다가 한달 만에 기소유예로 석방되는 사건이 벌어지기도 했다.

여보게

우리들의 슬픈 겨울을

몇 번이고 몇 번이고 일컫게 하고,

묶인 팔다리로 봄을 기다리며

한사코 온몸을 버둥거려야

하지 않은가

여보게

—양성우 「겨울공화국」 마지막연 중에서

리영희 교수의 수난

임금의 귀는 당나귀 귀!

흔히들 리영희 교수가 1970~80년대 군사독재의 탄압 아래에서 한 일련의 문필작업을 '잠수함의 토끼'에 비유하곤 한다. 2차대전 때 독일해군은 잠수함에 토끼를 싣고 다녔다고 한다. 토끼는 사람보다 산소결핍상태에 더 민감하게 반응하기 때문이다. 잠수함 내에 산소가 부족해지면 토끼는 눈동자가 풀리거나 눈을 감는 반응을 보이는데, 그럴 때면 지체없이 수면 위로 부상하여 새로운 공기를 채워넣었다고 한다. 이로부터 '잠수함의 토끼'라는 말은 현실의 위험한 상태를 누구보다 먼저 감지하고 또 그것을 세상에 알림으로써 다가올 위험을 예고하는 선지자 또는 예언자적 지식인을 가리키는 말로 쓰이게 되었다. 그런 의미에서 리영희 교수가 분단과 냉전 이데올로기 시대, 군사독재 시대에 '잠수함의 토끼' 역할을 했다는 데는 이견이 있을 수 없다.

1999년이던가. 리영희 교수는 자신의 고희기념문집 출판회에서, 이제까지 자신의 발언이나 저술이 사실은 "임금의 귀가 당나귀 귀인 것을 알게 된 이솝이야기의 그 불쌍하고 힘없는 이발사처럼, 동굴에 들어가서 몰래 '임금의 귀는 당나귀 귀!'라고 외친 것이나 다름없었다"고 술회하면서, 그래서 제목도 '동굴 속의 독백'이라 지었노라고 말했다.

그러나 1970~80년대 군부독재의 탄압 아래에서 과연 어떻게 사는 것이 인간답게 사는 길인지를 놓고 한번쯤 진지한 고민을 해본 적이 있는 사람들에게 리영희 교수의 저술이나 발언은 결코 '동굴 속의 독백'이 아니라 '광야의 외침'이었다. 민청학련사건으로 대학생들이 대거 구속되어 군법회의에서 재판을 받을 무렵인 1974년 6월, 그때 출간된 리영희 교수의 『전환시대의 논리』는 감옥에서는 물론 대학가에서도 필독서였다. 삶의 지침서요 교과서였다. 사물을 바라보고 세계를 인식하는 방법에 대해 많은 것을 일깨워주는 '새벽의 서'였다.

『전환시대의 논리』에 실린 첫 논문은 명쾌한 필치로 베트남전쟁의 본질을 파헤쳐 그 진실을 사회에 고발한 「강요된 권위와 언론자유」였다. 그것은 베트남사태에 빗대어서 한국의 현실을 비판하는 내용이었다. 그 글의 첫머리에서 리영희 교수는 벌거벗은 임금을 보고 "임금의 몸은 알몸!"이라고 소리친 소년과 "임금의 귀는 당나귀 귀!"라고 외친 이발사의 우화를 들어 자신이 글을 쓰는 목적이 진실을 빛 속에 드러내는 것임을 암시했다. 과연 리영희 교수는 "내가 글을 쓰는 유일한 목적은 진실을 추구하는 오직 그것에서 시작하여 그것에서 끝난다"(『우상과 이성』의 서문)는 자신의 말처럼, 30여년에 걸쳐 이 '진실'을 위해 '진실 아닌 것'에 대해 단호히 거부하다가 숱한 고난을 감내해야 했다. 그랬기 때문에 그는 언론계에서 두번 퇴직당하고, 교수직에서 두번 해직되고, 아홉번 연행에 다섯번 감옥에 가고 세번이나 형사재판을 받는 수난을 겪었다. 그의 삶의 태도는 꼬장꼬장했고, 그의 목소리는 카랑카랑했으며, 그의 글은 비수처럼 날카로웠다.

그 수난 가운데 대표적인 것이 『8억인과의 대화』와 『우상과 이성』이라는 평론집과 관련한 필화사건이다. 1977년 11월 23일 수사관이라 자칭하는 괴한들에 의해 가택은 수색당하고 리영희 교수는 연행되었다. 26일에는 『8억인과의 대화』를 출판한 창작과비평사의 백낙청 교수가 연행되었다. 11월 30일 당국은 리영희 교수를 반공법 위반혐의로 구속기소하고, 백낙청 교수를 같은 혐의로 불구속기소했다.

예고된 수난

『전환시대의 논리』가 대학가에서 필독서로 읽히고 의식화된 학생들의 책가방에서 어김없이 발견되면서부터, 리영희 교수의 수난은 예정된 것이나 다름없었다. 저들은 어떻게 하면 리영희 교수를 얽어넣을 수 있을까 궁리하게 되었고, 새로 발간된 두권의 책에서 그 빌미를 마련했다. 연행에서 기소까지의 과정이 그토록 신속했던 것은 그만큼 철저히 준비했다는 얘기다. 리영희 교수가 재판정에서 밝힌 바에 의하면, 이미 작성된 각본에 따라 사건을 조립하고, 리영희 교수에게 각본에 따른 조서만을 강요했다는 것이다.

공소장에 적시한 반공법 위반혐의 내용을 살펴보면, 어떻게 하든 리영희 교수를 잡아넣으려는 저들의 집요한 의지를 읽을 수 있다. 편역서인 『8억인과의 대화』에서 문제삼은 부분들을 살펴보자.

> 역사라는 저울에 걸 때, 모택동 체제는 저울 한쪽에 그 헤라크레스적 위업을 자랑스럽게 올려놓을 수 있을 것이다.
>
> 인구 1천2백만 상해시는 4백24개의 병원에 4만4천개의 입원환자 수용

능력과 약 1만1천5백명의 의사가 있어 뉴욕시의 주민들보다도 더 나은 의료서비스를 받고 있다.

기회가 주어진 한 중국인이 일을 함에 있어서 강요에 의해서가 아니라 자발적으로 하고 있다는 것도 분명하다. 여러 가지 이유야 어쨌든 중국의 경제는 아무 무리 없이 잘 움직이는 듯 보인다. (…) 중국인을 위해서 미래는 돌아가고 있다.

문화대혁명처럼 나라를 송두리째 전체 대중에게 떠맡긴다는 것은 찬양할 만한 일인 동시에 소름이 끼치는 일이다. 찬양할 일이라는 이유는 민중에 대한 끝없는 신뢰감을 그 속에서 찾을 수 있다는 것이요, 몸서리쳐진다는 이유는 고삐에서 벗어난 대중이 인민의 적에게 내려치려고 벼르던 복수의 칼날 앞에서는 누구도 자신의 안전을 확신할 수 없기 때문에, 또 그것은 나라 전체를 폭력의 맷돌에 집어넣는 것과 다름없으며, 제도적인 박해와 불의를 폭민의 박해와 불의로써 대치하기 때문이다.

검찰은 공소장에서 "『8억인과의 대화』 22편의 글 중에는 중국대륙에서 공산혁명의 필연성 내지는 정당성을 인정하고, 중화인민공화국의 활동을 찬양, 고무, 동조하는 부분도 있으므로, 그 부분을 삭제하거나, 어떠한 이유로 그 부분은 잘못 평가된 것이라는 번역자의 의견을 삽입하여야 할 것임에도 불구하고, 그대로 번역 출판하여 국외공산계열인 중공의 활동을 찬양, 고무, 동조하는 등으로 중공을 이롭게 했다"라고 말했다.

평론, 에쎄이, 수필 등 22편의 글이 실린 『우상과 이성』에서 문제삼은 부분들을 일부 적시하면 다음과 같다.

북한대표가 처음으로 유엔총회에서의 연설을 우리말로 했다는 것이 작년 겨울 한때 화제가 되었지만 긴 눈으로 높은 차원의 효능을 생각할 때, 이데올로기니 정치니를 떠나서 같은 민족으로서 좋은 일이라고 생각했다. 본인의 직접 경험으로도 약소국, 특히 식민지였던 민족의 대표가 유엔총회에서 구식민 모국의 외교관보다도 더 유창한 외국어로 연설하는 것보다 차라리 서툴기는 하지만 긍지를 지키면서 하는 연설에 외교관들이 찬사와 경의를 보내는 것을 목격한 일이 있다.(「다나까 망언에 생각한다」)

대중 속에 있는 모택동의 오늘의 모습은 사형집행자의 그것은 아니다. 그를 위대하게 하고 있는 것은 그가 단순히 당의 보스라는 것이 아니라 수억의 중국인에게는 순수한 의미에서 교사, 정치가, 전략가, 철학자, 계관시인, 민족적 영웅, 그리고 역사상 가장 위대한 해방자라는 것까지를 합친 전부인 까닭이다. (…) 그것은 외국인으로서 모(毛)를 제일 잘 안다고 할 수 있는 에드가 스노우의 평이다.(「모택동의 교육사상」)

우리 사회의 교육은 국민학교에서부터 대학을 통한 전과정의 목표, 교육내용, 교육방법, 그리고 교육을 받으려는 사람 자신의 동기가 이마에 땀을 흘리고, 손발과 등뼈를 가지고 노동하려는 사람을 양성하기 위해서가 아니라, 조금이라도 덜 일하고, 조금이라도 덜 육체적 노동을, 조금이라도 움직이기보다는 책상머리 위에 앉아서 남을 지배하고 명령하고 부릴 수 있는 그런 사회분자를 만들어내려는 것을 이념으로 하고 있다고 보여지고 있다네.(「농사꾼 임군에게 띄우는 편지」)

(모택동은 말하길) 만약 당신은 대중이 당신을 이해해주길 바라거나 대중의 한 사람이 되고자 하거든, 오랜 기간 그리고 심지어 뼈를 가는 듯

한 고통스러운 자기개조의 과정을 겪어야 한다. (…) 진정코 추한 자는 개조되지 않은 인텔리라는 사실, 노동자와 농민의 손에는 흙이 묻고 발에는 소똥이 묻었어도 궁극적으로 깨끗한 것은 그들이라는 것을 알게 되었다. 사람의 의식이 변하면 그 사람이 한 계급에서 다른 계급으로 변한다는 것은 이것을 두고 한 말이다.(「농사꾼 임군에게 띄우는 편지」)

나는 농민이 좀더 정치적 감각과 사회에 관한 문제의식을 가져주기를 바라는 마음이 간절하네. 생각한다는 것은, 더욱이 생각한 결과를 말한다는 것은 이 사회에서는 자신에게 형벌을 가하는 일이 될 듯 싶네. 그러나 정치는 내가 할 테니 너희는 농사만 지으면 된다는 말이야 성립될 수 없지 않는가. 우리 농민은 너무도 오랫동안 복종과 순종만을 해온 것 같아. 생각하고 저항할 줄 아는 농민을 보고 싶은 마음 간절하네.(「농사꾼 임군에게 띄우는 편지」)

검찰은 일련의 글을 통해 리영희 교수가 "결국 노동자·농민·영세민 등이 자기들을 위한 정치사회제도를 가지기 위해서는 우리나라의 현 정치사회제도를 유지하고 있는 정치인, 기업가 등 지식인을 타도할 수밖에 없다는, 즉 노동자·농민·영세민을 주축으로 하는 공산혁명을 해야 한다고 선동함과 동시에 농민중심의 위 마오 쩌뚱(毛澤東)의 공산혁명사상을 은연중 찬양, 고무하여 반국가단체인 북한공산집단 및 국외공산계열인 중공의 활동을 찬양, 고무 또는 동조하는 등으로 이들 단체를 이롭게 했다"라고 공소장에서 말하고 있다.

사실을 말해도 안된다

1978년 1월 27일에 제1심 1차공판이 시작되어 11회에 걸쳐 공판이 진행된 끝에 5월 19일 리영희 교수에게 징역 및 자격정지 3년이, 백낙청 교수에게 징역 및 자격정지 1년이 선고되었다가, 2심에서 리영희 교수의 형량은 2년으로 감형되었다. 구속기간중 리영희 교수는 자신의 오직 하나뿐인 혈육인 어머니를 잃는 슬픔을 겪는다. 상주를 감옥에 둔 채 치러진 장례는 그만큼 슬펐지만 그래도 성대했다. 상청에 모인 사람들의 눈은 눈물로 충혈되어 있었고, 모두가 자신의 일인 것처럼 비장했다. 이런 가운데 진행된 재판은 그런대로 순조로웠다. 재판부는 이런 유형의 재판에서는 이례적으로 변호인측 증인신청도 받아들였다. 송건호 전 동아일보 편집국장과 맨 처음 「농사꾼 임군에게 띄우는 편지」를 청탁해서 자신들의 잡지에 실었던 가나안농군학교 김기석 편집장이 나와 유리한 증언을 했다. 또 옥중의 리영희 교수도 나름대로 치밀하게 재판준비를 했다. 나는 각종 농업 관련 서적이나 정보를 옥중의 리영희 교수에게 전달해 안팎에서 재판준비를 하던 기억이 지금도 새롭다.

그러나 제1심 재판 결과는 너무나 참담했다. 마치 결과는 이미 예정해놓았으니 굿이나 마음껏 해보라는 것이 재판부의 속셈이 아니었나 싶다. 재판장은 판결이유를 이렇게 불성실하게 말했다. "이 사건은 그 성격이 김지하 사건, 한승헌 사건과 같아서, 대법원이 이미 유죄를 판결하고 있으므로, 그 판례에 따라 유죄를 선고하니 두 분은 항소해서 잘되도록 하라"는 것이었다. 게다가 판결문이라는 것이 검찰의 공소장을 글자 하나 틀리지 않고 그대로 베낀 것이었다. 뒷날 상고이유서에서 리영희 교수는 이같은 사실과 관련하여 이렇게 항변하고 있다.

검사의 기소장은 길이가 14매, 자수로서 8268자의 장문입니다. (…) 그런데 웃지 못할 일은 제1심 판결문의 '판결이유' 부분의 길이가 어쩌면 그렇게도 정확히 14매, 자수로서 8268자입니다. 십수회의 공판에서 7명의 변호인과 2명의 피고인이 변호하고, 6개월간의 법정투쟁에서 피고인측이 자신에게 유리한 단 한가지의 사실도 제시하지 못했다는 말입니까. (…) 법정 안에 있는 무생물을 묘사하라 해도 검사와 판사의 글짓기는 길이, 표현, 자수가 꼭 같을 수가 없을 겁니다. 그런데 판결이유는 검사의 기소장과 글자 하나, 구두점 하나, 말 순서 하나 틀림없이 정확히 일치합니다. 진실로 경이적인 솜씨가 아닐 수 없습니다. 8268자의 그 복잡하고 많은 내용의 기소장을 한자의 고침도 없이 제럭스 복사한 것입니다.

그러나 리영희 교수는 재판과정에서 자신의 소신과 입장을 명쾌하게 밝혀, 당시 서울형사지법 115호 법정을 가득 채운 방청객들을 감동시켰다. 한번은 법정을 강의실로 착각했는지 "지난 시간에는"이라고 진술을 시작하여 법정을 때아닌 폭소장으로 만들기도 했다. 중공을 찬양한 부분에 대하여 왜 빼거나 번역자의 견해를 주(註)로 달지 않았느냐는 변호인 신문에 대하여 리영희 교수는 "학자의 가장 비열한 행동은 남의 글을 도용하는 것이다. 그보다 더 비열한 짓은 남의 글을 마음대로 삭제하는 행위다. 국가권력이 남의 글을 삭제하라는 것은 도저히 이해할 수 없는 일이다"라고 받았다.

이 재판에서 확인된 최대의 뉴스는 "사실을 사실대로 말해도 그것이 죄가 된다"는 것이었다. 중국 사람이 '밥을 먹고 살고 있다'는 식생활 묘사도 고무, 찬양이 된다는 것이다. 모택동이 진시황 이후 처음으로 중국을 통일한 인물이라고 기술한 대목은 명백히 반공법 위반이라는 것이 당시 검찰과 법원의 일치된 견해였던 것이다.

「우리의 교육지표」사건

이 법정을 똑똑히 기억하겠다

최근 들어 부쩍 한국교육의 파탄을 걱정하는 소리가 높아지고 있다. 교실이 무너지고 있다는 것이다. 실제로 교실붕괴의 실상을 전해 들을 때, 과연 이 나라 교육이 어디까지 가서 마침내 어떻게 될 것인지 심히 우려스러운 마음을 금할 수 없다. 오늘의 교육이 이 지경에 이르게 된 근원은 어디에 있는가. 나는 그것이 유신을 전후한 시기에 비롯된 교육의 획일화와 평준화, 그리고 교육자를 정권의 도구화 내지 홍보창구화한 것으로부터 비롯되었다고 생각한다.

대량생산과 대량소비는 상품시장에서만 이루어진 것이 아니었다. 교육에 있어서도 똑같은 논리가 적용되었다. 평균화된 규격품의 대량생산, 그것이 이른바 평준화의 논리요 근거였다. 그에 따라 당연히 규격화된 교육, 획일화된 교육, 평준화된 교육만 있을 수밖에 없었다. 오늘의 교실붕괴는 다품종 소량생산을 요구하는 시대적 흐름과 규격품의 대량생산이라는 이제까지의 교육체계 사이에 나타나는 모순의 필연적인 귀결이라 할 수 있다. 이런 규격품의 양산이라는 교육목표를 극명하게 보여주는 것이 1968년 12월 5일에 반포된 국민교육헌장이라 할 것이다. 1960년대말에서 1970년대에 걸쳐 초·중·고능학교를 다닌 사람이라면 누구나 국민교육헌장을 수없이 외워야 했기 때문에 지금도 한두구절쯤은 아마 기억하고 있을 것이다. 글 자체만 본다면, 지극히 간결하면서도 명문이다.

하지만 국민교육헌장은 그 발상부터가 비민주적이다. 꼭 구현해야 할 내용이라면 기왕에 있는 교육법의 전문(前文)에 넣거나, 교육관계법 안에 용해시켜도 될 텐데, 굳이 별도로 제정, 반포한 것은 일본 메이지(明治) 시대의 교육칙어를 연상시키기에 충분했다. 그리고 인간이 갖추어야 할 좋은 덕목을 거의 모두 나열하고 있지만 '사랑'이나 '정의' '양심' 같은 단어는 보이지 않는다. 나는 민주회복국민회의나 사제단 등의 문건에서 국민교육헌장이 갖고 있는 이런 한계와 함정에 대해 여러 차례 언급한 기억이 새롭다. 사랑, 정의, 양심을 가르치지 않는 교육이 진정한 인간교육일 수 있는가.

교수들이여, 당신들은 무엇을 하고 있는가

1975년 유신정권이 긴급조치 9호를 발동한 이래, 특히 1977년부터는 유신체제에 대한 위험을 무릅쓴 저항도 만만치 않았지만, 탄압의 강도도 그에 못지않게 높아지고 있었다. 『8억인과의 대화』 『우상과 이성』 등의 저술과 관련하여 리영희 교수가 구속되는가 하면, 조선대학교에서는 임영천(任永千) 교수가 반공법으로 구속되어 3년 6개월의 징역형을 언도받았는데, 임영천 교수가 북한을 찬양했다는 어처구니없는 거짓증언을 한 것은 그의 제자들이었다. 그것도 모진 고문으로 그런 위증을 조작한 것이다. 이 무렵 유신정권은 비위에 안 맞는 교수들을 교수재임명제라는 제도로 교단에서 추방했으며, 남아 있는 교수들에게는 지도교수제라는 이름으로 학생들을 감시하도록 뒷덜미를 잡았다. 학생데모가 발생하면 가담학생의 담당교수까지도 문책을 면하기 어려웠다. 학생들에게 민감한 때일 수밖에 없는 4월 19일 같은 날에는 어떤 교수는 도서관 앞에서 몇시까지, 또 다른 교수는 중앙광장 벤치 앞에서 몇시간 동안 보초를 서서 학생들을 감시해야 했다. 학생 감시를 위한 교수들의 이런 행동을 일컬어 그때는 '바보들의 행진'이라 부르기도 했다. 당시의 대학교육 현실은 해직교수협의회가 작성한 '동료교수들에게 보내는 글'(1978.4.13)에 잘 표현되어 있다.

> 공부하는 대학이란 결과적으로 무엇입니까. 권력이 허용하는 지식만을 전수하고, 권력에게 편리한 기술만을 습득하는 것이 곧 대학인의 공부라는 억지가 아닙니까. 면학분위기 조성은 또 무엇을 말합니까. 대학인으로서 너무나 당연한 비판정신과 자주정신을 봉쇄하기 위해서는 모든 강권이 발동되리라는 공공연한 선언이 아닙니까. (…) 이런 교육부재의 현실은 학문의 자유를 말하고 스승의 도리를 말하는 일 자체가 차라리 쑥스러울 정도입니다.

드디어 학생들도 침묵하는 교수들에게 항의하기 시작한다.

> 이제 침묵은 죄악일 뿐이다. 교수들이여! 당신들의 그 오랜 침묵의 시간을 우리는 처음엔 존경과 믿음으로, 나중엔 이해와 동정으로 기다려왔다. (…) 학생들은 학교를 잃었다. 도대체 당신들은 무엇을 지키려 하는가.(서울대 학원민주화투쟁선언, 1979.10.19.)

인간다운 인간을 교육하게 하라

이러한 상황 속에서 전남대 교수 11명이 서명한 「우리의 교육지표」가 발표되었다. 원래 이 성명서는 그 초안을 서울대에서 해직된 백낙청 교수가 작성했는데, 해직교수협의회 등을 통해 전국의 각 대학 교수들로부터 서명을 받아 문교부와 유관기관 및 내외 언론기관에 동시에 발표키로 되어 있었다. 그러나 당시가 너무도 살벌한 시기인지라 대부분의 교수들이 서명을 주저했다. 가톨릭대학교 교수신부들 다수가 겁없이(?) 서명했지만, 일반대학 교수 중에는 이화여대 이효재(李效再) 교수만이 서명해서 그 균형이 맞지 않아 발표하지 못했다. 결국 당시 해직교수협의회 회장이던 성내운(成來運) 교수가 광주에 내려가 송기숙(宋基淑) 교수를 만나 전남대 교수 11명의 서명을 받은 후 그들만의 이름으로 발표했다. 주모자 격인 성내운 교수는 발표후 수사기관의 수배를 받던 중 1979년 1월 체포되어 긴급조치 9호 위반으로 구속되었고, 서명자 11명은 발표된 그날(1978년 6월 27일)로 중앙정보부 전남지부로 연행되어 조사를 받았다. 그 가운데 국문과 교수이자 소설가인 송기숙 교수는 7월 4일 긴급조치 9호 위반으로 구속되었으며, 11명 전원이 해직되었다.

전남대 학생들이 "그동안 침묵만 하고 있는 줄 알았던 우리의 스승들이 민주교육선언에 일어선 쾌거는 암흑을 깨치고자 일어선 자각이요 양심의 회복"이었다고 한 「우리의 교육지표」를 보자.

> 정의롭고 평화로운 사회, 한마디로 인간다운 사회는 아직도 우리 현실에서 한갓 꿈에 머물고 있다. 따라서 이러한 현실을 바로 알고 그것을 개선할 힘을 기르는 일이야말로 인간다운 인간을 교육하는 길이다. (…) 그

러나 대학인으로서 우리의 양심과 양식에 비추어볼 때, 오늘날 교육의 실패는 교육계 안팎의 모든 국민으로 하여금 자발적 일치를 이룩할 수 있게 하는 민주주의에 우리 교육이 뿌리박지 못한 데서 온 것이다.

국민교육헌장은 바로 그러한 실패를 집약한 본보기인 바 행정부의 독단적 추진에 의한 그 제정경위 및 선포절차 자체가 민주교육의 근본정신에 어긋나며 일제하의 교육칙어를 연상케 한다. 뿐만 아니라 그 속에 강조되고 있는 애국애족교육이란 것도 지난날 세계역사 속에서 한때 흥하는 듯하다가 망해버린 국가주의 교육상을 짙게 풍기고 있는 것이다. 부국강병과 낡은 권위주의 문화에서 조상의 빛난 얼을 찾는 것은 잘못이며, 민주주의에 굳건히 바탕을 두지 않은 민족중흥의 구호는 전체주의와 복고주의의 도구로 떨어질 위험이 있다. 또 능률과 실질을 숭상한다는 것이 공리주의와 권력에의 순응을 조장하고 정의로운 인간과 사회를 위한 용기를 소홀히하는 결과가 되어서는 안된다. (…)

이에 우리 교육자들은 각자가 현재 처한 위치의 차이나 기타 인생관, 교육관, 사회관의 차이를 초월하여 다음과 같은 우리의 교육지표에 합의하고 그 실천을 다짐한다.

1. 물질보다 사람을 존중하는 교육, 진실을 배우고 가르치는 교육이 제대로 이루어지기 위하여 교육의 참현장인 우리의 일상생활과 학원이 아울러 인간화되고 민주화되어야 한다.

2. 학원의 인간화와 민주화의 첫걸음으로 교육자 자신이 인간적 양심과 민주주의에 대한 현실적 정열로서 학생들을 가르치고 그들과 함께 배워야 한다.

3. 진실을 배우고 가르치는 일에 대한 외부의 간섭을 배제하며, 그러한 간섭에 따른 대학인의 희생에 항의한다.

4. 3·1 정신과 4·19 정신을 충실히 계승, 전파하며 겨레의 숙원인 자주평화통일을 위한 민족역량을 함양하는 교육을 한다.

서명교수 11명이 연행되자 6월 29일 전남대 학생들은 "일제히 일어서서 먹구름 뒤의 푸른 하늘을 보자"면서 연행교수들의 석방을 요구했고, 7월 3일에는 조선대 학생들이 "언론은 정권의 시녀로 전락했고 학원은 병영화되어가고, 양심적인 민주인사, 교수, 종교인, 언론인, 학생은 긴급조치에 희생당하고 있다"면서, 역시 양심교수의 석방과 교수재임명제의 폐지를 요구했다. 뒤이어 양심범가족협의회, 자유실천문인협의회, 한국인권운동협의회, 광주대교구 사제단, 정의구현전국사제단 등이 성명을 잇달아 발표하여 "6·27 교육지표선언은 용기있는 교육자의 양심의 발로로서 이 교육지표 달성을 위하여 온 국민들과 함께 적극 투쟁할 것"을 천명했다.

한편 구속된 송기숙 교수에 대한 공소내용의 핵심은 "마치 국민교육헌장이 제정, 선포 과정에서 행정부 독단으로 추진되고, 내용에 비민주적인 요소가 있는 양 사실을 왜곡하는 내용의 표현물을 제작, 배포함으로써 긴급조치 9호를 위반"했다는 것이었다. 따라서 법정에서의 법리논쟁은 국민교육헌장의 제정과 선포 과정에서 행정부의 독단이 있었느냐 하는 것과, 그 내용에 비민주성이 있느냐 없느냐 하는 것이 될 수밖에 없었다. 이 사건은 광주의 홍남순(洪南淳), 이기홍, 지익표(池益杓) 변호사와 서울의 홍성우 변호사가 공동으로 변론을 맡았는데, 실질적으로 모든 변론 준비는 홍성우 변호사가 해야 했다. 나는 이 사건의 변론 준비를 위하여, 동대문시장 헌책방을 뒤져 민주교육헌장과 관련된 자료를 수집했다. 이렇게 수집한 자료들을 정리해 변론자료로 쓰거나 증거로 제출케 했다. 그때 수집한 관련자료들이 상당한 분량이었고, 그만큼 자료가 충분했기 때문에 성실하고 내용있는 변론을 할 수 있었다. 재판부도 방청은 제한했지만 증인채택에서는 유연성을 보여줘 서울대에서 해직된 한완상(韓完相) 교수를 변호인측 증인으로 불러 심문할 수 있었다. 그러나 뭐니뭐니해도 이 재판에서의 압권은 송기숙 교수의 최후진술이었는데, 나는 이 최후진술을 가능한 한 많이 제작, 복사하여 광범위하게 뿌렸다. 당시의 문교부에 근무하는 공무원 또는 그 산하기관 사람들에게도 꼭 읽어볼 것을 전제로 여러부를 전했다. 그 최후진술의 중요한 대목을 살펴보기로 한다.

어머니가 젖먹이 아이에게 젖을 안 줘서 애가 죽게 되는 경우, 어머니는 아무 행동을 안했지만, 사실 자체만으로 부작위의 살인범죄를 저지른 것으로 취급된다. 학생에게 진실을 가르쳐야 할 교수가 진실을 말하지 않는 행위도 똑같은 부작위범죄라고 나는 믿는다. 더구나 교수가 진실을 안 가르쳐주니까, 기도회로 강연회로 찾아가는 학생을 붙잡아서 밥 사주고 술 받아주며 못 가게 하는 행위는 민족의 역사 앞에 무슨 죄목에 해당할 것인가.

무릇 진술이란 사실의 진술과 의견의 진술 두가지로 대별된다. 국민교육헌장에 비민주적 요소가 있고, 제정과정에 정부의 독단이 작용했다는 것은 나의 의견이다. 사실의 진술이 아니기 때문에, 또 옳은 의견이든 아니든 그런 의견이 나올 만한 상당한 근거가 있었던 이상 '사실왜곡'이란 당치도 않은 소리다.

(…)

나는 구태여 나를 풀어달라고 호소하지 않겠다. 그러나 진실을 위하여 판결해줄 것만은 당부하겠다. 나 자신 소설가로서 이 시대의 진실을 기록하고 증언하는 것이 나의 임무라 믿고 재판을 받고 들어갈 때마다 그날 있었던 일 하나, 표정 하나도 안 놓치려고 애쓰곤 한다. 재판부의 결정이 진실에 어긋난다고 생각될 때에는 그렇게 증언할 것이다. 판결이 어찌되든 나로서는 담담히 받아들이겠으니 재판부는 재판부대로 자신의 결정에 대해 책임을 지기 바란다.(8월 23일 제1심 최후진술)

바로 염치없는 유신헌법까지도 4·19 정신을 지워버릴 수 없어 이어받자고 하면서도, 바로 그 4·19 때문에 세계를 향하여 민주주의라 자랑을 하면서도, 그 기념행사 기간을 전후한 일주일간은 강의시간표 대신에 보초시간표가 나와서 하늘을 쳐다보고도 부끄러웠으며, 어느 시인의 말마따나 풀잎에 이는 바람에도 부끄러운 게 이땅의 교수였다. 나에게 형(刑)을 준다면, 나는 그것을 수많은 교수들이 이 정권을 향해 "아니다"라고 하는, 마음속에서 풀지 못한 그 소리없는 아우성을 대신하여 이 시대가 나에게 준 역사의 짐으로써 달게 받을 각오가 서 있다. (…) 효봉 스님은 한번의 오판으로 일생을 중 생활로 고행의 역경을 겪어야 했다. 스승의 구속에 항의한 학생들을 처벌하는 것은 삼가달라.(12월 23일 제2심 최후진술)

해직교수협의회의 활동

지식인 되기 힘들어라

난세에 지식인들은 안으로부터 양심의 괴로움을 겪어야 할 뿐만 아니라, 밖으로부터도 "당신들은 지금 무엇을 하느냐"는 질타를 받는다. 1978년 3월 20일 동일방직 관련 여성노동자 40여명이 기독교방송국에 몰려가 "새가 죽으면 크게 보도하고 사람이 죽으면 보도하지 않느냐" "산업선교회를 빨갱이로 모는 데 대해 왜 아무 말도 안하느냐"며 항의하는 사건이 발생했다. 이 사건은 특정한 방송국에 대한 항의로 끝난 것이 아니라, 지식인들의 비겁과 무기력을 가슴아프게 질책한 중요한 사건으로 기억되었다. 즉 해직교수들로 하여금 '역사가 지식인에게 지워준 짐을 새롭게 깨닫게 하는 계기'가 된 것이다.

그해 3월 24일 우선 연락이 닿은 사람들끼리만이라도 해직교수협의회를 결성, 발족키로 하고, 그 질문에 대한 대답의 형식으로 '언론계 여러분들께 보내는 공개장'에 서명하여 발표한다. 그리고 해직교수협의회라는 공식 이름으로 처음 발표한 문건이 '동료교수에게 보내는 글'(1978. 4. 13.)이었는데, 거기서 이들은 이렇게 말한다.

이제 우리는 특히 현직 또는 전직의 모든 동료교수들과 새 역사의 대열에 동참하는 기쁨을 기대하면서 다음과 같은 우리의 주장을 밝히고자 합니다.

①모든 교수는 진실을 말하고 가르쳐야 한다.

(…)

③모든 현직, 전직 교수들은 교육자적 양심에 입각하여 부당한 학생처벌에 저항하고 이미 희생된 학생들의 복권, 복직을 요구해야 한다.

이 역시 현실에 대해서 지식인이라면 발언해야 하며, 또 진실을 발언하자고 호소하는 내용이었다.

해직교수가 나오기까지

유신정변 이후 최초의 교수해직은 1974년 4월 이른바 민청학련사건으로 연세대의 김동길, 김찬국 교수가 구속, 해직된 것이 아닌가 싶다. 구속되지 않은 상태로 해직된 것은 서울대의 백낙청 교수가 처음이었는데, 백낙청 교수의 해직은 나와 깊은 관련이 있다. 백낙청 교수의 해직사유는 1974년 11월에 있었던 민주회복국민선언에 서명했다는 것이었는데, 내가 바로 그 서명을 받은 사람이었다. 서명을 약속한 사람들이 막판에 가서는 이러저러한 구차한 변명으로 발을 뺀 데 반하여 백낙청 교수는 처음부터 담담하게, 마땅히 해야 할 일을 할 뿐이라는 그런 표정으로 서명해줬다. 오늘날 마치 민주화는 저 혼자 이루어낸 것처럼 떠들거나 영달한 사람들 가운데 정작 민주화투쟁의 과정에서는 약게, 기회주의적으로 처신한 사람들이 적지 않다. 그런 점에서 나는 백낙청 교수의 한결같은 기조를 존경할 뿐만 아니라, 지금까지 늘 미안한 마음을 가지고 살아오고 있다. 민주회복국민회의 때문에 백낙청 교수가 해직되는 것을 막기 위하여, 민주회복국민회의 이름으로 백방으로 최선의 노력을 다했지만 허사였다. 그 일로 당시 대표위원의 한사람이었던 천관우로부터 내가 민주회복국민회의를 제멋대로 좌지우지한다는 오해를 받기까지 했다.

1974년까지는 백낙청 교수가 파면되고 경기공전의 김병걸 교수가 권고사직되었을 뿐, 사립대학의 교수들이 그것 때문에 해직되지는 않았다. 이런 가운데 1975년 신학기 벽두부터 대학가는 석방학생과 교수의 복교, 복직문제를 놓고 술렁거렸다. 처음에는 복학·복직이 허용될 수 있는 것처럼 굴던 문교부가 태도를 바꾸어 복학·복직 불가 방침으로 강경하게 급선회했다. 이에 연세대를 비롯한 한신대, 서강대 등이 교육적 입장을 들어 반발하고 나섰다. 연세대 박대선(朴大善) 총장은 "대학은 법과 정치를 초월해서 교육적, 인도적 결정을 내릴 책임이 있다"면서 복학·복직을 허용하겠다는 뜻을 분명히했다. 문교부가 계고장을 하달하고 경고를 계속한 끝에 4월 3일 박대선 총장이 사임하고, 4월 12일 김동길, 김찬국 교수는 결국 해임되었다.

연세대에서 석방교수의 복귀를 외치는 시위가 터져나오고 각 대학에서 학원민주화, 유신철폐를 주장하는 격렬한 시위가 계속되었지만, 유신정부는 5월 13일 긴급조치 9호를 발포함으로써 모든 것을 일방적인 폭력으로 처리해나가기 시작했다. 다음날로 문교부는 각 대학에 학생써클 해산명령을 내리고, 5월 20일에는 전국 98개 대학 총학장회의를 소집해 전국 모든 고교 및 대학에 학도호국단을 결성하고, 대학에서 군사교육체제를 강화할 것을 지시했다. 이와 함께 국가안보를 위해서는 면학분위기를 조성해야 한다는 명분으로 이른바 문제교수들에 대한 해임을 권고하여 사직케 했다. 이때 해직된 교수들은 연세대에서 서남동·이계준(李桂俊)·양인응(楊仁應)·김규삼(金奎三), 한신대에서 문동환·안병무, 고려대에서 이문영·김용준(金容駿)·김윤환(金潤煥)·이세기(李世基) 교수 등이었다. 서울대의 한완상 교수는 각서를 쓰고 가까스로 해임에서 제외되었다.

7월 9일에는 이른바 4대 전시입법의 하나로 교육관계법 개정법률안이 국회를 통과했다. 개정된 교육관계법은 교수재임용제를 주요 내용으로 했는데, 이는 '문제교수'를 대학에서 축출하고 교수들의 어용화를 촉진하려는 음모의 소산이었다. 이 법에 따라 정부는 1976년 2월 28일 교수재임용제를 실시하여 총 416명을 재임용에서 탈락시켰다. 공식적으로는 탈락의 기준이 학문적 업적과 연구실적이라고 했지만, 실제로는 '문제교수'를 비롯해 정부와 학교에 밉게 보인 교수들이 총망라된 형태였다. 이때 탈락한 사람은 노명식(盧明植), 한완상, 이우정, 남정길(南正吉), 우창웅(禹昌雄), 김윤수(金潤洙), 염무웅 교수 등이었다.

대학에서 연구하고 강의하는 일 말고는 달리 생활수단을 익히지 못한 교수들에게 해직은 곧 엄청난 고난의 시작이었다. 번역이나 강연, 비공식적인 성금 등의 수입으로 살아가야 했던 것이다. 이렇게 해직된 교수들이 서로의 뜻을 모아 한 목소리를 낸 것이 1977년 12월 2일 해직교수 13명의 이름으로 낸 민주교육선언이었다. 비록 강단을 떠났으나, 오히려 교육에 대한 애타는 열정과 관심은 더욱 깊어진 것이다. 그래서 그들은 외친다. "명령에 순종하는 인간만을 생산하는 반교육적 체제로는 꼭두각시밖에 양산되지 않는다" "오늘의 대학은 그 자율성을 상실하고, 학문의 자유도 이미 존재하지 않는다" "오늘의 대학사회에는 이제 안정도 없고, 자유도 없다" "교단에 서서 젊은 학생들에게 하고 싶은 말, 해야 할 말을 자유롭게 하지 못하는 교수들의 고충을 아는가."

이 선언은 김동길, 김용준, 김윤수, 김찬국, 남정길, 노명식, 백낙청, 성내운, 안병무, 염무웅, 이계준, 이우정, 한완상 교수 등 13명의 이름으로 발표되었다. 이 선언은 당시 국내외에 신선한 충격과 감동을 주었다. 북아메리카 교포들의 민주화운동단체인 한국민주화연합운동(상임위원 김재준 목사)은 12월 28일 '민주교육선언에 대한 성명'을 통하여 "그 뜻의 갸륵함을 인정하고, 그들의 용감성을 높이 평가, 찬양함과 동시에 그 선언에 호응, 동조, 합류할 것을 결의"하기까지 했다. 이런 해직교수들의 활동은 그 이전에 발족한 자유실천문인협의회와 동아·조선언론투위와 함께 정족의 형태로 민주화투쟁 대열에 합류하는 것을 의미했다. 이로부터 해직교수협의회는 민주화투쟁의 전 과정에서 중요한 일익을 담당하기 시작한다.

진실을 말하고 가르치자

사실 1975년 5월의 긴급조치 발포 이래 학교는 병영화되고, 지식인에 대한 탄압은 더욱 확대, 심화되어갔다. 김지하는 여전히 갇힌 상태였고 1976년에는 서강대 김명식 수사 등의 「10장의 역사연구」가, 1977년에는 양성우의 「노예수첩」이 긴급조치에 위반되어 작가와 그 관련자들이 재판을 받는가 하면, 한양대의 리영희 교수와 이미 해직된 백낙청 교수가 논문집 『우상과 이성』 『8억인과의 대화』를 집필, 편역 또는 출간했다고 하여 반공법 위반혐의로 백낙청 교수는 불구속기소, 리영희 교수는 구속기소되는 사태로 이어졌다. 이와 관련하여 해직교수 13명(당사자였던 백낙청 교수는 빠지고, 대신 김병걸 교수가 포함되었음)이 성명을 발표한다. "연구자의 인신에 대한 구속과 입건은 연구와 저술활동의 자유에 대한 심각한 위협이며, 나아가 학문의 존립근거 자체를 말살하려는 처사"라고 항변한 것이 바로 그것이다.

1978년 5월 26일에 해직교수협의회는 자유실천문인협의회와 함께, '시인·지식인을 석방하라'는 성명을 발표하는데, 거기에서 이렇게 절규한다.

> 과연 '삼천리는 살기 좋은가/삼천리는 비단 같은가/거짓말이다 거짓말이다/날마다 우리들은 모른 체하고/다소곳이 귀기울이며' 우리는 매일같이 속는 척한다. 오늘 이 사회를 뒤덮는 것은 거짓말이다. (…) 오늘이 나라의 언론이야말로 우리가 거짓말 천지에서 살고 있음을 웅변으로 증명해주고 있지 않은가. (…) 우리 모두가 양심대로 생각하고 말하고, 사실대로 백일하에서 서로 알리고 대화하여 여론을 형성하고, 여론이 민의가 되고, 민의에 따라 역사를 운영하는 참된 민주주의사회를 건설해야 한다는, 사심없는 사명에 돌아가자. 이 민주적 저력을 바탕으로 민족의 최대과제인 통일을 성취하자. (…) 모든 양심수인을 석방하라! 김지하, 양성우 두 시인과 리영희 교수를 석방하라!

같은 해 6월 9일에는 기독자교수협의회, 동아·조선투위 등 4개 단체의 명의로 '대학교수와 언론인에게 보내는 글'을 발표한다. 여기서는 민주교육과 자유언론을 강력히 촉구하면서 "누구를 위한 침묵입니까. (…) 교수가 대학과 나라와 겨레에 대해서 진실을 말했던들, 언론이 사실을 보도하고 그에 대한 논평을 해왔던들, 결코 있을 리 없었던 대학생들의 수난입니다. 아니, 민주교육과 자유언론이 없이는 나라와 겨레의 수난만이 있을 뿐입니다"라고 호소한다. 그러나 이러한 절규나 호소와는 아랑곳없이 1978년에는 「우리의 교육지표」사건으로 송기숙 교수가 구속되고, 이보다 앞선 1977년 7월에는 조선대학교의 임영천 교수가 구속되었다. 임영천 교수는 제자의 고발과 일주일에 걸친 고문 그리고 북괴를 찬양했다는 제자의 거짓증언으로 3년 6개월의 형을 선고받았다. 이제 붓을 들고 그 앞에 앉아 있는 제자들도 경계해야 되는 세상이 온 것이다.

뿐만 아니라 해직교수협의회의 성명에 나타난 것처럼 교수들은 그들이 할당받은 학생들에게 맘에 없는 술까지 사먹이면서 학생들을 어거(馭車)해야 했다. 선생과 학생의 관계는 스승과 제자의 관계라기보다는 지시하고 지시받는 관계가 되었고, 선생은 교장의 지시에, 교장은 장관의 지시에, 장관은 대통령의 지시에 움직이는 군인교육의 전형을 닮아갔다. 이런 상황 아래에서 동아투위가 침묵하는 제도언론을 대신하여 '보도되지 않은 민주인권일지' 1년치를 발표하여 10명의 해직기자들이 대량투옥되는 사건이 일어났다. 송기숙, 리영희, 백낙청 교수도 모두 유죄판결을 받는다. 이에 해직교수협의회는 사태의 화급함을 절감하여 1978년 10월 20일 '우리들의 입장'이라는 성명을 통해 "민주학원의 생명이기도 한 진리탐구의 자유와 진리전달의 권리는 확보돼야 하고, 이를 저해하는 모든 행위는 즉각 중지되어야 한다. 민주교육을 병들게 하는 '국민교육헌장'은 파기되어야 하며, 교육계 안에서 일제 식민지교육의 잔재는 철저히 박멸되어야 한다. (…) 리영희, 송기숙, 임영천 교수를 위시한 모든 양심범은 즉각 석방되어야 하며, 학원과 직장에서 쫓겨난 모든 인사들은 원상복구되어야 한다"라고 주장했다.

「우리의 교육지표」사건으로 11명의 교수가 해임되는 등 해직교수협의회는 박해가 심화될수록 인원이 확충되었다. 유신이 막바지로 치달으면서, 크리스챤아카데미사건 등으로 정창렬(鄭昌烈, 한양대), 신인령(辛仁羚, 이화여대 강사), 그리고 '민족경제론'의 박현채 교수가 구속되는 등 수난은 계속되었다. 그런 와중에 1979년 8월 YH사건이 터졌다. 8월 24일 해직교수협의회는 자유실천문인협의회와 공동기자회견을 갖고, 각기 성명을 통해 시국의 절박함을 알리고 위정자의 결단을 촉구했다. 그러나 이 성명이 발표되자 당국은 회장과 부회장이었던 성내운, 백낙청 교수의 연행으로 답했고, 이어서 10·26 사태가 발생한다. 독재자의 죽음과 함께 18년의 유신체제도 당연히 물러갔어야 했으나 박정희 없는 유신체제는 계속되었다. 11월 13일 해직교수협의회는 앞에서 말한 지식인단체들과 더불어 공동으로 연합성명을 통해 나라의 민주화를 촉구했다. 그러나 그 결과는 동아투위 이부영 기자의 구속과 성내운 교수의 지명수배로 나타났다.

1980년 2월말 일단 해직교수 전원은 무조건 복직되었다. 그리고 그 두달 후에는 5·17이 선포되고 7월말에는 86명의 교수들이 해직되었다. 역사는 반복되는 것인가. 1983년 해직교수협의회는 재조직된다. 1984년 9월 22일 해직교수협의회는 다음과 같은 성명을 발표한다.

지식인이란 자기가 지니고 있는 전문지식을 민족과 사회의 발전을 위해 유용하게 활용하는 것을 그 기본적인 사명으로 한다. 그러나 민족과 사회가 위기에 처했을 때는, 그는 자신이 지니고 있는 지식을 바탕으로 그 위기의 극복을 위해서 현실을 냉정하게 비판하고 과감하게 행동해야 한다. 이것이 사회의 정신적, 지적 지도자로서 지식인이 짊어지고 있는 도덕적 사명이다.

동일방직 노조의 외침

가난하지만 인간답게 살고 싶다

우리가 걸어온 민주화의 과정이 얼마나 험난했는지를 상징적으로 보여주는 몇가지 사건이 있다. 1978년에 있었던 동일방직사건도 그 가운데 하나이다. 그러나 유신정권이 아무리 잔인했기로서니 어떻게 이런 일이 이땅에서 일어날 수 있었던가 하는 자탄을 금할 수 없게 하는 사건이 바로 이 사건이다.

> 배우지 못해 아는 것은 없지만 불의와 타협할 수 없었고, 가난하게 살아왔지만 똥을 먹는 것까지 참을 수는 없었습니다. 추운 겨울날 눈, 코, 귀, 입 속으로 스며드는 똥물을 뱉으며 우리는 부둥켜안고 가슴아프게 울었습니다. 이 넓고 찬란하다는 사회를 향해 순수한 꿈을 키우는 어린 나이의 저희들이 우리도 인간이라고 외친 것이 똥을 뒤집어써야 할 만큼 큰 잘못인가요?(1978년 4월, '인권을 강도당한 근로자들의 호소')

동일방직 노조가 걸어온 길

동일방직은 인천시 동구 만석동에 있던 회사로 광목·포플린·재봉실·혼방직물·면직물을 생산하여 국내 시판하고 일부를 수출하고 있었다. 1978년 당시 근로자는 1천3백여명으로 남자가 3백여명, 여자가 1천여명이었다. 원래 동일방직에는 그 전신(前身)인 동양방직 시절(1946년)에 결성된 노조가 활동해왔다. 그러나 1961년에 5·16과 더불어 노동조합이 산별체제로 바뀌면서 노조는 회사와 타협하는 어용노조로 전락했고, 근로조건은 매우 열악한 상태였다. 그러나 1966년경부터 가톨릭노동청년회, 인천산업선교회 등의 협력으로 일찍부터 노동자들의 소그룹운동이 전개되었고, 그 결과 '나도 인간이다'라는 의식이 노동자들 사이에 널리 퍼져 있었다. 그리하여 1972년에 우리나라 최초로 여성지부장이 선출되어 여성 노조집행부를 구성할 수 있었다. 1970년대의 민주노동운동이 여성노동자들에 의해 전개되는 데 동일방직이 그 중요한 몫을 담당하기 시작한 것이다.

그러나 이 무렵 일찍이 없었던 탄압이 시작되었다. 회사측은 노조원들에게 욕설과 협박은 물론 갖은 핑계를 갖다붙여 출근정지, 부서이동, 사표강요를 일삼았고, 듣지 않으면 거침없이 해고를 해댔다. 그러면 그럴수록 노동자들은 똘똘 뭉쳐 1975년에는 제2기 여성지부장(이영숙)을 선출했다. 이때부터 회사측은 집요하게 노조집행부의 교체를 시도하기 시작했다. 1976년에는 집행부를 남자로 바꾸려는 회사측의 공작과 조합을 사수하려는 여성노동자들의 절규로 처절한 한판 싸움이 붙는다. 회사측이 대의원대회를 무산시키려고 야유회를 소집하고, 대의원을 매수하며 지부장을 협박, 폭행했지만 여성노동자들은 완강했다. 그러자 저들은 여성노동자들이 출석하지 못하도록 기숙사에 못질까지 하며, 회사측 대의원만으로 대회를 열고 일방적으로 새 지부장을 선출했다. 그러자 노동자들은 회사 안에서 단식농성에 들어갔고, 회사측은 물과 전기를 끊고 화장실마저 폐쇄하는가 하면, 경찰을 동원해 5분내 자진해산을 요구하더니 마침내 이들을 폭력으로 끌어내 연행하기 시작했다.

> 우리는 끌려가면 안된다는 생각에 모두 옷을 벗고 반나체로 저항을 했습니다. 벗어든 옷을 들고 휘두르며 통곡을 하며 불렀던 노동가는 지금도 가슴을 울립니다. 경비와 사원들, 경찰들이 휘두른 몽둥이에 맞고 넘어지고, 구둣발에 채이고, 머리카락이 뽑히고, 차에 실려서도 유리창을 깨며 뛰어내리려고 저항을 해봤고, 바퀴 밑에 뛰어들어 차를 정지시키려고도 해봤습니다.(1976년, 사건수습투쟁위원회에서 낸 호소문)

이때 72명이 연행되고, 50여명이 충격으로 졸도했으며, 부상자 70여명 중 14명이 병원에 입원했고 이 가운데 2명은 이후 6개월이나 정신병원에서 투병해야 했다. 이런 상황에서도 노동자들은 수습투쟁위원회를 결성하여 노조를 지켰고, 1977년 4월 4일에는 이총각(李總角) 총무를 3대 여성지부장으로 선출했다. 그러나 이는 더 큰 시련의 시작이었다.

1978년 2월 21일은 노조대의원대회가 있는 날이었다. 회사측이 지부장후보로 밀고 있던 박복례는 "현재의 노조집행부는 빨갱이 단체인 신·구교 산업선교회의 마수 아래 있다"면서 집행부를 매도했다. 더 엄청난 일, 차마 있어서는 안될 일이 벌어진 것은 대의원대회가 있던 2월 21일 새벽이었다. 노동조합을 파괴하려는 회사측 남성노동자 5~6명은 방화수통에 똥을 담아서 고무장갑을 낀 채, 투표하러 오는 여성조합원들의 얼굴과 옷에 닥치는 대로 똥을 발랐다. 옆에서는 회사측에서 미는 박복례가 한사람 한사람에 대해 지시하고 있었다. 얼굴을 똥걸레로 문지르는가 하면 입에 먹이고 젖가슴에 쑤셔넣었다. 탈의장에 벗어놓은 옷에도 똥을 발랐다. 경찰들은 구경만 하고 있었고, 도움을 요청하는 여성노동자들에게 냉소만 보낼 뿐이었다. 귀와 입과 눈까지 온통 똥으로 뒤범벅이 된 노동자들은 얇은 치마와 반팔의 작업복만 입은 채 영하의 새벽공기 속에서 가슴을 쥐어뜯으며 울부짖었다. "아무리 가난하지만 우리도 인간이다. 우리는 똥은 먹고 살 수 없다."

이날 대의원선거에서 40여개의 투표함이 박살났고, 그래도 투표를 하려던 노동자들은 폭행을 당한 끝에 50여명이 부상을 당했다. 오후 6시경 5백여명의 노동자들이 삽시간에 모여 농성을 시작했지만 그날은 너무도 지치고 허탈하여 자진해산했다. 다음날 아침 이들이 회사에 도착했을 때는 정문과 노조사무실 앞에 이런 현수막이 걸려 있었다. '외부세력 이총각 물러가라' '때려잡자 조화순!' 조화순 목사는 인천산업선교회를 맡고 있었는데, 1966년에는 6개월간 동일방직 공장에 들어가 노동자들과 함께 일하며 노동현장을 체험한 감리교 소속 여성목사였다. 이처럼 회사와 섬유노조측은 각본에 따라 이후의 사태를 치밀하게 만들어나갔다. 섬유노조측은 즉시 동일방직 지부를 사고지부로 규정하고, 집행부를 즉각 해산조치했다(직전에 규약을 고쳐, 사고지부를 즉각 해산조치할 수 있도록 했다). 그리고 3월 6일 중앙위원회에서 위원장 김영태(金永泰)는 "산업선교회는 빨갱이 단체이며 동일방직 노조집행부는 그 새끼" "조화순이와 관련이 있는 자, 신부와 관련이 있는 년놈들은 박살내겠다"며 동일방직 집행부 전원을 제명처분했다.

우리는 똥은 먹고 살 수 없다

그때는 노동절 대신 '근로자의 날'이 있었고, '근로자의 날'은 1959년 한국노총이 창립된 날을 기념하여 3월 10일로 정해져 있었다. 1978년 3월 10일 '근로자의 날' 행사는 장충체육관에서 한국노총 주최로 최규하(崔圭夏) 총리가 참석한 가운데 10시부터 열렸다. 10시 30분경 정동호 노총위원장의 개회사가 중간쯤에 이르렀을 무렵, 장내에 들어와 있던 동일방직 여성노동자들은 준비한 현수막을 높이 쳐들고 "섬유노조 위원장 김영태는 물러가라" "우리는 똥은 먹고 살 수 없다"라는 구호를 외치기 시작했다. 갑자기 일어난 일이라 여기까지는 그대로 중계방송되었다. 바로 이때 한국노총의 행동대원들이 들이닥쳐 여성노동자들에게 주먹질, 발길질을 해대는가 싶더니 머리채를 잡고 밖으로 끌고나갔다. 기념식은 약 3분간 중단되었고, 생방송은 세번씩이나 끊겼으며 31명이 서울 중부경찰서로 연행되었다. 중부경찰서는 점심도 주지 않은 채 경위를 조사하더니 다시 인천 동부경찰서로 신병을 이송했다. 그리하여 밤 12시경 28명은 석방되고 3명은 25일간의 구류에 처해졌다. 장충체육관에서 강제퇴장당한 50여명은 그날밤 명동성당 저녁미사에 모여들었다. 미사가 끝난 뒤 이들은 "동일방직노조문제 해결하라" "가톨릭노동청년회(JOC)는 공산주의가 아니다"라고 쓴 현수막을 내걸었다. 이후 동일방직 노조의 끈질기고 고난에 찬 투쟁은 처절하게 계속되었다.

이들의 "똥은 먹고 살 수 없다"는 절규는 이미 신·구 교회를 비롯한 양심을 가진 모든 사람들을 충격과 분노로 몰아넣었다. 3월 10일 인천교구 가톨릭노동청년연합회는 동일방직 노동자를 돕자는 호소문을 발표했고, 인천교구 사제단은 당해 주일에 특별헌금이나 주일헌금의 4분의1을 이들을 돕는 데 쓰기로 했다. 가톨릭 정의평화위원회(정평위)도 3월 20일에 교권수호기도회를 가지기로 하는 등 3월 10일부터 활동을 개시했다. 같은 날 광주 남동성당에서 있었던 '노동자들을 위한 신·구교 합동기도회'에서 신현봉 신부는 '짓밟힌 노동자들의 인권'이라는 강론을 통해 동일방직사태를 낱낱이 폭로했다. 3월 12일에는 인천 답동성당에서 1천여명이 모인 가운데 신·구교 연합기도회가 열렸다. 문동환 목사의 설교, 인명진(印名鎭) 목사의 현장보고에 이어서 인천산업선교회의 조화순 목사가 동일방직사태를 보고할 때 성당 안은 온통 눈물의 바다가 되었다. 기도회가 끝난 뒤 50여명의 노동자들이 사제관에서 농성을 시작했고, 명동성당의 농성자 17명도 합류키 위해 서울에서 내려오던 중, 경찰은 당초의 약속을 어기고 이총각 지부장을 연행해 장충체육관에서 소란을 주도한 혐의를 씌워 29일의 구류처분을 받게 했다. 3월 14일에는 43명의 농성자들이 다시 명동성당으로 이동했다가 15일부터는 인천산업선교회 지하실로 자리를 옮겨 조화순 목사와 실무자까지 합친 67명이 가족면회도 거부한 채 무기한 단식농성에 들어갔다.

이와 함께 청주도시산업선교회, 동아투위의 동조단식 등 신·구 교회를 비롯한 지원투쟁이 고조되어가던 중, 3월 21일에는 신·구교 성직자, 노동계 해직교사와 해직언론인, 문인, 여성단체, 법조단체, 청년단체 등이 광범위하게 참여하는 동일방직사건긴급대책위원회가 발족되었다. 위원장 김병상(金秉相), 총무 이창복(李昌馥), 부위원장 김찬국, 공덕귀, 성내운, 송건호 등이 그 면면이었다. 특히 기독교 여성단체들의 적극적인 참여와 성원이 컸는데 이는 여성노동자들의 처절한 투쟁에 따른 감동과 충격 때문이었다. 대책위원회측과의 대화를 통해 정부는 2월 21일 대의원선거 이전 상태로 환원할 것을 약속했으나, 회사측은 노동자들에게 회사명령에 절대복종하고 어떠한 처벌도 달게 받겠다는 굴욕적인 각서를 요구했다. 일부는 가족의 생계 때문에 울면서 이 굴욕적인 각서를 받아들였지만, 회사측은 4월 1일 126명의 노동자를 선별적으로 해고했다. 이로부터 동일방직 여성노동자들의 투쟁은 다양한 방법으로 그리고 장기전으로 전환한다. 따라서 기약없는 투쟁에 수난도 컸다. 여성노동자 6명은 그해 3월 26일 여의도에서 열린 부활절 연합예배 때 단상을 점거하고 "우리는 똥은 먹고 살 수 없다"라고 소리치다가 구속되었으며, 회사측이 박복례를 지부장으로 세우려 하자 이를 저지하기 위해 뛰어든 이총각과 총무 김인숙은 문서은닉 및 폭행죄로 구속되었다. 섬유노조의 김영태 위원장이 부산에서 통일주체국민회의 대의원으로 입후보하자 이를 낙선시키기 위해 15명의 해고노동자들이 부산에 내려가 김영태의 죄상을 폭로하다가 7명이 또 선거법위반으로 구속되었다. 4월 1일의 해고조치에 맞추어 김영태 위원장은 전국 사업장에 공문을 보내 해고노동자 126명의 인적사항을 통보하고 일체 취업을 받아주지 말도록 조치했다. 실제로 해고노동자 이금옥은 인천기독병원 식당에서 막일을 하기 시작한 지 10일 만에 형사가 찾아와 해고되었다. 최초의 블랙리스트가 동일방직 해고노동자들에게 적용된 것이다.

이는 동시에 교회에 대한 탄압이었다

동일방직사태는 단순한 노사분규가 아니라, 정부 · 노총 · 회사가 한패거리가 되어 신 · 구교 산업선교와 노동운동을 파괴, 말살하려는 음모의 결정판 같은 것이었다. 김수환 추기경은 3월 20일에 있었던 '교권수호를 위한 명동성당 기도회'에서 유례없이 강한 어조로 강론을 했다.

> 이제 제발 어리석은 짓은 그만두어야 합니다. 이런 허위날조와 조작에는 종지부를 찍기 바랍니다. 우리는 지금까지 자중하고 인내해왔습니다. 그러나 이 짓이 계속된다면 더이상 묵과할 수 없습니다. (…) 여러분은 이번 사건에 희생이 된 여성노동자들을 살리십시오. 여러분이 살리지 않으면 그것은 실제로 여러분의 손으로 이들을 죽이는 것과 같습니다. 이들을 살리는 길이 여러분이 또한 사는 길이요, 우리 모두가 사는 길입니다.

그해 9월 22일 저녁 6시 종로5가 기독교회관에서는 대책위원회 주최로 연극을 통해 똥물사건이 재현되었다. 8시 50분경 바로 그 똥물 먹는 장면이 재연되자 장내는 온통 훌쩍거리며 우는 소리로 가득찼다. 신부도, 목사도, 교수도, 청년도, 구속자 가족들도 하나같이 펑펑 눈물을 흘리며 흐느꼈다. 9시경 누가 먼저랄 것도 없이 강당 앞에 붙어 있던 현수막을 떼어들고 밖으로 나가 거리를 향해 울부짖었다. 구호는 점점 격해졌고, 마침내는 "독재정권 물러가라"라는 말까지 나오기에 이르렀다. 9시 30분경에는 강당으로 돌아와 연좌농성에 돌입했는데, 9시 50분경 1백명의 사복경찰들이 난입해 닥치는 대로 폭행하면서 이들을 밖으로 내몰았다. 윤반웅, 문익환 목사도 폭행을 당해 타박상을 입었으며, 맨 앞에 서 있던 박형규 목사의 부인 조정하 여사는 머리채를 잡힌 채 구타당하면서 밖으로 끌려나갔다. 이날 경찰은 43명을 실신상태에 이르도록 구타한 뒤 연행했으며, 그중 노동자와 청년 20명은 15~20일의 구류처분을 받았고, 조화순 목사와 이총각 지부장은 치안본부로 끌려가 조사를 받다가 2주 만에 풀려났다. 이때의 현장은 "관할 동대문 경찰서장이 지휘하는 현장에서 폭력형사들은 마치 원한에 가득찬 원수를 만난 것 같은 잔학성을 가지고 참석자들을 난타했다. 그것은 단순한 폭력이 아니라, 이성을 잃은 야수의 만행"이었다.(NCC 인권위 '9·22 폭력사태의 진실') 그러나 현장에서만 그런 것이 아니라, 연행되어 조사받고 구류를 산 사람들도 엄청난 고문을 받았다. 성동경찰서에서는 "박정희는 빨갱이다"라고 외친 사람을 대라고 각목을 끼운 채 허벅지를 짓밟는 고문을 당한 이도 있었다.

11월 6일 부산에서 열린 신·구교 연합기도회에서 조화순 목사는 동일방직노조사건의 전말과 9·22 폭력사태의 진상을 보고했는데, 이와 관련해서 긴급조치 9호와 집시법 위반으로 구속되었다. 동일방직 노조는 9월에 임시노동조합을 해체하고 '동일방직민주노동운동 수호투쟁위원회'를 조직하여 장기전 태세에 돌입하고는 '동지회보'라는 소식지를 발간하기 시작했다. 2001년 최종길 교수의 동생 최종선(崔鍾善)의 증언에 의하여, 똥물사건을 주도한 섬유노조 조직행동대의 결성과 그 행동이 중앙정보부 2국(보안정보국) 경제과의 사주에 의한 것이었음이 밝혀졌다. 이는 동일방직사건과 그 투쟁이 단순한 노동운동 차원이 아니라 민주화운동 차원이었음을 드러내주는 증언이었다.

윤보선과 공덕귀

민주화운동의 큰 산

> 내 나이 77세, 대통령까지 지낸 내가 일생에 처음 내란죄로 재판을 받게 되니 감회가 깊다. 나는 나의 죄를 감해달라기보다는 애국학생들에게 공산당이라는, 사실이 아닌 죄목을 씌우지 말 것을 부탁하고 싶다. 또 이번 사건을 인혁당과 연결시키고 있는데, 인혁당은 현재 존재하지도 않는 단체이다. 선의의 학생들을 공산당으로 몰아서야 되겠는가. 문제삼고 있는 본인도 공산당이라 생각하지 않는다. (…) 앞으로 우리나라는 민주주의를 하지 않고는 국제적으로 설 자리가 없다고 생각한다. 이것이 나의 변함없는 생각이고 양심의 소리이다. 나를 사형장에 끌고가는 것은 당신들 마음대로 할 수 있는지 모르지만, 민주주의를 해야 한다는 내 소신은 결코 뺏지 못할 것이다.

1974년 4월 긴급조치 4호 발포와 함께 민청학련사건이라는 이름으로 250여명이 검거되어 비상보통군법회의에서 재판을 받았다. 조사과정에서 엄청난 고문이 뒤따랐고 재판과정은 일사천리로 진행되었다. 무기, 사형이 비일비재했고 10년 이하의 징역은 어디 명함조차 들이밀 수 없는 정도였다. 방청은 가족 1인에게만 허용되었다. 그러나 군법회의가 있었던 삼각지 일대는 삼엄하기 짝이 없었다. 그나마 어디서 재판을 받는지조차 모르는 경우가 태반이었다. 재판정은 물론 온 사회가 군홧발에 짓눌려 암울하기 그지없었다. 그 군법회의에서 해위(海葦) 윤보선은 이와같은 최후진술을 한 것이다. 이같이 당당한 그의 태도는 주눅들어 재판받는 인사들은 물론 민주주의를 갈망하는 모든 사람들에게 커다란 위안과 용기를 안겨주었다. 정의구현사제단은 이 최후진술을 「암흑 속의 횃불」이라는 유인물에 실어 기도회 때 대량으로 유포했다.

처음 군법회의 재판이 시작되었을 때 그는 별 셋을 달고 있는 재판장과 별 둘을 달고 있는 심판관을 향해서 이렇게 말했다.

> 여러분 가운데는 내가 여러분의 어깨에 별을 달아준 사람도 있다. 내가 당신들의 어깨에 별을 달아줄 때는 이 나라를 수호해달라, 국방을 튼튼히 해달라고 해서 어깨에 별을 달아주었다. 그런데 그대들은 국방의 임무는 완수하지 않고 이 나라의 자유와 민주주의를 위하여 국민의 정당한 의사를 발표하려는 애국청년학생들을 심판하려 하고 있다. (…) 군은 국민의 군대야! 우리 국민이 편안하게 살 수 있도록 국방을 맡아달라고 했는데, 국민을 위한 군대가 되지 않고 일인독재의 앞잡이 노릇을 해? 그대들이 무슨 자격으로 국민을 심판한단 말인가?

첫번째 군법회의가 열리던 날 그는 안국동 자택을 나서면서 어쩌면 자신이 구속될지 모른다는 예감을 가지고 있었다. 그가 대문을 나서자 외신기자들이 몰려들었다. 내란죄로 재판을 받으러 가는 전직대통령을 취재하기 위해서였다. 물론 국내신문이나 방송기자는 하나도 없었다. 외신기자들 앞에서 그는 재판에 임하는 자신의 입장을 이렇게 밝혔다.

이 나라는 민주주의가 되어야 해. 자유민주주의만이 공산주의를 막을 수 있어! 휴전선을 방어하는 것만으로는 충분치 않아. 일인독재나 유신체제로는 더욱 안돼. 민청학련사건 관련자들은 애국자들이야. 미국을 위시한 자유우방은 이 나라 민주주의를 위하여 투쟁하는 민주인사와 청년학생들을 도와야 해. 한국의 언론은 이미 독재자의 기관지로 타락해버린 마당에 외신기자 여러분들이 이 나라의 암흑정치를 전세계에 고발해야 해. 나는 애국청년학생들의 의거를 찬양하고 또 미력이나마 돕고자 했다. 나는 이미 늙었어. 내 이 늙은 몸이 이 나라의 민주제단에 필요하다면 기꺼이 바칠 수 있어!

반유신투쟁의 선봉

긴급조치로 점철된 유신독재의 전기간에 걸쳐 윤보선은 반유신투쟁의 선봉이자 큰 산이었다. 자신이 할 수 있는 일이라면 그 어떠한 것도 마다하지 않았다. 그가 긴급조치 1·4호 위반과 함께 내란죄로 기소된 것도 기독교회와 학생들의 반유신투쟁에 쓰라고 박형규 목사를 통해 얼마간의 자금을 지원해준 것이 조사과정에서 밝혀졌기 때문이었다. 이는 지학순 주교가 김지하를 통해 자금지원을 한 것이 적발되어 구속된 것과 같은 맥락이었다. 박형규 목사 등은 윤보선 전대통령의 자금지원 사실을 숨기기 위하여, 그때 갓 결혼한 안재웅(安載

雄)의 결혼축의금을 투쟁자금으로 썼다고 둘러대기까지 했지만, 결국 윤보선에게까지 그 책임이 거슬러올라가고야 말았다.

당시 윤보선 전대통령은 형편이 매우 어려웠다. 그 자신이 소유한 빌딩(르네상스 음악감상실이 있던 건물)의 임대수입은 세금으로 차압된 상태였고, 서울시는 지방문화재인 안국동 8번지 자택에 거액의 재산세를 물리고 있었다. 미국에 유학가 있는 아들 상구, 동구의 뒷바라지에도 내외가 벅차하고 있었다. 따라서 그가 민주화운동에 지원한 자금은 그렇게 많은 액수가 아니었고, 그것도 옛날 동지들이 보이지 않게 조달해온 돈까지 보탠 것이었다. 그렇지만 그는 이런 자금지원뿐만 아니라 민주화운동과 관련한 일에 헌신적이었고 그 자신의 이름 석자를 투쟁의 맨 앞에 내세우는 데 주저하지 않았다. 유신독재 시대에 시도되었던 민주회복국민회의(1975), 인권운동협의회(1976), 민주구국헌장(1977) 같은 선언 또는 성명에 그는 제일 먼저 서명했으며, 또 다른 사람들을 위한 방파제 역할을 해주었다. 실제로 많은 사람들이 윤보선의 우산 아래 서 있기를 바랐다. 3·1 민주구국선언도 해위의 동의와 서명을 얻는 것이 제일의 과제요 목표였다. 이처럼 윤보선은 유신독재와 단신으로 맨 앞에 맞섰던 커다란 봉우리요 방파제였다.

적어도 유신독재와 투쟁하는 과정에서 윤보선은 정치가라기보다는 지사적 풍모에 가까웠고, 유신철폐와 긴급조치무효 주장에 아주 단호했다. 재야의 또다른 일각을 이루었던 김대중은 독재정권이 폭력으로 나올 때는 일단 뒤로 물러나 있다가 독재정권이 데마고기(demagogy, 정치적인 의도로 유포시키는 허위선전)로 나올 때는 데마고기로 맞서는 것이 바람직하다는 생각이었던 데 반하여, 해위는 불의와는 오직 단호한 반대와 결연한 투쟁만이 있을 뿐이라는 생각이었다. 결국 3·1 민주구국선언도 해위의 이런 주장을 반영하지 않을 수 없었다.

또한 그는 전형적인 보수정객이었음에도 불구하고, 1970년대 당시 "나도 인간이고 싶다"라고 절규하는 노동자들의 편에 확실하게 서서 그들을 옹호했다. 평화시장 노동자들에 대한 탄압에 그 누구보다 가슴아파했고, 그들의 투쟁을 그 누구보다 열심히 지원했다. 3·1 민주구국선언사건 때 검사가 "선언문에는 '노동자는 경제개발의 희생물이요, 착취에 내맡겨져 있다'라고 되어 있는데, 이것이 과연 사실을 그대로 표현한 것으로 보십니까?"라는 질문에 해위는 "검사는 지금 노동자들이 얼마나 착취를 당하고 있는지를 실제로 보지 못한 모양 같소. 나는 거기에 관여하는 사람들의 말을 많이 듣고 있소. 그 착취당하는 것이 비참하기 이루 말할 수 없소"라고 말했다.

3·1 민주구국선언사건 때 이태영, 정일형 측은 별도심리를 하거나 자신들을 먼저 심리해줄 것을 요청했다. 원래 그들이 발표하려 했던 선언문은 '유신과 긴급조치 철폐'라는 긴급조치를 명백히 위반하는 구절이 없었기 때문이다. 그러나 우여곡절 끝에 해위에 대한 심리가 맨 먼저 이루어졌다. 그리하여 해위의 답변이 3·1 사건의 방향을 결정지었다. 구차한 변명보다는, 유신은 철폐되어야 하고 긴급조치는 무효라는 당당한 논리로 대응하는 방향으로 가닥을 잡아나가게 된 것이다.

검사는 긴급조치상의 사실왜곡으로 몰아가기 위해서 "선언문 중에 보면 '이 민족은 또다시 독재의 쇠사슬에 매이게 되었다, 3권분립은 허울만 남게 되었다, 언론자유는 압살당했다'는 구절이 있는데 쇠사슬이라든가 허울, 압살 같은 말이 사실을 그대로 표현했다고 생각하십니까?"라고 물었다. 이에 대하여 해위는 "물론이오. 검사는 어떻게 생각하오? 우리가 선언문 하나 낸 것 가지고 감옥에 잡아넣는데 이것이 자유가 있는 나라요? 그래, 우리에게 언론자유가 있소?"라고 받아넘겼다. 검사가 "남북이 대결하고 있는 상황에서 민주주의를 부르짖어 혼란을 야기하고 있는데 월남과 같이 나라가 망해도 좋다고 생각하십니까?"라고 묻자 해위는 이렇게 말했다. "월남은 독재를 하고 부패하고 그랬기 때문에 미국이 아무리 무기를 대줘도 소용이 없었소. 진정 월남을 교훈으로 삼자면 민주주의를 해서 국민이 스스로 용감하게 국가를 방어하고 공산주의를 막을 수 있게 해야 하오. 그것이 공산주의를 막는 길이지 정부가 자유를 억압해서 공산주의를 막는다는 것은 말도 되지 않는 소리요."

나, 그들과 함께 있었네

해위가 유신시대 민주화운동의 커다란 산이요 버팀목이었다면, 부인 공덕귀 여사 역시 그에 못지않게 민주화운동과 관련한 궂은 일, 힘든 일에 헌신했다. 공덕귀 여사는 민청학련사건이 터지자 환갑도 훨씬 지난 나이에 구속자가족협의회 회장을 맡아 구속자와 그 가족들의 수발을 도맡아했다. 자식이 감옥에 들어간 것이 결코 부끄러움이 아니며 민주화투쟁이야말로 정의요 용기라는 것을 그 가족들에게 일깨워주었다. 또 한국교회여성연합회 초대 인권위원장을 맡아 기독교 인권운동의 중요한 일익을 담당했다. 1970년대 노동자들이 체불임금을 받지 못하거나 노조운동과 관련하여 똥물을 먹는 등 참혹하기 이루 말할 수 없는 비인간적인 학대를 받고 있을 때, 방림방적체불임금대책위원장, YH대책위원 등을 맡아 그들을 돌보았다. 그 과정에서 어머니들과 함께 경찰차에 실려가는 수모도 여러 차례 당했다. 3·1 민주구국선언사건 때는 관련가족 대표의 책임을 맡아 내무부장관과 지방법원장을 상대로 경찰들의 방청제한 등에 대해 힘겹게 항의운동을 전개하기도 했다. 민주화운동과 관련해 공덕귀 여사가 찾아가지 않은 집회나 모임은 없었다. 목요기도회, 금요기도회, 갈릴리교회, 천주교 인권회복기도회, 민주화운동과 관련하여 재판이 열리는 법정과 서대문구치소, 평화시장 등 노동자와 학생들의 농성장, 동아·조선투위 기자들의 눈물겨운 투쟁현장 등 그의 발걸음이 미치지 않은 곳이 없었다.

공덕귀 여사는 1993년에야 평생 소원이던 이스라엘 성지순례를 다녀왔다. 긴장이 풀어진 탓인지 이때부터 건강이 좋지 않았다. 1994년 10월 자신의 팔십 평생을 정리한 『나, 그들과 함께 있었네』를 출간했는데, 과연 그의 일생은 그러했다. 자유와 민주를 위해 투쟁하는 사람들과 그 가족, 그리고 가난이 제 탓만이 아닌 사람들, 불의에 짓밟히고서도 호소할 데 없는 사람들과 함께 있었던 삶이었다.

박정희에 철저하게 맞서

윤보선의 집은 안국동 8번지에 있다. 종로경찰서에서 큰길 건너 정면으로 난 골목길을 따라가다보면 오른쪽에 솟을대문이 있는 집이 나타나는데 거기가 바로 해위의 집이다. 내가 맨 처음 거기에 간 것은 김지하의 모친과 김한림 여사와 함께가 아니었나 싶다. 집은 컸지만 대문과 행랑채, 산장은 상당히 퇴락해 있었다. 1970년대까지만 해도 많은 사람들이 해위 앞에서 큰절을 했다. 이태영이 해위한테 큰절을 올리는 것을 본 적도 있다. 찾아온 손님과 얘기할 때는 꼭 라디오를 켰다. 혹시 도청하고 있을지 모른다는 우려에서였다.

어떤 때는 김한림 여사 등의 인편을 통해 나를 부르기도 했는데, 들어가고 나오는 일이 여간 두렵지 않았다. 대문 앞에 요리학원을 하는 조금 높은 건물이 있는데 거기서 출입하는 사람들을 일일이 촬영한다는 얘기가 있었다. 정문으로 들어가는 경우, 미리 연락해놓고는 길 가는 척하다가 갑자기 오른쪽으로 틀어 대문을 열고 들어가곤 했다. 그러나 유신이 깊어질수록 보이게 보이지 않게 지키는 사람이 많아졌다. 특단의 방법이 아니면 드나들기가 더욱 어려워진 것이다. 해위의 집 뒤쪽으로는 담벽에 붙어 이발소가 있었고, 동쪽으로는 창덕여고 쪽으로 정원사의 살림집이 있었다. 약속된 밤 9시에 이발소 쪽으로 조심스럽게 접근하면, 그 안쪽에서 해위가 얼른 문을 열어주었다. 나올 때는 동쪽의 정원사 집을 통해 나오기도 하고, 이른 아침 새벽기도에 나가는 공덕귀 여사를 따라나와 얼른 사라져버리기도 했다.

해위가 이것저것 궁금해하기도 하고 성명이나 공개서한 등 그날로 작업해야 하는 경우가 많아 자고 나와야 할 때도 있었다. 그날밤은 대개가 밤새 뒤척이거나 뜬눈으로 새우기 마련이었다. 해위 노부부는 아침밥을 먹여 보내지 못하는 것을 아주 미안해했다. 1978년으로 기억되는 해에는 구속자들에게 연말을 맞아 내복 차입 비용 등 영치시킬 돈이 없어, 해위에게 붓글씨를 써달라고 했더니 "손이 부러지도록 쓰겠다"면서 '청천세심(淸泉洗心)' '정의필승(正義必勝)' 같은 글을 써주어서 조금이나마 보탬이 된 적도 있었다. 유신 말기에는 당시 야당의 김영삼 총재와 출입기자를 통해 연락할 목적으로 신표(信標)를 하나 써주십사 했더니 '해위용전(海葦用箋)'이라는 종이에 '정의(正義)'라는 두 글자를 써주었지만, 10·26 사태로 끝내 그 신표는 써먹지 못했다.

1970년대말 마침 김수환 추기경이 수원 말씀의집에서 피정중인 적이 있었는데, 해위가 아산에 성묘갔다가 우연히 들른 것처럼 해서 두

사람이 만나도록 주선한 적이 있었다. 두사람이 오랫동안 만나서 대화를 나눈 것은 아마도 처음이 아니었나 생각된다. 1979년에 난생처음으로 내 집을 갖게 되었을 때, 해위는 내 집 당호로 만춘당(滿春堂)이라는 편액을 써서 보내주었다. 나는 내 서재에 걸어놓겠다면서 글씨 하나를 더 부탁했는데, 그렇게 해서 받은 것이 인의재(仁義齋)라는 글이다. 글씨는 그의 성격을 닮아서인지 처음 배우는 글씨처럼 획 하나하나가 또박또박이었다. 나는 3·1 사건에서 해위의 상고이유서를 "내 잔명(殘命)이 얼마 남지 않았는데, 옛말에 새가 죽을 때 그 노랫소리가 슬프고 사람이 죽을 때 그 말이 착하다 했으니, 내 말을 잘 들어달라"는 글을 서두로 하여 작성했다. 또 유신 말기 일본잡지 『세까이』 편집장의 서면인터뷰에 해위의 답변서를 작성한 기억이 아직도 남아 있다.

최근 민주화운동에 대한 명예회복 및 보상과 관련해 자천타천으로 자신의 민주화운동 경력을 내세우는 사람이 많은 것으로 알고 있다. 정치권의 사람들은 민주화운동에 자신들의 공적이 더 크다고 다투어 선전하고 있다. 그러나 그때의 민주화운동과 관련해서 해위의 크기와 역할을 이야기하는 사람은 거의 없다. 어쩌면 사라진 정치인 해위에게는 패거리가 없기 때문인지도 모른다. 그러나 다른 정치인들과는 달리 김재규 구명운동까지 벌이면서 철저히 유신정권과 맞섰던 해위는 유신시대 민주화운동의 대부였고 우람하게 서 있는 큰 산이었다.

YH사건과 김경숙의 죽음

유신의 말기적 증상

1979년 8월 9일 9시 10분경 상도동의 김영삼 신민당 총재 집에 세 사람의 낯선 내방객이 찾아왔다. 아래층 응접실은 면담순서를 기다리는 정치인 내방객들로 꽉 차 있었다. 세사람은 고려대의 해직교수 이문영과 문동환 목사 그리고 고은이었다. 김영삼 총재는 미처 옷을 갈아입지 못한 채 이들을 만나는 것에 양해를 구했고, 이들 가운데 고은이 간단하게 용건을 말했다. "처음 뵙는 자리에서 이런 부탁을 드려 죄송합니다만, 그동안 여러 차례 공장이 폐업한다고 해서 그때마다 여공들이 관계당국에 호소하고 다녔던 YH무역이, 마침내 공장문을 닫고 오늘 아침에는 기숙사에서 잠자던 여공들을 쫓아내, 그 여공들의 대표들이 마지막으로 신민당에 가서 한번 호소해보자면서 지금 신민당으로 찾아가고 있는 중이니, 그들의 호소를 들어보고 김총재께서 당국에 해결책을 촉구해주셨으면 합니다." 김영삼 총재는 최선을 다해 보겠다는 답변으로 이들을 전송했는데 면담시간은 5분 정도였다.

바로 그 시간 YH무역의 여성노동자 2백여명은 공장의 기숙사를 빠져나와 신민당사로 몇몇씩 짝을 지어 모여들고 있었다. 그리고 누군가가 재야 쪽에 연락해서 신민당측에 이 사실을 통고케 한 것이다. 회사는 8월 6일 일방적인 폐업공고를 내고 공장문을 폐쇄했다. 이어 8월 8일에는 기숙사와 식당까지 폐쇄하고, 해고수당을 8월 10일까지 수령하지 않을 때는 법원에 공탁하겠다는 공고까지 내붙였다. 이들은 불안 속에 8일날 밤을 꼬박 새웠다. 이른 새벽 5시경 "끌어내! 끌어내!" 하는 소리와 함께 기숙사의 철문 부서지는 소리가 들렸다. 이들은 의논 끝에 마지막으로 신민당에 가서 호소해보자면서 나이 어린 10대 여성노동자 50여명을 남긴 채 신민당사로 향한 것이다. 8월 8일 이들이 각계각층에 애소한 호소문은 절절하기 짝이 없다.

각계각층에 계시는 여러분! 갈 곳 없이 소리치는, 가엾고 불쌍한 우리 근로자를 도와주세요. 악랄한 사용주는 8월 9일부터는 밥도 안 주고 기숙사도 폐쇄한다는 공고를 했으며, 전화선도 끊어 외부와 연락도 두절되고 나중에는 전기도 끊고 물도 안 준다는 말까지 있습니다. 이렇게 되면 거처할 곳도 없고 갈 곳도 없는 저희 320명 근로자들은 죽음밖에 방법이 없습니다. 저희 320명을 죽게 두시렵니까. 저희들을 죽지 않게 도와주십시오. 두손 모아 간절히 빕니다. 병석에 누워 계신 고향의 부모님, 누나만 믿고 학교에 다니는 어린 동생들을 생각하면 눈물이 앞을 가려 어쩔 줄을 모르겠습니다. 저희들은 열심히 일하고 조금 받은 죄밖에는 없습니다. 누가 장용호 회장을 데려다주세요. 그 사람만 오면 모든 문제가 다 해결된다고 그럽니다. 우리를 도와주십시오.

기업은 망해도 기업주는 산다

YH무역주식회사는 재미교포인 장용호가 1966년 10여명의 사원으로 시작한 가발회사였다. 당시의 가발 붐과 수출지원책에 힘입어 1970년대에는 종업원 3천여명, 수출순위 15위의 대기업으로 급성장했고 대통령표창과 석탑산업훈장까지 받았다. 그러다 장용호가 회사를 자신의 동서 진동희에게 맡기고 자신은 미국으로 돌아가 백화점 등 다른 사업체를 운영하면서, YH로부터 타회사보다 싼 값으로 3백만달러(약 15억원)어치의 상품을 가져가고는 1979년까지 대금을 결제하지 않아 부채가 계속 늘어나게 되었다. 말하자면 교묘한 방법으로 외화를 도피시킨 것이다. 1976년에는 회사를 박정원과 장용호의 친척이 맡았는데 이때 이미 종업원은 1천8백명으로 감소되어 있었고 은행부채는 31억원이 넘었다. 종업원은 1978년에는 5백여명, 1979년에는 320명으로 줄었다.

종업원을 해고하는 방법도 교묘했다. 처음부터 회사는 저임금으로 고용했을 뿐만 아니라 불법해고, 부당전직 및 전출, 감봉 등을 다반사로 행했다. 견디다 못한 노동자들이 1975년 5월 24일 전국섬유노조 YH지부를 결성했다. 물론 노조 결성과정에서도 회사는 폭행, 해고, 부당전출, 허위고발 등 온갖 부당하고 야비한 불법행위를 서슴지 않았다. 1977년에 회사는 가발과를 충북의 두메산골로 이전하면서 5백여명을 해고했다. 그것도 자진사표를 쓰게 하여 해고수당도 제대로 주지 않았다. 다른 하청업체에 작업을 넘겨놓고는 작업량이 없다는 핑계로 오랫동안 위장휴업하는 등의 방식으로 감원했다. 몇차례에 걸친 노조의 강력한 대응으로 한때는 부당노동행위가 시정되기도 했지만, 1979년 3월 29일 회사는 드디어 날벼락 같은 폐업공고를 냈다. 이유는 장용호가 갚지 않은 15억원의 부채가 원인이 되어 누적부채가 총자산의 두배에 이르는 등 엄청난 은행빚에 허덕이고 있어 체불의 염려가 있는데다 노동조합이 임금인상을 요구하기 때문에 더이상 회사를 경영할 수 없다는 것이었다.

이때부터 노조의 처절한 몸부림이 시작된다. 4월 2일 이들은 노동청 북부지방사무소를 찾아갔지만 "자본주의사회에서 자본을 가진 자가 하기 싫다면 누구도 막을 수 없다"라는 냉담한 대답만을 들었다. 그들은 4월 6일 긴급대의원대회를 통하여 '우리는 도저히 참을 수 없다'는 호소문을 작성해 정부의 각 부처, 언론, 채권은행 등에 보냈다. 그들이 시한으로 정한 4월 13일까지 그 어디로부터도 아무런 반응이 없자 다른 길이 없던 이들은 이날 농성에 돌입했다. 그러나 밤 9시 30분 경찰은 "20분내 자진 해산하라"는 통첩과 함께 기동경찰대를 투입했다. 이때의 강제해산 과정은 처절한 것이어서 한사람이 뇌를 다쳐 실신해 실려갔고, 2명의 조합원이 전치 10일의 진단을 받았으며, 150여명이 크고 작은 부상을 입었다. 이들이 구입한 약값은 영수증으로 보관된 것만 18만원이나 되었다. 경찰투입이 얼마나 무섭고 처절한 결과를 가져오는지 그들은 이날 몸서리치게 경험한 것이다.

조합원들은 낮에는 출근하고 밤에는 농성을 계속하면서 해결을 기다렸지만, 정상화는 오리무중이었다. 거기다 내무부장관의 국회답변이 사실을 왜곡하자 분노가 폭발해서, 7월 30일 또다시 조합원총회를 열고 농성에 돌입했다. 이 투쟁이 결국은 신민당사 농성으로 이어진 것이다.

어머님 약값과 동생의 학비는 누가

김영삼 신민당 총재가 8월 9일 오전 10시 당사에 도착했을 때, YH 여성노동자 2백여명은 이미 4층강당에 모여 있었다. 김영삼 총재는 11시 20분경 강당에 올라가 "여러분들이 더 억울한 일이 없도록 정부에 촉구하겠다"라고 말하고, 노동자들에게 먹을 것을 공급하도록 지시했다. 당직자들은 보사부장관 등에게 연락해 조속히 대책을 수립해줄 것을 요청했다. 그러나 YH 문제는 어제오늘에 생긴 문제가 아니기 때문에 YH 사장더러 가보라고 했으니 그 사람과 얘기해보라면서 당국은 발뺌하기에만 여념이 없었다. 박정원 YH 사장이 신민당사에 와서 하는 말이 "현재의 여공들로는 작업능률이 떨어져 적자를 감당할 수 없다"는 것이었다. 이에 여성노동자들이 "우리는 더 열심히 일했지만, 회사측이 부품을 제때에 제대로 공급해주지 않아 생산성이 떨어진 것 아니냐"라고 반박하자 대꾸를 하지 못했다.

첫날 밤부터 경찰이 강제해산시킬지도 모른다는 풍문이 떠돌았다. 4월 농성 때 기동경찰의 폭력에 치를 떤 노동자들은 극도의 불안 속에서 4층강당의 복도와 출입구에 철제의자로 바리케이드를 치고 신문지와 옷가지를 깔고 그날밤을 보냈다. 신민당측에서도 이들을 보호하기 위해 국회의원과 당 간부들이 당사에서 밤을 새우기로 했다. 김영삼 총재도 밤늦게 4층에 올라가 "너희는 결코 두려워 말라. 나의 의로운 손으로 너희를 붙들리라"는 성경 말씀을 인용하며 이들을 안심시키려 애썼다.

10일 아침 노동자들은 총회를 열고 호소문과 결의문, 성명서를 채택한 후 질서정연하게 앉아 노래를 불렀다. 이때까지도 정부로부터는 아무런 연락도 없었다. 저녁 무렵부터는 사복경찰로 보이는 많은 사람들이 건물 주변을 서성대기 시작했다. 그렇잖아도 불안해하던 농성 노동자들은 이를 보고 흥분을 감추지 못했다. 밤 10시 40분경 이들은 긴급 결사총회를 열었다. 총회에서 요구사항을 정리한 뒤 애절한 목소리로 애국가를 4절까지 불렀고, 이어서 노동의 노래를 부르고 난 뒤 고향에 계신 부모형제와 고향땅을 향해 요배를 올렸다. 이 순간부터 여성노동자들은 하나둘 흐느끼기 시작하더니 이내 울음바다가 되었다. "이제부터 어머님의 약값은 누가 댈 것이며, 동생의 학비는 누가 보탤 것이냐"는 호소문을 낭독할 때는 또다시 울음이 터져나왔다. 결의문이 낭독되었다. 경찰이 투입되면 죽음으로 투쟁한다는 것이었다. 비장하기 짝이 없었다. 일련의 행사가 끝나자 180여명의 여성노동자들은 일제히 울며불며 소리치면서 반으로 갈라져 양쪽 창가로 달려갔다. 이때 바깥에는 흰 와이셔츠를 입은 형사들이 추가로 배치되어 당사 주변을 에워싸고 있었다. 경찰이 당사로 진입할 경우 이들은 할복조, 투신조로 나누어 항거키로 한만큼 밖의 움직임에 민감하게 반응할 수밖에 없었다. 이들은 신민당 당료들이나 기자들한테도 "나가! 나가!" 하고 신경질적으로 소리쳤다.

이들의 분위기가 이렇게 격앙된데다가 밖의 움직임 또한 심상치 않았다. 자극이 있기만 하면 무슨 일이 벌어질지 모르는 상황이었다. 김영삼 총재는 "참고 견디자. 죽을 결심이 있으면 죽음에서 살아날 기운도 생기는 법이다. 무한정 참으라는 것이 아니다. 48시간도 못돼 먼저 소동을 벌이면 안된다. 경찰은 결코 야당 당사에 들어오지 않을 것이다. 우리가 최선을 다해 정부에 해결책을 마련토록 하겠다"라고 호소했다. 이들의 분위기가 다소 가라앉자, 당직자들은 그들이 꽉 쥐고 있던 병을 거두어 치울 수 있었다. 이 소란으로 8명의 여성노동자가 실신했다. 이렇게 강당에 가까스로 모여 앉은 여성노동자들이 잠을 잘 수 있도록 당직자들은 철수하고, 불침번을 세워 만약의 사태에 대비했다. 그러나 결코 경찰이 야당 당사를 습격치 않으리라던 김영삼 총재 등의 예언은 빗나갔다. 그리고 그 순간은 너무나 빨리 왔다.

101작전과 김경숙의 죽음

4층강당에서 내려온 당직자들은 원내총무로 하여금 우선 이순구(李舜九) 시경국장에게 전화를 걸어 "제발 기동경찰을 철수해달라. 잘못하면 여공들이 죽는다"라고 호소하게 했다. 이때 시경국장은 "절대 경찰은 진입하지 않겠다. 곧 철수시키겠다"라고 약속했다. 그러나 약속과는 달리 당사 밖을 에워싸고 있던 기동경찰과 사복형사들은 물러서기는커녕 오히려 서서히 좁혀들어오고 있었다. 원내총무를 비롯한 당직자들이 그들 앞에 나아가 물러가달라고 호소했지만, 그들은 들은 척도 하지 않았다. 새벽 2시가 다 될 무렵 사무총장실의 전화벨이 울렸다. 당직자가 받자마자 이순구 시경국장이 일방적인 목소리로 말했다. "당장 여공들을 해산시키시오. 그리고 경찰을 때린 범인들을 색출해서 보내시오. 그렇지 않으면 경찰을 투입하겠소." 옆에 있던 원내총무가 전화를 바꿔 "나, 황총무요"라고 말하자 "황총무면 다요?" 하면서 전화를 끊었다. 태도의 돌변이었다.

바로 그 시각에 자동차 경적소리가 두번 길게 울려퍼졌다. 나중에 안 일이지만, 그 전화와 자동차 경적소리가 이른바 '101작전'의 신호였다. 적막이 깨지는 그 순간에 기습작전이 개시되었다. 조명용 소방차 2대가 대낮처럼 불빛을 비추는 가운데 고가사다리차 3대, 물탱크차 2대를 동원해 당사에 진격해들어온 것이다. 4층에서 여성노동자들의 아우성소리가 들렸고, 사방에서 고함소리가 울려퍼졌다. 2층회의실에는 문이 열려 있었는데도 벽을 부수고 사복경찰들이 들이닥쳤다. 모두 손에 흰 장갑을 꼈고 장발자들이었다. 벽돌과 쇠파이프를 든 사람도 있었다. 태권도가 난무하고 쇠의자가 마구 던져졌다. 한편 다른 한 패는 홈통과 비상계단을 타고 4층으로 진입해 강당의 비상구문을 부수고 들어갔다. 사복경찰이 먼저 뛰어들어 투신을 막기 위해 열린 창문을 닫고 창가 쪽을 막아섰다. 잇따라 방어용 철모와 경찰봉을 든 기동경찰관 수백명이 밀어닥쳐 2인1조로 노동자들을 끌어내기 시작했다.

노동자들은 잠시 진정되었다가 경찰이 갑자기 쳐들어오자 당황하여 울부짖으며 반항했고 일부는 사이다병을 깨들고 자살을 기도했다. 10여명은 투신자살을 하겠다고 창가로 달려갔으나 경찰들에게 발목을 잡혀 끌려내려왔다. 노동자들은 무장경관들의 발길질, 주먹질과 곤봉에 처참하게 당하면서 당사 앞에 세워둔 경찰 그물차에 던져졌다. 경찰버스에 안 타려고 땅바닥에 앉아 통곡하던 노동자와 "경찰에 끌려가느니 차라리 죽자"면서 깨진 유리조각으로 자살하려던 노동자들은 한번 더 온갖 욕설과 주먹질을 견뎌내야 했다. 경찰은 노동자들이 뛰어내릴 것에 대비해 여기저기에 매트리스를 깔아놓고 그물을 쳐놓았다. 끌려나온 노동자들은 8개 경찰서로 분산 연행되었다. 국회의원, 기자들도 처참하게 끌려나왔다. 신민당 대변인의 얼굴은 그 비서도 알아보지 못할 만큼 피투성이가 되었고, 원내총무조차 수없이 짓밟히면서 경찰버스에 실렸다. '101작전'은 이렇게 23분 만에 끝났다.

그 와중에 YH 노조의 김경숙(金景淑)이 숨지고, 신민당의 당직자 30여명, 취재기자 12명이 중경상을 입었으며, 여성노동자들은 누가 얼마나 다쳤는지조차 모르게 맞으며 끌려갔다. 김경숙은 왼팔 동맥이

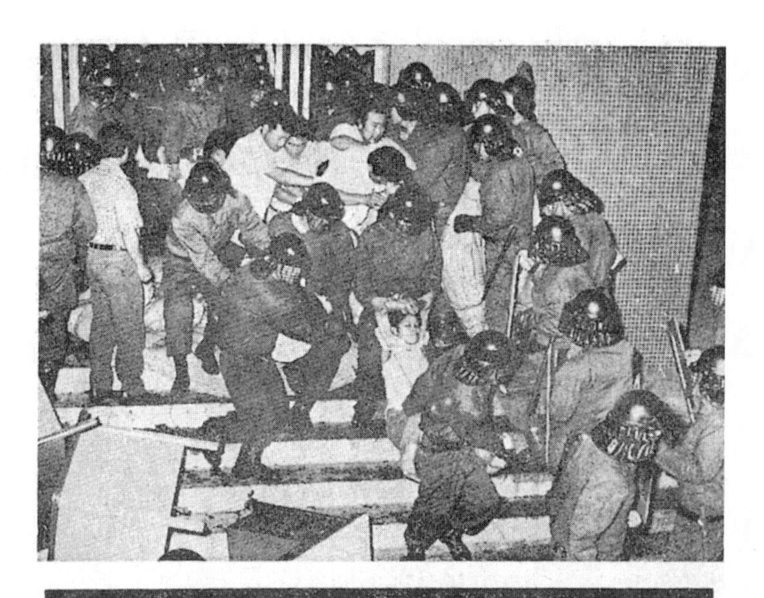

警察 농성女工 강제해산

새벽2시 新民黨舍進入 議員구타 代辯人重傷
通告와함께 들이닥쳐 172명連行 일부 負傷

남동생 學費대주던 「외딸」
딸 死亡 모르고 홀어머니는 行商

◇金京淑양

숨진 金京淑양

YH무역 여성노동자들의 농성과 김경숙의 사망을 보도한 동아일보 기사.

잘린 채 당사 뒤편의 지하실 입구에 쓰러져 있었으며, 인근 녹십자병원으로 옮겨졌으나 숨졌다. 경찰은 작전을 끝낸 후 즉시 시내 각처에서 청소부 30명을 동원해 유리창 조각과 얼룩진 핏자국을 없애고, 깨진 유리창까지 갈아끼우고 박살난 문을 고치는 등 그날밤으로 폭력의 현장을 치웠다.

11일 오전 9시 이순구 시경국장은 "불법농성의 해산을 위해 여성근로자 179명과 신민당원 26명을 연행 조사중이며, 크리스찬아카데미와 도시산업선교회에서 특수교육을 받은 YH 노조지부장 최순영(崔順永) 등 주동자와 배후자를 강력히 의법조치했다"라고 밝혔다. 8월 17일 서울시경은 노조지부장·부지부장·사무장을 주동자로 구속하고, 배후조종자로 인명진 목사, 문동환 목사, 사회선교협의회 서경석(徐京錫) 총무, 이문영 전 고려대 교수, 시인 고은을 구속했다고 YH 사건 수사결과를 발표했다. 적반하장이라더니, 책임을 모두 야당과 재야 쪽에 물은 것이다. 또한 김경숙의 죽음에 대한 최종발표를 통해 그의 죽음은 진입 30분 전의 일로 경찰의 진입과는 아무런 관계가 없다고 했다. 그러나 경찰의 진입 전에 죽었다는 것은 도저히 납득할 수 없는 발표였다. 8월 20일 신민당은 『말기적 발악—신민당사 피습사건과 YH사건의 진상』이라는 책자를 펴냈는데, 인쇄해주는 곳이 없어서 끝내는 필사한 것을 복사해 세상에 내놓았다. 유신 말기의 상황이 이와 같았다.

크리스찬아카데미사건

의식화운동에 대한 탄압

10 · 26 사태가 있었던 1979년의 3월 9일 오전, 크리스찬아카데미의 여성사회간사 한명숙(韓明淑)이 '중부경찰서 김형사'라고만 밝힌 기관원에 의해 검은 승용차에 실려 어디론가 연행되었다. 오후에는 그 집이 수색당하고 두묶음의 서적이 압수되었다. 이로부터 한달여에 걸쳐 최소한 25명 이상이 불법으로 연행되어 짧게는 2~7일, 길게는 보름이 넘게 중앙정보부 지하실에서 고문조사를 받았고, 마침내 간사 6명과 교수 1명이 반공법 위반혐의로 구속되었다. 이것이 이른바 크리스찬아카데미사건이다. 강원룡 원장을 비롯해 크리스찬아카데미에서 교육을 이수한 노동자, 농민 등 참고인으로 조사를 받은 사람만도 수십명에 이르렀다.

이렇게 여기저기서 소리소문없이 많은 사람들이 연행되어가자, 개신교측에서는 4월 3일 서둘러 11개 교단 대표로 아카데미사건조사대책위원회를 구성했고, 4월 16일 당국이 '크리스찬아카데미에 침투한 불법용공써클 적발'이라고 신문에 대문짝만하게 발표한 이후에는 크리스챤아카데미사건대책위원회를 결성했다. 4월 6일에 있었던 조사대책위원들과 중앙정보부와의 면담에서 중앙정보부측은 "이 사건은 결코 조작된 것이 아니며, 아카데미와 직접 관련이 없고, 불온사상을 가진 용공단체 조직으로 의법처리할 것"이라면서 사건의 개요를 설명했다. 즉 이우재(李佑宰)를 중심으로 아카데미의 간사들이 비밀모임을 조직하여 사회주의 건설을 획책했으며, 그 증거는 본인들의 자백과 증거물들이라는 것이다. 4월 16일 그들이 제시한 증거물이라는 것은 책자와 세숫대야 그리고 라디오 등이었다.

중앙정보부는 형식적으로는 이 사건을 개신교회는 물론 크리스챤아카데미와도 전혀 관계없는, 간사들이 별개의 반국가단체를 결성하려 한 사건으로 몰아가려 했다. 그렇지만 대책위원회는 4월 20일자 성명을 통하여 이 사건의 본질을 "그간의 사건조사 경과로 미루어볼 때, 이번 사건은 크리스챤아카데미의 교육사업에 심한 타격을 주고 노동자·농민운동에 대한 탄압과 위축을 가하고자 하는 의도"로 일찍부터 파악하고 있었다. 요컨대 의식화운동에 대한 계획적인 탄압으로 그 본질을 꿰뚫어보고 있었던 것이다. 천주교정의구현전국사제단 역시 4월 16일에 발표한 성명을 통하여 "당국은 점증하는 민중의 각성을 봉쇄할 목적으로, 노동자와 농민의 민생운동을 억압할 명분으로서 새로운 사건을 조작할는지도 모른다"는 우려를 표명했고, 바로 같은 날 사제단의 이런 우려는 현실로 나타난 것이다.

'의식화'란 무엇인가

1956년에 발족한 크리스챤아카데미는 1974년부터 이른바 '중간집단' 육성을 위한 정규교육·사회교육·대화모임·후속교육 등의 활동을 벌여왔다. 여기서 '중간집단'이란 첫째 자율적, 민주적 바탕 위에 형성된 집단, 둘째 힘없는 민중에 바탕을 둔 집단, 셋째 사회 또는 집단구조의 개혁에 관심을 가진 집단으로, 이들에 대한 교육의 목적은 "힘을 가지지 못한 자의 편에 서서 그 힘을 조직화하고 동력화하여 그들과 함께 압력과 화해의 역할"을 하는 데 두었다. 교육은 그 방면의 전문가들이 담당하는데, 수강생과 같은 입장에서 합숙생활을 하고 강의나 쎄미나에도 똑같이 참여한다. 이렇게 교육의 전과정이 그 자체로 의식화교육이라고 할 수 있었다.

5, 6공 때도 마찬가지지만, 당시 유신정권은 노동자와 농민의 의식화를 어떻게든 막으려 했다. 노동자와 농민들이 우리의 현실을 제대로 알고, 그들의 인간다운 삶을 가로막고 있는 것이 무엇인지를 깨닫는 것이 두려웠던 것이다. 그래서 그들은 의식화운동을 계급투쟁운동으로, 의식화교육을 사회주의사상을 주입시키는 교육으로 몰아갔다. 그해 9월 14일 정부의 '산업체 등에 대한 외부세력 침투실태 특별조사반'(반장은 대검 공안부장)의 보고는 신·구 교회의 산업선교활동 중 특히 의식화운동은 계급투쟁의식을 심어주는 운동으로, 이 점이 바로 정상적인 선교활동과 근본적으로 다르다고 발표했다. 그리고 이런 논리 위에서 크리스챤아카데미사건을 만들어낸 것이다. 그러나 이에 대한 교회의 견해는 전혀 다르다.

> 그리스도교의 의식화운동이란 인간이 하느님의 피조물로서 인격을 가지고 있으며 인간으로서의 존엄성을 지켜야 한다는 것을 자각케 하는 것을 의미한다. (…) 인간의 존엄성을 지킨다는 것은 사용자나 피사용자가 서로 신성한 노동의 의미를 찾고 그 사회적 책임과 아울러 정당한 노동의

대가를 주고받을 수 있게 하는 것을 의미한다. 또 주어진 법 테두리 안에서 자기의 권리를 확보하는 것을 의미한다.(1979. 9. 22. NCC 산업선교대책위원회 성명)

고문으로 만든 공소사실

당시 구속된 사람은 이우재, 장상환(蔣尙煥), 황한식(黃漢植, 이상 크리스찬아카데미 농촌사회간사), 한명숙(여성사회간사), 신인령, 김세균(金世均, 이상 산업사회간사), 정창렬 교수 등이었다. 이들의 공소사실은, 서로 공모하여 "이 사회에 영향력있는 정치세력으로서의 기반형성을 위해 아카데미 내의 비밀써클을 조직하기로 결의, 조직의 목적과 조직운영, 그리고 결성 문제를 토의한 후 모임을 가짐으로써 6인 비밀써클 조직을 결성, 반국가단체인 북괴의 활동에 동조하여 이를 이롭게 할 목적으로 단체를 구성하였다"는 것이 핵심이었다. 그리고 여기에 몇 가지 불온서적을 소지·보관·반포·취득했다는 '여타'의 내용이 개별적으로 첨가되었다. 특히 정창렬 교수의 경우는 책을 빌려주거나 복사해준 것이 반국가단체 내지 국외 공산계열의 활동에 동조하여 이를 이롭게 했다는 것이었다.

첫 공판이 열린 것은 기소된 지 2개월, 한명숙 간사가 연행된 지 만 4개월 만인 7월 9일이었다. 너무도 오래 외부와 차단되어 있었던 탓인지 3백여명의 방청객이 몰렸고, 피고인들이 수갑을 차고 포승에 묶여 들어설 때마다 뜨거운 박수와 환호가 법정 안에 가득했다. 변론은 '인권변호사 4인방'이라 불리는 이돈명, 조준희, 황인철, 홍성우 변호사 등이 맡았다. 나는 기록을 읽는다든지 반대신문 사항을 준비하고 변론요지서를 작성하는 일 등을 도왔다. 변론에서는 고문 폭로, 의식화에 대한 정당성 주장, 책의 소지와 보관이 어떻게 그것만으로 반국가단체를 이롭게 하는 것이냐는 반론, 그리고 이들이 근무시간 이외에도 모임을 갖고 관련서적을 읽고 토론한 것은 아카데미 교육활동의 일환일 뿐 결코 비밀결사를 위한 것이 아니었음을 집중적으로 변소했다. 변호사 반대신문을 통하여 드러난 고문사실을 대충만 살펴보기로 하자.

25일 조사받는 동안 17~18일간 고문을 당했다. 야전침대 각목을 무릎 사이에 넣고 양쪽에서 밟다가 그것이 부러지면 다시 갈아끼웠다. 담뱃불로 지지고 벽에 세워놓고 주먹으로 가슴을 쳐 숨을 못쉴 지경이었다. (…) 조서를 꾸미는데 읽어보지 않았다. 그것은 포기상태에서 꾸며진 것이다. (…) "네가 대표자"라고 하길래 그런 일 없다고 하니까, "생각나게 해주마"면서 마구 때렸다. 이렇게 하여 조서가 만들어진 것이다.(이우재 피고인)

따귀를 맞고 힘찬 구둣발로 몰아대며, 야전침대의 커다란 각목으로 온몸을 두들겨맞았는데 난 도저히 살아날 것이라고 생각하지 못했다. (…) 나는 자살하고 싶었다. 그리고 거기서 나는 완전히 항복했다. 그래서 "당신들이 하라는 대로 다 하겠다"고 무릎꿇고 두손으로 빌었다.(한명숙 피고인)

그들은 이우재가 쓴 것을 가지고 와서 보여주며 그대로 쓸 것을 강요했다. 내가 듣질 않으니 '악질'이라면서 계속 팼다. 조직의 목적, 강령, 대표자의 권한 등을 불러주면서 쓰라고 했는데, 안 쓰면 패고 또 팼다. 그렇게 해서 불러주는 대로 조금씩 쓰기 시작한 것이다.(장상환 피고인)

그들은 나를 운동복으로 갈아입혔다. 그때 그 옷을 입을 때의 기분, 그 공포심은 가보지 않은 사람은 상상도 못한다. 그리고는 백열등이 입구를 비추고 그 양쪽에는 흰 벽만이 있는 속에서 무자비하게 맞았다. 나는 그때 완전히 녹았다. 돌았다. 벗겨놓고 침대각목을 오금 사이에 넣고 사정없이 눌렀다. 그때가 고문의 피크였고, 이것도 모자라 지하로 데려가 각종 기구를 이용하는 과학수사를 하겠다고 엄포를 놨다. 그것은 엄청난 공포였다. 다른 사람이 쓴 것을 베끼라고 해서 베꼈다. 그러더니 나중에는 "똑같이 베끼면 되느냐, 다 달라야지" 하면서 고쳐쓰게 했다.(황한식 피고인)

그들은 "여기는 법의 제한을 안 받는 곳이다. 너같이 이적행위를 한 사람은 얼마든지 죽일 권리가 보장돼 있다. 우리 중앙정보부는 여자를 남자로 못 만드는 것 외에는 뭐든지 만들 수 있다"면서 입을 열게 해준다며 볼펜으로 내 입을 쑤셨다. 이것만으로도 나는 정신이 하나도 없고, 완전히 기력이 빠져서 "제발 앉아 있게만 해달라"고 빌었다.(신인령 피고인)

이우재를 대표로 하는 무슨 비밀써클을 만들었느냐면서, 발가벗겨놓고 각목으로 패고 세워놓고 쥐어박으니까 나는 갈대처럼 쓰러졌다. (…) 간첩으로 몰릴 때는 말할 수 없이 치욕스럽고 억울하고 울분이 치솟아올랐다. 그래서 간첩혐의를 받아서 죽을 바에야 차라리 여기서 죽겠다는 심정에서 볼펜으로 뒷목을 찔렀다. 볼펜이 찌그러지고, 피가 솟아흘렀다. 또 혀를 깨물기도 했다.(김세균 피고인)

그들은 나를 의자에 붙들어매고 눈을 가린 후 가슴에 총을 갖다대며 장난을 했다. 나는 그것은 참을 수 있었다. 그러나 "너만 죽일 줄 아느냐. 너를 죽이고 나서 너의 가족들을 모조리 죽여 내동댕이치고 교통사고로 위장해버리겠다"는 말을 듣고는 그 장면을 눈앞에 그리면서 말할 수 없는 충격을 받았다. 그 충격을 참아내기 위해 나는 혼신의 힘을 다했고, 겨우 정신을 잃지 않았다. 이를 악물고 그 충격을 겨우 참아냈지만 그 고통은 도저히 표현할 수 없다.(정창렬 피고인)

피고인들의 진술을 통하여, 그들이 그동안 무릎에 각목을 끼우고 밟는 고문, 몽둥이로 때리는 고문, 잠 안재우는 고문, 바늘로 찌르는 고문, 발가벗기고 거꾸로 매다는 고문, 담뱃불로 지지는 고문에다 눈을 감기고 권총을 들이대며 자신은 물론 가족까지 죽이겠다느니 여자의 옷을 벗기겠다는 등의 정신적인 고문까지 행한 사실이 밝혀지자 그 충격은 개신교계를 비롯한 전 사회에 빠르고 크게 번졌다. 더구나 그러한 고문을 통하여 사건의 핵심이며 공소의 바탕인 지하비밀조직 결성이 조작, 날조되었음이 백일하에 드러났다. 이에 개신교계를 비롯한 대책위원회측은 고문으로 조작된 기소는 무효라고 전원석방을 촉구하는가 하면, 대통령에게 청원서를 보내 강요된 자백에 의해 작성된 조서로 진행되는 공소를 취하할 것과 이들에게 고문을 가한 중앙정보부의 관련공무원들을 색출, 엄벌할 것을 요구했다. 그러나 정부는 한술 더 떠서 청원자들을 중앙정보부로 연행해 서명경위 등을 조사하기까지 했다.

반공법—전가의 보도

1975년 5월에 긴급조치 9호를 발동해놓고서 유신정권은 걸핏하면 사람들을 긴급조치 9호로 몰아 감옥에 집어넣었다. 그것이 상당 기간

위력을 발휘한 것도 사실이다. 그러나 세월이 지나면서 긴급조치 9호는 더이상 약효를 발휘하지 못했다. 개인 하나하나를 규율하는 데는 긴급조치 9호가 유효한 수단이었으나, 여러 사람을 한꺼번에 처벌하는 데는 결코 효율적이지 못했던 것이다. 더욱이 1970년대 후반으로 올수록 집단적으로 터져나오는 국민의 민주화 요구를 긴급조치 9호만으로 억제할 수는 없었다. 김재규 당시 중앙정보부장이 대통령에게 긴급조치 9호라는 '헌 칼'로는 더이상 안되니 민주화라는 '새 칼'을 쓰자고 한 것은 그런 의미에서도 설득력이 있는 것이었다.

이제 유신정권은 긴급조치 9호 대신에 반공법을 무차별 적용함으로써 민주화세력들을 '빨갱이'로 몰아 국민들과 이간시키고, 또 그것으로 인권탄압을 정당화하려 했다. 그것을 위해서는 오직 고문에 의한 사건조작과 관제언론을 통한 사실왜곡의 방법만이 있을 뿐이었다. 그리하여 반공법은 진정한 반공을 위한 법적 장치가 아니라 오히려 자유민주주의의 이념과 가치를 파괴, 유린하는 법적 장치가 되어갔다. 정치보복의 한 방편이요, 지식인을 탄압하는 전가의 보도가 된 것이다. 리영희 교수의 필화사건이나 크리스찬아카데미사건도 같은 범주였다.

검찰이 논고에서 "스탈린 시대부터 소련은 공산주의자를 교회에 침투시켰다. 소련 비밀경찰이 세계교회협의회(WCC)에 침투, 막대한 자금을 대고 세계교회협의회를 손아귀에 넣고 있다"라고 하는 등 교회에 대한 어처구니없는 용공음해를 서슴없이 한 것도 이런 매카시즘과 맥락을 같이하는 것이었다. 유신이 거의 끝나갈 무렵인 9월 22일에 제1심 판결이 있었는데, 이우재 징역 및 자격정지 각 7년, 한명숙 각 4년, 장상환·신인령 각 3년 8월, 김세균 각 2년, 정창렬 각 1년 6월이 선고되었다. 공소사실 중 아주 작은 일부분을 제외하고는 거의 전부 그대로 받아들인 법정 최고형이었다. 재판이 진행되는 동안 내외의 관심과 지원은 계속되었으며, 특히 정창렬 교수를 위해서는 이병도(李丙燾, 학술원 회장), 이기백(李基白) 교수 등 137명의 교수들이 진정서를 제출하기도 했다.

10·26 사태가 있은 후인 1980년 1월, 항소심 판결에서 정창렬·황한식이 무죄, 김세균은 선고유예, 신인령은 징역 및 자격정지 각 2년에 집행유예 3년으로 석방되고, 이우재(징역 및 자격정지 각 5년), 한명숙(각 2년 6월), 장상환(각 2년)은 감형되었다. 중앙정보부와 검찰이 고수하던 지하비밀써클 부분은 무죄로 인정하고, 그들이 문제삼지 않기로 했던 '여타행위'를 유죄로 판시한 것이다. 반공법은 여전히 인권탄압을 위한 전가의 보도요, 지식인에 대한 족쇄로 작용하고 있었다. 그리고 아직 유신은 실질적으로 지속되고 있었다.

남민전 사건

억압하는 폭력, 저항하는 폭력

억압이 저항을 과격하게 만드는가, 강력한 저항이 폭력적인 억압을 불러오는가. 1975년 5월의 양심선언에서 김지하는 이렇게 말한다.

권력의 억압적 폭력의 지속은 민중의 의지를 마멸함으로써 이른바 '침묵의 질서'를 만들어낸다. 때문에 이 죽음과 같은 질서를 깨뜨리는 폭력이 불가피하게 되는 경우가 생긴다. 나는 일단은 이러한 폭력적인 현상을 긍정한다. 아니 긍정할 수밖에 없다. 그러나 이 경우 내가 긍정하는 폭력은 억압하는 폭력이 아니라 저항하는 폭력이며, 인간성을 박탈하는 것이 아니라 그것을 회복하는 폭력이다. 그것은 '사랑의 폭력'이라 불러 마땅할 것이다. (…) 특히 민중이 침묵과 굴종 속에 잠들어 깨어나지 않았을 때 민중에게 '비폭력'을 요구하는 것은 황야의 이리 앞에서 민중을 발가벗기는 짓이다. 그때 민중을 각성, 격렬한 투쟁에 동원하기 위한 폭력의 계기가 불가피할 때가 있다. 간디도, 프란츠 파농도 이 때문에 괴로워했고, 까밀로 토레스 신부는 이 때문에 총을 든 모습으로 발사하지 않은 채 민중

앞에서 사살당했다. 총을 든 신부의 모습은 성스럽다. (…) 떨리는 걸음으로 골고다로 가는 길을 찾아헤매는 인간을 사랑하기 위하여 자신의 죄악까지도 각오하는, 그리하여 지옥 끝까지라도 가려 하는 그 처절한 사랑의 모습이 눈물겹도록 성스럽게 느껴진다. 비겁한 비폭력이 잔인한 폭력과 통하듯이 사랑의 폭력은 '용기있는 비폭력'과 본질적으로 같은 것이라고 나는 믿는다.

폭압이 폭력을 낳는다

10·26 사태가 있기 약 3주 전인 10월 9일, 유신정부는 이른바 '남조선민족해방전선(남민전)사건'이라는 것을 대대적으로 발표했다. 연이어 10월 16일 그리고 11월 13일 등 3차에 걸쳐 발표된 이 사건의 내용은 대체로 이렇다. 1964년 인혁당사건에 관련되어 2년형을 치렀고, 또 1974년의 인혁당사건에도 관련되어 수배중이던 이재문(李在汶)을 총책으로 한 이 반국가단체는 1976년 2월경부터 지하조직을 결성하기 시작, 그동안 철저한 이론무장과 점조직 형태로 교사, 학생, 지식인, 긴급조치 위반 수형자들을 포섭하여 불온전단을 살포하고, 민주화를 빙자해 학원과 사회의 혼란을 조성했으며, 도시게릴라 방법에 따른 불법 사제무기류를 제조, 사용해 강도까지 저지르는 등 지하활동을 해왔다는 것이다. 경찰은 1979년 8월 28일, 서울시내 중심가 5개소에 살포된, 유신타도를 내용으로 하는 불온전단의 살포용의자를 추적하던 중, 이재문의 암약 사실을 탐지하고 아지트를 급습, 이재문 등을 체포했으며, 이 과정에서 사제폭탄과 통신문, 공작장비 등 1374점을 압수했다고 발표했다. 이때 검거된 사람은 모두 84명이었다. 사건

직후에 발표된 73명의 직업은 대학교수 및 연구원 8명, 교사 11명, 회사원 16명, 기타 사영업·공원·파출부·택시운전사 등 14명, 무직·제적생·직업불명 등 18명, 학생 6명으로 다양하게 구성되었다. 몇몇 이름있는 사람이 있었지만 대부분은 알려지지 않은 사람들이었다.

당국이 거창하게 발표한 내용 중 뒷날 재판과정에서 상당 부분이 사실이 아니거나 과장된 것으로 확인됐지만, 어떤 것은 실제로 있었던 사실로 밝혀져 당시 사회에 커다란 놀라움을 안겨주었다. 예컨대 자금조달을 위해 '작전' 명칭을 붙인 강도사건을 모의해 실제로 대낮에 재벌집이나 보석상을 털기로 하고 일부는 실행에 옮긴 것 등이 그것이다. 또 다 그런 것은 아니었지만, 종래 느슨하게 공개적으로 활동해온 민주화운동 단체와는 달리 조직원은 가입시에 엄격한 절차를 거쳐야 했고, 또 가입 후에는 나름대로 철저한 조직의 규율을 지켜야 한 것으로 알려졌다. 유신당국은 북한측과의 연계의혹을 제기하며 가혹한 고문수사를 자행했지만 직접적인 관련 사실은 밝혀내지 못했다.

그러나 이 단체의 조직과 활동은 여러 측면에서 처음부터 민주화운동의 일반적인 양태와는 그 모습을 달리했다. 이 단체에서 용인한 폭력이 과연 김지하가 말하는 침묵과 죽음의 질서를 깨뜨리는 폭력, 곧 사랑의 폭력이었는지, 또는 까밀로 토레스(Camilo Torres) 신부처럼 유신독재에 시달리는 한국민중을 사랑하기 위하여 자신의 죄악까지도 각오하는 그런 눈물겨운 것이었는지 쉽게 단언하기는 어렵다. 그러나 분명한 것은 탄압이 심할수록 운동은 지하화할 수밖에 없고, 더욱 격렬한 양상을 띨 수밖에 없다는 사실이다. 이 사건이 유신탄압의 절정, 그 가장 깊은 어둠 속에서 발생했다는 것이 그렇다. 사실 많은 사람들이 심정적으로 이 지긋지긋한 유신체제만 무너뜨릴 수 있다면 하는 생각을 간절히 하고 있을 때 이 사건이 터진 것이다. 그러나 이

사건은 그 엄청난 규모와 발표내용에도 불구하고 뒤이은 10 · 26 사태와 그 이후의 상황 전개(12 · 12 사태와 5 · 18 광주민주화운동 등)에 묻혀 제대로 사회적인 조명이나 관심을 끌지 못한 채, 장기간의 암흑수사후 관련자들이 기소되고 또 재판을 받았다.

남민전의 실체

이 사건의 주범이라 할 이재문은 1974년 인혁당사건에 연루되어 수배로 쫓기는 몸이었고, 그 가족은 풍비박산되어 인천교구 최분도 신부 등의 도움으로 가까스로 생계를 이어가고 있었다. 이재문이 잡히면서 그가 기록 또는 보관하고 있던 상당한 분량의 증거물이 압수되었기 때문에, 당시의 공안당국으로서는 노다지를 캔 것이나 다름없었다. 아마도 10 · 26 사태만 없었더라면, 유신권력당국은 이 사건을 침소봉대하여 정권유지를 위한 획기적인 사건으로 이용했을 것이다. 그러나 바로 그런 변혁기였기 때문에 사건 관련자들과 그 가족들이 겪은 고통은 더 컸다.

여러 가지 발표 및 사료, 그리고 진술서들에 의하면, 남민전의 정식 명칭은 남조선민족해방전선준비위원회(그러니까 남조선민족해방전선은 좀더 넓은 기반을 획득한 뒤에 세우려 했다)로서 1978년 2월 29일에 이재문을 위원장으로 하여 비밀리에 결성되었고, 휘하에 한국민주투쟁국민위원회(민투)라는 실천조직을 갖고 반독재민주혁명(이재문의 표현)을 목표로 하여 유인물 배포 등의 활동을 계속 전개해왔다. 이른바 남민전의 잠정강령은 제1항에서 "미 · 일을 비롯한 국제제국주의의 일체의 식민지 체제와 그들의 앞잡이인 박정희 유신독재정권을 타도하고 민족자주적이고 민주적인 연합정권을 수립한다"라고 하고 있다. 더욱이 이것에 기초하여 내용을 좀더 구체적으로 표현한 민투의 강령 제1항 역시 "한국민의 민주역량을 총집결하여 박정희 유신독재 정권을 타도하고 민중의 진정한 이익을 대변하는 민족연합정권을 수립하여 폭넓은 민주주의를 실현한다"였다. 이 강령만을 놓고 본다면, 민주화투쟁의 범위를 크게 벗어나지 않는다고 볼 수 있다. 그러나 이재문 등의 생각은 1960~70년대 사회변혁을 가져오고 있는 제3세계 민중의 민족해방투쟁에서 영감을 얻은 것으로 보인다. 그것은 이름 자체에서 남베트남민족해방전선과 보조를 맞추려 한 데서도 감지할 수 있다. 관련된 문건들을 종합해볼 때 남민전의 현실분석은 한국자본주의의 종속발전에 초점을 맞추고 있다기보다는 현대적인 민족모순에 중점을 둔 것이었다고 생각된다.

남민전은 앞서도 말한 바와 같이 엄격한 내부규율을 가진 조직성과 이론을 강하게 지향했다. 그들의 일부가 지어 불렀다는 「전위대의 노래」는 조직 나름의 비장한 결의를 말해준다. 그렇다고 그들의 지향이 당시 민주화운동 진영의 지향, 또는 1980년대 민중운동의 지향에 비추어 더 과격한 것은 아니다. 오히려 1980년대 민중운동의 전체상을 예고해주었다고 할 수 있다.

> 한평생 소원은 남북의 통일, 노래하고 싸우기 어언 수십년
> 한평생 소원은 압제의 타도, 힘 길러 단련하기 어언 수십년
> 어디서 살았느냐 무엇을 하였느냐 통일 위해 싸우다 죽으면 족하지
> 아 조국이여 아름다운 내 강토여 통일의 훼방꾼 미제를 몰아내자
> 투쟁 속에 동지 모아 손을 맞잡고 운명을 같이하기 어언 수십년
> 흩어져 죽을 거냐 단결하여 싸울 거냐 혁명의 승리에 우리 모두 나서자

아 전위대여 혁명의 불꽃이여 정의의 성전에 용감히 나아가자.

또한 남민전 조직의 가입에는 일정한 형식이 있었고, 그 의식을 통하여 어떤 결의와 각오를 새롭게 다지기도 한 것 같다. 시인 김남주(金南柱)는 가입한 날을 이렇게 노래했다.

그날 나는 다짐했다. 손 위에 손을 포개고
동지와 함께 한별을 우러러보며

해방의 한길에서 우리 변함 없자고
천고비 만고비 시련의 고비에서
너와 나 우리 굴함 없자고
그날을 위해서라면 죽음도 불사하자고.

그러나 민주화운동이라는 큰 테두리에서 본다면 남민전 역시 민주화운동의 한 형태 내지 민주화운동의 범주 안에 있는 것으로 보아야 할 것이다. 그들의 상당수가 과거 민주화투쟁 전력을 가지고 있었고, 또 민주화투쟁의 연장선 위에서 남민전 활동을 했다고 보이기 때문이다. 실제로 남민전이 몰두한 활동은 모두 반독재민주혁명을 위한 것이었으며, 어떤 사회체제를 구축하는가 하는 문제 등은 사건발생 당시까지 구체적으로 설정되지 못한 상태였다. 남민전의 조직과 활동이 당시로서 돌출적으로 보인 것은 최고지도부라 할 이재문의 폐쇄, 고립된 생활과 관련이 있다. 그는 1974년 제2차 인혁당사건으로 지명수배를 받으면서부터 철저한 지하생활을 하지 않으면 안되었다. 당시 인혁당 관계자 8명이 대법원판결 다음날 사형당한 것만 보더라도,

'잡히면 죽음'이라는 치열하고도 절박한 심정이 그의 도피생활을 이끌었다. 그 과정에서 그가 역동직인 생활방식과 신비적이고 모험적인 조직활동을 선택하게 되었다는 것을 추측하기는 그리 어렵지 않다. 외부세계로부터 교류와 정보가 단절된 절망적이고 고독한 생활 안에서 그의 사상은 오로지 날카롭게 높아져가기만 한 것이 아닐까. 이런 지도부의 모험주의 탓인지 조직원들도 소영웅주의 행태를 보여준 경우가 많았다. 어떤 사람은 자신의 수첩에 포섭대상자로 저명한 인권변호사 이름을 적어놓아 법정에서 그 변호사를 당혹스럽게 만들기도 했다. 이처럼 치졸하고 산만한 측면도 있었다. 이런 돌출성은 민주화운동 진영의 전폭적인 지지와 지원을 주저하게 만들어 상당 기간 고립된 석방운동을 벌일 수밖에 없게 만들었다.

살아남은 자가 있어야 할 곳

이 사건을 전후한 상황이 10·26 사태와 맞물려 있었기 때문에, 가족들조차 상당 기간 사건의 전모를 파악하지 못하고 갈팡질팡했다. 관련 구속자 84명의 가족간에도 같은 사건의 구속자 가족이라는 연대의식이 없었기 때문에 상당 기간 일사불란한 대책활동이 불가능했다. 무리한 수사로 인한 조작된 공소사실 등은 훨씬 늦게 발견되었으며, 전후사정으로 보아 충분히 짐작되는 고문과 잔혹행위도 간헐적으로만 밝혀졌을 뿐이다. 심지어 이 사건의 주모자였던 이재문은 사형이 집행되기 전에 옥사했는데, 그후 다른 사건으로 잡혀간 사람들에게 수사관들이 "이재문이 왜 죽은 줄 아느냐, 고문 때문이다"라고 공공연히 협박하더라는 사실이 뒤늦게 알려질 만큼, 이 사건에 있어서 특히 고문이 심했다. 그 가족들이 1984년 5월에 낸 호소문은 그간의 정황을 이렇게 말하고 있다.

> 1979년 10월 이 사건이 터진 후 1980년 2월 재판이 시작된 그날까지 저희 가족들은 사건 관련자들의 생사를 몰랐습니다. 처음 본 것도 구치소 접견실이 아니라 재판정에서였습니다. 재판정에서 본 저희 아들·딸·남편·아버지들은 수개월전 잡혀간 때의 얼굴이 아니었으며 심지어 들것에 실려나오기도 했습니다. 유신정권하 10·26 이후 계엄하의 고문상황을 어찌 다 말할 수 있겠습니까.

1980년 5월 2일 1심 선고에서 사형 4명, 무기 4명, 징역 15년 5명, 징역 10년 4명 등 중형을 선고받은 사람이 많았지만 집행유예로 석방된 사람도 26명이나 되었다. 그만큼 엉터리로 죄없는 사람을 구속기소했다는 얘기다. 같은 해 9월 5일에 있었던 항소심 선고에서는 사형 2명, 무기 5명, 징역 15년 7명, 7~10년 6명, 5년 9명, 3년 12명, 집행유예 3명 등이었다. 대부분이 상고했으나 1980년 12월 23일 전원이 상고기각 판결을 받았다. 사형이 확정된 2명 중 이재문은 1981년 11월 23일 옥중에서 병사했으며, 신향식(申香植)은 1982년 10월 8일에 사형이 집행되었다. 또한 사건 당시 62세로 징역 3년을 선고받은 전수진(全壽鎭)은 만기 전에 위암으로 출소했으나 곧 사망했다. 1970년대 민청학련사건 이래 최대의 사건으로 꼽히던 남민전사건이었지만 그 돌출성 때문에, 또 정치 소용돌이의 와중에서 소리없이 엄청난 희생만 남긴 채 역사의 뒤안길에 묻혀버리고 말았다. 그리고 어떤 의미에서는 아직도 남민전사건의 실체적 진실은 밝혀지지 않고 있다고 말할 수 있다.

1979년 10월 4일 남민전사건으로 투옥되어 60여일에 걸친 장기구금과 고문을 당하다가 징역 15년형을 선고받고 복역중, 1988년 12월 21일 투옥된 지 만 9년 3개월 만에 형집행정지로 석방되어 1994년 2월 13일 췌장암으로 별세한 시인 김남주는 억압의 시대에 어떻게 살아야 할 것인지를 이렇게 노래했는데, 어쩌면 남민전 관련자의 고뇌와 진실을 대변할 수 있을지 모른다고 생각되어 여기에 소개한다.

한 나라의 대통령이란 자가
외적의 앞잡이이고
수천 동포의 학살자일 때
살아남은 사람들이 있어야 할 곳
그곳은 어디인가
전선이다 감옥이다 무덤이다
도대체
동포의 살해 앞에서 저항하지 않고
누가 있어 한낮의 태양 아래서 자유로울 수 있단 말인가
누가 있어 한밤의 잠자리에서 편할 수 있단 말인가

—김남주 「살아남은 자들이 있어야 할 곳」 중에서

오원춘의 양심선언

십자가에 달리신 주님 아래서

본인은 가톨릭신자로서 소명을 다하여 농촌사회에 그리스도적 사랑을 실천하고, 사회정의 실현을 목적으로 1976년도 12월부터 가톨릭농민회 운동을 시작하여 이웃 농민들의 아픔과 보람을 함께 나누고자 애써오던 중, 1979년 5월 5일 영양 버스정류장에서 정체불명의 두사람으로부터 납치당하여 안동을 거쳐 포항 모 기관(포항제철 부근 잿빛 건물) 안에서 이유 모를 폭행을 당하고(체제에 반항하는 놈은 그냥 둘 수 없다며 폭행했음), 울릉도까지 15일 동안 강제 격리된 상태에서 불안한 날들을 보낸 사실이 있어, 이를 교구 정의평화위원회에서 구성한 조사단과 농민회 조사단, 본당 신부님께 하느님께 받은 양심에 의하여 진술한 바 있습니다.

이 사실은 차제에 어떠한 일이 있어도 '사실'이며, 만약 번복된다면 이는 외부적 압력이나 위협에 의한 강제적 결과일 것입니다. 가난하고 억압받는 농민들과 함께 일하려는 나의 동료 형제들에게 또다시 쏟아질지도 모르는 이런 폭력과 압력 밑에서 주여! 작은 저희들을 지켜주소서.

영양천주교회 십자가에 달리신 주님 아래서

1979년 7월 5일 오원춘

15일간의 행방불명

이는 이른바 '오원춘 사건'의 단초가 되는 오원춘(吳元春)의 양심선언 전문이다. 양심선언이 나오기까지 실로 오원춘과 안동교구 신부들의 고뇌에 찬 결단이 있었다. 양심선언 발표 이후, 양심선언의 내용이 사실인지 아닌지를 놓고 말기의 유신정권과 교회는 치열한 공방을 벌이는데, 이 일련의 과정을 통틀어 '오원춘 사건'이라 부른다. 법정에서 양심선언의 주인공인 오원춘 자신이 어쩐 일인지 양심선언을 부정하는 입장으로 돌아서, 사건은 더욱 복잡하게 전개되었다. 그리하여 재판은 오원춘이 자작극을 벌인 것으로 끝이 났다. 오원춘 사건의 진실은 밝혀지지 않았다. 오원춘 사건의 전개과정을 처음부터 추적하는 것이 오원춘 사건의 진실에 접근하는 길이라 믿어, 양심선언이 발표되기까지의 사정부터 먼저 살펴보기로 한다.

오원춘은 1949년생으로 사건 당시 만 30세였다. 양심선언에서 밝힌 바와 같이 1976년부터 가톨릭농민회 활동에 참여하기 시작하여 1978년에는 청기감자피해보상대책위원회를 구성한다. 당시 경북 영양군에서는 가을감자 '시마바라'를 50킬로그램 1포대당 8천원에 보급하여 군내 5개면에 그 재배를 권장했다. 그러나 종자가 불량이었는지 싹도 트지 않아 재배농가의 80퍼센트 이상이 폐농하고 말았다. 1978년 10월 5일 오원춘 등은 대책위원회를 구성하고 한달간에 걸쳐 피해를 조사한 끝에 34농가의 피해총액 780만원을 영양군에서 보상해줄 것을 요구하기에 이르렀다. 그러나 군에서 쉽게 보상에 응할 리가 없었다. 교구 가톨릭농민회 등의 성원과 대책위원회 회원들의 집요하고도 굽히지 않는 투쟁 끝에, 1979년 봄 마침내 당국으로부터 150여만원의 보상을 받아내는 데 성공했다. 요구액 전체를 관철하지는 못했지만, 관(官)이 스스로 자신들의 잘못을 인정하고 피해까지 보상하다니, 이는 당시로서는 도저히 얻어내기 힘든 일이었다. 이 사례가 가톨릭농민회의 기관지 『파종』에 발표되고 또 인근 지역에 알려지면서, 오원춘은 일약 스타가 되었으며 여기저기에 연사로 초대되었다. 이것으로 오원춘은 지방당국으로부터 '골치아픈 존재', 그들이 두고보자고 벼르는 대상이 되었다. 이 무렵 오원춘은 잘 아는 형사로부터 '조심하라'는 충고를 받기도 했다.

그런 오원춘이 5월 5일부터 21일까지 집을 떠나 행방불명이 되었다가 돌아오는 사건이 발생했다. 양심선언을 전후하여 오원춘이 안동교구 사제들과 농민회원들에게 밝힌 그동안의 행적은 이렇다. 4월 28일과 5월 4일 이웃집 전화를 통하여 오원춘은 정체불명의 사람으로부터 5월 5일 집에서 만나자는 연락을 받는다. 그러나 오원춘은 영양읍내에서 열리는 '초중학생 글짓기대회'의 시상 때문에 영양에 나갈 예정이었다. 5월 5일 12시쯤 버스로 영양읍에 도착했을 때, 누군지 모르는 두사람이 '연락했던 사람'이라면서 다가와 승용차에 오원춘을 태웠다. 2시경 안동에 도착해서는 해동식당이라는 곳에 데려갔고, 거기서 함께 점심을 먹었다. 점심을 먹은 후, 두사람은 오원춘을 태우고 안동시내를 빠져나와 비포장도로를 한참 달려 포항제철이 보이는 잿빛 건물로 데려갔다. 그때가 저녁 5시경이었다.

잿빛 건물의 한 방으로 안내된 오원춘 앞에 잠시 후 다른 두 젊은이가 나타났다. 그들은 다짜고짜 소리를 질렀다. "왜 왔어? 체제에 도전하는 놈은 그냥 놔둘 수 없다"면서 욕설을 퍼붓고 이내 폭행을 가했다. 얼마 뒤에 처음에 데리고왔던 두사람이 오원춘을 부축해 다시 승용차에 태웠다. 가면서 그들 역시 협박을 했다. 차는 울릉도행 매표소 부근의 한양여관이라는 데에서 멈춰섰다. 둘은 오원춘을 목욕탕까지 달린 특실로 데려갔고, 밤 2시까지 소주를 먹였다. 그러면서 쉴새없이 다그쳤다. 묻는 내용은 가톨릭농민회 등의 활동상황이었고, 공갈은 괜히 피해보상 사례를 퍼뜨리면 좋지 않다는 것 등이었다. 서로 잘 협조해서 둥글둥글 사는 게 현명하다는 따위의 말도 했다.

다음날인 5월 6일 오원춘이 "농사일이 바쁘니 집에 가야겠다"라고 했지만, 그들은 막무가내로 승선장으로 끌고갔다. 거기서 울릉도행 여객선을 탔다. 일반인과는 달리 몸수색도 받지 않았다. 두사람 중 한 사람은 출발 10분전쯤 "수양 잘 하고 오라"면서 떠났고 남은 한사람과 함께 울릉도까지 갔다. 울릉도에 도착하자 그 사람은 5천원을 주고는 사라졌다. 울릉도에 있으면서 오원춘은 몇번이나 그곳에서 빠져나오기 위해 부둣가로 갔으나, 그때마다 동행해온 사람이 나타나 "나도 당신과 함께 있고 싶어서 여기 있는 게 아니다. 독도에 가고 싶냐"며 위협했다. 오원춘은 돈도 떨어지고 잠잘 데도 없어, 상여집에서 자기도 하고, 식당 일을 도와주면서 밥을 얻어먹기도 했다.

5월 18일 다시 부둣가에서 그 사람을 만났다. 그는 어깨를 두드리면서 "이제 많이 달라졌으니 내일 돌아가 바쁜 농사일을 하라"고 했다. 19일 아침 여객선을 타고 포항에 도착했다. 그 사람은 "집에 가서 일이나 잘 하시오. 얼마간 집에만 있는 것이 좋을 거요"라고 하면서 떠났다. 오원춘은 혼자 영덕을 거쳐서 영양으로 왔다. 5월 21일이었다. 집에 들어서니 실의에 빠져 있던 온 가족이 오원춘을 보자마자 울음을 터뜨렸다. 그 역시 주룩주룩 눈물을 흘렸다.

양심선언이 나오기까지

교회에서 오원춘의 행방불명 사실을 안 것은 5월 13일이었다. 당시 오원춘이 나가던 청기공소의 관할본당인 영양천주교회 정희욱 신부가 이날 야외미사 때 오원춘이 불참한 것을 알고, 어쩌면 그의 신변에 이상이 있을지도 모른다고 생각한 것이다. 그러나 오원춘이 정희욱 신부에게 찾아와 납치사실을 고백한 것은 청기에 돌아온 지 20일이 더 지난 6월 13일이었다. 그전에 오원춘이 두차례 영양성당에 연거푸 찾아갔으나 그때마다 신부가 부재중이었다. 6월 13일 오후 오원춘은 쫓기는 심정으로 자신의 납치사실을 이야기하면서 "올바른 마음과 양심을 키우고, 굳건한 확신을 갖기 위해서는 신앙생활을 철저히 해야겠다"라는 것을 거듭 강조했다.

오원춘의 고백을 듣고 정희욱 신부는 적당히 그냥 넘어갈 수 있는 일이 결코 아니라고 판단했다. 그리하여 6월 16일 견진성사차 영양본당에 온 두봉(프랑스명 르네 뒤뽕René Dupont) 주교에게 이 사실을 보고했다. 그리고 17일에는 영양경찰서 정보계장에게 오원춘의 건을 항의했다. 자연스럽게 두봉 주교는 사목국장 정호경(鄭鎬庚) 신부에게 이 사실을 알렸고, 정호경 신부는 18일 가톨릭농민회 안동교구연합회 총무 정재돈(鄭載墩)에게 진상을 알아볼 것을 당부하기에 이른다. 정재돈 총무는 청기마을까지 갔지만 오원춘이 없어 못 만나고, 6월 23일 청량리행 열차 안에서 그로부터 납치사실을 직접 들을 수 있었다. 이때 오원춘은 울릉도행의 전말을 얘기했고 정재돈은 이것을 정리했다(1차조사). 한편 사제서품후 첫 부임지로 영양에 온 정희욱 신부는 6월 24일자로 된 자신의 일기에 이렇게 적고 있다. "농민회 회원 한분이 보름 동안 행방불명된 사건은 머리에서 사라지지 않는다. 억울하게 누명을 쓰더라도 흑백을 가리어내야 되겠다."

오원춘이 납치되었던 사실을 몇가지 통로로 전해들은 안동교구 신부들은 이 사건을 결코 그냥 지나칠 수 없다고 생각했다. 이는 시골에 묻혀사는 한 농부의 인권문제일 뿐만 아니라, 감자피해보상운동에 대한 보복이요 농민운동에 대한 탄압이었다. 이 무렵은 국경일이나 천주교행사 때만 되면 유신권력의 탄압이 극심하던 시기였다. 신부들에 대한 도청·연금·미행·강제동행이 다반사로 이루어지던 때였다. 때로는 신부들도 납치되는 경우가 적지 않았다. 오원춘의 납치사실을 듣고 신부들이 분기탱천한 것은 당연한 일이었다.

6월 27일 경북 의성에 있는 안계천주교회에서 안동교구 사제회의가 열렸다. 이때 정희욱 신부는 정식으로 오원춘 납치사건을 보고했고, 이에 사제회의는 대책위원회를 구성하고 다음과 같은 결정을 내렸다. 첫째, 이 사건을 조사함에 있어 개인의 인격이 훼손될 경우 조사를 중단한다. 둘째, 과장이나 허위가 드러나면 조사를 중단한다. 셋째, 모두가 사실이라 하더라도 오원춘 본인이 원치 않으면 문제를 삼지 않는다. 이 결정을 바탕으로 대책위원회는 농민회 안동교구연합회의 권종대(權鍾大) 회장과 정재돈 총무로 하여금 6월 30일에 청기로 찾아가 오원춘으로부터 다시 한번 더 납치사건의 전말을 듣게 한다(2차조사).

이같은 조심스럽고 주도면밀한 과정을 거쳐 7월 4일 오원춘의 양심선언이 작성된다. 양심선언에 앞서 오원춘과 사제들 사이에 이런 문답이 오갔다.

사제측 : 사건이 알려지면 엄청난 위협과 곤욕을 당할지 모르는데 발표해도 좋겠는가?

오원춘 : 두렵기는 하지만 앞으로 이런 고통을 당하는 형제가 나와서는 안되기 때문에 발표해주셨으면 한다.

사제측 : 견딜 수 없을 정도의 고통을 받으면 진실을 뒤엎을 수도 있으니 지금 양심선언을 할 수 있겠는가?

오원춘 : 그렇다. 성당에 가서 준비하겠다.

이렇게 하여 오원춘은 성당에 들어가 한시간 이상 혼자 기도하고, 자신의 손으로 양심선언을 써가지고 나왔다. 양심선언이 나오기까지는 실로 이처럼 세심한 절차를 거쳤던 것이다. 이때 오원춘의 여자관계가 경찰로부터 흘러나오고 있었는데, 정희욱 신부는 그 점이 마음에 걸려 7월 16일 오원춘에게 이를 확인했다. 오원춘의 대답인즉, "거듭 다짐합니다. 이 일과는 아무런 관계가 없습니다"라는 것이었다.

1·2차 조사결과를 바탕으로 안동교구 정의평화위원회, 가톨릭농민회 안동교구연합회, 안동교구 사제단이 공동명의로 '짓밟히는 농민운동'이라는 제목으로 납치사건의 전말을 발표했다. 7월 17일에는 유강하(柳康夏) 신부가 전주교구에서 개최된 사제연수회에서 납치사건의 전말을 보고했다. 7월 18일에는 안동교구 차원에서 영양경찰서장과 청기지서장에게 답변요구서를 발송했다. 이보다 앞선 7월 16일부터는 오원춘의 신변위험을 감안해 그를 교구청에서 기거하도록 했다. 경찰은 7월 16일부터 조사라는 명목으로 오원춘을 찾기 시작했고 19일에는 주변의 여러 사람이 연행되어 조사를 받았다. 이때 영양읍내는 가히 벌집을 쑤셔놓은 것 같았다.

오원춘이 교구청에 있다는 것을 안 정보당국은 오원춘에 대한 조사를 요청했고, 이에 사제들은 조사 때 사제들의 입회를 요구해서 20일에 만나기로 합의가 되었다. 20일 오전 11시부터 오원춘의 진술을 듣기 위한 면담이 정보기관 관계자들과 신부들이 연석한 가운데 오후 1시 30분까지 이어졌다. 그러나 정보당국은 일방적으로 자신들의 조사결과를 설명하겠다고 우겼고, 사제들은 물어볼 것만 물어볼 것을 요청하는 등 입씨름으로 시작했다. 이때의 오원춘은 당당했다. 중앙정보부 관계자가 울릉도행 배를 탈 때 몸수색 없이 들어간 데 대해 묻자, 자신을 데려간 사람이 군복 입은 경관에게 뭐라고 얘기한 뒤 그냥 들어갔다고 답하는가 하면, 왜 경찰에게 이야기하지 않았느냐고 묻자 "모두가 같은 사람들인데 어디에 얘기한단 말이냐"라고 응수했다.

갈림길—오원춘을 빼앗기다

교구청에서 이렇게 오원춘과 질의응답이 있은 뒤, 정보당국은 현장조사를 한다는 명목으로 포항까지 오원춘이 동행해줄 것을 요청했다. 사제들은 수사에 비협조적이라는 비난을 받을까 우려하여 유강하 신부가 동행하고 7월 21일 토요일 오전까지 현장조사를 마친다는 조건으로 이에 응했다. 안동의 해동식당에서부터 현장검증이 시작되었다. 오원춘은 당시의 상황을 정확히 기억, 재연했다. 납치당했을 때 차가 섰던 장소와 같이 간 사람이 담배를 샀던 가게, 두 갈래길 중 갔던 길을 모두 찾아냈다.

차가 포항에 도착했을 때는 폭우가 쏟아졌다. 이런 상황에서 포항제철이 보이는 잿빛 2층건물을 찾기란 불가능했기 때문에 여관에 대한 현장검증을 먼저 하기로 했다. 들어가는 입구도 정확히 지적했고, 특실인 201호실도 앞서 말한 그대로였다. 경찰은 여기서 오원춘으로부터 1차 진술조서를 받았다. 오원춘도 포항 한양여관까지의 납치과정을 소상히 진술했다. 조서작성을 마친 뒤 정보당국은 갑자기 부두 현장조사를 서둘렀고, 선착장에 도착하자 돌연 울릉도행 여객선에 승선할 것을 주장했다. 이는 약속과 다른 것이었고, 유강하 신부로서는 주일미사 때문에 불가능한 일이었다.

사태가 이상하게 돌아가자 오원춘은 유강하 신부의 허리끈을 잡고 "유신부가 못 가면 나도 안 간다"라고 발버둥쳤다. 유강하 신부 역시 경찰의 오원춘 강제연행에 강력히 저항했다. 하지만 경찰은 힘으로 오원춘을 떼어놓았고, 오원춘은 배가 떠나는 순간 배 위에 있던 경찰에게 양손이 잡혀 끌어올려졌다. "포항 천주교회에 알려주소" 하는 절규와 함께 배는 떠났고, 이로부터 오원춘 사건은 새로운 전기를 맞는다.

결국 경찰은 선착장에 유강하 신부만을 남겨놓고 오원춘을 배에 태운 채 떠나버렸다. 오원춘의 신병을 확보한 경찰은 이제 거꾸로 오원춘을 자작납치극을 통하여 허위사실을 유포한 긴급조치 9호 위반사범으로 몰아가기 시작했다.

수사기록에 의하면, 처음에 오원춘은 유강하 신부도 함께 배에 탄 줄 알고 있다가, 유강하 신부가 타지 않았다는 사실을 알고는 맥이 빠진 사람처럼 풀이 죽었다고 한다. 일건기록(한 소송사건에 관한 모든 서류)에 첨부된 '검거통보'에 의하면, "1979년 7월 21일 14시 30분경, 포항 한일호 선박터미널에서 오원춘 자신이 납치 폭행당했다고 하는 자신의 주장이 허위라고 자백하므로 검거"했다고 되어 있다. 이는 경찰이 처음부터 오원춘을 긴급조치 9호 위반으로 잡아넣으려 했다는 명백한 증거이다. 유강하 신부와 떨어지자마자 바로 그순간 자백받고 검거했다는 것은 말도 되지 않는다. 말하자면 각본에 따른 수순이었던 것이다.

뒷날(9월 7일) 윤공희 대주교가 구자춘(具滋春) 내무부장관을 만났을 때 구자춘 장관은 거꾸로 유강하 신부가 당초의 약속을 어기고 현장조사 입회를 거부한 것으로 알고 있더라는 것이었다. 이를 보면 경상북도 경찰국이 상부에 허위보고했음이 명백하다. 한편 경상북도 경찰국장은 두봉 주교에게 "오원춘이 울릉도에 간 것은 자의에 의한 여행이었고, 폭행당했다는 것도 거짓이라고 자백했으며, 오원춘이 울릉도 본당 신부에게 이같은 내용의 고백성사까지 드렸다"면서 대책위 신부들에게 경찰관 입회 없이 직접 오원춘을 통해 확인시켜주겠다고 통보했다. 그러나 24일 신부들이 면담장소에 달려갔을 때 경찰은 한사코 자신들의 입회를 고집했다. 할 수 없이 유강하 신부와 정호경 신부 사이에 오원춘이 앉고, 맞은편에 경찰관계자들이 앉은 채 면담이 진행되었다.

유강하 신부가 언쟁이 계속되는 틈을 타서 귓속말로 여러 가지를 물었다. 이때 오원춘은 묻는 말에만 고갯짓으로 대답했는데, 많은 협박을 받아서 허위자백은 했지만 그것은 사실이 아니라는 것이었다. 또 단독면담이라면 진실을 말할 수 있겠다고 해서, 급히 두봉 주교를 서장실로 오도록 했으나 경찰은 주교와의 단독면담마저 거부해 신부들이 퇴장하기에 이르렀다. 이때 신부들은 오원춘을 향해 "법정에서 진실을 말하라. 우리와 교회가 있지 않은가. 우리는 이긴다"라는 말을 남겼다.

교구청 난입과 교권수호투쟁

7월 24일 당국과의 대화가 결렬된 이후 당국에 대한 교회의 불신은 더욱 깊어졌고, 당국 또한 강경태도로 일관했다.

경찰은 25일에 교구청과 성당을 포위하고 예천에서 교육중이던 안동교구 가톨릭농민회 권종대 회장과 정재돈 총무를 연행했다. 7월 26일 사제들은 "농민회 두 간부의 연행과 사건의 조작은 농민 구원에 몸바쳐야 할 안동교구의 사활과 직결되는 문제로 보고 양심과 복음에 따라 진실을 밝히기 위해 최후까지 투신한다"라는 결의를 하며, 교구청 앞에 '기관원 출입금지'라고 페인트로 쓰고 '오원춘, 권종대, 정재돈 형제를 즉각 석방하라'는 현수막을 내걸었다.

이날 오후 1시 30분경 안동경찰서 정보과장의 지휘 아래 약 30여명의 사복경찰이 교구청에 난입해 제멋대로 현수막을 철거했다. 일부는 교구청에 들어와 주교와의 면담을 요구했다. 주교가 부재중이라고 하자 정호경 신부를 찾았다. 정호경 신부가 자신의 소관사항이 아니라면서 2층 집무실로 올라가자 경찰은 정호경 신부의 목을 잡고 끌어내렸다. 이어 10여명의 사복경찰이 신발을 신은 상태로 교구청에 들어와 정호경 신부의 팔을 비틀고 목을 감아쥔 채, 신발을 신을 사이도 없이 정호경 신부를 끌고 가서 차에 실었다. 이때 마리스타 수도원에서 미사를 마치고 돌아오던 두봉 주교가 이 현장을 목격해서 사진에 담았다. 이것이 안동교구청 난입사건의 전말이다.

그러면서 경찰을 비롯한 전 기관이 나서서 안동교구 관내 각지에 오원춘 납치폭행사건은 허위조작이었음을 오원춘이 자백했다고 대대적으로 선전하기 시작했다. 얼마나 광범위하게, 또 집요하게 선전해댔던지, 공직에 있는 신자들은 실로 난처한 처지에 몰렸고 일반 신자들 역시 두려움에 떨었다. 왜 사제들이 이렇게 일을 벌여 신자들을 괴롭게 만드느냐는 신자들의 항의나 걱정 또한 적지 않았다. 사목활동에도 위기가 온 것이다. 정희욱 신부의 일기에는 "어처구니없이 돌아가는 한 형제 때문에 고통은 많아졌지만, 허위와 거짓이 발악을 하고 있다. (…) 그러나 의외로 많은 분들이 기도회에 참석해서 힘을 모았다"라는 내용이 적혀 있었다.

교회는 오직 기도회와 농성으로 이 난관을 돌파할 수밖에 없었다. 8월 6일에 안동의 목성동 성당에서는 김수환 추기경, 김재덕(金在德) 주교 등이 참석하는 '교권 및 신앙자유 수호를 위한 기도회'가 개최되었다. 여기에는 150여명의 사제, 2백여명의 농민회원, 1천여명의 신자가 참석했다. 기도회가 끝난 뒤에는 무기한 농성에 들어갔다. 김수환 추기경은 "현장교회의 수난과 아픔을 우리 모두의 것으로 받아들이지 않으면 안된다. 진실이 거짓이 되고 거짓이 진실로 둔갑되는 현실이 개탄스럽지만, 교회는 진실을 밝히기 위해 많은 수난을 당해왔다. 그러나 교회는 언제나 다시 부활한다"라는 비장한 내용의 강론을 했다. 또 농성자들은 '하느님을 믿는 그리스도인들에게'라는 제목의 호소문을 발표했다. 이들은 여기서 오원춘 사건에 대한 조작극 즉각 중단, 관계자들 석방, 교권침해행위 중단과 책임자 처벌, 농민운동 등 민중운동 탄압 중지를 요구했다.

8월 7일에는 '국민에게 드리는 글'을, 9일에는 '안동시민에게 드리는 글'을 발표했다. 기도회는 안동뿐만 아니라 전국으로 번져갔다. 9일 원주교구, 청주교구에 이어 인천, 수원, 대전, 광주, 전주, 마산에서 연이어 열렸다. 20일 서울의 정의평화위원회가 주최하는 전국기도회에서는 안동교구가 조사발표한 납치, 폭행이 진실임을 확인하는 주교회 상임위원회의 성명서가 발표되었다. 14일에는 각 교구 사목국장이 모여 안동교구의 아픔에 동참을 선언하는 '우리의 결의'를 채택, 발표했다. 이제 오원춘 사건은 전 교회로 비화되었고, 전국적인 사건으로 확대되었다.

허위보도와 여론재판

가톨릭교회를 중심으로 오원춘 사건이 알려지고 또 전국적인 관심사로 확대되자, 경상북도 경찰국은 8월 10일 "오원춘의 납치설은 허위조작된 것으로 드러났다. 이같은 허위사실을 유포한 오원춘과, 이 사건에 관한 유인물을 만들어 국가안녕질서를 문란시킨 정호경 신부와 정재돈 총무 등 3인을 긴급조치 등 위반으로 구속, 검찰에 송치했다"라고 발표했다. 이 발표를 계기로 국내언론은 한결같이 대대적으로 "오원춘 사건은 자신의 조작이었으며, 안동교구와 농민회가 허위사실을 그대로 날조, 유포했다"라고 보도하기 시작했다. 8월 13일에는 이례적으로 오원춘과 기자들의 일문일답 자리를 마련하여 자신들의 발표가 모두 사실인 것처럼 포장했다. 8월 22일에는 대구교도소 소장실에서 각계인사 26명과 오원춘의 면담을 주선하는가 하면, 23일에는 국내의 텔레비전망을 동원한 보도특집을 통하여 납치, 폭행은 오원춘이 조작, 날조한 것이라고 방영했다. 이런 일련의 언론공작을 통하여, 당국의 발표를 기정사실로 몰아가려는 집요한 작업이 각본에 따라 진행되었다. 언론을 동원한 여론재판으로 진실을 호도하려 한 것이다.

안타깝게도 오원춘은 그때마다 당국의 발표를 뒷받침하는 꼭두각시 노릇만 하고 있었다. 교회로서는 참으로 어처구니없고 황당한 일이었다. 그러나 신부들은 그래도 오원춘의 양심선언은 진실이라고 굳게 믿고 있었다. 유강하 신부는 수배중인 몸으로 전국을 누비며 권력당국이 사건을 뒤집어 조작하려 하고 있다고 호소했다. 당시 안동교구청에는 오원춘으로부터 전달받은 세가지 문건이 보관되어 있었다. 하나는 편지였고, 또 하나는 쪽지였으며, 나머지 하나는 낙서였다. 두봉 주교에게 7월 31일에 전달된 편지는 경찰의 발표와 비슷한 내용이었다. "서에 대한 납치, 폭행은 세가 거짓으로 말한 것입니다. '짓밟히는 농민운동'에 나온 내용은, 제가 본당 신부에게 무의식중에 사실에도 없는 거짓을 우쭐한 마음에서 한 것입니다."

그러나 쪽지와 낙서의 내용은 달랐다. 낙서는 7월 24일 교회와 당국이 대좌하던 날, 오원춘의 헌옷 보따리가 신문지에 싸여 전달되었는데, 그 신문지에 암호 같은 글씨로 "육지에 가면 진실을 말하리"라고 씌어 있었던 것을 말한다. 쪽지는 정재돈 총무와 함께 연행된 권종대 회장이 7월 31일 기적처럼 지니고 나온 것이었다. 경북도경 조서용지에 씌어진 이 메모는, 수사 도중 변소에 갔다오면서 오원춘이 정재돈 총무의 방에 집어던진 것을 정재돈 총무가 허리춤에 숨겼다가 권종대 회장이 석방될 때 인계한 것이었다. 그 내용은 "①나와 모든 증거인들에게 그들은 폭력과 위협으로 조작 ②나는 21일—계속 폭력과 강압 (…) 생명의 위협을 느껴 진술에 응하고 사실에 없는 여자관계와 (…) ③공○○도 여기에 끌려와 폭력과 위협을 주는 것을 보았고 (…) ④ 나는 신체적으로 생명의 위협을 느껴 더이상 견딜 수 없다. 당하고 감옥 갈 생각. 주교님과 신부님에게 나로 인하여 떠들지 말고 기도하여주십시오. 저도 기도하겠습니다. 1979. 7. 30. 알퐁소"였다.

한편 대구교도소에 갇힌 오원춘은 당국의 발표는 사실이 아니며, 자신은 생명의 위협을 느껴 허위자백을 했노라고, 그리고 재판정에서는 모든 진실을 밝히겠노라면서, 교회측에 이런 사실을 알려달라고 그 안의 긴급조치 사범들에게 호소했다고 한다. 이같은 오원춘의 전갈은 교회에 그대로 전달되었다. 그때 이미 유강하 신부 등은 서울의 인권변호사들과 변론준비를 하고 있었다. 나 역시 이 얘기를 듣고 변호사들과 상의해, 대구교도소에서 복역한 적이 있어 그곳 사정을 잘 아는 최열(崔冽)로 하여금 대구에 내려가 오원춘의 근황과 그 진의를 알아오게 했다. 최열이 확인하고 난 뒤 올라와 들려준 얘기도 같은 내용이었다. 그때 생각해낸 꾀 하나가, 당국에게 아주 예민한 사안이니만치 잘 알려진 인권변호사가 가서 면회하기보다는 잘 알려지지 않은, 당국이 신경쓰지 않을 만한 변호사를 먼저 보내는 것이었다. 이에 이건호(李鍵浩) 변호사가 대구로 내려가 오원춘을 면회하게 되었다. 이건호 변호사는 그때 오원춘이 안심하고 말할 수 있도록 두봉 주교의 신임장을 가지고 갔다. 오원춘은 이건호 변호사에게 자신은 분명히 납치되었고, 그것이 진실이라고 말했다. 텔레비전 앞에서는 왜 그렇게 말했느냐고 묻자 오원춘은 "완전한 인간이 못되어서 그렇다"라고 말했다. 두사람은 법정에서 진실을 말하기로 하고 헤어졌다. 교도관이 달려온 것은 어느정도 할 말을 다 하고 난 뒤였다. 이제 법정에서 진실을 밝히는 일만 남은 것이다.

변호사를 울린 오원춘

첫 공판은 9월 4일에 열렸다. 변호인단은 유현석, 이돈명, 조준희, 홍성우, 황인철, 이건호 변호사로 구성되었다. 변호인들은 그 전날 내려가 오원춘을 면회하고, 베네딕도 수녀원에서 다음날의 변론준비를 했다. 나도 변호인단과 동행했다. 오원춘의 면회는 얼굴을 익히는 수준의 형식적인 것으로 끝냈다. 법정에서 진실을 밝히기로 이미 약조가 되어 있으니까, 굳이 교도관 입회 아래 여러 말을 할 필요가 없었던 것이다.

9월 4일 전국에서 신부, 수녀, 가톨릭농민회원 등 5백여명이 운집했다. 두봉 주교도 방청했다. 그리고 방청객 수와 맞먹는 사복경찰들이 깔렸다. 재판은 당국이 전국에 배포하고 있는 『오원춘 납치사건의 진상』이라는 책자와 텔레비전 방송은 명백히 여론재판의 저의가 있는 것 아니냐고 변호인단이 강력히 항의하는 것으로 시작되었다. 검사의 직접신문이 시작되었다. 오원춘은 검찰의 공소사실을 거의 그대로 인정했다. 이는 오원춘이 한 약속과 다른 것이었다. 당황한 변호인단이 '육지에 가면 진실을 말하리'라고 한 메모를 들이대면서 진실을 말할 것을 촉구했지만, 양심선언이나 쪽지 모두 다 "잘못된 생각에서 그렇게 썼다"라고 답하는 것이었다. 그리고 줄곧 검사의 눈치를 보면서 답변했다. 방청석에서는 오원춘이 입장하고 퇴장할 때 성가와 기도, 그리고 "알퐁소 힘내라"는 말로 격려했지만, 두봉 주교를 비롯한 그 모두에게 참으로 허탈한 첫 재판이었다.

서울에 올라와 2차공판을 준비하던 중, 어느날 유현석 변호사가 정재돈의 수첩을 넘기다가 중요한 사실을 발견했다. 검찰이 오원춘의 여자관계를 집중 부각하는 가운데, 그 여인과 불륜의 관계를 가졌다는 1979년 2월 8일 바로 그날 정재돈 총무가 감자피해보상대책회의차 청기에 간 것이다. 물론 정재돈 총무는 청기에서 오원춘의 마중을 받았고, 그날 함께 실태조사를 했다. 변호인단은 쾌재를 불렀다. 9월 25일 제2회 공판이 열렸다. 이돈명 변호사가 다른 얘기로 뜸을 들이다가 오원춘에게 갑자기 이 사실을 물었다. 오원춘은 처음에는 몹시 당황했다. 그러고는 이내 날짜는 다를지 모르지만, 공소장의 내용은 모두 사실이라고 우기는 것이었다. 영업하는 날, 다방에 딸린 방에서, 언제 종업원이 들어올지도 모르고, 또 오원춘이 무엇하는 사람인지도 모르는데, 백주에 불륜의 관계를 갖는 것이 가능하냐고 묻는데도, "그런 사실이 있기에 그렇게 말했다"라고 답하는 것이었다.

재판은 처음부터 끝까지 이런 식으로 진행되었다. 재판 때마다 수많은 방청객이 전국에서 모여 성가를 부르고 기도를 바쳤지만, 오원춘에게서 진실의 목소리는 끝내 나오지 않았다. 변호인단이 진실을 말할 수 있는 기회를 그렇게 여러번 만들어줬는데도, 오원춘은 애써 검사의 편에 섰다. 변호인들은 터무니없게도 오원춘에게 배반당한 것이다. 2회 공판 때였던가. 서울로 올라오는 기차간에서 황인철 변호사는 중앙통로에 주저앉아 엉엉 울었다. "어떻게 이럴 수가 있느냐"는 것이었다. 나도, 그리고 동석한 변호사들도 모두 울었다. 오원춘 사건의 재판은 이렇게 허무하게 끝났다.

오원춘은 징역 2년 자격정지 2년을 선고받았다. 그는 항소하지도 않았다. 그해 12월 8일 긴급조치 9호의 해제와 함께 오원춘은 석방되었다. 얼마 뒤 서울에 나타난 오원춘은 다소 영웅이 된 표정으로 "그동안 수고 많았다"라며 변호사들을 찾았지만, 변호인들은 몹시 씁쓰레한 표정이었다.

유신의 종말을 향하여

심화되는 권력의 동맥경화

오원춘 사건의 전개과정에 있어서 나는 몇가지 의문을 가지고 있다. 하나는 유신정권의 최고 상층부, 즉 대통령과 중앙정보부장 등은 오원춘 사건을 어떻게 보고 있었는가 하는 점이다. 오원춘이 자신의 납치사건을 스스로 조작했다고 확신했는가, 아니면 권력이 납치 폭행했을지도 모른다는 의심을 혹시 가져보지는 않았는가. 당시에 전문(傳聞)된 바에 의하면 오원춘 사건과 관련하여 이른바 어전회의(御前會議, 대통령이 주재하는 회의)라는 것이 열렸다고 한다. 그리고 뒷날 김재규 중앙정보부장은 죽기 전 황인철 변호사가 오원춘 사건에 대해 물어봤을 때, 그 자신은 오원춘이 납치사건을 조작했다고 보고받았고 또 그렇게 알고 있다고 말했다. 결국 유신정권의 최고 상층부는 오원춘이 납치사건을 조작한 것으로 보고받았고, 또 그렇게 확신했던 것 같다. 그것이 전체 언론을 총동원하고, 가능한 모든 권력을 이용해 천주교회에 대한 강공(强攻)을 선택하게 한 것이다. 그런 확신이 없었다면, 그처럼 오원춘 사건 하나에 유신권력이 모든 수단을 투입할 리가 없었던 것이다. 오원춘 사건을 계기로 천주교회에 재갈을 물리자는 계산이 있었던 것이다. 그들은 천주교회가 이참에 잘 걸려들었다고 쾌재를 불렀던 것으로 보인다.

다른 의문 하나는 오원춘 사건의 진행 과정에 유신권력당국은 납득할 만한 설명이나 이유 없이 유독 함세웅 신부와 문정현 신부에 대한 형집행결정을 취소하고 구속수감한 사실이다. 나는 두 신부에 대한 재구속은 오원춘 사건의 진실(오원춘이 양심선언에서 말한 그 진실)이 전국적으로 확대, 비화되는 것을 차단하기 위한 고육지책이었다고 본다. 결국 두가지 의문을 종합하여 결론을 내린다면, 오원춘 사건은 권력의 중간단계에서 조작되어 상부에 허위보고되었고, 이 사실이 밝혀질 것을 두려워한 하부권력이 함세웅, 문정현 신부의 활동을 원천적으로 봉쇄하기 위해 재구속을 공작했다고 보여진다. 필경 재구속사유(형집행정지 취소결정 이유)도 억지로 꿰어맞추었을 것이다. 조심스럽지만, 이것이 오원춘 사건에 대해서 내가 갖고 있는 논리적 심증이다. 자신들의 허위보고를 끝까지 지키기 위해 그들은 필사적이었고, 그것이 더 큰 거짓을 낳은 것은 물론 그토록 권력과 천주교회의 대치를 치열하게 만든 것이다.

경직되어가는 유신체제

사람도 마찬가지지만 권력도 동맥경화증에 걸려 경직성을 갖기 시작하면 결코 오래가지 못하기 마련이다. 유신권력도 시간이 흐르면서 체제 자체가 더욱 경직되기 시작한다. 날이 갈수록 전혀 유연성을 발휘하지 못하게 된 것이다. 1979년에 들어서면 3·1절, 4·19 등 무슨 날만 되면 지난해보다 더욱 강력한 연금과 미행을 자행한다. 이는 '3·1절 명동성당 민주구국사건' 이후 거의 정례화되다시피 한 일이긴 했지만, 날이 갈수록 그 규모가 커지고 정도가 심해졌다. 그것이 1979년 들어서는 부쩍 더 그러했다. 출입을 봉쇄하기 위해 가택에 연금하거나 조사라는 명목으로 경찰서 또는 여관에 강제구금하는 일이 다반사였고, 기관원을 붙여 강제로 지방 여행을 보내버리기도 했다. 거기다가 기도회 등 '가지 말아야 할 곳' 수십군데, '만나지 말아야 할 사람' 수백명을 당국이 제멋대로 지정해놓고 미행, 감시를 일삼았다. 그에 거스르면 폭력으로 저지하는 행위 등을 다만 '상부의 지시'라는 한마디로 밀어붙였다.

뿐만 아니라 성직자를 긴급조치로 기소하고 강단에서의 설교 또는 강론 내용을 문제삼아 구속시키며, 미사와 예배를 사찰하고, 심지어 기독교청년협의회가 당국의 사전허가를 받고 개최하려던 '헌혈문제 공청회'까지 당일에 가서 금지하기에 이른다. 이처럼 유신정권의 신경질적이며 소아병적인 반응은 무소불위로 끝간 데 없이 자행되었다. 따라서 대량의 연금은 그에 대한 집단적인 항의를 불러오고, 또다시 때만 되면 어김없이 대량연금이 자행되는 악순환이 계속되었다. 1979년 5월 1일에 발표된 '민주주의와 민족통일을 위한 국민연합'의 성명은 "이 나라는 이제 유신체제도 긴급조치 통치도 아닌 무법통치로 전락한 것이다. 그러나 그 악법조차 안 지키는 무법통치 아래 살아야 하는 우리는 비참하다 못해 처절하다"라고 울부짖기에 이른다.

카터 대통령의 방한 반대

"어느 나라 정부든 국민을 고문하고, 신념을 가지고 행동하는 사람들을 투옥하는 정치보복은 좌시할 수 없다"라고 천명하면서 1976년 11월 미국 대통령선거에 나선 지미 카터가 당선되자 유신독재체제 아래 있던 한국국민은 조금은 새로운 희망을 품게 되었다. 카터의 당선가능성이 높아지고 있을 때, 밖의 사람들은 당시 옥중에 있던 김대중을 비롯한 정치범들에게 그 소식을 전했고, 그것이 그들에게 다소는 위안이 되고 또 희망을 주었다. 한미관계에 비추어볼 때 '도덕정치'와 '인권존중'을 정치이념으로 표방한 카터의 등장은 유신헌법과 긴급조치로 목이 졸린 한국민에게 일단 고무적인 일이 아닐 수 없었다. 그런 카터 대통령의 방한을 민주진영에서 그토록 반대해야 했던 것은 역사의 아이러니라 할 것이다.

처음부터 카터행정부와 유신정권의 관계는 껄끄러웠다. 카터 대통령은 취임후 한국의 인권상황과 관련해 유신정권에 직접, 간접적으로 압력을 가하면서 자신의 선거공약인 주한미군철수계획을 진행시켰다. 여기에 1976년 10월에 터진 박동선(朴東宣) 사건은 카터행정부와 박정희정권과의 관계를 몹시 '불편한 관계'로 몰아넣었다. 박동선 사건은 박정희정권이 박동선을 내세워 20명 이상의 전·현직 미국 국회의원들에게 '한국문제를 잘 봐달라'고 50만달러에서 1백만달러의 금품과 선물을 준 사건이다. 이 사건이 1978년 11월 양국간에 타결이 될 때까지 박동선의 도미증언 문제, 김동조 전 주미대사의 증언을 둘러싸고 미 의회측의 군사원조 거부 같은 극한 압력과 원조 거부를 감수하겠다는 박정희정권의 강경대응으로 한미간에 일찍이 없었던 대립과 갈등이 빚어졌으며, 박정희정권의 인권탄압이 알려지면서 미국내의 여론이 급속도로 악화되었다. 미국의 언론들은 미국의 대한방위 공약 및 주한미군의 주둔이 독재적인 박정희정권을 지원해주는 결과가 된다는 도덕적 회의론을 개진하고 있었다.

한미 양국정부간의 이런 불편한 관계는 1978년 11월 박동선 사건이 일단 외교적으로 타결되고, 주한 미지상군의 철수 문제가 미국의 실리와 얽혀 주춤한 가운데, 박정희정권이 김대중을 비롯한 긴급조치 위반자를 석방하는 몸짓을 취하면서 완화되기 시작하더니 1979년 6월 카터의 방한으로 연결되어갔다. 물론 한국정부는 카터 대통령의 방한을 카터행정부의 박정희정권 지지를 의미하는 것으로 1979년초부터 대대적으로 선전했다. 방한과정에서 인권문제가 포괄적으로 협의될 것으로는 알려졌지만, 그것보다 박정희정권과의 안보협력체제 강화, 경제통상관계 증진방안 등이 중점적인 논의의 대상이 되어, 카터의 방한은 결과적으로 박정희정권을 지지, 지원하는 것이 될 것이라고 민주진영은 우려했다. 이같은 입장은 양심범가족협의회가 글레이스틴(William Gleysteen) 미국대사에 보낸 공개편지에 잘 나타나 있다. 여기서는 "인권정책을 표방하는 미국의 대통령이 인권을 탄압하는 한국정부를 공식적으로 지지하는 정치행위를 그냥 지나칠 수 없다"면서 "우리는 구차하게 미국대통령에게 한국의 인권상황을 개선해달라고 구걸하지 않습니다. 우리의 문제는 우리가 해결해나갈 것입니다. 다만 우리를 탄압하는 사람을 돕는 것은 우리에 대한 탄압을 의미하는 것이기 때문에 이러한 간접적인 탄압행위에 대하여 항의하는 것"임을 명백히했다.

카터 대통령에게 보내는 공개서한에서도 "귀하의 한국방문 발표에 있어서 귀하가 주창하는 바 인권과 도덕의 정치철학을 한국에서 적용하는 문제에 대하여 언급이 없는 것은 유감"이라면서 공산주의의 위협에 대항하는 방위 그 자체도 중요하지만, 그보다 더 중요한 것은 "방위할 만한 가치, 즉 자유와 민주주의, 인간다운 삶을 먼저 실현해야 한다"라고 주장했다. 발족한 지 얼마 안된 '민주주의와 민족통일을 위한 국민연합'을 비롯한 여러 단체가 4월에서 6월까지 광범위한 카터 방한 반대투쟁을 전개했다. 성명서를 발표하는 것뿐만 아니라 미국대사관 앞과 거리에서 평화시위도 전개했다. 현수막은 '카터는 인권유린의 방조자인가(Carter? Is he Human Rights Cutter?)' '민주주의 없이 안보 없다' 등이었다.

그러나 유신권력당국은 선발대가 도착한 6월 13일부터 불법적인 미행과 감시, 무차별연행과 가택연금을 극도로 강화하기 시작했다. 신부, 목사, 해직교수, 해직언론인, 구속자가족, 청년학생 등 헤아릴 수 없는 사람들이 권력의 횡포로 인해 갇히고 끌려다녀야 했다. 카터의 방한이 오히려 인권탄압을 재촉하고, 국민에게 더 큰 고통을 안겨다준 꼴이었다. 이른바 '반유신체제 인사'라고 여겨지는 사람에게는 한사람마다 승용차 한대와 사복형사(또는 정보부원) 4~5명이 늘 동행하였고, 심한 경우는 집안에 아예 가두어버리고 감시했다. 이같은 탄압은 카터 대통령이 돌아간 7월 2일까지 계속되었다. 유화 제스처를 취한 것이 아니라 더욱 경직된 탄압이 가해진 것이다.

이렇게 '반대의 소리'를 모두 가둔 채 7개의 환영 아치, 11개의 기념탑, 42개의 초상화를 꾸며놓고 유신정권은 카터를 맞이했다. 6월 25일부터 일본을 공식방문하고 28, 29일 도쿄에서 열린 선진7개국정상회담을 끝낸 카터는 그 특유의 웃음을 지으며 한국에 왔다. 29일 밤을 동두천의 병영에서 지낸 카터는 두차례의 정상회담과 김영삼 신민당 총재 면담에 이어 7월 1일에는 한시간 동안 미국대사관저에서 12명의 종교계 지도자들과 원탁간담회를 가졌다. 김수환 추기경, 김관석 한국기독교교회협의회 총무와는 각기 개별면담도 가졌다.

이 기간에도 삼엄한 경계를 뚫고 기습농성이 있었다. 동아, 조선의 해직기자들과 그 가족들 60여명이 6월 29일 오후부터 창덕궁 옆에 있던 앰네스티 한국지부에서 '카터 대통령에 대한 공개질의서'를 발표하면서 농성에 돌입한 것이다. 그들은 "귀하의 이번 방문이 현재의 억압적 상황을 오히려 추인하고 귀하의 방한 이후 억압이 더욱 가중되지 않을까 우려한다"면서 "누구도 바라지 않는 결과를 부를지 모름에도 불구하고 한국방문을 결행하는 목적이 무엇인지, 귀하가 이 나라에 체류하는 동안 이 나라 국민이 충분히 납득할 수 있도록 당연히 해명해줄 것"을 요구했다.

그가 한국을 떠난 7월 2일부터는 숨막히게 조였던 연금이 일단 풀렸지만, 재야인사들에 대한 일상적인 감시는 더욱 강화되었으며 감시병력도 대폭 늘었다. 한번 동맥경화증에 걸린 정권은 걷잡을 수 없이 경직과 강경일변도로 치닫기 시작했으니, 앞서 살펴본 YH사건, 오원춘 사건, 그리고 신·구 교회에 대한 대대적인 모략과 음해가 바로 그것이었다. 이런 경직성은 재야를 향해서뿐 아니라, 당시의 야당을 향해서도 마찬가지였다. 그때(1976년 6월) 야당은 선명야당의 기치를 내걸고 민주화투쟁노선을 천명한 김영삼 총재가 이끌고 있었는데, 야당에 대한 탄압은 가히 노골적이었다.

야당에 대한 노골적인 탄압

이철승(李哲承) 대표최고위원이 이끌던 그전의 야당은 재야민주진영과 일정한 거리가 있었다. 1977년 9월 9일에 양심범가족협의회는 신민당에 "우리들에게는 '조용히하라, 현정권은 선병질적이므로 살살 달래야 한다'고 말하고, 정부 쪽에 가서는 '소수 이단자들을 우리들이 설득 무마시키겠으니 논공행상 좀 잘해달라'고 말하는 당신들의 기본 입장과 정체가 무엇이냐"는 공개질의서를 보내기까지 했다. 1979년 5월 29일에는 또다시 이렇게 신민당에 묻는다.

> 김지하와 이땅의 많은 지식인, 종교인, 청년학생, 그리고 당신들의 일부 동료들이 타는 목마름으로, 타는 목마름으로 인권과 민주주의를 부르짖을 때, 그리하여 감옥으로 끌려갈 때, 이땅의 제1야당 신민당은 무엇을 했는가, 무엇을 하고 있는가. 지금 이 순간 얼마나 많은 사람들이 연금, 체포되고 있는지 당신들은 아는가. 그런데 당신들이 하는 짓은 고작 독재에의 굴종과 타협과 협력이 아닌가. 당신들은 독재의 편인가, 민주주의의 편인가. 인권이 외래품인가. 자유와 민주주의라는 절대지상의 가치가 그것을 억압하는 독재체제와 중도통합될 수 있다는 것인가. 도시빈민과 농민과 노동자가 살던 집, 살던 고향, 일하던 작업장으로부터 쫓겨나 울며 거리를 헤맬 때 당신들은 무엇을 했는가.

이처럼 그때 재야민주진영은 중도통합론을 내세우던 이철승이 이끄는 당시의 야당 신민당에 절망하고 있었다. 그만큼 선명한 야당의 출현을 학수고대했다. 마침 그 무렵 신민당에서는 총재경선이 있었는데, 이철승과 김영삼이 맞섰다. 재야진영에서는 선명야당을 외치는 김영삼이 되길 바랐고, 실제로 비록 제한된 영역에서이긴 하지만 김영삼을 지원했다. 양심범가족협의회의 김한림 여사 같은 이는 김영삼 진영의 김덕룡(金德龍)과 긴밀한 협력관계를 유지하면서 김영삼 지원활동에 나섰다. 5월 30일 전당대회에서 예상을 깨고, 김영삼이 총재로 선출되었다. 어떻게 보면 그것은 김영삼 한 개인의 승리가 아니라, 민주주의를 바라는 전국민의 승리였다. 중앙정보부를 비롯한 유신권력은 차지철(車智澈)의 경호실까지 동원하여 이철승이 계속 당을 장악할 수 있도록 공작했다.

이때 유신정권이 얼마만큼 경직되어 있었는지는 박정희 대통령이 그해 4월 청와대 기자간담회에서 한 발언에서도 여실히 드러난다. 박정희 대통령은 기자들 앞에서 "김영삼이는 긴급조치 위반사례가 무려 일곱건이나 된다. 구속하자는 주장도 있지만, 야당의 전당대회를 앞두고 탄압한다는 오해를 받기 싫어 그대로 두고 있다. 지금 총재 경쟁을 하고 있지만 김영삼이는 총재로 당선되어서도 안되고, 또 당선되지도 않는다"라고 단언하기까지 했다.

대통령의 뜻이 이렇게 강경하자 파국을 어떻게든 막아보려던 김재규 중앙정보부장은 김영삼을 만나 후보사퇴를 종용한다. 이를 뿌리치고 당선된 김영삼 총재에 대한 직접적이고도 노골적인 탄압이 시작된 것은 당연한 수순이었다. 그리고 그것이 부마사태, 10·26 사태, 곧 유신의 종말로 이어지는 것이다.

잃어버린 역사—부마항쟁

10 · 26을 끌어내다

1978년 12월 12일에 실시된 국회의원 선거는 여당인 공화당에 의해 자행된 일방적인 관권, 금권선거였음에도 불구하고, 전체득표율에서 야당인 신민당이 1.1퍼센트 앞섰다. 그렇지만 여전히 국회 의석은 여당과 유정회가 3분의 2를 차지했다. 유신헌법에서 전체의석의 3분의 1을 대통령이 지명하도록 되어 있었기 때문이다. 그러나 야당의 승리는 당시로서는 놀라운 이변이었다. 민심이 이미 유신정권을 떠났다는 것이 확인된 것이다. 1979년 3월 1일을 기하여 재야민주진영은 '민주주의와 민족통일을 위한 국민연합'을 발족시킨다. 재야민주화운동의 원로격인 윤보선, 함석헌과 1978년 12월 27일 형집행정지로 석방된 김대중이 공동의장을 맡았는데, 이는 1974년의 민주회복국민회의와 그후 연합체로 명맥을 유지하던 민주주의국민연합을 발전적으로 계승한 것이었다.

3 · 1 운동 60주년에 이들이 발표한 민주구국선언은, 그 초안이 한완상에 의해 작성되어 김대중을 거쳐 해위 윤보선에게 전해졌는데,

유신체제 철폐, 긴급조치 폐기 등에 대해 더욱 확고한 입장을 표명해야 한다는 해위의 주장에 따라 내가 상당 부분을 가필, 수정했다. 이 선언은 그 이전의 것들과 몇가지 다른 특징을 가지고 있다. 민주정부에 대한 언급이 비로소 나오기 시작하고 공약 3장에서 민족의 통일과 평화를 민족이 당면한 또 하나의 과제로 주창하고 있는 것이다. 즉 이 선언에서는 "오직 민주정부 아래서만 우리는 국민의 총참여와 지지 아래 성공적인 통일논의를 할 수 있다. 오직 민주정부 아래서만 국민이 주권자가 되어 국민의 기본권과 생존권이 보장될 수 있다. 오직 민주정부 아래서만 긴장이 완화되고, 정권연장을 위한 기만술책이 폐기되며, 한반도와 아시아의 평화에 우리가 공헌할 수 있다. 오직 민주정부 아래서만 양심범과 정치범은 사라지고, 국민은 정치보복의 공포로부터 해방될 것이다. 오직 민주정부 아래서만 국제사회에서 나라의 위신과 민족의 존엄을 발양할 수 있다"라고 하여, 민주회복의 귀결이 반드시 민주정부로 나타나야 하고 민족의 평화와 통일도 민주정부에서만 논의될 수 있다는 것을 최초로 언급했다. 막연한 민주회복 주장이 민주정부 수립으로 좀더 구체화되어 나타난 것이다. 1979년 5월말에 출범한 신민당의 김영삼체제가 개헌문제를 논의하기 시작한 것도 결코 우연이 아니었다.

1979년에는 이렇게 민주화투쟁의 최종 목표가 민주정부 수립으로 모아지고 있었다. 신민당의 헌법개정 논의에 해위 등 재야 쪽의 의견을 전달하고 조율하는 일을 한때 내가 맡았는데, 새로운 민주헌법의 골간이 마련되기도 전에 10 · 26 사태가 터졌다.

박정희의 김영삼 몰아내기

1979년 5월 30일 전당대회에서 유신정권의 집중적인 방해와 탄압을 이겨내고 총재에 당선된 김영삼은 당선되자마자 "공화당정권은 이미 총선에서 국민으로부터 불신임당했기 때문에 더이상 존립할 능력도, 명분도 없다. 이 나라의 장래를 위해서 조속한 시일 안에 정권을 평화적으로 이양할 준비를 하라"며 강경투쟁을 선언했다. 이로부터 유신정권과 김영삼의 신민당은 더할 수 없는 갈등과 긴장관계에 돌입한다. 8월에는 YH사건이 발생했고, 9월에는 유신정권이 엉뚱하게도 김영삼 총재에 대한 총재직 직무정지가처분결정을 공작했다. 전직의원 등 세사람을 사주해, 당시 정치적 이유로 투옥되었던 사람 등 22명은 대의원 자격이 없는데도 전당대회에서 투표해 총재의 당락에 영향을 미쳤다는 이유로 소송을 제기한 것이다. 뒤이어 법원은 김영삼의 총재직 직무를 정지시키고, 그 대신 정운갑(鄭雲甲)을 총재직무대행으로 지명했다. 이에 대해 김영삼은 "민주회복을 바라는 모든 계층의 국민적 역량을 집결하여 범국민적 항쟁을 할 것이며, 이 항쟁을 통하여 박정권 타도운동을 할 것임을 선언한다. 또한 여기 박정희 대통령의 하야를 강력하게 요구한다"라는 내용의 '박정희 타도선언'을 발표하여 정국은 극한대치상황에 돌입하게 된다. 그러나 유신권력이 총재직 가처분결정이라는 정치적 공작에는 성공했지만, 김영삼 총재를 완전히 밀어내는 데는 실패했다. 저항이 완강한 탓도 있었지만, 그 정당성이 부족했고, 국민과 역사의 눈을 두려워하지 않을 수 없었던 것이다.

그렇다고 김영삼 총재에 대한 탄압과 공작을 멈춘 것은 아니었다. 10월 들어 그들이 최종적으로 짜낸 방안은 김영삼 총재의 국회의원직 제명이었다. 그들이 의원직 제명사유로 거론한 것은 "6월 11일, 외신기자클럽 연설에서 김일성 면담용의를 표명해 국론분열을 가져오게 했다. 법원의 총재직 가처분결정을 부도덕한 정치음모에 사법부가 하수인 노릇을 한 것이라고 주장해 법원을 모독했다. 또 1978년 11월 19일, 전주의 종교집회에서 유신헌법을 부인해 국권과 국민주권을 모독했다. 9월 10일, 내외신 기자회견에서 국민의 궐기를 호소하고 헌법질서를 파괴하는 선동행위를 했다. 8월 23일, 지구당 개편대회에서 대통령은 야당 말살 음모를 중단하라는 등 국가원수에 대한 모독발언을 수도 없이 했다"는 것 등이었다. 그 가운데서도 특히 9월 15일 『뉴욕타임스』와의 회견에서 김영삼 총재가 "미국은 끊임없이 국민으로부터 유리되고 있는 유신정권과 민주주의를 열망하는 다수의 국민, 둘 가운데 어느 쪽을 선택할 것인지 분명히할 때가 왔다"라고 한 발언을 사대주의로 몰아 제명의 이유로 설정했다.

10월 1일 여당 세력은 고위전략회의를 열어 김영삼 총재의 의원직 제명을 확정했다. 10월 2일 김재규 중앙정보부장은 의원직 제명이라는 최악의 상황을 막기 위하여 김영삼 총재를 극비리에 만나 다음날(10월 3일) 기자들에게 "『뉴욕타임스』 회견 내용이 다소 과장되고 거두절미한 표현이었다"라고 경위만 설명해주면 어떻게든 수습해보겠다는 제의를 했다. 이와 함께 끝까지 고집한다면 제명으로 끝나지 않고 구속 등 다음 수순으로 이행될 수밖에 없다는 점도 설명했다. 그러나 김영삼은 일언지하에 이 제의를 거절했고, 10월 4일 국회는 법사위와 본회의를 여당 단독으로 열어 김영삼 총재에 대한 제명징계를 전격적으로 처리했다. 이에 김영삼 총재는 "이는 내 개인의 불행이 아니라 이 나라의 불행이며, 나라의 장래를 심히 우려하게 만드는 중대사태"로 규정하고, "나는 잠시 죽는 것 같지만 영원히 사는 길을 선택했다"라면서 "나를 국회에서 축출하고 감옥에 가둔다 해도 민주투쟁을 위한 나의 소신과 시국관까지 바꿀 수는 없는 것"이라고 격한 어조로 민주화투쟁을 다짐했다.

한편 '민주주의와 민족통일을 위한 국민연합' 등 재야민주진영은 유신정권의 선명야당에 대한 집요하고도 계속적인 탄압에 항의했다. 9월 24일에는 '박정권의 말기적 증세를 개탄한다'는 성명을 발표하여 "우리는 김영삼 신민당 총재의 박정권에 대한 항쟁을 지금까지의 민중항쟁과 직결된 것으로 판단, 국민을 대표하여 이를 적극 지지한다"라고 밝히고, 총재직 가처분결정은 무효이므로 김영삼 총재의 투쟁을 지지한다는 것과, 『뉴욕타임스』 회견 내용은 한미관계의 과거, 현재, 미래를 올바로 관찰한 국민적 견해의 일부로서 결코 사대주의적 발언이 아니라고 옹호했다.

이처럼 강경일변도로 진행된 국민과 야당에 대한 유신정권의 탄압은 민주진영을 더욱 결속시켰고, 김영삼에 대한 의원직 제명은 국민적 봉기의 전초형태로 부산과 마산에서 국민항쟁을 불러왔다. 그리고 부마민중항쟁은 끝내 유신의 종언을 고하는 10·26 사태로 귀결된다. 공교롭게도 김재규가 거사(10·26 사태)를 결심하게 된 계기는 부마민중항쟁이었고, 궁정동 만찬장에서 박정희를 향해 총을 쏠 빌미가 된 것은 김영삼에 대한 탄압 이야기였다.

민중봉기—부마항쟁

김재규 중앙정보부장은 그의 항소이유서에서 부마민중항쟁을 이렇게 얘기한다.

부마사태는 그 진상이 일반국민에게 잘 알려지지 않았지만 굉장한 것이었다. 특히 부산에는 본인이 직접 내려가서 조사하여본 바 민란의 형태였다. 본인이 확인한 바로는 불순세력이나 정치세력의 배후조종이나 사주로 일어난 것이 아니라, 순수한 일반시민에 의한 민중봉기로서 시민이 데모대원에게 음료수와 맥주를 날라다주고 피신처를 제공하여주는 등 데모하는 사람과 시민이 완전히 의기투합하여 한덩어리가 되어 있었고, 수십대의 경찰차와 수십개소의 파출소를 파괴하였을 정도로 심각한 것이었다. 그것은 체제에 대한 반항, 정책에 대한 불신, 그리고 물가고 및 조세저항이 복합된, 문자 그대로 민란이었다.

김재규는 부마항쟁이 한창 진행중이던 10월 18일 오전 2시 부산으로 내려가 상황을 점검하고, 오후에 서울로 올라와 대통령에게 앞에 나온 그의 최후진술 내용을 그대로 보고한다. 그 자리에서 차지철은 "캄보디아에서는 3백만명 죽여도 까딱없었는데, 데모대원 1~2백만명 죽여도 걱정없다"라고 하는가 하면, 대통령은 "내가 발포명령을 내리겠다"라고 했다. 이에 김재규는 박정희를 그냥 놔두면 엄청난 국민적 희생이 불가피할 것으로 내다봤다. 재판정에서 그는 최후진술을 통하여 부마항쟁과 자신의 거사와의 상관관계를 이렇게 설명한다.

박정희 대통령을 그냥 놔두면 엄청난 국민이 희생될 것이 불을 보듯이 뻔합니다. 그러나 그렇게 많은 희생자가 나와도 자유민주주의는 결코 회복되지 않습니다. 본인은 이걸 알기 때문에, 유신체제의 한 지주의 역할을 했던 나이지만, 더이상 국민이 당하는 불행을 보고만 있을 수 없었기 때문에, 이 사회의 모순된 문제들을 해결하기 위해 뒤돌아서서 그 원천을 두드린 것입니다.

이렇게 부마민중항쟁은 '민란' '민중봉기'의 성격을 띠고 있었고, 또 10·26이라는 유신 종말의 계기를 가져다준 역사적인 사건이었음에도 불구하고, 그 진상은 세상에 널리 알려지지 않았다. 그것은 10·26사태로 새롭게 권력을 장악한 전두환, 노태우(盧泰愚)의 신군부세력이 부마민중항쟁을 철저하게 축소, 은폐한 데에서 비롯된다. 박정희, 차지철은 말로만 강경한 진압을 예고한 것이 아니라 실제로 이미 강경진압 명령을 시달, 집행하고 있었다. 18일 0시를 기해 부산 일원에 비상계엄이 선포될 무렵의 군투입과 무자비한 진압은, 뒷날 광주민주화운동 과정에서 계엄군이 자행한 만행의 예고편과 다름없었다. 군인들에게 술을 먹여 만취한 상태에서 진압작전을 전개하게 만든다든지, 투입병력 출신을 다른 지역 사람으로 차출한다든지 하는 짓이 이미 부마민중항쟁 진압과정에서 나타난 것이다. 박정희, 차지철의 싹 쓸어버리겠다는 공언은 신군부세력에게 광주민주화운동에 대한 무자비한 진압작전의 발상을 제공했고, 그에 앞서 부마민중항쟁은 그 실험무대였다. 그렇기 때문에 부마민중항쟁은 전두환, 노태우의 군부정권에 의해 철저하게 은폐될 수밖에 없었다.

지금까지 공개적으로 확인된 부마민중항쟁의 전개과정은 이렇다. 10월 15일 부산대학교에는 '오전 10시 도서관 앞'으로 모이라는 민주투쟁선언문이 살포되었다. 그 내용은 유신헌법 철폐와 유신정권 퇴진을 핵심으로 하여, 정치적 억압, 언론탄압과 인권탄압, 경제정책의 모순을 지적하는 것이었다. 그러나 본격적인 시위는 16일부터 전개되었다. 1천여명이 모인 상대 건물 앞에서 선언문이 낭독된 뒤, 학생들은 스크럼을 짜고 교내를 돌면서 "유신철폐"와 "물러가라"를 외쳤다. 이렇게 하여 시위대는 8천여명으로 불어났다. 규모가 커진 시위대는 담을 넘어 동래온천을 거쳐 사직동, 부산역, 남포동, 광복동, 시청 등

박정희의 유신독재는
민중들의 생존권과 민주화 열망을 억눌렀다.
민중들의 열망이 폭발하여 부마항쟁으로 이어졌다.

시내 중심가를 누비며 격렬한 시위를 벌였다. 이때는 이미 동아대, 고려신대, 전문대 학생과 고등학생까지 가세했다. 곳곳에서 대략 학생 5백여명에 시민 2천여명이 모여서 경찰이 나타나면 흩어졌다가 재집결하는 등 시위는 게릴라전을 방불케 했다.

이런 연합봉기는 17일에 부산대가 휴교해 학생들이 거리로 쏟아져 나오면서 더욱 거세졌다. 동아대생들은 오후 6시 부영극장 앞에 집결하기로 했다. 경찰이 곤봉으로 군중을 밀어붙이자 일시에 격렬한 시위로 폭발했다. 데모대는 시내 6개 방면으로 "여샤 여샤" 외치며 달렸고, 시민들은 박수를 치며 빵과 콜라를 제공했다. 경찰이 상가철시를 종용했으나 상인들은 쫓기는 학생들을 숨겨줄 때만 셔터를 내렸다. 그때 부산시민치고 박수 안 친 사람 없었다는 얘기는 사실이었다. 18일 비상계엄과 더불어 장갑차를 앞세운 군 트럭들이 질주했으며,

영장없이 체포·구금·압수·수색한다는 포고령이 발포되었다. 그러나 10시경부터 시위는 다시 계속되었으며, 무자비한 진압과 구타가 뒤따랐다. 여학생이 배가 찢어져 도망가는데도 군이 쫓아가 몽둥이로 때렸다. 계엄령을 계기로 폭력배 소탕작전을 벌여 130명을 검거하고, 시위와 관련된 1563명을 연행했다(정부 발표).

부산시민들의 항거가 마산에 전해진 것은 16일 밤이었다. 이 소식을 들은 마산시민들은 술렁거렸다. 그렇지만 17일까지 이렇다 할 시위는 발생하지 않았다. 18일 오후 경남대가 무기한 휴교조치를 내리자 이것이 촉매제가 되어 학생들이 시내로 모이기 시작했다. 6시경부터 번화가에서 시위가 벌어지기 시작했는데, 학생들보다 시민들이 훨씬 더 많았다. "독재타도"를 외치던 시위대는 공화당사를 때려부수는 쪽으로 방향을 잡았다. 이미 2천명 이상으로 늘어난 시위대는 시간이 지날수록 격렬해져 공화당사의 셔터를 때려부수고 서류와 집기를 내던지며 간판을 떼어 불질렀다. 이날 밤 시위군중들은 파출소, 신문사, 방송국, 법원, 검찰청 등에 돌을 던지고 기물을 파괴하고 불을 질렀다. 이와같은 시위는 자정께까지 계속되었고 일부 청년들은 19일 새벽까지 시위를 계속했다. 20일 오후의 마산경찰서장 발표에 의하더라도 "이틀 동안 일부 학생과 불순분자가 소요를 일으켜 공공건물을 방화·파괴하고, 공용장비를 파괴했으며 상가점포를 파괴하는 등 단순한 시위가 아니라 폭동에 가까운 것"이었다. 마산사태가 부산보다 더욱 격렬했고, 밤에는 더욱 심했다는 것이 정설이다. 정부는 20일 정오를 기해 위수령을 발동하고 마산 시내에 군이 진주해 공공기관과 언론기관, 그리고 대학교를 장악했다. 부산에서도 마찬가지였지만, 과격주동자들 대부분이 학생들보다는 노동자, 구두닦이 또는 식당이나 상점 종업원들이었다. 그러나 더 구체적인 상황은 유신말기의 철저한 통제 그리고 10·26 사태와 그 이후의 신군부에 의한 은폐로 자세히 알려지지 않았다. 역사를 바꾼 사건이었음에도 그 역사 속에 묻혀버리고 만 것이다.

10·26

김재규의 고독한 혁명

우리에게는 다른 길이 없었다. 더이상의 길이 없었다. 박대통령은 나 개인에게 있어 사적(私的)으로 친형제나 다름없었다. 그러나 자유민주주의의 회복과 박대통령의 생명은 숙명적인 관계였다. 따라서 그의 생명과 바꾸는 방법 이외에는 다른 방법이 있을 수 없었다. 다른 방법이 있다면 말해보라. 민주화의 과정에서 희생은 불가피한 것이었고, 그 희생을 줄이는 것이 나의 대의(大義)였다. 국민의 희생을 막고, 3천7백만 국민에게 민주회복을 주어야 한다는 '대의'를 위하여, 박대통령에 대한 '소의(小義)'를 버려야 한다고 결심한 것이다. (…) 나는 처음부터 이 나라 자유민주주의를 위하여 나의 생명과 독재체제를 맞바꾸어야 한다고 생각하고 또 각오했다. 박대통령은 자유민주주의를 말살한 유신체제를 출범시키고 이를 유지하여온 장본인이다. 박대통령이 바로 유신체제이다. 유신체제를 깨기 위해서는 그 심장을 멈추게 할 수밖에 없었고, 또 그것으로 충분했다. 대통령이라 하더라도 자유민주주의를 수호하고 보전할 책임은 있을지언정 이를 말살할 아무런 권리도 없는 것이기 때문이다.

이는 김재규 전 중앙정보부장이 제2심 최후진술과 항소이유보충서에서 밝힌 10·26 사태의 본질과 그 성격에 대해서 진술한 내용이다. 진술은 당당하고 또 절절했다. 요컨대 10·26 사태는 단순한 살인사건이 아니라 '민주회복국민혁명'이라는 것이다. 글로써도 그의 진실이 전달되지만, 육성녹음을 들으면 그의 말이 가슴에 와닿는다. 김재규의 법정진술과 항소이유서, 변호인의 접견 내용과 가족, 친지들의 증언을 종합하여 10·26 사태에 이르기까지의 과정을 살펴보기로 하자.

혁명인가 살인인가

김재규는 1971년 대통령선거 당시 보안사령관이었다. 이때 김재규는 박정희 후보에게 이번 출마가 마지막이라는 것을 국민 앞에 공약할 것을 건의했고, 박정희는 그의 건의를 받아들였다. 박정희가 김대중 후보에게 근소한 표차로나마 이길 수 있었던 것은 이 공약의 덕택이었다고 김재규는 믿고 있었다. 그러나 대통령에 당선된 박정희는 1년후 4선출마보다 더한 종신집권을 획책하며 유신체제를 출범시켰다. 이때부터 김재규는 박정희 대통령이 애국심보다는 집권욕에 사로잡히기 시작했다고 보고, 처음에는 어떻게든 그의 종신집권욕을 무너뜨리려고 노력한다. 1972년 3군단장 시절, 박정희 대통령이 부대를 방문할 때 사령부 안에 그를 연금해서 하야(下野) 약속을 받아낼 계획을 세우기도 했다. 한때는 대통령을 쏘고 자신도 자결하여 독재체제를 무너뜨리려는 계획을 세우기도 했다(1974년 9월 건설부장관 임명 때와 1975년 1월 건설부 초도순시 때). 그러나 막상 박정희 대통령을 만나면 마음이 약해져서 그때마다 포기하고 말았다는 것이다.

1976년 중앙정보부장에 임명되자 이제는 순리적인 방법으로 민주회복을 이룰 수 있는 기회가 왔다고 생각하고 이제까지 물리적인 방법으로 독재체제를 부수려던 계획을 일단 바꾼다. 그리하여 1977년에는 대통령에게 직선제개헌을 해도 무난히 당선될 수 있다고 설득했는가 하면, 1979년 7월과 8월에는 당시의 긴급조치 9호가 긴급조치를 비방, 반대하는 것조차 범죄로 다스리는 등 너무도 지나치게 국민의 자유와 인권을 제한하고 있다고 판단해 대통령에게 "긴급조치 9호는 칼이 너무 녹슬고 무디어졌습니다. 시퍼런 칼을 주십시오"라고 긴급조치 9호의 철폐와 10호의 발령을 건의한다. 대통령의 재가만 받으면 긴급조치 9호의 독소조항을 다 빼고, 규제의 범위와 강도를 훨씬 낮춘 10호를 통해 경직된 사회 분위기를 완화시킬 요량으로 기정국장 현홍주(玄鴻柱)를 시켜 긴급조치 10호를 연구, 준비하게 했다. 그러나 그의 건의가 받아들여지지 않았을 뿐만 아니라, 도저히 순리적인 방법으로는 어떻게 해볼 수 없는 상황으로 정국은 치닫고 있었다.

1978년 총선에서 야당인 신민당이 득표율에서 공화당을 앞지르고, 1979년 봄 총재경선에서 선명야당을 주창해온 김영삼이 정보부와 차지철의 지원을 받은 이철승을 누르고 당권을 장악하여 대정부공격을 강화하기 시작했다. 김영삼은 6월 23일 국회연설에서 "공화당정권은 총선에서 이미 불신임당했기 때문에 더이상 존립할 능력도 명분도 없다. 이 나라의 장래를 위해서 조속한 시일 안에 정권을 평화적으로 이양할 준비를 하라"면서, 대통령의 사임과 유신철폐를 요구했다. 8월에는 YH사건이 터지고, 이를 계기로 야당과 재야민주화세력의 연대가 더욱 고조되는 등 민심은 급격히 유신체제로부터 이반되고 있었다.

그럼에도 불구하고 유신정권은 이러한 민심의 흐름을 외면한 채 강경일변도로 나갔다. 9월에는 김영삼 총재에 대한 총재권한을 박탈하는 공작을 펴서 성공했는가 하면, 10월에는 『뉴욕타임스』와의 회견을 핑계로 의원직 제명을 강행했다. 야당의 반발이 강경해지자 신민당 의원 전원에 대한 비위조사서를 작성해 권력의 힘으로 구속기소를 준비하기에 이른다. 구속 대상에는 물론 김영삼 총재도 포함되어 있었는데, 다만 10월 15일 미 국방부장관 해럴드 브라운(Harold Brown)의 방한 일정 때문에 그 구속이 유예되고 있었다. 이러한 과정에서 10월 16일 부산사태가 터졌다. 그리고 그것이 18일에는 마산으로 번졌고, 이에 당황한 유신당국은 서둘러 계엄을 선포했다.

10월 18일 오전 2시 김재규는 급히 부산으로 내려가 이른바 부마사태의 실상을 살펴보게 된다. 18일 오후에 올라와 자신이 보고 느낀 대로 대통령에게 실상을 전한다. 부산에서만 160여명이 구속되었는데, 그 가운데 학생은 16명뿐이고 나머지는 전부 일반시민으로, 수십대의 자동차와 10여개의 파출소가 파괴되었지만 이는 결코 불순세력의 배후조종에 의해서가 아니며, 데모대원들에게 주부들이 음료수를 날라다주는 등 부마사태는 자발적인 시민참여에 의한 민란이나 민중봉기 성격을 띠고 있다고 보고한 것이다. 그리고 이와같은 민란은 머지않아 전국의 5대도시로 확대될 것이라는 정보부의 판단도 첨가했다.

내가 10·26의 처음이요 끝이다

그러나 박정희 대통령은 이 보고를 듣고 "앞으로 서울에서 4·19와 같은 데모가 일어난다면, 자유당 때는 최인규나 곽영주 같은 친구들이 발포명령을 하여 사형당했지만, 이번에는 대통령인 내가 발포명령을 하겠다. 설마 대통령인 내가 발포명령한 것을 가지고 대통령인 나를 사형에야 처할 수 있겠는가"라며 부마사태를 지나치게 가볍게 볼 뿐만 아니라, 강경대응의 의지를 분명히하는 것이었다. 여기에 차지철 경호실장이 끼어들어 맞장구를 치며 "캄보디아에서는 3백만명 정도 죽여도 까딱없었는데, 데모대원 1~2백만명 죽여도 걱정없습니다"라고 하는 것이 아닌가. 이에 김재규는 '이대로 놔둘 수는 없다. 많은 사람이 희생되는 것보다는 한사람의 생명을 희생시킬 수밖에 없다'고 결심했다. 4·19가 재연되거나, 그보다 더 많은 국민이 희생되는 참혹한 사태가 일어나는 것을 자기 한 몸으로 막아보겠다는 결의를 다지게 된 것이다. 그에게는 물론 사직(辭職)이라는 모든 책임으로부터 벗어나는 길이 있었지만, 어떻게든 국민의 희생은 막아내야 한다는 절박한 사명감과 그런 일을 할 사람은 '나'밖에 없다는 확신에 찬 소명감 때문에 10·26 사태로까지 나아가게 된다.

김재규는 이와같이 결심하고 기회를 노리고 있었다. 그 기회란 이른바 대행사(大行事)로 불리는 연회였다. 박정희 대통령이 1974년 8월 15일 육영수(陸英修) 여사를 문세광(文世光)의 흉탄에 잃은 뒤로, 특히 신직수(申稙秀) 정보부장 때부터 이와같은 연회가 궁정동 안가에서 벌어지기 시작해서 1978~79년 무렵에는 월 10회 꼴로 열렸다. 대행사는 대통령과 경호실장, 비서실장, 정보부장과 여자 2명이 참석하는 연회를 말하고, 소행사는 대통령과 여자 1명이 독대해서 벌이는 밀회를 가리킨다. 대행사는 한달에 2~3회, 소행사는 7~8회 꼴로 열렸다. 여성을 공급하는 일은 정보부의 박선호(朴善浩) 의전과장이 맡았는데, 여성은 장충동에 있는 요정의 마담으로부터 소개를 받았다. 10·26이 있던 날까지 박선호가 공급한 여성은 1백여명에 달했다. 궁정동의 안가는 구관과 2층으로 된 가동이 먼저 지어졌고, 부근에 나동과 다동(한옥)이 지어졌는데, 연회 이외의 모임은 구관에서만 열렸다. 10·26의 현장이 된 곳은 나동으로, 1979년 9월 김재규 부장의 책임 아래 지어졌고, 김재규 부장과 관리직원들 외에는 들어가는 길을 모를 정도로 외부에 알려지지 않은 건물이었다.

기회를 기다리는 동안 김재규는 몇가지 특이한 언동을 보인다. 물론 지나고 보니까 그것이 범상한 몸짓이 아닌 것을 알았다는 게 가족과 친지들의 전언이다. 10월 23일 김재규는 친척 중 두사람을 장충동 공관으로 불러 평소에 그가 써놓은 붓글씨 '爲民主正道'(민주와 정도를 위하여) '自由民主主義'(자유민주주의) '爲大義'(대의를 위하여) '非理法權天'(이치에 어긋나는 것은 이치를 당하지 못하고, 이치는 법을 당하지 못하고, 법은 권력을 당하지 못하고, 권력은 천하를 당하지 못한다) '民主民權自由平等'(민주민권자유평등)을 가리키며, 이 말들을 잘 새겨듣고 후손에게 전해달라고 부탁한다. 이 붓글씨는 일찍 퇴근하는 날이면 2층 서실에서 혼자 습작처럼 쓴 것들이다. 이는 그의 고뇌가 일찍부터 시작되었음을 알려주는 증거라고 할 수 있다. 10월 24일에는 부인과 딸에게 밑도끝도 없이 "대의를 따를 것인지, 소의를 따를 것인지" 묻는다. 25일에는 사육신과 더불어 단종의 복위를 꾀하다 참살된 선조 김문기(金文起)의 묘소에 참배를 한다. 김재규는 거사를 앞두고, 절의를 지킨 선조에게 고하러 갔음에 틀림없다고 주장하는 학자도 있다(이정식 『인간 김재규』, 58면).

그러나 김재규는 그 누구에게도 거사계획을 사전에 말하지 않았다. 10월 26일 거사하기 바로 몇분전, 자신의 심복인 의전과장 박선호와 수행비서 박흥주(朴興柱)에게 "둘 다 모여" 하면서 "민주주의를 위하여 오늘 저녁에 해치우겠다. 방안에서 총소리가 나면 너희들은 경호원을 처치하라"고 했을 때 박선호가 "각하까지입니까?"라고 물은 걸 보면, 그들에게도 전혀 내색조차 하지 않았던 것이다. 그리고 그가 최후진술에서 "나는 10·26 사태의 처음이요 끝이요 전부이다. 오직 나의 책임인 것이다. 내 부하와 그 가족들을 각별히 선처해달라"고 한 것은 진실이요 또한 그의 충정이었을 것이다.

유신의 끝

1979년 10월 26일 오후 4시 10분, 김재규는 남산 사무실에서 차지철 경호실장으로부터 만찬이 있다는 연락을 받는다. 그 날짜는 김재규가 정한 것이 아니라 청와대에서 정한 것이다. 김재규는 4시 30분경 궁정동에 도착하여 권총을 준비하고, 그곳에 있는 침대에 누워서 거사와 거사 이후를 구상한다. 그리고 정승화(鄭昇和) 육군참모총장에게 연락하여 6시 30분까지 궁정동 정보부장 집무실로 와줄 것을 요청했다. 그후 6시경 대통령과 경호실장, 비서실장이 만찬장소에 도착했다. 김재규를 보고 박정희 대통령이 "신민당에 대한 공작은 어떻소?"라고 물어 김재규는 "암만 해도 당분간 정대행(정운갑) 출범이 어렵겠습니다. 주류들이 강경해져서 다소 시끄럽겠습니다"라고 대답했다. 이에 박정희는 못마땅한 표정을 지었고, 옆에 있던 차지철 경호실장이 "새끼들, 까불면 신민당이고 학생이고 간에 전차로 싹 깔아뭉개버리겠습니다"라고 하므로, 김재규는 '자식, 여전히 지랄이구나' 속으로 생각했다. 또다시 박정희가 "오늘 가보니 삽교천 공기는 좋고 공해도 없는데, 신민당은 왜 그 모양이오?"라며 신민당을 힐난하기 시작하자 김재규는 "주류가 초강경으로 돌아섰습니다. 국민들은 비주류(이철승 계파)를 사꾸라로 보고, 정운갑이는 친 비주류이기 때문에 주류의 협조 없이는 사태수습이 불가능합니다. 우리가 공작하던 당직자 백지화는 수포로 돌아갔습니다"라고 보고했고, 옆에 있던 차지철이

"그까짓 자식들 국회의원 그만둘 놈 하나 없습니다. 언론을 타고 반체제인사들을 의식해서 그럴 뿐입니다. 까불면 싹 쓸어버리겠습니다"라고 받았다. 당시 신민당 국회의원들은 김영삼 총재의 의원직 제명에 항의하여 의원직 사퇴를 결의한 상태였는데, 차지철은 이를 두고 말한 것이다. 이쯤 해서 김재규는 밖으로 나와 박선호와 박흥주에게 방안에서 총소리가 나면 경호원들을 처치할 것을 지시하고 다시 들어간다.

김재규가 말하는 박정희 대통령과의 마지막 장면은 이렇다. 김재규는 박정희 대통령이 죽을 운명이었던지, 그날 내내 신민당과 김영삼 총재를 거론하더라는 것이다. 만약 그렇지 않았다면 자신은 결코 거사할 기회를 포착할 수 없었을 것이라고 말한다. 술자리가 계속되면서 대통령은 신민당 김영삼 총재에 관하여 "미국의 브라운 국방장관이 오기 전에 구속기소하려고 했는데, 유혁인이가 말려서 취소했더니 역시 좋지 않아. 국방장관회의고 뭐고 볼 것 없이 법대로 하는데 뭐가 잘못이란 말이야? 미국놈은 범법해도 처벌하지 않나?"라며 김영삼을 일찍 잡아넣지 못한 것을 후회하는 투로 말했다. 김재규가 "김영삼은 사법조치는 아니지만, 이미 국회에서 제명이 되어서 처벌받은 것이나 다름없습니다. 같은 건으로 두번씩 처벌하는 인상을 주게 됩니다" 하니까 대통령은 언짢은 표정을 지으면서 김재규에게 "정보부가 좀 무서워야지. 비위조사서만 움켜쥐고 있으면 무엇해? 딱딱 입건해버려야지!" 했다. 김재규는 "알겠습니다. 그렇지만 정치는 대국적으로 상대방에게도 구실을 주고 국회에 나오라고 해야지, 그렇지 않고서는 나오지 않을 것입니다"라고 대답했는데 이때 또다시 차지철이 "신민당 놈들이 선동에 놀아나서 그렇지, 의원직 그만둘 놈 한놈도 없습니다. 신민당이고 뭐고 나오면 싹 깔아뭉개야 합니다"라고 말을 받았다.

차지철의 이 말이 총을 쏠 빌미를 주었다.

순간적으로 김재규는 차지철을 향하여 "이 버러지같은 놈" 하고 한 발을, 대통령에게는 "각하, 정치 좀 대국적으로 하십시오" 하면서 한 발을 쏘았다. 총알이 명중하지 않아 차지철이 화장실 쪽으로 도망가자, 박선호의 총을 뺏어 차지철의 복부와 대통령의 두부에 각각 한발씩을 쏘아 절명케 했다. 그는 야수와 같은 마음으로 박정희 대통령에게 확인사살까지 했다고 말했다. 이렇게 유신은 끝난 것이다.

미완의 혁명

내 목숨 하나 바쳐
독재아성 무너뜨렸네.
자유민주주의 회복되었네.
나의 사랑하는 삼천칠백만 동포에게
자유를 찾아 돌려주었네.
만세 만세 만만세.
10·26 민주회복국민혁명 만만세.

김재규 스스로 10·26을 노래한 옥중시의 끝부분이다. 이 시는 그가 얼마나 자신의 10·26 '민주회복국민혁명'에 자부심을 가지고 있는지 잘 보여주고 있다. 그는 1심 최후진술에서 10·26 민주회복국민혁명의 목적 다섯가지를 조목조목 설명한다. 첫째가 자유민주주의의 회복이요, 둘째는 더 많은 국민의 희생을 막는 것이며, 셋째로는 민주주의만이 공산주의를 막을 수 있는데, 적화방지가 그 목적이라는 것이다. 넷째는 건국 이래 한미관계가 그 어느 때보다 나쁜데 미국과의 선린우호관계를 회복시키기 위함이며, 다섯째로는 독재국가라는 오명을 씻고 민주한국으로의 명예회복이 그 목적이라는 것이다. 이 모두가 10·26 혁명으로 해결이 보장되었다고 주장한다. 설사 자신이 죽는다 해도 이 나라 자유민주주의의 회복을 적어도 20~25년 앞당겨 놓았다는 자긍심을 가지고 간다면서 역시 "10·26 민주회복국민혁명 만세! 대한민국 자유민주주의 만세!"로 최후진술을 끝맺는다. 이승만은 그만둘 때를 알았으나 박정희는 결코 그럴 사람이 아니기 때문에, 그냥 놔두면 유신체제가 박정희의 자연수명이 다할 20~25년은 더 계속될 것이라는 말이다.

그러면 그가 말하는 민주회복국민혁명의 내용은 무엇이며, 또 어떻게 이루려고 했는지 그의 계획과 구상을 들어보자. 그는 "나는 개인의 의리를 배반하고 대통령 무덤 위에 올라갈 정도로 도덕관이 그렇게 타락하지 않았다"라고 전제하면서 이렇게 말한다. "이 나라에는 5·16 이후 19년 동안 많은 쓰레기가 꽉 들어차 있다. 이 쓰레기를 치우지 않고는 민족정기와 사회정의가 살았다고 말할 수 없다. 그것을 단시일 내에 청소하기 위해서는 당분간 군의 협력이 필수적이다." 즉 비상국무회의를 소집해 전국에 비상계엄을 선포하고, 계엄사령부를 사실상의 군사혁명위원회로 전환한 후 자신과 육참총장이 그 책임을 맡아 그동안 쌓인 19년 군사독재의 적폐를 설거지하는 혁명과업을 수행하고, 3~5개월 안에 자유민주정권을 국민의 뜻에 따라 세우며, 이 과정에서 군은 오로지 새로운 민주정권을 보호하는 역할을 하게 한다는 것이다. 이렇게 자유민주를 회복시키고 새로운 정권이 안전하게 출발하면, 자신은 박정희 대통령의 묘소에 묘막(墓幕)을 짓고 시묘(侍墓)하면서 여생을 마치겠다는 것이다. 그러면서 그는 열정적인 어조로 이렇게 호소한다. "나는 혁명을 성공했으나 혁명과업을 수행하지 못했다. (…) 지금 이 나라에는 핵심이 없다. 이 상태가 가장 어려운 상태로 4·19 때와 같이 주인이 없다. 그때처럼 힘센 놈이 덤비게 되면 또다시 악순환이 온다. 혁명을 이룩한 나만이 그것을 막을 수 있다. 나는 내 혁명이 원인이 되어 혼란이 오고, 국기마저 흔들릴까 걱정된다. 이대로 가면 내년 3~4월에 민주회복운동이 일어나 큰 혼란이 발생할 것이다. 최대통령은 감상에 사로잡히지 말고 나를 끌어내어 함께 혁명과업을 수행하자! 국가를 자유민주의 반석 위에 올려놓자!" 그러나 그가 최후진술을 하던 1979년 12월 18일은 이미 12·12 군사쿠데타로 전두환 일당이 '힘센 놈'이 되어가고 있었고, 그가 호소하던 최규하는 결코 그럴 만한 사람도 아닐 뿐더러 아무 실권도 없는, 사실상 전두환의 들러리에 불과했다.

어쨌든 그의 민주회복국민혁명은 그의 군인다운 단순성을 감안하더라도 지나치게 낙관적이고 또 낭만적이었다. 정승화를 궁정동에 데려다놓기는 했지만 사실상 그 이후의 상황을 체계적으로 장악해나가지 못했다. '야수와 같은 마음'으로 박정희 대통령을 살해한 후 김재규는 앞에 수행비서 박흥주를 태우고 뒤에 정승화와 동승해 육군본부 벙커로 간다. 육본 벙커가 부적절하다고 생각하여 비상국무회의를 국방부에서 열었고, 비상국무회의를 하는 도중 그는 문 밖에서 졸고 있었다. 그러다가 체포된 것이다. 그후에는 오히려 전두환 일당이 상황을 장악했다. 만약 바로 정보부로 갔더라면 그 이후의 사태 전개는 달라졌을 것이다. 이후 전두환의 보안사령부는 철저한 언론통제 아래 각본에 따라 김재규를 사형으로 몰아간다. 전두환은 김재규를 아버지 같은 은인을 살해한 패륜아로 몰아갔고, 김재규가 스스로 대통령이 되기 위해 살인을 했다고 모든 수단을 동원하여 매도했다. 10·26 거사 그 자체는 성공했지만, 엉뚱하게도 상황을 장악한 것은 12·12 군사반란세력이었다. 12·12가 김재규의 민주회복국민혁명을 무산시킨 것이다.

12·12 군사반란이란 무엇인가. 김재규가 목적한 민주회복을 차단하고, 또다시 군사독재로 가는 뒷걸음이었다. 박정희 유신체제가 신군부로 옷만 바꿔입은 것이다. 사실상 유신의 지속과 계승을 의미하는 것이었다. 통일주체국민회의에 의한 대통령선거를 그대로 답습한 것이 그렇고, 긴급조치 대신 국가보안법과 계엄법으로 무시무시한 철권을 휘두른 것이 또한 그렇다. 12·12 이후 권력의 핵심라인에 있었던 신현확(申鉉碻) 총리나 전두환 등은 모두 유신의 잔당이라 말할 수 있다.

그들은 어떻게든 김재규를 처형하기 위하여 절차를 서둘렀다. 공개적으로 김재규 재판이 끝나기 전까지는 계엄을 해제할 수 없다고 말하는가 하면, 광주민주화운동이 한창 전개되던 1980년 5월 24일에 전격적으로 김재규를 처형한다. 상고심 최종판결 나흘 뒤였다. 어떻게 보면 박정희의 추종세력들이 김재규에게 복수한 것이나 마찬가지이다. 박정희는 죽었어도 유신의 뿌리는 죽지 않고 오히려 더 기승을 부리기 시작했다. 그리하여 김재규의 예언, 즉 민주화를 서두르지 않으면 내년 3~4월에 민주화운동이 크게 일어나리라던 그 말이 적중했다. 광주민주화운동이 터졌고, 끝내 그가 우려했던 대로 피를 흘리고 말았다. 그가 10·26으로 막아보려 한 유혈사태가 벌어진 것이다. 차지철이 쓸어버리겠다던 그 말이 광주에서 그대로 현실화된 것이다. 이렇게 12·12 군사반란과 5·18을 거쳐 박정희체제를 상속한 하나회 군벌과 유신잔당은 제2기 군부정권을 출범시킨다.

인간 김재규의 진실

10월 26일은 공교롭게도 안중근(安重根) 의사가 하얼삔(哈爾濱)에서 이또오 히로부미(伊藤博文)를 저격한 날이기도 하다. 한때는 이러한 우연의 일치가 의미있게 받아들여지기도 했다. 10·26이 있고 난 얼마 뒤 아직도 10·26의 실체를 몰라 모두들 어리둥절하고 있을 무렵, 김재규의 가족들은 매우 조심스럽게 인권변호사들에게 변론을 제의했다. 다소 논란이 있었지만, 이돈명 변호사의 강력한 주장으로 변론을 맡기로 했다. 인권변호사들이 중앙정보부장의 변론을 맡을 줄은 그 누구도 예상하지 못했다. 변호사들이 접견하고 난 뒤 들려준 얘기는 물론이고, 한 변호사의 접견 녹음은 김재규의 그동안의 고뇌와 진실 그리고 10·26의 전말을 가감없이 전해주고 있었다. 그것은 의협남아다운 김재규의 인간적인 매력까지도 전해주었다. 지금도 글로 된 그의 저술보다는 육성녹음이 훨씬 더 설득력을 갖고 있다고 생각한다. 진실을 말하는 목소리는 남을 감동시키는 것이다. 변호사들도 만나볼수록 김재규의 진실과 인품에 매료되었다. 진실의 힘이라고 할까, 그런 것이 사람을 끌어당긴 것이다. 그의 육성녹음을 들어보면, 누구나 그것이 충정인지 아닌지를 금방 알아낼 수 있으리라고 나는 믿는다.

그는 박정희 대통령을 지칭할 때는 꼭 "각하께서는 (…) 하셨습니다"라고 최상의 경의를 표하고 있으며, 재판중에는 물론 죽는 날까지 이런 자세와 언동에 한치의 흐트러짐도 없었다. 평소에도 대통령을 만날 때면 먼저 몸과 머리를 단정히 손질하고, 보고하는 서류 한장한장에도 정성과 경의를 다 담았다고 한다. 법정의 심리과정에서 박선호 의전과장이 대통령의 여자관계를 진술할 때도, 김재규는 한사코 그것을 저지하려 했다. 박정희 대통령의 방탕한 사생활이 공개되어 국민들로부터 폄하되는 것을 결코 바라지 않았던 그의 충정이 거기에는 담겨 있었던 것이다.

유신의 핵심에 있으면서도 그는 진실로 민주주의가 이룩되기를 바랐다. 자신의 건의로 긴급조치 위반사범 등 정치범이 석방될 때마다 그렇게 좋아했다고 한다. 국회에서 김영삼 총재의 의원직을 제명하기 전, 김영삼 총재를 만나 "『뉴욕타임스』 보도는 나의 진의가 잘못 전달된 것"이라는 얘기만 해주면, 어떻게든 제명은 막아보겠다는 제의를 했다. 그렇지만 김영삼 총재가 "한번 죽더라도 영원히 사는 길을 선택하겠다"라고 거부함으로써, 경색된 정국을 평화적으로 풀어보려던 그의 계획은 수포로 돌아갔다. 1978년 12월 19일 3·1 민주구국선언사건으로 진주교도소에서 복역중이던 김대중이 서울대병원에 입원하자 김재규는 어머니한테 "어머니, 기분 좋은 일을 말씀드리겠습니다. 오늘 이렇게 추운데 감방에서 고생하는 한분을 따뜻한 곳으로 모셨습니다"라고 말하면서 기뻐하더라는 것이다.

또한 그는 전형적인 군인이었다. 별 넷을 다는 대장이 되고 싶어했다. 3군단장을 마지막으로 전역했을 때는 군복 벗는 것을 못내 아쉬워했다고 한다. 3군단장 시절 그가 쓴 한시(漢詩)는 상당 기간 부대 내의 돌에 새겨져 있었다고 하는데, 장한 기상을 보여준 남이(南怡) 장군의 시조를 연상케 한다. 1973년 2월 헬기를 타고 눈덮인 전선을 시찰하며 읊은 「장부한(丈夫恨)」이라는 시다.

眼下峻嶺覆白雪 눈아래 준령에는 백설이 덮였구나.

千古神聖誰敢侵 천고의 신성한 땅을 누가 감히 넘보랴.

南北境界何處在 남북의 경계가 어디 있느냐.

國土統一不成恨 남북통일을 이루지 못하는 것이 한이구나.

김재규와 그 부하들의 관계는 깊은 신뢰와 존경으로 맺어져 있다. 김재규는 1·2심 최후진술에서 "나의 부하들은 착하고 순한 양 같은 사람들이다. 무조건 복종했고 나는 그들에게 선택의 여유나 기회를 주지 않았다. 모든 책임은 나에게 있다. 그러니 나에게 극형을 내려주고 내 부하와 불쌍한 가족들을 각별히 처리해주기 바란다"라고, 이 부분에서만은 간곡하게 호소를 한다. 박선호와 박흥주 등 그 부하들 역시 의연했다. 김재규가 "민주주의를 위하여"라고 외치며 만찬장으로 들어갈 때, 평소의 인격과 판단력을 믿고 따랐고(박흥주), 당시의 상황이 다시 전개된다 해도 그때처럼 할 수밖에 없다(박선호)고 말한다. 존경하는 김재규 정보부장을 모셨다는 것을 죽음 앞에서도 영광으로 생각한다는 것이다. 궁정동의 경비원이었던 김태원(金泰元)조차 와전옥쇄(瓦全玉碎, 기왓장으로 온전하기보다는 차라리 옥이 되어 깨지겠다라는 뜻) 네 글자를 써서 자기의 단심을 드러내보이기도 했다. 과연 그 장군에 그 부하라고나 할까. 10·26 사태와 관련해서 사형당한 사람은 공교롭게도 여섯사람이었다. 사육신을 연상시키는 숫자 아닌가.

모든 집착을 버리고

김재규의 진실에 접하게 되면서 많은 사람들이 김재규를 살려야 한다는 생각을 가지게 되었다. 우리는 그때 김재규를 살릴 수 있다면 민주화가 될 것이요, 그렇지 못하면 민주화는 물 건너갈 것이라는 그런 예감 같은 것을 가지고 있었다. 국내에서보다도 미국에서 김재규 구명운동이 더 활발히 전개되었다. 국내에서는 전두환 일당의 집요한 탄압 때문에 공개적으로 활발하게 구명운동을 전개할 수가 없었다. 내가 김한림 여사(구속자가족협의회 총무)와 함께 김재규의 최후진술, 시, 항소이유서, 항소이유보충서, 성장과정 등을 묶어 조그만 책자를 만들었는데, 미처 빼내오지 못한 상당 분량의 책을 인쇄소에서 빼앗겼다. 김한림 여사는 그때부터 수배되었다. 계엄당국은 김재규의 진실을 철저하게 봉쇄하고, 각본대로 일을 착착 진행시키고 있었던 것이다. 그렇지만 서명은 물밑으로 번져나갔다. 1980년 3월 26일에 구명위원회 이름으로 1차 서명철을 공개했고 4월 4일에 2차로 공개했다. 이보다 앞서 사제단은 2월 5일에 대통령에게 구명을 청원했고, 수도자장상연합회에서는 간절한 기도문을 작성, 배포했다. 서울대를 비롯한 대학가에서도 가톨릭학생회를 중심으로 구명운동이 활기를 띠어갔다. 그러나 이러한 구명운동이 신군부세력을 더욱 초조하게 만들어 처형을 서두르게 한 것은 아니었는지 하는 생각을 지금도 지울 수가 없다.

12·12 군사반란의 주역들이 지배한 5·6공에서, 10·26에 대한 부정적인 견해가 강요된 것은 어떻게 보면 자연스런 일이라 할 수 있다. 추기경을 비롯한 교회가 그 가족들에게 다소나마 위안이 되어주었고, 강신옥 변호사 등 몇몇 관계자들이 해마다 묘소에서 추모행사를 가졌다. 그 가운데 광주 송죽회 사람들이 김재규의 묘에 다음과 같은 추모사가 담긴 비석을 세운 것은 특기할 만한 일이다.

> 먹구름 하늘을 덮고, 광풍 몰아칠 때
> 홀로 한줄기 정기를 뿜어
> 어두운 천지를 밝혔건만
> 눈부신 햇살 맞지 못하심이 슬프다.

만 사람 가슴 찢기는구나.

아아 회천의 그 기상 칠색 무지개되어

이땅에 길이길이 이어지리.

가장 자주 접견했던 강신옥 변호사에 의하면 그는 일찍부터 "마음을 보기 전엔 이것이 나이더니 마음을 보고 나니 저것이 나로구나" 하는 불경을 자주 읊었고, 그때 이미 생사를 초탈해 있었다고 한다. 실제로 1심 최후진술에서 그는 이렇게 말하고 있다.

오히려 나는 대장부로 이 세상에 나서 내가 할 수 있는, 내가 죽을 수 있는 명분을 발견했다는 것에 대해 죽음의 복을 대단히 잘 타고난 사람이라고 자부하고 있습니다. 다시 말해서 내가 오늘 죽어서 영생할 수 있다는 자부심이 있으므로, 나는 조금도 내 생명을 구걸하고 싶은 생각이 없습니다.

그 동생이 마지막으로 김재규를 보았을 때, 김재규의 얼굴은 수도자의 얼굴에서 풍기는 범할 수 없는 평화의 표정 바로 그것이었다고 한다. 보안사에서 수사받을 때 불현듯 깨달았다는 그의 「오도송(悟道頌)」이라는 시 한편을 소개한다.

平生大事一朝成 평생 큰일 하루아침에 이루니

雲水行脚今後事 운수행각이 지금부터의 일이라.

成佛得道大哲願 성불득도가 큰 소원이더니

旣必成就今生中 마침내 금생중에 성취했도다.

제 2 부

제2기 군부정권과 87년 6월항쟁

YMCA 통대선거저지대회

아직은 봄이 아니었다

10·26 사태는 김재규 전 중앙정보부장의 표현처럼 '유신의 원천'(박정희)을 두들겨 무너뜨린 것이었다. 그러나 10·26이 과연 민주회복으로 연결될 것인지, 아니면 거꾸로 더 가혹한 군정으로 이어질 것인지 아무도 예측할 수 없었다. 10월 27일 이른 새벽, 불광동의 내 집으로 이부영이 찾아왔다. 그때까지만 해도 정부는 오전 4시 10분에 대통령의 유고(有故)를 발표하고 비상계엄을 선포했을 뿐 10·26 사태의 정황을 국민 앞에 공개하지 않았다. 7시 30분이 되어서야 비로소 박정희 대통령의 서거를 짤막하게 알렸을 뿐이었다. 그렇지만 앞으로 정국이 어떻게 전개될 것인지 오리무중이기는 마찬가지였다. 그래서 이부영과 나는 적어도 그날 하루만은 집에 있는 것이 위험하다는 판단 아래, 27일 하루 종일 송추계곡 등 북한산 주변에서 배회했다. 대부분의 민주인사들 역시 앞으로 사태가 어떻게 전개될 것인지 몰라 불안한 하루를 보냈다.

어떤 사람은 미국에 있는 친지로부터 박정희의 죽음을 전화로 통보

받았다. 글레이스틴 주한미대사는 주한미군사령부로부터 27일 0시(한국 시간) 선후에 박정희의 죽음을 통고받고 2시 40분 즈비그뉴 브레진스키(Zbigniew Brzezinski) 대통령특보에게 타전해 45분에는 카터 대통령에게 이 사실이 보고되었다. 오전 5시에는 주한미군에 방어준비태세 제3호를 발동하고 항공모함 키티호크호의 기함 블루리지를 한국으로 출동시키는 한편, 조기경보통제기를 한국에 급파했다. 5시 30분에 미국 국무부는 이미 한국 사태를 기자들에게 브리핑했고 40분에는 맨 먼저 AP통신이 박정희의 유고를 전세계에 알렸다. 7시에는 미국의 모든 방송사가 긴급뉴스로 박정희의 죽음을 보도했다. 따라서 10·26 사태는 국내에서보다 외국에서 먼저 보도되었다. 소식을 들은 홍성우, 황인철 두 변호사는 27일 저녁 신촌에 있는 어느 술집에서 폭음했다. 박정희의 죽음은 한편으로는 쾌재이면서도 다른 한편으로는 무엇인지 모르는 불안을 가져다주었던 것이다. 이제 민주회복이 될 것이라는 기대보다는 불길한 예감 같은 것이 많은 사람들, 특히 민주인사들에게 어둡게 깔려 있었다.

박정희의 장례식(11월 3일)이 끝나고 난 한참 뒤인 10일, 당시 최규하 대통령권한대행은 이른바 '시국에 관한 담화'를 발표한다. 유신헌법에 규정된 대로 3개월 이내에 통일주체국민회의에서 체육관선거로 새 대통령을 선출하겠다는 내용이었다. 유신의 원천은 무너졌는데 유신을 계속하겠다는 것이다. 물론 여기에는 시간을 끌면서 군부집권을 획책하려는 신군부의 음모가 반영되어 있었을 것이다.

11월 10일의 담화는 민주회복을 열망하는 국민들에게는 찬물을 뿌리는 것이나 다름없었다. 비록 새로 뽑힌 대통령이 임기를 다 채우지 않는다고는 하지만, 이는 분명히 국민에게 실망과 분노와 배신감을 안겨주는 내용이었다. 이에 대해 '민주주의와 민족통일을 위한 국민연합'은 12일 성명을 통해 격렬하게 항의한다. "과장되고 왜곡된 선전으로 독재자를 미화해서 장례식을 치를 때에 우리가 침묵했던 것은 독재의 한 시대를 조용히 장송하면서 민주주의의 새 시대를 맞기 위한 다짐의 자세였다"라면서, "소위 통일주체국민회의에서 대통령을 선출하겠다는 것은 파렴치한 국민 배신행위로서 우리는 결코 이를 용납할 수 없으며, 전국민이 열망하는 새로운 민주헌법을 3개월 이내에 제정하고, 가능한 빠른 시일 내에 선거를 실시할 것"과 "거국 민주내각으로 과도정부를 수립할 것"을 요구했다. 13일에는 동아·조선투위, 해직교수협의회, 자유실천문인협의회, 민주청년협의회(민청협) 등 5개 단체가 '나라의 민주화를 위하여'라는 제목의 공동성명을 발표했다. 이들은 여기서 "존립의 명분과 이유와 근거를 상실한 유신체제의 즉각적인 철폐와 억압체제 속에서 투옥되었던 인사들의 석방과 그들의 복권·복직·복학, 그리고 언론의 자유보장"을 요구했다. 그러나 계엄당국은 이 성명을 발표한 단체의 주요인사들을 계엄포고 위반으로 구속 또는 지명수배했다. 박정희 사망후 최초의 민주화 요구에 대해 신군부가 탄압하기 시작한 것이다.

봄은 왔으나 봄이 아니었고, 유신은 무너졌으나 그 체제는 의연히 계속되고 있었다. 이런 분위기를 시인 조태일은 이렇게 시로 썼다.

소문은 봄이라 들리지만
틀릴 때도 있단다.
아직은 봄이 아니다.

(…)

필려는 꽃봉오리도
다시 오므라들지 않느냐.

폭풍한설 몰아치면
오기는 꼭 오는
봄이란다.

들어가서 안 나오진 말고
옷을 더 껴입고 나오려무나
어린것들아.

—조태일 「봄소문」(『창작과비평』 1980년 봄호) 중에서

YMCA 위장결혼사건

민주화의 봄이 오는 것이 아니라, 더욱 엄혹한 군부독재가 시작되고 있음을 알게 해준 사건이 11월 24일 YMCA에서 개최한 '통대선출저지 민주화촉구대회'였다. 이는 결혼식을 위장하여 집회를 가졌다고 하여 'YMCA 위장결혼사건'이라고도 불린다. 명함 크기의 결혼식 전단이 10여일 전부터 광범위하게 살포되었다. 전단에는 이렇게 씌어 있었다. '홍성엽군과 윤정민양이 여러 어른과 친지를 모시고 혼례를 올리게 됨을 알려드립니다. 즐거운 자리에 함께해주시면 고맙겠습니다. ※ YMCA 1층 강당(명동성당 앞).' 홍성엽(洪性燁)은 연세대 출신의 민주청년협의회 상임위원으로 실제인물이지만 윤정민은 가상인물이었다.

그날은 예정시간보다 일찍부터 내빈(민주인사)들이 모여들기 시작했다. 특히 청년들이 많이 참석했다. 벽두부터 대성황을 이루었다. 신랑 홍성엽은 흰 장갑에 가슴에는 꽃을 달고 의젓하게 내빈들을 맞이했다. 강당은 입추의 여지없이 가득찼고, 신랑의 친구들로 투옥되었던 학생들의 조직체인 민주청년협의회 회원들은 긴장된 움직임을 보이기 시작했다. 신랑 입장과 동시에 사방에서 여러 종류의 유인물이 살포되고, 이어서 통일주체국민회의 대의원에 의한 대통령 선출을 반대한다는 취지문이 낭독되었다. 취지문은 전 공화당 국회의원 박종태(朴鍾泰)에 의해 낭독되었는데, 그것은 "더이상의 (최규하 대통령권한대행 체제에 대한) 어설픈 기대나 관망은 버려야 할 때다. 부패자의 손으로 새 시대를 열 수는 없으며, 유신의 청산을 위한 유신의 연장이란 결코 용납될 수 없다. 우리 모두의 분노를 다시 한번 확인하며 저 녹슨 독재 쇠사슬의 마지막 허리를 끊어버리자"라는 내용으로 되어 있었다.

이와 함께 배포된 '통대저지를 위한 국민선언'에서는 "통일주체국민회의를 통한 대통령선거는 자신들의 부패한 특권지배를 끝내 온존시키겠다는 반민주적·반민족적·반국가적 망국의 발상일 따름이다. 눈앞에 박두한 통대 대통령선거는 민주회복으로의 전진이냐, 유신독재로의 퇴행이냐를 판가름짓는 민족사의 일대 분수령이다. (…) 전국민적인 각성과 단결로써 결연히 통대 대통령선거를 분쇄해야 하는 것은 자명한 의무"라고 선언했다. 또 '거국 민주내각 구성을 위한 성명'을 통해서는 "어째서 또 한차례의 유신대통령 선출이 필요하며, 어째서 금후 5년까지의 유신독재 연장이 필요하단 말인가"라고 물으면서 "새로운 민주정부 수립까지의 과도기를 관리할 거국 민주내각은 각계각층의 민중을 공정하게 대표할 수 있는 인사들로 구성, 합의체에 의해 주도되어야 하고, 거국 민주내각은 국민들의 모든 기본권을 보장하여야 하며, 특히 언론·집회·시위·결사의 자유와 노동자·농민의 생존권, 정치적 자율을 철저히 보장함으로써 새로운 민주헌정 수립에 대한 광범위한 국민의 적극적 참여를 촉진시켜야 한다"라고 했다. 거국 민주내각은 또 국민적 합의의 기초 위에서 가장 조속한 시일 내에 새로운 민주헌법을 확정하고, 공정하며 자유로운 총선거를 통하여 새로운 민주정부를 출범시키는 것이 그 사명이 된다고 했다.

통대선출 반대, 거국 민주내각 구성을 촉구하는 구호를 김정택 기독청년협의회 회장이 선창하고 참석자들이 복창할 때는 분위기가 한껏 고조되었다. 참으로 오랜만에 민주화에 대한 벅찬 욕구를 한꺼번에 폭발시킨 대회였다. 이처럼 분위기가 터질 듯 부풀어 있을 때, 대회장 출입구 쪽에서부터 의자를 넘어뜨리는 소리가 울렸고, 이어서 비명소리가 들리기 시작하더니 대회장은 삽시간에 아비규환이 되었다.

대회장을 둘러싸고 있던 계엄군은 닥치는 대로 참석자들을 두들겨 패며 끌어냈다. 대회장은 비명과 아우성으로 가득찼고, 가까스로 빠져나온 일부 참석자들은 하나둘씩 명동의 코스모스백화점 앞으로 모여들었다. 거기서는 민청협의 양관수(梁官洙), 이상익(李商翊) 등이 확성기로 "유신철폐"와 "통대선거 반대" 구호를 외치며 재집결을 호소했다. 150여명으로 불어난 사람들은 시위대열을 편성해 스크럼을 짜고 "유신철폐"와 "통대반대"를 외치며 조흥은행 앞까지 가두시위를 벌였다. 그러나 뒤쫓아온 계엄군에 의해 일부는 무참히 끌려갔고, 남은 사람들은 참담한 심정으로 흩어져 해산할 수밖에 없었다.

계엄군은 이때 140여명이나 되는 사람들을 개 끌듯 연행했다. 그들은 조사과정에서 일찍이 볼 수 없었던 난폭한 구타와 고문을 가했고 인간적인 능욕도 서슴지 않았다. 여러 날에 걸쳐 몽둥이와 군화 발길질, 빈대 붙어 있기, 원산폭격, 꼴아박기 등 군대식 고문수법이 총동원되었다. 계엄군은 이처럼 잔인한 고문과 구타를 통한 장기간의 수사 끝에 주동자급 14명을 수경사 계엄군법회의에 송치하고, 윤보선 전대통령 등 3명을 불구속 송치했으며, 적어도 67명을 즉결심판에 넘겨서 15~20일까지 구류를 살게 했다. 계엄군은 사건 발생후 한달이 더 지난 12월 27일에야 조사내용과 공소사실을 감정적인 언사를 동원하여 발표했다. 이때는 이미 12·12 사태 등이 터진 뒤였다. 재판과정에서 변호인들은 피고인들에게 적용된 계엄포고령 1호가 무효라고 주장했다. 10월 27일 오전 4시를 기하여 선포된 비상계엄은 계엄법 4조의 비상계엄 선포요건, 즉 '전쟁 또는 전쟁에 준한 사변에 있어서 적의 포위공격으로 인하여 사회질서가 극도로 교란된 지역에 선포'토록 되어 있는 선포요건을 갖추지 못했다는 것이다. 그러나 계엄군법회의는 변호인과 피고인들의 주장을 일방적으로 묵살한 채 재판을 진행해 최고 3년형에서 최하 형집행면제까지를 선고 확정했다.

다시 암흑의 겨울로

윤보선 전대통령은 항소이유서를 통하여 "유신체제 출범 이래 계속되어온 민주화에 대한 국민적 여망이 YMCA 대회로 표출되었다. 그러나 군의 태도는 국민의 여망과 기대와는 다르게 나타났다. 군은 관련자들을 연행, 체포했을 뿐만 아니라 유신체제의 정보수사기관에서 자행했던 것보다도 더욱 가혹한 잔혹행위를 서슴지 않았다. 군은 포고령 위반만을 문제삼은 것이 아니라, 민주화에 대한 국민적 의지마저 짓밟았다. 이로부터 군에 대한 신뢰와 기대는 무너지기 시작했다"

라면서, "12 · 12 사태는 더욱 큰 충격과 실망을 국민에게 안겨주었다. 민주우방의 한국을 시켜보는 눈, 한국의 민주화와 군에 대한 신뢰에도 손상을 입혔다. (…) 나라의 안보를 지켜야 하는 군인의 사명에 비추어볼 때 12 · 12 사태는 10 · 26 사태보다 더 국민에게 충격적이다"라고 지적했다.

나는 11월 24일 YMCA 통대선거저지대회와 관련하여 아직까지도 몇가지 의문을 갖고 있다. 대회가 있기 상당히 오래전부터 "군은 결코 민주화에 대해 부정적이지 않다" "군은 민주화로 가는 길에 협력할 것이다" "유신시대처럼 민주화 시위에 대한 강경진압보다는 필요하다면 평화적 시위가 되도록 시위를 보호할 것이다"는 등의 얘기가 나돌았다. 분명한 근거를 듣지는 못했지만, 3선개헌을 반대하다가 공화당을 떠난 전직의원들이 군의 이런 움직임을 윤보선에게도 전달했다.

그러나 이런 소문이나 기대와는 달리, YMCA 대회에 대해 계엄군은 처음부터 테러단을 투입한 것처럼 길길이 날뛰며 살벌하게 나왔고, 조사과정에서 무자비한 구타와 고문 또한 처참했다. 예상과는 전혀 다른 뜻밖의 양상이 벌어진 것이다. 나는 이것이 계엄군의 위계(僞計)였는지, 민주화에 우호적인 일부 군인의 희망사항이 와전된 것이었는지, 또는 집권야욕으로 인하여 군이 중간에 강경으로 선회한 것인지 그 확실한 진상을 아직까지도 알지 못하고 있다. 앞서 인용한 해위의 항소이유서는 당시의 이런 정황에 대한 자신의 소회를 담고 있다. 군이 민주화를 배신한 것으로 보고 있는 것이다. 이 사건의 재판과정에서 12 · 12 사태가 있었고 이를 계기로 전두환의 집권야욕이 더욱 두드러지기 시작한 것은 분명하다. YMCA 대회에 대한 강경대응과 12 · 12 사태와의 함수관계는 과연 어떤 것인지 아직까지는 밝혀진 것이 없다.

조사과정에서 가장 혹심한 고문과 인간적인 능욕을 당한 것은 비교적 나이가 많은 경기공전 해직교수 김병걸과 백범사상연구소장 백기완이었다. 김병걸 교수는 고문후유증으로 상당 기간 보행에 어려움을 겪게 되었고 장시간 서 있을 수 없어 1980년대 해직교수들이 일괄 복직될 때에도 강단에 서는 것을 스스로 포기해야만 했다. 백기완 소장은 한때 극심한 기억상실증과 조그만 금속성 소리에도 깜짝깜짝 놀라는 정신착란증, 그리고 협심증 등이 겹쳐 폐인이 되다시피 했다. 거기다가 고관절과 무릎관절 및 5번요추의 극심한 통증으로 잠을 잘 이루지 못했다. 그토록 잔인했던 계엄당국도 이런 건강상태를 더이상 방치했다가는 생명이 위험하다고 인정해 이례적으로 병보석으로 석방할 정도였다. 그는 석방될 때 체중이 40킬로그램밖에 되지 않았다. 그리고 석방된 후 상당 기간에 걸친 입원치료와 장기요양을 계속하지 않으면 안되었다. 정성헌(鄭聖憲) 등 강원도에 있는 친지들의 도움으로 그는 강원도로 전지요양을 떠났다. 이제 유신보다 더 가혹한 암흑이 다가오고 있었다.

1980년, 서울의 봄

10·26에서 5·18까지

언제부터인가 한국에서 봄은 불만의 계절이 되고 말았다. 아마도 4·19부터가 아니었던가 싶다. 1960년 3·15 부정선거로 4·19 학생혁명이 일어났고, 그 과정에 많은 젊은이들이 희생되면서 '한국의 봄'은 불만의 계절이면서 동시에 잔인한 계절로 각인되기 시작했다. 그 이후 30여년에 걸친 군사독재가 계속되면서 새학기가 시작되는 봄이 오면 해마다 쌓였던 시대의 불만이 터져나왔고, 그때마다 그 대답은 잔인한 메아리가 되어 돌아왔을 뿐이다.

김재규 전 중앙정보부장의 말대로 10·26 사태는 유신의 원천을 두들겨부순 혁명이었음에도, 그렇게도 바라던 민주회복은 오리무중이었다. 사실 10·26 사태 이후 민주진영은 근거없는 낙관론에 막연하게 기대를 걸고 있었다. 1979년 11월 24일에 있었던 YMCA 위장결혼사건에서 저 잔혹한 억압적 폭력을 보고서야 신군부의 본질과 성격을 감지했지만, 아직도 낙관론의 큰 틀 안에서 헤어나오지 못하고 있었다. 10·26 사태의 연장선 위에서 민주회복투쟁을 전방위적으로 좀더 세차게 전개했어야 했다. 막연한 낙관론에 대한 기대와 미련이 전두환 신군부의 정권장악을 위한 체제정비 시간을 벌어준 것이다. 이것이 1979년의 10·26에서 그 이듬해 5·18까지, 흔히 우리가 '안개정국'이라고 부르는 시기의 전반적인 상황이었다.

그러나 전두환을 정점으로 하는 신군부는 12·12 사태 이전부터 이미 자신들의 집권을 향하여 집요하게 또 치밀하게 움직이고 있었다. 문민정부 때 있었던 전두환, 노태우 등에 대한 12·12 사태 및 5·18 반란사건에 대한 일련의 공판기록에 의하면, 12·12 사태는 참모총장 정승화의 10·26 사태 관련성을 조사하기 위하여 그를 체포하는 과정에서 발생한 우발적인 사태가 아니라 치밀하게 기획된 사건이었다. 기록에 의하면 이미 12월초 전두환과 노태우가 맨 먼저 정승화 참모총장의 체포를 논의, 이학봉(李鶴捧)과 허삼수(許三守)로 하여금 구체적인 체포계획을 수립하게 했다. 전두환, 노태우는 12월 7일부터 12일까지 그 계획에 따라 동조세력인 유학성(兪學聖), 황영시(黃永時), 차규헌(車圭憲), 최세창(崔世昌) 등을 만난다. 그들을 장세동(張世東)의 제30경비단장실에 집결시켜 유사시 자신들의 병력을 신속히 동원할 수 있는 반란의 지휘부를 구성한 것이다. 허삼수가 정승화 총장을 체포한 이후에는 떼로 몰려 최규하 대통령을 찾아가 사후재가를 강압했다. 허화평(許和平), 권정달(權正達) 등은 보안사 상황실을 거점으로 하여 각급부대의 전화를 도청해 부대동향과 병력이동상황 등을 파악하고 다른 일부는 또 특전사령관 정병주(鄭柄宙)와 수경사령관 장태완(張泰玩) 등을 체포했다. 뒤늦게 재판을 통하여 12·12 사태 및 5·18 반란사건의 실체적 진실이 어느정도 밝혀지고 12·12와 5·18이 명백한 군사반란행위로 단죄되기는 했지만, 당시 12·12 군사반란에 성공한 후 곧바로 노태우는 수경사령관에, 유학성은 3군사령관에,

황영시는 육군참모차장에, 정호용(鄭鎬溶)은 특전사령관에, 주영복(周永福)은 국방장관에, 이희성(李熺性)은 육군참모총장에 임명되어 군의 지휘권을 명실상부하게 장악했다.

서울의 봄—안개 정국

이렇게 전두환의 신군부가 계엄령 아래에서 전권을 휘두르며 행보에 박차를 가하는 동안, 민주진영은 무엇을 하고 있었는가. 민주진영의 정치적 양대산맥이라 할 김영삼과 김대중은 이 엄중한 시간에 김대중의 신민당 입당을 놓고 신경전을 벌이고 있었다. 1979년 5월 30일의 전당대회에서 선명야당의 기치를 내세운 김영삼이 총재로 선출되기까지는 김대중을 비롯한 재야민주진영의 지지와 성원이 적지않은 역할을 한 것이 사실이었다. 그 결과 10·26 사태로 유신체제가 무너질 때까지 선명야당과 재야와의 반유신 공조투쟁이 전개되었다. 그러나 10·26 사태 이후, 기존 신민당의 당권을 장악하고 있는 김영삼은 곧 있을지도 모르는 대통령후보 경선에서 상대적으로 유리한 위치에 있었고, 김대중은 아직 정치활동의 근거를 확보하지 못한 상태였다. 따라서 김대중의 신민당 입당문제는 피차간에 아주 예민한 사안이었다. 당시 몇곳에서 있었던 신민당 지구당개편대회에서는 이미 두 패로 갈리어 난투극이 벌어지기도 했다.

김대중은 처음에 민주세력의 단합을 과시하고, 재야 중심의 신당출현을 예방하며, 야당의 수권태세를 강화하기 위해서는 신민당과 재야가 통합되어야 한다는 주장을 폈다. 자신이 사실상 재야를 대표하고 있으니 그에 상응하는 지분을 달라는 것이었다. 그러나 김영삼측은 민주화의 구심점은 어디까지나 신민당이며, 재야의 민주화운동과 현실정치는 구별되어야 한다는 입장이었다.

김대중이 뒤에 '민주주의와 민족통일을 위한 국민연합'을 중심으로 민주화추진국민운동을 추진하겠다고 하자, 그것은 재야민주세력의 정당화 내지 김대중 대통령후보 만들기를 위한 것이라면서 윤보선 전 대통령이 반대를 표명하고 나섰다. 이러저러한 우여곡절 끝에 4월 7일 김대중은 재야와 협의해서 진로를 결정하겠다면서, 신민당 입당포기를 선언하기에 이른다. 민주회복이 언제 어떻게 될 것인지 깊은 안개 속에 파묻혀 있는데, 민주진영은 누가 대통령(후보)이 될 것인지를 놓고 벌써부터 김칫국을 마시고 있었던 것이다.

김재규 죽이기

한편 1979년 12월 19일 비상계엄 보통군법회의의 최후진술에서 김재규는 있는 힘을 다하여 민주회복을 호소한다. "최대통령에게 바란다. 유신의 원천 박정희 대통령이 쓰러져 자유민주주의가 대문 앞에 와 있는데도 문을 열지 않고 있다. 문을 열어라. 빨리 정권을 이양하여 혼란을 막아라. 빨리 민주회복을 하지 않으면 내년(1980년) 3~4월경 전국적으로 민주회복운동이 일어날 것이다. (…) 이 세상을 하직하면서 민주회복을 못 보는 것이 한이다." 그러나 그가 호소하고 있는 최규하 대통령은 한갓 허수아비에 지나지 않았고, 또한 들은 척도 하지 않았다. 오히려 전두환을 비롯한 신군부와 신현확 국무총리로 대표되는 유신잔당들을 주축으로 한 당시의 과도정부는 김재규의 재판절차를 서두르고 있었다. 요식적인 재판절차가 끝나는 대로 김재규를 신속하게 처형하겠다는 것이 그들의 복심이었다. 10·26 사태에 군인 신분으로 참가하여 이미 시형이 확정된 박흥주 대령을 김재규의 재판이 끝나기도 전인 3월 6일 서둘러 처형한 것에서도 그들의 의도를 읽을 수 있다. 뿐만 아니라 신현확 총리는 4월 10일 『뉴욕타임스』와의 회견에서 "계엄령은 김재규에 대한 상고심이 완료되기 전에는 해제될 수 없을 것"이라고까지 확언한다.

이들이 김재규를 이처럼 증오하고 또 서둘러 처형하려 한 데에는 그들의 정치적 야심이 크게 작용했지만, 또 한편으로는 박정희의 각별한 은총을 입은 사람들로서 그 살해범에 대한 복수심과 유신에의 향수 같은 것이 깔려 있었다. 실제로 신현확 총리는 3월 11일 일본 『산께이신문(産經新聞)』과의 회견에서 "유신체제는 국방력의 충실과 경제발전을 위해 필요한 것이었고, 그것은 지금도 진행되어야 한다"라고 말한다. 전두환은 이보다 훨씬 더 감정적으로 김재규를 폄하하고, 곧 처형이 있을 것임을 직접적으로 시사한다. 중앙정보부장 서리 자격으로 4월 29일에 행한 기자회견에서 그는 "대법원 심리는 법적용만 다루는 것이어서 형량(사형)의 변동은 없는 것이며, 가까운 시일 내에 절차에 따라 종결될 것이라 믿는다"면서 김재규와 그를 구명하려는 움직임을 이렇게 매도한다. "김재규의 구명운동에 극소수 종교인이 관련되어 있다는 것을 알고, 우리 사회의 기본적 도덕심의 마비를 보는 것 같아서 마음아프다. (…) 김재규를 민주투사로 규정하고, 정치적 목적을 달성하기 위한 수단으로 구명운동을 전개한다면 이는 지극히 염려스러운 작태라 하지 않을 수 없다. 김재규가 한 일이 무엇인가. 아비를 죽인 자식과 다를 바 없는 패륜아다. (…) 인륜을 짓밟은 패륜아를 한때의 정치적 계산으로 의사(義士) 운운하며 구명운동을 전개한다면, 나아가서 이러한 윤리도덕적 패륜이 우리들 조상전래의 충효라는 미덕을 여지없이 말살하고 후손들에게 윤리도덕적 부재라는 유산을 남겨줄까 지극히 우려된다."

10·26 사태에 대한 그들의 시각이 이러한 만큼, 김재규 구명운동에 대해서 그들은 아주 예민하게 반응했다. 김대중, 김영삼 양김측은 신군부를 의식해 김재규 구명운동을 외면했고, 오직 정치적 야심이 없는 윤보선 전대통령을 중심으로 일부 재야와 천주교회 쪽에서만 은밀하게 구명운동이 벌어졌다. 이것이 뒤에 미주지역 등 해외와 대학가까지 확대되었다. 그해 3월 나는 김재규의 시(詩), 성장과정, 최후진술, 변론요지, 항소이유서, 수녀회장상연합회의 기도문, 재판과정 등을 묶어 김한림 여사와 함께 조그만 자료집을 만들었는데, 가까스로 자료집을 찾아오고 난 뒤에 그 인쇄소가 발각되어 인쇄소 주인은 구속되고, 김한림 여사는 그 나이에 수배로 쫓기는 몸이 되었다. 김재규에 대한 재판은 광주민주화운동 와중인 5월 20일에 대법원 판결로 확정되었다. 그리고 사형은 그로부터 나흘 뒤인 5월 24일 교수형으로 집행되었다. 그는 제2심 최후진술에서 "나는 10·26 사태의 처음이요 전부요 끝이다. 나에게 만약 죄가 있다면 나는 내 스스로 목숨을 끊을 용의가 있다. (…) 그리고 내 부하와, 내 부하의 불쌍한 가족들은 각별히 처리해주기 바란다"라고 말했지만, 그의 이러한 뜻은 하나도 받아들여지지 않았다.

안개 속에 총칼이

10·26 사태에서 5·18까지를 안개정국이라고 하는 것은, 그 기간에 민주화조치가 간헐적이나마 이루어져 많은 사람들이 민주회복을

기대하고 있었지만 군부에 대한 불안도 동시에 가지고 있었기 때문이다. 긴급조치가 해제되고 부분적이긴 하지만 구속자가 석방되었으며 해직교수와 학생의 복직, 복학이 이루어졌다. 신학기가 되자 복직된 교수의 강의실에는 민주교수의 강의를 듣고자 수강생, 청강생이 떼지어 몰려들었고, 제적된 학생들이 학교로 돌아오자 학원은 아연 활기를 띠었다. 게다가 모처럼 학원자율화의 열풍이 불기 시작해서 6년만에 학생회가 부활하고 학생회장이 선출되는 등 대학가에는 축제 분위기가 넘쳤다. 학생회장 선거를 정치인들이 와서 보고 배우게 했으면 좋겠다는 얘기도 심심찮게 나돌 정도였다. 이 과정에서 전횡을 일삼아온 '교주'총장이나 어용교수의 퇴진 요구 등으로 일부 학교에서는 상당한 갈등과 진통을 겪기도 했다. 또 각 대학 교수협의회는 교수회의의 기능확대와 정치적으로 악용되어온 교수재임용제 폐지 등을 요구하거나 결의했다. 이렇게 4월 한달을 학생들은 학원민주화나 병영집체훈련거부 등 학내문제에 매달려 있었다. 그러다가 선결되어야 할 나라의 민주화를 뒷전으로 돌린 잘못을 깨닫기 시작한 것은 5월에 들어서였다.

신현확 총리 등의 입을 통해 군부 쪽에서 이원집정부제와 중·대선거구제 채택, 정부 주도의 헌법개정 주장이 흘러나왔다. 그리고 무엇보다 4월 14일에 전두환이 중앙정보부장 서리를 겸직하기 시작한 것이 민주진영에 커다란 충격을 주었다. 그는 보안사령관에 계엄사 합동수사본부장으로 계엄하에서 막강한 권력을 행사하고 있었는데 이제 중앙정보부장 직책까지 겸직하기에 이른 것이다. "현역인 보안사령관을 정보부장 서리로 기용한 것은 계엄령하에서 군이 보안·정보·수사 등 업무를 조정하고 있기 때문에, 중앙정보부의 기능에 비추어 겸무토록 하는 것이 업무의 조정효과를 기할 수 있다고 판단했기 때문"이라는 것이 당시 최규하 대통령의 설명이었다. 이로부터 전두환은 각료회의에 참석하기 시작하는데, 이것은 앞으로의 사태전개, 즉 신군부의 집권에 상당한 의미를 지닌다.

어쨌든 5월에 들어오면서 서울대를 비롯한 서울과 지방의 각 대학에서 거의 동시에 민주화를 위한 시국성토대회가 열리기 시작한다. 쟁점이 학원자율화에서 민주화로 바뀌고 투쟁의 장소가 교내에서 교외로 변했다. 이때 이들이 내세운 구호는 과도기간 단축, 유신잔재 청산, 비상계엄 해제, 이원집정부제 구상 철회, 노동3권 보장 등이었다. 그리고 시위는 5월초에서 중반으로 가면서 더욱 치열해진다. 5월 14일에는 서울시내 21개 대학에서 7만여명이, 지방 11개 대학에서 3만여명이 시위에 참가했다. 이는 그 전날 고려대학교에서 열린 학생회장단 모임에서 장시간 논의 끝에 나온 "우리의 평화적 시위는 끝났다. 교문을 박차고나가 싸울 것이다"라는 발표에 따른 것이었다. 15일에는 서울 35개 대학, 지방 23개 대학이 시위에 참가했는데, 서울역에만 7만여명의 시위대가 집결했다. 야간 가두데모까지 이루어진 이 시위과정에서 경찰과의 투석전이 치열했고, 경찰의 가스차가 불타는 상황도 발생했다. 이렇게 학생들의 투쟁이 고조되는 것이 가져올 파장을 우려한 김옥길(金玉吉) 문교부장관은 여러 차례에 걸쳐 학생들에게 자제를 호소했다. 다른 한편으로 그는 시국에 대한 정부의 태도 표명이 있어야 한다고 총리에게 건의했다.

학생운동이 활발하게 전개되는 것에 힘입어 김영삼, 김대중 양김씨가 연명으로 계엄해제를 요구하는가 하면, 국민연합은 5월 7일에 민주화촉진국민선언을 발표하며 비상계엄 해제, 신현확 총리 사퇴, 전두환의 공직사퇴, 통일주체국민회의의 자진해산, 정부의 개헌심의위원회 해산 등을 주창했다.

학생회장단은 15일 자정에서 16일 새벽 6시에 이르는 장시간에 걸친 토론 끝에 "그동안 학생들의 의사가 충분히 전달됐다. 당분간 정부의 조속한 단안을 기다리겠다"라면서, 일단 학원으로의 복귀를 선언했다. 그리하여 16일부터 정상수업에 들어가 모처럼 학원은 평온을 되찾았다. 그러나 이렇게 끝난 학생시위를 빌미로 전두환은 비상계엄의 전국확대를 일찍부터 획책하고 있었다. 당시 중동을 방문중이던 최규하 대통령은 학원소요를 이유로 16일 급거 귀국했다. 바로 이날 청와대에서는 밤 11시부터 시국에 대한 심야회의가 열렸다. 이 자리에는 신현확 총리, 김종환(金鍾煥) 내무부장관, 주영복 국방부장관, 전두환 중앙정보부장 서리, 이희성 계엄사령관, 최광수(崔侊洙) 대통령비서실장 등이 참석했는데, 이 자리에서 전두환은 시국사태를 극복하기 위해서는 계엄을 전국으로 확대해야 한다고 강력하게 주장했으나 대통령의 확답을 얻어내지는 못했다는 설이 있다.

그러나 전두환은 집요하게 이를 추진하여 17일 오전 10시에는 전군 주요지휘관회의를 열어 계엄확대 건의를 결의하게 하고, 이어 오후 9시 30분부터 10분간 중앙청 국무회의실에서 열린 총리 주재의 비상국무회의에서 의결을 강압하고, 총리로 하여금 대통령 재가를 받아내게 하여 17일 24시를 기해 계엄을 전국으로 확대하며 일체의 정치활동을 금지하는 포고령 10호를 발포한다. 이렇게 하여 '서울의 봄'은 6개월 만에 종식되었다.

1980년 사북노동항쟁

사흘 동안의 광부 세상

1980년 4월 당시는 전두환 군부가 안으로 치밀하게 집권을 모색하던 시기였다. 겉으로는 여전히 안개정국이 계속되고 있었다. 그때 사북은 인구 3만의 탄광도시였고, 그 도시를 사실상 좌지우지하던 것은 동원탄좌(회장 이연李然)였다. 회사도 하나뿐이었고 병원마저도 회사가 운영했다. 사북은 곧 동원탄좌였고, 동원탄좌가 곧 사북이었다. 동원탄좌 사북광업소는 1962년에 자본금 5억6천만원으로 출발해 1980년에는 국내 최대의 민영탄광으로 1천1백평의 탄광에 23개의 광구를 거느리고, 하루 평균 5천톤씩 연간 160만톤을 생산하고 있었다. 사무직을 포함하여 노동자가 4천5백명이었고, 그 가운데 3798명이 노조원이었다. 그 노조원들의 집단적인 분노가 폭발하여 4월 22일부터 4월 24일까지 3일 동안 사북은 노동자들만의 도시가 되었다.

1980년에 회사와 어용노조가 합의한 사북광업소의 임금인상률 20퍼센트는 광산노조의 인상요구 42.78퍼센트의 절반에도 미치지 못하는 것이었으며, 1979년의 31퍼센트, 국영광산인 석탄공사의 인상률

1980년 4월 21일 어용노조와 임금 소폭 인상에 항의하며 시위를 전개한 사북 노동자들.
이 시위를 계기로 항의시위는 사북노동항쟁으로 발전한다.

23퍼센트에도 뒤지는 것이었다. 어용노조 지부장 이재기(李載基)가 동원탄좌측과 야합하여 20퍼센트를 낙착시켰다는 소문이 노동자들의 귀에 들어가면서 그들의 분노는 시간이 갈수록 커져만 갔다. 4월 16일과 17일에는 50여명이 노조사무실에서 농성하기 시작한 이래 그 수가 늘어나서 21일 오후 5시경에는 3천5백여명이 "어용노조 지부장 사퇴" "임금 40퍼센트 인상"을 요구하며 농성에 들어갔다. 특히 이날 오후 8시경 시위대가 경찰과 충돌하면서, 후퇴하려던 경찰 지프차가 그 차를 둘러싼 광부 4명을 치고 그대로 달아났다. 그로 인해 22일에는 더 큰 소요사태가 발생했다. 22일의 충돌과정에서 경찰관 1명이 사망하고 암 치료중인 정선경찰서장을 대신해 사태수습차 그곳에 와 있던 장성경찰서장이 실신하는 등 43명이 부상당했으며, 그 가운데서도 중상자가 12명이나 되었다. 부인들 2천5백여명까지 가세하여 노동자들은 노조사무실은 물론 정선경찰서 사북지서, 광업소 사무실, 사북역을 장악했으며, 경찰은 4킬로미터 떨어진 고한까지 철수한 후 인근 7개 경찰서에서 동원된 5백명으로 외곽을 포위해 사북으로 가는 교통을 철저하게 차단했다. 이렇게 1980년 4월의 사북은 노동자들만의 세상으로, 한편으로 고립되었고 다른 한편으로는 해방되었다고 할 수 있다.

22일부터 노동자들은 외부로 통하는 2개의 길에 바리케이드를 설치하는가 하면, 50~100명을 한 조로 하는 감시반을 편성 운영했다. 광업소의 무기고와 예비군 무기고도 점거했다. 무기고에는 캘빈소총 890정, 엠원소총 472정, 실탄 약 10만발, 그리고 이밖에 광산용 다이너마이트도 상당량 있었다. 그러나 노동자들은 무기고를 부수지도 않았고, 또 그 무기로 무장하지도 않았다. 오히려 "태극기와 대통령, 그리고 무기고는 손대지 말라"는 얘기가 이심전심으로 약속되어 있었다. 그러나 21일 밤 성난 노조원과 그 부인들이 노조지부장 이재기의 집과 그의 측근으로 행세하던 노조간부 15명의 집을 파괴한 것과, 이재기의 부인을 붙잡아 4일 동안 묶어놓고 가혹행위를 한 것이 뒷날 '난동' 내지 '폭동'으로 몰리는 빌미가 되었다. 이재기 지부장의 부인을 묶어놓고 "너는 편안하게 잘 먹어서 살이 찌고 건강하구나" 하면서 가혹하게 다룬 것은 그들의 원한이 얼마나 컸는지를 잘 말해주고 있다. 이런 몇가지 '옥의 티'에도 불구하고, 사흘 동안의 사북노동항쟁은 그후 한달 뒤에 일어난 광주민주화운동의 예고편 내지 축소판 같은 것이었다. 광주민주화운동과는 달리 시간이 갈수록 역사 속에 묻히고, 기억 속에 잊혀져가고 있다는 것이 다르다면 다를까……

어용노조와 노동자들의 분노

우리는 흔히 탄광촌 하면 술과 도박과 폭력을 연상한다. 그러나 우리나라의 탄광촌은 대개가 삶에 대한 의욕으로 차 있고, 서로의 고단한 처지를 이해하는 이웃사랑이 넘치는 삶의 현장이었다. 1980년의 사북 역시 울타리도 없이 사는 정겨운 마을이었다. 더욱이 1973년 고한선의 개통으로, 그리고 1970년대의 석유파동으로 사북의 석탄산업은 외형상 활기가 넘쳤다. 동원탄좌 사북광업소의 자본금도 당초의 5억6천만원에서 120억원으로 늘어날 만큼 석탄산업은 승승장구하고 있었다. 그러나 노동자들의 생활은 나아지지 않았다. 당시 사북광업소 노동자들의 평균임금은 15만5천원에 불과했는데, 임금인상률 20퍼센트는 물가인상폭에 비하면 감봉당하는 것이나 마찬가지였다. 월급의 1.5퍼센트는 어용노조에 내는 조합비로 떼야 했고, 거기다 검수원을 두어 광부들의 능력을 제멋대로 판정해 멀쩡한 A급, B급을 어느날 갑자기 C급, D급으로 판정하기도 하고, 탄을 실은 차가 갱 밖으로 나오는 동안의 충격으로 탄의 부피가 20퍼센트 가량 줄어드는 것을 이용해 생산량을 줄여 계산함으로써 임금을 삭감하기도 했다. 1979년에 50여명이 사소한 일로 징계를 받았는데, 이를 핑계로 상여금을 40퍼센트나 깎았고 3일간의 작업중지를 이유로 월급마저 삭감하는 등 회사의 횡포가 적지 않았다. 또한 열악한 작업환경으로 사북광업소에서만 4천명 가운데 7백명 가까이가 진·규폐증을 앓고 있었다. 이처럼 탄광은 호황이었지만 노동자들의 생활은 언제나 불황이었다.

소비조합의 폭리와 횡포 또한 만만치 않았다.

이런 탄광노동자들의 삶의 조건을 개선해야 할 노조는 불행하게도 어용이었다. 노동자들의 편이 아니라 사용자들의 편으로 그들과 한통속이었던 것이다. 어용 노조지부장의 월급이나 씀씀이는 정선군수 부럽지 않았다. 실제로 그 생활은 광부의 그것이 아니라 떵떵거리는 상류생활을 방불케 했다. 1979년 4월에 있었던 6대 노조지부장 선거에서 이재기는 노동자들의 직접적인 지지를 많이 받고 있던 이원갑(李源鉀)이라는 강적을 만난다. 대의원 29명에 의한 선거에서 15 대 13(기권 1표)으로 가까스로 이긴다.

그러나 4명의 무자격자가 대의원이 된 것에 이원갑측이 이의를 제기, 중앙의 광산노조가 무효결정을 내리지만, 얼마 뒤 이재기를 노조지부장 직무대리로 임명해 사실상 지부장직을 수행케 한다. 1979년 가을에는 노조회비 횡령시비도 있었지만, 이재기의 전횡은 계속된다. 그러나 그 과정에서 반대파도 만만치 않게 성장했다.

1980년 3월 이원갑, 신경(申炅) 등 이재기 반대파들은 노조집행부에 대한 불신임과 직선제 요구, 임금협상 경위에 대한 해명요구, 그리고 노동자들의 복지후생문제와 관련한 노동자들의 호소를 담은 탄원서를 관계요로에 전달하는 한편, 4월 16일에는 서울의 광산노조 사무실로 몰려가 사무실을 점거하고 위원장 최정섭(崔正燮)과 부위원장 김규벽(金奎璧)을 상대로 지부장에 대한 노조원 직접선거를 강력히 요구한다.

4월 18일에는 사북의 조합사무실로 50여명의 조합원이 몰려가 항의했으나 이재기는 반성은커녕 "나는 강원도지사가 임명한 지부장이다. 노조선거는 다시 할 수 없다"며 여전히 오만불손하게 나왔다. 이에 격분한 조합원들은 "이재기 사퇴하라" "임금 40퍼센트 인상하라"

등의 구호를 외치며 농성에 들어갔다. 농성 가담자는 금방 1백여명으로 늘어났고, 이재기는 경찰에 신변보호를 요청했다. 사북경찰은 노동자들의 말보다는 "계엄령하의 집회는 불법"이라며 주동자의 한사람인 신경을 연행했다. 이에 1백여명의 노동자가 사북지서로 몰려가 신경의 석방과 21일 집회를 약속받았다. 경찰이 이재기의 신변은 보호하면서 신경을 연행한 것이 노동자들의 분노를 촉발시킨 일차적인 계기가 된 것이다.

21일 집회에 대해 계엄사령부 명의의 집회불허 통보가 있었음에도 21일 오후 2시 50여명의 노동자가 다시 농성에 들어갔고, 오후 3시에는 3백명으로 늘어나더니, 5시경에는 동참하는 노동자가 3천5백명으로 늘어났다. 22일에는 5백여명의 경찰과 전경이 소총으로 완전무장했음에도 불구하고 3천여명의 노동자가 가두시위를 전개했다. 오전 10시 40분경 경찰이 공포탄 두발을 발사하고, 몇발의 최루탄을 쏘았다. 시위대는 사북역 앞에 집결해 경찰에게 돌세례를 퍼부었고, 부녀자들은 치마로 돌을 날랐으며 갱목장 바위와 통나무를 굴려 10여분만에 경찰을 완전히 밀어냈다. 경찰이 패퇴할 수밖에 없었던 것은 역풍으로 최루탄이 위력을 발휘하지 못한데다가, 수적으로 열세였고 또 돌세례가 너무나 격렬했기 때문이었다. 이것을 일컬어 '안경다리접전'이라 그들은 불렀다. 이들이 사북을 완전히 장악한 것은 오후 2시경이었고, 경찰이 물러간 뒤 이들은 외부인의 출입을 통제한 가운데 태극기를 꽂아놓고 난상토론을 벌였다.

협상, 그리고 파기

경찰이 물러가고 얼마 뒤부터 광장에는 공수부대 진입설이 나돌았다. 뒤에 확인된 바에 의하면 실제로 11여단(지휘관 최웅崔雄) 등의 투입이 구체적으로 검토되었다고 한다. 당시는 계엄사령관이 투입을 결정해서 부대에 직접 명령을 내리면 충분히 그럴 수 있는 상황이었고, 수습대책위원장을 맡고 있는 지사한테 투입 승낙을 요구하기도 했다는 것이다. 이러한 위험 속에 4월 22일 오후 5시 1차협상이 시작되었다. 이쪽은 최정섭 전국광산노조위원장과 광부대표 40명이었고, 저쪽은 김성배(金聖培) 강원도지사, 유내형(柳來馨) 도경국장, 김상희(金詳熙) 치안본부2부장, 전창선(全昌善) 정선군수, 윤석구(尹錫九) 동력자원부 석탄국장, 유환규(柳桓奎) 동원탄좌 부사장 등이었다.

4월 24일 새벽 최종 합의된 내용은 이재기와 노조집행부 사퇴, 부상자 치료 및 보상금 회사부담, 하청업체 노임과 상여금 상향조정 건의, 신용협동조합 미지급금 회사부담, 1979년도 징계자 상여금 삭제분 지급, 파업 4일분의 휴업수당 지급, 1·2월 임금인상 소급분 20퍼센트를 5월에 지급, 상여금 250퍼센트를 400퍼센트로 인상, 경찰 실력행사 절대 삼가, 회사와 당국이 사태해결에 절대 노력한다는 것이었다. 이처럼 엄청난 투쟁으로 얻은 것은 상여금 150퍼센트 인상과 이재기를 축출한다는 것이 전부였다. 노동자들의 숙원이었고 또 그것을 위해서 싸웠던 노조지부장 직선제, 임금 40퍼센트 인상은 관철되지 못했다. 처음 당하는 일이라 광부들에게 협상력도 없었지만, 그보다도 계엄군 투입이라는 '초읽기'에 몰리고 있었던 탓이었다.

노동자측은 최소한 임금 30퍼센트 인상과 주모자에 대해 처벌하지 않겠다는 확약을 각서로 받고 싶어했지만, 그것은 끝내 이루어지지 않았다. “법률이 허용하는 범위 안에서 최대한, 최선을 다한다”(유내형 도경국장의 말)라는 상투적인 말만 들었을 뿐이었다. 그러나 노동자들은 합의를 지켜나갔다. 다만 광부들의 부인들이 한때 양측의 합의에도 불구하고 “이재기가 와서 사과해야 그 부인을 풀어주겠다”면서 버틴 것이 반항의 전부였다. 광부들이 장악한 3일 동안 사북에서는 그 어떤 혼란이나 매점매석도 없었다. 그러나 4월 24일 사북노동항쟁에 대한 보도관제가 풀리자 언론은 그동안의 과정을 ‘난동’ ‘폭동’ ‘무정부상태’라는 표현으로 몰아가기 시작했다. 폐간되기 직전의 신아일보 사진기자가 찍은, 옷이 벗겨진 이재기 부인의 사진 한장이 폭동, 난동의 가장 강력한 증거물이 되었다. 사진을 찍은 기자는 신아일보가 폐간되지 않았더라면 자신의 사진이 국내외적으로 큰 상을 탔을 것이라고 폐간을 못내 아쉬워했다. 풀려난 노조지부장의 부인은 한때 고한성당에서 수녀의 보호와 간호를 받았는데, 그동안의 곤욕으로 매우 불안, 초조해했다고 한다. 그때 고한성당의 역할은 양쪽 모두에게 정신적으로 커다란 위안이 되었다.

아직도 끝나지 않았다

그러나 양쪽의 합의로 사북노동항쟁이 끝난 것은 아니었다. 5월 18일 0시를 기해 비상계엄이 전국으로 확대되기 훨씬 전인 5월 6일부터 하나둘씩 광부들이 계엄사로 연행되기 시작했다. 밤이 되면 갑자기 전기를 끊어 칠흑 같은 밤을 만들고, 착검한 엠원소총을 든 군인들이 광부사택을 뒤져 거칠게 연행해가는 것이었다. 매일 밤마다 이런 인간사냥이 계속되었다. 연행에는 택시와 택시운전사가 동원되었고,

강원도 경찰국장은 이러한 검거동원자들에게 감사장을 주었다. 광산촌은 공포에 휩싸였고, 언제부터인가 "잡혀간 누구는 간첩이었대" 하는 소문이 나돌기 시작했다. 광부들만 잡혀간 것이 아니라 그 부인들도 수없이 잡혀갔다. 잡혀가서 고문에 못 이겨 누구 이름을 대기만 하면 그가 또 잡혀갔다. 공포와 불안이 사북을 뒤덮었다. 전효덕(錢孝德)의 경우, 이북에 넘어갔다 왔다고 진술할 것을 요구받았다. 갔다오지 않았다고 하면 고문을 해댔다. 고문으로 강제로 진술하게 해놓고는 녹음을 했다. 그리고 그 녹음을 틀어 진술서를 작성했다. 검찰앞에 가서 번복하면 또다시 고문이 뒤따랐다. 5월 6일에 일찍 연행된 사람들은 영장이 떨어진 20일까지 15일 이상을 불법적으로 구속당한 상태에서 고문당했다.

여인들의 경우는 더했다. 옷을 전부 벗겨놓고 유방을 손으로 비틀어쥐고 끌어올리거나, 손발을 묶어놓고 몸을 굴리며, 몸에 난 털을 뽑는 등 이루 말할 수 없는 만행을 저질렀다. 기절하면 다시 물을 붓고 깨우기를 반복했다. 그러다보니 누가 무기를 탈취하는 것을 보았다는 둥 허위진술을 해야 했다. 그래서 또 이웃간에 갈등과 불신이 생겼다. 이렇게 당한 부인들은 자신들이 당한 고문을 남편에게도 말하지 못하고, 창피함과 분함을 속으로만 쌓아서 자다가도 벌떡벌떡 깨는 정신병에 걸리기도 했다. 당한 것을 있는 그대로 호소할 수도 없었다. 이렇게 하여 구속된 사람이 31명, 불구속 기소된 사람이 50명이나 되었다. 이들은 2~3년간의 감옥생활을 마친 뒤, 뿔뿔이 흩어졌다. 사북을 떠난 것이다. 사북을 떠나서도 전과경력 때문에 취직이 안되어서 직업 바꾸기를 수없이 거듭해야 했다. 2000년 4월 30일 이원갑의 환갑잔치 때 몇사람이 모였는데, 어떤 사람들은 사북사태 20년 만에 처음 만나는 것이라고 했다. 이들에게 사북은 즐거운 추억의 고장이 아니라 잊고 싶은 악몽의 현장이었던 것이다. 그러나 이들에 의한 사북노동항쟁은 한국노동운동사에서 중요한 한페이지를 차지한다. 어용노조에 대한 투쟁의 단초가 되었으며, 주민들과의 연대성과 집단성을 특질로 하는 1980년대 노동운동의 양태를 예고하는 것이기도 했다.

신군부는 이렇게 항쟁 관련자들을 다 잡아들이고는, 계엄사의 조사를 거쳐 그들의 구미에 맞는 새로운 노조지부장으로 홍금웅을 임명했다. 그리고 군부정권의 광기 속에서 사북의 동원탄좌는 다시 노동자들에 대한 기만과 탄압과 착취의 현장이 되어갔다. 그해 10월 이미 대통령 자리에 오른 전두환은 개선장군처럼 위용을 자랑하며 사북을 방문했다. 사북노동항쟁을 군부집권의 명분과 계기로 이용하고 난 뒤 회심의 미소를 띤 채…… 그때 관련자 한사람은 사북노동항쟁으로 덕을 본 사람은 전두환과 홍금웅 두사람이라고 말했다.

사북노동항쟁이 역사 속에 묻힌 지 20여년 만에, 그때의 사북을 찾아나선 사람이 있었다. 「먼지, 사북을 묻다」라는 제목의 다큐멘터리 영화를 만든 여성 영화감독 이미영이 바로 그였다. 그는 2년여에 걸쳐 1백여명 이상을 인터뷰하여 영화를 완성했다. 고문후유증으로 고생하다 간경화로 촬영기간중 죽은 사람도 있었다. 그는 그들의 행동이 그들 말대로 비록 '먹고살고자 친 발버둥'일지언정 마땅히 민주화운동으로 명예회복이 되어야 하고, 국가폭력의 희생자로 보상받아야 한다고 주장한다. 그의 그런 집념 덕분이었는지, 사북노동항쟁 관련자들은 2000년 11월 21일 명예회복과 보상을 신청했다. 여자감독의 지성으로 20년 만에 다시 만난 이들은 '사북노동항쟁 명예회복추진위원회'를 함께 꾸리고 있다. 뒤늦게라도 이들이 이땅에 태어나 이 나라 이 공동체의 구성원이 된 것을 마음속으로부터 보람과 자랑으로 여길 수 있는 날이 오기를 빌어 마지않는다.

광주민주화운동

동포여, 무엇을 하고 있는가

계획된 씨나리오

1980년 5월 17일 밤 9시 30분에 시작되어 10분 만에 전국계엄을 의결한 비상국무회의에 대해 그해 6월 2일자 『뉴스위크』는 이렇게 쓰고 있다.

> 5월 17일 각료들이 국무회의 소집을 통보받았다. 장관들이 도착했을 때 그들은 계단과 복도에 줄지어선 군인들을 볼 수 있었다. 신현확 총리와 주영복 국방부장관이 회의실에 들어섰다. 신총리가 의사봉을 세번 두드리자 주장관은 현 계엄령이 전국으로 확대되었다고 발표했다. 전 각료들은 서명하도록 요구받았다. "우리는 입을 다물고 있었지요. 아무런 토론도 없었답니다." 김옥길 문교부장관이 말했다.

그렇다면 전두환, 노태우의 군부는 왜 전국계엄으로의 확대를 그토록 집요하게 추진했는가. 원래 비상계엄은 그것만으로도 국민의 기본권을 제약하고, 행정 및 사법사무를 계임군이 장악함으로써 일상생활에 위협적인 공포분위기를 조성한다. 이 비상계엄이 전국으로 확대된다는 것은 그 자체로 전국민에게 엄청난 공포분위기를 조성하는 것이 될 수밖에 없다. 이런 공포분위기 조성 외에도 거기에는 숨겨진 의도가 따로 있었다. 전국계엄이 아닌 경우에는 민간인인 국방부장관이 계엄업무에 대한 지휘감독권을 가진다. 그러나 전국적인 비상계엄에서 국방부장관은 이러한 지휘감독권을 갖지 못한다. 계엄사령관의 권한이 더욱 강화됨은 물론, 국방부장관이 계엄업무로부터 배제됨에 따라 계엄업무는 물론 일반 국정을 조정, 통할하는 국무총리의 계엄에 관한 권한마저 없어진다. 그리고 국무회의의 심의권마저도 없어지게 된다. 사실상 군에 의한 쿠데타에 다름아니다. 바로 군정이 실시되는 것이고, 국무총리 이하 국무위원 전원을 허수아비로 만들어놓는 결과를 가져오는 것이다.

비상계엄의 전국확대를 관철한 군부세력은 그 여세를 몰아 5월 21일 자신들의 구미에 맞는 사람 일색으로 내각개편을 단행한다. 김옥길 문교부장관을 비롯해 많은 장관들이 전보 또는 경질되었다. 신현확 내각의 사퇴 이유가 걸작이다. "작년 내각구성 이후 국정을 이끌어나감에 있어 최선을 다하지 못했고, 특히 금번 최규하 대통령의 외국순방중 국내의 안녕질서를 유지하지 못했으며, 유례없는 소요사태가 발생한 데 대하여 국무위원으로서 국민과 대통령에게 책임을 느껴 사직한다"는 것이었다. 신현확 내각이야말로 군부의 요구에 철저하게 잘 순응했을 뿐만 아니라, 그들이 책임을 느끼고 있는 그 학원소요야말로 군부의 전면등장에 좋은 빌미와 계기가 되었으니, 소요를 막지 못한 그들에게 차라리 상을 주어야 마땅한 노릇이었다. 오히려 그들의 목적달성을 위해서는 소요가 더 진행되기를 그들은 기다리고 있었는지도 모른다.

12·12와 5·18 반란사건에 대한 공판기록에 의하면, 12·12 군사반란으로 그들은 군의 지휘권을 완벽하게 확보했으며, 1980년 4월 전두환의 중앙정보부장 서리 취임으로 정보기관을 완전히 장악했다. 5월 초부터 그들은 비상계엄의 전국확대와 그에 따라 취해야 할 조치들을 마련하기 시작했다. 즉 전두환의 지시에 따라 허화평, 허삼수, 이학봉, 권정달 등은 비상계엄의 전국확대, 국회해산, 비상대책기구 구성 등을 골자로 하는 시국수습방안을 준비하고, 전두환, 노태우, 유학성, 황영시, 차규헌, 정호용 등은 이를 수시로 검토했다. 그리고 이희성, 주영복에게도 이를 설명해서 협조를 약속받은 상태였다. 이와 함께 이학봉 등은 예비검속 대상자, 권력형 부정축재를 이유로 재산을 몰수할 대상자, 정치활동을 금지할 대상자까지 이미 선정해놓고 있었다. 5·17 비상계엄확대는 학원소요에 따른 불가피한 조치가 아니라 군부집권을 위한 씨나리오로 기획된 음모였던 것이다.

뿐만이 아니다. 시위진압에 군을 동원할 것을 전제로, 이들은 이미 5월 3일 특전사령부 예하 9공수여단을 수도군단에 배속시키고, 5월 6일에는 해병 1사단 1개 연대를 소요사태 진압부대로 사용할 수 있도록 조치했다. 5월 6일부터 8일 사이에는 2군 및 수도권지역 전부대를 대상으로 소요진압 준비태세를 점검했다. 5월 8일에는 포천에 주둔하던 13공수여단을 서울 거여동 3공수여단 주둔지로, 10일에는 화천에 주둔하고 있던 11공수여단을 김포 1공수여단 주둔지로 이동 배치했다. 5월 9일에는 해병 1사단 1개 연대를 추가로 소요진압에 투입할 수 있도록 조치했다. 이렇게 하여 14일에는 육본 작전참모부장을 본부장으로 하는 소요진압본부까지 설치하는 한편, 전군에 소요진압부대 투입준비 지시를 하달했다. 또 차후명령에 따라 수도경비사령부는 특전사 예하 4개 공수여단을 작전통제하여 수도권 한강 이북지역을, 수도군단은 9공수여단을 작전통제하여 수도권 한강 이남지역을, 2군 사령부는 7공수여단과 해병 1사단 2개 연대를 작전통제하여 부산, 대구, 광주 지역을 각각 맡아 소요사태를 진압하도록 사전준비했다.

또한 소요사태와 관계없이 이들은 5월 14일 3공수여단을 국립묘지에 배치하고, 청와대 등 특정경비지역에 수경사 9개 중대와 화학지원대를 배치한 데 이어, 저녁에는 전국 71개 방송국 및 중계소에 경계 병력을 배치했다. 15일에는 양평에 주둔하고 있던 20사단 61·62연대를 잠실체육관과 효창운동장으로, 17일에는 20사단 60연대를 태릉으로 이동시키는 등 계엄군의 예비이동까지 실시했다.

5·18 반란사건에 대한 재판과정에서 전두환 등은 구차하게 변명하기를, 광주민주화운동은 시위와 진압이 예상외로 악화되어 발생한 것일 뿐 미리 강경진압을 공모하거나 계획한 일이 없다고 주장했다. 그러나 재판과정을 통하여 전두환 등 신군부는 5월초 시국수습방안을 모색할 당시부터 이미 국민들이 크게 반발, 저항할 것을 예상하고 이에 대비하여 '강력한 타격'의 방법으로 시위진압을 하도록 훈련된 공수부대를 투입할 것을 계획했고, 비상계엄을 전국으로 확대하기 전에 미리 전국의 대학과 주요 보안목표에 계엄군을 투입했음이 밝혀졌다. 17일 밤에 이미 특전사 7공수여단 소속 장교 94명, 사병 680명이 엠십육 소총 등을 휴대하고 전남대학교와 조선대학교를 점거하여 당시 학교 잔류학생들에 대한 구타행위를 자행했다. 더구나 지역정서상 커다란 반발이 예상됨에도 불구하고 김대중을 계엄확대와 동시에 체포한 것 등에 비추어볼 때, 이들은 처음부터 광주시민 등 국민들의 저항이 있을 것을 충분히 예상하고 계엄군의 조기투입과 강경진압을 획책

했음이 명백한 것이다.

이처럼 이들의 반란행위는 5월 17일 밤 계엄확대가 의결되기 이전에 이미 감행되고 있었다. 특히 비상국무회의가 있던 5월 17일 저녁 노태우가 전두환과 공모하여 비상계엄확대 문제를 논의하기 위한 바로 그 임시국무회의장에 소총 등으로 무장한 수도경비사의 병력을 배치한 것부터가 반란행위였다.

뿐만 아니라 계엄확대조치와 함께 국회의사당에 무장한 33사단 병력을 계엄군으로 배치하여 국회를 점거하고, 국회의원의 의사당출입 자체를 통제하여 광주 밖에서도 이미 반란행위를 자행하고 있었다. 이렇게 전두환, 노태우의 군부가 소요사태를 자신들의 집권계획을 위한 절호의 기회로 보고 준비를 차곡차곡 진행하고 있었을 때 광주에서는 어떤 일이 벌어지고 있었던가.

마주보고 달리는 두개의 기관차

학생회장단의 논의 끝에 서울 지역 학생시위대는 정부의 단안을 기대하면서 학교로 돌아가기로 결정했지만, 광주에서는 바로 그렇게 되지는 않았다. 또 서울의 학생시위에서 나라의 민주화문제를 제기한 것이 5월부터였음에 반하여, 광주에서는 이미 3월부터 민주화를 학생운동의 중심이슈로 삼고 있었다. 또 현실인식에 있어서도 광주의 학생운동권이 서울의 그것보다 군부세력의 정체와 의도를 더 냉철하게 읽고 있었다. 서울에서 학생들이 소요사태를 일단 종결하고 학교로 돌아갈 무렵, 전남대 학생회 대의원총회는 '결전에 임하는 우리의 결의'라는 제목으로 이런 내용의 선언문을 발표한다.

이에 우리는 우선 비상계엄의 해제, 구속 민주인사의 석방과 복직·복권을 강력히 요구하며 더불어 일제 때 황민화교육의 선봉자였고 3·15 부정선거의 원흉이었으며 유신체제의 받침돌이었던 신현확과, 이승만·박정희 정권하에서 외무부 요직과 정부 요직을 두루 맡으면서 민주세력 억압의 주역을 담당했으며 아직도 전두환의 손아귀에서 벗어나지 못하는 허수아비 최규하, 그리고 반민주·반민족 세력의 주동인물인 전두환 등 3명이 모든 공직에서 즉각 퇴직할 것을 민주학생과 민족의 이름으로 촉구한다.

당시의 정국에 대해서 이처럼 냉철하게 인식하고 이처럼 명백하게 방향을 제시한 사람은 없었다. 그해 4월 3일자 『뉴스위크』에 '한국의 변화바람'이라는 제목의 기사가 실렸다. 그 기사에서는 "김영삼은 능력이 부족하며, 김대중은 너무 과격한 것으로 생각되고 있고, 김종필은 너무 때묻어 있다"라는 한 외교관의 평이 소개되었다. 계엄 아래에서 이 기사는 한참 뒤인 4월 11일 조선일보를 통해서 보도되었는데, 이것은 계산된 정치공작의 냄새가 짙었다. 앞의 선언문에서 전남대생들은 이 기사를 놓고 "다시 말해서 4월 3일자 『뉴스위크』 기사를 8일 뒤인 11일자 일간지에 3김을 보도하게 한 것은, 3김을 고립시킨 뒤 그네들 신당의 부상을 꾀하려는 망동으로밖에 볼 수 없는 것이다"라고 지적하고 있다.

과연 전남대생들의 예언이 현실로 드러나기까지는 며칠 걸리지 않았다. 김영삼은 5월 18일 아침 7시 20분에 노태우 휘하의 무장한 수경사 헌병들에 의하여 가택에 포위, 봉쇄되었고, 김대중은 5월 18일 동교동 자택에서 연행되어 뒷날 이른바 '김대중 내란음모사건'으로 이름붙여진 조작된 사건으로 계엄사에서 조사를 받기에 이르렀으며, 김종필 역시 같은 날 권력형 부정축재 혐의로 계엄사에 연행되었다.

이처럼 광주에서 5월 학생시위는 처음부터 서울의 그것과는 사뭇 달랐다. 또 그만큼 격렬했다. 14일에는 1만여명의 시위대가 도청 앞 광장을 장악한 가운데 대학생, 중고생과 시민 등으로 시민봉기위원회를 구성하고, 매일 오후 8시에 광주역, 도청 앞에 모이기로 결의했다. 15일에는 경찰의 별다른 저지없이 도청 앞 분수대 주변에 1만6천여명의 전남대·조선대·광주교육대생들이 모여 연좌시위에 돌입했다. 이때 발표된 시국선언과 구호의 주요내용은 비상계엄의 즉각해제, 노동3권 보장, 정치일정 단축 등이었다. 대회후 대형 태극기를 여섯사람이 넓게 펴들고 그 뒤를 따라 50여명의 교수와 일반학생 순으로 열을 지어 귀교했다.

예감이 이상했던지 전남대 학생회는 만약 휴교령이 내리면 다음날 오전 10시 전남대 교문 앞에 집결, 이것이 막히면 12시 도청 앞 분수대에 집결할 것을 학생들에게 널리 알렸다. 전남지역 학생운동연합본부는 처음에는 16일 횃불시위를 계획했으나 시민들이 불안해할지 모른다는 이유로 이를 취소하고, 광주시내 9개 대학 학생 3만여명이 오후 3시부터 도청 앞 광장에 모여 시국성토대회를 개최했다. 이때 복학생을 대표하여 정동년(鄭東年)이 제2시국선언을 낭독했는데, 요구조건은 대동소이했으나 "이에 우리는 유신잔당의 국민주권 찬탈음모론을 분쇄하고자, 우리 대학인의 민주역량을 총집결하여 반민주·반민족세력과의 성전을 엄숙히 선포한다. 우리가 흘린 이 젊은 피가 통일민주조국으로 가는 노정에 핏빛 진달래로 피어오르길 바란다!"라는 표현이 특이하다. 이런 표현은 뒤이어 전개된 유혈사태를 예감했던 것이 아닌지 생각케 한다.

시위대는 도청 앞 광장에서 저녁 8시부터 2개조로 나뉘어 각종 구호를 외치고 노래를 부르며 횃불 시가행진을 펼쳤다. 학생운동 지도

5·18 광주항쟁 ⓒ김용일

부는 전국의 다른 대학과 보조를 맞추기 위해 사태의 경과를 관망한 후 19일 월요일부터 또다시 성토대회를 열기로 결의했다. 그러나 만약 휴교령이 내려지면 오전 10시 전남대 정문 앞 집결을 재확인하고 밤 10시 자진해산했다.

그 이튿날인 17일 오후 전남대 총학생회 사무실에 서울로부터 "서울의 각 대학 학생회장단이 모두 계엄당국에 연행되었다"라는 여자 목소리의 전화가 걸려왔다. 전국적으로 계엄군에 의해 체포가 시작되고 있다고 판단한 전남대 학생회장단은 일단 피신키로 하고 흩어졌다. 밤 11시 시내 곳곳에서 민주화운동에 투신했던 교수·청년·운동단체책임자·재야인사·학생들이 권총을 들이대며 침입한 군인들에 의해 체포, 검거된다. 이보다 앞서 17일 오후에 광주 상무대 전투교육사령부에서 공수부대 1천여명이 작전개시 준비를 끝내고 상부명령을 기다리다가 이날밤 전남대와 조선대를 점거한다.

5월 16일 이후 전국적으로 학생시위가 소강상태에 들어갔으나 오직 광주만은 그 반대였다. 오히려 15일보다 훨씬 많은 3만여명이 도청 앞에 집결해 광주민주화운동 전야의 폭발적인 시민정서를 보여주었다. 이처럼 광주의 민주정서는 확산일로를 걷고 있었고 군부의 집권의지도 계속 확대되어, 서로 마주보며 달리던 기관차가 마침내 광주에서 충돌한 것이 광주민주화운동이었다. 광주민주화운동은 상당기간 '광주사태'라는 이름으로 불렸는데, 이는 물론 전두환·노태우의 5·6공 시절에 어쩔 수 없이 비하된 탓도 있지만, 광주민주화운동의 적극적 측면이 무시되고, 잔인한 탄압이 시민저항을 불러오고 그것이 무력진압으로 연결되어 엄청난 희생만 입었다는 '사태'로 단순 인식된 측면도 배제할 수 없다.

광주민주화운동은 그것이 일어나기까지의 과정, 충돌과 그 전개, 그리고 그 이후 광주민주화운동으로 자리매김하기까지, 그 전체로 하나의 민주화운동 자체였다. 나는 1993년 5월 13일 민주화운동과 관련한 대통령담화에서 "문민정부는 광주민주화운동의 연장선 위에 있는 민주정부"라고 썼다. '광주민주화운동'이라는 명칭을 대통령의 공식 담화문에서 처음으로 쓴 것으로 기억한다.

흔히 5월 18일을 광주민주화운동의 기점으로 삼는데, 5월 18일은 유혈충돌이 있던 첫날임에는 틀림없으나, 전후사정을 살펴보지 않으면 광주민주화운동을 제대로 이해할 수가 없다. 전남대 학생회장단이 일단 피신에는 성공했지만, 지도부가 증발되어 학생회조직이 마비된 상태에서 유혈충돌이 발생했다는 점에도 유념할 필요가 있다.

광주대교구 사제단의 발표

흔히 비상계엄이 전국으로 확대시행된 1980년 5월 18일부터 계엄군이 무력으로 전남도청에 진주한 5월 27일까지 광주와 전남 일원에서 발생한 일련의 사태전개를 '광주민주항쟁' 또는 '광주민주화운동'이라 일컫는다. 그러나 일련의 과정은 상당 기간 단편적으로만, 그리고 소문으로만 입에서 입으로 전달되었다. 군부통치가 계속된 시대상황 탓이겠지만, 체계적으로 정리되고 객관적인 자료로 나오기까지는 꽤 오랜 시간이 걸렸다. 1985년 4월에 작가 황석영의 기록으로 전남사회운동협의회가 펴낸 『죽음을 넘어, 시대의 어둠을 넘어』가 최초로 정리된 기록이 아닌가 싶다. '광주민중항쟁의 기록'이라는 부제가 붙은 국판 3백면 분량의 이 자료는 특정인 또는 특정집단을 지나치게 부각시킨 점이 눈에 띄기는 하지만, 전체의 과정을 비교적 차분한 시선으로 정리하고 있다. 1980년 5월의 광주가 어떻게 전개되었는지 전체적으로 파악하려면 꼭 읽어야 할 책 가운데 하나이다.

당시에 나온 짧은 기록으로는 광주대교구 사제단이 바로 한달 뒤인 6월에 정리, 발표한 「광주사태의 진상」이 있다. 단편적인 고발이나 특정한 상황을 기록한 문건은 많이 있지만, 이 자료는 사제들이 차분하게 전과정을 요약 정리했을 뿐만 아니라 1980년 6월의 상황까지도 전해주고 있다는 점에서 중요한 기록의 하나이다. 광주민주화운동이 어떻게 전개되었고 또 이렇게 왜곡, 은폐되었구나 하는 것을 이해할 수 있는 하나의 텍스트로 여기에 전문을 인용한다. 광주대교구 사제단은 이 문건을 발표하면서 "거짓은 폭로되고 진실은 밝혀지도록 하는 것이 그리스도를 믿는 우리에게 맡겨진 사명임을 잘 알고 있는 우리는 양심과 신앙의 충동에 따라 사태의 진상을 전국민 앞에 발표하는 것만이 우리의 사명을 다하는 것이며, 이 사태로 죽어간 영령들을 위로하고, 한맺힌 광주시민의 아픔에 동참하는 길이라고 결정하여 전국민 앞에 밝히고자 한다"라고 했다. 그러므로 이 자료는 당시 정부의 발표와는 정반대되는 것으로, 당시 상황에서는 엄청난 모험이요 결단이었다. 말하자면 1980년 5월의 광주에 관한 한 '암흑 속의 횃불'이었다. 다음은 진실을 찾고 또 있는 힘을 다해 세상에 외친 그 자랑스런 기록이다.

사제단의 「광주사태의 진상」

비상계엄이 확대 실시되기 전까지 광주의 대학가는 교내 시국성토대회를 벌이다가 '민주화 시국성회'를 갖기 위해 전남도청 앞 분수대에 모였으며, 이후 전남대를 비롯하여 10개의 대학 및 전문대생 3만여명이 대규모 집회 및 횃불행렬로 시위를 벌였다. 많은 학생들이 참여한 데모였지만 평화적인 것이었고, 경찰과의 충돌조차 없었으며, 질서정연하게 민주화를 추구하는 의사전달식이었다. 학생들은 이 집회로써 그동안의 시위를 끝내고 정부당국의 성의있는 답을 기다리며 수업에 전념할 것을 결의했었다. 이 평화적인 시위가 왜 참담한 살육이 자행되는, 눈뜨고 볼 수 없는 비극으로 돌변하고 말았을까? 그 진범은 누구일까?

· 5 · 18 이전의 상황

만일의 휴교조치에 대비하여 학교 앞에 모이기로 사전합의한 전남대생들은 비상계엄이 확대 선포되고 데모 주동학생들이 체포되던 5월 18일 아침, 교내로 들어가려다가 총을 든 군인들에 의해 제지를 당하자 투석전을 벌였다. 계엄군에게 쫓겨난 학생들은 거리로 뛰쳐나와 연좌시위를 벌였고, 경찰이 최루탄과 경찰봉으로 해산시키려 하자 다시 투석전이 벌어졌다. 경찰력으로 진압에 실패하자 오후 3시경 공수부대를 투입시켰다. 착검한 M16에 방망이로 무장한 공수부대원들은 학생들을 해산시키기 위하여 남학생들을 붙잡아 방망이를 마구 휘둘러 난타했다. 뒤통수를 맞고 피를 낭자하게 흘리며 쓰러진 학생들이 많았다.

이에 격분한 학생들이 보도블록을 깨서 돌을 만들어 집어던졌다. 시민들이 지켜보고 있는 가운데 잡혀온 학생들을 군홧발로 짓밟거나 기합을 주었으며 심지어는 다시 방망이를 휘둘렀다. 반항하는 경우 M16에 꽂은 칼(대검)로 등과 허벅지를 찌르고 그었다. 피흘리는 학생들을 굴비처럼 엮어 군용트럭에 싣고 갔으며, 통금이 밤 9시로 단축된 것이 발표되자 귀가하는 학생으로 보이는 젊은이까지 무조건 두들겨패고 연행했다. 이를 만류하는 시민들까지 개머리판으로 마구 때렸다.

· 다음날 19일

시내의 표정은 무겁게 가라앉은 상태에서 술렁대기 시작했다. 누가 먼저랄 것 없이 금남로에 이루 셀 수 없는 시민들이 모여들었다. 이날 아침에는 공수부대원들이 어제와는 달리 모여드는 학생들을 흩었다. 그러다가 데모학생들이 몰려들자 붙잡아 옷을 벗기어 길거리에 꿇어앉혔고, 피를 흘리며 쓰러지는 학생들을 계속 구타했다. 공수부대원들의 잔인성을 직접 목격한 군중들은 울분과 분노를 참지 못하고 흥분하기 시작했다. 오후에는 가택수색까지 해가며 학생들을 붙잡아갔고, 얻어맞아 택시에 실려가는 학생들까지도 차에서 끌어내려 두들겼으며, 심지어 운전수들까지 구타했다.

이에 흥분한 시민들이 합세하기 시작하자 남녀노소를 구별치 않고 구타하거나 대검으로 난자했다. 칼로 옆구리가 찔린 학생과, 등이 X자로 그어져 있는 시체가 추후에 확인되었다. 이때 체포된 학생 수가 927명이라고 계엄사는 발표했다. 이틀간의 무자비한 공수부대의 만행은 많은 시민을 데모에 가담하게 했으며 군중의 분노를 가열시켰다.

· 데모대의 무장경위

공수부대원들의 만행과 체포가 그치자 가족을 찾아나선 시민들이 각 병원 응급실, 시체실을 메웠다. 그런데도 20일, 계엄사는 민간인 사망자 1명, 계엄군 사망자는 4명이라고 발표하여 시민들을 더욱 분노하게 했다. 시민들은 공수부대원들의 무차별 만행에 자신들을 방어하기 위하여 적극적인 방법들을 찾기 시작했다. 시내버스, 택시 운전사들이 차를 몰아 도청을 최후저지선으로 지키고 있는 군경을 향해 돌진해갔다가 최루탄에 의해 밀려났다. 수만명의 학생과 시민들로 차도와 인도가 가득찼고, 시민들은 함성을 지르며 시위를 벌였다. 아시아자동차 공장에서 납품하려던 장갑차와 군용지프와 트럭을 빼앗아 계엄군을 향해 시민들이 함께 나아가다가 연이은 총성과 함께 많은 시민들이 쓰러졌다. 여러 대의 헬리콥터가 상공을 배회했고, 사상자는 계속 늘어나기 시작했다. 전남의대병원을 비롯한 3개 종합병원과 182개의 개인병원으로 총상자들이 분산되어 응급처치를 받았다. 총소리에 쫓겨 놀란 시민들이 뿔뿔이 흩어지기 시작하고, 숨을 곳을 찾아나서면서 거리는 텅 비어버렸다.

맨주먹으로 대항하던 시민들이 이에 대항할 무기의 필요성을 깨달아 화순을 비롯한 인근 경찰서에 들어가 경찰과 예비군용 총기, 실탄, 수류탄, 그리고 화순탄광에서 사용하는 티엔티를 빼앗아 시내로 모이자 시가지는 완전 전쟁상태로 돌변했다. 총을 든 시민들에 의해 계엄군은 외곽으로 퇴각했으며, 이때도 많은 사상자가 생겼다. 밤새껏 쉬지 않고 총소리가 났으며, 밤에는 도청이 데모군중에 의해 점거당했다.(21일)

· 도청 철수 이후의 광주상황

학생들 스스로 시내치안을 담당하기 위한 조직을 구성했다.(22일) 점거된 도청이 학생들의 임시본부가 되사 도청 앞 광장과 금남로 시가는 인파로 몰렸다. 다시 질서있게 시민궐기대회를 가지며 "계엄 철폐" "전두환 퇴진" "김대중 석방" "구속자 석방" 등의 구호를 외쳤다. 종교계, 학생대표, 학계, 법조계, 언론계 등의 인사로 수습위원회가 스스로 구성되었다. 수습위원들은 더이상의 유혈사태를 막기 위하여, 계엄군이 시내 진입을 하지 않겠다는 약속을 받고 무기수거에 나섰다. 시민과 대화를 하겠다고 발표한 신임 박충훈(朴忠勳) 총리는 광주 상공을 헬기로 정찰하고, 계엄사 전남북본부에만 들러 상황을 일방적으로 청취한 뒤, '특별담화문'이란 것을 발표하여 시민을 경악하게 했다.(23일)

수습위원들의 활동으로 총기와 실탄이 상당수 회수되었다.(24일) 수습위원회가 계엄사측에 요구조건을 제시했으나 양자간에는 원만한 협의가 이루어지지 못했다. 수습위원회는 근본적인 수습을 위해서는 대통령이 광주사태의 잘못을 인정, 국민 앞에 사과하고, 사상자 및 피해에 대한 보상과 추후 정치적 보복이 없을 것에 대해 성의있는 답변을 공개적으로 천명해줄 것을 요구했다.(25일) 이런 논의가 진행되는 사이 계엄사는 약속을 어기고 시내로의 무장진주를 시도했다. 이에 학생들은 수거한 무기를 다시 분배, 무장했다. 계엄군이 진주할 경우, 시가지가 피로 물드는 사태가 발생할 것을 염려한 수습위원들은 비폭력의 죽음으로 항거하자고 결의하고 탱크 앞까지 죽음의 행진을 감행했다. 계엄군이 양보하여 퇴각했고, 계엄사와 수습위원의 회동도 이루어졌다(26일).

그러나 사태수습이 사령관의 권한 밖임을 암시받자 수습위 대변인(김성용金成鏞 신부)이 대통령 면담을 위해 서울로 떠났다. 유혈사태를 우려하던 수습위원들의 인내와 수고가 무시된 채, 5월 27일 새벽 2시 섬광탄을 쏘고 총격전이 전개되어 유혈이 흐르는 가운데 계엄군이 다시 시가지를 장악했다. 계엄사는 이날 유혈진압에서 사망자가 17명뿐이라고 했지만, 섬광탄에 희생되거나 총상을 입어 사망한 사람의 수는 새벽녘에 이루어진 일이기 때문에 알 길이 없다. 평화롭게 해결될 수 있는 기회가 계엄군의 성급한 진군으로 유혈진압이 되어버린 것이다. 피를 부르며 시가지를 장악한 계엄군은 마치 적진을 탈환한 것 같은 승리감에 차 있었다고 『아사히신문(朝日新聞)』은 전했다. 피를 머금은 땅은 흔적이 없듯이 열흘 동안의 민주화를 부르짖던 함성도 흔적없이 사라진 것 같다. 그러나 광주사태에 대한 민주시민의 긍지를 역사가 평가하여줄 때가 오리라 믿는다.

· 폭도는 누구인가

사태가 수습되었다는 당국의 발표를 듣고 '폭도' '난동자' '불순분자' '극렬분자'에 의해 파괴되었을 법한 광주시를 찾아온 외래객들은 너무나도 평온한 시내의 분위기에 의아심을 갖는다. 파괴로 휩쓸린 도시가 아닌 것을 목격하기 때문이다. 사태중 광주 MBC, KBS, CBS 방송국과 두개의 신문사는 사실을 보도해야 할 언론과 매스컴의 책임을 이행하지 못했음은 물론, 사상자 수에 대한 허위보도, 시민들을 무장폭도 및 난동자로 규정했으므로 시민들의 분노를 사 파괴 및 방화되었다. 많은 총기가 탈취당했는데도, 몇건의 사고가 없었던 것은 아니지만, 은행강도도 없고, 전기·수도가 공급된 것은 시민의 수준이 높은 증거라는 외신기자의 말에 공감을 느낀다.

남녀 대학생들이 치안대를 조직하여 은행과 농협 쌀창고를 지켰으며, 일부 지각없는 청년들의 횡포를 신속 정확하게 막았다 한다. 광주경찰서의 현관과 벽에는 '본 경찰서는 우리의 재산, 기물파괴는 세금의 과중, 스스로 보호합시다. 학생 일동'이라는 표어가 붙어 있었다. 계엄군이 외부와 통신, 교통을 차단시켜 생필품과 식량이 공급되지 않는 가운데서도 매점매석 행위나 폭리를 취하는 사람이 없었다. 언제 풀릴지 모르는 사태 속에서도 서로 식량을 나누어먹었고, 총상으로 인한 환자가 급증하여 피가 부족하게 되자 헌혈하는 시민들의 수가 무한히 늘어서 지금도 헌혈받은 피가 남아돌고 있다. 부녀자들은 데모대원들에게 스스로 음식과 약품을 제공했고, 배고파하는 계엄군들에게도 미움을 잊은 채 먹을 것을 제공해주었다.

사건의 전모가 발표되지 않았으나 3명의 간첩혐의자를 잡았다. 소위 치안부재의 10일, 곳곳에 흩어진 돌멩이, 유리, 최루탄 파편을 쓸어내는 시민들, 총격의 위험을 무릅쓰고 환자를 운반, 간호했던 의사와 간호원들, 생명을 내어맡기며 젊은이를 보호했던 운전사들, 어느 때보다도 가장 선량했던 세칭 부랑아와 버림받은 이들, 방망이를 휘두르는 공수대원 앞에서 너무나 쉽게쉽게 울어버린 어느 아낙의 따스

한 마음, 파괴와 방화를 하지 말자며 만류하던 우리 모든 광주시민들!! 그것은 우리가 아는 폭도들의 짓이 아니다. 저들이 불순분자라면 감히 할 수 없는 일들이다. 그런데도 저들은 불순분자와 폭도가 되어버렸다. 그리고 연행, 체포의 위협 속에 불안한 나날을 보내고 있다. 광주시민은 아무도 알아주지 않는 민주시민의 긍지를 마음속에 갖지만 응어리진 마음은 풀리지 않은 채, 이재민에게처럼 보내지는 구호품을 달갑지 않게 생각하고 외면하고 있다.

군은 이상과 같은 한국 근래 사상 유례없는 유혈사태를 유발하여놓고, 그 책임을 광주시민에게 전가하기 위해 일체의 보도를 통제하고 사실을 은폐함으로써 광주시민들과 우리 국민 전체의 가슴에 피맺힌 한을 남겨놓았다. 더욱 그들이 스스로 저지른 잔인한 만행에 대해 추호도 양심의 가책을 느끼지 못하고 있다는 것은 참으로 통탄할 일이다.

1980년 6월
천주교 광주대교구 사제단

우리를 위해서 기도해달라

광주민주화운동이 전개되는 동안, 모든 통신과 교통이 두절되고 언론이 통제되면서 광주는 철저하게 고립되었다. 이런 상황에서 광주의 상황을 알리고, 잔인무도한 전두환 군부를 향해 공동으로 투쟁할 것을 호소하는 광주·전남 사람들의 목메인 목소리가 줄을 잇는다. 그 목소리 중 어떤 것은 아주 어렵게 밖으로 전달된 것도 있으나, 대부분의 호소는 당시에는 밖으로 전달되지 못하고 기록으로만 남아 전해지고 있다. 5월 24일 전남대학교 교수 일동이 '대한민국 모든 지성인에게 고함'을 발표했는데, 이는 당시에 발표된 것으로는 대표적인 문건으로 평가되고 있다.

모든 사람들은 6·25 때도 이런 참혹한 살육전은 없었다고 울부짖으며, "모두 죽자!" "죽여달라!"를 외치며 짐승 같은 계엄군과 맨몸으로 싸웠습니다. 악몽의 일주일이 지난 지금도 도청 앞 광장의 금남로에는 특전대의 총칼에 무참히 죽음을 당한 억울한 주검들이, 광주를 사수하기 위해 나선 학생, 교수, 시민들의 절규와 통곡만이 쏟아지고 있습니다.

몇발자국 떨어져 있는 곳에서 내 나라 사람들이 이렇게 비인간적인 상황에서 죽어가고 있는 것을 관망만 하고 있다면, 도대체 학문이, 교육·양식이, 지식이 다 무슨 소용이겠습니까. 이 나라의 운명이, 이 나라의 장래가 어떻게 존재할 수 있겠습니까. (…) 지성인다운 태도와 민주시민으로서의 행동이 전격적으로 나타나야 할 것입니다. (…) 고립된 우리 광주시민들에게는 무엇보다도 한시가 절박합니다. 민주시민이여! 민주화를 위해, 우리의 삶을 위해 일어섭시다.

같은 날 80만 광주시민 일동으로 발표된 '전국 민주시민에게 드리는 글'은 분노의 감정에 북받쳐 훨씬 격렬한 표현으로 되어 있다.

민주제단에 흩뿌린 광주시민의 피를 헛되이 하지 마소서! 최후의 일인까지, 최후의 일각까지 끝끝내 싸워 저 원한의 살인마 전두환을, 흉악한 국민의 배반자 유신잔당 놈들을 갈기갈기 찢어 피로 하여 죽어간 우리 아들딸들의 한을 풀어주소서! (…) 일어서라. 궐기하라. 애국동포여! 3천5

백만 애국동포여!

이러한 긴박하고도 절절한 호소는 교회 쪽에서도 이루어지고 있었다. 통신이 아직 두절되기 전인 22일 밤 11시 45분경 마지막 통화에서 목포의 서상채(徐相彩) 신부는 이렇게 비장한 말을 남기고 있다. "우리는 이곳에서 자유와 민주를 사수하다 죽겠습니다. 만나는 분들에게마다 전해주십시오." 광주의 소식을 듣고 이웃 전주교구의 사목국장 김봉희(金鳳熙) 신부는 23일 전구교구 사제단의 비장한 결의와 눈물의 마지막 호소를 전한다. "전주의 사제단은 회합을 갖고 (…) 국가의 안녕과 민족의 생존을 위해서 투쟁하다 죽기로 결의하였다. (…) 이제야말로 전국민이 궐기하지 않으면 이 호남의 초토화와 대살육을 저지하지 못할 것이며 (…) 침묵과 방관은 최후의 죄악이 될 것이다. 우리를 위해서 기도해달라."

5월 26일에 광주수습대책위원회 일동은 대변인 김성용 신부를 통하여 '추기경께 드리는 호소문'을 보냈는데, 그 내용은 "저희는 계엄군에 의해서 짐승처럼 치욕과 학살을 당하고도 폭도요 난동분자요 불순분자로 지목되었습니다. 저희 80만 광주시민의 피맺힌 한과 응어리진 아픔을 함께해주십시오. 저희들이 인간대접을 받으며 자랑스런 민주시민임을 인정받게 해주십시오" 하는 것이었다. 이 호소문은 수습위원회 전원의 결의로 된 4개항의 수습방안(정부의 잘못에 대한 인정과 사과, 피해에 대한 보상과 사후보복 금지)을 대통령에게 전해달라는 본론과 함께 "추기경께 유일한 희망을 걸고 엎드려 호소합니다"라며 절박한 심경을 그대로 담고 있었다.

23일 광주에 와서 광주문제를 협의할 것이라던 박충훈 국무총리 서리가 헬기로 광주 상공을 정찰하고는 계엄사에만 들렀다가 돌아간 뒤, 책임있는 당국자와의 대화 가능성이 무산되자 윤공희 대주교는 26일 최규하 대통령에게 "계엄군이 광주시 곳곳에서 천인공노할 잔악한 행위를 수많은 시민들이 지켜보는 가운데 자행했기 때문에, 자기 아들딸들이 군인들의 몽둥이에 얻어맞고 구둣발에 채여 유혈이 낭자한 채 길바닥에 쓰러지고, 다 죽어 뻗어버린 채로 차에 실려가는 것을 본 시민들이 얼마나 격노했겠는지를 곰곰이 생각해보셨습니까. (…) 광주사태의 수습을 위해 지금이라도 어떠한 방법으로든지 사태 발단의 진실을 정부와 군이 인정을 하고, 겸손한 사죄의 표시를 하여야 할 것이고, 군인들의 만행에 대한 명령책임자를 엄중히 처단할 것을 약속하셔야 우선 급박한 현 사태의 수습이 가능할 것입니다"라는 서한을 서둘러 보내기도 했다.

분노보다 슬픔이

그러나 광주와 전남 일원 이외의 지역에서는 당시 광주와 전남에서 무슨 일이 일어나 어떻게 진행되고 있는지 까맣게 모르고 있었다. 이에 '내가 본 진실' '나의 목격담'이 개별적으로 작성되어 비밀스런 방식으로 서울을 비롯한 요소요소에 전달되고, 또 그것들은 긴급하게 해외로 운반되었다. 국내에서는 단 하나의 진실도 보도될 수 없었으므로, 하루속히 전두환 군부의 만행을 널리 알려 앞으로의 진압과정에서 더이상의 유혈이 없게 하기 위함이었다. 조선대학교 민주투쟁위원회에서 작성, 배포한 「전두환의 광주 살육작전」, 김성용 신부의 「분노보다 슬픔이」, 어느 증언자의 목격담인 「찢어진 기폭」 등은 그 대표적인 기록들이라고 할 수 있다.

이들 기록은 광주를 탈출할 때까지 각기 그 필자가 직접 보고들은 것들을 그대로 증언하고 있다. 그 가운데 특히 김성용 신부는 수습위원회 대변인으로, 5월 26일 광주를 탈출한 후 서울에 와 광주민주화운동의 실상을 알릴 사명을 갖고 그 글을 썼다. 글은 이렇게 시작된다.

> 본인은 진실을 진실이라고 증언해야 할 예언자적 사명을 지닌 사제적 양심에 따라 지난 5월 18일부터 26일까지의 사이에 광주에서 일어났던 씻을 수 없는 민족적 불행이요 역사에 찾아볼 수 없는 비극을 마태오복음 5장 37절에 나오는 말과 같이 'Est est, Non non'('예' 할 것은 '예' 하고 '아니오' 할 것은 '아니오' 하라)라 기록할 것이다. 그리고 한국교회의 최고 지도자이신 김수환 추기경께 전달하여 온 국민에게, 아니 온 세상에 알려지기를 간절히 소망하고 있음을 말해두고자 한다.

기록에 의하면 김성용 신부는 광주민주화운동의 한가운데인 5월 25일 다음과 같은 요지의 미사강론을 한다.

> 1. 이제 우리는 네발로 기어다녀야 하며 개, 돼지처럼 입을 그릇에 처박고 먹으며 살아가야 한다. 폭력과 살인을 일삼는 유신잔당들이 우리를 짐승처럼 치고박고 개 잡듯이 끌고가며, 찌르고 쏘았기 때문이다.
>
> 2. 두발로 걸으며 인간답게 살려면 목숨을 걸고 민주화투쟁에 투신해야 한다. 지난날의 침묵, 비굴했던 침묵의 대가를 지금 우리는 치르고 있는 것이다.
>
> 3. 부마사건으로 숨진 사람들은 유신괴수의 죽음으로 피의 값을 받았다. (…) 자유와 인권을 위해 죽어간 수많은 우리 시민들의 피의 값도 마땅히 보상받아야 할 것이 아닌가.

4. 이제 우리는 결단의 시기를 맞이한 것이다. 비굴하게 짐승처럼 천한 목숨을 이어가든지, 아니면 인간다운 민주시민으로서 살기 위해 목숨 걸고 싸워야 한다.

또 25일의 기록에는 이런 장면도 나온다.

6시로 기억된다. 학생회장이 들어와 지친 모습으로 호소한다. 광주시를 잿더미화할 수 있는 티엔티를 어른들이 지켜달라는 것이다. 3일 동안 밤잠을 안 자고 지켜왔지만 이제는 자신이 없다는 것이다. 성직자들이 지키자. 목사와 신부들에게 총을 준다면 우리가 지키겠다고 제의했다. 결국 목사와 신부들이 믿을 만한 신자 청년들을 데리고 와서 지키기로 합의했다. (…) 죽어도 좋다는 용기있는 청년이 있으면 지금 곧 내게 와다오.

이 글의 마지막은 이렇게 끝난다.

27일 새벽 2시경에 작전을 개시한 계엄군이 6시경에야 도청을 접수했다고 하니, 얼마나 많은 피가 또 흘렀을까. (…) 주님, 광주시민이 흘린 피의 부르짖음도 들어주소서…… 80만 남도시민의 피맺힌 한과 응어리진 슬픔은 언제나 풀릴 것인가. 자꾸만 자꾸만 흐르는 눈물을, 답답한 가슴을 어이할 거나? 아, 분노보다 슬픔이……

동포여, 무엇을 하고 있는가

광주에 대한 철저한 언론통제는 그 기간에는 물론 그 이후까지 계속되었다. 계엄사에서 발표하는 것 이외에는 모두 유언비어로 몰려 계엄포고령 위반으로 처단되었다. 이러한 와중에서 전두환 군부는 대법원에서 사형이 확정된 나흘 뒤인 5월 24일에 김재규 전 중앙정보부장의 교수형을 집행하고, 광주를 진압한 나흘 뒤인 5월 31일에는 사실상의 전두환 군부정권이라 할 국가보위비상대책위를 설치하고 전두환은 그 상임위원장이 된다. 말하자면 군부정권으로 가는 예정된 수순을 하나씩 밟아나간 것이다.

많은 사람들이 전두환 군부가 광주에서 저지른 잔학상을 온 세상에 널리 알리는 것만이 전두환의 군부집권 음모를 분쇄하는 길이라고 생각했다. 나는 그때 가까스로 입수한 광주민주화운동 관련 사진과 녹음, 그리고 광주교구 사제단의 「광주사태의 진상」을 비롯한 신부들의 전화통화 내용 등의 자료를 인편을 통하여 긴급히 일본의 '가톨릭 정의와 평화 협의회'에 보냈다. 일본의 '가톨릭 정의와 평화 협의회'에서는 송영순 선생의 번역으로 6월 5일 기자회견을 통하여 전체 내용을 공개했다. 이것이 전세계에 퍼져나갔고, 일본과 구미 여러 나라에서는 잡지 또는 신문에 소개되었다. 이러저러한 경로로 광주의 참상을 알게 된 로마의 한국인 성직자, 수도자 일동은 6월 10일 광주교구의 모든 분들에게 이런 내용의 간곡한 글을 띄운다.

> 그 엄청난 비극의 현장에서 시민들과 함께 시련과 고통의 상처를 같이 받아오신 존경하는 윤대주교님, 교구내 성직자, 수도자, 교형 자매 여러분, 그리고 용기있는 애국시민들에게 말로써 다 표현할 수 없는 형제애를 느끼며, 저희들도 그 아픔을 함께 나누고 싶어 이 글을 드립니다. (…) 우리들은 특히 광주시민들을 위해 하느님께 매달려 빌고 있습니다. (…) 우리 동포들의 고귀한 피가 헛되지 않게 간절히 기도하고 있습니다.

전두환 군부의 철저한 검색과 탄압에도 불구하고 해외에서 광주의 참상이 계속 폭로되자, 7월 8일 계엄사는 엉뚱하게도 정의구현사제단의 주축을 이루고 있던 오태순(吳泰淳), 양홍(楊弘), 김택암, 안충석, 장덕필 신부 등을 연행했다. 그러고는 광주대교구 사제단의 진상 발표 내용 등 일련의 기록은 모두가 유언비어로, 신부들이 계엄포고령을 위반했다고 대대적으로 발표했다. 이는 물론 급속하게 대내외에 알려지고 있는 광주민주화운동의 진실을 막아내기 위한 고육지책이었다. 손바닥으로 하늘을 가리는 것과 마찬가지의 짓이었다.

광주민주화운동과 관련해서 그 희생과 피해의 규모가 정확하게 밝혀진 것은 없다. 이희성 계엄사령관이 7월 22일 외신기자 회견에서 얘기한 바에 의하면 사망은 189명(군인 23명, 경찰 4명, 민간인 162명)이었다. 이때 이희성은 이를 밝히면서 "광주사태는 다른 나라에서 보면 자그마한 사건, 즉 '마이애미 폭동' 정도일 것이다. (…) 일부 종교인들은 너무 편견에 사로잡혀 그들의 견해만이 옳다고 주장한다"면서 의미를 왜곡하고 사망자 수를 축소하기에 급급했다.

전남사회운동협의회의 1985년 자료에 의하면, 사망자는 신원확인자가 212명, 신원 미확인이 22명으로 234명이었다. 이 자료는 부상자 숫자가 380명이라는 계엄사 발표도 실제와는 천양지차가 있다고 주장한다. 항쟁 기간에 치를 떨며 싸우다 부상당한 사람들이 계엄군 진주 후의 엄청난 공포분위기 속에서 어떻게 자신의 신분을 밝힐 수 있겠느냐는 것이다. 그까짓 몇푼의 위로금이나 생계비를 받기 위해 신변을 보장받을 수 없는 상황에서 병원에 나가 치료를 받으려 했겠느냐는 것이다.

광주 진압작전은 5월 27일에 끝났지만, 광주민주화운동은 상당히 오랫동안, 어떻게 보면 지금까지도 끝나지 않고 있는지도 모른다. 이

제 살아 있는 모든 사람들에게 '광주는 우리에게 무엇인가' 하는 질문을 끊임없이 던지고 있는 것이다. 1980년대 민주화투쟁 전과정의 저변에는 '1980년 5월, 광주'의 멍울이 일관되게 관류하고 있었다. 광주민주화운동에 대한 회한과 절규로 자신의 목숨을 끊는 사람도 여럿이나 나왔다. 그 첫번째가 서강대생 김의기(金宜基)의 죽음이었다. 김의기는 광주민주화운동의 현장을 눈여겨본 후 상경해서 1980년 5월 30일 오후 5시 30분경 서울 종로5가 기독교회관에서 길 아래로 뛰어내려 자살했다. 그때 그가 서울시민에게 뿌린 '동포에게 드리는 글'은 지금도 우리의 심금을 울리기에 족하다.

피를 부르는 미친 군홧발 소리가 우리가 고요히 잠들려는 우리의 안방까지 스며들어 우리의 가슴팍과 머리를 짓이겨놓으려고 하는 지금, 동포여 무엇을 하고 있는가?

동포여, 우리는 지금 무엇을 하고 있는가. 보이지 않는 공포가 우리를 짓눌러 우리의 숨통을 막아버리고 우리의 눈과 귀를 막아, 우리를 번득이는 총칼의 위협 아래 끌려다니는 노예로 만들고 있는 지금, 동포여 무엇을 하고 있는가?

1980년 언론대학살

언론인을 배부른 돼지로

진실을 발견하는 기쁨, 기사를 엮어낼 때 들뜨는 기분, 그리고 활자로 찍혀나온 기사를 대할 때 솟구치는 성취감 때문에 나는 기자의 보람을 느끼며 살아왔다. 글을 쓰는 자유와 생각하는 것을 말하는 자유는 나에게 공기만큼이나 소중하다.

이는 1987년 11월 『뉴욕타임스』의 에이브 로젠탈(Abe Rosenthal) 편집국장이 40년간의 기자생활을 마감하면서 남긴 말이다. 기자로 하여금 진실을 발견하는 기쁨과 그것을 거리낌없이 기사로 엮어내 성취감을 맛보게 하는 사회는 분명 민주주의 사회요, 언론이 살아숨쉬는 사회이다. 우리의 경우 이런 언론의 자유를 만끽하기 시작한 것은 1990년대 중반 이후의 일이다. 그 이전까지만 해도 기자는 진실을 발견할 수도 없었고, 발견한 진실을 기사화해 성취감을 느낄 수는 더더욱 없었다. 기사를 쓸 수 있기는커녕 진실을 찾아나섰다는 이유만으로 언론사에서 쫓겨나 거리를 방황하여야 했다. 그것도 한두명이 아니라 무려 1천2백여명의 기자가 1980년 한꺼번에 해직된 것이다. 이것을 두고 우리는 '1980년 언론대학살'이라고 부른다.

자유언론운동의 좌절

10·26 사태로 사실상 박정희의 유신체제가 무너지자, 많은 사람들이 이제 이땅에 민주화가 이루어지리라 기대했다. 그것은 언론계도 마찬가지였다. 1979년 12월 8일 긴급조치 9호가 해제되면서, 긴급조치 9호 위반으로 구속되었던 동아일보 해직기자들이 27일 석방되었다. 이들의 석방으로 부각된 동아·조선투위의 고난에 찬 투쟁은 제도권 언론에 안주하던 기자들에게 언론인으로서 자신을 새롭게 되돌아볼 수 있는 계기를 마련해주었다. 경향신문 기자들이 1980년 2월 20일 "동아·조선투위 기자들은 예외없이 전원 복직되어야 한다"라는 내용의 성명을 발표한 것을 시작으로, 4월 25일에는 『기자협회보』가 "꺼져가는 언론자유의 불씨를 안고, 그들은 감옥에 끌려가기도 하고 병과 굶주림에 시달리면서도 그 불씨를 끝내 지켜왔다. 이제 그들이 간직했던 언론자유의 불씨를 한국언론의 심장에 옮겨놓아야 한다"라고 하여, 동아·조선투위에 대한 지지입장을 명백히했다. 이보다 앞서 동아·조선투위는 3월 17일과 4월 6일에 각각 자신들의 복직과 원상회복을 촉구하는 성명을 발표했다.

한편 언론계 내부의 자성(自省)운동이나 밖으로부터의 요구도 만만치 않았다. 5월 2일 부산진경찰서 출입기자 일동은 "10·16 민중봉기(부마항쟁) 현장에 있었던 우리 기자들은 언론자유를 요구하기에 앞서 먼저 역사 앞에서 속죄하고, 민중 앞에서 참회해야 한다고 믿는다.

(…) 우리는 외부압력에 굴복했을 뿐 아니라, 알아서 기는 풍조에 젖어들었음을 고백한다. 그리하여 부정부패를 눈앞에 두고도 붓대를 스스로 꺾었고 때로는 금력의 꾐에 빠져 진실보도의 의무를 저버렸다" 라고 고백함으로써 전 언론관계자들에게 충격을 안겨줌과 동시에 반성의 계기를 만들어주었다. 또 서울대 총학생회는 1980년 5월에 '언론인에 보내는 메씨지'를 통해 이렇게 언론을 질타한다. "우리는 골방에서 혼자 흘리는 당신들의 회한의 눈물을 보려 하지 않는다. 우리는 한잔 술에 쏟는 당신들의 울분을 원치 않는다. 우리는 실천이 뒤따르지 않는 성명서와 결의문을 원치 않는다. 우리는 지면에 표현되는 당신들의 행동을 보고자 할 따름이다."

이처럼 언론은 안팎으로부터 터져올라오는 자유언론에의 욕구에 직면하고 있었다. 이런 가운데 3월 31일에 있었던 제17차 기자협회 대의원대회에서 합동통신의 김태홍(金泰弘) 기자가 제20대 기자협회장으로 선출되었다. 바로 이 대회에서 기자협회는 '민주발전의 준엄한 감시자 역할을 철저히 실천한다' '편집권 독립의 제도적 보장과 언론에 대한 어떠한 간섭이나 왜곡을 배격한다' '동아·조선투위 관계자의 복직과 양 분회의 정상화를 도모한다' 등 3개항의 결의문을 채택했다. 또한 당시 정치권에서 논의되고 있던 개헌 관련 공청회를 통해 '자유언론 창달을 위한 기자협회' 시안을 마련하는 등 활발한 활동을 전개한다.

이러한 분위기가 개별 언론사에까지 확대되어 4월 17일 동아일보 기자들은 '자유언론을 위한 선언문'을 채택한다. "①우리는 국민의 알 권리와 언론의 알릴 의무에 충실할 것을 다짐하며 검열, 사찰, 압력, 간섭 등 언론에 대한 모든 타율로부터 벗어나 자유언론을 실천한다. (…) ④이와같은 우리의 결의를 실천하는 과정에서 부당한 연행, 구속, 제재 조치가 발생할 때는 모든 기자가 공동대처한다." 이어서 5월 7일 중앙일보를 시작으로 9일 기독교방송, 합동통신, 국제신문, 10일 경향신문, 동아방송, 12일 현대경제, 13일 MBC의 기자들이 회사별로 집회를 갖고 계엄해제와 언론검열 철폐를 요구했으며, 16일에는 기자협회가 검열거부선언문을 발표하여 "5월 20일 0시부터 검열을 거부하고 언론인 스스로의 양식과 판단에 따라 취재 보도하며, 이에 정권이 강압적으로 나올 때에는 제작거부에 돌입한다"라고 했다.

그러나 이같은 제작거부운동은 바로 그 다음날인 17일, 계엄이 전국으로 확대되면서 동시에 몰아닥친 검거선풍으로 좌절된다. 그후 전개된 광주민주화운동과 관련해서, 광주시민을 폭도로 표기하라는 것을 두고 이럴 수는 없다면서 산발적으로 경향신문, 동아일보, 전남매일 등에서 제작거부운동을 벌였지만 이 역시 실패했다. 부장, 차장들이 통신사에서 기사를 제공받아 판을 짜는 등 필사적으로 저지했기 때문이다. 전남매일의 경우 5월 20일 기자들의 결의에 따라 19일 있었던 특전사 군인들의 잔학상을 기사화했다. 그러나 인쇄 직전 중역실 간부가 쫓아나와 판을 엎어버렸다. 이에 전 기자들이 사직하기로 결의하고 다음과 같은 집단사직서를 써서 광주 전역에 뿌렸다. "우리는 보았다. 사람이 개 끌리듯 죽어가는 것을 두눈으로 똑똑히 보았다. 그러나 신문에는 단 한줄도 싣지 못했다. 이에 부끄러워 붓을 놓았다. 전남매일 기자 일동."

참고로 5월 16일과 24일자 검열지침의 내용은 다음과 같다.

· 학생들의 행위를 정당화하거나 지지하는 식의 기사는 모두 불가.

· 성균관대, 국민대 시위중 구속자 가족 3명 선두행진 보도불가.

· 학생구호 중 "부정축재 환수하라" "김일성은 오판 말라" "반공정신 이

상없다" 등은 불가.

· 시위현장에 나왔던 일부 학생들이 교통정리까지 했다는 것 등은 불가.

· 동료가 부상하자 경찰도 흥분, 학생들과 육탄전에 가까운 근접전투를 벌였다 등은 불가.

· 학생시위중 군인 코멘트 불가.(이상, 5월 16일자)

· 보도불가: 시위자들의 협의요구사항, 시위자들이 탈취한 무기장비 회수 또는 피해복구상황 및 인명피해, 사상자 처리에 관한 개별 취재내용(단, 계엄당국이 발표한 것은 제외).

· 보도가능: 시위자들의 방화, 약탈, 살상, 점거, 선동 등의 사실보도, 시위자들의 자수, 안정회복 권유 관련사항.

· 협조사항: 간첩검거 사실(계엄당국 발표), 계엄군의 활동(공식발표)은 크게 취급 요망.(이상, 5월 24일자)

이처럼 아주 구체적인 사항에 이르기까지 세세하게 지침을 내리고 있다. 이 지침을 잘 읽어보면, 당시 전두환 군부가 학생시위와 광주민주화운동을 용공, 과격한 것으로 몰아, 그것을 빌미로 무슨 일을 꾸미고 있음을 느낄 수 있다. 결국 그것이 5·17 계엄확대조치로 나타났다. 5·17 계엄확대조치의 회오리는 언론계에도 불어닥쳐 5월 17일 밤 기자협회 집행부 및 동아·조선투위 간부들이 급습을 당해 체포되거나 수배된다. 동아·조선투위의 이병주(李炳注), 정태기 위원장과 기자협회의 김태홍 회장은 다행히 몸을 피했지만, 상당 기간 정처없는 수배생활을 해야 했다. 기자협회 사무실에도 같은 날 계엄사요원들이 난입해 집기를 부수고 서류를 탈취하는 등 처참하게 유린한다. 이렇게 하여 10·26 이후 일어났던 자유언론운동은 무참하게 좌절된 것이다. 그리고 언론은 더 깊은 통제의 길로 들어선다. 그때 당한 한 언론인의 말처럼 "언론은 코를 뚫리고 멍에가 씌워졌다. 기나긴 인고의 세월, 희망도 없는 미래가 다가온 것"이다.

1980년 언론대학살은 이렇게 진행됐다

대개의 경우 쿠데타는 밤이나 새벽에 이루어지며 반드시 방송사를 비롯한 언론의 장악을 수반한다. 1961년 5월 16일 새벽 박정희 쿠데타군의 첫 목표 중 하나는 중앙방송국이었다. 1972년의 유신정변은 밤 7시에 발효되었는데 곧장 언론사를 점령했다. 1979년의 12·12 쿠데타는 깊은 밤에, 비상계엄 아래에서 언론검열이 강행되고 있는 가운데 일어났다. 1980년 5월 17일의 비상계엄확대조치 역시 깊은 밤에 이루어졌고 또 포고령 10호를 통해 언론검열을 더욱 강화했다. 그들은 스스로 떳떳하지 못하기 때문에 어두운 밤을 택하여 기습하며 힘으로 언론매체를 협박하여 진실을 은폐하고 자신들의 정당성을 홍보하려는 것이다.

전두환 군부는 비상계엄 아래 검열제도를 통하여 이미 언론을 장악하고 있었지만, 그것만 가지고는 부족하다고 느꼈는지 더욱 철저한 언론통제에 박차를 가한다. 1980년 3월 계엄사 보도검열단에 20여년간 대공업무에만 종사했던 보안사령부 이상재(李相宰) 준위가 참여한다. 이어서 보안사요원 5명, 문화공보부 파견직원 1명, 그리고 필경(筆耕)담당 1명 등 8명으로 이른바 언론대책반이라는 것을 구성하고, 이때부터 본격적인 활동을 개시한다.

이들은 첫 단계로는 언론인, 둘째 단계로는 언론매체, 셋째 단계로는 언론내용을 통제하는 단계적 계획을 치밀하게 수립한다. 이는 나찌 시절 파울 괴벨스(Paul Joseph Göbbels)의 언론통제수법을 방불케 하는 것이었다. 첫 단계인 언론인 통제를 위해서 이들은 1980년 6월 '언론계 자체정화계획서'라는 것을 비밀리에 작성, 집행한다. 군부에 비협조적인 언론인 제거를 목적으로 하는 이 계획서는 반체제 인사, 용공 또는 불순한 자, 이들에 동조한 자, 검열거부 주동 및 동조자, 부정축재자, 특정 정치인과 유착된 자를 정화대상자로 하여, 1단계로는 7월 25~30일 사이에 한국신문협회와 한국방송협의회를 긴급히 소집해 자율적인 숙정을 결의하게 하고, 2단계로는 8월 1~10일 사이에 각사 발행인 책임 아래 자체 정화위를 설치해 스스로 숙정케 하고, 3단계로는 8월 11~30일 사이에 경영주를 포함하여 합동수사본부에서 최종처리토록 하고 있는데, 그후 실제로 그 계획대로 집행되었다. 이와같이 집중적으로 언론인 숙정작업을 벌인 것은 9월 1일 전두환의 대통령취임을 앞둔 준비작업, 즉 공포분위기를 조성하고 전두환에 대한 언론의 지지와 찬양을 이끌어내기 위한 것으로 보인다. 실제로 군부는 6월 9일 경향신문의 서동구(徐東九) 조사국장, 이경일(李耕一) 외신부장, 박우정(朴雨政), 홍수원(洪秀原), 표완수(表完洙), 박성득(朴聖得) 기자 등 6명을, 그리고 이어서 문화방송의 노성대(盧成大) 부국장과 오효진(吳效鎭) 기자를 억지 혐의를 씌워 체포연행한다.

한편 광주민주화운동이 진압된 뒤 각 언론들이 벌인 전두환 찬양행각은 가관이었다. "육사의 혼이 키워낸 신념과 의지의 행동—인간 전두환, 군이 진일보하여 나라의 강력한 구심체를 형성하고 지도력을 발휘하는 것 또한 이 나라에서 현실을 사는 논리의 필연적 귀결" "새로운 창조의 선도자 전두환 장군" "전두환 장군에게 (육사 생활의) 쓰라린 역경들은 오히려 견인분발의 인내심, 물욕에 대한 초탈, 체질화된 서민의식, 도덕적 겸허주의, 남의 고통에 대한 연민 등의 덕성을 길러낼 수 있는 토양이 되었을 것" 등 갖은 아첨과 비굴로 채워진 '인간 전두환 씨리즈'가 봇물을 이룬다. 이런 가운데 그들은 9백여명의 기자들에 대한 학살을 감행한 것이다. 8월 16일 문교부 공보국장이 작성한 '언론정화 결과'에 의하면 이때 해직된 언론인은 933명이었다. 이중 298명은 정부가 직접 정화대상자로 지명한 사람들이었고, 635명은 각 언론사가 자체적으로 선정, 정화한 언론인의 숫자였다. 여기서 우리가 결코 간과할 수 없는 것은, 준비단계인 명단작성 과정에 제발로 나서서 협조하는가 하면 집행단계에서 군부가 제시한 명단에 없었던 기자를 몰래 끼워넣어 해직시키는 등 언론사 경영인측이 자행한 비열성과 부도덕성이다. 자기 회사 언론인들을 적극 보호하고 감싸주어야 할 언론사 경영진이 오히려 비상시국에 편승하여 자기 회사 언론인의 목을 친 것이다. 이와 크게 대비되는 일로, 당시 동아방송 서정훈(徐廷勳) 기자는 광주의 참혹한 진압을 취재하고 올라와 "양심상 더이상 기자직무를 수행할 수 없다"면서 사표를 냈고, 윤종규(尹鍾奎) 기자는 동료기자들이 해직되자 "양심적인 선후배의 해직에 동참"하고자 사표를 냈다.

이어서 전두환 군부는 2단계로 매체 통합을 단행한다. 이른바 언론통폐합 조치가 바로 그것이다. 이 역시 교묘한 수법으로, 신문협회와 방송협의회로 하여금 '건전언론 육성과 창달에 관한 결의문'을 1980년 11월 14일 채택하게 한다. 이렇게 하여 64개 언론사 가운데 신문 14개사, 방송 27개사, 통신 7개사가 통폐합된다. 일본군국주의가 실험했던 '1도1지(一道一紙)'주의를 채택하여 한 시·도에 일간신문 하나만 남겨놓고 다른 일간지는 모두 없애버린 것이다. 또한 뉴스를 수집, 공급하는 통신사를 국영 연합통신으로 단일화함으로써 국제뉴스를 효율적으로 통제했다. 방송에서는 민영방송인 동양방송과 동아방송을 국영 KBS에 흡수시켰다. 이 과정에서 또다시 3백여명이 해직되었다. 이렇게 하여 유신정권 아래 언론사에서 쫓겨난 동아·조선투위 기자 2백명 가까이를 포함하여 도합 1천4백여명의 해직언론인이 언론사를 쫓겨나게 된 것이다. 11월 24일, 앞으로는 뉴스 방송을 할 수 없게 된 기독교방송에서 한 여성 아나운서가 마지막 뉴스를 전하면서 끝내 참지 못하고 터뜨린 울음이 그대로 전파를 타고 나간 일은 오랫동안 언론계의 화제가 되었다. 이보다 앞선 7월 31일 전두환 군부는 사회불안조성, 계급의식조장, 음란저속 등의 이유를 내세워 172종(주간 15종, 월간 104종, 격월간 14종, 계간 16종, 연간 24종)의 정기간행물을 폐간시켰다. 이때 폐간된 것 가운데는 『기자협회보』『뿌리깊은 나무』『창작과비평』『문학과지성』같이 국민들로부터 높은 평가와 신뢰를 받고 있는 잡지들도 포함되어 있었다.

전두환 군부는 이제 마지막 통제단계로 언론기본법이란 것을 만들어 아예 신문이나 방송, 잡지 등의 내용을 사전에 제한, 조절할 수 있도록 했으며, 잘못된 보도나 논평을 반복할 때 그러한 매체의 편집인에게 형사적 책임을 물을 수 있게 함으로써 이중의 족쇄를 채웠다. 언론기본법은 그 자체가 언론의 자유를 보장·보호·육성하기 위한 것이 아니라, 언론규제를 목적으로 한 것이었다. 이 법의 중요한 규정마다 교묘한 방법으로 독소조항을 두어, 권력이 언론을 완전히 통제, 장악할 수 있는 장치를 마련한 것이다. 이렇게 하고도 모자라서 군부는 매일 '보도지침'을 내려 구체적인 제작방향을 제시했으며, 이에 불응할 때에는 온갖 형태의 탄압을 가했다.

이렇게 언론을 채찍으로 길들이는 한편으로 군부정권은 언론사와 언론인에게 유형, 무형의 파격적 특혜를 주는 데 인색하지 않았다. 통폐합에서 살아남은 언론기업에는 독과점의 혜택을 주었으며, 언론인들에게는 소득의 30퍼센트에 대해 면세혜택을 베풀고, 자녀들에게 장학금을 지급하는가 하면, 해외연수의 기회를 대폭 확대했다. 말하자면 '배부른 돼지'로 타락시킨 것이다. 양심만 접어둘 수 있다면 언론인만큼 특권을 누리는 편한 직업도 드물게 되었다. 그것이 '학살' 뒤의 당근이었던 것이다. 그러니 군부정권 아래에서의 언론이 어떤 모습으로 갈 것인지는 불을 보듯 뻔한 일이었다.

김대중 내란음모사건과 지식인 134인 선언

각본에 따른 조작

전두환을 중심으로 하는 신군부가 이른바 시국수습이라는 명분으로 1980년 5월초부터 비상계엄 전국확대와 함께 국회해산, 비상대책기구설치, 예비검속 대상자, 권력형 부정부패척결 대상자, 정치활동금지 대상자 선정 등을 치밀하게 준비하고 있을 때, 민주진영은 그 안개정국 속에서도 대통령후보직을 놓고 암투를 벌이고 있었다. 유일야당인 신민당에서 정치적 입지를 확보하기가 여의치 않다고 판단한 김대중은 '민주주의와 민족통일을 위한 국민연합'을 중심으로 민주화추진국민운동을 전개하는 쪽으로 방향을 선회한다.

이에 국민연합의 핵심격인 윤보선 전대통령이 그것이야말로 재야민주세력의 정당 만들기, 김대중 대통령후보 만들기에 다름아니라면서 반대하고 나섰지만, 김대중과 그를 따르는 일부세력들은 이미 '나의 길'을 내딛고 있었다. 5월 15일까지 계엄해제와 민주화 정치일정제시를 요구하는 학생시위가 고조되었기 때문에 민주화 열기는 재야쪽에도 확산되고 있었다. 자연스럽게 학계, 언론계, 종교계, 법조계

등을 중심으로 당시 정국에 대한 지식인의 입장표명이 있어야 한다는 공감대가 형성되었고, 그것이 5월 15일 '지식인 134인 시국선언'으로 발표되었다.

이러한 와중에서 전두환 군부는 마침내 5월 17일 24시를 기해 비상계엄의 전국확대를 무력으로 관철한다. 그리고 그들이 준비해온 집권 프로그램에 따른 작전을 전방위에 걸쳐 개시했다.

김대중 내란음모사건

계엄확대조치가 발표되기 직전 계엄사는 이미 김대중 등 37명(군사재판에 회부)을 내란음모 등의 혐의로, 김종필 등 9명(재산 자진헌납자)을 권력을 통한 부정축재혐의로 자택에서 무장한 계엄군을 동원하여 체포한다. 이때 김대중은 가족이 보는 앞에서 총검을 앞뒤에서 겨누인 채 난폭하게 끌려나갔고, 다른 사람들의 경우는 더욱 참담했다. 이어 계엄군은 18일 새벽 1시 45분에 무장한 제33사단 병력으로 국회를 점거해 사실상 헌정중단 사태, 군사반란을 일으켰다. 7시 20분에는 노태우가 김영삼 신민당 총재의 가택에 소총을 휴대한 수경사 헌병을 배치하여 완전히 포위, 봉쇄한다. 이렇게 군사쿠데타를 완벽하게 수행해놓고는 광주에서는 살육을, 서울에서는 정권찬탈을 위한 계획을 하나씩하나씩 도모해나간 것이다.

'김대중 내란음모사건'은 전두환 군부가 이른바 김대중과 국민연합이 중심이 된 민주화추진국민운동 계획을 재빨리 '내란음모사건'으로 몰아간 사건이었다. 따라서 사건은 철저하게 조작되었고, 그러한 조작은 계엄사 합수부의 잔인한 고문을 통해 이루어질 수밖에 없었다.

처음 발표에서 대법원 최종판결에 이르기까지 혐의내용이 하나도 달라진 것이 없는데, 이는 군법회의 재판이 단지 요식행위에 지나지 않았다는 것을 보여준다.

저들이 내세우는 내란음모의 과정과 내용은 "소위 국민연합을 전위세력으로 하여 대학의 복학생들을 행동대원으로 포섭, 학원소요사태를 폭력화하고 민중봉기를 꾀함으로써 유혈혁명사태를 유발, 현정부를 타도한 후, 김대중을 수반으로 하는 과도정권을 수립하려 했음이 드러났다"는 것이다. 즉 김대중 등은 학생선동→대중규합→민중봉기→정부전복을 목표로 수단과 방법을 가리지 않는 비합법적 투쟁을 추구했다는 것이다. 그 구체적인 사례로 복직교수와 복학생을 조종하여 학원사태의 과열과 악화를 꾀했고, 전남대 복학생 정동년에게 5백만원을 주어 계엄해제와 정치일정 단축 등을 주장케 하여 사실상 광주사태를 배후에서 조종했으며, 또 광주사태 당시 무기반납을 방해하도록 지시하고, 제2의 광주사태를 준비했다는 등 황당한 내용을 열거하고 있다. 광주민주화운동 이전에 이미 검거된 상태에서 광주민주화운동을 배후에서 조종하고 제2의 광주사태를 준비했다는 것은 전혀 앞뒤가 맞지 않는 억지인 것이다.

이밖에도 그들은 김대중이 재일(在日) 반국가단체인 한민통(한국민주회복통일촉진국민회의)을 발기, 조직, 구성하여 북괴노선을 지지, 동조하는 등 반국가적 행위를 했다고 주장했는데, 일본에서의 활동을 범죄시한 이런 공소내용은 일본정부와 외교마찰을 초래하기도 했다.

1980년 5월경 김대중은 민주화운동 내지 정치활동의 근거지로 민주제도연구소를 예춘호(芮春浩), 이문영 등과 구상하고 있었는데, 계엄사는 이 연구소가 바로 과도정권 역할을 수행할 기구였다고 발표하면서 과도정권의 분야별 담당자로 민족재생 박형규, 역사·문화 백낙청, 종교·교육 서남동, 언론·사회 송건호, 여성 이효재, 민주정치 장을병(張乙炳), 노동 탁희준(卓熙俊), 농업정책 유인호(兪仁浩), 경제 임재경, 안보·외교 양호민(梁好民), 통일 문익환, 도의정치 안병무, 교육 한완상, 행정 이문영 등의 명단을 증거랍시고 공개했다. 뒤에 확인된 바에 의하면, 연구소를 구상하고 있던 어느 교수가 수첩에 자신이 구상하는 연구소의 각 분야와 담당자를 메모해둔 것이 있었는데, 그것이 체포될 때 함께 압수되어 마치 과도정부의 각료명단인 양 발표되었던 것이다.

당시 중앙대 복학생이던 송기원은 2003년에 있었던 김대중 내란음모사건에 대한 재심공판에서, 당시 신군부가 "김대중으로부터 받은 1백만원 중 고은이 50만원을 가로챘다고 진술하라"면서 어찌나 혹독하게 고문을 하던지 도저히 어떻게 할 수가 없어서 "예"라고 답변할 수밖에 없었다고 증언하고 있다. 이처럼 김대중 내란음모사건은 허구와 조작, 그리고 고문에 의하여 억지로 짜맞추어진 것이었다.

김대중은 1시간 48분에 걸친 군법회의 최후진술에서 "10·26 이후 모든 문제를 평화적인 방법으로 대화를 통해 해결하도록 호소해왔다"면서 "한민통의 조직에도 김재화, 배동호, 정재준, 조활준 등 네 사람만 접촉, 대한민국 지지, 철군반대, 조총련과의 공동행사중단 원칙을 분명히했으나, 발기대회 이전에 귀국해 그 이후의 일은 알 수 없다"라고 일일이 그 구체적 예증을 들어 해명했다. 그러면서 "10·26 이후 몇가지 유인물을 낸 데 대해 군이 계엄법으로 죄를 준다면 벌을 달게 받겠으나, 내란을 음모하거나 반국가단체는 결코 만들지 않았다"는 진실에 찬 최후진술을 했지만 전두환 군부는 끝내 모든 진실에 귀를 막았다.

재판은 준비된 각본과 예정된 시간표에 따라 진행되었다. 예정된 시간표란 전두환의 신군부가 착착 그들의 권력찬탈 계획을 집행해나가는 일정에 맞추어 조율되었다는 얘기이다. 그리고 준비된 각본이란 1980년 9월 11일 1심군법회의에서 사형이 구형된 데 이어서 1981년 1월 23일 대법원에서 사형이 확정되기까지의 전과정이 철저하게 예정된 내용과 수순에 따랐다는 얘기이다. 심지어 당시 허수아비 과도정부 대통령이던 최규하를 몰아내고 제11대 대통령에 오른 전두환은 대법원에서 사형이 확정된 바로 그날 국무회의에 지시하여 사형을 무기로 감형하는 관용(?)의 조치까지 취한다. 여기에 덧붙여 당시 정부 대변인이었던 이광표(李光杓) 문공부장관은 같은 날 "김대중이 1월 18일 전두환 대통령 앞으로, 그간 국내외에 물의를 일으켜 국가안보에 누를 끼친 데 대하여 책임을 통감하며, 국민 앞에 미안하게 생각해 마지않는다면서 특별한 아량과 너그러운 선처를 호소해왔다"라고 관용의 배경을 발표한다. 이 모두가 준비된 각본과 예정된 수순이 아니고 무엇이랴.

이렇게 하여 '사형수 김대중'은 무기수가 되었다. 이렇게 김대중은 1970년대에 이어 1980년대에 들어와서도 '피해의 정치인'이 되었다. 무기수로 수형생활중 병을 얻고 치료차 미국으로 출국해 자의반타의반의 망명생활을 하기까지 그의 파란만장한 정치역정은 이때 그 절정을 이룬다.

지식인 134인 선언

한편 1979년 11월 24일 '통대에 의한 대통령선거저지 국민대회'(YMCA 위장결혼사건) 때 신군부에 의해 잔인한 보복 탄압을 받은 재야민주화진영은 개학과 동시에 학원가에서 민주화투쟁이 고조되는 것을 계기로 민주화를 촉구하는 움직임을 조심스럽게 모색하고 있었다. 그리하여 학계·언론계·종교계·문인 등 여러 분야에서 뜻이 모아져 그것이 5월 15일 '지식인 134인 시국선언'이라는 이름으로 발표되었다. 134인은 그때까지 서명한 사람 숫자였다. 이 선언문은 "오늘의 난국은 기본적으로 19년간 독재정권의 반민중적인 경제시책과 철권정치의 소산이다. 이는 민주발전을 저해하는 비상계엄령의 장기화로 빚어진 필연적인 사태악화다. (…) 이에 우리는 오늘의 시국을 근본적으로 타개할 몇가지 당면책을 제시하고자 한다"로 시작한다.

이어서 선언문은 "비상계엄령은 즉각 해제되어야 한다. 비상계엄령은 10·26, 12·12 사태 등 전적으로 집권층의 내부사정에서 선포된 것으로서 이는 분명히 위법일 뿐만 아니라 정치발전을 저해하는 가장 큰 요인"이라고 지적하고 "최규하 과도정권은 평화적 정권이양의 시기를 금년 안으로 단축시키는 것은 물론 그 일정을 구체적으로 밝힐 것을 요구"하는 한편 "과정(過政)이 민주개헌에 관여하는 것은 명분없는 개입으로 이를 반대한다"는 주장을 펴고 있다.

이밖에도 선언문은, 학원은 병영적 성격을 일체 청산하고 학문의 연구와 발표의 자유는 보장되어야 하며, 이같은 자유를 위한 대학인들의 자율적 민주화운동은 보장되어야 한다는 것, 언론인들은 그간의 잘못을 반성하고 특히 동아·조선 두 신문사는 부당하게 해직시킨 자유언론 기자들을 전원 지체없이 복직시킬 것, 일터를 잃고 거리를 방황하거나 기아임금으로 신음하는 수많은 노동자를 위한 시급한 생활대책과 함께 노동자들의 양보할 수 없는 권리인 단체행동권을 포함한 노동기본권 보장, 저곡가정책으로 영농의욕을 잃은 농민들에 대한 정책적 전환, 그리고 일인독재의 영구화로 억울하게 희생당하고 있는 많은 민주인사에 대한 석방·복권·복직의 조속한 실현 등을 요구했다.

끝으로 여기서 지식인들은 "국토방위의 신성한 임무를 수행하고 있는 우리 국군은 정치적으로 엄정 중립을 지켜야 한다. 그런데 한사람이 국군보안사령관직과 중앙정보부장직을 겸직하고 있다는 사실은 명백한 불법이므로 마땅히 시정되어야 한다"는 단호한 입장을 천명하고 있다. 이 선언문의 기초단계에서부터 수위를 놓고 많은 논의가 있었다. 처음에는 재벌해체 등의 문구도 포함되었으나 준비회의에서 삭제되었으며, 군의 정치적 중립과 관련해서도 당초에는 "군은 정치적 중립을 지킬 것을 확신한다"는 온건한 표현으로 되어 있던 것을 홍성우 변호사가 '전두환의 중앙정보부장 겸직은 명백한 불법'임을 분명히하자고 하여 수정되었다. 이 선언 관련자들이 전두환 군부로부터 철저한 보복을 받게 된 것은 이러한 표현과 무관하지 않았을 것이다. 134명의 서명자는 다소 의외의 인물도 있었지만, 유신시대 이래 각 분야에서 줄기차게 민주화운동을 전개해온 대부분의 인사들이 포함되어 있었다. 말하자면 전두환 군부가 유신시대 이래 군부독재권력을 민주화라는 이름으로 괴롭혀온 민주인사 대부분을 일망타진할 수 있는 기회를 스스로 만들어준 셈이었다.

거기에다 이 사건은 '김대중 내란음모사건'에서 중요한 범죄행위로 처단되었을 뿐만 아니라 그 사건에 이미 연루된 서남동, 한완상, 유인호, 송건호, 이호철, 이해동 등이 그 명단에 끼어 있어 '지식인 134인 선언'을 빌미로 한 전두환 군부의 탄압은 충분히 예견되는 일이었다. 그러나 이들에 대한 연행, 체포와 탄압이 한꺼번에 몰려온 것은 아니었다. 시간적으로도 사람에 따라 차이를 두었고, 또 연행되는 기관이나 장소도 각기 달랐다. 그러나 그들의 탄압은 집요했고 또 철저했다. 한편으로는 체포, 연행하여 무차별적인 구타와 고문을 일삼으면서 다른 한편으로는 6월 17일 계엄사령관 이희성의 이름으로 이들 서명자를 포함해 전두환 군부가 손봐야 할 인사 329명에 대해 공개적인 지명수배를 하기에 이른다. 그 가운데 20명에 대해서는 1백만원씩 현상금을 내걸면서 "국민 여러분은 현재 도피자 중에는 내란선동자 등이 포함돼 있어, 이들에 대한 공소시효는 최고 15년이라는 점을 감안할 때 계속적인 은둔생활은 불가능하다는 것을 주지하고 발견 즉시 신고해줄 것은 물론 동 관련자를 도피방조 및 은닉 시는 형법 제151조에 의해 처벌된다는 것을 알려드린다"는 협박까지 서슴지 않았다.

이렇게 하여 1980년 5월 또다시 정치적 수배자가 양산된다. 이 가운데에는 장을병 · 송기숙 · 이효재 등 대학교수 및 이병주 · 정태기 동아 · 조선투위 위원장과 김태홍 · 노향기(魯香基) 등 기자협회 정 · 부회장도 포함되어 있었다. 이제 그들은 또다시 기약없는 도피생활을 해야 했고, 나 같은 사람은 또다시 옥바라지와 수배자들의 뒷바라지로 영일이 없게 되었다. 잡혀간 이들은 이루 말할 수 없는 인신모욕과 고문, 그리고 끝내는 투옥과 직장으로부터의 해직을 감내해야 했다. 긴급조치 1 · 2호가 발령되던 1974년 1월을 '죽음이라 부르자'고 했던 김지하가 만약 그때 밖에 있었다면 분명 1980년 5월을 '또다시 찾아온 죽음이라 부르자'고 했을 것이다. 또다시 해직교수가 속출했고, 해직언론인으로 거리를 방황하는 사람이 엄청나게 많아졌으며, 휴직을 강요당하는 변호사(이돈명 · 홍성우)도 있었다.

그런 가운데 전두환은 1980년 8월 27일 장충체육관에서 통일주체국민회의 대의원 2525명 투표에 2524표를 획득(무효 1표)하여 제11대 대통령에 당선된다. 그리고 그날부터 임기를 시작하고 나흘 뒤인 9월 1일 대통령취임식을 갖는다. 당선에 즈음한 담화에서 그는 "새 역사의 장이 열리는 전환점에서 본인이 대통령에 당선된 것은 정권의 차원을 넘어 새 역사 창조에 신명을 바쳐 일하라는 국가적 소명에 따르는 것이라 보고, 사심없이 주어진 책무를 기필코 완수하겠다"라고 약속한다. 사실상 제5공화국 군정이 시작된 것이다. 길고 무시무시한 폭압의 시대가 온 것이다.

학림·부림 용공조작사건

긴조시대에서 국보시대로

광민사라는 출판사를 운영하던 이태복(李泰馥)은 1981년 6월 9일 어머니 생신을 맞아 충남 보령의 시골집에 들렀다가 6월 10일 12시 40분경 회사로 출근하던 중 정체불명의 사람들에 의해 검은색 승용차에 강제로 태워졌다. 그는 눈이 가려진 채 아무도 모르게 남영동 치안본부 대공분실로 끌려갔다. 가자마자 꿇어앉혀진 채 마구잡이로 구타당했다. 처음부터 그들은 "너는 꼼이고 또 수괴지?"라고 다그치기 시작했다. 꼼이 뭐냐고 하니까 "네가 바로 꼼뮤니스트(공산주의자)"라면서 그것을 시인하라는 것이었다. "나는 공산주의자가 된 적도 없고 수괴도 아니다"라고 했더니 그때부터 본격적인 고문이 시작되었다. 온몸을 발가벗겨서 칠성판(당시 남영동 대공분실에서 이근안李根安이 사용하던 고문기구. 사람이 죽으면 그 시신을 올려놓는 널빤지처럼 생겼다)에 사지를 묶고 때리고 비트는가 하면, 목욕탕에 집어넣어 물고문을 하면서 "무조건 항복하라"고 요구했다. 즉 "수괴이고 꼼이라는 것을 인정하라"는 것이었다. 물고문을 하다가 토하고 심한 위경련이 일어나 비명을 지르면 수건을 입에 물리는 등의 방식으로 물고문·전기고문·발바닥고문(일명 프링코 고문)을 번갈아하는가 하면, 들어오는 사람마다 의례적으로 마구 구타했다. 이렇게 그는 6월 16일까지 일주일 동안 내리 고문을 당했다.

잡혀간 이틀 뒤에 광민사에 전화를 하라고 해서 그들이 하라는 대로 "출장 가니 일들 잘하라"고 한 뒤에는 "이제는 네가 여기 들어온 것을 아는 사람은 아무도 없다. 너 하나쯤은 죽여도 그만이다" "한강에 돌멩이를 매달아 빠뜨려 죽일 수도 있다" "휴전선에 너를 갖다버리고 총을 쏘아죽일 수도 있다. 월북하는 놈을 쏘아죽인 것으로 하면 그만이다" "서울법대 최종길 교수가 왜 죽은 줄 아느냐"는 등 소름끼치는 협박을 수도 없이 해댔다. 책임자라는 사람이 와서는 "아직까지 항복받지 못했냐"면서 "고문하다 죽어도 좋다. 항복을 받아내라"고 독려했다.

6월 15일 서울대 경제학과에 재학중이던 이선근(李善根)이 잡혀왔다. 16일부터는 "이선근이가 이태복에게서 반국가단체를 조직하라는 지시를 받았다고 시인했으니 이제 부인해도 소용없다" "네가 죽을래, 이선근이가 죽을래?" 하면서 항복을 강요했다. 물론 같은 방식으로 이선근으로부터 허위진술을 받아냈다. 이렇게 해서 조작된 것이 이태복을 수괴로 하여 13명이 관련된 이른바 전학련(전국민주학생연맹) 사건이었다. 이미 그들은 치밀하게 전학련사건의 각본을 짜놓고 있었고, 이태복과 이선근 등 관련자 하나하나를 고문, 협박해서 한편의 조작드라마를 완성한 것이다.

전학련 · 전민노련 사건이 만들어지기까지

여기에서 그치지 않고 8월 3일경부터는 대학에서 제적된 뒤 공장에서 일하던 제적생들과 교회의 산업선교활동을 하던 실무자들, 그리고 이들과 교유하던 노동자들을 잡아들이기 시작한다. 이들은 한달 이상 어디에 있는지조차 알려지지 않다가 9월 16일 서대문구치소에 송치됨으로써 비로소 수사기관에 체포, 구속되었음이 그 가족과 세상에 알려지게 되었다. 이들은 당시의 노동현안에 대하여 몇차례 만나 의견을 나누었는데, 이것이 국가변란을 목적으로 한 반국가단체인 전민노련(전국민주노동자연맹)을 결성한 것으로 둔갑하여 나타났음은 물론이다. 조작된 전민노련사건으로 구속된 사람 13명 가운데는 양승조, 신철영(申澈永) 등도 포함되어 있었다. 경찰에서의 이런 조작이 검찰에서도 그대로 넘어가게 된 과정을 이태복은 법정에서 이렇게 말했다.

> 검찰조서가 그렇게 작성된 데는 세가지 이유가 있습니다. 첫째 검찰로 넘어오기 전 대공분실에서 "검찰에서 쓸데없는 얘기를 하면 다시 불러와서 가만 안 두겠다"는 위협을 했고, 둘째 민주학생연맹사건만 수사가 끝나 검찰에 송치되었을 뿐, 민주노동자연맹에 대해서는 대공분실에서 아직 수사가 진행중이었기 때문에 나는 두군데를 왔다갔다하면서 수사를 받았는데, 검찰에서 부인하면 다시 고문할 것이 두려웠고, 셋째 "나는 공산주의자가 아니다. 공산주의 체제는 인간의 존엄과 자유를 부인하는데 어떻게 내가 공산주의자냐"고 말을 하자 그런 소리를 못하게 얘기를 막아 버렸습니다. 그 당시 검사는 '최근 대학가의 좌경화 동향과 문제점'이라는 제목의 의견서를 보고 있었는데, 저와는 인적사항만 문답을 했고, 사건과

관련된 일체의 사항은 검사가 자문자답하며 직접 타자를 칠 때도 있었고, 나중에 타자수를 불러서도 쳤습니다. (…) 검사는 "이선근일 죽일까, 너를 죽일까" 하는 말도 했는데 제가 "선근이보다 내가 나이가 몇살 많으니까, 죽이려면 나를 죽이십시오"라고 했었습니다.

신철영의 진술 역시 당시 검찰의 간악한 모습을 여실히 보여주고 있다.

검사가 "기독교인은 자기 신앙 때문에 순교도 하는데 고문을 받았다고 왜 허위자백을 했는가" 하길래 제가 스스로가 부끄러워서 부끄럽다고 했습니다. 검사가 "유토피아에 대한 것을 이야기하라"고 해서 하느님 나라에 대해 이야기하니, 검사가 "결국 하느님 나라라고 하는 것도 넓게 생각하면 사회주의지 않느냐. 그러니 자본주의 상태가 부정되어야 하는 게 아니냐"고 했습니다. 검사가 이태복 자술서를 보이고 "이태복이 이렇게 했다는데 넌 안했다고 해서 될 것이냐"면서 강박해 결국 무인을 찍고 말았습니다.

이 사건은 전두환정권이 들어서면서 그 마각을 드러낸 대표적인 용공좌경조작 음모사건이라 할 수 있다. 이태복이 그 배후에서 조종하고, 이선근 등 학생운동 경력을 가진 10여명이 조직한 전학련이 사회혼란을 조성해 궁극적으로는 체제를 전복하려 했다는 것과, 또 전민노련을 통해 우리 사회를 전복, 끝내는 공산주의 사회를 실현하려 했다는 것으로 요약할 수 있다. 당시 용공좌경조작을 어떤 논리로 해나갔는지는 이들에 대한 공소장에 잘 나타나 있다. 이는 당시의 공안검사들이 작성한, 아주 잘된 작문(作文)인 것이다.

공산주의 내지 사회주의로 의식화된 좌경의식분자들이 노동자들이 중심이 된 노동운동을 주도하고, 학생운동은 노동운동의 보조집단으로서, 문제제기집단으로 행세하여 먼저 학생운동으로 사회혼란을 조성한 뒤 노동자들이 민중운동의 주체집단으로서 혁명주체가 되어 폭력혁명으로 현 정부를 전복시키고 노동자, 농민, 소시민으로 구성된 민중정권을 수립하여 선진독점자본과 국내매판자본으로부터 민중을 해방시킬 사회적 조건을 창조한 다음 낡은 생산관계를 청산하고, 사적소유의 철폐 및 생산의 사회성이 보장되는 공산주의사회를 건설해야 한다고 생각하고, 그러한 목적으로 출판사를 설립하여 각종 불온서적을 출판하고 혁명의 주체집단으로 민주노동자연맹을 조직하고 보조집단으로 민주학생연맹을 조직하여 반국가활동을 전개했다.

부림사건과 노무현

거의 비슷한 시기인 1981년 6월부터 부산에서도 학생운동 출신 청년들이 하나씩 소리없이 어디론가 연행되고 있었다. 이렇게 체포, 연행된 사람들이 19명에 달했고 일부는 군인 신분으로 군법회의에도 회부되었다. 이들은 국가보안법, 반공법, 계엄법 등의 법률위반으로 처벌되었는데, 이것이 이른바 부림(釜林)사건이다. 부림사건은 노무현(盧武鉉)이 변호사가 되어 최초로 담당한 인권사건으로, 이 사건을 통해서 그는 이 나라의 인권현실을 비로소 깨닫기 시작했고, 또 이 사건의 중요한 관련자 중 하나였던 이호철의 권고로 리영희의 『전환시대의 논리』 등을 읽고 당시의 현실에 눈뜨게 되었다. 이 사건의 내용이나 전개과정은 전학련·전민노련 사건과 비슷하다. 이들에게 행한 고문 역시 전학련·전민노련 관계자에 대한 고문을 그대로 답습하고 있다.

"여기는 송도 혈청소다. 우리는 너희 하나쯤 죽여도 문제되지 않는 신분에 있는 사람이다. 네가 말을 잘 듣지 않으면 바닷물에 던져넣겠다." (…) 8월달로 접어들자마자 다른 친구들이 한꺼번에 잡혀왔습니다. 이방 저방에서 아침나절부터 시작되는 비명소리는 밤까지 끊일 새가 없었습니다. 벽 하나를 건너서 또는 도어 하나를 건너서 들려오는 몽둥이질, 욕, 비명소리는 온 집을 아수라장처럼 가득 채웠고, 바로 저 자신의 뼈를 녹여내리듯, 부러뜨리듯 아픈 것이었습니다. (…) 9월 5일 오전 10시쯤이었습니다. 부산하게 다시 자술서를 쓰는 포즈를 취하고 책상에 시험지를 놓고 앉아 있었습니다. 곧이어 각 방마다 방문한 검사가 바로 지금 저희들을 담당한 최병국 검사였습니다. 모든 수사과정이 그의 지휘하에 전개되어 왔었던 것처럼 보였습니다. (…) 뒷날 검사실에서 최검사는 물론 저희들의 부인을 받아주지 않았습니다.(이상록의 항소이유서)

한발짝을 제대로 걸을 수 없을 만큼 멍들고 터진 육신으로는 죽을 힘마저 없어 수사관들에게 빨리 죽여달라고 눈물로 호소했으나 그 대가는 모진 고문과 싸늘한 냉소, 그리고 "두고두고 골병들여 죽이겠다"는 소름끼치는 협박밖에 없었습니다.(고호석의 항소이유서)

고문 중에서도 제일 끔찍했던 고문이 '통닭구이'라는 것이었는데 바닥에 엎드리게 한 후 발바닥, 발가락, 손등, 손바닥을 수없이 난타하고, 마치 통닭이 전기철봉에 매달리듯 끈으로 손과 발을 묶은 후, 손과 종아리 사이로 굵고 긴 몽둥이를 가로질러 넣고는 공중에 매달고 손, 발, 머리를 닥치는 대로 때리고 문지르는 것인데, 이 '통닭구이'로 발톱이 다 빠져 달아났고, 온몸은 가지처럼 보랏빛으로 변해 있었으며 제대로 걷지도 못해 무릎으로 엉금엉금 기어야 했답니다.(부림사건 가족 일동의 호소문)

신문조서에 사회주의 내지 공산주의 운운이 들어가지 않으면 몽둥이 경찰봉이 날아왔고, 자술서는 오히려 저들의 구술을 받아적는 타술서가 되었으며 "빨갱이를 옹호하는 놈은 빨갱이보다 더한 놈"이라면서 허위증언을 강요하기도 했다.

긴급조치에서 국가보안법으로

부림사건에서는 최고 징역 6년(이상록)에서 집행유예까지, 그리고 학림사건(전학련 · 전민노련 사건)에서는 최고 무기징역(이태복)에서 집행유예까지 선고되었다. 그러나 이태복에게 검찰은 사형을 구형했고, 1심에서 전두환 군부독재의 앞잡이 노릇을 했던 재판장(수석부장판사)은 사형을 주장했으나 주심판사가 도저히 양심상 사형을 선고할 수 없다고 버텨서 무기가 되었다는 설이 당시에 나돌았다. 실제로 그 판결 이후 주심판사는 성남지원으로 좌천됐다. 학림(學林) · 부림(釜林) 사건이란 명칭과 관련해서도 여러 가지 설이 있다. 동숭동 서울대학교 앞에 학림(鶴林)다방이 있었는데, 관련 피고인들이 그 다방에 자주 출입했기 때문에 학림사건이 되었다는 얘기가 있다. 그러나 학림의 한자가 다른데다가, 어쩌면 치안본부의 작전이름이 학림 · 부림이 아니었던가 생각된다.

유신정권 시절에는 민주인사나 운동권학생을 일단 긴급조치 9호로 몰아 처단하는 것이 일반화된 관행이었다. 그러다가 전두환정권이 들어서면서부터는 국가보안법을 적용하여 처벌하기 시작했다. 형량도 현저하게 높아지기 시작했다. 또 유신정권 때는 중앙정보부가 국가보안법 사건을 전담했는데, 전두환 군부정권에서는 치안본부 대공분실이 이런 유형의 사건을 지휘하기 시작한다. 억지로 국가보안법 사건을 만들기 위해서는 형식적이지만 증거가 있어야 했다. 그래서 이들이 생각해낸 것이 피의자로 지목된 사람의 가택을 전격적으로 수색해 문제성 있는 책을 압수하고, 그것을 용공좌경의 증거로 삼는 수법이었다. 학림·부림 사건에서도 이들은 이태복이 운영하던 광민사에서 펴낸 책들과 함께 이들이 소지, 탐독하고 있었던 몇가지 번역서와 리영희, 박현채 교수 등이 쓴 책 등을 문제삼았다.

또 이런 책들이 용공좌경 불온서적이라는 것을 증언해줄 사람이 필요했다. 당시 치안본부 대공분실과 검찰의 요구에 부응해 '맞춤 용공좌경 감정'을 해주던 사람이 홍지영이었다. 이 사람은 홍지영이라는 이름 외에도 홍성문(洪性文) 등 다섯가지 이름을 갖고 있었는데, 추기경을 향해서 반기독교적이라고 음해하는가 하면, 당시 문교부장관이던 이규호(李奎浩)의 저서까지도 용공좌경서적이라고 몰아세웠다. 그는 『현대사조(現代思潮)』라는 월간지까지 발행하면서, 이 책을 통하여 끊임없이 용공좌경음해와 모략을 계속했다. 그때 우리는 그 사람의 정체를 정확히 알 수 없었는데, 하루는 천주교 사제 한사람이 어떤 경로로 입수했는지는 모르지만, 중앙정보부에 비치된 홍지영에 대한 신상기록을 가지고 왔다. 거기에는 그가 일본 나까노(中野)학교 출신으로 일본의 중국침략 때 중국에 일본 첩자로 파견되었다가 종전이 훨씬 지난 후 귀국했다는 사실이 적혀 있었다. 그 무렵 우연찮게 홍성우 변호사가 책을 읽다가 나까노학교가 일본육군의 스파이 양성학교라는 사실을 알게 되었다. 나는 변호인단과 함께 전학련·전민노련 사건 공판 때 바로 그 홍지영(서적 감정을 할 때 그는 홍성문이라는 이름을 썼다)을 법정에 증인으로 불러서, 그의 감정이 얼마나 엉터리이고 그 자신이 어떤 사람인지를 집중적으로 추궁했다. 말하자면 그의 정체를 세상에 폭로한 것이다. 그는 아무런 이론적 근거나 학문의 축적 없이 치안본부 대공분실과 검찰의 요구에 맞추어 그들이 요구하는 대로 감정서를 써주는, 그리하여 멀쩡한 사람을 공산주의자로 만드는 하나의 기계에 다름아니었던 것이다.

전두환정권 등장과 함께 치안본부 대공분실이 군부권력의 하수인으로 전락하면서, 남영동은 정치사찰은 물론 용공좌경조작의 산실로 급격히 부상한다. 그 최초의 큰 사건이 학림·부림 사건이었고, 이같은 용공조작사건은 서울과 부산에서만이 아니라 대전, 전주, 공주 등 곳곳에서 경쟁적으로 만들어졌다. 남영동에는 이근안이라는 전문고문기술자까지 배치되어 김근태(金槿泰)를 비롯한 많은 사람들이 그의 손에 몸이 망가졌다. 1987년 1월 박종철 고문치사사건은 전두환정권의 출범과 함께 이미 예고되어 있었던 것이나 마찬가지였다. 전두환의 등장과 함께 남영동의 무소불위한 전횡은 시작되고, 남영동은 민주인사들이나 학생들에게 원부(怨府)가 되어갔던 것이다.

이태복은 그 남영동이 조작한 사건으로 하여 8년여의 세월을 감옥에서 보낸 후 1988년 10월 3일에야 석방될 수 있었다. 나올 때 그의 머리는 이미 반백(半白)이 되어 있었다. 죽음을 넘나들면 갑자기 머리가 희어진다는 얘기가 있다.

한울회·금강회·아람회 사건

전두환정권의 빨갱이 만들기

1972년부터 대전에서는 일단의 젊은이들이 신앙모임을 갖고 있었다. 이들은 개신교 선교단체인 네비게이토선교회(The Navigators, 항해자들이라는 뜻)의 대전지부에서 처음 만났고, 지도선생님이 떠난 뒤에도 계속 모여 신앙공동체에 대해 배우고 토론했다. 이들은 이러한 배움과 토론 과정을 통하여 성서의 가르침 가운데 자신을 철저히 버리고 고난받는 이웃과 하나 되라 함은 마음으로만이 아니라 물질에 있어서도 똑같이 적용되어야 한다고 믿게 되었다. 이들은 사도행전 4장 32~37절에 있는 그리스도인의 이상생활을 모범으로 삼고 또 실천하려 했던 것이다.

이들은 배우고 토론만 한 것이 아니라, 1979년부터는 대전시 문화동과 회덕에 방을 얻어 3~4명이 공동생활을 하면서 예배와 성서연구, 섬김과 봉사의 훈련을 했다. 이렇게 공동생활을 하는 터전을 '뻐꾸기 둥지'라고 불렀는데, 뻐꾸기는 제 둥지에 알을 낳지 않기 때문에 '자기 새끼를 위한 것이 아닌 둥지' '남을 위한 둥지'라는 뜻으로 그렇게 불렀다. 이렇게 공동생활을 통해 개인주의와 이기주의를 극복하고 서로 나누고 섬기는 형제애를 철저히 체득하고자 노력했다. 이들의 공동생활은 참으로 순수하고 아름다웠으며 형제애와 신앙심이 넘치는 것이었다.

이 모임의 중심인물 가운데 하나였던 이규호(李揆鎬)는 대학 졸업 논문으로 현대사회에서 공동생활이 갖는 중요성과 그 실천을 '현대의 공동체론'이라는 제목으로 준비하게 되었으며, 여름과 겨울에는 수련회를 여는가 하면 국내에 이미 이루어지고 있던 신·구 교회의 신앙공동체들을 연구하거나 찾아가 교류를 가졌다. 홍성의 풀무학원, 경기도 양주의 풀무원, 그리고 개신교의 새벽의집, 마리아자매회, 예수의집, 초교파 모임인 떼제공동체 등이 그 대상이었다. 이들은 자신들의 모임을 '한울모임'이라고 이름지었다. 이는 신앙과 공동체성을 함께 표현한 것이었다. 한울은 하늘이며, 한울타리로 사실상 울타리 없음을 뜻하는 것이라고 한다. 1980년쯤에 한울공동체는 이미 대전뿐 아니라 서울과 옥천에서도 모임을 갖기에 이른다. 모임은 따로 했지만, 수련회 때는 다같이 만났다.

신앙공동체가 반국가단체로

1981년 3월 15일 일요일, 이날은 '뻐꾸기 둥지'에서 이들이 함께 예배를 보고 성서연구와 독서토론회를 여는 날이었다. 예배후 성서공부를 위해 남아 있다가 막 점심식사를 시작하려던 이들은 "대학생들이 과외지도를 한다"는 제보를 받았다며 들이닥친 10여명의 형사들에게 가택을 수색당하고, 두대의 자동차에 연행되어 대전 서부경찰서를 거쳐 눈이 가려진 채 대전 보문산 아래 충남도경 지하 대공분실로 끌려 갔다. 이때부터 이들은 욕설, 모욕, 구타는 물론 잠 안재우기, 밥 안주기 등의 고문을 당하면서 경찰이 요구하는 내용의 자술서를 수도 없이 쓰고, 같은 내용의 신문조서를 반복해서 꾸며야 했다.

수사는 끝날 줄 몰랐다. 지하실 천장 가까이에 나 있는 창문으로 밤이 오고 새들이 지저귀는 소리와 함께 아침이 밝았으나 며칠이 지났는지는 알 수 없었다. 영원히라도 계속될 것 같은 수사였다. 서울 모임의 관계자들이 처음에는 자진출두 형식으로 왔다가 종내는 공범으로 몰려 불법구금을 당하고, 모임에 나왔던 고등학생들도 가방을 든 채 지하실에 끌려와 혹독한 수사를 받았다. 수사관들은 교대로 밤참을 먹어가며 조서를 썼고, 이들은 허기지고 몽롱한 상태에서 고문을 받아야 했다. 수사가 결말을 향해가면서 어마어마한 사건으로 날조되기 시작했다. 경찰관 가운데서도 이같은 날조에 양심상 괴로워하는 사람들이 있었다. "상부의 지시와 사소한 이익만 있어도 무슨 일이라도 하는 게 우리"라면서 자조적인 표정을 짓는 사람도 있었다. 그러나 대부분은 냉혹하고 비정했다.

한달하고도 사흘이 더 지난 4월 17일 이들은 정식으로 구속되었다. 대공분실 지하실에 30여일 동안 불법구금당한 것이다. 10여일후 교도소로 이송된 이들은 검찰청에 불려가 검찰조서를 쓴다. 담당 공안검사 정용식(鄭鏞植)은 교활하고도 잔인했다. 고문하던 경찰관들이 수시로 나와 경찰조서대로 할 것을 협박했고, 검사는 한패가 되어 구타까지 서슴지 않았다. 이들은 굶주린 개들 앞에 놓인 순진하고도 초라한 먹이였다.

이렇게 하여 만들어진 공소장을 받아본 것은 수십일 후였다. 공소장은 터무니없는 것이었다. 이들이 맑스주의에 입각한 공동생산, 공동분배, 공동소비의 공동체를 만들어 전국으로 확산시켜, 자본주의체제를 전복하고 공산주의사회를 만들고자 했으며, 나아가 그런 인류공동체를 이루고자 했다는 내용이었다. 신앙공동체가 바로 공산주의이며 반국가단체라는 것이다. 그리고 참여의 경중에 따라 수괴 또는 지도·중요임무 종사자 등으로 낙인찍혀 법정으로 보내졌다. 이것이 이른바 '한울회사건'의 전말이다. 이 사건 관련자들은 이규호 외에 박재순(朴在淳), 김종생(金鍾生), 홍성환(洪性煥), 이충근(李忠根), 이건종(李建鍾) 등이었는데 앞의 3명은 장기형을 선고받아 복역중 1983년 8월 15일 특사로 출감했다.

공주의 금강회사건

1981년 7월초 금강회 회원이 주축이 된 공주사대 학생들이 충남 부여군 규암면 반산리에서 열흘 안팎의 수련회를 가졌다. 이들의 모임을 수상히 여긴 주민들의 신고로 금강회사건이 만들어진다. 오랜 역사와 전통을 가진 교육도시였던 공주에는 1979년까지 이렇다 할 학생운동이나 사회운동이 없었다. 1979년 5월경 79학번을 중심으로 학생들이 미등록 동아리인 '곰나루'를 만들어 활동했는데, 이 동아리 회원이 중심이 된 유신철폐운동이 1979년 10월 13일 대자보의 형태로 전개된다. 이 사건과 관련해서 지도부가 학사징계를 당했는데, 1980년 4월 16일, 짧았던 '서울의 봄'을 맞아 이들은 공식적으로 금강회를 구성하여 교내 민주화투쟁을 주도하기 시작한다. 이런 금강회 회원들이 개최한 수련회였으니 저들이 가만둘 리 없었다. 1981년 8월초부터 공주사대 학생 40~50여명이 연행되어 조사를 받기 시작해서 두달에 걸친 불법구금과 고문조작을 통해 10월 9일에 7명이 구속되어 사회주의자, 공산주의자로 만들어지는데 이것이 바로 금강회사건의 전말이다.

이들이 공산주의자로 만들어지는 데 결정적인 빌미를 제공한 것이 북한방송이었다. 공주 지역에서는 축적된 운동경험이 없었던 탓인지, 통일문제나 민족문제에 관심을 갖고 있던 일부가 우연한 기회에 북한방송을 듣게 된다. 전파방해가 없었던 공주에서는 누구나 채널만 맞추면 북한방송을 들을 수 있었다. 이것이 전두환정권에게는 기가 막힌 '소재'요 '건수'가 아닐 수 없었다. 그리하여 검찰은 "금강회는 맑스·레닌주의자들의 주도하에 '김일성대학 강좌'를 상습적으로 청취하여 사회주의 사상을 확고히했다"라고 이들에게 국가보안법의 굴레를 씌웠다. 이들 역시 대전의 충남도경 대공분실에서의 고문조작 끝에 변호인 선임조차 없이 1심법정에서 유죄를 선고받았다. 그 가운데 한사람(정선원)은 고문으로 정신질환 판정까지 받았다. 이는 공주 지역에서 태동하는 학생운동의 예봉을 '빨갱이 만들기'로 봉쇄하기 위한 전두환정권의 작전이었던 것이다.

딸 백일잔치를 단체결성 모의로 조작

1970년대 유신이 한창 기승을 부릴 무렵, 충남 금산고등학교에 다니는 몇몇 학생들(김난수金蘭洙, 박해전朴海雋, 김창근金昌根, 김현칠金顯七, 이재권李在權)은 당시 이웃학교에서 교편을 잡으면서 의식있는 선생님으로 알려진 정해숙(丁亥叔), 황보윤식(皇甫允植) 등과 교류를 갖기 시작한다. 이들은 학교를 졸업한 뒤에도, 경조사가 있거나 고향에 오고갈 때 만나서 정을 나누고 시국과 관련한 정보도 교환

했다. 1980년 광주민주화운동 때는 조선대학교 학생회에서 제작, 배포한 '전두환의 살육작전'이라든지 사제단이 발표한 「광주사태의 진상」을 입수하여 서로 나누어볼 만큼 시국에 민감했고 서로간에 자별했다. 이러한 일련의 인연이 끝내는 '아람회'라는 반국가단체 사건으로 발전하는 것이다.

1981년 6월 27일 이들은 금산의 부리면 수홍리 강가에서 야유회를 갖는다. 김난수가 군 위탁교육인 대학원과정을 마치고 2학기엔 군에 원대복귀하게 되어 있었고, 황보윤식은 대만으로 유학을 떠나게 되어 있었기 때문에 송별회를 겸하여 갖는 모임이었다. 여기에는 고등학생과 동네청년들도 참석했다. 아람회사건은 이때 참석한 황보윤식의 제자였던 한 학생의 신고로 시작된다. '아람'은 원래 금산고등학교 교지의 이름이었다. 그래서 한때는 금산고등학교 출신의 계모임 이름으로 거명되기도 했다. '아람'은 또한 한국판 드레퓌스사건이라 할 이 사건의 주인공 김난수의 딸 이름이기도 하다.

1981년 5월 17일 오후, 대전에 있는 육군대위 김난수의 집에서는 그의 딸 아람이의 백일잔치가 열렸다. 여기에는 김난수의 오래된 친구들과 그가 소속되어 있던 충남대 학군단의 교관동료와 선배, 그리고 이웃과 친척들이 참석해 다정다감한 분위기를 자아냈다. 이때의 모임이 바로 반국가단체인 아람회의 결성모임으로 조작되는 것이다.

김난수에 의하면 이 사건은 경찰 내부에서는 '도마다리공작 II'였다고 한다. 처음 사건이 만들어질 때는 사건의 명칭이 박해전이 중심이 된 '민중교육회'로 굳어질 뻔했다고 한다(박해전의 증언). 실제로 박해전은 교육운동에 관심이 많았다고 전해진다. 그러나 김난수가 광주사태를 계기로 전두환에 대한 증오심을 갖고 있었다는 것이 밝혀지자 경찰은 "김난수가 소령으로 진급해 청와대로 가 전두환을 권총으로 쏴

죽이기로 했다"는 쪽으로 사건을 몰고가, 엉뚱하게도 '아람회'로 조작되었다는 것이다. 이때부터 검찰은 '아람회 체계도'라는 것을 밑그림으로 만들어놓고, 거기에 사람 하나하나를 짜맞추기 시작한다. 정해숙은 제일 고령이므로 '수괴'요, 황보윤식은 그 다음이요, 박해전은 서울과 대전과 금산을 오가는 중심적인 '활동책'이요, 김난수는 군인이니 '동원책'이요, 이재권은 새마을금고에 있으니 '재정책'이요, 김현칠은 검찰에 있으니 '조직책'이요, 김창근은 경찰이니 '연락책'이라는 식으로 꿰어맞춘 것이다. 이렇게 그럴듯하게 조작해놓고 "아람이의 백일잔치 때 정해숙, 황보윤식, 이재권, 김난수 등이 따로 회합하여 민중봉기를 통해 현정권과 미국 등 외세를 타도, 축출함으로써 북한괴뢰집단의 고려연방제 통일노선에 따라 민중이 역사의 주체가 되는 통일민족국가를 수립하는 데 기여할 것을 목적으로 한 반국가단체를 결성했다"는 씨나리오를 완성하는 것이다. 이 과정에서 치안본부 대공분실의 여러 차례에 걸쳐 '야리나오시'('다시 하라'는 뜻의 일본어)하라는 지시에 따라 그때마다 고쳤다. 각본의 중간중간에는 고향 출신인 남부군의 이현상(李鉉相)을 대단한 인물이라고 말한 것은 고무찬양죄로 몰아넣고, 북한 김일성은 가짜라는 내용인 이명영(李命英)의 『진위 김일성 열전』을 읽은 것이 북괴를 찬양하는 계기가 되었다는 양념도 집어넣었다.

검사는 한울회사건을 맡았던 바로 그 정용식이었고, 물론 이들의 진실은 하나도 받아들여지지 않았다. 판결 역시 검찰의 공소장을 베끼는 것에 지나지 않았다. 검찰조서는 "다시 지하실에 끌고가 재수사하겠다"는 기만과 협박 속에서, 그것도 새벽 0시에서 4시 사이에 작성되었다. 처음에 경찰의 고문을 통한 사건 조작에서 최종적으로 대법원 판결에 이르기까지가 하나의 일관된 과정, 곧 전두환정권의 '빨갱이 만들기 작전'이었던 것이다.

한울회사건과 아람회사건은 군인 신분이 포함되어 유사한 점이 많았다. 군법회의와 법원에서의 형사절차가 동시에 진행되었고, 담당 검사가 같았으며, 당초의 용공조작이 최종적으로 대법원에서 유죄로 확정되었다는 점에서도 그렇다. 한울회의 경우 민간인에 대해서 처음 대법원에서는 반국가단체구성 부분에 무죄판결을 내렸지만 파기환송심을 거치면서 다시 원점으로 되돌아갔다. 아람회사건에서는 고등법원에서 반국가단체 부분이 무죄로 판시되었지만, 대법원에서 다시 유죄로 확정되었다. 특이한 것은 한울회사건의 경우, 군법회의를 거쳐서 올라간 상고심에서는 민간인의 경우와 달리 처음부터 신앙공동체를 반국가단체로 판시했다. 그때 재판부를 구성한 대법원 제1부 판사 중에는 이회창(李會昌)도 들어 있었다. 이 사건에서뿐 아니라 이러한 유형의 국가보안법사건에서 그가 무죄판결을 하거나 소수의견을 냈다는 얘기는 들어보지 못했다. 결국 용공조작사건에 있어서는 이회창 역시 '법의 정의'를 지키는 대쪽이 아니라 용공조작을 확인해주는 하나의 들러리에 불과했던 것이다. 한울회 1심재판에 배석판사로 참여했던 이인제(李仁濟)는 더 말할 필요조차 없다.

이렇게 전두환정권이 들어서면서 '빨갱이 만들기'는 입체적으로 전개되었다. 치안본부 대공분실(남영동)은 최고지휘부가 되었고, 경찰국 대공분실은 경쟁적으로 빨갱이 사건을 조작했다. 서울에서는 세칭 학림사건이, 부산에서는 부림사건이, 대전에서는 한울회·아람회·금강회 사건이, 전주에서는 오송회사건이 만들어진 것이다. 사건을 만드는 사람에게는 일계급 특진 등의 특전이 주어졌고, 검찰과 법원은 이를 방조하거나 확인해주었다. 이렇게 5공화국 아래서는 경찰, 검찰, 법원이 빨갱이 만들기에 철저하게 한통속이 되어 있었다.

오송회사건과 이광웅의 절규

좋은 선생이 되려거든 목숨을 걸어라

이 땅에서
진짜 술꾼이 되려면
목숨을 걸고 술을 마셔야 한다.

이 땅에서
참된 연애를 하려거든
목숨을 걸고 연애를 해야 한다.

이 땅에서
좋은 선생이 되려거든
목숨을 걸고 교단에 서야 한다.

—이광웅 「목숨을 걸고」 중에서

이 시는 이른바 오송회(五松會)사건의 주범이었던 이광웅(李光雄)

이 생전에 남긴 시의 한 부분이다. 아마도 이 시는 오송회사건 이후에 씌어졌을 것이다. 얼마나 통절히 느꼈기에 그는 “이 땅에서/좋은 선생이 되려거든/목숨을 걸고 교단에 서야 한다”고 절규하고 있는 것일까. 어찌 선생뿐이랴. 술꾼이 되려고 해도, 연애를 해도 그래야 했던 것이다. 그 자신 항상 좋은 선생이 되려고 노력한 바로 그것 때문에 그는 오송회라는 조작된 사건의 주범으로 몰려 차라리 죽여달라고 애걸할 만큼 모진 고문을 당하고, 마침내는 오랜 기간에 걸친 감옥생활을 감내해야 했다. 좋은 선생이 되기 위해서는 목숨을 걸고 교단에 서야 한다는 그의 시는 차라리 피울음보다 더 진한 절규가 아니고 무엇이랴.

이광웅은 이른 봄철, 길가에 흔히 피어 있는 하찮은 들꽃 하나를 보고도 감격해 마지않던, 이땅의 시인이기도 했다. 마침내 감옥생활에서 얻은 암으로 세상을 떴으니, ‘좋은 선생’이 되기 위해서 끝내 그의 목숨을 걸었던 셈이다. 금강 하구둑에 가면 돌멩이 하나로 우뚝 선 그의 시비가 있다.

4·19 위령제가 반국가단체로

현직교사 8명과 전직교사 1명이 1982년 11월 2일부터 소리없이 연행되어 23일에 걸친 불법구금 끝에 구속된 오송회사건의 발단은 한 권의 시집이었다. 1948년에 월북한 시인 오장환(吳章煥)의 네번째 시집 『병든 서울』이 바로 그것이다. 군산제일고등학교 국어교사였던 이광웅은 이 시집의 필사본을 한권 가지고 있었는데, 이것을 몇몇 교사들이 복사하여 나누어보았다. 이중 하나를 한 대학생이 빌려갔는데,

그가 그만 버스에 그 책을 두고 내렸다. 매우 공교롭게도 그 책이 경찰에 신고되어 수사가 시작된 것이다. 이 책의 복사본을 나누어 가진 교사들이 조사를 받은 것은 물론이다. 당시만 해도 오장환은 금기의 인물이었다. 처음에는 이 시집을 소지한 사람들이 현직 국어교사들인 점에 비추어 유야무야 넘어가는 듯했다.

그러나 전두환정권의 '빨갱이 만들기'를 익히 보아온 대공경찰은 공명심에 눈이 어두워 어마어마한 사건을 하나 조작해내기로 작정한다. 이들이 이렇게 작심한 이상, 착하기만 하던 선생님들은 도마 위에 놓인 고기에 다름아니었다. 박정석(朴正石)의 증언에 따라, 어떻게 이 사건이 만들어지고, 또 어떻게 전개되었는지를 살펴보기로 한다.

> 우리는 1982년 11월 2일 불법연행된 뒤 전주 대공분실 지하실에 끌려갔고, 거기서 얼굴에 칼자국으로 보이는 흉터가 있는 신갑생이라는 고문기술자 등으로부터, 육신과 영혼이 갈가리 찢기는 체험을 겪었다. 실오라기 하나 걸치지 않고 발가벗겨진 나는 통닭처럼 긴 막대에 두 손과 발이 묶여 거꾸로 매달렸다. "야 새끼야, 너 간첩이지? 너희들과 관계있는 놈들의 이름 다 불어. 불지 않으면 살아 돌아갈 수 없는 줄 알아. 너희 같은 새끼는 죽여도 괜찮아. 죽으면 길가 아무데나 버리면 왜 죽었는지 아무도 몰라 임마!" 그러고는 나의 엄지손가락에 전선을 감고 전기고문을 시작했다. 지옥이 바로 그곳이었다. 찌릿찌릿, 온 육체를 휘감는 감전의 충격으로 죽을 것만 같았다. 처음에 나는 결백을 주장했지만, 그것은 고문의 강도를 높일 뿐이었다. 나중에 나의 입에서는 제발 죽여달라는 신음이 흘러나왔다. 그래도 그 악귀들은 고문을 멈추지 않았고 물고문으로 방법을 바꾸었다. 얼굴에 무슨 천 같은 것을 씌우고 그 위에 물을 퍼붓는 것이었다. 숨을 쉴 때마다 콧속으로 물을 흡입할 수밖에 없었는데, 숨이 콱 막히고

심장이 탁 멈추는 것 같았다. 단말마의 비명이라는 비유가 있지만, 그때 나의 비명소리가 그랬을 것이다. 이러한 고문은 몇시간이 계속되는 것처럼 길게 느껴졌으며, 몸부림치다 기절하는 것 같으면 깨어난 뒤에 신문을 했다. "너 누구 영향을 받았어? 너희들의 조직 이름을 대." 고문이 가해질 때마다 신음처럼 아무 관계없는 사람의 이름이 튀어나왔다. 아마 그때 문규현 신부님과 조성용 선생님의 이름이 나온 것 같다. 그것은 두고두고 나를 부끄럽게 하고 죄의식에 시달리게 했다. 아무 죄없는 조선생님이 영문도 모르고 대공분실에 끌려오게 되었다. 조선생님의 표현대로 그때부터 황소처럼 목이 매어 끌려다니게 된 것이다. 조선생님은 같은 학교에서 2~3개월 잠시 함께 근무한 적이 있고, 리영희의 『전환시대의 논리』나 『8억인과의 대화』를 읽고 짧은 대화를 나눈 기억이 있는데, 그분은 해박한 사회과학적 지식과 날카로운 현실인식을 가지고 있었다. 이 짧은 만남이 악연을 짓고 만 것이다.

공포의 40일간이었다. 며칠씩 잠을 안 재우고, 졸 때마다 다시 깨우고, 그때마다 똑같은 자술서를 쓰게 했다. 몇자루의 볼펜이 닳아 없어질 때까지 그 작업은 반복되었다. 그러는 사이에 나는 그 사실을 암기하게 되었고, 자기암시에 의한 묘한 환각상태에 빠져들게 되었다. 실제는 없었던 일이 자술서의 내용대로 행동한 것처럼 생각이 들고, 나중에는 그런 언행을 한 것이 틀림없는 사실이라고 엉뚱하게 확신하게 되는 것이었다. 훗날 황인철 변호사가 장기간의 불법감금 상태와 혹독한 고문 속에서 오는 심한 강박관념과 공포감, 심리적 위축감 때문에 이른바 파라노이아(paranoia, 체계적이고 지속적인 망상이 나타나는 병적 상태) 현상에 빠진 것이라고 나의 심리상태를 설명해준 적이 있다. 견딜 수 없는 것은 옆방에서 전기고문으로 이광웅 선생이 지르는 단말마적 비명을 듣게 하는 것이었다. 이제 이광웅 선생은 죽어가는구나 하는 생각이 들었다. 그것은 몇시간씩 계속되었는데, 내가 당하는 고문보다 더 심한 것 같았다. 결국은 이들의 예정된 각본대로 모든 것이 진행될 것이라는 예감 앞에 나는 굴복했다. 우선 살고 봐야 한다고 마음속에서 타협이 이루어졌다. 이들이 불러준 소설은 우리가 벗어날 수 없는 올가미로 우리 목을 죄어왔다.

지식인 되기 어려워라

이들은 난세를 사는 지식인으로 어떻게 사는 것이 올바른 삶인지를 놓고 고민했고, 민주적인 교사, 깨어있는 교사이기를 갈망했다. 그들은 또 산책을 좋아했는데, 햇빛 밝은 날 들과 산을 하루 온종일 '풋내를 띠고' 돌아다녔다. 그 산책길에 문학과 시와 정치를 얘기했다. 읽은 책 얘기도 나누었다. 시국문제도 토론했다. 이들은 참으로 순수하고 정열적인 교사였다. 어느 때부터인가 슬그머니 4·19가 국경일에서 제외되었다. 국민의 저항의식을 두려워한 반민주적, 반민중적 독재권력의 성격 때문이라고 규정한 이들 몇몇 교사들은 4·19 기념일에 위령제라도 지내자는 데 의견을 모았다. 막걸리 10병과 오징어 안주를 들고 학교 뒷산에 올라갔다. 소나무 아래서 4·19 희생자와 5·18 광주항쟁 희생자에 대한 추모의식을 마치고 술 몇잔씩 돌려마시며 자연스럽게 시국에 대한 비분강개를 토로했다. 비분강개한 얘기 다음에는 '지금까지 우리들의 삶은 정의로웠는가' 하는 반성이 뒤따랐다. 그때 나온 얘기가 공소장에는 이렇게 기록되어 있다.

4·19의 의로운 정신을 본받아 잘살 수 있는 나라가 될 때까지 의로운 일이 무엇인가 생각해보고 그것을 실천할 수 있는 사람이 되어 부끄럽지

않게 살도록 하자.(이광웅)

일상적 삶과 처자식에 연연하여 사회정의와 양심대로 살지 못하고 우물쭈물 살고 있는 자신이 부끄럽다.(박정석)

약하고 용기없이 살아온 사람이다. 부끄러울 뿐이다.(전성원田成源)

한 일도 없고 하고 싶은 일도 하지 못하고 살아온 비겁한 삶이었다.(황윤태黃潤泰)

살아남을 권리도 없는 비겁한 놈이었다.(이옥렬李鈺烈)

대체로 이런 자기반성을 하고 토론을 한 뒤, 다섯명 전원이 손을 포개어놓고 맹서하며 공산집단을 이롭게 할 목적으로 북한을 찬양 또는 고무 동조했으며, 오송회라는 명칭의 반국가단체 조직을 구성했다(공소장 41항)는 것이다. 그러나 앞부분의 반성은 사실이지만 검찰이 주장하는 반국가단체 조직은 고문에 의하여 완전히 조작된 것이다. 고문이 계속되는 상황 속에서 반복하여 자술서를 쓰면서 이들이 손을 포개고 맹세를 했다는 것이, 파라노이아 상태에서 그런 행동이 실제 있었던 것처럼 세뇌, 주입되었던 것이다. 결국 이 4·19 위령제가 오송회사건으로 둔갑하여 오랫동안 이들을 길고 어두운 고난의 세월을 살게 한다. 이 사건은 '교직에 스며든 공산주의 자생조직'이라는 제목으로 텔레비전과 신문에 경찰의 발표내용이 여과없이 대대적으로 보도되었다.

공소장에서 북한에 동조 또는 찬양했다는 언동들은 이렇다.

개인이 사대주의를 하면 머저리가 되고, 민족이 사대주의를 하면 나라가 망한다.

굶주림의 해결이 예술보다 근본.

교육의 담당자로서 사명감을 깨달아야 한다.

각종 공해로 새, 짐승들과 꽃까지도 멸종의 위기를 맞고 있다.

농민들이 저곡가에 시달린다.

가난한 자는 더욱 가난해지고 부자는 더욱 부자가 되는 빈익빈부익부야말로 우리나라의 구조적 문제다.

너희 학생들도 앞으로 현실을 똑바로 볼 줄 아는 사람이 되어야 한다.

북한에도 지하철이 있다.

월남과 장개석정권은 그들 정권의 비민주성과 부정부패로 인해 민심이 등을 돌려 망했다.

운명을 바꾸고 인생행로를 바꾸다

검찰에 송치된 후, 그래도 경찰과는 다를 것이라는 이들이 가진 소박한 기대는 처음부터 무너졌다. 이들은 진실을 밝히려고 안타까운 노력을 다 해보았지만, 경찰에서의 소설과 같은 자백만을 강요받았을 뿐이었다. 검찰은 오히려 12월의 혹한 속에서 밤늦게 소환하여 이튿날 새벽까지 신문하고 유치장으로 돌려보내는 지능적인 수법까지 동원했다. 그때 검찰구치소 바닥엔 가마니 두어장이 깔려 있을 뿐, 엄동설한에 내의도 입지 못한 채 이들은 벌벌 떨며 몇시간이고 신문을 기다려야 했다. 얼마나 추웠으면 한장의 가마니는 깔고 한장의 가마니는 둘러써야 했을까. 추위도 추위려니와 이렇게 사느니 차라리 죽고 싶었을 것이다. 이광웅은 고통을 견디다 못해 죽기 위해 대못 하나를 몸에 감추었다가 형사들에게 발각되어 빼앗긴 일도 있었다.

전주의 문정현 신부가 서울의 천주교 정의평화위원회로 오송회사건의 전말과 함께 서울에서 변호인이 내려와야 하겠다는 전갈을 보내온 것은 검찰이 공소를 제기하기 전후의 일이다. 나는 그때부터 이돈명, 황인철 변호사와 함께 오송회사건의 변론준비를 했는데, 문정현 신부가 이 사건으로 감옥에 갇힌 이들을 위해 동분서주하던 일, 그리고 법정에서 어눌해보이면서도 순수한 목소리로 대답하던 이광웅과 그래도 또렷또렷하게 소신껏 진실을 밝히기 위해 있는 힘을 다하던 박정석의 모습이 지금도 눈에 선하다. 그때 내가 법원 방청석에서 들은 기억이 정확하다면, 이광웅의 학교에서 별명은 '들잠'이었다. 시인에게 어울리는, 시인다운 별명이 아닌가 싶다. 복역후 서울의 문인들이 자주 가는 술집에도 나타났다고 하는데 나는 법정 밖에서는 그를 보지 못했다. 이렇게 하여 정의평화위원회를 중심으로 오송회사건이 어떻게 만들어졌는지 하는 그 사건의 작성과 전말은 당시에도 이미 세상에 널리 알려졌다. 문정현 신부의 극성(?)과 서울에서의 응원이 큰 힘이 되었던 것이다. 사장되었을지도 모르는 오송회사건은 이렇게 해서 세상에 드러났다.

이 사건의 재판과정은 더욱 흥미롭다. 우려와 곡절 끝에 1심선고가 있었다. 어떻게 보면 지극히 당연한 것인데도 당시로서는 뜻밖이었다. 9명의 피고인 중 이광웅(4년 선고), 박정석(3년 선고), 전성원(1년 선고) 등 3명 외에 황윤태, 이옥렬, 조성용(趙成湧), 강상기(姜床基), 채규구(蔡奎求), 엄택수(嚴澤洙) 등 6명은 선고유예로 석방되었다. 6명에게는 국가보안법 제10조 불고지죄만이 적용된 것이다. 재판장은 이보환(李輔煥) 판사였는데, 국가보안법 위반사건에서 이렇게 많은 사람들이 선고유예로 1심에서 석방된 것은 당시로서는 유례없는 일이었다. 군사정권 시대에 이렇듯 정의롭고 용기있는 판결을 내린 재판부에 많은 사람들이 속으로 놀랐고 또 경의를 표했다.

그러나 이러한 기쁨은 잠깐뿐, 광주고등법원에서의 2심판결(재판장 이재화李在華)은 1심을 뒤엎고, 이광웅 7년, 박정석 5년, 전성원 3년으로 형량을 높였을 뿐 아니라 황윤태, 이옥렬, 조성용 등은 각 2년 6월, 강상기, 채규구, 엄택수 등은 각 1년을 선고했다. 1심에서 선고유예 판결을 받고 석방되어 불구속으로 재판에 임했던 6명은 법정에서 구속되었다. 가족들은 땅을 치며 통곡했고, 문규현 신부는 의자 뒤에서 울부짖었다. 1심보다 2심에서 형량이 낮아지는 것이 관례인 것에 비추어보면 맑은 하늘에 날벼락도 이런 날벼락이 없었던 것이다. 1심 판결을 통해서 그래도 법원에 대한 신뢰가 생겼다면 2심판결을 통해서는 법원에 대한 불신을 넘어 분노의 감정까지 일게 되었다. 불구속으로 법정에 나왔다가 뜻밖의 법정구속을 당한 6명은 얼마나 황당했을까. 대법원은 1983년 12월 하순 고등법원의 판결을 최종 확정했다. 법원은 역시 전두환정권의 '빨갱이 만들기'를 위한 들러리요, 요식기관에 지나지 않았다. 이 사건 관련자들은 1988년 2월 27일에야 전원이 사면복권될 수 있었다.

이 사건은 그에 관련된 아홉사람의 운명을 크게 바꾸어놓았다. 분단시대의 지식인으로 분단을 뛰어넘는 한편의 시를 쓰고 싶어하던 이광웅은 지금 유명을 달리했다. 그는 커피와 한잔의 술을 좋아했으며, 티없이 맑고 순수한 눈빛을 가지고 있었던 참스승이었고 고뇌하는 시인이었다. 박정석, 강상기(그 역시 이미 문단에 등단한 시인이었다) 등은 교직을 떠나 학원강사가 되어 생계를 꾸려나갔고, 유일하게 그때 이미 교직을 떠나 KBS에 방송과장으로 근무하던 조성용은 타의로 방송계를 떠나야 했다. 전성원은 뒤늦게 약학을 전공해 직업을 바꿨다. 이 모든 것이 오송회사건이 빚어낸 후유증이라고 할 수 있다. 2002년 이들 오송회사건 관련자들은 '민주화운동 관련자 명예회복 및 보상 심의위원회'에서 민주화운동 관련자로 인정받았다. 20년 만에 비로소 '빨갱이'라는 딱지가 떨어진 것이다.

박정석에 의하면, 이 사건의 주범 격이라 할 이들은 사건 이후 죄의식에 무척 시달렸다고 한다. 그것은 이광웅도 마찬가지였는데, 수첩에 이름과 전화번호가 적혀 있다는 이유만으로 아무 죄도 없이 대공분실에 불려가 허위자백을 강요받았던 많은 사람들에 대해 태산처럼 무거운 죄책감을 갖게 되었다는 것이다. 인간과 인간을 단절시키고, 불신을 증폭시키는 감옥과 고문의 후유증이 이렇게 이들의 뼛속까지 스며들어 있었던 것이다.

부산 미문화원 방화사건

불타는 미국

1980년 12월 9일 밤 9시 30분경, 광주 시내에 있는 미문화원의 지붕 일부와 도서관이 벌겋게 불타고 있었다. 그것은 가톨릭농민회원인 정순철, 임종수, 김동혁, 박시형, 윤종형 등에 의한 계획적인 방화였다. 정순철과 임종수는 개축공사중인 문화원 옆 여관 건물을 타고 문화원 건물 기와지붕으로 올라가 기와 일부를 제거하고 판자 위에 깔려 있는 루핑을 면도칼로 제거한 다음 석유와 휘발유 각 1통씩을 지붕 틈새로 부어넣었다. 그러고는 종이조각을 길게 말아서 지붕판자 사이로 밀어넣고 거기에 불을 붙였다. 문화원 지붕에 올라가 방화를 직접 담당한 것은 정순철이었고, 여관 건물에서 휘발유를 건네준 것은 임종수였다. 나머지 세사람은 문화원 주변에서 망을 보았다.

이들이 밖에 나와서 문화원 쪽을 바라봤을 때는 불꽃이 크게 일며 지붕 전면으로 확산되고 있었다. 이들은 잠시 지켜보다가 방화가 완전히 성공했음을 확인하고 그곳을 빠져나갔다. 빠져나와서 시가지 쪽을 뒤돌아보니 하얀 연기가 온통 하늘을 뒤덮고 있었고, 소방차 싸이

렌 소리만이 어렴풋이 들려왔다. 약속장소에는 모두가 무사히 와 있었다. 다음날 광주 시내에는 지난밤에 있었던 미문화원 화재 이야기로 어수선했다. 신문과 방송에서는 전기누전에 의한 것으로 추정보도했으나 이 기사를 믿는 사람은 아무도 없었다. 모두들 누군가에 의한 계획적인 방화로 생각하면서 통쾌해하는 모습이었다.

이 가운데 임종수는 며칠 뒤 다른 시위사건으로 경찰에서 조사를 받던 중 자포자기 심정이 되어 방화의 동기와 목적을 떳떳이 밝히기로 결심하고 일체의 전개과정을 경찰에게 자백했다. 이로써 김동혁과 박시형이 체포되고 정순철과 윤종형은 도피했다. 경찰은 이 모든 수사과정을 극비리에 처리했다. 심지어 현장검증을 나가 문화원 지붕위에서 임종수가 그때의 상황을 재연할 때, 이를 이상히 여긴 문화원 직원에게 조사차 나왔다고 말할 정도였다. 임종수가 구속된 것은 그해 12월 18일이었다.

그러나 광주 미문화원 방화사건은 당국에 의해 묻혀버리고 말았다. 그나마 광주 미문화원 방화사건이 세상에 알려지기 시작한 것은 부산 미문화원 방화사건이 터진 뒤였다. 주범인 정순철이 검거된 것도 부산 미문화원 방화사건의 범인을 추적하는 과정에서였다. 이처럼 당국은 광주 미문화원 방화사건을 쉬쉬하며 의도적으로 은폐했다.

광주에 이어 부산에서 불타는 미국

이로부터 1년 3개월쯤 뒤인 1982년 3월 18일, 부산에서는 부산 미문화원 방화계획이 착착 실천에 옮겨지고 있었다. 11시부터 문부식(文富軾)과 유승렬이 플라스틱통과 휘발유를 사 나르고, 휘발유 30리

1982년 3월 18일 검은 연기가 치솟고 있는 부산 미문화원에서 소방대원들이 불을 끄고 있다.
성조기가 건물 위 오른쪽 화염 속에서 펄럭이는 모습이 보인다. 사진제공: 경향포토

터를 4개의 플라스틱통에 나누어 담는 등 분주하게 움직였다. 이들은 이미 방화와 관련하여 각기 역할을 분담한 상태였다. 김은숙(金恩淑)과 이미옥은 휘발유를 문화원까지 운반해 현관에다 쏟는 책임을 맡았고 최인순, 김지희는 미리 들어가 대기하고 있다가 김은숙과 이미옥이 들어오기 쉽도록 문을 열어놓는 일과 휘발유에 점화하는 일을 맡았다. 박원식과 최충언은 충무동의 국도극장 3층에서 대로변을 향해, 유승렬은 문화원 인근의 유나백화점 4층에서 신창동시장 쪽 도로를 향해 미리 작성한 '살인마 전두환 북침준비 완료' '미국은 더이상 한국을 속국으로 만들지 말고 이땅에서 물러가라'는 제목의 유인물 각 1백장씩을 살포하도록 되어 있었다. 문부식은 방화사건을 총지휘하되 방화시에는 문화원 건너편에 있는 치과의원 2층 복도에서 화재현장을 촬영하기로 했다.

이들의 계획은 별다른 차질없이 착착 진행되었다. 다만 당초 오후 2시 20분에 거사하기로 했던 계획을 당일 2시 정각으로 20분 앞당겼을 뿐이다. 이 방화사건으로 미국정부 소유인 미문화원은 지하 1층 및 지상 1·2층 건물과 집기 등 도합 1억8753만원(경찰 집계) 상당의 재산상 손실을 입었으며, 미문화원 도서관에서 공부중이던 동아대학교 상경대학 3학년 재학생 장덕술이 심호흡정지로 현장에서 사망했고, 동아대학교 회화과 4학년 김미숙, 허길숙이 전치 3주의 화상을 입었다.

문부식, 김은숙의 부산 미문화원 방화계획은 처음부터 광주 미문화원 방화사건이 반면교사가 되었다. 문부식의 다음과 같은 법정진술이 그것을 잘 말해주고 있다.

> 나의 방화계획은 방화 자체가 목적이 아니라 우리의 진정한 뜻을 알리는 것이 목적이었다. 방화의 결과가 조그맣게 되어 보도되지 않을 것에

대비하여 사진을 찍어 알리려고 했던 것이다. 부산 미문화원을 내가 두번이나 답사했는데, 방화를 손쉽게 할 수 있는 곳은 식당이었다. 옆방은 빈방인데다 앞에는 화장실이 있었기 때문에 들어가기도 쉬웠다. 그러나 식당에는 프로판가스통이 있어 위험하다고 판단하였기 때문에 식당을 선택하지 않은 것이다. 또한 내가 답사한 결과에 의하면, 오후 1시에서 2시 사이에는 점심시간이기 때문에 사람이 제일 적었다. 이 시간을 이용한 것도 피해를 줄이거나 놀라는 사람을 줄이기 위해서였다. 그 건물은 방화시설이 완벽했다. 방화시설이 완비되어 있을 뿐 아니라 출입구가 옆문으로 뚫려 옥상 비상계단과 연결되어 있었다. 사건이 필요 이상으로 확대된 것은 오직 우리가 휘발유의 성질을 몰랐기 때문이다. 그것의 폭발성을 몰랐던 것이다. 예상보다 크게 화재가 발생한 데 대해 나 자신이 놀랐다. 진실로 피해자가 난 데 대해 안타깝게 생각한다. 자식을 잃은 가족에게 무어라 죄송스런 말씀을 드릴 수 없다. 다친 사람들과 그 가족에도 사죄를 빈다. 그러나 진실로 다칠 것은 생각하지도 못했다.(1982년 7월 12일 진술)

광주 미문화원 방화사건의 경우 보도가 되지 않음으로 해서 한국민의 항의의 뜻이 묵살되었기 때문에 이번 사건에서는 그 항의의 뜻을 세상에 알리기 위하여 사진을 촬영하고 또 두 종류의 유인물을 만들어 뿌리기로 했다는 것이다. 그 유인물의 내용은 다음과 같다. 먼저 '살인마 전두환 북침준비 완료'는 "①민주주의를 원하는 광주시민을 무참하게 학살한 전두환 파쇼정권을 타도하자 ②최후 발악으로 전두환 군부정권은 무기를 사들여 북침준비를 이미 완료하고 다시 동족상잔을 꿈꾸고 있다 (…) ⑦미국과 일본은 더이상 한국을 속국으로 만들지 말고 이땅에서 물러가라 ⑧전두환 파쇼정권에 아부하는 관제언론 어용지식인들은 자폭하라" 등 9개항의 내용으로 되어 있었다.

다음은 '미국은 더이상 한국을 속국으로 만들지 말고 이땅에서 물러가라'의 전문이다.

우리의 역사를 돌이켜보건대, 해방후 지금까지 한국에 대한 미국의 정책은 수탈을 위한 것으로 일관되어왔음을 알 수 있다. 소위 우방이라는 명목하에 국내 독점자본과 결탁하여 매판문화를 형성함으로써 우리 민족으로 하여금 그들의 지배논리에 순응하도록 강요해왔다. 우리 민중의 염원인 민주화·사회개혁·통일을 실질적으로 거부하는 파쇼군부정권을 지원하여 민족분단을 고정화시켰다. 이제 우리 민족의 장래는 우리 스스로 결단해야 한다는 신념을 가지고 이땅에 판치는 미국세력의 완전한 배제를 위한 반미투쟁을 끊임없이 전개하자. 먼저 미국문화의 상징인 부산 미문화원을 불태움으로써 반미투쟁의 횃불을 들어 부산시민들에게 민족적 자각을 호소한다.

1982.3.18.

검찰은 이들의 방화행위를 국가보안법 위반으로 기소하면서, 그 증거로 이때 살포한 유인물 내용 중 '북침준비 완료'와 '88올림픽 반대'라는 구절을 내세우고 있는 바 문부식은 서툰 표현이었다는 점을 인정하면서도, "군사정권의 잔인성과 집권욕에 비추어 북침도 불사할 비민주정권이라는 것을 짧게 표현한 것"이라고 주장했다.

광주사태가 우리를 방화로 나서게 했다

재판과정에서 가장 핵심적인 쟁점은 방화의 목적과 동기에 관련된 것이었다. 검찰은 공소장에서 이들이 “북괴의 한미관계에 대한 중상모략과 허위선전, 선동 등 온갖 책동을 다하고 있음에 편승하여 반미운동과 반정부활동을 전개, 사회혼란을 조성하는 한편 경제불황을 가중시킴으로써 민중봉기를 유도하여 현정권을 전복시키겠다는 망상 아래 부산 미문화원에 방화함으로써 반미 및 반정부 투쟁의 기폭제로 삼으려 했다”라고 단정했다. 즉 피고인들의 사상을 처음부터 좌경용공적인 것으로 몰고가기 위하여, 공소장의 90퍼센트 이상에서 이들이 읽은 책이나 그것을 통한 의식화활동을 장황하게 나열했으며, 또 살포한 유인물에 나와 있는 몇가지 표현들을 말끝마다 내세웠다. 검찰의 주장은 좌경용공분자이기 때문에 방화사건을 일으켰다는 자연스러운 논리의 전개가 아니라 방화사건을 일으켰으니 필시 용공분자일 수밖에 없고, 또 반드시 용공분자여야 된다는 도식화된 틀에 맞춰진 것이었다. 검찰은 그들이 짜놓은 이러한 도식화된 틀에 맞추기 위하여 이루 말할 수 없는 고문을 자행했다. 심지어 문부식에게 말을 듣지 않으면 직접 보는 앞에서 김은숙을 욕보이겠다면서 “계집년 데려와”라고 소리쳤으며, 팬티만 남긴 채 어린 여학생들의 옷을 벗기고 여러 차례 물고문까지 자행했다.

법정에서 문부식은 방화의 동기에 대해, 그것은 네가지로 요약될 수 있다면서 “첫째는 자신들의 경제적 이익을 위해 한국의 독재정권을 지원해왔던 미국에 대해 경고하기 위함이었고, 둘째로는 광주사태에 일정한 책임이 있는 미국에 한국민족으로서 정당한 응징을 하기 위함이었고, 셋째로는 우리 국민에게 민족적 자각을 호소하고, 또한 자유와 민주주의를 사랑하는 미국민들에게 한국민의 충정을 알리기 위함이었으며, 넷째로는 또 다른 측면에서 한국지배를 꿈꾸는 일본세력에 대하여도 간접적으로 경고하는 의미로서 한 것”이라고 진술했다. 좀더 직접적인 계기를 말한다면 "군부독재를 가능케 한 12·12 사태를 미국이 지원·묵인한 것, 5·18 광주시민 대학살에 대한 미국의 책임을 묻는 것, 미국 잉여농산물 도입과 관련하여 한국의 가난한 농민을 외면한 채 뇌물사건을 벌인 것, 그리고 미 8군사령관 위컴과 주한미국대사 워커의 한국민중에 대한 모욕적인 발언이 방화를 결심하게 한 것"이라고 말하고 있다. 그리고 궁극적으로는 그 목적이 광주학살을 자행한 군부독재를 무너뜨리고 이땅에 진정한 민주주의를 실현하기 위해서라고 주장했다. 그러면서 "광주사태가 이땅에 없었더라면, 나는 이 자리에 서 있지 않았을 것"(최후진술)이라고 말했다.

이들이 지적한 미국측이 저지른 횡포 내지 한국민에게 가한 모욕은 어떤 것인가. 1981년 미국의 쌀 수출업체 퍼미(PERMI)는 당시 국제시세로 톤당 350달러짜리 쌀 10만톤을 한국에 449달러 90센트로 팔았다. 국제시세보다 훨씬 비싸게 팔아 1천만달러의 폭리를 취했고, 그중 일부를 한국정부에 뇌물로 바친 사건이 미국법정에서 공개된 것이다. 뇌물사건은 당시 분명하게 밝혀지지 않았지만, 적어도 한국국민이 미국쌀 수입과 관련하여 1천만달러의 추가부담을 떠안게 된 것만은 분명한 사실이다. 이와 관련해서 당시 김주호(金周浩) 조달청장이 국회에서 증언한 바에 의하면 "1979년까지만 해도 쌀 도입에 있어서 가격협상은커녕 콘넬사가 제시하는 가격으로 일방적인 도입계약을 체결하는 형편"이었다. 이러한 일련의 사실이 당시에 국회에서 논란의 대상이 되었기 때문에 국민도 그 사실을 알게 된 것이다.

그리고 미 8군사령관 존 위컴(John Wickham)과 주한미국대사 리처드 워커(Richard Walker)가 한국민중에게 한 모욕적인 발언이란, 방화사건이 있기 얼마전 워커 대사가 한국의 반정부인사들을 가리켜 '버릇없는 애새끼들'(spoiled brats)이라고 표현한 것과, 그보다 앞서 미 8군사령관 위컴이 "한국인들은 들쥐와 같아서 누가 지도자가 되든 추종할 뿐이며 한국인에게 민주주의는 적합한 제도가 아니다"라고 한 발언을 가리키는 것이다.

전두환정권이 이렇게 '방화는 곧 용공'으로 몰아가고 있을 때, 미국측은 어떤 입장이었던가. 그해 4월 25일 한미수교 1백주년을 맞아 레이건 대통령의 친서를 휴대하고 사절로 온 부시 미국부통령은 26일 한국의 학계, 종교계, 언론계 인사 25명과 조찬대화에서 "부산 미문화원 방화사건은 한국민의 증대되는 민족적 자각의 표시"라면서 이해의 뜻을 표했다. 또한 7월 6일자 『뉴욕타임스』 사설은 "광주사태는 폴란드의 자유노조에 대한 탄압을 마치 어린애 장난 정도로 보이게 했다. (…) 여기에 미국이 개입되었다. 다시 말해서 위컴 장군은 그의 지휘하에 있는 한국군대를 광주작전을 위해 출동시켰으며, 미국대사관은 사태의 중재를 요청하는 반체제인사들의 말을 거절했으며, 그 이후로 미국은 전두환을 지지해왔다. (…) 양국 국민에게 있어 가장 큰 손실은 미국이 민주주의의 씨를 양육시킬 것이라는 희망에 종지부를 찍었다는 점이다. 이제의 악의 보답만이 있을 것이다"라고 쓰고 있다. 젊은이들의 방화를 상대방인 미국조차도 이해할 수 있다고 하는데 반하여 이들을 감싸주어야 할 한국의 정부와 검찰은 이들을 빨갱이로 몰아 처단하려 하고 있었던 것이다.

교회에 대한 그 엄청난 음해

내가 함세웅 신부로부터 원주교구의 최기식(崔基植) 신부가 문부식, 김은숙의 자수문제로 한강성당을 다녀갔다는 얘기를 들은 것은 그해 3월 30일 밤 늦게였을 것이다. 그것은 숨이 막힐 정도로 놀랍고 충격적인 일이었다. 전국의 거리거리마다 바리케이드가 쳐지고 검문 검색이 무시무시하게 이루어지는 이 삼엄한 판에 방화사건의 주범들이 원주교구 교육원 지하 보일러실에 숨어 있다니…… 그러나 놀라고만 있을 일이 아니었다. 마침 한강성당에는 당시 5공정부의 중요한 일원이었던 허삼수 정무수석이 교적을 두고 있었다. 신심도 깊어 미사에도 성실한 것으로 들었다. 당연히 그를 통해 함세웅 신부가 정부측과 이들의 자수문제를 협의한 것은 그 이튿날인 31일이었다.

그때 함세웅 신부와 내가 걱정한 것은 당시 그 방화사건이 너무도 엄청나게 떠들썩한 사건이어서 자수주선 사실이 알려지면 그만큼 사회적 이목이 교회에 집중되는 것은 물론, 우선 당시에 범인들에게 걸려 있던 2천만원의 현상금을 어떻게 할 것인가 하는 것이 문제였다. 현상금을 준다면 받아야 하는지 말아야 하는지가 중요한 문제였던 것이다. 밀고가 아니라 자수를 안내하는 것인 만큼 현상금 같은 것은 받지 않아야 한다는 것이 이심전심의 결론이었다. 이 사건의 1심법정에서 뒷날 함세웅 신부가 증언한 것처럼, 교회가 자수를 주선하면서 정부측에 제시한 조건은 첫째 이들에 대해 고문과 같은 잔혹행위를 하지 않을 것, 둘째 자수에 따른 법적인 이익을 보장할 것, 셋째 교회는 자수주선을 굳이 내세우고 싶지 않으니 그 사실을 공표하지 말 것, 넷째 자수기관의 선택은 정부가 하되 다른 기관의 보복을 없이해줄 것 등이었다. 정부측은 31일 오후 이같은 천주교회측의 요망사항이 충분히 준수될 것은 물론, 고문하지 않도록 대통령의 지시가 있었다는 것과 특히 자수를 주선하는 교회에 대한 대통령의 감사의 뜻도 전달했다. 이같은 자수에 따른 약속과 절차는 원주교구에 돌아간 최기식 신부에게도 전달되었다. 당초 4월 1일 오후 1시에 신병을 인수인계키로 했지만, 점심을 먹여서 보내고 싶다는 최기식 신부의 뜻에 그들도 흔쾌히 양해해주기까지 했다. 그렇게 하여 4월 1일 이들의 자수는 순조롭게 진행되었다.

그런데 이들이 자수한 다음날부터 일이 이상하게 꼬여가기 시작했다. 4월 2일 치안본부 대공분실은 두사람에 대한 철야심문을 바탕으로 교육원에 숨어 있는 김현장(金鉉奬)을 내달라고 요구했다. 김현장은 2년전 광주사태 때 구례 천은사(泉隱寺)에 은신하면서, 광주를 탈출한 사람들로부터 들은 얘기를 정리해 '전두환 살육작전'이라는 유인물을 배포한 것과 관련되어 쫓기는 몸으로 원주교구 교육원에 와 보호를 받고 있었던 것이다. 김현장은 1981년 부활절 때는 이창복을 대부로 하여 세례를 받기까지 했다. 최기식 신부의 묵인 아래 교육원을 관리하던 문길환, 그리고 밖에서 교육원 일을 돕던 김영애(뒷날 김현장과 결혼했다) 등의 도움을 받으며 도피중이었던 것이다. 부산 미문화원 방화사건을 일으키고 난 뒤 피신할 곳을 찾던 문부식, 김은숙은 3월 21일 지학순 주교를 믿고 무턱대고 원주교구로 갔으나 마침 부재중이라 그 전에 가본 적이 있던 교육원에 갔다가 거기서 김현장을 만났다. 이때 문부식은 김현장에게 방화사실을 털어놓았고, 거기서 일박을 한 이들은 각각 흩어졌다가 문부식은 26일에, 김은숙은 30일에 원주교구 교육원으로 돌아온다. 돌아온 문부식은 자수를 결심하고 비장한 마음으로 제목도 '추기경께 올리나이다(죽음에 임하여)'라는 글을 쓴다.

최기식 신부가 이들이 교육원에 와 있다는 사실과 자수하겠다는 의사를 김현장으로부터 전해들은 것은 30일 오후였다. 마침 피정 지도차 서울에 갈 예정이던 최기식 신부는 한강성당에 들러 자수문제를 협의했다. 이때도 물론 김현장을 어떻게 할 것인지 하는 얘기가 나왔다. 자칫 이들과 함께 김현장을 자수시킨다면 수사당국은 김현장을 부산 미문화원 방화사건에 연루시킬지도 모른다는 우려 끝에, 이들과 김현장을 분리시켰다. 최기식 신부는 김현장으로부터 부산 미문화원 방화사건과 관련이 없다는 것을 재삼재사 이미 확인한 터였다. 김현장은 이 사건이 어느정도 가라앉은 뒤에 자수케 하는 것이 정도라는 판단이었던 것이다.

4월 2일 김현장을 보내야 하는 교회로서는 마지막으로 당국에 광주사태와 관련한 자수 형식으로 해줄 것을 강력히 요청했고, 당국도 일단은 이를 받아들였다. 그날 원주에 내려온 함세웅 신부는 안기부 원주분실장 입회하에 자진출두 형식으로 끌려가는 김현장에게 "걱정하지 말고 사실대로 밝혀라"는 간곡한 말로 떠나보냈다. 김현장이 이렇게 끌려가고 난 뒤부터 상황은 급전했다. 교회에 대해 감사의 뜻을 전해달라는 정부의 태도는 간 곳이 없어졌다. 그뒤로부터 정부당국과 언론이 전개한 천주교회에 대한 악랄하고도 집요한 음해는 교회의 존립 자체를 위협할 정도였다. 그것은 박해시대를 연상케 했다. 이런 와중에서 당국은 최기식 신부마저 구속해버렸다. 그리고 남영동에서 피의자들에 대한 고문이 자행되기 시작했다. 그때가 마침 부활주간이었는데, 한국천주교회는 바로 그 성주간에 최대의 시련을 겪고 있었던 것이다. 관계기관 대책회의에서 대통령의 감사표시가 천주교회에 대한 압박과 음해로 돌아섰다. 그것은 순식간의 그리고 황당한 변화였다.

사제의 신원을 묻는 사건

이때 정부당국과 언론이 벌인 천주교회에 대한 음해 내용은 부산 미문화원 사건의 배후 교사자로 김현장을 몰아가면서, 바로 김현장이 원주교구 교육원의 강사로 활동했다는 거짓선전으로 김현장과 교회가 마치 공범관계에 있는 것처럼 덮어씌우는가 하면, 천주교회가 용공세력의 은신처를 일상적으로 제공하는 것처럼 모략해 천주교회를 용공세력 자체인 양 선전했으며, 가톨릭농민회와 노동청년회(JOC)의 활동이 마치 지하조직적이며 반국가적인 양 의도적으로 왜곡 보도했고(교육원의 농민교육용 피켓이 마치 혁명도구인 양 방영되었다), 전국적으로 지명수배된 학생 또는 인사들이 모두 교회에서 은신하고 있는 것처럼 선전보도하여 교회를 곧 범죄인들의 은신처로 낙인찍었고, 쫓기는 사람에 대한 형제적 사랑으로서 수용한 것을 쫓기는 사람 자신의 사상과 교회 또는 신부의 사상이 일치하는 것으로 일방적으로 보도한 것 등이다. 이것이 자수주선을 통해 문제를 해결해준 것에 대한 보답이었다. 그 음해가 얼마나 컸던지 김수환 추기경은 "여론을 오도해서 마치 우리 가톨릭교회가 범죄의 소굴인 것처럼 유도해가고, 그럼으로써 나라에 이익이 되는가, 우리 사회에 이익이 되는가 묻고 싶을 뿐입니다. 만일 우리 교회가 속죄의 제물이, 속죄의 공양처럼 되어주어야만 이 사회가 안정을 기하고 번영을 기할 수 있다면 기꺼이 교회를 대표해서 저라도 되어주겠습니다"(4월 8일 명동성당미사 강론)라고 표명하기에 이르렀다.

거기다 최기식 신부를 범인은닉죄로 구속한 것은, 그것 자체로 사제의 신원을 묻는 사건이었다. 김수환 추기경은 앞서 인용한 강론에서 "만일 그리스도께서 그런 상황에 놓여 있었다면 어떤 태도를 취하셨겠는가. 예수께서 범법자가 당신에게 찾아와서 도움을 구하면 밀고를 했겠습니까. 이번 사건은 분명히 우리 사회의 인간들을 위하여, 모든 사람의 형제가 되기 위하여 자기 몸을 대신 바쳐야 하는, 사회의 양심이 되어주어야 하는 사제의 신원을 묻는 사건입니다"라고 했다. 사제단(4월 12일)과 주교단 상임위원회(4월 15일), 천주교 정의평화위원회(4월 26일) 등도 잇따라 최기식 신부의 행위를 엄호했다.

최기식 신부에 대한 공소사실은 광주사태 관련자인 김현장과 공주사대 금강회사건의 주모자인 이상헌을 각각 계엄법과 '집회와 시위에 관한 법률'을 위반한 범인이라는 점을 알고도 은닉, 도피케 했다는 것과 김현장이 부산 미문화원 사건에 관련된 국가보안법 위반의 죄를 범한 자라는 점을 알면서도 편의를 제공했다(국가보안법 위반)는 것이었다. 최기식 신부와 교회는 후자의 경우 사실 자체를 전혀 인정하지 않았고, 전자에 대해서는 사실을 인정하지만 유죄는 인정하지 않았다. 마침 1975년에 일본에서 타네야(種谷) 사건이 있었는데, 이 사건은 건조물침입의 혐의가 있는 범인을 목사가 숨겨준 사건으로, 법원은 "헌법상 보장되어 있는 종교의 자유를 명백히 일탈하지 않는 한 정당한 업무행위"라는 이유로 무죄를 선고했다. 최기식 신부는 구속된 뒤인 4월 9일 부산교구 주교와 신부들 앞에서 밝힌 양심선언을 통하여 학생운동 관련자와 광주사태 관련자가 병든 몸으로 찾아와 그들을 보호한 것은 사제로서 양심의 가책은 물론 한점 부끄러움이 없다고 고백했다.

감동적이었던 법정

부산 미문화원 방화사건에서 검찰은 방화사건 관련으로 문부식, 김현장, 김은숙, 유승렬, 이미옥, 최인순, 김지희, 박원식, 최충언, 박정미 등을, 범인은닉 및 편의제공으로 최기식, 문길환, 김영애, 이창복 등 4명을, 그리고 의식화학습을 했거나 김현장을 문부식에게 처음 소개해줬다는 등의 명목으로 김화석과 허진수를 기소했다. 재판은 아주 삼엄한 가운데 진행되었다. 방청권은 피고인 1인당 3매가 할당되었으며, 시간이 지나 공소사실의 거짓이 밝혀지기 시작할 때부터 기관원의 방청이 부쩍 늘었다. 많은 수의 신부와 수녀가 법정에 모여들었고 주교들의 모습도 눈에 띄었다. 6월 14일에는 윤공희, 지학순, 이갑수(李甲秀) 주교가, 7월 19일에는 지학순 주교가, 7월 26일에는 윤공희 대주교가 방청했다. 서울에서 내려간 변호인단은 광안리 수녀원에서 숙식 도움을 받으며 변론에 임했고, 나 역시 변호인단과 함께 행동했다. 방청한 신부들은 재판과정을 각 교구주보에 게재하기도 했는데, 이는 이 재판을 지켜보는 천주교회의 관심과 절박감을 반영하는 것이었다.

이 법정에서의 쟁점은 김현장이 과연 방화사건에 관련이 있느냐 하는 것과, 최기식 신부의 김현장 등에 대한 범인은닉이 죄가 될 수 있느냐 하는 것이었다. 법원은 의식화학습의 좌경용공성을 입증하기 위해 검찰이 신청한 40여명 가까운 증인은 채택하면서도, 변호인측이 신청한 주한미국대사 워커, 부산 미문화원장, 광주사태와 관련한 김성용 신부와 홍남순 변호사, 그리고 불평등한 한미경제관계를 듣기 위한 국회의원 홍사덕(洪思德)에 대한 증인채택은 모두 기각했다. 다만 1심에서 함세웅 신부, 2심에서 리영희 교수를 증인으로 채택한 것이 그나마 위안이 되었다. 함세웅 신부의 증언 때 검찰이 "방화의 폭력적 방법에 대하여 어떻게 생각하느냐"고 묻자 "사제한테 그런 건 묻는 것이 아니다"라고 답변해 검찰을 머쓱하게 한 것이 지금도 기억에 남는다.

나는 1심결심 전의 재판기록을 정리해 '부산 미문화원 방화사건의 진상 1'을 만들고 피고인들의 최후진술을 풀어 국내외 관계기관에 돌렸다. 부산 미문화원 방화사건의 재판과정은 이렇게 하여 국내는 물론 일본의 '가톨릭 정의와 평화 협의회'에 의하여 일본에도 널리 알려졌다. 방화사건 자체, 특히 그 동기와 관련한 변론은 당시의 상황으로서는 매우 신중할 수밖에 없었다. 총론은 이돈명 변호사, 방화사건 자체와 관련한 변론은 홍성우 변호사가 맡았는데, 나는 이돈명 변호사가 사목회장으로 있던 세종로성당 사제관에 재판기록 등 자료를 갖다 놓고 밤을 새워가며 변론요지서를 썼다. 반미 부분과 관련해서는 내가 초안한 것을 홍성우 변호사가 고치고, 다시 쓴 것을 또 고치고 하기를 여러번 했다. 김현장에 대해서는 황인철 변호사, 의식화와 관련해서는 이흥록(李興祿) 변호사, 문길환·김영애·이창복은 정차두(鄭且斗) 변호사, 집시법과 관련된 김화석·허진수는 노무현 변호사, 최기식 신부는 유봉묵(柳奉默) 변호사가 변론했는데, 홍성우 변호사는 방화사건 변론을 이렇게 끝맺는다.

> 이 사건이 한국에서 한국민의 민족적 자존심과 존엄을 확인하는 계기로 발전하지 않는다면 이 사건으로 불의의 희생을 당한 고 장덕술군의 죽음도 헛된 것이 될 것입니다. 이 사건에 임하여 최종적으로 느낀 소회는 과연 그 누가 민족의 이름으로써 감히 이들에 대하여 돌을 던질 수 있겠느냐 하는 것입니다.

피고인들의 최후진술은 더욱 감동적이었다. 문부식은 "나는 폭력주의자가 아니다. 폭력이 나의 행위로 종결되기 바란다. (…) 나는 나의 사건이 한미관계의 올바른 정상화에 하나의 이정표가 된다면 여한이 없겠다. (…) 이번 사건은 그 누구의 지시나 배후의 조종이 없었다. 오직 나에게 엄중한 처벌을 내려주고 (…) 나로 하여 이 자리에 선 모든 사람들에게 관대한 처벌을 바란다"라고 했고, 김은숙이 "나는 광주시민의 희생에 국민의 이름으로 군부정권을 고발하기 위하여 방화에 참여하였다"라고 했을 때 그 어머니가 "은숙아, 그런 얘기는 제발 하지 마!"라고 울부짖어 법정에 있던 사람들의 가슴을 찡하게 했다. 김지희는 울면서 4·19 기념탑에 새겨진 헌시 "해마다 4월이 오면 접동새 울음 속에 그들의 피묻은 혼의 하소연이 들릴 것이요"를 읊어 많은 사람들을 울렸다. 피고인들 모두가 늠름했다. 최기식 신부는 "재판장! 옳고 바르게 생각하라, 그리고 판단하라"고 외쳤다.

그러나 이 사건은 1·2심에서 모두 문부식과 김현장에 대해 사형을 선고했다. 그러나 그 이듬해 3월 그동안의 고난과 기도가 통했던지 대법원에서 이들 두사람은 무기로 감형되었다. 우리는 그제야 알았다. 왜 최기식 신부가 감옥에 들어가야 했고, 천주교회가 그렇듯 박해를 받아야 했는지를…… 그것은 두 젊은이의 생명을 구해내기 위해서였던 것이다.

창작과비평사의 수난과 시련

표현의 자유에 대한 끝없는 폭압

어쩌다 텔리비전 뉴스에서 만나게 되는 얼굴, 정부의 고위 관리가 이상스레 촌스런 모자를 쓰고 탄광촌 같은 델 찾아가서 그 지방의 아낙네들과 악수를 하는(…).

월남전 참전 용사라는 걸 언제나 황금빛 훈장처럼 닦으며 사는 수위는 키가 크고 건장했다. (…) 세상에 남자놈 치고 시원치 않은 게 몇 종류가 있지. 그 첫째가 제복 좋아하는 자들이라니까. 그런 자들 중에는 군대 갔다온 얘길 빼놓으면 할 얘기가 없는 자들이 또 있게 마련이지.

—한수산 『욕망의 거리』 중에서

위에 인용한 글은 중앙일보에 연재된 한수산(韓水山)의 소설 『욕망의 거리』 1981년 5월 14일과 22일자의 일부이다. 앞의 것은 대통령을, 뒤의 것은 군(軍)을 빗대어 비하한 것이라는 이유로, 필자는 물론 당시 중앙일보의 편집국장대리 손기상(孫基祥), 문화부 편집위원 정규웅(鄭奎雄), 출판부장 권영빈(權寧彬), 기자 이근성(李根成) 등 7명이 중앙정보부와 서빙고 보안사분실에 연행되어 짧게는 하루, 길게는 5~6일에 걸쳐 혹독한 고문을 당했다. 필자인 한수산과 사건 전날 함께 술을 마셨다는 이유만으로 중앙정보부에 끌려가 고문을 당한 시인 박정만(朴正萬)은 그 정신적, 육체적 후유증으로 끝내 목숨을 잃고 말았다. 그때의 폭력은 그야말로 몽매하고도 원색적인 인간파괴 그 자체였다. 그때의 대한민국은 그의 표현대로 짓이겨진 땅, 서러운 땅이었다. '정치적 폭력에 짓밟힌 개인'이었던 박정만은 "나는 사라진다/저 광활한 우주 속으로"라는 종시(終詩)를 남기고 세상을 떠났다. 하물며 필자가 겪어야 했던 고통과 거기서 비롯된 상처는 또 얼마나 컸을 것인가. '한수산 필화사건'은 도둑이 제 발 저린 격으로 출판의 자유에 대한 권력의 직접적이고도 물리적인 폭력이었다.

일찍이 프랑스 원로원은 나폴레옹을 폐위시키면서 그 으뜸가는 사유로 출판의 자유를 제멋대로 억눌렀다는 것을 들었다. 이는 민주주의의 기둥이 출판과 표현의 자유라는 것을 말해주는 단적인 예이다. 미국 대법원 역시 "정부에 대해서 국민이 검열의 권한을 갖는 것이지 정부가 국민에 대해서 그 권한을 갖는 것은 아니다"라고 하여, 표현·출판의 자유가 민주주의에 있어 불가침의 영역임을 선언한 바 있다.

전두환 군부에 가장 먼저 합류한 언론인 출신의 5공 실세는 일찍부터 "유신정부가 무너진 것은 유인물 및 책의 출판을 통제하지 못한 탓"이라고 했다. 전두환 군부는 이처럼 출판의 자유에 대한 확고한 탄압의지를 가지고 출범했던 것이다.

5공정부의 칼날이 출판을 겨누다

1980년 7월 31일 전두환정부는 각종 비위, 부정, 부조리 등 사회적 부패요인이 되어왔거나 사회불안을 조성해온 출판물을 정리한다는 명목으로 정기간행물 172종을 폐간시켰다. 이는 전체 정기간행물의 12퍼센트에 달하는 것이었다. 이 가운데는 『월간중앙』 『기자협회보』 『창작과비평』 『뿌리깊은 나무』 『문학과지성』 『씨알의 소리』 등 당시 대학과 지식인 사회에 큰 영향력을 가지고 있던 잡지들이 포함되어 있었다. 그들은 형식적으로는 '신문·통신 등의 등록에 관한 법률' 제8조에 의거한다고 했지만, 그 이면에는 출판과 표현의 자유에 대한 철저한 탄압 의도가 강도높게 내재되어 있었다. 당시는 광주항쟁이 피로 물든 채 끝난 뒤 군부정권의 살기가 등등한 폭압의 상황이었기 때문에 제대로 저항 한번 해보지 못하고 일방적으로 폐간조치를 당할 수밖에 없었다. 표적 폐간의 중요한 목표 중 하나였고, 더 나아가 그 숨통마저 끊겨야 했던 『창작과비평』을 통하여 5공 군부정권이 출판의 자유를 어떻게 억압했는지 그 전말을 살펴볼 수 있다.

『창작과비평』은 1965년 12월 10일에 계간으로 등록되고, 1966년 1월에 창간호가 발행되었다. 젊은 영문학교수 백낙청과 뜻을 같이하는 몇몇 친구들에 의해서였다. 백낙청은 창간사 대신 쓴 권두논문에서 "먼 길을 어찌 다 가며 도중의 괴로움을 나눠줄 사람은 몇이나 될까? 오직 뜻있는 이를 불러 모으고 새로운 재능을 찾음으로써 견딜 수 있을 것이요, 견디는 가운데 기약된 땅에 다가서리라 믿는다"라고 했는데, 과연 『창작과비평』의 그후 역정은 그렇게 전개되었다. 초기의 『창작과비평』은 아무래도 문학지였다. 그러나 김수영(金洙暎)의 몸부림은 항상 깨어 현실을 직시할 것을 요구했고, 신동엽(申東曄)의 시는 그것만으로도 역사의 외침이요 부름이었다. 거기다 신경림, 김지하, 조태일, 정희성(鄭喜成), 이시영 등의 시와 황석영, 이문구, 박태순 등의 소설, 그리고 백낙청, 염무웅의 평론은 많은 사람들로 하여금 "나는 그때 처음으로 미소를 배웠고 나는 그때 처음으로 역사를 알았네"(김지하의 「첫미소」)라고 말할 수 있게 했다.

3선개헌을 앞두고 정국이 험악해지고 있을 때, 백낙청은 『창작과비평』에 대한 아무런 대책도 세워둠 없이 유학길에 오른다. 아마도 이 무렵이었을 것이다. 『창작과비평』이 역사를 비롯한 사회과학 관련글을 싣기 시작한 것은…… 그것은 어떤 계획이나 의도의 산물이 아니라 궁여지책에서 비롯된 것이었다. 백낙청 없는 창작과비평사가 재정난으로 심한 어려움에 봉착했을 때 사회과학 관련글이 『창작과비평』의 지면을 메꾸어준 것이다. 1950~60년대 『사상계』를 발행했던 장준하가 출판에의 향수를 끝내 버리지 못해 '사상'이라는 출판사를 등록하고 문고판을 준비하면서 교수들에게 이미 상당한 양의 원고를 청탁해놓았다. 일부는 원고가 들어왔고, 일부는 청탁된 상태였는데 그때 그것을 관장하고 있던 사람은 허현(許鉉)이었다. 나는 그 원고를 우선 『창작과비평』에 싣도록 주선했다. 말년의 장준하는 격변하는 정국의 한가운데에서 출판 같은 데 신경쓸 여유가 없었다. 그 원고들이 『창작과비평』으로 넘어오면서, 이들 교수들은 바로 『창작과비평』의 필자가 되었는데 이러저러한 인연이 이어져 『창작과비평』을 중심으로 리영희, 송건호, 조용범(趙容範), 박현채, 김용섭(金容燮), 안병직(安秉直), 강만길(姜萬吉) 등 진보적 학자그룹이 형성되었다. 결과적으로 『창작과비평』은 이때 체질개선이 이루어지고 있었던 것이다.

내가 이창복의 「마산수출자유지역의 실태」를 『창작과비평』에 소개해 게재케 한 것도 이 무렵의 일이다. 다른 한편 근대 이후 지속되어온 민족적 위기를 맞아 각 시기마다 민족이 처한 본질적 모순을 그려내는 것이 바로 민족문학이라는 백낙청의 입론과, 우리 민족이 처한 역사적 상황에 따라 주어진 현실을 올바로 인식하고 변화시키려는 요구에서 창조되고 수용되는 예술이 곧 민족예술이라는 김윤수의 담론은 문학·예술 분야에서 민주화운동에 큰 힘이 되고 또 그 밑받침이 되었다. 강만길이 분단시대, 분단체제라는 개념을 제시한 것도 『창작과비평』을 통해서였다. 이렇게 하여 '창비문화' 같은 것이 형성된 것이다.

1972년의 10월유신과 더불어 박정희 영구독재체제가 구축되면서 찬반 사이에 정치적 긴장이 고조되었을 때, 『창작과비평』은 반독재투쟁에서 문단 쪽의 중심으로 자리잡는다. 1974년 1월 7일 '개헌청원 1백만인서명운동'을 지지하는 61명의 문인시국선언, 11월의 101인선언에 이은 자유실천문인협의회 발족에도 『창작과비평』이 중심에 서 있었다. 창작과비평사에는 민주화운동 관련 인사들이 항상 들끓었다. 김남주 등 지방인사들이 서울에 오면 한번 들르는 곳이 창작과비평사였다. 그리고 재야민주화운동의 구심점을 형성했던 민주회복국민회의에 백낙청 교수가 서명하면서 서울대학교 교수직에서 파면당한다. 이는 민주회복국민회의와 관련한 최초의 수난이었고, 이로부터 백낙청 교수는 길고긴 해직교수의 시절을 맞는다. 어디선가 백낙청 교수가 "1974년에 학교에서 쫓겨나지 않았다면 『창작과비평』 일을 어떻게 감당했을까" 하며 보이지 않는 오묘한 섭리같이 얘기하는 것을 들은 적이 있지만, 백낙청 교수의 파면에, 또 그 파면을 막아내지 못한 데 상당한 원인제공을 한 나는 항상 그 앞에 죄송스럽다. 김윤수 교수 역시 '개헌청원 1백만인서명운동'에 서명하는 등 일찍부터 민주화운동에 동참하더니 김지하의 양심선언 소지 및 수배중인 학생의 범인은닉

혐의로 구속되는 시련을 겪었다. 김윤수 교수의 두가지 혐의사실은 모두 내게 상당한 책임이 있는 것이어서 항상 죄송스런 마음이다.

1985년 12월 전두환 군부에 의해 출판사등록이 취소되기까지 창작과비평사는 실로 아슬아슬하게 살아남았다. 『창작과비평』은 물론, 창작과비평사에서 출판된 책은 걸핏하면 판매금지를 당했다. 관계자들은 중앙정보부에 연행되기를 밥먹듯이 했다. 전 호(號)가 판매금지되면 이번 호가 매진되는 이상하고도 고마운 덕으로 기적적으로 연명해 나갔다. 리영희 교수의 『전환시대의 논리』는 '눈뜨고 살려는 자'들의 필독서가 되었지만, 끝내 리영희 교수와 창작과비평사가 당국의 표적이 되어 1977년 『8억인과의 대화』를 빌미로 리영희 교수가 구속되고 백낙청 교수는 불구속으로 재판을 받기에 이른다. 1982년 김지하의 시집 『타는 목마름으로』를 간행해서, 판금은 물론 발행인과 편집부장이 안기부에 연행되는 사태를 맞는다. 책은 압수되고 국세청의 세무사찰로 추징금 1천만원이 부과되었다. 이 엄청난 시련을 많은 사람들이 전개한 '창작과비평사 책 팔아주기'로 겪어나올 수 있었다. 『창작과비평』 구독권은 민주화운동 진영에서 아주 좋은 선물로 애용되었다. 이런 세상의 은혜에 힘입어 창작과비평사는 고비고비를 아슬아슬하게 넘길 수 있었던 것이다.

등록취소로 숨통을 끊다

1980년 7월 『창작과비평』이 강제폐간된 이후, 창작과비평사는 계간지 폐간의 공백을 일부나마 메우기 위해 단행본 출판을 계속했다. 그러나 단행본 역시 걸핏하면 판매금지되었다. 전두환 군부의 출판과 유인물에 대한 탄압이 강화되고 있던 이 무렵, 출판계에는 무크(Mook) 형태의 출판관행이 이루어지고 있었다. 주제 또는 이슈 중심의 책을 내는데, 잡지인가 하면 단행본이요, 단행본인가 하면 잡지형태인 것이다. 창작과비평사는 1985년 10월 30일 이런 형태로 부정기간행물 1호 『창작과비평』 57호를 냈다. 집중기획으로 한국자본주의 논쟁을 실었다. 이는 한국사회구성체논쟁에 불을 당긴 기획이었다. 그러나 창작과비평사는 이 책으로 출판사 등록을 취소당한다. 단행본조차 낼 수 없게 출판이 원천적으로 봉쇄된 것이다. 창간으로부터 정확하게 20년 만인 1985년 12월 9일 인권주간의 일이었다.

등록취소의 이유로 서울시는 "『창작과비평』지는 1965년 12월 10일에 계간지로 등록되어 제56호까지 발행된 후 1980년 7월 31일로 그 등록이 취소되었음에도 불구하고, 1980년 폐간조치한 『창작과비평』 잡지를 언론기본법에 따른 발행등록을 하지 아니하고 제57호를 불법 속간, 책표지 상단에 '1985년 부정기 간행물 1호'임을 굳이 표시하고 있으나 첫째, 폐간된 『창작과비평』과 동일한 제호를 사용하고 있으며, 둘째, 표지, 목차 등에서 '계간 통산 57호'임을 특히 강조하고 있을 뿐 아니라 셋째, 머리말에서 제57호를 제56호로 폐간된 『창작과비평』의 속간적 성격을 가진 것임을 상세히 해설하고 있으므로 이는 부정기간행물이 아님"이라고 하고 있다. 요컨대 불법으로 정기간행물을 발행했으므로 '출판사 및 인쇄소 등록에 관한 법률' 제5조의2 제4호에 의거 등록을 취소한다는 것이다.

이것은 완전히 출판사의 숨통을 끊어놓는 일이었다. 이보다 앞서 그해 5월에는 그들의 자의적인 잣대에 따라 '불온서적' '불법 간행물' 50여종과 유인물 298종에 대해 무기한 단속이 이루어졌다. 그해 7월에는 역시 무크지 『민중교육』에서 고등학교 교사 윤재철(尹載喆)과 김진경(金津徑)이 쓴 「교육현장, 그 민주적 행방」과 「해방후 지배집단의 성격과 학교교육」이라는 글을 문제삼아 문학 이외의 영역의 기사를 실었다는 이유로 실천문학사를 등록취소했다. 등록취소는 언론매체에 대한 사형선고에 다름아니다. 그리고 어디서 어디까지가 문학인지를 일개 관청의 자의로 판단한다는 것도 있을 수 없는 일이었다. 실천문학사의 등록취소를 통하여 언론매체를 원천적으로 말살할 수 있다고 생각한 5공정권은 창작과비평사가 부정기간행물을 간행하자 회심의 칼을 들이댄 것이다.

등록취소에 대응하는 움직임도 창작과비평사 안팎에서 발빠르게 일어났다. 12월 26일 황순원(黃順元), 박연희, 박완서, 이호철 등 문인 4명과 이우성(李佑成), 이효재 교수 등 6명은 문공부를 방문해 창작과비평사에 대한 등록취소조치를 재고해줄 것을 요청하는 학계, 문화계 및 사회지도층 인사 2853명이 서명한 건의문을 전달했다. 그것은 아주 놀랍고 이례적인 일이었다. 이들은 건의문에서 "이번 조치의 직접 계기가 된 무크 『창작과비평』이 보기에 따라 다소 형식상의 문제가 있다고 하더라도 창작과비평사가 지난 20년간 우리 문화의 발전에 기여해온 바에 비추어 출판사 등록까지 취소한 것은 납득하기 어려운 일"이라면서 "문화는 본질적으로 자율성과 다양성을 기반으로 발전하는 것인바, 이번 조치는 그 기반을 훼손하고 우리 문화를 획일화할 우려가 있다"라고 주장했다.

당사자인 창작과비평사도 입장을 밝히는 성명을 발표했고, 자유실천문인협의회, 민중문화운동협의회, 민주언론운동협의회 등 3개 단체는 11일 "창작과비평사를 원상복구시켜라"며 항의농성에 돌입했다. 전국 31개 문학동인지 및 무크지 편집동인들도 등록취소에 항의하는 성명서를 발표했다. 동아일보와 『말』을 비롯한 언론계에서도 논설 또는 칼럼을 통하여 정부의 창작과비평사 등록취소조치를 비판했다.

항의는 국내에서만 일어난 것이 아니었다. 일본의 유력출판사 대표와 편집자들은 성명으로, 국제펜클럽에서는 결의안 채택으로, 미국의 '저널리스트를 보호하기 위한 위원회'는 서한으로 각기 한국정부에 항의하며 시정을 촉구했다. 창작과비평사는 행정심판을 청구했으나 기각당했다. 국회에서도 창작과비평사의 등록취소 문제가 거론되었다. 이러한 일련의 노력에 힘입어 이듬해인 1986년 8월 창작과비평사는 '창작사'라는 이름으로 다시 출판사 등록을 하게 되는데, 여기에는 몇가지 조건이 달려 있었다. 백낙청 교수와 임재경 편집위원은 창작과비평사에서 손을 떼고, 이시영 주간과 고세현(高世鉉) 부장은 내보내라는 것이었다.

그러나 요구에 따르되 생계가 걸려 있는 만큼, 이시영 주간은 업무국장으로 옮기고(그것은 단지 외부용일 뿐 실제로는 주간 일을 계속했다) 고세현 부장은 내보낼 수 없다고 버텨 그 선에서 합의를 봤다. 여기에다 문공부의 요구에 따라 울며 겨자먹기로 "물의를 일으켜서 죄송하다. 앞으로는 우량도서 출판에만 전념하겠다"는 요지를 기자회견을 통해 밝혔다. 이에 대해 저렇게까지 해서 살아남아야 하느냐는 비난도 있었다. 처음부터 "전두환정권이 끝나거나 민주화가 되기 전까지는 『창작과비평』의 명의회복이 어려울 것이므로, 구차하게 살아남을 것이 아니라 자폭해버리자"는 강경한 주장을 펴는 사람도 있었다. 그러나 백낙청, 김윤수 교수가 구간(舊刊) 중 중쇄(重刷)할 수 있는 것을 찍어 팔면서 출판사 등록을 되살리기로 한 만큼, 이런 수모는 감내할 수밖에 없는 노릇이었다. 수모를 참는 것도 투쟁의 한 방편이었던 것이다.

1987년 12월 대통령선거일을 앞두고 문공부 매체국장으로부터 『창작과비평』의 복간을 준비하라는 연락을 받고, 서류를 갖추어 복간신청과 함께 창작과비평사의 명의회복도 신청한다. 그리고 1988년 봄 복간호인 『창작과비평』 통권 59호(58호는 1987년 7월에 부정기 간행물로 발행)를 간행했다. 이는 크게 보면 6월항쟁의 결과였고, 다른 한편으로는 대통령선거를 앞두고 나온 문화계에 대한 유화조치의 일환이었다.

그렇다고 하더라도 끈질긴 투쟁을 통하여 쟁취한 '『창작과비평』의 승리'라는 측면을 결코 소홀히할 수는 없다. 그 뒤에도 시련은 계속됐지만 어쨌든 『창작과비평』의 오늘은 그런 수난과 시련을 헤쳐나오는 역정 속에서 이루어진 것이다. 1996년 봄, 창간 30주년을 맞아 이우성 교수는 '법고창신(法古創新)'이라는 휘호를 써주었는데, 백낙청 교수는 이를 '한결같되 날로 새로운 잡지' '나날이 새로워지되 한결같은 잡지'가 되라는 뜻으로 해석했다.

김영삼 단식에서 2·12 총선까지

생명을 건 투쟁만이 민주화를

나의 단식은 5·17 군사쿠데타에 의해 민주주의가 송두리째 파괴, 부정당함은 물론 민주화를 요구하던 수백, 수천명의 광주시민이 광주에서 무참히 살상당하는 사태에까지 이르게 된 데 대한 자책과 참회의 뜻을 표시하는 것이며, 비극적인 광주사태로 목숨을 잃은 영혼과 거기서 살상된 민주시민들과 그 가족이 겪고 있는 고통에 동참하는 기회이며, 동시에 반민주적인 독재권력의 강화와 인권유린 및 정치적인 탄압에 대한 항의와 규탄의 표시이자, 민주정치의 확립을 위한 최소한의 조치나마 시급히 강구되어야 한다는 나의 정치적 요구의 표현입니다. 또한 나의 단식은 앞으로 우리가 전개해야 할 민주화투쟁은 생명을 건 투쟁이어야 하며, 생명을 건 투쟁만이 민주화를 성취할 수 있다는 것을 국민 여러분께 알리면서 나의 투쟁결의를 굳건히 다지기 위한 것입니다. (…) 나에 대한 어떠한 소식이 들리더라도 그것에 연연하거나 슬퍼하지 말고 오히려 민주화에 대한 우리 국민의 뜨거운 열정과 확고한 결의를 보여주시기 바랍니다. 이것이 나의 호소요 당부입니다.

1983년 5월 18일 김영삼 전 신민당 총재는 연금상태에서 '단식에 즈음하여'라는 성명을 발표하는 것과 동시에 무기한 단식투쟁에 돌입했다. 그 얼마전 나는 김영삼 총재의 비서실장 김덕룡으로부터 단식에 즈음하여 발표할 성명을 작성해달라는 부탁을 받았다. 단식 계획을 듣고 나는 처음에 간접적이지만 단식을 만류했다. 인도의 간디가 무저항비폭력 투쟁에 성공할 수 있었던 것은 그래도 인간의 존엄과 생명을 소중하게 여기는 상대가 있었기 때문이었다. 하지만 전두환 군부정권은 광주에서 무수한 생명을 살상하고도 눈하나 깜짝하지 않는 군사파쇼집단인데, 그들을 상대로 한 '무기한' 단식은 계란으로 바위치기가 될 수밖에 없는데다 자칫 생명을 잃을 수도 있는 일이었다. 그러나 김영삼 총재는 완강했고, 나는 성명을 작성했다. 이렇게 하여 김영삼은 단식하는 절차와 요령도 모른 채 무턱대고 '무기한' 단식에 들어가고 말았던 것이다.

이보다 훨씬 전, 나는 역시 간접적인 방식으로 김영삼 총재가 연금중에 5월 2일자로 발표한 '국민에게 드리는 글'이라는 성명의 초안을 작성해 전달했는데, 그것은 꽤 긴 글이었다. 여기에는 최소한의 민주화요구 5개항이 적시되어 있었다. 그것은 첫째, 민주주의를 외치다가 투옥된 학생, 종교인, 지식인, 근로자들의 전원석방과 복권, 둘째, 정치활동규제법에 묶여 있는 모든 정치인과 민주시민의 정치활동 보장 셋째, 정치적인 이유로 학원과 직장으로부터 추방당한 교수, 학생, 근로자들의 복직·복학, 넷째, 언론통폐합조치의 백지화와 언론의 자유보장, 다섯째, 대통령직선제로의 개헌과 유신정권하에서, 또 국가보위입법회의에서 제정된 반민주악법의 철폐 등이었다. 그러나 이 성명은 당시 국내언론으로서는 도저히 감당할 수 없는 내용이었고, 5월 16일 가까스로 AP통신에 보도되었다. 성명은 단식투쟁 이틀 전에야 보도되었기 때문에 단식투쟁을 향한 연속 동작으로 내외에 비쳐지게 되었다. 그것은 결과적으로 잘된 일이었다. 나는 이들 성명을 이돈명 변호사가 있는 제일합동법률사무소에서 작성해 여자사무원에게 타자를 부탁했다. 타자를 치고 있는데 중앙정보부 직원이 사무실에 들어와 늘 하던 대로 한바퀴 돌아보는 것이 아닌가. 가슴이 조마조마했지만 다행스럽게도 아무 일도 일어나지 않았다. 이렇게 작성된 성명은 김덕룡의 부인을 통해 손명순(孫命順) 여사에게 전달되었다.

민주화투쟁은 생명을 건 투쟁이어야 한다

김영삼 총재의 단식투쟁은 피아(彼我) 양쪽에 다같이 즉각적인 반향을 일으켰다. 김영삼 총재의 가택연금을 위해 배치되었던 40명의 경찰은 2백명으로 늘어났고, 언론의 통제는 더욱 강화되었다. 국내에서는 황새와 반달곰의 안부는 대서특필되면서도 김영삼의 단식은 단 한줄도 보도되지 못했다. 그러나 외신은 급속히 이 소식을 전세계에 알렸다. 구전(口傳)으로 소식을 들은 정치인들은 19일 모임을 갖고 단식투쟁대책위원회를 발족해서 활동하기 시작했다. 이에 대한 당국의 탄압은 더욱 강화되었지만, 가택에 연금되면 연금된 채로 동조단식에 들어가는 이가 늘어났다. 단식 8일째인 5월 25일 단식사태를 은폐하려는 정권당국은 김영삼 총재를 서울대병원으로 강제이송시켰다. 김영삼 총재는 "의식이 살아 있는 한, 나의 투쟁은 중단될 수 없다"는 결의를 밝히면서 일체의 의료행위를 거부한 채 단식을 계속했다. 이런 사태를 예상해 미리 준비한 성명은 "나의 투쟁은 끝난 것이 아니라 이제 겨우 시작을 알린 것에 지나지 않습니다. 민주화가 이룩될 때까지 나는 나의 투쟁을 국민과 더불어 계속할 것입니다. 내가 지금 국민 여러분에게 말하는 이것만이 오직 진실이요 전부임을 확실히 해두고자 합니다"라고 하고 있었다.

한편 1982년 12월 23일 형집행정지로 감옥에서 나와 신병치료차 미국에 가 있던 김대중은 김영삼의 단식과 관련하여 "한국정부는 김영삼의 투쟁이 한국의 소리를 대표하는 것으로 인식하고 상응한 조치를 취하라. 김씨의 단식을 국민에게 알려라. 미국은 한국에서 민주회복 없이는 한국의 안전보장을 기대할 수 없음을 알아야 한다"라는 내용의 성명을 발표했다. 미국에서는 '김영삼 총재 단식투쟁 전미(全美) 대책위원회'가 결성되어 백악관까지 데모행진을 하는 등 호응이 뒤따랐다. 사태의 심각성에 직면한 당국은 5월 30일 0시를 기해 김영삼에 대한 연금을 해제하고 해외여행을 제안했지만, 김영삼 총재는 이를 단호히 거부했다. 그러나 연금의 해제로 병원에 방문객이 찾아와 만나볼 수 있게 되자 김수환 추기경, 윤보선 전대통령, 유진오(兪鎭午) 박사, 지학순 주교, 박형규·문익환 목사 등이 방문하여 단식중단과 생명보전을 간곡히 당부했다. 이같은 단식중단 호소가 내외로부터 계속되는 한편, 5월 31일에는 함석헌, 홍남순, 문익환, 이문영, 예춘호, 김철 등이 무기한 동조단식에 들어갔다.

6월 1일 전직 국회의원 32명을 포함한 58명의 야당 정치인들은 김영삼 총재의 민주화투쟁 지지와 민주화범국민연합전선 구축을 결의하는 시국선언문을 채택하고 서명운동에 들어가면서 김영삼 총재를 방문해 단식중단을 호소했다. 그러나 당국은 이들에 대해 연금 또는 연행 구류조치로 대응했다. 준비없이 단식에 돌입한 김영삼은 단식 12일째부터 비명이 나올 정도의 복통이 시작되었고, 20일째 되는 날에는 체중이 14킬로그램이나 줄었다. 또한 이때부터 몸에서 심한 냄새가 나기 시작했다. 드디어 의료진이 위험을 경고하기에 이르렀다. 김영삼 총재는 단식 23일째인 6월 9일 단식을 중단하면서 "나는 부끄럽게 살기 위하여 단식을 중단하는 것이 아니라, 앉아서 죽기보다는 서서 싸우다 죽기를 위하여 단식을 중단한다"라는 내용의 성명을 발표했다. 전두환 군부는 단식기간중 병원에서 음식냄새를 피우는 등 단식을 중단시킬 목적으로 별의별 방법을 다 썼다. 그러나 전두환정권이 단식을 중단시키기 위하여 갖은 수단과 방법을 동원한 것은 그들이 결코 인도적이어서가 아니라, 국민이 그 사실을 알게 되어 더 결사적인 민주화투쟁이 일어날 것을 우려했기 때문이었다. 6월 30일에 김영삼 총재는 서울대병원을 떠난다. 이로써 김영삼 총재의 단식투쟁은 끝났다. 그러나 단식투쟁은 야당 정치인을 비롯한 민주화진영에 새로운 각성과 활력을 불러일으켰고, 국내와 해외, 국내의 재야와 정당 진영 사이에 연대투쟁을 성사시키는 촉매가 되었다. 그 구체적인 결실이 그해 8월 15일 김영삼, 김대중 두사람의 명의로 발표된 8·15 공동성명이라고 할 수 있다. '민주화투쟁은 민족의 독립과 해방을 위한 투쟁'이라는 제목의 이 성명은 민주화투쟁은 곧 민족의 해방과 독립을 위한 투쟁의 연장선 위에 있으며, 민족의 독립을 위하여 전체 민족이 하나가 되어 투쟁하여야 했듯이 민주주의를 위한 투쟁 역시 우리 모두가 혼연일체 하나가 되어야 하며, 해외투쟁과 국내투쟁이 하나가 되어야 하며, 또한 국내와 해외에서 하나가 되어야 한다는 것을 역설하면서 이런 자책과 각오로 끝맺고 있었다.

> 1980년 봄, 온 국민이 한결같이 열망하던 민주화의 길에서 우리는 당시 야당 정치인으로 하나가 되는 데 실패함으로써 수백수천의 민주국민이 무참히 살상당하는 사태에 이르게 되고, 계속 국민의 수난이 연속됨은 물론,

민주화의 길을 더욱 멀게 한 사태를 막지 못한 데 대한 책임을 면할 길 없습니다. 이제 국민 앞에 자책과 참회의 뜻에서, 그리고 온 국민의 민주화에 대한 열망 앞에서 우리 두사람은 백의종군하는 자세로 하나가 되어 손잡고 우리 민족사의 지상과제를 향하여 함께 나아가려 합니다. (…) 우리 두사람은 오로지 국민의 한사람으로서, 국민과 함께 그 뜻을 받들어 민족과 민주제단에 우리의 모든 것을 바칠 것을 엄숙히 맹세하는 바입니다. 그 성스런 싸움과 승리의 현장에서 뜨겁게 만납시다. 우리는 승리할 것입니다.

1983년 8월 15일
워싱턴에서 김대중, 서울에서 김영삼

내가 이 성명에서 꼭 담고자 한 메씨지는, "민주투쟁의 승리의 날에 우리는 민주투쟁에서 숨지거나 자신의 모든 것을 던진 사람들을 민족의 해방과 독립을 위해 투쟁했던 애국선열들의 반열에 올려놓아야 할 것입니다. 앞으로 이룩될 민주주의는 민주주의를 위해 싸웠고 싸우다 죽어간 모든 사람들의 피나는 고통 위에서 이룩되는 것이 될 것입니다"라는 구절이었다. 그러나 그로부터 10년후 문민정부가 탄생했고 이어 국민의정부가 출범했지만, 과연 그렇게 되었는지 나는 지금도 씁쓰레한 느낌을 감출 수 없다. 어쨌든 워싱턴과 서울에서 동시에 발표된 이 성명은 단식투쟁의 대미를 장식하고 또 상징하는 중요한 문건이다.

민주화를 향한 정치권의 행진

단식투쟁 이후 정치권의 움직임은 아연 활기를 띠었다. '김영삼 단식투쟁 대책위원회'는 '민주국민협의회 추진위원회'로 발전했다가 '민주화추진협의회'(민추협)로, 그리고 그것이 모태가 되어 신한민주당(신민당)이 창당되고, 그 신민당이 마침내 1985년 2월의 선거돌풍을 일으킨다. 1983년 가을, 단식후 몸을 추스른 김영삼은 김대중측에 민주화운동 연합전선을 제의하는 것으로 정치활동을 시작해서 1984년 5월 18일 광주민주화운동 발발 4주년, 자신의 단식투쟁 1주년이 되는 날에 외교구락부에서 민주화추진협의회 발기인 모임을 갖고 민주화투쟁선언문을 발표했다. 그것은 "전두환정권은 소수의 부패한 특권층만을 위해 절대다수 국민들을 핍박하고 수탈해오고 있다. 우리는 국민의 긍지와 자존심을 회복시키고 국가의 존엄을 해치는 군부독재를 청산해서 국민이 자신의 정부를 선택할 수 있고, 시민의 참여가 보장되는 민주정부의 수립을 위하여 민주화는 더이상 지체할 수 없다는 판단 아래 이를 위해 민추협을 발족한다"라고 하고 있다. 이로부터 민추협은 김대중 고문, 김영삼 공동의장, 김상현(金相賢) 공동의장대행 체제로 활동하지만, 김영삼이 그 중심이 될 수밖에 없었다. 민추협은 1984년 12월 11일 세사람 이름으로 그 이듬해 있을 12대총선 참여를 내용으로 하는 선거투쟁선언을 발표한다.

> 우리는 민주화운동의 기구로서 민추협의 조직을 계속 유지·확대·강화하면서 범국민적 민주화 추진의 일환으로 선거투쟁을 전개키로 하였다. (…) 민주화투쟁에 대한 결연한 의지를 내걸고 국민의 적극적 호응을 호소한다. 국민은 민주화 추진을 위하여 국민이 납득할 수 있는 민주적인 자생정당이 창당된다면 전폭적인 지지와 성원을 보낼 것이다.

선거참여를 놓고는 찬반양론이 있었지만 김영삼은 그의 직감력으로 선거참여를 일찍부터 결정했다. 그는 "잠복해 있는 정치욕구는 폭발성을 지니고 있다. 정치가 회복될 가망이 보이면 폭발할 수밖에 없는 것이다. 우리는 선거투쟁으로 그 뇌관에 불을 붙일 수 있고 또 붙여야 한다"는 것이 그의 생각이었다. 1984년 11월 30일에, 제3차 정치활동규제 해제조치로 김영삼, 김대중, 김상현, 김덕룡, 김명윤(金命潤), 김윤식(金允植), 김창근(金昌槿) 등 15명의 정치진영 민주화투쟁 핵심인사를 제외하고 이민우(李敏雨)를 비롯한 84명이 해금되었다. 선거투쟁에 참여할 수 있는 자원이 그만큼 늘어난 것이다. 여기에 12월 19일 민한당 소속의 국회의원 10명이 집단탈당해서 신당에 합류를 선언하여 신당창당 분위기가 더욱 고조되었다. 12월 20일 이들은 이민우를 창당준비위원장으로 하는 신한민주당 발기인대회를 가졌고, 이어서 2·12 총선을 25일 앞둔 1985년 1월 18일, 앰배서더호텔에서 대의원 532명이 참석한 가운데 창당대회를 열었다. 신민당은 2·12 총선의 공약으로 대통령직선제 개헌, 국정감사권 부활, 지방자치제의 전면적인 실시, 언론기본법 폐지 및 노동관계법 개폐를 내세워 선명성과 투쟁성을 크게 부각시켰다.

2·12 총선은 내외의 예상을 뒤집은 것이었다. 우선 5·16 군사쿠데타 이후 최고의 투표율(84.2퍼센트)을 보여주었고, 정치 1번지라고 하는 종로에서 신민당 총재 이민우가 압도적으로 당선되었다. 서울에서만 신민당이 43.2퍼센트의 득표율을 기록했다. 지역구에서 신민당이 민한당 26석의 거의 두배가 되는 50석을 획득했다. 야권의 득표율이 민정당의 35.25퍼센트를 훨씬 앞지르는 58.1퍼센트를 기록했다. 김영삼은 여세를 몰아 1985년 5월 민한당을 흡수통합함으로써 103석을 확보하여 헌정사상 최대의 야당의석을 확보했다. 이때 이미 5공정권은 내리막길로 들어선 것이다. 이같은 선거결과로 인해 전두환은

"2·12 총선 이후 민정당의 많은 의원이 의욕을 상실하고 패잔병같이 사기가 땅에 떨어졌다"라고 스스로 고백하기에 이르렀다.

1983년 5월의 단식투쟁에서 1985년 2월 12일까지는 야당정치권으로서는 한국 정치사에서 가장 빛나게 투쟁한 시기였다. 가장 짧은 기간에 가장 효과적인 투쟁의 결실을 거둔 것이다. 김영삼이 가장 깊은 어둠 속에서 그의 정치적 돌파력을 과시한 것도 이때의 일이다. 그의 단식은 사심없이 자신을 던질 때 바로 거기서 무서운 힘이 나온다는 것을 보여주었다. 아마도 50여년에 가까운 그의 정치역정에서 가장 화려했고, 또 역사의 평가를 받을 수 있는 대목이 바로 이 장면일 것이다.

나는 단식이 끝나고 몇달이 더 지난 그해 초가을, 반포에 있던 김덕룡의 집에서 그를 만났다. 내가 먼저 가서 기다리고 있었고, 얼마 뒤 그가 와서 만났다. 당국의 눈을 따돌리기 위해서는 그렇게밖에 만날 수 없었다. 갈 때는 김영삼 총재가 먼저 나가고, 한참 뒤 내가 나와야 했다. 그때 김덕룡은 김영삼 총재의 단식투쟁과 관련해 구속된 상태였다.

2003년 5월 19일, 민추협 창립 19주년 기념식이 국회의원회관에서 있었다. 기념식에 연사로 초대된 나는 거기서 이렇게 말했다.

> 김총재의 단식에서 2·12 총선을 거쳐 6·29 선언까지 야당정치권은 민주화에 대한 신념 하나로 투쟁에 임했고, 나를 던지는 헌신의 열정이 있었으며, 나를 버리고 뜨겁게 하나 되는 단결력을 과시했다. 그래서 이겼다. 그러나 문민정부와 국민의정부를 거쳐오면서 민주화운동을 했던 정치권은 부패와 무능과 분열의 대명사로 불릴 만큼 타락했다. 초심으로 돌아가 다시 시작하지 않으면, 끝내는 역사의 죄인이 되고 말 것이다.

삼청교육, 강제징집과 녹화사업

전두환 군부의 비인간적이고 반인륜적인 폭압

전두환이 12·12, 5·18을 거쳐 최규하를 밀어내고 제11대 대통령에 취임하던 1980년 8월, 이 나라의 언론은 다투어 그를 찬양하는 용비어천가를 썼다. 동아일보는 '새 시대의 기수 전두환 대통령—우국충정 30년 군생활을 통해 본 그의 인간상'이라는 제목으로 장문의 기사를 실었다.

5공정권은 분명 '태어나지 않았어야 할 정권'이었고 그 정점에 있는 전두환 역시 역사를 거스른 반역의 무리였음에 틀림없다. 그러나 언론이 쓰는 용비어천가는 한결같이 '인간 전두환'을 미화했다. '인간 전두환'을 미화하는 데 있어 공통점은 '남자 중의 남자' '자신이 떠맡아 책임지는 리더십' 같은 것들이었다. 그래서 5공이 생래적(生來的)으로 가지고 있는 역사적 죄과와는 별개로 '인간 전두환'에 대해서는 매력적으로 생각하는 이들이 적지 않았다.

그러나 그의 인간적인 면모는 5공 청문회, 12·12와 5·18 내란죄에 대한 재판과정을 거치면서 드러나기 시작했다. 12·12 군사쿠데타가 육참총장 정승화의 박정희 살해혐의를 조사하기 위한 것이었다는 변명은 권력을 찬탈한 쿠데타의 주역으로서는 구차한 것이었다. 5·18 광주에서의 만행이 군의 자위권 발동이었다는 그의 주장은 후안무치하기 짝이 없었다. 거기다 자신의 책임을 면하기 위해 벌인 책임 떠넘기기와 발빼기는 리더십은커녕 수괴로서의 책임감마저도 없는 '인간 전두환'의 참모습을 보여주었다. 그것은 그를 한없이 초라하고 작게 만들었다.

법원에서 확정된 추징금을 내지 않기 위하여 벌인 그의 행각은 또 얼마나 우리를 슬프게 했는가. 재산으로 가진 현금은 29만원뿐이라는 변설로 세상을 웃기더니, 이후에는 놀고먹는 그 아들의 비자금 1백억원이 우연찮게 검찰에 발견되어 사람들의 입에 오르내렸다. 그 돈이 묘령의 연예인 계좌에 숨겨져 있는 것이 한때의 화제더니, 나중에는 경매에 붙여진 그의 집을 처남이 비싼 값에 낙찰받아서 매부에게 되돌려줬다는 미담인지 희화인지 모를 얘기가 인구에 회자되기도 했다. 한 나라의 대통령으로 '국법의 준수'를 선서했던 그가 법에 따른 추징금을 안 내기 위하여 벌이는 저 치사한 행각은 '인간 전두환'의 진면목을 약여(躍如)하게 보여주었다. 국민으로서는 저런 사람이 10년 가까이나 이 나라의 대통령이었다는 것 자체가 이렇게 모멸스러울 수가 없다. 그가 벌인 일련의 행태가 우리를 한없이 부끄럽게, 또 슬프게 하는 것이다. 그가 한때 국가를 변란하고 정권을 무력으로 찬탈한 사람이었다는 것 자체보다도, 그가 그 뒤에 보여주는 치졸한 행태에 국민은 더 실망하고 더 굴욕을 느끼고 있다.

권력자 전두환과 인간 전두환

한 시대의 정책은 그 시대를 좌지우지한 지도자의 성격과 의지를 반영한다. 더구나 법보다 힘이 지배하는 쿠데타 상황에서는 더욱 그렇다. 나는 폭정(暴政)과 실정(失政)은 구별되어야 한다고 생각한다. 전두환의 통치는 분명 폭정이었다. 힘으로 밀어붙인 폭압의 정치였던 것이다. 절차적 정의 같은 것은 안중에도 없었다. 무소불위했고, 반인간·반인륜적인 범죄행위도 정책이라는 이름으로 거침없이 행해졌다. 우리는 그러한 폭압의 실태를 삼청교육대, 대학생 강제징집과 녹화사업에서 볼 수 있다.

1980년 8월 13일자 조선일보는 "머리 깎고 금연·금주, 검은 과거를 씻는다. 17세 고교생부터 59세까지 '이웃사랑' 외치며 봉(棒)체조, 새마을 성공사례 듣자 연병장은 '울음바다'"라는 기사로 삼청교육을 미화했다. 그러나 삼청교육은 전두환이 공식적으로 집권한 이후 최초로 자행한, 가장 잔인한 집단적 인권유린행위였다. '삼청'이라는 이름은 당시 사회악일소 특별조치를 주관한 국보위(國保委) 사회정화분과위원회가 삼청동에 위치해 그 조치에 '삼청계획 5호'라는 이름을 붙인 데서 연유했다는 설이 있는가 하면, 1980년 8월 불량배들을 검거한 군경합동작전의 이름이 '삼청작전'이었다는 데서 연유했다는 설도 있다.

삼청교육은 1980년 8월 4일에 발표된 계엄포고 제13호(불량배 일제검거)를 근거로 하고 있지만, 실제로는 그 사흘 전인 8월 1일부터 11월 27일까지 네번에 걸쳐 조직폭력배, 상습폭력배에 대한 일제단속을 벌여 6만여명을 연행하는 것으로부터 시작되었다. 연행된 이들은 경찰·보안부대·헌병대·중앙정보부·지역정화위 소속 심사위원 6~7명으로 구성된 형식적인 심사위원회를 통해 구속·훈방·삼청교육 대상으로 분류되었다. 삼청교육은 전후방 20개 사단에서 혹독한 탄압과 감시 아래 1981년 1월까지 계속되었다. 이중 7578명은 1980년 12월 제정된 사회보호법에 의해 보호감호처분을 받고 계속 군부대에 수용되었다. 교육 대상자를 선정할 때부터 무리가 뒤따랐다. 일률적으로 경찰서별 검거인원을 할당해 강제로 이삼백명을 검거하라고 했으니 경찰은 무슨 수를 써서라도 그 인원을 채워야 했다. 멀쩡한 시민들이 술을 마셨거나 외모가 불량하다는 이유로 끌려갔고, 개인적인 감정이나 동네사람들의 막연한 평판 때문에 잡혀간 사람도 있었다. 군경의 미움을 받아 즉석에서 끌려가는 일도 비일비재했다. 그러다보니 반대로 경찰에 뒷돈을 주고 풀려나는 사례도 적지 않았다.

삼청교육대 대상자 중 여성은 당초에 윤락여성과 포주, 그리고 계주들이었지만, 지역할당제와 군경의 과잉충성 때문에 평범한 가정주부들도 끌려갔다. 화투판을 구경하다가 도박혐의로 끌려가는가 하면, 패싸움을 지켜보다 싸움꾼으로 몰려 잡혀가기도 했다. 마을주민들로부터 밉보이거나 분쟁을 벌이다가 끌려가기도 했다. 할당된 인원을 채우기 위한 탓도 있었지만 이렇듯 일방적, 자의적으로 삼청교육 대상인원이 선정되었다. 뿐만 아니라 정치보복 또는 노동운동 탄압을 위하여 삼청교육이 이용되기도 했다. 1970년대말 노동운동을 이끌었던 원풍모방 · 반도상사 · 대한전선 · 콘트롤데이타 · 청계피복의 노조지도자 등 191명이 강제정화를 당했는데 이들 중 70여명은 계엄사 합동수사본부에 끌려가 고문수사를 당했고, 19명은 삼청교육대에 끌려가 모진 고초를 겪었다.

삼청교육대에서는 인간을 인간으로 다루지 않았다. 삼청교육대의 생활수칙 제1조는 '탈출 및 선동하는 자는 사살한다'였다고 한다. 서산에서 끌려간 한 여인은 "새벽 6시부터 구보하고 포복훈련을 했다.

땅바닥에 머리를 박는 기합을 받았다. 행동이 늦으면 고무양동이에 물을 퍼다가 머리를 집어넣었고, 반항하면 몽둥이로 때리고 여군 여러명이 몰려와 짓밟는 것을 보았다"라고 증언하고 있으며, 어떤 노동운동가는 "내무반 생활은 욕설과 구타, 원산폭격, 쥐잡기(내무반 마루 밑으로 빨리 기어들어갔다 나오기), 한강철교(내무반 이쪽 마루와 저쪽 마루끝을 엎드려 견디기), 손가락을 깍지끼게 하고 손을 중심으로 돌게 하면서 울지 말고 웃기 등 인간이 인간을 괴롭히는 것을 취미로 하는 모든 짓들이 되풀이되었다. 기합을 받다가 얼마나 맞았는지 장출혈로 죽어 실려나가는 사람도 있었다"라고 말한다.(강준만 『한국 현대사 산책: 1980년대편』 제1권, 인물과사상사 2003, 233~34면)

교육받을 때만 고통을 받은 것이 아니다. 1990년대 초반까지 주민등록 등초본에 '삼청순화교육 이수자'라는 낙인이 찍히면 취업도 어려웠고, 이사할 때마다 조사를 받아야 했다. 당사자들이 겪은 삼청교육의 피해와 고통이 오죽했으면, 삼청교육 얘기만 나오면 펑펑 울음부터 터져나오고, 전두환을 찬양하는 사람을 보고는 참을 수 없어 주먹과 발로 마구 때려 숨지게 하는 사건까지 발생했을까(1995년 12월 21일). 그러나 삼청교육에 대한 진상규명은 아직까지도 제대로 이루어지지 못하고 있으며, 세상의 관심 또한 사라져가고 있다. 그동안 MBC가 2002년 두차례에 걸쳐 '이제는 말할 수 있다'라는 프로그램을 통하여 진실을 밝히는 작업을 했을 뿐이다. 2002년 10월 1일 미흡한 대로 의문사진상규명위원회가 발표한 통계에 의하면 모두 6만755명이 검거되어 4만347명이 군사훈련을 받았고, 삼청교육 또는 그로 인한 후유증으로 사망한 사람이 339명이고, 불구가 된 부상자가 2천7백명이었다고 한다. 이는 광주민주화운동과 관련한 사망자 숫자와 맞먹는 것이다. 2002년 9월 30일 연희동 전두환의 집 앞에는 "전두환, 노태우의 재산을 환수해 그 돈으로 삼청교육 피해를 보상하라"며 피맺힌 절규를 외치는 삼청교육 관련자들이 있었다. 과연 전두환은 어떻게 답할 것인가. 박노해는 1984년 「삼청교육대 I」이라는 시에서 이렇게 끝을 맺고 있다.

> (…)
> 진실로 진실로
> 순화되어야 할 자들은
> 우리가 아닌 바로 저들임을
> (…)
> 피투성이 폭력의 천지
> 힘없는 자의 철천지 원한
> 되살아나
> 부들부들 치떨리는
> 　　80년 그 겨울
> 　　삼청교육대
>
> ―박노해 「삼청교육대 I」 중에서

강제징집과 녹화사업

지금도 그런지 모르겠지만, 1960년대 이래 대학 재학생은 퇴학이나 휴학 등 학적상의 변동이 없는 한 신체검사와 입영연기가 가능했다. 정상적으로 입대하려면 징병검사 20일 이전에 징병검사 통지서를 받아야 하고 입영통지서는 입영 30일 이전에 받도록 되어 있었다.

박정희정권 때도 한때 이러한 법절차를 무시하고 강제징집한 사례가 있기는 했다. 그러나 그것은 오히려 약과였다. 전두환정권은 본격적으로 문제학생에 대한 강제징집을 실시하기에 이른다. 물론 이는 학생운동을 제도적으로 탄압하기 위한 것이었다. 1981년 11월부터 1983년말까지 447명의 대학생을 강제징집하여 군대로 보냈다.

전두환정권은 그들의 정보력으로 문제학생이라고 파악된 학생 가운데, 구속시킬 만한 뚜렷한 혐의가 없는 학생 또는 시위현장에서 붙잡힌 단순가담 학생들은 경찰서로 끌고가 조사한 다음 곧바로 군대에 입영시켰다. 신체검사에서 신체상의 결함으로 마땅히 제외되어야 할 학생, 6대독자 등 입대할 수 없는 가정환경을 가진 학생들도 강제입영 조치했다. 이들 강제징집파들은 병영 내에서 '특수학적변동자'라는 붉은 낙인의 신상카드와 함께 군 수사기관의 감시와 탄압 대상이 되어 이루 말할 수 없는 고통을 겪었다. 이른바 '서울대 프락치사건'에서 유시민(柳時敏)이 쓴 항소이유서는 당시의 정황을 이렇게 증언하고 있다.

> 구속 석달 만에 영문도 모른 채 군법회의 공소기각결정으로 석방되었지만, 며칠 후에 신체검사를 받자마자 불과 40시간 만에 변칙입대당함으로써 이번에는 '강집학생'이 되기에 이르렀습니다. 입영전야에 낯선 고장에서 머리를 깎이면서 본 피고인은 살아 있다는 것이 더이상 축복이 아니요 치욕임을 깨달았습니다. 그날 이후 제대하던 날까지 32개월하고도 하루 동안 본 피고인은 '특수학적변동자'라는 새로운 이름을 가지게 되었으며, 늘 감시의 대상으로 최전방 말단소총중대의 소총수를 제외한 일체의 보직으로부터 차단당하지 않으면 안 되었습니다. 그리고 영하 20도의 혹한과 비정하게 산허리를 가로지른 철책과 밤하늘의 별만을 벗삼는 생활

이 채 익숙해지기도 전인 그해 저물녘, 당시 이등병이던 본 피고인은 대학 시절 벗들이 관계한 유인물 사건에 연루되어 1개월 동안 서울 보안사 분실과 지역 보안부대를 전전하면서 대학생활 전반에 대한 상세한 재조사를 받은 끝에 자신의 사상이 좌경되었다는 마음에도 없는 반성문을 쓴 다음에야 부대로 복귀할 수 있었습니다.

그러나 더 악랄하고 비인간적인 탄압은 '녹화사업'이었다. 녹화사업이란 강제징집자들에게 행하는 '빨간 물을 빼고 푸른 물을 들이는 순화작업'을 뜻한다. 강제징집된 학생들이 군복무를 마치고 학원으로 돌아가게 됨에 따른 대책의 일환으로 보안사에서 녹화사업이 입안되었다. 녹화사업은 1982년 7월 보안사에 좌경의식화과가 신설되고 1983년 3월에 사단 예하부대에 심사장교가 배치되면서 본격적으로 시작되었다. 녹화사업을 위해 보안사는 경기도 과천과 퇴계로 진양상가에 두개의 분실을 운영하며 과천에서는 주로 심사업무를, 진양상가에서는 활용업무를 담당했다고 한다. 심사는 보통 1주일 정도 진행되었고, 1인당 평균 50여장의 진술서를 쓰도록 강요했다. 심사를 통해 활용가치가 있다고 생각되면 진양상가 분실에서 교육을 시킨 뒤 대학가 등에서 동향을 파악해 보고하도록 했다. 말하자면 정보원 내지 프락치 활동을 강요한 것이다. 관계자들의 증언에 의하면 이 녹화사업은 전두환의 직접 지시에 따른 것이었다는 설이 유력하다.

친구를 팔라는 프락치 공작은 강제징집으로 국방의 의무를 지고 있는 사병들을 공작정치의 도구로, 보안사 요원들의 진급과 출세를 위한 도구로 이용한, 참으로 용서할 수 없는 인간성 파괴행위였다. 동지를 팔아야만 반성, 순화된 것으로 인정했던 것이다. 이로부터 의문의 죽음을 당하거나 자살하는 학생이 속출한다. 앞서 인용한 유시민의 항소이유서는 이에 대해 이렇게 증언하고 있다.

> 그런데 제대를 불과 두달 앞둔 1983년 3월, 또 하나의 시련이 기다리고 있었습니다. 지난해 세상을 놀라게 한 '녹화사업' 또는 '관제 프락치 공작'이 바로 그것입니다. 인간으로 하여금 일신의 안전을 위해서는 벗을 팔지 않을 수 없도록 강요하는 가장 비인간적인 형태의 억압이 수백 '특변자'(특수학적변동자)들에게 가해진 것입니다. 당시 현역군인이던 본 피고인은 보안부대의 공포감을 이겨내지 못하여 형식적으로나마 그들의 요구에 응하는 타협책으로써 일신의 안전을 도모할 수는 있었지만 그로 인한 양심의 고통은 피할 수 없는 일이었습니다. 이처럼 군사독재정권의 폭력탄압에 대한 공포감에 짓눌려 지내던 본 피고인에게 삶과 투쟁을 향한 새로운 의지를 되살려준 것은 본 피고인과 마찬가지로 강제징집당한 학우들 중 6명이 녹화사업과 관련하여 잇달아 의문의 죽음을 당하거나 스스로 목숨을 끊었다는 충격적인 사건이었습니다.

유시민이 폭력범으로 구속된 1984년 9월의 이른바 '서울대 프락치 사건' 역시 녹화사업과도 맥락이 닿아 있다. 제도적으로 프락치 활동을 이렇게 강요함에 따라 대학가 운동권 안에는 가짜학생은 물론 프락치들이 들끓었다. 프락치들을 적발하는 과정에서 민간인을 프락치로 오인하기도 했고, 그들에게 자백받는 과정에서 다소의 무리가 뒤따르기도 했다. 이 사건으로 당시 서울대의 쟁쟁하던 학생회 간부들이 줄줄이 구속되었다. 홍성우 변호사가 수임한 이 사건에서 나는 그들의 최후진술을 정리, 배포하기도 했다. 그들의 최후진술은 진실했고, 그래서 아름다웠다. 특히 구속중 아버지를 잃은 백태웅(白泰雄)의 진술이 매우 감명깊었던 것으로 기억된다. 유시민의 말처럼 "우리가 폭력배처럼 비난받게 된 것은 결코 온순한 청년이 포악한 청년으로 성장했기 때문이 아니라, 이 시대가 '가장 온순한 인간들 중에서 가장 열렬한 투사를 만들어내는' 부정한 시대이기 때문"이었다. 이 모든 것이 전두환 군부독재 아래서 이루어진 일이었다.

점거농성투쟁과 학원안정법 파동

미문화원에서 민정당 정치연수원까지

역사는 확산과 수렴을 반복하면서 진행하는 것인가. 12·12와 5·18을 일으키면서 집권한 전두환 5공정부는 과연 파쇼라 불릴 만한 철권통치를 폈다. 그러나 1983년 12월 21일 전두환정권은 이른바 학원자율화조치라는 것을 발표한다. 학원에 상주하던 경찰병력을 철수시키고, 1백여명에 가까운 해직교수와 1천3백명에 달하는 시국관련 제적생을 복직, 복학시킨다. 이같은 학원자율화조치는 한편으로 전두환정권의 자신감의 표현이기도 했지만, 다른 한편으로는 군부의 철권통치에 대한 대내외의 비판적 시선이 너무도 따가웠기 때문이었다. 그리고 1984년 5월에는 교황의 방한이, 1985년 2월에는 총선이, 그리고 1986년에는 아시안게임이 예정되어 있었다.

학원자율화조치 이후 학원은 아연 활기를 띠게 되었고 이를 계기로 이들과 연계한 민중민주운동이 각 부문에서 폭발적으로 전개되기에 이르렀다. 바야흐로 민중운동시대가 열리고 있었다. 학원으로 복귀한 제적생이 중심이 되어 전국적인 학생조직이 결성되었고, 지하운동조직은 민주노조 재건에 나서면서 학생운동과 노동운동의 연대조직이 강화되기 시작했다. 이러한 연대운동은 노동단체와 민주화운동전국청년연합(민청련) 등 청년조직은 물론 종교 및 재야단체, 더 나아가서는 2·12 총선에서 돌풍을 일으킨 야당(신민당)까지 확대되었다. 5공 군부세력과 그것에 반대하는 세력 사이에 첨예한 대치선과 대결구도가 더욱 날카롭고 선명하게 형성된 것이다.

1984년부터 학원에는 자율적인 학생회가 부활하기 시작했다. 학생회장에는 강력한 민주투쟁을 주창하는 학생들이 당선되어 총학생회를 이끌었다. 학생들의 연합조직은 처음에는 지역 차원에서 결성되더니 이내 전국 차원으로 확대되었다. 시위의 양상은 크게 달라졌다. 이제까지는 유리창을 깨고 나와 스크럼을 짜고 구호를 외침으로써 학내에 저항세력이 있다는 것을 알리는 데 그쳤지만, 1984년 이후에는 더욱 과감한 선도투쟁이 학원 밖으로 나와 전개되었다. 1984년 11월 14일에는 고려대·연세대·성균관대 학생 264명이 13시간 동안 안국동의 민정당사를 점거하는 사건이 발생했다. 이들은 민정당사의 철제문에 '노동법 개정하라' '전면해금 실시하라'는 현수막을 내걸고 민정당 해체를 요구했다. '왜, 우리는 민정당사를 찾아왔는가'라는 문건을 통해 이들은 총학생회 인정, 노동자 권익보호, 노동악법 철폐, 집시법과 언론기본법 폐지를 요구했다. "폭도와는 타협없다"는 민정당 대표 권익현(權翊鉉)의 말대로 이들은 11월 15일 새벽 4시 30분 당사의 벽을 부수고 들이닥친 중무장한 경찰에 의해 무력진압되어, 180명이 구류처분을 받고 19명이 구속되었다. 민정당사 점거는 11월 3일 연세대에서 전국 42개 대학, 2천여명이 참여한 '학생의날 기념 및 군사독재퇴진 궐기대회'를 개최하면서 결성된 민주화투쟁학생연합이 주도한 선도투쟁의 일환으로, 앞으로 전개될 학생운동의 방향을 예고하는 것이었다.

1984년 하반기부터 학생회 연합조직을 모색한 결과로 전국대학생대표자회의, 전국학생총연맹을 거쳐 1985년 4월 17일에는 전국학생총연합(전학련, 의장 김민석金民錫 서울대 총학생회장)이 결성되고, 5월 7일에는 그 산하에 공개투쟁조직으로 '민족통일, 민주쟁취, 민중해방 투쟁위원회'(삼민투)가 발족했으며, 다시 그 하부조직으로 광주학살원흉처단위원회가 출범했다. 삼민(三民)이란 "민중이 주체가 되는 해방·통일된 민주사회의 건설"을 목표로 "민중이 주체가 되어 민족해방과 민족통일 그리고 진정한 민주주의를 쟁취해야 한다"는, 당시에 학생들이 내세운 이념이었다.

민중운동이 각 부문에서 활발하게 전개되기 시작한 배경에는 2·12 총선이 있었고, 이를 통하여 크게 고무되었다고 볼 수 있다. 2·12 총선은 민중의 거대한 승리였다. 2·12 총선 과정에서 가장 크게 부각된 이슈 가운데 하나가 광주민주화운동의 진상규명이었듯이, 2·12 총선 이후 5·18 광주민주화운동에 대한 관심은 더욱 증폭되었다. 그것은 학생들도 마찬가지였다. 이로부터 이른바 '5월투쟁'이 전개되는 것이다. 5월 10일 서울대에서 광주항쟁진상규명대회가 개최되고 11일부터 광주항쟁 피해보상 및 진상규명을 위한 서명운동이 전개되었다. 광주학살 원흉처단을 요구하는 학내외 시위가 5월에 들어서면서 전국에서 이루어졌다. 5월 16일에 39개 대학 2만여명이, 17일에는 80개 대학 3만8천여명이 시위에 참가했다. 광주항쟁에 대한 학생들의 투쟁이 최고조에 달한 시점에서 발생한 사건이 서울 미문화원 점거농성투쟁이었다.

우리는 왜 미문화원에 들어가야만 했나

5월 23일 정오 서울대생 함운경(咸雲炅) 등 73명의 학생들이 서울 을지로입구에 있는 미문화원 2층 도서관을 점거하고 농성을 벌이기 시작했다. 전두환 군부의 광주학살을 방조하고 신군부를 지원하는 미국에 대한 학생들의 항의이자 응징이었다. 이들은 4월 17일에 결성된 전학련의 삼민투 산하 서울대·고려대·서강대·성균관대 학생들이었다. 이들은 점거와 동시에 "광주학살 책임지고 미국은 공개 사과하라" "미국은 전두환 군사독재정권에 대한 지원을 즉각 중단하라" "신민당은 국정조사권을 발동하라" 등의 구호를 외치거나 미문화원 벽면에 써붙였다. 길 건너 롯데호텔을 드나드는 내외국인이 모두 이 광경을 목격했다. 서울시내 한복판에서 미국에 항의하는 목소리가 울려퍼진 것이다.

학생들은 '우리는 왜 미문화원에 들어가야만 했나'라는 제목의 성명을 통해 "광주민중항쟁 5주년을 맞이하여 전국에서 학살의 책임자를 단죄하라는 소리가 드높아지고, 학살의 원흉인 군사독재정권은 물러나라는 요구가 곳곳에서 터져나오고 있는 지금, 우리는 미국의 광주항쟁 지원의 책임을 묻고자 한다"면서 "①광주학살 지원 책임지고 미 행정부는 공개 사과하라 ②미국은 전두환 군사독재정권에 대한 지원을 즉각 중단하라 ③미국민은 한미관계의 올바른 정립을 위해 진지하게 노력하라" 등 3개항의 요구조건을 내세웠다.

미국측은 '선농성해제 후대화' 입장을 표명하면서 미국대사와의 면담이나 내외신 기자회견을 거절했다. 학생들은 공식문서를 통한 학살동조책임 인정 및 공개사과를 줄기차게 주장했다. 학생들의 뜻이 이루어지지는 않았지만 참사관과의 면담을 통해서 미국이 광주학살을

1985년 5월 25일 정오 고려대, 서강대, 서울대, 성균관대, 연세대 등 5개 대학 학생 73명이
서울 미문화원 도서열람실을 기습 점거해 농성을 벌였다. ©박용수

묵인, 지지했음이 확인되었다. 전두환 독재정권은 이 학생들을 '일부' '소수' '극렬' '게릴라' 등의 용어를 사용하여 매도하고, '반미는 곧 좌경용공'이라는 논리로 국민들을 향해 대대적인 선전공세를 강화했다. 학생운동을 국민으로부터 격리시키기 위해 전두환정권은 이 사건을 언론에 크게 부각시켰지만, 언론의 대서특필은 오히려 국민들로 하여금 광주학살에 대한 미국의 관련가능성에 더욱 의혹을 갖게 만들었다. 이 사건에 자극받아 신민당은 5월 30일 103명 국회의원 연명으로 '광주사태 진상조사를 위한 국정조사 결의안'을 제출하기에 이르렀다.

학생들은 5월 26일 새벽 "미국이 우리에게 진정한 우방과 자유세계의 수호자로서 인식되기에는 상당한 거리가 있음을 확인했다. 보다 강고한 투쟁을 위해 농성을 풀기로 했으며, 이는 농성해제가 아닌 보다 효과적인 싸움의 재출발"임을 천명하면서 자진해산했다. 농성해산 직후 워커 미대사는 내외신 기자회견에서 "미국은 농성학생들을 친공주의자로 보지 않는다"라고 하여, 전두환정권의 용공매도와 인식을 달리했다. 이 사건 이후 '점거농성' 방식은 2학기 들어 대학생들의 주요 투쟁방법 중 하나가 되었다. 11월 4일 새마을운동중앙본부와 주한미상공회의소, 11월 15일 노동부장관 비서실, 11월 18일 민정당 중앙정치연수원, 12월 2일 광주 미문화원, 12월 4일 섬유노련사무실 점거농성 등이 바로 그것이다.

전두환정권은 이 사건을 주도했던 서울대삼민투 공동위원장 함운경 등 점거농성에 참가한 25명의 학생을 구속하고 43명을 구류조치했으며, 전학련 의장 김민석, 삼민투 위원장 허인회(許仁會) 등을 수배했다. 김민석은 그해 6월 7일 검거되어 3년 6월의 징역형을 선고받았는데, 재판장 이재훈(李宰勳)은 "피고인들의 생명과 신체는 신의 의사에 의하여 주어졌으므로 신의 뜻에 맞게 행사되어야 한다"는 등 엉뚱한 훈계까지 곁들여 세상의 빈축을 샀다.

학원안정법 파동

세계의 이목을 집중시킨 미문화원 점거농성사건은 그 이후 수많은 학생들의 지지시위를 가져왔다. 6월 7일에는 서울대에서 8천여명의 시민과 학생이 모인 가운데 이를 주제로 국민대토론회를 가지기도 했다. 이 사건에 크게 당황했는지 전두환정권은 1984년 '대학은 교수들에게 맡긴다'라는 학원자율화조치를 사실상 철회하고, 전국대학에 대한 일제수색과 경찰난입(6월 29일), 대량구속, 수배 등으로 탄압하기 시작했다. 이는 전두환정권의 허구적인 자율화조치가 거꾸로 실질적인 민주화 공간을 확대해준 결과가 된 데 따른 급선회였다. 이같이 강경탄압으로 선회하는 과정에서 그들이 지혜를 짜고 또 짠 결과로 나타난 것이 이른바 학원안정법파동이었다.

1984년 8월 전두환정권에 의해 입법예정이었던 학원안정법안은 좌경의식화 학생에 대해 선도교육을 실시할 수 있도록 하고 '선도교육 후 선처'라는 미명 아래 선도교육의 기간과 대상자 선정을 문교부에 설치되는 학생선도교육위원회에서 맡도록 하고 있었다. '선도와 선처'라는 아름다운 말로 포장하여 음모를 감추고 있기는 하지만, 이는 실로 그 적용대상의 모호함과 탄압의 교묘함으로 인해 '악법 중의 악법'이라 할 만한 것이었다. 준사법적인 권한을 가지고 정권이 일방적으로 선도대상과 기간을 설정할 수 있도록 한 것이다. 말하자면 '학원의 일을 학원에 맡기는' 대신, 정권이 학원을 사실상의 감옥으로 만들어 완전히 장악하겠다는 의도가 그 안에 깔려 있었다. 형사적 치료처분을 위해서 창안된 보안처분이 유신헌법에 슬그머니 끼어들더니 사회안전법, 사회보호법으로 이중처벌이 제도화된데다 이제는 학생들을 처벌, 격리하기 위한 방편으로 이같은 입법이 촉진된 것이다.

8월 6일 국회상정을 앞두고, 민정당 원내총무 이세기는 학원안정법안은 괴물이 아니라 "양떼를 지키는 목동"이라는 비유를 했다. 그러나 학원안정법안은 양떼를 지키는 목동의 탈을 썼지만, 그 본질은 목동의 탈을 쓴 늑대에 다름아니었다. 학원안정법안에 대한 반대투쟁이 고조된 것은 물론이었다. 국민의 여론이 거세지면서 민정당 내의 온건파도 유보를 들고 나왔다. 유신시대 이래 해직교수의 길을 걸어온 안병무, 김성식(金成植), 이효재, 송기숙, 김윤수, 명노근(明魯勤), 이상신(李相信), 유인호, 성내운, 김찬국, 정윤형(鄭允炯), 장을병, 이만열(李萬烈), 이남덕(李南德) 교수 등은 학원안정법 제정저지 서명운동을 시작하면서 "제자들의 일부를 수용소에 인계하고 남은 학생들 앞에 우리는 과연 어떻게 설 것이며, 또 가사 '선도'된 학생들이 학원에 돌아왔을 때 우리는 무슨 낯으로 저들을 대할 것인가"라고 절규했다.

범국민적 반대에 직면하여 전두환정권은 8월 17일 긴급당정회의를 통해 일단 보류를 결정하지 않을 수 없었다. 그러나 134명의 총학장들은 8월 16일 학원안정법안에 대한 지지결의문을 채택하는 난쎈스를 빚어냈다. 대학총학장의 수준이 민정당의 온건파들에도 미치지 못했던 것이다. 이보다 한달 앞서 7월 4일부터 2박3일간 45개 대학의 총장들은 정신문화연구원에 입소해 지도자간담회라는 명목으로 정신훈련을 받기까지 했다. 대학의 권위는 바로 이들에 의해 완전히 땅에 떨어졌다. 그 무렵 노신영(盧信永) 안기부장조차 학원자율화 조치를 놓고 대학총장들이 "그러면 우리가 어떻게 하란 말이냐"면서 자율보다는 지시에 길들여진 모습을 보이는 것에 크게 개탄한 일이 있었다.

그것이 유신과 5공정부 아래에서 대학총장들의 진면목이었다. 물론 김준엽(金俊燁) 고려대총장 같은 예외적인 인물도 있었다. 어쨌든 학원안정법안이 폐기된 것은 오로지 2·12 총선 이후 각 부문에서 벅차게 달아오르기 시작한 민주화 열기 때문이었다. 전두환정권도 더이상 밀어붙일 힘이 없었던 것이다.

독재의 심장에 울려퍼진 민중민주

1985년 11월 18일 이른 새벽 가락동에 있는 민정당 중앙정치연수원에 청년학생들이 몰아닥쳤다. 전학련 '민중민주정부 수립과 민족자주통일을 위한 투쟁위' 산하 파쇼헌법철폐투쟁위원회 소속 14개 대학, 191명의 학생들이 감행한 대규모 점거농성이 시작된 것이다. 아침 8시경 경찰의 경비망을 뚫고 본관 점거에 성공한 학생들은 곧바로 '시국선언문' '미국에 보내는 경고장' '신민당에 보내는 공개서한' '군부독재처단 결사투쟁 선언서' 등의 성명서를 발표하고, 이어 '군부독재 타도하자!' '파쇼헌법 철폐하라!' 등 7개의 현수막과 태극기 두장을 건물벽에 내다붙였다.

농성학생들은 '시국선언문'에서 "현하의 참혹한 조국의 현실은 수천의 민중을 학살하고 등장한 군사독재정권의 폭력과 무능 그리고 부패에 기인한 것이라는 것을 역사 속에서 검증하는 바, 이러한 현실을 극복하기 위한 실험으로써 오늘 군부독재정권 타도의 횃불을 드높인다"라고 천명하고, 이어서 "한민족의 자결권과 민중의 생존권을 담보물로 하여 반민주적 매판군부정권을 지원하는 미 행정부의 비도덕적, 이기주의적 작태에 대해서도 항의하는 함성을 드높이는 바이다"라고 하여 군부독재를 지원, 조종하는 미국에 대해서도 준엄하게 경고했다. 선언문은 또 제5공화국 헌법을 "유신의 종말로 이어지는 민주화의 전민중적 열기를 군사력으로 짓밟고, 군사계엄의 삼엄한 분위기 속에서 날치기로 통과된 반민주적 헌법"으로 규정하며 그 철폐를 위한 투쟁에 나설 것임을 분명히했다. 그런 점에서 민정당 중앙정치연수원 점거투쟁은 그 이듬해인 1986년에 전개된 개헌현판식 투쟁을 실천적으로 밑받침해낸 것이다. 즉 군부독재를 타도하기 위해서는 그 제도적 안전장치인 파쇼헌법을 철폐하는 데 총역량을 결집해야 한다는 대안을 제시한 셈이었다. 그것이 뒷날 야당과의 연대투쟁을 통한 개헌운동으로 연결되었다.

점거 직후 연수원에는 긴급출동한 특수테러진압대 5백여명을 포함해 정사복경찰 2천1백여명이 학생들이 있는 본관을 겹겹이 에워쌌다. 강제연행은 시간문제였다. 그러나 학생들은 침착하게 8시 50분부터 옥상집회를 열었다. 12시 15분 민정당은 경찰에 "폭도의 즉각적인 진압"을 명령했다. 소방차 12대에서 총알과 같은 물줄기가 옥상에 쏟아지고, 최루탄이 본관을 향해 발사되었다. 학생들은 2층에 소파, 책상과 의자 등 집기를 쌓아 바리케이드를 치면서 결사적으로 항전해 한때 경찰을 물리치기도 했다. 그러나 경찰은 곧 강제진압작전에 나서 고가사다리를 타고 옥상으로 쏟아져들어왔고, 2층에 최루탄을 쏘면서 난입해 2시 30분경 폭력경찰의 진압작전은 '상황완료'되었다.

전두환정권은 점거학생 189명을 폭력방화사범으로 몰아 구속했다. 관제언론은 '도시게릴라' '적군파식'이라는 용어를 구사하면서 이들을 일방적으로 매도했다. 사법부는 이들에게 보복적으로 최고 7년의 중형을 선고했다. 그러나 저항의 불길은 1986년 들어 더욱 거세게 타올랐다.

구미유학생간첩단사건

그러나 아름다운 사람들

1985년 9월 9일 국가안전기획부와 국군 보안사령부는 이른바 구미유학생간첩단사건의 전모를 발표했다. 바로 다음날 MBC는 보도특집을 통하여 「학원에 뻗친 붉은 손길—학원침투 유학생간첩단사건」을 대대적으로 편성보도했다. 이 보도특집은 공식발표되기 전인 9월 1일에 제작된 것이었다. 보도특집이 사전에 제작되었다는 것은 이 사건이 철저하게 정치적으로 조작, 이용되었음을 말해준다. 말하자면 이 사건의 조작과 발표가 철저하게 국면전환용, 대국민 정치공작용이었다는 얘기가 된다. 무엇을 노린 것이었을까. 이들이 막 잡혀들어가기 직전에 서울에서는 삼민투에 의한 서울 미문화원 점거농성사건이 있었다. 이 사건을 전후하여 당국은 일련의 학원소요에 붉은 마수가 뻗쳐 있다고 선전했다. 구미유학생간첩단사건은 학원에 침투한 붉은 마수를 실재한 것처럼 절묘하게 짜맞춘 사건이었던 것이다. 언론은 사설이나 기사에서 대서특필로 학원에 뻗친 붉은 손길을 보도했다.

구미유학생간첩단사건은 양동화(梁東華) 사건, 「예속과 함성」팀사건(김성만金成萬 사건), 황대권(黃大權) 사건으로 구성되었고 22명이 연루되었다. 사형과 무기를 선고받은 적이 있는 네사람의 주요 혐의사실은 다음과 같다.

양동화—미국 웨스턴일리노이대에 유학차 도미한 후 2년 1개월 만인 1984년 9월 귀국, 1984년 8월 재미 북괴공작책 서정균(徐正均)과 함께 뉴욕, 빈, 모스끄바, 뻬이징을 통해 입북, 간첩 밀봉초대소에서 세뇌교육을 받고 노동당에 입당. 1984년 9월 중순 국내에 잠입, 전남대생 강용주 등으로 간첩 하부망을 조직하고 학생시위 배후조종 및 제2광주사태 유발 기도.

강용주—1984년 10월 양동화에게 포섭되어 전남대에 민주화투쟁위원회(삼민투의 전신)를 결성, 위원장에 선출됨. 학원가 폭력시위를 주도하고 광주문화원 방화계획 등을 수립.

김성만—연세대 재학중 지하학습써클인 부름독서회를 조직, 후배들의 의식화학습을 지도하다가 도미, 유학중에 학업을 포기하고 1년 만인 1983년 7월에 입국. 재미 북괴공작책 서정균의 지령에 따라 1983년 6월 헝가리 부다페스트에 도착. 이곳 북괴대사관에 4일간 수용되어 간첩교육을 받고 공작금 미화 5천달러를 받아 7월에 귀국. 서울지역 운동권학생들을 포섭, '전민중' 이름으로 「예속과 함성」이라는 반미유인물을 제작 살포. 1984년 11월 서독에서 서정균과 접선한 뒤, 동백림 교외 북괴아파트에서 5일간 재교육을 받은 뒤 노동당에 입당.

황대권—서울농대 재학시 지하이념써클 독서회를 조직, 1982년 12월초 서정균에게 포섭되어 폭력투쟁공작 교육과 간첩활동 지령을 받고 12월 17일 국내에 진입. 지하혁명잡지를 발간하는 등 학원내 반정부·반미 투쟁 역량을 확대하다 검거됨.

고문으로 조작된 공소사실

공소사실 중 대부분은 고문을 통하여 조작된 것이었다. 그러나 공소사실 중에는 이들이 범한 치명적인 약점도 있었다. 양동화, 김성만, 황대권은 1982년에 각각 웨스턴일리노이대학에 유학했다. 광주민주화운동의 상처를 안고 떠난 이들에게 미국의 자유롭고 개방된 분위기는 북한사회에 대한 호기심을 유발했다. 거기다 『해외신한민보』를 발행하는 서정균의 유혹이 있었다. 이리하여 양동화는 북한에 갔다오게 되었으며, 김성만은 헝가리와 동독을 방문하여 북한사람들을 만났던 것이다. 그러나 이러한 방문과 만남은 오직 호기심과 젊은이의 판단착오에 의한 것일 뿐 간첩활동을 위한 것은 아니었다. 그러나 국가안전기획부 등은 북한을 방문하고 헝가리에서 북한사람을 만난 것을 빌미로, 이들의 귀국 이후 활동을 모두 간첩활동으로 몰아갔다. 재판과정에서 이들이 당한 고문과, 고문을 통하여 사건이 조작된 과정이 그대로 드러나 뒷날 이들에 대한 구명운동이 국내에서는 물론 국외에서까지 광범위하게 전개되기에 이르렀다.

특히 황대권의 경우는 혐의라 할 만한 것이 별로 없었다. 더구나 그는 1985년 6월 3일 갓 출생한 아기를 부모님에게 맡기기 위해 일시 귀국했다가 그 다음날 새벽에 연행되어 끌려갔는데, 당국은 그가 국내에서 간첩으로 암약중 검거되었다는 식으로 터무니없는 소리를 하고 있었다. 그러나 양동화와 김성만이 북한과 연결되는 과오를 범한 것은 그들의 진실을 엄청나게 왜곡되게 하여, 갖가지 죄를 바가지로 뒤집어쓰게 했다. 상당히 오랜 기간을 이들이 사형수로 지내야 했던 것도 이 과오들과 깊은 관련이 있다. 김성만은 그의 상고이유서에서 자신이 범한 과오를 이렇게 반성하고 있다.

우리나라에는 감상적인 반공선전과 반북선전만이 존재할 뿐, 민족통일에 대한 진지한 논의가 이루어지지 않고 있습니다. (…) 저는 이러한 암울한 현실 속에서 민족통일의 실오라기 활로라도 알아보기 위하여 감상적으로만 선전되고 있는 북한사람들을 만나 그들의 주장을 직접 들어보고 싶었고, 또 토론해보고 싶었습니다. (…) 헝가리에 가서 북한사람과 이야기하여보니 서로간의 상이한 입장이 확연히 드러났습니다. (…) 본인의 생각이 어떠하였든 간에 북한사람을 만나고, 그로부터 물질적 지원을 받은 것은 크게 잘못되었다고 생각합니다. 이 부분에 대해서는 엄중한 벌을 받아 마땅하다고 생각합니다.

이들 두사람의 과오는 거꾸로 전두환 군부에게는 더없는 선전거리였다. 그 가족들이 1986년 6월 발표한 호소문에서도 이 점을 지적하고 있다.

양동화의 입북, 김성만의 헝가리·동독방문에 대한 정보를 입수한 당국은 이를 학생운동탄압을 위한 절호의 소재로 생각하여 수사에 착수한 후, 이들과 관계있는 모든 사람들을 묶어 간첩단사건으로 발표함으로써 일반시민들에게 학생운동이 간첩에 의해 조종된다는 인상을 심어주려 했던 것입니다.

공소장은 이들의 유인물 제작과 배포를 북한의 선전활동에 동조한 것으로, 또 북한을 이롭게 할 목적으로 이루어진 것이라고 일사불란하게 몰아갔다. 유인물에 기재된 '전민중'이라는 표현을 검찰은 무조건 이적단체구성으로 덮어씌웠다. 김성만이 제작한 대표적인 유인물 「예속과 함성」은 "미국은 한국의 군부독재정권을 지원하고 보호할 뿐만 아니라 그들의 필요에 따라 새로운 독재정권을 탄생시키기 때문에 미국과의 대등한 관계정립을 위한 민족해방을 성취하지 않고시는 민주화마저 불가능한 것이다. 한국은 미국으로부터 정치적, 경제적, 군사적 자주성을 쟁취하여야 한다"(김성만의 상고이유서)라고 민족의 자주성 확보를 강조하는 것이었다. '전민중'이란 「예속과 함성」을 제작할 때 상징적으로 사용한 제작자 명칭에 지나지 않았는데, 공소장은 이를 이적단체구성의 실체인 양 부각시키고 있다. 또 김성만이 그의 친구 김형걸이 육군장교로 있는 양구 제21사단으로 두차례에 걸쳐 면회간 것을 가지고 공소장은 간첩목적으로 주둔지를 알아낸 것처럼 적시하고 있다. 사단장 계급이 소장이고, 박격포중대에는 81밀리포 6문이 있다느니 하는 얘기를 한 것을 간첩의 기밀탐지행위로 몰고 있다. 다른 사람들의 경우도 마찬가지였다.

법원은 당시 전남대 의예과에 재학중이던 강용주가 고등학교 선배인 양동화에게 기독교교회협의회(NCC)에서 발행한 「인권소식」과 「광주백서」 등을 건네준 것에 국가기밀누설죄를 적용해 무기징역을 선고했다. 물론 그 과정에서 엄청난 고문이 있었다. 수사관들은 강용주에게 "너 같은 놈은 씨를 말려야 한다"며 성기를 책상 위에 올려놓고 몽둥이로 내리치는 성고문을 자행했다. 김성만은 조사과정에 대해 "심지어 혹독한 고문과정에서 있을 수 있는 불의의 죽음을 자살로 위장하기 위해 본인이 부모님께 보내는 유서마저 써놓고 조사를 받았습니다. 이렇게 하여 저는 안기부가 요구하는 철저한 공산주의자가 되었고, 북의 지령을 받고 학원가에 침투한 간첩이 되었습니다"(상고이유서)라고 말하고 있다. 김형걸은 안전기획부에서 "만일 네가 검사 앞에 가서 딴소리를 하면 여기 와서 다시 조사받게 되니까 알아서 하라"고 송치되기 10일 전부터 협박을 받았다. 법원의 판결은 검찰의 발표를 복사한 것이었다. 안기부와 검찰, 그리고 법원이 한통속, 삼위일체였던 것이다.

나는 세상에 충성하고 싶다

1986년 9월 23일 대법원은 양동화·김성만에게 사형을, 황대권·강용주에게 무기징역을, 그리고 나머지 피고인들에게는 실형을 확정했다. 갓 서른을 넘긴 젊은이들에게 '간첩' '공산주의자'라는 너울과 '사형수'라는 굴레가 씌워진 것이다. 이들에 대한 구명노력이 국내외에서 전개되었다. 국제사면위원회도 구명에 나섰다. 윤보선 전대통령을 비롯해 국내에서도 각 대학 민주동문회 등을 중심으로 이들의 구명운동이 벌어졌다. 특히 두명의 사형수에 대한 구명운동은 어쩌면 그들이 죽을지도 모른다는 두려움 때문에 초조와 절박함 속에서 이루어졌다. 김성만도 자신에게 다가오는 죽음에 두눈을 부릅뜨고 맞서고 있었다. 그때 아들을 면회했던 어머니의 목소리가 애절하다. 그에 대한 아들의 편지는 애써 태연을 가장하지만 그 속에는 삶에 대한 갈망이 짙게 깔려 있다.

> 아들의 얼굴에 드리워진 죽음의 그림자를 볼 때마다, 또 그놈의 얼굴에서 삶에 대한 애절한 갈망이 느껴질 때마다 이 에미의 가슴은 찢어지는 듯합니다. (…) 내 아들이 죽음의 공포에서 벗어나고 내 품에 단 한번만이라도 안아볼 수 있다면. (…)

> (…) 부모님, 저의 객관적 현실은 구치소의 사형수입니다. 제 인생이

이곳에서 끝난다면 파란 하늘을 응시하며 조국을 생각하며 당당하게 죽어갈 뿐입니다. (…) 그러나 하늘의 뜻이 저를 살리는 데 있다면 (…) 이 땅의 양심수들이 모두 출소하는 날 맨 마지막으로 멍석을 말아가지고 가겠습니다.

김성만은 여동생에게 보낸 편지에서 살고 싶은 충정을 이렇게 토로한다.

내가 있어야만 우리 민족의 현실이 바로잡히는 것은 아니겠지만 이 현실을 두고 눈을 감자니 차마 죽을 수가 없다. 단지 생명이 귀중한 것이라서 내가 살고자 하는가를 몇번이나 다시 생각해보았지만 그저 산다는 것에의 미련은 진히지도 끈끈하지도 않다. 이 현실을 이대로 두고 떠나기가, 한 발짝도 움직이기 싫은 것이다. 나는 세상에 충성하고 싶다.

양동화와 김성만은 가족의 애타는 호소와 내외의 구명운동에 힘입어 1993년 무기징역형으로 감형되고, 13년 동안의 복역 끝에 1998년 석방되었다.

아름다운 사람들

『야생초 편지』로 유명한 황대권은 무기징역형을 선고받고 복역하는 동안 야생초를 먹고 또 연구했다. 그는 그 과정을 이렇게 말한다.

내가 간첩 비슷한 짓도 하지 않고 간첩죄를 뒤집어쓰고 무기징역을 사는데 이거 억울해서 못살겠다, 어떻게 해서든지 내 억울함을 밝혀내고 나가야겠다면서 (…) 단식투쟁도 하고, 밀서도 날려보내고, 만세도 불러보고 그래서 추가징역 3년을 받았어요. 그렇게 몸부림치는 동안에 제 몸도 망가졌어요. 만성 기관지염에 요통에 치통에 (…) 그때 몸을 치유하기 위해 시작했던 것이 자연요법이었습니다. 몸을 고치기 위해서 풀들을 먹기 시작했습니다. 그 풀들을 하나하나 가꾸고 관찰하고 또 먹고 이러면서 저도 모르게 점점 생태주의자가 된 것입니다.

그 과정에서 그는 파리, 거미, 쥐 들과도 친구가 되었고, 그의 생각도 변하기 시작했다. 그동안 그는 인간만이 만물을 지배한다고 생각했지만, 이제 모든 생명이 다 우주 자연의 일부라는 것을 깨달았다. 그 자신의 억울함을 밝히는 것에도 탐닉하지 않게 되었고 감옥생활이 옛날처럼 고통스럽지 않게 되었다. 자연의 흐름을 따라 사는 것에 익숙해지고, 그것이 체질화되기 시작했다. 어디선가 그는 이렇게 얘기하고 있다.

재판기록을 뒤적거리다보면 잠시 우울함에 빠지다가도 그동안 내가 받아온 사랑을 떠올리면 나는 정말 행복한 사람이라는 생각이 든다. 어쩌면 나의 삶 자체가 그러한 사랑의 힘에 의해 떠밀려온 것이라는 생각이 든다. 받은 사랑이 너무도 크기에 나는 이 세상을 사랑하지 않을 수가 없다. 심지어 나를 괴롭히는 사람까지도.

우리는 이 사건에서 또 한사람을 기억하지 않을 수 없다. 자신과 함께 사형선고를 받은 사람까지 감형 과정을 거쳐 석방될 때, 자신은 결코 준법서약서를 쓰고는 나갈 수 없다고 버틴 무기수 강용주가 그 사람이다. 그는 함께 재판받은 사람들이 13년 2개월 만에 모두 석방될 때, 김대중정부의 준법서약서를 끝내 거부해 14년간을 복역함으로써 세계 최연소 장기수가 되었다. 물론 그는 전향서도 쓰지 않았다. 그는 "나더러 도대체 어느 사상에서 어느 사상으로 전향하란 말인가. 통일사상에서 친미사상으로 전향하란 말인가" 하며 단호하게 거부했다. 유엔인권위에 전향제도를 시행하는 한국정부를 상대로 제소도 했다.

1998년 7월 1일 양심의 자유를 침해한다는 이유를 들어 사상전향제도가 폐지되고 준법서약제도가 도입되었다. 그해 8월 15일 특별사면 때 당국은 "죄짓고 들어온 사람을 내보내는 데 서약서는 최소한의 요구"라면서 석방대상자들에게 준법서약서를 요구했다. 그러나 강용주는 이 역시 단호하게 거부했다. 접견 때 내내 울고만 있었던 어머니 앞에서 그도 끝내 울고 말았지만, 그는 다른 사람이 석방되던 8월 15일 바로 그날 어머니에게 쓴 편지에서 이렇게 말하고 있다.

> 서약서를 쓰면 나갈 수 있고, 어머니 고통도 끝날 수 있는데, 저는 도무지 그것을 할 수가 없습니다. 왜 준법서약서는 쓸 수 없는가, 그것은 양심의 자유를 침해당할 수 없다는 생각 때문입니다. (…) 마음속으로 어떤 생각을 갖고 있든 간에 그것은 나의 자유이고, 국가권력은 간섭할 수도 없고 간섭해서도 안될 것입니다. 차라리 서약서에 불복종하여 계속 갇혀 있는 편이 제 '양심의 법정'에서 떳떳한 일이라는 생각이 들었습니다. (…) 하지만 일흔셋의 당신을 생각하면 아려오는 아픈 가슴은 어쩔 수가 없네요.

민청련의 활동과 김근태의 투쟁

이땅에 다시는 고문이 없어야

나 하늘로 돌아가리라
새벽빛 와 닿으면 스러지는
이슬 더불어 손에 손을 잡고,

나 하늘로 돌아가리라
노을빛 함께 단둘이서
기슭에서 놀다가 구름 손짓하면은,

나 하늘로 돌아가리라
아름다운 이 세상 소풍 끝내는 날,
가서, 아름다웠더라고 말하리라……

— 천상병 「귀천(歸天)」 전문

시인 천상병(千祥炳)의 「귀천」은 그의 대표작이기도 하지만, 많은 사람들이 애송하는 시이다. 나 역시 이 시를 좋아해 홀로 걸을 때면 큰 소리로 외울 때도 있다. 특히 셋째 연의 '아름다운 이 세상 소풍 끝내는 날, / 가서, 아름다웠더라고 말하리라……'는 구절이 가슴에 다가온다. '가서 아름다웠더라고 말하리라'고 한 천상병은 정녕 아름다운 사람이었다.

천상병이 1960년대말 이른바 동백림사건과 관련하여 중앙정보부에 끌려가 모진 고문을 받았고, 그 고문의 후유증으로 생식불능이 되었다는 사실을 아는 사람은 많지 않다. 동백림사건에 연루된 그의 친구로부터 가끔씩 몇푼의 돈을 얻어쓴 것이 그가 고문을 받게 된 이유였다. 중앙정보부는 그 돈을 공작금으로 몰았던 것이다. 법정에서 변호인이 "친한 친구 사이에는 서로 돈을 주고받는 것이 흔한 일이지 않은가? 친구로부터 공작금으로 받은 것이 아니라 친구 사이의 일상적인 용돈 나눠쓰기로 받은 것이 아닌가" 하고 물었을 때, 천상병은 이렇게 답했다. "아닙니다. 저는 가난해서 그에게 한번도 돈을 주어본 적이 없었고, 나는 매번 그 친구로부터 용돈을 얻어쓰기만 했습니다."

이렇듯 천진무구했던 그였다. 살아생전이 가난과 기행(奇行)으로 점철되었지만, 그의 표정은 항상 웃고 있었다. 살아 있을 적 그가 겪은 고난을 생각한다면 '가서, 아름다웠더라고 말할' 세상은 분명 아니었다. 더욱이 그 모진 고문을 당한 끝에 천형(天刑)까지도 짊어지고 살아야 했던 그가 이 세상이 아름다웠더라고 말하겠다는 데는 실로 숙연한 마음까지 든다. 어쩌면 그는 생전에 이미 고문은 물론 증오와 미움까지도 초월했는지 모른다. 그것이 시인의 길이었다면, 이와는 달리 고문과 정면대결하여 마침내 그 고문을 이겨낸 장엄한 기록을 몸으로 쓴 사람이 있다. 김근태가 바로 그 사람이다.

민청련의 창립과 그 활동

> 민주주의, 민중의 생존권 보장, 그리고 민족의 평화적 통일을 성취하기 위해 반민주적이고 반민족적인 독재권력과 투쟁해온 우리 민주청년은 민주, 민권의 궁극적 승리를 위해서 지금까지의 투쟁경험과 운동성과를 창조적으로 계승하면서, 운동이론을 체계화하고 운동주체를 조직화해야 한다는 역사적 요구에 좇아 민주화운동(전국)청년연합 결성을 선언한다.
>
> 오늘의 이 모임은 지난 20여년간에 걸친 반독재 민주화투쟁을 통해 성장, 발전해온 운동역량의 값진 결실이며, 특히 저 1980년 5월의 피맺힌 민중항쟁에서 솟아오르는 운동역량의 결단이다.

이는 '민주, 민중, 민족통일을 우리 모두에게'라는 부제가 붙은 민청련 창립선언의 머리말 부분이다. 민청련은 1983년 9월 30일에 군부독재의 억압을 뚫고 창립되었다. 그 이전에도 몇번인가 정문화(鄭汶和), 최열 등이 유사한 조직을 만들었지만 가혹한 탄압 앞에 유야무야되었던 데 비하면, 민청련의 탄생은 획기적인 일이었다. 1980년대 초 전두환 군부의 강경탄압 국면에 정면으로 도전한 세력은 학생뿐이었다. 여기에 민청련이 선명한 정치투쟁의 기치를 들고 공개조직운동으로 출발, 활동공간을 확보한 것이다. 이것이 바탕이 되어 이듬해 민중문화운동협의회(1984년 4월), 민중민주운동협의회(1984년 6월), 민주통일국민회의(1984년 10월)가 결성된다. 당시의 상황은 아직도 엄혹하기만 했다. 민청련이 창립되던 날만 해도 밤 9시 30분경 김근태, 박우섭(朴祐燮), 박계동(朴啓東), 문국주(文國柱)를 포함한 간부 8명이 창립총회 장소인 돈암동 상지회관에서 나오다 안기부로 연행되어 1주일 동안 협박적인 수사를 받아야 했다.

민청련은 연성수(延聖洙)의 제안에 따라 두꺼비를 조직의 상징으로 삼았다. 이는 뱀에게 잡혀먹힘으로써 마침내 뱀을 죽이고 뱃속에서 살아남는 두꺼비를 상징으로 해 "지금이야말로 죽는 것이 사는 것이다, 지금은 죽는 것이 바로 몇배로 되살아나는 것이다"라는 결의를 분명히하기 위함이었다. 1984년에 민청련은 기관지로 『민주화의 길』을 발행하여 군부독재의 본질을 폭로하고 민주화운동의 이론을 보급했다. 1984년 5월 18일에는 '광주는 지금도 계속되고 있다'는 주제로 흥사단 강당에서 추모대회를 개최했으며, 민청련의 이름으로 광주 5·18 묘역 공식참배를 거행했다. 그때만 해도 5·18 광주는 말도 꺼낼 수 없는 금기였다.

민청련은 또 1984년 4월 17일 여성부를 발족시켜 여성운동에도 일찍부터 깊은 관심을 기울였다. 1984년 11월에 경희대 여학생 3명이 시위 도중 청량리경찰서에 연행되는 과정에서 성추행을 당하는 사건이 발생하자, 민청련 여성부는 여성평우회, 여성의전화, NCC 여성위원회 등과 더불어 여대생추행대책위원회를 구성하고 그 사건을 쟁점화했다. 이는 최초로 여성운동 연대구조를 시도한 것이었다. 이밖에도 버스안내양 자살사건, 여성노동자의 인권문제, 기생관광 반대운동 등의 문제를 정치쟁점화하기 위해 노력했다.

1984년 10월에 들어서면서부터 전국에서 거세게 치솟아오른 레이건(Ronald Reagan) 미대통령 방한반대투쟁에서도 민청련은 성명발표와 외신기자회견을 통해 레이건 방한의 배후에 숨겨진 음모를 폭로했다. 내외 여건의 변화와 안으로부터의 일련의 투쟁으로 말미암아 전두환정권은 유화정책을 쓸 수밖에 없었다. 전두환정권은 1984년 12월 학원자율화조치를 통하여 1백명 가까운 해직교수와 1천3백여명의 시국관련 제적생을 복직·복학시켰으며, 구속인사 석방, 정치규제자 2차 해금조치 등을 단행했다. 민청련은 당시 투쟁현장에서 항상 선도적이요 중심적인 역할을 담당했다. 그럴수록 전두환 군부정권에게는 눈엣가시일 수밖에 없었다. 거기다 학생측은 민청련에 공동으로 공식적이고 공개적인 집회를 갖자고 제안해오곤 했다. 민청련의 활동에 치명적인 재갈을 물릴 기회를 엿보던 5공군부의 공안당국은 학생운동과 민청련을 한데 묶어 처단할 궁리를 하게 되었고, 이렇게 하여 조작해낸 것이 이른바 깃발사건(민추위사건)이었다. 민청련이 발족한 지 2년 만의 일이었다. 5공정권은 학내외의 각종 시위와 노사분규의 배후에 서울대 민주화추진위원회(민추위)가 있고, 이 단체의 책임자인 문용식(文龍植)의 배후에 김근태가 있다는 각본을 만들었다. 이 각본에 짜맞추기 위해 고문은 필수적인 것이었다. 그리고 5공정권은 이들을 '자생적 사회주의 집단'으로 선전해서 어떤 신문은 「남파보다 무서운 자생」이라는 사설까지 쓸 정도였다.

무릎을 꿇고 사느니

1985년 8월 24일부터 9월 4일까지 김근태는 경찰서에서 구류를 살았다. 민청련 의장을 맡은 후 2년 동안 일곱번째 구류였다. 구류가 끝나던 9월 4일 새벽 5시 반, 치안본부 대공분실의 김영두, 최상남에 의해 김근태는 남영동의 치안본부 대공분실 5층 15호실로 연행되었다. 뒷날 박종철이 살해된 14호실 바로 옆방이었다. 이로부터 23일 동안 김근태는 인간으로서는 견딜 수 없는, 저 무서운 고문을 당한다.

> 본인은 이 기억을 되살리며 치떨리는 분노와 굴욕감을 느낍니다. (…)

본인은 9월 한달 동안, 9월 4일부터 20일까지 전기고문과 물고문을 각 5시간씩 당했습니다. 전기고문을 주로 하고 물고문은 전기고문으로 발생하는 쇼크를 완화하기 위해 가했습니다. 9월 4일 각 5시간씩 두차례 물고문을 당했고, 9월 5일, 6일에는 각 한차례씩의 전기고문과 물고문을 골고루 당했습니다. 8일에는 두차례 전기고문과 물고문을 당했고, 10일 한차례, 13일은 금요일이었습니다. 이날 고문자들은 본인에게 "최후의 만찬이다" "너 장례날이다" 이러한 협박을 가하면서 두차례의 전기고문을 가했습니다. 20일 전기고문과 물고문을 한차례 받았습니다. 그리고 25일 집단적인 폭행을 당했으며 그후 여러 차례 구타를 당했습니다. 고문 때문에 13일 이후에는 밥을 먹지 못했고 그 후유증으로 지금까지 밥을 먹지 못합니다. (…) 8일에는 이 사건을 지휘하고 있는 사장이란 자가 오전 10시에 5층 15호실, 본인이 고문을 받았던 그곳 실내로 와서, "너 이새끼, 배후를 안대? 콧구멍에 고춧가루를 처넣어서 폐기종을 만들어 죽여버리겠다. 그거(고문대) 들여와! 이새끼 내가 직접 고문할게"라고 말하는가 하면, 델시가방을 갖고 다니면서 그 가방에 고문도구를 들고다니는 건장한 사내는 본인에게 "장의사 사업이 이제야 제철을 만났다. 이재문(1979년의 남민전 사건으로 옥사)이가 어떻게 죽었는지 아느냐. 속으로 부서져서 옥사했다. 너도 각오해라. 지금은 네가 당하고 민주화가 되면 내가 그 고문대 위에 서줄 테니까 그때 네가 복수해라" 이러한 참혹한 이야기를 하며 본인에 대한 동물적인 능욕을 가해왔습니다.

고문을 할 때는 온몸을 발가벗기고 눈을 가렸습니다. 고문대에 눕히면서 몸을 다섯군데 묶었습니다. 발목과 무릎과 허벅지와 배와 가슴을 완전히 동여매고 그 밑에 담요를 깝니다. 머리와 가슴, 사타구니에는 전기고문이 잘되게 하기 위해서 물을 뿌리고 발에는 전원을 연결시켰습니다. 처음에는 약하고 짧게, 점차 강하고 길게 강약을 번갈아 하면서 전기고문이 진행되는 동안 죽음의 그림자가 코앞에 다가와(본인도 울면서 진술했고, 방청석에서도 울음이 터지기 시작), 이때 마음속으로 '무릎을 꿇고서 사느니보다 서서 죽기를 원한다'(방청석은 울음바다가 되고, 교도관들조차 숙연해짐)는 노래를 뇌까리면서, 과연 이것을 지켜내기 위한 인간적인 결단이 얼마나 어려운 것인가를 절감했습니다. (…) 본인은 여기에서 죽을 것을 결심했습니다.(방청석 통곡) 그러한 결심을 고문담당자에게 말하자 "그것은 말하지 않겠다는 것이다. 항복해라"고 강요했습니다. 고문은 미리 계획된 것이었습니다. 그렇기 때문에 그들은 고문을 하면서도 분노나 흥분의 빛이 없이 미소까지 띠고 있었습니다. 고문을 하면서도 "시집간 딸이 잘사는지 모르겠다" "아들놈이 체력장을 잘 치렀는지 모르겠다"는 등 자신의 가족들에 대한 애정어린 말을 주고받았습니다. (…) 결국 9월 20일이 되어서는 도저히 버텨내지 못하게 만신창이가 되었고, 9월 25일에는 마침내 항복을 하게 되었습니다. 하루만 더 버티면 여기서 나갈 수 있는 마지막 날이 된다는 것을 알았지만 더이상 버틸 수가 없었습니다. 그날 그들은 집단폭행을 가한 후 본인에게 알몸으로 바닥을 기며 살려달라고 애원하며 빌라고 했습니다. 저는 그들이 요구하는 대로 할 수밖에 없었고, 그들이 쓰라는 조서내용을 보고 쓸 수밖에 없었습니다.

고문없는 세상을 향하여

23일 동안 있었던 고문내용과 일시, 고문한 사람과 고문을 통하여 저들이 얻어내려고 했던 것을 김근태는 낱낱이 기억했고, 또 정확히 폭로했다. 법정은 통곡의 울음바다로 변했다가는 '어찌 그럴 수가' 하는 탄식과 분노의 열기로 가득찼다. 김근태는 고문하는 사람들의 손목시계를 보고 시간을 기억했다. 남영동에서 그들은 서로 이름을 부르지 않고 사장, 전무, 상무 같은 호칭으로 불렀지만, 사법경찰관 조서에 서명하는 이름을 확인하여 그들의 성명 세자를 기억했다. 총경 윤재호, 경감 김수현, 백남은, 이름 모르는 고문전문가 한사람, 경위 김영두, 경장 정현규, 최상남, 박병선, 임희갑 등이 그들이었다. 델시가방을 들고 다니는 고문전문가가 뒷날 밝혀진 바 그 유명한 이근안이었다.

김근태에 의하면 고문은 처음부터 철저하게 계획되고 의도된 것이었다. 그들은 깨부숴야 한다고 말했고 항복을 요구했으며, 자신에게 포기할 계기를 주기 위해서 고문을 할 수밖에 없다고 했다. 새로운 사실에 대해 심문을 시작할 때면 어김없이 고문을 했으며, 고문대 위에 올려놓고 그들이 요구하는 것을 암기, 학습, 복습시켰다. 전기고문을 통해서 집중적으로 공부한 것은 민주화추진위원회와의 관계와 민족민주주의 변혁운동론의 내용과 의도, 그리고 그 배경에 관한 것이었다. 그들이 구술해주는 대로 외워서 대답하라는 것이었다.

일련의 고문사실이 세상에 알려지기까지의 과정도 기적적이었다. 9월 26일 오후 2시 남영동의 김수현, 백남은과 악수하고 헤어진 김근태는 검찰청사로 송치되어가다가 9층 승강기 앞에서 아내 인재근(印在謹)을 기적적으로 만난다. 이때 그는 자신이 받은 처참한 고문을 정확하고 간명하게 이야기했다. 그러면서 발과 팔꿈치의 찢어진 상처를 보여주었고, 발등에 있는 꺼멓게 탄 전기고문의 흔적도 설명해주었다. 인재근이 김근태의 증언을 빠짐없이 기억하고 정리해서 세상에 먼저 알렸던 것이다. 이로부터 '민주화운동에 대한 고문수사 및 용공조작 공동대책위'가 밖에서 구성되었다.

증거를 확보하기 위한 노력도 눈물겨웠다. 전기고문을 당할 때, 감당할 수 없는 고통에 몸부림치다가 담요 위였음에도 불구하고 발뒤꿈치가 짓뭉개졌다. 그 상처가 딱지로 아물면서 교도소 안에서 딱지가 떨어졌다. 이 딱지를 법정에 증거로 제시하기 위해 깊이깊이 보관하다가, 12월 13일 오후 이돈명 변호사 등이 왔을 때 보여주면서 증거로 제출할 것을 요청했다. 그러나 교도관들이 막아서 전달하지 못했고, 감방에 돌아갔을 때 교도관들이 강제로 탈취해가고 말았다. 이보다 앞서 변호인단은 고문행적에 대한 증거보존신청을 했지만, 판사는 검찰의 주장대로 "증거보존절차에 실익이 없다"는 이유를 들어 기각했다.

공정한 재판을 전혀 기대할 수 없게 되자 변호인단은 어떻게 하면 김근태로 하여금 먼저 고문을 폭로하게 할 수 있을까를 놓고 고심하던 중, 모두진술을 할 수 있다는 형사소송법상의 규정을 찾아내기에 이르렀다. 이 규정을 들어 김근태의 고문폭로 모두진술이 이루어진 것이다. 이것은 1985년 12월 19일 오전 10시 서울지방법원 제118호 법정에서의 일이었다. 김근태의 고문폭로를 듣거나 읽은 사람들은 '그럴 수가……' 하며 분노로 치를 떨었다. 이땅에 더이상 고문이 있어서는 안된다는 각성이 광범위하게 일어나기 시작한 것이다.

김근태는 1심에서 7년(구형은 10년), 2심에서 5년형을 선고받고, 영등포, 강릉, 경주의 교도소를 거쳐 김천교도소에서 복역중 2년 10개월 만인 1988년 6월 30일, 6·29 선언이 있고 나서 꼭 1년하고도 하루 만에 석방되었다.

노학연대와 민중민주운동

대학생 친구를 갖고 싶다던 전태일

전태일은 죽음에서 부활했는가. 전태일은 노동운동의 고비고비마다 탄압을 뚫고 일어서는 힘의 원천이 되었다. 그것은 비단 청계피복에 한정된 것이 아니라, 시공을 초월하여 노동운동 전반에 걸쳐 그랬다. 전태일이 1970년 11월 13일 자신을 불사르며 "우리는 기계가 아니다" "근로기준법을 준수하라"라고 외친 이후, 그의 뜻을 이어받아 전국노동조합 청계피복노조가 조직되었다. 청계피복노조는 기아임금과 살인적인 노동에 시달리는 평화시장 노동자의 권익을 옹호함으로써 1970년대 민주노조의 모범이 되었다. 1980년 4월에는 노사교섭단체협약의 체결을 통해 하루 14~16시간의 노동을 10시간으로 단축하고, 최저생계비에 준하는 임금인상을 실현하며 평화시장 2만 노동자의 길잡이와 대변자 역할을 성실히 수행하고 있었다.

1981년 1월 6일 전두환 군사독재정권은 '공익을 해할 염려가 있는 단체'라는 막연한 이유를 내세워 청계노조에 대해 해산명령을 내렸다. 이후 이같은 조치에 항의하여 노조의 원상복구를 요구하는 움직임이 줄기차게 전개되기 시작한다. 그 과정에서 11명이 구속되기도 했지만, 이들은 여러 형태의 '청계모임'을 결성하며 밑에서 조직력을 강화해 나갔다. 1981년 11월 13일 전태일 11주기 추도일에는 시장상가에 노동조합 재건을 호소하는 유인물이 뿌려졌으며, 1982년 3월 10일 노동절을 전후해서는 노동조합을 되찾자는 좀더 적극적인 움직임이 있었다. 1983년 11월 13일 13주기 추도식은 청계노조와 전태일을 부활시키자는 취지로 4백여명이 참석한 가운데 치러졌는데, 이로부터 청계피복노조의 합법성 쟁취투쟁은 더욱 본격화된다. 이렇게 어렵사리 '청계피복노조 원상회복추진위원회'를 구성한 이들은 명동성당 사도회관에서 1984년 4월 8일 청계피복노조복구대회를 가지고 청계노조의 복구를 대내외에 천명한다. 그러나 노조의 합법성이 쟁취되기까지 실로 넘어야 할 산이 너무나 험했고, 또 그 투쟁의 기간도 너무나 길었다.

1984년 9월 19일 오후 1시에 열린 '청계노조 합법성 쟁취대회'는 그야말로 사투(死鬪)였다. 2천여명의 노동자가 청계천 고가도로와 인근 도로를 점거하고 "노동악법 개정하고 청계노조 인정하라" "노동운동 탄압하는 군부독재 타도하자" 등의 구호를 외치며 격렬하게 시위를 벌였다. 동대문과 청계천 일대의 교통은 마비되었고, 이날의 시위로 노동자와 학생 등 122명이 연행되었다. 2차투쟁은 1984년 10월 12일에 있었다. 1차 때와 마찬가지로 전태일이 분신한 평화시장 앞길에서 개최하려 했지만, 경찰의 봉쇄로 2천여명의 노동자들은 을지로5가 로터리를 점거하고 대대적인 시위를 벌였고, 경찰의 무력진압으로 고려대의 임진수 등 수많은 부상자가 속출했다.

1985년 4월 12일에 있었던 3차투쟁은 신당동 한양공고 앞 등에서 조합원, 노동자, 학생, 민주시민 등 2천5백명이 참가한 대형시위로 전개되었다. 시위대는 경찰과 격렬한 타격전을 벌이며 1시간 30분 동안이나 시위를 계속했다. 이 투쟁으로 민종덕(閔鍾德) 위원장이 구속되는 등 전두환정권의 탄압은 더욱 가중되었다. 그러나 그에 대한 저항도 더욱 거세어져 1985년 11월 13일에는 청량리 오스카극장 앞길에서 청계피복노조와 전학련이 공동으로 전태일 15주기 추도식을 겸한 '파쇼헌법철폐 범국민실천대회'를 가지는 등 노학연대가 더욱 강화되었다. 이는 민주민중운동에서 노동자들의 참여가 크게 확대되는 계기가 되었다. 이로부터 민주화투쟁의 선봉 또는 그 중심에 노동자들이 서기 시작한 것이다. 청계피복노조는 이같은 줄기찬 투쟁을 멈추지 않았다. 그러한 투쟁은 6·29 선언 후까지 계속되더니, 1988년 5월 2일 신고필증을 받고 비로소 합법성을 획득했다.

대학생과 노동운동

전태일은 온통 한자로만 쓰여진 노동법을 놓고 씨름하면서 "나에게 대학생 친구가 한명만 있다면……" 하는 말을 남겼다. 전태일의 죽음은 노동의 현실을 방관하던 대학생들의 정신을 흔들어 깨웠다. 전태일의 부음을 듣고 맨 처음 달려간 장기표는 전태일 대신 그 어머니의 아들이 되었고, 고시공부를 하다가 뛰어내려간 조영래는 수배생활중 『전태일 평전』을 썼다. 나는 조영래의 평전 원고를 일본 '가톨릭 정의와 평화 협의회'에 보내 출판을 의뢰했는데, 그것이 『불꽃이여, 나를 태워라(炎よ, わたしをつつめ)』라는 책으로 1978년 11월 13일 일본어로 출판되었다. 이것이 전태일 평전의 최초 출판이었다. 가명으로 출판된 이 책은 일본에서도 커다란 반향을 일으켜 영화화되기까지 했다.

살아생전 전태일에게는 대학생 친구가 한명도 없었지만, 1980년대 들어 노동현장에는 대학생들이 속속 모여들고 있었다. 1970년대에는 가톨릭이나 개신교의 산업선교활동을 통해 노동현장 내에 이른바 의식화 소모임이 생성, 유지되었다. 1980년대 들어서부터는 학생운동 출신, 이른바 '학출'에 의해 그 소모임이 더욱 넓게 번져갔다. 1970년대의 노동운동은 '나도 인간이고 싶다'는 인간선언으로부터 비롯된 생존권 투쟁이었지만, 1980년대 들어서는 정치투쟁적인 성격이 강화된다. 그것은 더욱 강력해진 전두환정권의 군사독재적 탄압에 대한 정치적 저항의 측면에서도 불가피한 일이었지만, '위장취업자'로 불렸던 학출 현장운동가들에 영향받은 바도 크다. 수도권 공단에 취업한 학출 숫자만도 대략 4천명 정도에 이르렀던 것으로 추산된다. 이들은 근로기준법은 물론이고 사회와 역사에 대한 초보적인 인식을 함께 공부하며, 노동자들의 눈을 뜨게 해주는 소모임을 사업장에서 활발하게 진행했다. 이러한 소모임들이 연대하여 전개한 노동운동이 1984년 하반기부터 전면에 나타나기 시작한다. 투쟁은 택시운전기사들의 파업으로부터 시작해서 대우자동차 파업, 구로동맹파업으로 번져나간다.

1984년 5월 25일 대구에서 1천여명의 택시운전기사들이 사납금 인하, 노조결성방해 중지 등을 요구하며 총파업에 들어갔다. 이들은 부분적이기는 했지만 월급제 실시 등 가시적인 성과를 얻어내어, 전국적으로 150여개의 택시노조를 탄생시키는 계기를 만들었다. 이로부터 각 부문에서 신규노조결성이 활발히 전개되었으며, 지역별로 연대투쟁조직을 만들 정도까지 발전했다. 그리하여 1985년 4월 10일에는 '노동운동탄압저지 투쟁위원회'가 결성되고, 6월 1일에는 '구로지역노조민주화추진연합'이 구성된다. 학생운동 출신들이 노동현장에 뛰어든 데는 각자 나름대로 이유와 뜻이 있겠지만, 일단은 노동자들의 열악한 생활조건에 대한 죄의식, 그들이 겪고 있는 고난과 고통을 함께 나누고 싶다는 일체감에서 비롯되었다. 이들의 변론을 맡았던 이돈명 변호사의 증언을 들어보자.

> 대우자동차사건의 재판과정에서 박재석이라는 위장취업자의 법정진술이 있었다. 아르바이트를 할 때 어느 봉제공장에서 일하는 열네살짜리 소녀를 만나 하루 열네시간 일하고 6만원을 받는다는 말을 들었다. 그가 너는 왜 중학교에 안 가느냐고 물었더니 소녀는 당신은 누구냐고 되물었다. 그래서 신분을 밝히자 나와 당신은 계층이 다르므로 말할 필요가 없다면서 입을 다물더라는 것이다. 그는 그때 노동자의 슬픔을 공감하였고, 그들과 더불어 인간화운동을 벌이는 것이 부모와 사회로부터 자신이 받은 빚을 갚는 것이라는 생각을 굳히게 되었다는 것이다.

노학연대와 민중민주운동

예나 이제나 자동차업계는 비교적 임금수준이 높고 근로조건 또한 좋은 편이었다. 그러나 그때만 해도 노동자는 시키는 대로 일하고 주는 대로 받아야만 했다. 어용노조는 허울만 노조일 뿐 오히려 정상적인 조합활동을 막는 회사측의 안전장치였을 뿐이다. 1980년에 비해 1984년 대우자동차의 노동생산성은 3.6배 올랐지만 실질임금은 1.4배 인상에 그쳤다. 노동생산성의 증가는 노동강도에 따른 것임에도 회사측은 불황을 이유로 상여금이나 연장노동시간에 대한 임금을 주지 않았다. 노동자들이 느끼는 더 큰 불만은 인간적 차별이었다. 1979년부터 회사측은 생산직에 대해서는 통근버스를 타지 못하게 했고, 월차 휴가도 주지 않았다. 거기에 노동자간에 상대평가제를 실시하며 서로 경쟁하고 감시하게 하여 내부분열을 획책했다. 이러한 부당한 처사에 항의하는 가운데서 학출이 밝혀지면 이들을 부서이동시키는 등 갈등이 증폭되었다.

서울대 출신의 송경평(宋炅平) 등 학출을 포함한 일부 깨어있는 노동자들을 중심으로 1984년 12월 24일 노동조합정상화추진위원회가 결성되었다. 추진위는 『근로자의 함성』 등 소식지를 통해 현장의 문제점을 고발하는 한편, 진성노조 조직화에 박차를 가했다. 추진위는 『근로자의 함성』 제7호를 통해 1985년의 임금교섭원칙을 천명하면서 24.9퍼센트의 임금인상, 요구액으로는 5만1600원을 제시하고 적극투쟁에 나섰다. 어용노조측은 처음에는 소극적이었지만, 조합원들의 시위가 계속되자 할 수 없이 4월 9일 노조위원장이 조합원들의 요구를 수용했다. 15일에는 파업결의를 요구했고, 위원장도 "4월 16일 오전 8시를 기해 총파업에 들어갈 것을 선언합니다"라고 발표해 파업에 돌입하게 되었다. 파업은 4월 16일부터 4월 25일 새벽 3시 김우중(金宇中) 회장과 농성투쟁 대표자 홍영표(洪永杓) 대의원 간의 합의서명이 이루어질 때까지 10일간 계속되면서 내외의 이목을 집중시켰다. 이 투쟁에서 노동자들은 기본급 등 16.4퍼센트의 임금인상과 복지조건의 개선약속 등 상당한 성과를 얻었다. 10일 동안의 농성과정에서 회사측과 경찰측이 자행한 회유, 협박, 유인, 위계, 전화선 차단, 고립전술 등은 상상을 뛰어넘는 것이었다. 그런 어려운 과정을 거쳐 가까스로 노사합의를 이끌어냈는데도, 전두환정권은 회사측과의 합의와 달리 8명의 노동자를 구속하고 1명은 해고케 했다. 그러나 대형사업장에서 열흘간의 투쟁을 통하여 승리를 이끌어냈다는 점에서 1985년의 대우자동차 임금인상투쟁은 노동운동사에서 중요한 위치를 차지한다.

내가 똥누는데 검사가 왜 힘주나

구로지역은 수도권 수출공업단지의 간판격이었다. 그러나 노동조건은 한마디로 비인간적이었다. 저임금, 장시간 노동, 열악한 작업환경, 온갖 멸시와 천대 등 노동자는 여전히 기계일 뿐이었다. 학출들이 이 지역에 몰린 것도 수도권이었기 때문만이 아니라, 열악한 노동환경에 동참하려는 의지의 표현이었다. 이들 지역의 회사들에서는 대체로 1984년 6~7월에 집중적으로 노동조합이 결성되었다. 1984년 6월 9일에 결성되어 1985년 4월 임금인상투쟁을 벌인 대우어패럴 노동조합은 41퍼센트의 임금인상을 쟁취하는 데 일단 성공했다. 그러나 실제로는 일당 2040원에서 840원이 인상되어 일당 2880원이 되었을 뿐이었다. 아직도 여전히 10만원 미만의 저임금이었다(당시 여성노동자 최저생계비는 16만128원이었다).

그로부터 두달 뒤인 1985년 6월 22일 오전 11시, 경찰은 대우어패럴 노조위원장과 사무장 등 3명을 연행, 구속하고 조합간부 8명을 불구속 입건했다. 지난 4월에 있었던 임금인상 때 파업농성을 주도하면서 집시법과 노동쟁의조정법을 위반했다는 이유였다. 이는 민주노동조합운동에 대한 전반적 탄압의 신호탄이었다. 대우어패럴 노조야말로 구로공단에서 가장 선도적인 노조였다는 점에서, 인근의 다른 민주노조들에게도 강한 위기감을 불러일으켰다. 위기감은 자연스럽게 가리봉전자, 효성물산, 선일섬유 등의 민주노조들로 하여금 '다음은 우리 차례'라는 방어태세를 서둘러 갖추게 했다.

구로동맹파업은 그 규모나 투쟁 형태뿐 아니라 요구조건에 있어서도 개별 기업 차원을 넘어서 정치적 투쟁의 모습을 띠었다. ⓒ박용수

대우어패럴 노조원들은 노조간부들의 연행소식을 듣고 즉각 작업을 중단하고는, 1백여명이 회사 총무과에 몰려가 고발취소를 요구했다. 이들은 항의가 받아들여지지 않자 이튿날 전 대의원이 모인 가운데 총파업을 결의했다. 한편 효성, 가리봉, 선일, 부흥사, 남성전기, 세진전자, 로옴코리아, 삼성제약, 그리고 청계피복노조 등 9개 노조가 대우어패럴의 파업에 동조하여 6월 24일 동맹파업농성에 돌입하기로 결정했다. 이로써 구로지역노동조합동맹파업(구로동맹파업사

건, 일명 노학연대사건)의 서막을 올린 것이다. 효성물산 등 5개 노조가 이때 발표한 공동성명서 '노동조합탄압저지 결사투쟁선언'은 그러한 사정을 그대로 반영하고 있다.

> 아, 아, 민주노조의 동지들이여! 대우어패럴 노조의 탄압을 남의 일로 받아들일 건가. (…) 올해 구로공단 내의 모든 민주노조들은 농성과 시위파업을 통해 임금인상에 큰 성과를 올리지 않았던가. 그런데 임금인상에 대해 우리의 주장을 편 것이 집시법 위반이라니! 그리고 우리가 단결한 것이 노동쟁의법 위반이라면 우리는 임금인상도 못한단 말인가? (…) 민주노조 선진노동자들이여! 우리는 지금 굴복하여 구차한 목숨을 이어가느냐 아니면 싸워서 승리하느냐의 중대한 갈림길에 서 있다. 뭉치면 살고 흩어지면 죽는다.

이렇게 24일 동맹파업에 들어간 노조가 9개 사업장에서 2천7백여명이었다. 이들 중 130여명은 당시 야당인 신민당 총재사무실과 노동부 중부사무소 등에서 농성을 벌였다. 인천지역 해고노동자들도 24일부터는 신민당사에서 단식농성을 벌여, 구로동맹파업은 일찍이 그 유례가 없는 노동자들의 동맹파업으로 발전했다.

또 이 사건을 거치면서 노동자, 재야, 학생, 청년, 종교 등 광범위한 민주단체들이 구속노동자 석방과 민주노조 탄압중지를 요구하며 동조농성을 벌이거나 가두시위를 전개했다. 6월 26일에는 학생, 청계피복, 노동운동탄압 저지투쟁위, 민청련 등이 주축이 되어 가리봉5거리에서 시위를 벌였다. 27일에는 전학련, 민청련, 한국기독청년협의회(EYC)가 '민중민주운동탄압 저지를 위한 공동대책회의'를 열고 지지성명서를 발표했다. 또한 26일에는 민통련 등 민주민중운동기구 대표자 50여명, 27일에는 가톨릭단체 회원 40여명, 기독청년단체 회원 30여명의 농성이 있었고, 29일에는 민중불교운동연합 등 5개 종교문화단체 회원 50여명이 농성하는 등 파장은 더욱 크게 확대되고 있었다.

정권과 회사측은 농성장에 대한 단전단수, 식사방해 등으로 맞섰다. 29일 아침 서울대생 18명이 빵, 미숫가루 등을 들고 지붕을 넘어 대우어패럴 농성장에 합류한 것을 핑계로, 정권측은 각목과 쇠파이프로 무장한 깡패와 사원을 가장한 사복경찰을 동원하여 폭력으로 대우어패럴부터 차례로 농성을 제압, 해산했다. 이 사건으로 학출 8명을 포함해 43명이 구속, 38명이 불구속 입건되었고, 47명이 구류에 처해졌으며, 7백여명이 해고당했다. 재판과정에서 검사가 대우어패럴 노조가 학생들에게 선동당했다고 주장하자, 김준용 노조위원장은 최후진술에서 이렇게 반박하여 방청석의 폭소를 자아냈다.

> 내가 노동자고, 내가 선동받은 일이 없는데, 왜 자꾸 제3자가 나서서 선동받았다고 하느냐 이겁니다. 이는 마치 내가 똥누는데 검사님이 힘주는 꼴입니다.

검찰은 이 사건을 회사별로 나누어 기소했다. 따라서 많은 수의 변호인이 필요했고, 그것이 젊은 변호사들의 인권변론 참여를 확대시켰다. 이 사건 변론이 계기가 되어 민변의 모태가 되는 정법회가 결성된다.

구로동맹파업은 노동운동을 탄압하는 군사정권과의 투쟁은 정치투쟁일 수밖에 없다는 것을 노동자들에게 각인시켰고, 6월 29일 서울대생들의 농성지원투쟁에서 보듯이 노학(勞學)연대의 강력한 틀을 구축했다. 더욱이 이 투쟁을 거치면서 노동운동의 연대성과 통일성 강화를 통해 정치투쟁을 수행하자는 서울노동운동연합(서노련)이 탄생하여, 이제 노동운동은 노동자들의 대중적 정치투쟁 시대를 맞이한다. 민중민주운동에서 노동자투쟁이 점차 그 중심을 향해 나아가기 시작한 것이다. 이와같은 노동자투쟁은 1986년 5·3 투쟁을 거쳐 1987년의 6월항쟁으로 그 발걸음이 이어진다.

불교계의 민주화운동

작은 불씨가 온누리를

언젠가 경주 석굴암에 가서 넋을 잃고 불상을 바라본 적이 있습니다. 뭔가에 깊이 빠져들어가는 것 같았어요. 그러나 세계적인 미술품인 성상을 바티칸에 가서 보았을 때는 5분 이상 한 작품을 본 일이 없습니다. 결국 나는 내 안에 불교적인 피가 흐르고 있다는 걸 느꼈습니다.

이는 1970년대 김수환 추기경이 어떤 대담에서 한 발언의 일부이다. 이 말은 알게모르게 우리 안에는 불교적인 피와 심성이 들어 있다는 것을 솔직하고 자연스럽게 토로한 것으로 보아야 할 것이다. 한민족이 특히 다른 민족에 비해 종교심이 짙다고 말하는데, 이는 아마도 불교로부터 보이지 않는 영향을 받은 탓이라고 볼 수 있다. 1600년 전 이땅에 전래된 불교가 그만큼 민족의 생활과 정서에 침윤해 있다는 얘기이다.

그러나 이렇듯 한국의 문화, 한국인의 정서와 뗄래야 뗄 수 없는 인연을 맺고 함께 살아온 한국불교는 어쩐 일인지 이승만 독재 이래 한

민족의 삶과는 한참이나 떨어져 있게 되었다. 불교가 한민족의 인간다운 삶, 특히 민주·민생 문제에 관심을 갖기 시작한 것은 극히 최근의 일이다. '위로는 진리를 찾고, 아래로는 중생을 구제한다(上求菩提下化衆生)'는 불교가 중생을 구제하는 일을 본의든 아니든 너무나 오랫동안 외면해온 것이다.

하화중생은 어디 갔느냐

불교에서 하화중생(下化衆生)을 실천하는 상징이 바로 지장보살이다. 지장보살은 한없는 고통의 세계인 지옥 속으로 기꺼이 뛰어들어 고통받는 지옥중생을 마지막 한사람까지 구하고자 자신을 바친다. 지옥 속에서 고통받는 사람이 단 하나라도 남아 있는 한 지장보살은 결코 지옥을 떠나려하지 않거니와 성불하지도 않는다. 석가모니가 열반에 든 뒤부터 미륵불이 올 때까지 일체중생으로 하여금 고통으로부터 벗어나 해탈케 하는 중생구제의 책임을 맡은 이가 지장보살인 것이다. 나보다 못한 중생을 고통에서 벗어나 해탈의 길로 인도하는 것이 보살의 특징이요, 이 하화중생이야말로 보살이 있게끔 하는 근본인 것이다.

『지장보살본원경』에는 상구보리(上求菩提)와 하화중생을 상징하는 전생담이 이렇게 나온다.

먼 옛날 서로 이웃한 나라의 두 임금은 정법(正法)의 벗이 되어 깊은 우정을 나누었다. 그러나 그들 나라 백성들은 여러 가지 악한 일에 깊이 물들어 있었다. 이를 측은히 여긴 두 임금은 여러 가지 방편을 베풀어 백성들로 하여금 올바른 길로 나아가게 했고, 항상 열가지 선(十善)을 행하여 모범을 보였다. 어느날 두 임금은 각자의 원(願)을 발했다. '빨리 불도를 이루어 널리 이들 무리를 남김없이 제도하리라.' '죄고(罪苦)에 빠진 이들을 먼저 구제하되, 이들 중 안락을 얻지 못하고 보리를 이루지 못하는 자가 있으면 나는 결코 성불하기를 원치 않노라.' 이 가운데 성불하여 중생을 구하겠다고 한 앞의 임금은 출가하여 일체지성취여래(一切智成就如來)가 되었고, 중생을 죄고로부터 구하지 못하면 결코 성불하지 않겠다고 한 뒤의 임금은 지장보살이 되었다.

한국불교가 본래부터 현실에서 떨어져 있던 것은 아니었다. 나라가 위태로웠을 때 세속오계의 화랑정신 등으로 나라를 지키고 구한 호국불교의 전통이 신라 이래 끊임없이 이어져내려왔다. 억불숭유의 조선왕조 때 승병을 일으켜 나라를 구하고 일본에까지 가 포로를 구해 돌아온 서산대사와 사명대사도 있었다. 일제시대에는 만해 한용운(韓龍雲) 같은 이가 3·1 운동을 주도한 것을 비롯해 여러가지 방식으로 독립운동에 참여했다. 항일독립운동과 관련해서는 오히려 가톨릭 쪽의 활동이 훨씬 더 한미(寒微)했다고 볼 수 있다. 민족진영의 편에 섰던 독립운동뿐 아니라 사회주의운동 영역에서도 불교계의 역량은 비교적 활발하게 작동되었다.

일제시대 때만 아니라 해방공간에 있어서도 불교계는 일제의 잔재를 청산하기 위한 자정(自淨)운동을 전개하는 한편, 자주적 독립국가를 건설하기 위한 노력도 치열하게 진행했다. 백범 김구(金九)가 남북협상을 위해 삼팔선을 넘을 때 불교계의 일부도 동행하여 민족자주국가 수립을 위한 실천에도 앞장섰다. 일부 승려들은 남한만의 단독정부수립을 반대하는 정치노선을 걷기도 했다. 흔히 해방 이후의 불교계가 처음부터 비구와 대처의 싸움만 일삼은 것으로 폄하하는 것이 일반적이지만, 이처럼 해방공간 5년 사이에는 새로운 자주적 통일국가 수립을 위한 실천도 강력하게 추진했다. 비구, 대처의 싸움도 그 시발은 일제의 식민통치 아래 교란되었던 한국불교의 정통성을 회복하기 위한 정화 노력에서 비롯된 것이었다. 그렇지만 한국전쟁 직후 불교계는 이승만 대통령의 정화유시로 격화된 비구, 대처 사이의 물리적 충돌로 다른 데 관심을 가질 여유가 없었다. 1960년대 한일굴욕외교 반대투쟁에도 유독 불교계만은 침묵하고 있었다. 이렇게 하여 식민지 시절 조국과 민족의 해방과 독립에 몸바쳤던 그 전통, 그리고 해방 이후 조국의 자주적 독립국가를 실현하고자 했던 불교혁신운동의 맥은 단절되어버리고 말았던 것이다.

재 속에서 살아난 불씨

그러나 1970년대 중반 엄혹한 긴급조치 아래 다 꺼진 줄 알았던 잿더미에서 새로운 불씨가 일어나기 시작했다. 만해 한용운의 민중불교론과 일제치하라는 혹독한 조건에서도 민족해방운동을 실천했던 그 맥, 그리고 해방국면에서 민족의 자주독립 통일국가와 새로운 사회로의 이행을 위한 불교혁신운동의 전통이 1970년대 중반 상황에서 환생의 기미를 보이기 시작한 것이다. 1975년 긴급조치위반으로 구속되었던 여익구(呂益九)와 동아일보에서 해직된 고준환(高濬煥), 그리고 황석영과 일부 대학생불교연합회 회원들이 주축이 되어 민중불교회가 조직되었다. 아직은 비록 낮은 수준의 문제제기에 그치긴 했으나, 유신정권의 철권 아래 신음하는 민중의 아픔에 동참키로 결의하고 불교의 민중화를 시도한 것이다.

가장 적극적인 사람, 한 알의 불씨가 된 사람은 여익구였다. 여익구는 1974년 민청학련사건과 관련하여 구속된 바 있었다. 그때 감옥에는 개신교 계통에서 들어오는 영치금이 구속된 학생들에게 전달되었는데, 불자인 여익구는 그것이 그렇게 부끄러웠다고 한다. 개신교는 이렇게 민중의 편에 서서 반유신투쟁을 선도하고 지원하는데, 불교계는 아직도 깊은 잠에 빠져 있다는 자괴감이 그를 괴롭혔다. 그것이 석방된 뒤 민중불교회 조직을 만들게 한 것이다. 여익구는 1970년대말 머리를 깎고 입산하여 탄허(呑虛) 스님의 상좌가 되기도 했지만, 다시 환속하여 1980년대 민중불교운동에 재가불자로 깊이 간여하게 된다. 1987년에는 5·3 인천사태와 관련된 핵심 수배자의 한사람이 되었다. 이렇게 민중불교운동과 관련해서 새로운 불씨를 일으키고 그 불씨를 꺼뜨리지 않고 계속 키우는 데 여익구는 중요한 일익을 담당했다.

그러나 민중불교운동은 처음부터 험난했다. 불교계 안의 호응은 여전히 냉담한데다가 중앙정보부를 비롯한 당국이 민중불교운동에 민감한 반응을 보이기 시작한 것이다. 민중불교운동이 막 시작되자마자 중앙정보부는 이들을 엮어 제2의 민청학련사건으로 조작하려 했다. 이때 여익구, 전재성(全在星), 최연(崔淵) 등이 잇달아 잡혀갔고, 탄허 스님, 고은, 고준환과 황석영 등이 참고인으로 조사를 받았다. 이 사건은 결국 여익구와 전재성이 구속되었다가 3개월 뒤 기소유예로 풀려남으로써 마무리되었다. 그러나 이로써 민중불교회는 단명으로 끝나게 되었다. 물론 이들이 민주화운동에 참여한 것이 불교계로서 맨 처음은 아니다. 1970년대초 민주수호국민협의회 시절, 재야민주화운동의 대열에 한 스님이 참여하고 있었다. 효봉(曉峰)선사를 은사로 득도한 법정(法頂)은 당시 민주화운동에 함석헌과 함께 그 이름이 올라 있곤 했다. 이후 조계사 불일암으로 내려간 법정 스님은 신·구 교회의 관계자들과 깊은 교유를 나누어왔으며, 최근에는 그가 창건한 길상사에 김수환 추기경을 초청하기도 했다. 법정 스님말고도 전등사 주지를 끝으로 환속한 고은이 자유실천문인협의회에서 활동하고 있었다.

또한 사찰은 예나 이제나 쫓기는 수배자의 중요한 은신처였다. 일찍이 백범 김구는 한말에 명성황후가 시해당한 치욕에 분개하여 일본인을 죽이고 일경에 잡혀 사형선고를 받아 인천감옥에 갇혔다가 탈옥한 후 공주 마곡사에 은신한 적이 있었다. 거기서 백범은 포봉(抱鳳) 스님에게서 계를 받고 법명을 원종(圓宗)으로 하여 승려가 되었던 것이다. 1970년대에는 민청학련사건 때 중요한 수배자의 한사람이었던 장기표가 부산의 태종암에 찾아가 도성(道成) 스님의 상좌가 되었다. 도성 스님은 본래 인민군의 고급장교였다고 한다. 그런 그가 서릿발 같은 유신독재 초기에 장기표를 은닉한 것이다. 장기표는 여기서 다른 누구보다도 철저하게 정진해 승려가 되었다. 그의 은사스님은 그가 해인사로 가서 더욱 정진할 것을 희망했으나, 그는 끝내 암울한 현실로 돌아와 민주화투쟁을 계속했다. 이밖에도 청계피복노조의 민종덕, 고려대 학생 안희대(安熙大) 등이 1970년대 정치적 탄압과 수배를 피해 절에서 행자와 승려로 생활했다. 이들은 나중에 민중불교운동 과정에서 중요한 역할을 하게 된다.

더넓게 더넓게 퍼지는 불씨

1970년대 민중불교운동이 불교계 내부에 많은 문제를 제기했지만 그것이 크게 확산되지 못한 데는 유신당국의 혹독한 초동탄압과 함께 불교계 내부의 호응, 특히 승려들의 내응이 없었던 것을 지적하지 않을 수 없다.

그러나 역사란 참으로 오묘한 것인가. 승려들이 참여할 수 있는 계기를 전두환 군부집단이 제공해준 것이다. 많은 사람들이 1980년대 민주화투쟁을 하게 된 계기로 5·18 광주민주화운동을 든다. 불교계 인사들에게 사회와 불교의 민주화에 참여한 계기를 물으면, 그들은 1980년의 10·27 불교법난을 꼽는다. 1980년 10월 27일 새벽 전두환을 정점으로 한 신군부세력은 "분규만을 일삼는 조계종단은 더이상 자체정화의 능력이 없으므로 부득이 타력으로나마 정화하지 않을 수 없다"라는 구실을 내걸고, 당시의 비상계엄합동수사본부로 하여금 불교종단의 주요 간부를 강제연행하게 했다. 총무원장이던 송월주(宋月珠) 스님은 강제 사퇴하고, 18명의 승려가 구속되었다. 32명의 승려는 강제로 승적을 박탈당했다. 광주민주화운동 과정에서 대학생불교연합회 전남지부장 김동수(金同洙)의 장렬한 죽음과 함께 10·27 법난은 불교계 안팎을 크게 자극했다.

그리하여 1981년 가을부터는 여래사(如來使)운동이 제창되었다. 최연에 의하면 "하화중생의 구체적인 방법론의 모색과 그 실제 적용을 위해 사회와 민중에 대한 적극적인 관심을 함께 엮어 명실공히 젊은 불자들의 전열을 정비해야만 한다. 이렇게 만난 동지들을 여래사라 하며 여래사들의 재도전을 여래사운동이라 한다"는 것이다. 그러나 이 운동은 1982년초에 불교사회주의운동으로 규정되어 호된 서리를 맞는다. 하지만 탄압은 더욱 끈질긴 저항을 유발하는 것이 역사의 교훈이다. 1981년 성문(性門), 돈연(頓然) 스님 등이 중심이 되어 중앙승가대학의 분위기를 일신하는 한편 대학생불교연합 전국법사단을 구성하여 전열을 가다듬더니, 1983년 7월에는 부산 범어사에서 '전국청년불교도 연합대회'를 개최하여 불교운동의 조직적인 모습을 세상에 드러내었다. 이는 한국불교가 이제 새로운 출발을 위한 조직정비를 어느정도 마쳤다는 자신감의 표현이라 할 수 있다.

2·12 총선 등 시국의 변화와 관련하여 적지 않은 우여곡절을 거치긴 했지만, 1985년 5월 4일 드디어 민중불교운동연합(민불련)이 창립되었다. 민불련은 창립선언문에서 "반민중적 권력집단이 자행하는 폭력과 비민주적 제도는 철폐되어야 한다"면서 "간단없는 투쟁을 지속하여 불교의 민중화를 이룩할 것"을 다짐했다. 이때의 임원으로는 고문으로 월운(月雲) 스님, 용태영(龍太暎), 지도위원으로는 고은, 김지하, 김승균(金承均), 성연(性然) 스님, 지선(知詵) 스님, 황석영, 장기표, 성승표, 백영기, 김만선(金萬船), 의장에는 여익구, 부의장에는 박진관(朴眞寬), 김래동(金來東), 집행위원장에 서동석(徐東錫), 기획위원장에 현기(玄機) 스님 등이었다. 그리고 기관지로 『민중법당』을 발행했다. 민불련의 창립과 활발한 활동은 불교계뿐만 아니라 민주화진영의 운동력을 크게 향상시켰다. 1986년에는 민불련에 힘입어 독자적인 승가조직이 결성되고 5월 9일에는 스님 152명이 서명한 '민주화는 정토의 구현'이라는 제목의 시국성명이 발표되었다. 9월 7일에는 해인사에서 유명한 '9·7 해인사 승려대회'를 개최했다. 해인사대회는 그동안 축적된 민중불교운동의 성과물이며 동시에 불교대중이 전면적으로 민주화투쟁에 나서는 기폭제가 되었다.

박종철 고문치사사건이 터졌을 때는 박종철이 살해당한 지 49일 되는 날을 맞아 한국사회운동 최초로 불교의 천도의식인 49재가 국민적 의례로 치러졌다. 이후 불의의 죽음을 당한 이들은 마땅히 49재를 봉행하는 것이 관례로 되었다. 이는 박종철의 부모가 독실한 불교도였던 것과도 무관치 않지만, 어쨌든 박종철의 죽음은 불교의례를 민중의례로 정착시킨 '순교'가 된 셈이다. 이와같이 급성장한 불교계의 민주화운동은 1987년 6월의 민주화투쟁에서 중요한 일익을 담당한다. '민주헌법쟁취 불교운동본부'가 결성되어 공동투쟁의 모범을 보인 것이다. 이렇게 불교계의 민주화운동은 요원(燎原)의 불길처럼 전국에 확산되어갔다.

민중운동의 폭발, 5·3 인천사태

6월항쟁으로 가는 길목

1970년대 중반, 유신체제에 저항하는 민주회복운동의 활발한 전개와 함께 '민중'이라는 말이 두드러지게 부상하기 시작했다. 민중문화·민중예술·민중경제·민중신학·민중운동·민중불교라는 용어도 생겨났다.

그렇다면 민중이란 무엇인가. 그동안 논의되었던 '민중'의 개념을 정리하자면, 민중이란 광범위하게는 어느 시대에 있어서나 사회의 대다수를 차지하는 기층세력을 의미하는데(이기백), 그 가운데 지배집단 또는 특권세력과 대립관계를 형성하는, 자각성을 가진 대중이 곧 민중이라는 것이다(한완상, 안병직). 밖으로 외세의 강점에 저항하면서 민족의 주체성을 찾으려 하고, 안으로 특권을 가진 지배세력에 대해 자기 스스로가 공동체의 주인이라는 의식을 가지고 투쟁하는 사람들이 민중이라는 것이다(서남동). 1970년대 이래 민중신학론을 열렬히 펼친 서남동 교수에 의하면, 민족사의 새 장을 열 주체세력이 곧 민중이며, 1970년대 이후 민주화투쟁 과정에서 이미 '민중'이라고 하는 사회세력이 형성되었다는 것이다.

1923년 단재 신채호는 「조선혁명선언」에서 민중이 혁명의 대본영(大本營)이라면서 "민중은 신인(神人)이나 성인이나 어떤 영웅호걸이 있어, '민중을 각오'하도록 지도하는 데서 각오하는 것도 아니요, '민중아, 각오하자' '민중이여, 각오하여라'는 그런 열렬한 부르짖음의 소리에서 각오하는 것도 아니다. 오직 민중이 민중을 위하여 일체 불평, 부자연, 불합리한 민중향상의 장애부터 먼저 타파함이 곧 '민중을 각오'케 하는 유일한 방법이니, 다시 말하자면 곧 먼저 깨달은 민중이 전체 민중을 위하여 혁명적 선구가 됨이 민중각오의 첫째 길"이라고 했다. 즉 "고유적 조선의, 자유적 조선 민중의, 민중적 경제의, 민중적 사회의, 민중적 문화의 조선을 건설하기 위하여 이민족 통치의, 약탈제도의, 사회적 불평등의, 노예적 문화사상의 타파"가 민중혁명이라는 것이다. 다시 말하면 민중혁명이란 "강도 일본의 통치를 타파하고, 민중생활에 불합리한 일체의 제도를 개조하여, 인류로서 인류를 압박치 못하며, 사회로서 사회를 수탈치 못하는 조선을 건설하는 것"이었다. 이처럼 신채호의 민중혁명론은 1970~80년대 민중론과 맥을 같이하고 있다.

민중운동의 봇물과 그 성장

1984년에서 1987년 6월항쟁에 이르는 시기는 민주화투쟁 과정에서 민중운동이 각 부문에서 가장 활발히 생성, 전개된 기간이었다. 전두환 군부의 폭압과 실정이 민중의 각성과 저항을 불러일으키는 동력이 되었고, 거기에 불을 붙인 것은 이제 서서히 알려지기 시작한 1980년

5월 광주민주화운동의 진실이었다. 1985년 2·12 총선을 계기로 정치권은 물론 학생·노동자·종교·청년·지식인·농민·빈민 부문에서 민중운동은 급속히 뻗쳐나갔다. 민중운동이 봇물처럼 터져나온 것이다.

정치권과 학생·노동운동 부문은 물론 1984년에는 목동 철거민의 생존권요구투쟁이 전개되었다. 서울시는 공영개발을 구실로 목동 토지를 평당 7~13만원에 매입하고 공사는 삼성종합건설에 평당 34만원에 낙찰했음에도 분양가는 105~134만원으로 책정했다. 10~15평형 서민용 주택을 공급하겠다던 당초 약속과는 달리 20~58평형의 아파트를 짓고, 이제까지 재산세와 취득세를 부담하던 가옥을 무허가 건물로 규정해 3만2천여 목동주민들을 길바닥으로 내동댕이친 것이다. 1984년 8월 27일 목동주민들은 양화교와 순환도로 점거농성에 나섰고, 1985년 3월 20일에는 서울대생 5백여명이 합세한 '목동살인철거 규탄대회'를 열었다. 이같은 투쟁은 사당3동에서도 일어났다. 그들이 내세운 구호는 "우리에겐 더이상 갈 곳이 없습니다"였다.

한편 1983년 3월에 4백킬로그램짜리 암소 한마리 가격이 176만원이었는데 1985년 4월에는 109만원으로 떨어졌다. 이는 정부가 복합영농이라는 명목으로 계속 외국산 소를 도입했기 때문이었다. 1983년의 경우 1982년의 두배 가까운 7만두가 도입되었고, 그 가운데 1만8천두(전체 도입 소의 30퍼센트)는 병든 소였다. 거기다 1984년 농가의 호당 부채는 180만원에 달했다. 전체 농가에 대한 부채농가의 비율도 1983년에 이미 91.2퍼센트에 이르고 있었다. 그리하여 1985년 7월부터 외국소 도입과 소값 폭락에 항의하는 '소들의 시위'가 등장했다.

이 시기에 발족, 창립된 각 부문 민중운동단체들만도 민주화운동청년연합(1983.9.30), 한국노동자복지협의회(1984.3.10), 80년해직언론인협의회(1984.3.24), 민주언론운동협의회(1984.12.19), 해직교수협의회

(1983.12.20), 전국학생총연맹(1984.11.20), 민중문화운동협의회(1984.4.10), 민주화추진협의회(1984.6.14), 민중불교운동연합(1985.5.14), 인천지역사회운동연합(1984.11.19), 서울노동운동연합(1985.8.25) 등이 있다. 당시까지 활동해온 학생·농민·노동·청년·종교 등 각계각층의 민주민중세력이 모여 1984년 6월 29일에는 민중민주운동협의회를 결성했으며, 이것이 1985년 3월 29일에는 또 하나의 재야단체였던 민주통일국민회의와 통합하여 민주통일민중운동연합(민통련)으로 발족하게 된다. 이렇게 성장한 민중운동은 정치권의 개헌서명운동과 결합하여 더욱 광범위한 공개투쟁으로 나아간다.

개헌서명운동과 민중운동의 결합

1986년 2월 12일 서울 인의동 신민당 중앙당사에서는 2·12 총선 1주년을 기념하는 행사가 열렸다. 이민우 총재는 기념사에서 개헌서명운동의 시작을 선포했다. 뒤이어 등단한 김영삼은 "2·12 총선에서 국민은 나라의 민주화가 움직일 수 없는 역사의 방향이요 민의임을 선언했다. 이러한 민주국민의 뜻을 1천만인 개헌서명운동에 담고자 한다"는 요지의 준비해온 성명을 낭독하고는 곧바로 이민우 총재와 함께 자신이 먼저 서명하고 당직자들에게 서명용지를 돌렸다. 이것이 직선제개헌투쟁의 신호탄이었다. 신민당은 3월 8일 헌법개정추진위원회 서울시지부 현판식을 시작으로 본격적인 장외투쟁에 돌입했다.

1986년 1월 16일 전두환은 국정연설에서 서울올림픽을 개최하고 난 뒤, 1989년에 가서나 개헌을 논의하는 것이 순서라는 입장을 표명했다. 따라서 개헌서명운동에 대한 탄압은 처음부터 예고된 것이나 다름없었다. 이때 대검찰청이 전국의 검찰과 경찰에 내린 지침은 "개헌서명운동의 경우 옥내집회에도 집시법을 적용한다 ②가두서명을 받을 경우 도로교통법에 따라 1년 이하의 징역에 처한다 ③호별방문으로 서명을 권유하면 주거침입죄를 적용한다 ④시민의 서명행위는 불법행위방조죄로 처벌한다 ⑤완장, 리본, 어깨띠를 달면 즉심에 회부한다"는 것이었다.

그럼에도 불구하고 개헌서명운동은 급속히 확산되어갔다. 3월 9일에 김수환 추기경이 '정의 평화를 갈구하는 9일기도'를 마무리하는 미사에서 직선제개헌을 촉구한 것을 필두로 대한변호사회, 가톨릭정평위, 기독교장로회, 민통련 등이 서명 지지를 표명했고, 민주헌법쟁취범여성추진위원회도 결성되었다. 3월 29일에는 최장집 교수 등 28명의 고려대 교수들이 개헌서명을 지지하는 '현 시국에 대한 우리의 견해'를 발표한 것을 시작으로, 4월 2일에는 한국신학대 교수 42명, 11일에는 성균관대 교수 35명 등 시국선언에 동참하는 교수들이 29개 대학 785명에 이르렀다.

신민당의 개헌추진을 위한 지부 결성대회는 점차 재야민중운동 세력과의 연대투쟁으로 발전했다. 3월 23일의 부산시지부 결성대회에는 4만여명이, 3월 30일의 광주대회에는 10만여명이, 4월 5일의 대구대회에는 2만여명이 운집했다. 특히 광주대회는 광주민주화운동 이후 처음으로 '군사독재타도' '미국은 광주학살 사죄하라'는 피켓과 구호가 나올 만큼 고조된 분위기였다. 과연 5·17 이후 최대의 반정부집회였다. 여기에는 민통련 산하 23개 회원단체 회원들이 참가했다. 효율적인 개헌투쟁을 위해 신민당과 재야단체 간에 연락기구(민국련)까지 두었다.

그러나 신민당과 민중운동세력은 개헌투쟁을 놓고 동상이몽의 관계였다. 신민당은 전두환정권으로부터 개헌논의를 끌어낸 것만으로 크게 만족했지만(4월 30일, 전두환·이민우 회담에서 전두환은 개헌논의 허용과 함께 내각제개헌을 제시했다), 재야민중운동측은 직선제개헌 자체보다 군부정권타도, 민중의 권력을 창출하기 위한 민중민주헌법 제정을 요구하는 입장이었다. 그 무렵 인천노동자연맹과 서울노동운동연합이 공동발표한 '1천만노동자 해방투쟁선언'은 "마지막으로 개헌이라는 사리사욕의 집권놀음에 눈이 먼 신민당에 경고한다. 부산과 광주에 수십만 민중이 모여든 것이 신민당의 정권욕을 지지해서라고 생각하는가. 서명이나 하자고 모여든 줄 아는가"라고 물으면서 "민중의 요구를 외면하는 신민당 개헌놀음에 속지 말자"라고 하고 있었다.

1986년 4월 12일 민중문화운동협의회가 발표한 86문화선언 '노래하자, 춤추자, 해방을 향해' 역시 신민당과의 차별성을 이렇게 분명히 하고 있다.

> 지난해의 2·12 총선에서 민주화의 기대에 부풀어 있다가 군사독재정권의 장기집권음모와 보수적인 야당의 미온적인 싸움에 크게 실망한 민중은 이제 더욱 뜨겁게, 더욱 과감하게 민주화를 요구하고 있다. 광주의 금남로와 충장로와 도청 앞을 메운 수십만의 물결은, 그리고 부산과 대구에 민중의 회오리바람을 일으킨 그 뜨거운 염원은 이미 꺼져가는 군사독재정권의 숨통을 조이고 있다.

인천에 집결한 5·3 민중운동

각기 다른 현실인식과 지향을 가진 채 신민당과 민중운동세력은

1986년 5월 3일 인천시민회관 광장에서 폭발한 5·3 민중운동. ⓒ박용수

1986년 5월 3일 '신민당 개헌추진위원회 경기·인천지부 결성대회'를 맞는다. 신민당 집회를 1시간 30분 이상 앞두고 이미 민중운동세력들은 유인물을 뿌리고, 반정부반체제 구호뿐 아니라 대회의 주최자인 신민당까지 성토했다. 여기에는 민통련 산하단체, 민청련, 인천노동자연맹, 인천지역사회운동연합(인사련), 서울노동운동연합, 민중불교운동연합, 그리고 자발적인 학생운동권들이 참가했다. 주장도 각양각색이었다. 이때 뿌려진 유인물도 대략 재야단체와 인천노동자단체가 각 10종, 학생들이 15종 정도였다. 학생들은 반미, 반파쇼를 외치며

보수대연합을 성토했다.

신민당은 시민회관에서 신민당 인천시지부까지 행진할 계획이었으나, 아직 시작도 하기 전에 학생, 노동자들은 인천시내의 중요지점 곳곳에서 대치를 거듭하고 있었다. 12시 40분쯤 인사련 의장 이호웅(李浩雄)의 사회로 시민회관 광장에서는 독재헌법 철폐와 대통령직선제 투쟁을 선언하는 재야 쪽 행사가 시작되었다. 민통련 정책실장 장기표와 민불련 의장 여익구의 연설이 계속되는 동안에도 주안역 쪽에서는 최루탄 터지는 소리가 요란했다. 오후 1시 30분쯤에는 최루탄이 시민회관 마당에 떨어지기 시작했다. 집회를 하기 위해 회관 안에 들어가 있던 신민당 지도부를 향해서도 최루탄은 마구 퍼부어졌다. 신민당의 이민우 총재와 김영삼 고문은 최루탄에 범벅이 되어 시민회관 밖으로 몰려나올 수밖에 없었다. 그때가 행사 예정시간인 오후 2시쯤이었다. 이렇게 5·3 대회는 무산되었다.

공안당국은 인천집회를 좌경용공세력의 반정부 폭력행위로 몰면서 5월 5일 민통련 산하 4개 단체 10여명을, 5월 8일에는 민통련 간부와 학생, 노동자 등 32명을 지명수배했다. 이로써 이부영, 장기표, 여익구, 박계동, 정동년, 이호웅, 양승조 등 민중운동진영의 핵심간부들은 쫓기는 몸이 되었다. 이러한 공개적인 지명수배 외에도 5·3 인천사태를 계기로 전두환정권은 노동, 학생운동 부문에서 대대적인 검거선풍을 일으킨다. 부천서 성고문사건의 권인숙(權仁淑)도 이때 위장취업혐의로 구속되었다. 민통련 의장 문익환 목사는 5월말 서울대에서 강연한 내용이 문제되어 선동혐의로 구속되었지만, 이는 5·3 인천사태를 빌미로 민중운동진영을 초토화하겠다는 전략의 일환이었다.

5·3 인천사태를 계기로 재야와 신민당 사이의 관계도 껄끄러워졌다. 신민당측은 민중운동진영의 과격한 주장과 시위로 행사가 무산되

었다는 생각을 가지게 되었고, 그 결과 이후의 지부 결성대회는 옥내 집회로 바뀠다. 그러나 민중운동진영의 대부분은 처음부터 신민당을 기회주의자 집단으로 보았고, 또 반정부투쟁, 개헌투쟁의 주체가 될 수 없다고 판단했다. 인천지역은 40만명이 넘는 노동자들이 밀집해 있는 지역으로서, 민중역량이 가장 잘 조직되어 있었다. 그들의 눈에 신민당의 투쟁은 성에 차지 않았다. 거기다 학생과 노동운동 부문의 일부 급진세력은 이미 그 누구의 통제도 받지 않고 있었다.

이런 틈새를 놓칠 리 없었던 전두환 군부는 민중운동진영과 신민당을 철저히 이간, 분열시키면서 재야민중운동에 일찍이 없었던 검거와 탄압을 시작했다. 민중운동세력은 이런 탄압 앞에 일단 주춤할 수밖에 없었고, 신민당은 얼마 뒤 이민우의 내각제파동이라는 내부갈등을 겪어야 했다. 전두환정권은 5·3 인천사태의 연장선 위에서 탄압 국면을 강화했고, 그 과정에서 부천서 성고문사건, 박종철 고문치사사건을 일으키고, 과잉진압으로 시위중인 이한열(李韓烈)을 죽음에 이르게 했다. 그것이 국민의 공분을 불러일으키고, 전두환정권의 도덕성에 치명적인 타격을 입혔다. 신민당 역시 이른바 이민우의 내각제 구상을 무산시키면서 새로운 전열을 정비한다. 이러한 일련의 흐름이 6월항쟁으로 귀결되는 것이다.

6월항쟁으로 가는 과정에서 5·3 인천사태는 민중의 역량을 예감케 하는 중요한 길목이었다. 앞서 인용한 당시 민중문화운동협의회의 선언은 이렇게 이어진다.

> 그러나 우리는 듣는다. 저 실개천에서 소근소근 들려오는 봄의 소리를, 마침내 강을 이루고 해방의 바다로 헤쳐나가는 민중의 함성을 우리는 본다. 저 산모퉁이에 피어오르는 봄의 아지랑이를, 이 산천과 저 강산에서

어우러져 군사독재의 심장을 짓눌러 덮치는 저 거대한 민중의 숨결을……

부천서 성고문사건, 그 처연한 투쟁

그 이름 부르기를 삼가해야 할 권양

권양—우리가 그 이름을 부르기를 삼가하지 않으면 안되게 된 이 사람은 누구인가? 온 국민이 그 이름은 모르는 채 그 성(姓)만으로 알고 있는 얼굴없는 유명인사, 얼굴없는 우상이 되어버린 이 처녀는 누구인가, 그는 무엇을 하였는가. (…) 눈물없이는 상기할 수 없는 '권양의 투쟁', 저 처참하고 쓰라린, 그러면서도 더없이 숭고하고 위대한 인간성에의 투쟁에 대하여, 그리하여 마침내 다가올 '권양의 승리', 우리 모두의 승리에 대하여 이야기하고자 합니다. 진흙탕 속에서 피어난 해맑은 연꽃처럼 이 법정을 가득히 비치고 있는 눈부신 아름다움, 그 백설 같은 순결, 어떤 오욕과 탄압으로도 끝내 꺾을 수 없었던 그 불굴의 용기와 진실을 위한 눈물겨운 헌신에 대하여 이야기하고자 합니다.

1986년 11월 21일 이른바 '부천서 성고문사건'의 주인공 권인숙에 대한 1심 결심공판에서 변호인단의 변론은 이렇게 시작된다.

권인숙은 그해 5월 21일 부천시 소재 성신이라는 회사에 허명숙이라는 가명으로 입사한 이후 부천의 진주아파트에서 자취하던 중, 주민등록을 신고하지 않은 수상한 사람이 살고 있다는 통장의 신고로 6월 4일 밤 9시 부천경찰서에 연행되었다. 그리하여 남의 주민등록증을 갖고 공장에 들어간 것이 조사를 통해 밝혀졌다. 경찰은 이 혐의사실이 밝혀진 뒤에도 5·3 인천사태와 관련되어 수배중인 양승조 등을 아는지, 그리고 어디 있는지에 대해 집요하게 추궁했다. 5일까지 이어진 조사를 받고 이날은 보호실에서 잤다. 6일 새벽 4시에 권인숙은 경찰서 상황실로 끌려나갔다. 경찰서장이 권인숙에게 인천사태 관련 수배자들에 대한 "수사협조를 너무 안한다"면서 화를 내고 나간 뒤, 상황실장이라고 완장을 두른 사람이 문귀동(文貴童)에게 "자네가 맡아서 해보게" 하며 수사를 지시했다. 이로부터 문귀동은 권인숙을 상대로 하여 두차례에 걸친 성고문을 자행했다. 권인숙의 눈물겨운 진술에 따라 변호인단이 작성한 고발장은 그 과정을 이렇게 이야기한다.

어떻게 차마 이런 일이……

우선 문귀동은 권인숙에게 "네 죄는 정책변화로 풀려날 죄도 아니고 하니, 수배자 중에서 아는 사람을 불어라. 불기만 하면 훈방하겠다"라고 다그쳤다. 권인숙이 끝내 모른다고 하자 문귀동은 "나는 5·3 인천사태 때 여자만 다뤘다. 그때 들어온 년들도 모두 아랫도리를 발가벗겨서 책상에 올려놓으니까 다 불더라. 네 몸에 봉이 들어가도 안 불겠느냐"라고 협박했다. 권인숙이 겁에 질려 벌벌 떨고 있으니까 문귀동은 옷을 벗으라고 강요했다. 권인숙이 겉옷과 남방만을 벗고 티셔츠와 브래지어 및 바지를 입은 채로 있자 문귀동은 다른 형사 한명을 불러들여 옆에 서 있게 한 후, 스스로 권인숙의 바지단추와 지퍼를 풀어 밑으로 내리면서 "너 처녀냐? 자위행위 해본 적 있느냐"라고 묻고, 브래지어를 들추어 밀어올리면서 "젖가슴 생김으로 보니 처녀 가슴 같지가 않다"라고 하는 등 더러운 수작과 함께 제발 살려달라는 애원을 뿌리치고 권인숙의 바지를 벗겨내렸다.

이에 권인숙이 극도의 굴욕감과 수치심과 공포를 이기지 못하여 엉겁결에 한 친구의 이름을 대자, 문귀동은 그 인적사항을 자세히 적으라고 했다. 권인숙이 인적사항을 자세히는 모른다고 하자, 문귀동은 권인숙에게 책상 위로 올라가라고 하면서 "기어이 자궁에 봉을 집어넣어야 말하겠느냐"라고 협박했다. 권인숙이 그 친구가 자취하던 집의 위치를 적어주자 그제야 일단 조사를 중단하고 바지 지퍼를 올리게 하면서 또 "진짜 처녀냐?"라고 물었다.(1차 성고문)

6월 7일 경찰관들은 어제 권인숙이 한 말이 거짓말이었다면서 상황실장이 문귀동에게 "저녁 때 그런 방법으로 조사해"라고 지시했다. 밤 9시경 문귀동이 권인숙을 수사과 조사실로 불러냈다. 당시는 수사과 직원들이 모두 퇴근했고 청내는 불이 모두 꺼진 상태였으며 조사실 역시 불이 꺼져 있었는데 다만 건물 바깥의 외광(外光)에 의해 방안의 물체가 어렴풋이 식별될 정도였다. 문귀동은 토요일 밤인데도 퇴근하지 못한 데 화가 난 듯 권인숙을 "독한 년"이라면서 다른 남자형사 두 명을 불러들여 권인숙의 양팔을 등뒤로 돌려 손목에 수갑을 채우게 하고, 그 자세로 무릎을 꿇려 앉힌 후 다리 안쪽으로 각목을 끼워넣고 계속 짓밟고 때리게 했다. 권인숙의 넓적다리는 시커멓게 멍이 들고 퉁퉁 부었으며, 이에 권인숙이 고통과 공포를 참지 못하여 비명을 지르자 문귀동은 "소리 지르면 죽여버리겠다. 너 같은 년 하나 죽이는 것은 아무것도 아니다"면서 옆에 있던 형사에게 고문기구를 가져오라고 소리쳤다. 그러면서 인천노동운동연합 소속 수배자 20명의 인적사항과 사진이 들어 있는 서류철을 한장씩 넘기면서 아는 사람을 대라고 다그쳤다. 권인숙이 모른다고 하자, 문귀동은 "이년, 안되겠다"면서 조사실 옆의 자기 방으로 데리고 갔다. 이때가 밤 9시 30분경으로 이때부터 밤 11시경까지 약 1시간 반 동안 문귀동은 인면수심의 실로 천인공노할 야만적인 추행을 저지르면서 권인숙을 고문했다.

이 1시간 반 동안 방안에는 계속 불이 꺼져 있었고, 권인숙은 계속 뒷수갑을 찬 채로 문귀동과 단둘이 2평 정도의 방안에 갇혀 있었다. 문귀동은 브래지어를 위로 들어올리고 바지를 풀고 지퍼를 내리더니 권인숙의 국부에 손을 집어넣었다. 권인숙이 비명을 지르자 소리 지르면 죽인다고 하면서 윽박질렀다. 이어 권인숙의 팬티마저도 벗겨내리고 의자 두개를 서로 마주보는 상태로 놓고, 한쪽에는 뒷수갑을 찬 권인숙을 앉히고 문귀동 자신은 맞은편 의자를 바짝 당겨 권인숙의 몸과 밀착된 자세를 취한 다음 계속 수배자의 소재를 불 것을 강요했다. 권인숙이 제발 이러지 말라고 애원했으나 문귀동은 들은 척도 않고 오히려 수시로 권인숙의 젖가슴을 주무르고 국부를 만지며, 권인숙의 몸에 자신의 몸을 비벼대었다. 그후 문귀동은 권인숙을 일으켜 세워 바지를 완전히 벗기고 브래지어를 밀어올려 젖가슴을 알몸으로 드러나게 해놓은 상태에서 뒷수갑을 찬 채로 앞에 놓인 책상 위에 엎드리게 한 후, 자신도 아랫도리를 벗고 권인숙의 뒤쪽에 붙어서서 자신의 성기를 권인숙의 국부에다 갖다대었다 떼기를 몇차례 반복했다. 이때 권인숙이 절망적인 공포와 경악과 굴욕감으로 거의 실신상태에 빠지자 문귀동은 권인숙을 다시 의자 위에 앉히더니 담배에 불을 붙여 강제로 몇모금 빨게 했다.

잠시 후 문귀동은 권인숙을 의자 밑으로 난폭하게 끌어내려 바닥에 무릎을 꿇고 앉게 한 다음 자신은 의자에 앉아 권인숙이 자신의 성기를 정면으로 보도록 하는 자세로 조사를 계속했다. 그러던 중 문귀동은 권인숙의 얼굴을 앞으로 잡아당겨 입에 자신의 성기가 닿도록 하는가 하면, 고개를 돌리는 권인숙을 일으켜 강제로 키스를 시도하고, 권인숙의 왼쪽 젖가슴 유두를 빨기도 했다. 다시 문귀동은 권인숙을 먼젓번과 같이 책상 위에 엎드린 자세로 해놓고, 뒤쪽에서 자신의 성기를 몇차례 갖다대었다 떼기를 반복하더니 크리넥스로 권인숙의 국부를 닦아내고 옷을 입혔다. 이때가 밤 11시경이었다.(2차 성고문)

밤 11시가 지날 무렵, 문귀동은 기진맥진해 있는 권인숙을 보호실로 데리고 가서 권인숙의 소지품을 챙기더니 유치장으로 끌고가 "내가 다 봤으니 몸 검사는 필요없다. 독방을 주라"고 지시하고는 돌아갔다(이때는 권인숙에 대한 구속영장이 발부된 상태였다). 6월 16일에야 권인숙의 신병이 교도소로 옮겨졌다. 그동안 권인숙은 아무 것도 먹지 못한 채 악몽과 자살충동에 시달렸으나 점차 이와같은 끔찍한 일이 다시는 일어나지 않도록 끝까지 싸우겠다는 결의를 굳히면서 자신을 가다듬을 수 있었다. 권인숙의 소식이 교도소 내의 재소자들에게 알려지면서 소내 70여명의 양심수가 문귀동의 구속을 요구하며 무기한 단식투쟁에 들어갔고, 권인숙 자신도 6월 28일부터 단식투쟁에 들어갔다.

진실을 감옥에 가두어둘 순 없다

변호인단의 고발장(1986. 7. 5)은 복사되어 학원 · 노동계 · 언론계 · 종교계 · 인권단체 등에 급속히 뿌려졌다. 그것은 실로 '신음없이는, 분노없이는, 눈물없이는 읽어내려갈 수가 없는' 것이었다. 변호인들의 고발에 하루 앞서 권인숙은 문귀동에 대한 고소장을 냈는데, 그 경위를 이렇게 말하고 있다.

> 여자로서 참을 수 없는 성적 추행을 당하고 눈만 감으면 나타나던 문귀동의 두터운 입술과 지퍼를 풀은 성기와 귀에 쟁쟁한 심한 욕설, 이것을 세상에 고발하겠다고 결심하기까지의 수치심과 정의감과의 싸움, 제발 덮어두자고 세상에 알려지면 엄마, 아버지는 약 먹고 죽겠다고 딸의 장래를 걱정하는 부모님의 애타는 호소, 너 때문에 부모님 한분이라도 어떻게 되시는 날에는 널 죽여버리겠다는 언니의 편지, 그러나 저는 고소장을 쓸 수밖에 없었습니다.(권인숙이 1심 재판부에 제출한 탄원서)

권인숙과 변호인단은 이렇게 진실을 밝히는 데 있는 힘을 다했다. 변호사들의 정성은 지극한 것이었다. 위장취업을 한 여대생 하나가 너무도 참담한 성고문을 당하고 변호인들의 도움을 애타게 바라고 있다는 소식을 듣고 이돈명 변호사는 6월말 이상수(李相洙) 변호사에게 이 사건을 부탁했다. 7월 1일 권인숙을 접견한 이상수 변호사는 사건의 심각성을 동료 변호사들에게 알려 고영구, 김상철(金尙哲), 박원순(朴元淳), 이돈명, 이상수, 조영래, 조준희, 홍성우, 황인철로 변호인단을 구성했다. 이들은 여러 차례에 걸친 접견을 통하여 사건의 실체를 낱낱이 기록한 고발장을 작성, 제출하고 또 배포함으로써 이를 세상에 알렸다.

권인숙과 변호인단의 성고문 고발사건에 대해 인천지방검찰청이 처음에는 제대로 수사하는 척하더니, 7월 16일 문귀동을 기소유예하면서 "급진좌경사상에 의한 노학연계투쟁을 전개해왔던 권양의 '성적

모욕'의 허위사실 주장은 운동권 세력이 상습적으로 벌이고 있는 소위 의식화투쟁의 일환으로써, 폭행사실을 성모욕행위로 날조, 왜곡함으로써 자신의 구명과 아울러 일선 수사기관의 위신을 실추시키고 반체제 혁명투쟁을 사회 일반으로 확산시켜 정부의 공권력을 무력화시키려는 의도"라는 보도자료를 발표하여 세상을 다시 한번 놀라게 했다. 운동권이 마침내 성까지 혁명도구화하고 있다는 독재권력의 선전에 당시 언론 또한 동조하고 있었다.

이에 정면으로 대응하여 '검찰발표에 대한 변호인단의 견해와 결의'(7월 18일)가 발표된다. 변호인단은 여기서 "우리는 검찰의 발표내용을 믿지 않는다. 국민들 중 누구도 믿지 않을 것이다. 그리고 단언하거니와 다른 누구보다도 검찰 자신이 스스로의 발표를 믿지 않을 것"이라면서 "이 전대미문의 만행의 진상이 백일하에 공개되고 그 관련자들이 남김없이 의법처단되기 전까지는 우리들 변호인단은 물론이요 이 나라의 모든 국민과 산천초목까지도 결코 잠잠하지 않을 것이다. 두렵고, 두렵다. 이 사건 하나에 우리 사회의 법질서와 인권과 인륜 도덕의 존폐가 달려 있다"라고 했다. 166명으로 늘어난 변호인단은 문귀동 등의 기소유예 결정에 대해 그해 9월 1일 재정신청을 냈고, 그것이 기각되자 특별항고를 하는 등 법적 노력을 다하는 한편, 접견록 작성, 고발과 기자회견 등 법정 밖에서 할 수 있는 모든 노력도 다 경주했다. 변호인단의 중심 역할은 조영래 변호사가 도맡아 했고, 모든 관련서면도 전부 그가 썼다.

진실에의 비밀은 용기뿐

한편 이 사건에 대한 국민적 관심도 계속 높아졌다. 인천지역의 학생, 인권, 노동단체는 물론 서울에서도 규탄성명과 집회가 잇따랐다. 7월 1일에는 천주교 정평위, NCC 인권위, 여성단체연합 등이 공동대책위를 발족시키면서 '천인공노할 성고문을 규탄한다'는 성명을 발표했다. 여기에는 천주교 수녀장상연합회, NCC 고문대책위, 정토구현전국승가회, 천주교사회운동연합도 참여했다. 19일에는 명동성당에서 신민당, 여성단체연합, 종교단체, 민통련, 민가협, 서울대 자민투, 민민학련 등이 공동으로 '고문·성고문·용공조작 범국민폭로대회'를 가질 예정이었으나 경찰의 강력한 저지로 수천명이 참가한 명동의 가두시위로 발전했다.

김수환 추기경은 7월 18일 찾아온 변호인단으로부터 사건의 전말을 듣고 나서 "친애하는 권양에게 무어라고 인사와 위로의 말을 하면 좋을지 모르겠습니다. 양심과 인간성 회복을 위해 용감히 서 있는 권양을 주님이 은총으로 보살펴주시리라 믿고 기도합니다. 아무쪼록 용기를 잃지 말고 진리이신 하느님께 모든 것을 맡기고 건강하기를 빕니다"라는 위로편지를 써서 변호인단에 전했다. 그리고 21일 명동성당에서 '여성과 가난한 이들의 생존권과 인권해방을 위한 미사' 강론에서 "저는 이번 사건은 불행히도 그 희생자인 권양의 고소와 변호인단의 고발장에 기재된 내용이 사실이었다는 것을 믿어 의심치 않습니다"라고 했다. 추기경의 이러한 행보는 전두환정권의 도덕성에 치명적인 타격이 되었다. 이로부터 국민과 여론은 권인숙의 진실을 믿기 시작했고, 그편이 되어갔다. 그러나 독재권력의 발악도 집요했다. 그들은 이른바 보도지침이라는 것을 통하여 언론으로 하여금 사건의 진실을 은폐, 왜곡하게 했다. '성고문'을 '성모욕'으로, 권인숙의 고문 폭로를 '혁명을 위한 성 도구화'로 기사화할 것을 요구했고 언론은 이에 충실히 따랐다. 5·3 인천사태와 관련해서 밝혀진 바에 의하면 5공권력은 조직적, 계획적으로, 그리고 직무수행의 한 방법으로 여성 피의자들에게 성고문을 자행했다. 권인숙은 주민등록을 위조해 위장취업한 것과 관련된 2심에서 1년 6월을 선고받고 복역중 1987년 6월항쟁 이후 가석방되었다. 그러고도 한참 뒤인 1988년 2월 9일 대법원에서 마침내 재정신청이 받아들여져 문귀동은 1989년에 징역 5년의 실형을 선고받았고, 또 권인숙에게 위자료를 지급하라는 판결도 받았다. 맨 앞에 인용한 변론요지서의 마지막은 이렇게 되어 있다.

> 진실을 밝히기 위해 권양이 바친 그 눈물겨운 희생과 헌신은 우리나라 인권의 역사에서 두고두고 뜨거운 감사의 정과 더불어 기억될 것입니다. 권양은 우리에게 '진실에의 비밀은 용기뿐'이라는 교훈을 온몸으로 가르쳐주었습니다. 우리는 권양의 투쟁에서 일찍이 김수영 시인이 노래하였듯이 '어째서 자유에는 피의 냄새가 섞여 흐르는가'를 배웠습니다. (…) 우리의 권양, 온 국민의 가슴속 깊은 곳에 은밀하고 고귀한 희망으로 자리잡은 우리의 권양은 즉시 석방되어야 합니다.

세상에 공개된 보도지침

권력이 언론에 보내는 비밀통신문

권력의 언론통제본부인 문화공보부 홍보정책실은 거의 매일같이 주요 사건에 대해 자의적으로 '보도 절대불가' '불가' '가'의 판정을 내리면서 보도기관에 대해 보도지침을 시달하고 있다. 예컨대 '농촌이 파멸 직전'이라는 기사는 절대 불가, '개헌특위' 기사는 '개헌'이라는 말을 빼고 '특위'라고만 보도할 것, 필리핀의 민주화운동에 관한 기사는 가급적 작게 보도하고, 민주화의 시각에서는 보도하지 말 것, 전기·통신·우편요금 인상을 보도할 때는 제목에 몇퍼센트 올랐다고 하지 말고, 예컨대 10원에서 20원으로 올랐다고 보도할 것, 부천서 성고문사건은 '성고문'이란 말을 빼고 '부천서사건'으로 쓸 것, 한미통상협상 기사는 '미국의 압력에 굴복' 대신 '우리의 능동적 대처'로 쓸 것, 어떤 사건은 어떠어떠한 방향, 어떤 내용으로 보도하라, 아예 보도하지 말라, 1면 톱으로 보도하라, 1단으로 작게 보도하라, 제목을 어떻게 뽑아라, 해설기사를 실어라 싣지 마라, 박스기사를 다루라 다루지 말라, 사진을 써서는 된다 안된다는 등 기사의 방향, 내용, 위치, 크기에 이르기까지 일일이 지시하고 있는 것이 바로 '보도지

침'이다.(1987년 4월 1일 신홍범의 모두진술에서)

제도언론이란 무엇인가

유신정권의 몰락이 언론을 철저하게 통제하지 못한 데서 비롯되었다는 인식을 갖고 있었던 전두환 군부는 1980년 11월 언론통폐합조치를 강행한 데 이어, 12월말에는 언론기본법이란 제도적 규제장치를 마련했다. 이에 근거해서 문공부 내에 홍보조정실을 신설하고 언론통제의 실무를 맡기는데, 이것이 1985년 10월 11일의 문공부 직제개정안에 따라 홍보정책실로 명칭이 바뀐다. 여기에는 실장 밑에 홍보정책관(1명), 홍보기획관(3명), 홍보심의관(1명), 홍보담당관(7명)이 있어 언론통제의 실무를 담당했다. 이들 핵심요원들은 언론인 또는 정보기관 출신들로 구성되었다.

보도지침에 의한 언론통제는 사실상 공개된 비밀로 언론 안팎에 이미 널리 알려져 있었다. 국회에서 야당이 사실여부를 질의하면 정권당국은 한결같이 "있을 수도 없고, 있어서도 안될 일"이라는 상투적인 답변만을 되풀이했다. 1985년 11월 한 야당의원이 "홍보정책실 예산이 165억원이나 된다는 설이 있는데, 그 내역을 밝히라"고 했지만, 홍보정책실이 시달한 이날의 지침은 그 질문의 내용에 대해 '보도불가'라는 것이었다. 이같은 빈틈없는 지시는 당시의 언론들에 의해 충실히 이행되었다. 그리하여 "있는 것이 없는 것으로, 없는 것이 있는 것으로, 작은 것이 큰 것으로, 큰 것이 작은 것으로" 조작되어 보도되었다.

이렇게 정치권력과 손을 잡고 정권의 홍보임무를 떠맡음으로써 억압적 통치기능의 일부로 전락한 당시의 언론을 일컬어 민주언론운동

진영에서는 '제도언론'이라고 규정했다. '제도언론'은 권력과 긴장을 유지하는 대신 통치기구의 일부로 흡수 통합된 언론, 즉 권력에 일체화되어 있는 언론이라고 말할 수 있다. 언론사는 언론통폐합의 결과로 독과점 특수를 누렸고 언론인은 각종 특혜로 '배부른 돼지'가 되어갔다. 따라서 언론의 보도내용은 기사제목, 크기, 위치, 기사내용이 약속이나 한 듯이 똑같았다. 통치기구의 일부로 길들여진 '제도언론'에서 보도지침에 대한 거부나 저항을 기대하는 것은 나무 위에서 고기를 구하는 것이나 다름없었다.

이에 반하여 권력으로부터 독립하여 권력과 특혜로부터 소외된 민중의 편에 서서 그들의 현실과 의사를 대변하고 국민의 알 권리를 충족시켜주고자 하는 언론을 '민중언론'이라고 불렀다. 그러나 그때는 진정한 '민중언론'은 없었고, 민중언론운동이 있었다. 1985년 12월 19일 동아·조선투위 소속 언론인과 1980년 해직언론인들이 모여 민주언론운동협의회를 창립하고, 1986년부터 두달에 한번꼴로 기관지 『말』을 발간하기 시작했다. '말'이라는 제호는 신홍범(愼洪範)이 작명했고, 초대 편집장은 김도연(金度淵)이었다. 『말』이야말로 민중언론을 지향하는 매체였다. 『말』은 발행될 때마다 압수수색을 당해야 했고, 『말』의 편집인은 번갈아 연행되어 1주일씩 구류를 살아야 했다. 구류를 번갈아 나누어 살기 위하여, 구류담당 편집인의 순서를 미리 짜놓기까지 했다. 그 순서에 따라 성유보(成裕普), 신홍범, 최장학(崔長鶴), 김태홍이 차례로 구류를 살았다.

여기 보도지침이 있다

보도지침이 시달되고 있다는 사실은 공공연한 비밀이었지만, 실체는 좀처럼 세상에 그 모습을 드러내지 않았다. 일찍부터 권력에 길들여진 언론사가 철저하게 통제, 은폐했기 때문이다. 그러나 기자들은 1986년 4월과 5월에 걸쳐 각 신문사별로 '우리의 결의'를 발표하는데, 여기서 그들은 "기관원 출입과 홍보지침 등 일체의 외부간섭을 거부한다"(4월 18일 한국일보) "언론조정과 협조라는 이름 아래 계속되고 있는 정부기관의 부당한 언론간섭은 (…) 즉각 중단되어야 한다"(5월 8일 동아일보) "협조요청이라는 미명하에 자행되고 있는 지배권력에 의한 보도통제와 조작은 즉각 중단되어야 한다"(5월 15일 중앙일보)는 결의를 연쇄적으로 하기에 이른다. 그러나 기관원 출입과 보도지침을 통한 통제는 여전했다.

『말』의 초대 편집장을 지낸 김도연이 서울 문리대 72학번 동기이던 한국일보 기자 김주언(金周彦)을 만나 보도지침을 빼내어달라고 부탁한 것은 기자들의 결의가 있은 이후였다. 이후 김주언은 한국일보 편집국에 비치해두고 있던 보도지침 1985년 10월부터 1986년 8월 초순까지의 내용을 복사해 두차례에 걸쳐 민언협 실행위원이며 간사였던 이석원(李奭遠)에게 전달했다. 이렇게 민언협측에 전달된 보도지침은 '아랫다방'이라고 불리던 민언협의 별도 사무실에서 『말』의 편집인이었던 홍수원, 박우정, 박성득, 이석원, 최민희(崔敏姬), 김태광, 정의길(鄭義吉), 김기석, 권형철 등에 의해 분석되어 편집작업에 붙여진다. 이들은 창고를 사무실로 개조한 좁고 답답한 공간에서 그 해 무덥던 여름 3개월을 보도지침과 씨름했다.

한국일보의 경우 보도지침은 전화를 통하거나 기관원이 직접 편집부 국장에게 내용을 전달해 편집부 국장이 이를 모아두었다가 신문제작에 사용했다. 4월 18일의 기자총회에서 "보도지침은 눈에 띄는 대로 모아두기로" 했지만, 결의에 따라 보도지침이 모아진 것도 아니었고, 또 그 공개방법에 대해서도 아직 결정된 것은 없었다. 한국일보에서는 시달된 보도지침을 편집국 서무담당 김정일이 모아 관리하고 있었다. 그것은 검정색 표지의 철로 묶여져 편집서무의 책상 위에 꽂혀 있었다. 그것을 김주언이 발견한 것이다. 김주언은 기자총회의 결의와 자신의 양심에 따라 보도지침을 거부하는 것이 마땅하다고 생각했지만, 그럴 힘과 용기가 없었기 때문에 '밖으로 폭로'라는 방법을 선택하게 된 것이다.

빼고 넣고 키우고 줄여라

그 무렵 나는 당시 민언협 사무국장으로 『말』의 제작과 배포 업무를 관장하고 있던 김태홍으로부터 전후사정을 듣고 있었다. 민언협측은 보도지침의 공개를 앞두고, 어떻게 보도지침을 압수나 수색 당하지 않고 공개효과를 극대화할지, 그리고 어떻게 현역기자인 김주언과 인쇄업소의 안전을 보호할 수 있을지를 놓고 고민하고 있었다. 고심 끝에 얻은 결론은, 김주언이 양심선언과 함께 보도지침 자료를 천주교정의구현전국사제단 앞으로 보내고, 사제단이 이를 다시 민언협에 비밀리에 전달한 것으로 하자는 것이었다. 지금도 마찬가지지만 당시 사제단은 민주화운동에 있어 가장 강력하고 신뢰할 수 있는 모임이었다. 나는 함세웅, 김승훈 신부 등과 상의했고, 그들은 흔쾌히 동의했다. 이에 따라 김주언은 사전에 사제단 앞으로 경위를 담은 양심선언을 썼다. 사제단은 보도지침의 제작, 배포와 그 이후의 구명운동에도 개입하게 되었다. 실제로 제작비의 상당 부분을 감당했고, 배포 과정에도 주도적 역할을 했다.

1986년 9월 9일 보도지침은 천주교정의구현전국사제단과 민주언론운동협의회 공동 이름으로 『말』 특집호(부제 : 보도지침, '권력과 언론의 음모')로 세상에 공개되었다. 이날 오전 10시 명동성당 소강당(사도회관)에서 민언협 송건호 의장, 조선투위 최장학 위원장, 동아투위 김인한(金仁漢) 위원장, 사제단 김승훈, 함세웅, 정호경, 김택암 신부가 기자회견에 임했다. 민언협 송건호 의장이 읽은 '보도지침 자료공개 기자회견을 하면서'라는 성명 초안은 내가 썼고, 15매 분량의 다른 성명은 신홍범이 썼다. 앞의 성명은 발표경위를, 뒤의 성명은 보도지침의 성격과 본질을 밝히는 명문이었다. 보도지침은 1985년 10월에서 1986년 8월까지 총 584개 항목을 날짜별로 분류하고 그 옆에 자세한 해설을 붙였다. 보도지침을 지시유형별로 보면 보도불가가 46.1퍼센트, 정권의 홍보·선전성 보도요구가 24.5퍼센트, 축소보도가 16.1퍼센트, 용어사용 불가가 6.9퍼센트였고, 이를 다시 지시대상별로 나누면 민주화운동에 대한 것이 24.6퍼센트, 대외관계가 18.5퍼센트, 집권세력에 대한 보도가 13.8퍼센트였다.

과연 보도지침은 그 자체로 제도언론의 정체를 폭로한 통렬한 고발장이었다. 제도언론이 얼마나 엄청난 진실을 은폐·왜곡하고, 얼마나 어처구니없는 허위를 날조·과장하고 있는지 극명하게 보여주었다. 언론통제의 실상과 제도언론의 정체가 여지없이 드러난 것이다. 제도언론의 책임자들에게 보도지침은 없어서는 안되는 필독서였고 편집국장이었다. 이로써 오랫동안 감추어져왔던 제도언론의 추악한 가면이 벗겨졌다. 보도지침이 세상에 그 모습을 드러내자 국민은 '어찌 이럴 수가……' 하는 충격과 놀라움을 금하지 못했다. 보도지침이 실린 『말』 특집호를 처음부터 끝까지 훑어보는 것만으로도 언론통제의 실상을 그대로 통절히 깨닫게 되었다. 홍보정책실이 일일이 "1단으로 하라" "톱으로 키워라" "이 사진을 빼라"고 지시하고 있는데 치를 떨었고, "2단으로 줄여서 보도하라"는 보도지침이 시달되었을 때 모든 신문이 똑같이 2단으로 보도한 것을 보고 제도언론의 실체를 확인했다. 이렇게 보도지침이 공개된 것만으로 내외에 준 충격은 너무도 컸다. 『말』 특집호는 2만5천부를 찍어 국내외에 배포되었다.

지금은 한국언론의 26시

보도지침이 공개되자 권력당국은 『말』 특집호의 발행 및 배포와 관련하여 김태홍을 전국에 지명수배하고, 보도지침의 내용이 더이상 국민에게 알려지지 않게 하기 위하여 곳곳에서 압수수색을 더욱 강화했다. 또한 정보수사능력을 총동원하여 보도지침이 어떠한 경로로 누출되었는지를 탐지하는 데 혈안이 되었다. 김주언에게도 신변의 위협이 시시각각 다가오고 있었다. 이런 상황에서 김주언은 11월초 당시의 언론상황에 대한 고발과 자신의 심경과 결의를 담은 양심선언을 작성하여 사제단에 맡긴다. 그해 12월 10일 김태홍은 도피중 체포되었고 그의 진술에 따라 12일에는 신홍범이, 15일 오후에는 김주언이 연행, 구속되었다. 보도지침 공개로 만천하의 웃음거리가 된 데 대한 정치보복으로 정권당국은 비열하게도 이들에게 국가보안법을 적용했다. 공소장에 적시된 바에 의하면 "F-16기 1차분 7일 인수식, 국방부 발표 때까지 보도하지 말 것(1986. 3. 5), 미 국방성 '핵무기 적재 전투기

각국 배치'에서 우리나라는 빼고 보도할 것(1986. 7. 10), F-15기 구매와 관련, 뇌물공여 조사차 내한하는 미 하원 전문위원 3명 관련기사 보도억제(1985. 11. 20), 미 FBI 국장 방한사실 일체 보도억제(1986. 1. 11), 북한의 국회회담 제의, 당국 발표시까지 보도통제(1985. 10. 20)" 등 11개항을 공개한 것이 외교군사상 기밀누설과 국가보안법 위반이라는 것이다. 거기다 신홍범, 김주언이 소지하고 있던 몇권의 책자를 또한 문제삼았다.

재판은 내외의 비상한 관심 속에 진행되었다. "지금 우리가 이 자리에 서 있지만 이 법정에는 우리가 고발한 이땅의 언론현실이 서 있는 것"(신홍범), "보도지침은 언론통제의 산 증거이다. 보도지침을 공개한 것은 정당한 행위였음을 자부한다"(김주언)라는 당당한 모두진술이 있었다. 변호인난 역시 최강팀이었다. 뒷날 '민주사회를 위한 변호사 모임'의 모태가 된 정법회가 이 무렵(1986. 5. 19) 창립되었는데, 정법회의 정예라 할 고영구, 조영래, 박원순, 조준희, 이상수, 한승헌, 황인철, 홍성우 변호사 등이 총동원되었다. 변호인단은 검찰이 공소장에서 "보도지침은 국내외의 관행"이라고 말한 데 대하여 '국내외의 관행인가, 국내의 관행인가'를 설명해줄 것을 요구했다. 또 "F-16기 1차분 7일 인수식"이라는 보도지침 내용이 외교상의 기밀인지, 아니면 그 인수식에 대한 보도통제 사실이 외교상의 기밀인지를 밝혀줄 것을 요구했다. 궁지에 몰린 검찰이 공소장의 일부를 변경하지 않을 수 없도록 몰고간 변호인단의 논리는 날카롭고 또 집요했다. 피고인들은 변호인 반대신문을 통하여 "자유언론운동을 벌이던 160여명의 기자들이 언론현장으로부터 추방된 1975년 3월이 한국언론의 24시라면, 언론사 통폐합의 이름 아래 680여명의 언론인이 해직되거나 투옥된 1980년 여름이야말로 한국언론의 25시요, 보도지침을 폭로했다 하여 재판을 받고 있는 오늘의 시점은 바로 한국언론의 26시"라고 진술했다.

증인으로 나온 중견언론인 송건호 민언협 의장과 박권상(朴權相) 전 동아일보 논설주간은 "보도지침은 민주주의 국가에서는 있을 수 없는 강제 언론통제지침"일 뿐이라고 증언하면서, "저들 피고인들의 용기에 경의를 표한다"라고 했다. 처음에 재판부는 공정한 재판을 위해 노력하는 것처럼 보였다. 변호인단이 증인으로 신청한 4대 일간지의 편집국장, 정치·외신·사회·편집부장, 문공부의 홍보정책실장 등 23명을 모두 증인으로 채택해 일부는 소환장까지 발부하더니, 며칠 뒤 돌연 모든 증인의 소환을 취소한 데 이어 나머지 증인에 대해서는 기각결정을 내리는 것이었다. 변호인단의 항의를 가로막고 재판부를 엄호한 것은 이상하게도 검찰이었다. 무엇인가 석연찮은 일이었다. 그런 가운데 결심이 이루어졌다.

변호인단은 "이 사건은 불을 낸 사람이 화재 신고자를 잡아 신문하는 것과 같다"면서 검찰의 논리를 조목조목 반박했다. 보도지침이 아니라 어디까지나 보도협조사항이라고 내세우면서, 통상 국가적 기밀사항에 대해 언론보도를 신중히해줄 것을 요청하면 언론사가 독자적으로 판단해 참고한다는 검찰의 주장에 대해, "김대중의 사진을 싣지 말라고 시달했는데(1986. 5. 27) 그렇다면 김대중의 얼굴이 기밀사항인가, 노태우 민정당 대표의 회견기사를 꼭 1면 머릿기사로 하라는 것(1986. 1. 22)이 신중을 기해달라는 것인가, 독자적으로 판단하라고 했다면서 그것을 어긴 언론인은 왜 정보기관에 끌고가는가"를 신랄하게 지적했다.

피고인들은 최후진술에서 "언론은 캄캄한 밤중을 달리는 자동차의 전조등과 같다. (…) 재판장과 우리는 이 법정에서 자동차의 전조등을 밝혀야 한다고 용감하게 말해야 한다"라고 했다. 재판중 김주언의 첫딸이 돌을 맞이했는데, 회사 동료들이 돌잔치를 성대하게 베풀어주는 눈물어린 미담도 있었다. 선고를 며칠 앞둔 5월 31일 이들은 천주교 서울대교구가 제정한 가톨릭자유언론상을 수상했다. 수상식에는 옥중의 남편을 대신해 부인들이 참석했다. "이들이야말로 시대의 고난 속에서도 참언론인 상을 구현한 사람들"이었다고 김수환 추기경은 시상이유를 밝혔다. 6월 3일 선고공판에서 집행유예와 선고유예로 이들의 몸은 일단 풀려났다. 그리고 6월항쟁이 일어났다. 보도지침사건은 6월항쟁을 예고하는 전조등이었던 것이다.

공작정치와 건국대사태

밤이 깊으면 새벽이 멀지 않다

1986년 2월 필리핀 민중봉기의 전개과정과 성공은 한국의 정정(政情)에도 미묘한 파장을 불러일으켰다. 미국의 레이건정부는 2월초까지만 해도 20년 집권한 마르코스(Ferdinand Edralrin Marcos)가 선거를 통해서 집권을 연장하는 데 큰 어려움이 없다고 판단하며 공정선거만을 강조했다. 그러나 선거일인 2월 7일이 다가오면서 마르코스의 상대인 야당의 아키노(Corazon Aquino)가 필리핀 민중의 압도적 지지를 받는 지도자로 급격히 부상했다. 반면에 마르코스는 엄청난 투개표 부정과 폭력을 자행했다. 16일 마르코스가 지배하는 국회가 마르코스의 대통령 당선을 발표하던 날, 아키노는 50만 시민이 운집한 마닐라 리잘(Rizal) 공원의 연설에서 시민불복종운동을 호소했다. 이때까지만 해도 미 행정부는 마르코스의 당선을 기정사실화하고 있었다.

그러나 22일 밤 엔릴레(Juan Ponce Enrile) 국방장관과 라모스(Fidel V. Ramos) 참모총장 서리가 국방부 건물이 있는 아기날도(Aguinaldo) 병영에서 마르코스 퇴진을 요구하면서 나흘간에 걸친 장엄한 민중봉기가 전개된다. 두사람은 필리핀 장병들을 향하여 야당 정치인 체포나 민간인에 대한 발포 같은 불법명령에 따르지 말 것을 호소했다. 하이메 신(Jaime Sin) 추기경은 '베리타스'(Veritas) 방송을 통해 한방울의 피도 흘려서는 안된다고 호소하면서, 반정부군 지도자들의 요청에 귀 기울일 것을 촉구했다.

23일 아침부터 아기날도 병영은 음식과 생필품을 싸들고 찾아오는 시민들로 인산인해를 이루었다. 그들은 손에 손을 잡은 채 병영 주위를 감싸고 돌았다. 마르코스가 23일 밤부터 탱크와 장갑차를 이동시키자, 이때부터 달려오는 탱크 앞에 무릎을 꿇고 기도하는 신부와 수녀들의 모습이 나타나기 시작했다. 시민들은 정부군의 지휘관들에게 반정부군에 가담할 것을 눈물로 호소했다. 24일 새벽이 되면서 정부군의 병력이동이 더욱 확대되자 라모스는 반(反)마르코스 방송국에 전화해 유언처럼 절박한 목소리로 "마르코스군이 3면에서 진격해오고 있습니다. 병력 수는 거의 압도적인 규모입니다"라고 호소했고, 이 호소를 들은 시민들은 밤길을 달려 반정부군을 보호하기 위해 크라메(Crame) 기지로 몰려갔다. 10만여명의 시민들이 인간띠로 방벽을 쳤다. 탱크와 장갑차가 새벽의 박명을 뚫고 달려오자 이들은 성가와 국가를 소리높이 부르면서 전진해 끝내 탱크와 장갑차를 멈추게 했다.

24일 오전 반군이 관영방송국을 장악해서 이때부터 자유방송이 시작되었고, 마르코스는 텔레비전 수상기에서 모습이 사라졌다. 그러나 마르코스는 방송국 탈환을 위해 마지막 몸부림으로 특전대를 투입했다. 이들이 방송국 후문으로 들이닥쳤을 때, 시민 속에서 흰 제의를 걸친 에프렌 다투(Efren Dato) 신부가 이들 앞에 나섰다. "기도합시다. 우리를 죽음으로 인도하지 마시고 악에서 구해주소서." 어느덧 시민들은 신부의 기도를 따라하기 시작했다. 팽팽한 긴장감은 눈 녹듯이 사라지고, 시민들과 특전대원들은 햄버거와 도넛을 주고받았다. 이렇게 해서 특전대원들은 물러갔다.

24일 마르코스는 최후의 몸부림으로 탱크를 앞세운 진압군을 동원해 반군을 무력으로 격퇴하려 했다. 그러나 미국은 이제 "평화적인 정권이양에 의해서만 위기는 해결될 수 있다"며 마르코스를 외면했다. 25일 밤 10시 마르코스는 도망치듯이 미국으로 망명길에 올랐다. 민중이 마침내 승리한 것이다. 민중의 힘이 이렇게 위대하고 또 결정적일 줄은 아무도 몰랐다. 이때 필리핀은 1세기 전인 1896년 스페인 통치 아래에서 조국의 자유를 위해 투쟁하다가 처형된 시인이자 정치가 호세 리잘(Jose Rizal)의 다음과 같은 예언이 성취된 듯했다.

> 필리핀혁명은 칼끝으로 이루어지는 것이 아니라 개개인의 지성과 존엄성을 한껏 고양시키고 목숨까지 바칠 정도로 정의와 공정, 고귀함을 높이 받드는 자세를 갖춤으로써 성취될 것이다.

도둑이 제 발 저린 전두환정권

필리핀 민중혁명의 성공이 한국에 구체적으로 어떻게 영향을 미쳤는지를 밝히기는 쉽지 않다. 적어도 한국의 민중민주운동 진영은 크게 고무되었다. 사제단에서는 필리핀과 한국 민중민주운동 진영 간의 상호협력과 연대를 제의했다. 반드시 거기에 고무된 탓만이라고 할 수는 없겠지만, 한국의 민중민주운동은 1986년초부터 급격히 조직화된다. '80년 광주'의 진실을 하나씩 캐가기 시작하면서 반미 성향의 과격성과 운동의 격렬함이 두드러지게 나타난다. 5·3 인천사태는 야당이 주최한 행사였지만, 그것을 주도한 것은 민중민주운동권이었다. 이제 이들이 한국정치의 한 축이 되어 전면에 등장하기 시작한 것이다.

미국의 레이건 대통령은 그해 3월 13일 하원에 보낸 정책교서에서 "미국정부는 친소좌익정권의 독재자는 물론 반공친미 독재자에게도 반대할 것"이라고 하여, 필리핀사태에서 상당한 교훈을 얻어 정책이 변화될 수 있음을 시사했다. 전두환정권은 보도지침 2월 25일자에서 "필리핀사태, 1면 톱기사로 올리지 말 것"이라고 지시했지만, 이어 3월 8일자에서는 "미 국무부대변인의 브리핑과 울포위츠 차관보의 고별 회견에서 언급된 '한국은 필리핀과 다르다'는 내용은 1면에 4단 이상으로 쓸 것"이라고 하여, 필리핀사태에 '제 발 저린' 모습을 여실히 보여주었다.

앞서 말한 것처럼 이 무렵부터 민중민주운동권의 움직임도 이념적으로 과격해지고 행동으로도 격렬해지기 시작하는데, 이에 맞서 전두환정권의 전략도 교활해지고 탄압의 강도를 더해갔다. 한국은 더 깊은 어둠을 향해 나아가고 있었던 것이다. 우선 학생과 노동자들의 분신과 투신이 계속 이어졌다. 그것이 또한 독재정권으로 하여금 좌경용공으로 매도할 수 있는 빌미가 되었다. 1986년 3월 24일 연세대생 1천여명이 '학기중 전방입소 거부를 위한 전 연세인 실천대회'를 가진 것을 필두로 전방입소반대투쟁이 봄의 대학가를 휩쓸었다. 4월 28일 아침 9시경 약 4백여명의 85학번 서울대생들이 신림사거리 가야쇼핑 쎈터 앞에서 도로를 점거하고 전방입소반대 연좌농성을 벌였다. 그 맞은편 3층건물 옥상에서는 김세진(金世鎭), 이재호(李載虎)가 핸드 마이크를 잡고 투쟁을 주도하고 있었다. 시위 학생들을 뒤따라 경찰들이 추격해 올라오자 두사람은 "시위대에 덤벼들지 말라. 우리에게 가까이 오지 말라. 가까이 오면 분신할 것이다"라고 경고했다. 그러나 경찰이 계속 옥상으로 덮쳐 올라오자 그들은 즉시 몸에 불을 붙였다. 김세진은 순간적으로 뒤로 넘어졌으나 곧바로 일어나 온몸이 화염에 휩싸인 채 "양키의 용병교육, 전방입소 결사반대" "민족생존 위협하는 핵무기를 철수하라"고 외쳤다. 이재호는 얼마 후 고통에 못 이겨 옥상에서 떨어졌고, 김세진은 기진해 쓰러졌다.

이 사건을 전후하여 서울대 농대생 이동수(李東洙), 서울대 인문대생 박혜정(朴惠貞), 입시생 이경환 등이 분신 또는 자결했다. 민경교통의 택시기사 박종만, 신흥정밀의 박영진 등 노동자들도 부당해고에 항의하며 분신 자결했다. 이뿐만이 아니라 젊은 영농인들도 농정에 항의하여 자결하는 등 무려 15건의 극한투쟁이 일어났다.

5·3 인천사태 이후 구속자는 계속 늘어나 1986년말에는 구속수감중인 정치범이 3천4백여명에 달해 감옥은 포화상태였다. 그리고 5·3 인천사태 관련자는 물론, 서울노동운동연합(서노련) 청계피복노조 활동가 등 수십명이 보안대에 끌려가 가공할 고문을 다반사로 당했다. 보안대 지하실에는 "이년, 옷 벗겨" 하는 고함소리와 "차라리 죽여라, 이 인간 백정놈들아" 하는 비명소리가 갇혀 있는 모든 사람들을 전율케 했다. 이와 더불어 전두환정권은 전노추(전국노동자연맹추진위)사건, ML당사건, 반제동맹사건 등 좌경용공사건을 고문을 통하여 날조 발표했다. 여기에 연루되어 구속 또는 수배된 사람이 수백명에 달했다. 1986년 11월 7일에는 청계피복노동조합을 비롯한 14개 노동단체에 해산명령을 내렸고, 8일에는 24개 민중민주운동단체의 연합체이며 민주화운동의 구심점 역할을 해온 민통련의 본부와 서울시지부 등 4개 지부에 해산명령을 내린 데 이어 12~13일에는 그 사무실을 강제폐쇄했다. 이렇게 전두환정권의 폭압은 '계엄령 없는 상시계엄체제'로 치닫고 있었다.

당시 전두환정권은 야당인 신민당과 재야운동세력을 분리해 신민당을 장내로 끌어들이며 사실상 자신들의 집권연장을 가능케 하는 개헌으로 끌고가려 했다. 그것이 이른바 '이민우 구상'으로 나타났다. 그리고 재야민중운동 세력은 철저하게 용공좌경으로 몰아 그 조직역량을 완전히 파괴하려 했다. 이러한 전두환정권의 전략은 미 행정부와의 조율을 거친 흔적이 여기저기서 나타났다. 이런 점에서 1986년 10월 14일 신민당 유성환(兪成煥) 의원이 국회 본회의에서 한 '국시론' 발언은 전두환정권으로 하여금 회심의 미소를 띠게 하는 하나의 계기가 되었다. 그리고 전두환 군부의 의도가 가장 극적으로 드러난 경우가 바로 그 이후에 전개된 건국대사태였다.

최대·최악의 건국대사태

1986년 10월 28일 오후 건국대 본관 앞 광장에는 전국 22개 대학 학생 2천여명이 모여 '전국 반외세·반독재 애국학생투쟁연합'(애학투) 결성식을 갖고 있었다. 임원 선출에 이어 "결코 죽지 않고, 결코 패하지 아니하며, 결코 흔들리지 않는 투쟁의 활화산이 되어 힘차게 행군하자"라는 내용의 발족선언 등 8개의 선언문을 발표했다. 학생들은 전두환 일당의 장기집권음모를 분쇄하기 위해 신민당을 포함한 범국민운동연합을 결성하여 직선제개헌투쟁과 민주적 제(諸)권리 쟁취투쟁을 전개할 것을 천명했다. 이들이 레이건, 릴리(James R. Lilley, 당시 미대사), 나카소네 화형식을 거행하고 있던 3시 20분쯤, 갑자기 경찰 1천5백명이 난입해 건국대 주변을 포위하고 학생들에게 최루탄을 무차별로 난사했다. 학생들은 포위되어 건물 안으로 피신할 수밖에

1986년 10월 31일 건국대 건물 옥상에서 농성중인 대학생들을 향해
경찰이 고가사다리차를 타고 소방호스로 최루액을 쏟아붓는 등 진압에 나서자
학생들이 의자를 던지며 맞서고 있다. 사진제공: 경향포토

없었다. 이에 학생들은 7개 건물에서 바리케이드를 치고 농성에 들어갔다. 경찰은 오후 7시부터는 철조망까지 치고 물샐틈없는 경비를 폈다. 학교측의 경찰철수 요청과 안전한 귀가를 보장하면 자진해산하겠다는 학생들의 요구를 그들은 거부했다.

학생들은 사전준비 없이 이루어진 돌발사태 앞에서 처음에는 당황했다. 28일 날이 어두워지면서 학생들은 투쟁이 단기적으로 끝나지 않으리라는 것을 알고 장기농성에 대비하기 시작했다. 그러나 갑자기 몰아닥친 초겨울 한파로 몸살감기에 시달리는 사람이 많았다. 하룻밤을 거의 뜬눈으로 지샜다. 29일부터는 헬기가 건대 상공에 떠서는 투항을 종용하며 전단을 살포했다. 전두환정권은 여자 아나운서와 학부모를 동원하여 선무, 분열공작을 폈다. 한걸음 더 나아가 언론을 통해 이 사건을 '공산혁명분자의 난동'이라고 대대적으로 선전하기 시작했다. 의약품, 식량, 옷, 전기, 수돗물 공급도 끊어버렸다. 사회과학관 건물에서는 라면 하나를 네명이, 우유 한병을 열명이, 빵 한개를 다섯명이, 커피 한컵을 아홉명이 나누어먹으며 배고픔을 이겨냈다. 그러나 긴장감과 추위, 그리고 배고픔으로 하나둘씩 탈진해갔다. 학부모가 학생들에게 외투를 전달하려 하면 경찰은 "빨갱이 자식을 둔 주제에 무슨 말이 많으냐"는 핀잔을 놓았다. 한 건물에는 "교수님, 죄송합니다. 배가 고파 커피를 꺼내 먹었습니다"라는 쪽지가 남겨졌다. 사회과학관 538호 강의실에는 이런 벽서가 쓰여졌다.

> 오리라, 반드시 그날은 오리라
> 이땅 한반도에 피끓는 투쟁이 있는 한
> 해방의 그날은 오리라
> 피눈물 흘리며 우리는
> 형제인 전경에게 끌려가지만……
> 하지만 우리는 참된 민주주의를 갈망하는 애국청년으로
> 해방의 그날을 이 나라 백성에게 돌려주기 위해
> 피로써 온몸으로 투쟁하리니……

도서관에는 "우리에게 내일은 있을까? 하지만 그것이 없다면 우리는 오늘 여기에 있지도 않을 것이다"라는 벽서가 붙었다. 이런 벽서도 있었다. "이제 저들이 들이닥칠 것이다. 그러나 나는 감방에서 결코

투쟁을 멈추지 않으리라. 민주주의 만세!"

전두환정권은 이미 28일 밤 학생들의 주장이 용공성을 지니고 있다는 이유로 농성학생 전원연행 방침을 밝혔다. 경찰은 당초 학생들의 행사 정보를 입수하고서도 학생들의 출입을 통제하지도, 학생증 검사를 하지도 않았다. 아침 8시 35분 학교측이 정보를 알고 경계병력을 요청했을 때도 경찰은 이를 거부했다. 집회를 막거나 학생들을 흩는 것이 목적이 아니라 전원연행과 일망타진이 목적이었고, 바로 그 씨나리오는 그대로 그들의 작전이었다. 건국대 연합시위 지지투쟁이 각 대학에서 조직될 기미가 보이자, 31일 오전 8시 45분경 경찰은 8천여 명의 무장경찰과 헬기까지 동원해 무차별로 최루탄을 발사하면서 입체적인 진압작전을 폈다. 이른바 '황소1호작전'이었다. 진압중 옥상에서 "사람이 죽어가고 있어요. 구급차를 불러주세요" 하는 가녀린 여학생의 목소리가 있었지만, 1시간 만에 학생들은 최루탄과 쇠파이프, 그리고 각목에 맞아 피투성이가 된 채 전원연행되었다. 이를 보던 학부모들은 "내 아들이 데모하는 이유를 이제야 알겠다"면서 학생들과 어울려 가두시위를 벌였다.

경찰은 농성중인 학생 1268명을 포함해 모두 1525명을 연행하고 1290명을 구속했다. 이중 397명이 구속기소되었다. 진압과정에서 85명이 부상을 입었다. 건국대측의 재산피해만도 23억원에 이르렀다. 그러나 우려했던 도서관, 컴퓨터실, 학적과 등은 말짱했다. 가장 처절한 최대규모의 농성투쟁, 최악의 강제진압, 최대인원의 구속사태라는 진기록을 남긴 건국대사태는 과연 가장 깊은 어둠이었다. 가장 추운 겨울이었다.

11월 5일 김대중은 이례적으로 "이제 나는 여기서 대통령중심 직선제개헌을 전두환정권이 수락한다면 비록 사면복권이 되더라도 대통령선거에 출마하지 않겠다는 나의 결심을 천명한다"는 대통령 불출마 선언을 한다. 그런 결심을 하게 된 배경으로 김수환 추기경이 10월 20일 로마에서 "두 김씨는 마음을 비우라"고 한 말과 함께 다음과 같이 건국대사태를 들고 있다.

> 특히 최근에 일어난 건국대학교 사태에서 아무 책임도, 아무 잘못도 없는 우리 젊은 자식들이 무더기로 희생되는 것을 볼 때 나의 마음은 천갈래만갈래로 찢어지는 심정이다.

김대중의 이 불출마선언은 뒷날 그를 '거짓말하는 정치인'으로 만드는 데 일조하지만, 당시 정치적 겨울의 추위는 김대중이 불출마선언을 결심하지 않으면 안될 만큼 엄혹한 것이었다. 그때 김대중은 전두환정권 아래에서 민주화와 직선제개헌은 결코 이루어질 수 없다고 본 것이다. 이로부터 7개월 뒤에 있었던 노태우의 6·29 선언을 보고 김대중은 "인간에 대한 신뢰를 느낀다"라고 했는데, 이는 그처럼 안될 것처럼 보이던 직선제개헌이 받아들여진 데 대한 감회의 표현이 아니었을까.

아아, 박종철

죽음마저 거짓으로 묻히게 할 수는 없다

사기 130권을 쓴 태사령(太史令) 사마천(司馬遷)은 그의 나이 48세에 한(漢) 무제의 노여움을 사서 치욕의 궁형(宮刑)을 당한다. 흉노와 용감하게 싸우다가 중과부적으로 포로가 된 명장 이능(李陵)을 변호했기 때문이다. 궁형을 당한 이후의 심경을 몇군데 남겨놓았는데, 그는 하늘의 도(道)가 반드시 정의로운 방향으로만 펼쳐지지 않는다는 것에 절망하고 있었다. 아마도 그것이 동기가 되어 본기(本記)와 세가(世家) 외에 열전(列傳)을 따로 쓰게 된 것으로 보인다.

열전은 백이(伯夷)로부터 시작하는데, 여기서 그는 이렇게 말한다.

> 흔히 하늘은 사사롭지 않아서 언제나 착한 사람과 함께한다고 한다. 그러나 이는 부질없는 말이다. 이 말대로라면 착한 사람은 잘 풀려야 하지 않겠는가. 그러나 과연 그런가. 어질기만 했던 백이와 숙제는 청렴고결하게 살다가 굶어죽었다. 70명 제자 중 공자가 가장 아끼고 칭찬했던 안연(顔淵)은 가난에 찌들어 쌀겨도 제대로 먹지 못하다가 젊은 나이에 죽고

말았다. 하늘이 착한 사람 편을 든다면 이는 어찌된 까닭인가. 도척(盜跖)은 죄없는 사람을 죽이고 사람의 간을 꺼내먹는 등 악행을 일삼았으나 제 수명을 다하고 죽었다. 도대체 그가 무슨 덕을 쌓았단 말인가. 이런 예는 너무나 두드러진 것이지만, 이런 일은 일상생활 주변에서 얼마든지 일어나고 있다.

이렇게 말한 사마천은 이어서 "도대체 천도(天道)란 있는 것인가, 없는 것인가" 하고 절규한다. 민주화투쟁 과정에서 우리는 수없이 이런 절규를 거듭해야 했다. 그중 하나가 1987년 1월 14일 박종철 고문치사사건이었다. 스물한살, 서울대 언어학과 3학년 박종철의 죽음을 놓고 누가 먼저랄 것도 없이 터져나온 이 나라 국민의 절규도 사마천의 그것과 맥락을 같이하는 것이었다. 책상을 '탁' 하고 치니까 '억' 하고 쓰러졌다는 경찰의 발표가 있자, 침묵을 지키던 국민 내부에서 "어떻게 이런 일이 있을 수 있단 말인가" 하는 절규와 "하늘이 두렵지도 않느냐"라는 항의의 몸짓이 나타나기 시작한 것이다. "네 아우 아벨은 어디 있느냐. 네 아들, 네 제자, 네 젊은이, 네 국민의 한사람인 박종철은 지금 어디 있느냐"라는 처절한 울부짖음이 그것이었다. 그리고 박종철과 한겨레한핏줄로서 위정자·국민·여당·야당·부모·교사·종교인 모두가 한 젊은이의 죽음 앞에 무릎꿇고 가슴치며 통곡하고 반성해야 한다는 움직임이 곳곳에서 일어났다. 집단적 통회(痛悔)라 할 수 있는 뼈아픈 자기반성의 계기를 갖게 된 것이다. 박종철의 죽음은 어느 한 개인의 죽음이 아니라 이 어두운 시대를 외면한 양심의 죽음이며, 우리들의 비겁함과 무기력함이 방조한 살인이었음을 고백하는 기도회가 여기저기서 열렸다.

어머니들은 "수천명 네 친구들이 얼어붙은 감옥으로, 저 무서운 고문실로 끌려갈 때 이 어미들은 왜 총탄이 되어서 놈들을 막아내지 못했던가" 하면서 통곡했다. 그의 친구들은 같은 과 여학생이 지었다는 조시(弔詩)처럼 "차가운 날/한 뼘의 무덤조차 없이/언 강, 눈바람 속으로 날려진/너의 죽음을 마주하고/죽지 않고 살아남아 우리 곁을 맴돌/빼앗긴 형제의 넋을 앞에 하고/우리는 입술을 깨문다"면서 이제까지 살아온 우리가 그의 죽음 앞에 새롭게 태어나, 그가 못다 이룬 일을 뒤에 남은 우리가 이루자고 다투어 다짐하고 나섰다.

똑똑하면 다 못된 것 아니오?

박종철의 죽음이 이처럼 광범위한 국민적 공분을 불러일으킨 것은 물론 고문치사의 갑작스러운 충격이 너무도 컸기 때문이었다. 박종철의 죽음이 알려지자, 많은 사람들이 내 자식도 언제 저렇게 될지 모른다는 것을 실감하지 않을 수 없게 되었다. 여기에 그가 피의자로서 연행된 것이 아니라 수배자의 행방을 알아내기 위한 참고인으로 연행되었다가 죽어나왔다는 데에서 분노는 더 커질 수밖에 없었다. 그리고 스물한살, 대학교 3학년생이 갖는 청순한 이미지에서 오는 연민의 정도 크게 작용했을 것이다.

그러나 나는 박종철의 부친이 한 몇마디의 말이 엄청난 사회적 공감을 불러일으켰다고 생각한다. 그는 박종철의 빈소에 찾아온 조문객들에게 독백처럼 "내 아들이 못돼서 죽었소. 똑똑하면 다 못된 것 아니오?"라고 말했다. 이 말이 함축하고 있는 뜻은 실로 심장(深長)한 것이었다. 만마디의 웅변보다도 더 절절하게 당시의 사회상을 표현하는 촌철살인의 한마디였다. 그리고 화장한 박종철의 유골을 임진강

언저리에 뿌리면서 했다는 "종철아, 잘 가그래이. 아부지는 아무 할 말이 없대이"라는 말이 얼마나 많은 사람들의 심금을 울렸는지 모른다. 당신의 한많은 심경을 응축한 이 한마디로 많은 사람들의 양심을 흔들어깨운 것이다. 나는 일찍이 말 한마디가 가슴을 이처럼 찡하게 울리는 것을 보지 못했다. 그런 아버지였기에 박종철의 죽음을 헛되지 않게 했다고 나는 믿는다.

매우 자연스럽게도 박종철의 죽음으로 비롯된 우리 모두의 집단적 통회와 반성은 고문종식을 위한 국민운동으로 확산되어나갔다. 이 사건 이후 천주교정의구현전국사제단이 발표한 최초의 성명도 '고문살인의 종식을 위한 우리의 선언'이라는 제목이었다. 곳곳에서 고문추방을 위한 미사와 기도회가 이어졌고, 그해 2월 19일에는 민주화실천가족운동협의회 주최로 기독교회관에서 고문사례 보고대회가 열렸다. 고문만은 반드시 근절시켜야 되겠다는 결의가 이심전심으로 국민의 마음속에 확대되어가고 있었던 것이다. 전해 6월에 있었던 부천경찰서에서의 권인숙에 대한 성고문사건, 그리고 1985년 9월에 있었던 전 민청련 의장 김근태에 대한 치안본부에서의 잔인한 고문사건이 이미 국민 사이에 알려져 고문근절에 대한 국민적 공감대가 널리 확산되어 있는 가운데 박종철 고문치사사건이 새해 벽두에 터져나온 것이다.

이러한 국민적 정서가 2월 7일의 범국민추도회를 가능케 했다. 서울, 부산, 광주를 비롯한 전국에서 6만여명이 그 준비위원으로 참가한 범국민추도회가 동시다발로, 자연발생적으로 이루어졌다. 이렇게 탄력을 받게 된 국민운동이 3월 3일, 고문을 규탄하는 범국민대행진으로 발전했다. 고문이 있는 한 우리는 민주사회도 인간다운 사회도 이룰 수 없으며, 고문이 있는 곳에 선진조국이 있을 수 없을 뿐더러 국가안보도 있을 수 없다, 고문은 인간을 파괴하고 나라를 무너뜨리는 죄악이라는 확신이 국민 사이에 쌓여갔다.

그리고 당연한 일이지만 그것은 정권의 도덕성에 대해 정면으로 의문을 제기하는 단계로 발전하기 시작했다. '정권의 뿌리에 도대체 양심과 도덕이라는 것이 단 한줌이라도 있느냐, 아니면 정권의 뿌리에는 오직 총칼의 힘뿐이냐.' 이런 정권을 그대로 따라야 하는지 거부해야 하는지가 국민 앞에 중대한 양심의 문제로 제기되었다. 그리하여 박종철의 희생이 이 나라의 정의로운 민주회복의 도정에 승리의 분기점이 되고, 그 저력이 되어갔다. 여기에 불을 붙인 것이 4·13 호헌조치였다. 체육관선거라고 불리는 대통령간선체제를 그대로 유지하겠다는 선언이 바로 그것이다. 그것은 직선제개헌 논의를 전면적으로 차단하는 조치였다. 광주대교구 사제단을 비롯하여 4·13 호헌조치 이후 정권과의 정면대결을 의미하는 사제들의 단식투쟁이 전개되는 가운데 정국은 4·13 조치에 대한 찬반투쟁으로 발전해나가기 시작했다.

이처럼 박종철의 죽음은 보이지 않는 힘으로 국민을 결집시키고, 민주회복을 향한 각성된 힘을 조직화하는 밑바탕이 되었다. 특히 5월 18일 사제단이 '박종철군 고문치사사건의 진상이 조작되었다'는 제목의 성명을 발표하면서 민주화운동은 엄청난 탄력을 받는다. 결국 그 친구들의 조사처럼 "이제까지 부끄럽게 살아온 우리가 그의 죽음 앞에 새롭게 태어나 그가 못다 이룬 일을 뒤에 남아 이루는" 것이다.

범인이 조작되었다

3월 중순경이 아니었나 싶다. 나는 감옥에 있는 친구 이부영으로부터 두세통의 편지를 한꺼번에 받았다. 여러 차례에 걸쳐 보낸 편지가 쌓여 있다가 뒤늦게 내게 전달된 것이다.

"우촌(友村, 이돈명 변호사가 지어준 필자의 아호) 보게"로 시작하는 그 편지는 놀라운 사실을 담고 있었다. 박종철 고문치사사건의 범인이 조작되었다는 것이다. 마침 고문치사사건의 범인들로 지목된 사람들이 영등포교도소에 같이 수감되어 있는데, 그들은 범인이 아니라는 것이다. 이부영은 그 전해 늦가을, 인천사태와 관련하여 수배중 검거되어 영등포교도소에 구치되어 있던 중이었다.

우연치 않게 이부영은 이들 고문경관들이 가족면회 때 자기들의 억울함을 하소연하고 있다는 소식을 들었다. 가족면회 때 울기까지 한다는 것이었다. 지난날 기자생활을 했던 이부영은 제한된 상황 속에서 집요하게 취재활동을 벌였다. 이사람 저사람으로부터 들은 얘기를 취합해 편지를 쓰고, 다시 새로운 사실을 알게 되면 또 편지를 썼다. 그렇게 쓴 '비둘기 편지'를 내가 받을 수 있었던 것은 천행이었다. 그 편지를 내게 전해준 전병용은 나처럼 당시 수배중인 몸이었다. 얼마 전까지 나는 그와 함께 수배생활을 했다. 그러다가 흩어졌다. 그런데 기적적으로 우리는 다시 만났고, 거기서 나는 이부영의 바로 그 편지들을 받은 것이다. 그리고 며칠 뒤 전병용은 검거되었다.

전병용이 그 편지를 내게 전달하기 전에 체포되었더라면, 박종철의 고문치사사건은 그 진상이 밝혀질 수 없었을지도 모른다. 그리고 이부영이 당시 영등포교도소에 미리 수감되어 있었던 것, 주변을 통하여 그 안에서 그가 어느정도까지 진상을 알아낼 수 있었던 것 등 모두가 절묘하다면 절묘하게 맞아떨어졌다.

'탁' 하고 책상을 치니 '억' 하고 쓰러졌다는 것이 경찰의 1차 발표였고 이 발표를 아무도 믿지 않게 되자, 경찰은 조한경(趙漢慶) 경위와 강진규(姜鎭圭) 경사가 두어차례 물고문을 하고 상당한 폭행을 가했다고 2차 발표를 하면서, 두사람을 범인으로 구속하고 사건을 마무리지으려 했다. 그러나 실상은 이와 전혀 달랐다. 조한경 경위는 치안본부 대공수사 2반 5과 2계 학원분과 1반장으로서 책임자인 것은 사실이지만, 정작 고문할 때는 그 자리에 없었다. 즉 지휘책임은 있지만 직접적인 고문살인의 주범은 아니었는데도 고문살인의 주범으로 조작된 것이다. 강진규 경사는 1반 반원이 아니며, 강진규 경사가 소속된 반에서 찾고 있는 학생에 대해 박종철에게 알아보기 위해 그 방에 갔다가 고문현장에 있게 되었다. 경찰은 여론의 빗발치는 진상조사요구에 고문치사 사실은 인정하면서도, 범인만은 계속 조작해 조한경 경위와 강진규 경사에게 덮어씌웠던 것이다. 경찰이 말하는 뼈를 깎는 반성과 분발은 사건조작과 진상은폐로 시작해서 범인조작으로 끝내는 것이었다.

박종철을 죽음에 이르게 한 고문은 이 두사람이 아닌 다른 세사람의 수사관에 의해서 자행되었고, 사건의 조작은 아주 치밀하고도 체계적으로 치안본부 안에서 이루어졌다. 처음에 범인으로 차출된 두사람은 경찰의 각본에 따랐지만, 시간이 흐를수록 심리적 동요를 일으키기 시작했다. 고문살인이라는 누명을 쓰는 것에 두려움을 느끼기 시작한 것이다. 가족들도 진짜 네가 죽였느냐고 다그쳤다. 이들은 2월 27일 검찰에 자신들은 범인이 아니며 세명의 고문경관이 있다는 사실을 호소한다. 그러나 검찰은 "진실을 밝히는 것이 자신에게 유리할 것인지 판단하라"며 계속적인 은폐를 획책, 종용하면서 이같은 사실을 상부에 보고했다.

2월 28일 법무부장관은 이례적으로 영등포교도소를 방문해 새로운 사실이 밖에 알려지지 않도록 철저한 보안단속을 지시한다. 그리고 이들 두사람은 3월 7일 의정부교도소로 이감된다. 이감조치는 경찰로 하여금 두 경관에 대하여 진실을 말하지 못하도록 회유, 협박하기 위한 것이었다. 실제로 3월 9일 가족면회 때 조한경 경위는 동생에게 "검사에게 조작사실을 폭로한 뒤, 경찰로부터 죽이겠다는 협박을 받고 있다. 빨리 변호사를 선임해달라"고 호소한다. 이후부터 경찰은 가족면회를 일일이 입회 감시함으로써 더이상 진실이 밖으로 나가지 못하게 했다. 이부영의 편지는 이감 이전까지의 취재를 담고 있었고, 이감 이후는 밖에 있는 사람들의 몫이 될 수밖에 없었다.

민주화의 길이 이 사건에 걸려 있다

이처럼 나는 한편으로는 이감된 후 고문경관들의 행적을 추적해야 했으며, 다른 한편으로는 이부영이 편지에서 지적한 내용을 객관적으로 확인하고 또 전후사정을 좀더 광범위하게 점검해야 했다. 그러나 당시 나는 수배중인 몸이라 활동이 자유롭지 않았고, 또 그렇지 않다고 하더라도 저 무시무시한 남영동 치안본부 대공분실 안에서 일어난 일을 확인한다는 것은 매우 어려운 일이었다. 우선은 신문을 철저하게 뒤적일 수밖에 없었다. 이 사건의 경우 사실 언론보도가 큰 몫을 했다. 특히 정의감을 가지고 있던 사회부 경찰출입기자들의 기자정신에 힘입은 바 크다. 이러한 경쟁적인 신문보도를 놓고 짜깁기하다보면 상당히 중요한 사실도 확인할 수 있었다.

또한 당시 나를 자신의 집에 은신시켜주었던 고영구 변호사를 비롯해 황인철 변호사, 홍성우 변호사에게 재판절차, 검찰의 동향 등 관련 사항에 대해 알아봐줄 것을 부탁했다. 이와같은 보완을 통하여, 결코 새로운 사실은 없었지만 전후상황을 조금은 설명할 수 있었다. 그러나 이것은 이부영이 준 정보를 부연한 것에 지나지 않았다. 모든 것을 종합하여 4월말경 나는 뒷날 사제단에서 발표한 5월 18일자 성명의 초고를 작성했다. 성명의 마지막에서 나는 이렇게 썼다.

이 사건 범인조작의 진실이 박종철군의 고문살인 진상과 함께 명쾌하게 밝혀질 수 있느냐 없느냐에 따라 과연 우리나라에서 공권력의 도덕성이 회복되느냐 되지 않느냐 하는 결말이 날 것이다. 또한 우리 사회가 진실과 양심, 그리고 인간화와 민주화의 길을 걸을 수 있느냐 없느냐 하는 중대한 관건이 이 사건에 걸려 있다.

이제 남은 것은 세상에 이 진실을 알리는 일이었다. 처음에 나는 당시 야당을 통하여 국회 대정부질의 등의 형식으로 폭로하는 문제를 검토했다. 그러나 그들이 이같은 일을 수행하기에는 무력해 보였고, 또 우선은 수배중인 몸으로 접촉할 길이 막연했다. 또한 그런 상황에서 이같은 사건조작, 범인조작을 그들에게 확신시킨다는 데 자신이 없었다. 있는 그대로 전후의 사정을 함부로 말할 수도 없는 노릇이고, 또 진실을 말한다고 해서 용기있게 발표해준다는 보장도 없는 것이다. 결국 민주화운동 과정에서 가장 어려운 일은 사제단에서 도맡아 할 수밖에 다른 길이 없었던 것처럼, 이번 일도 달리 길이 없었다. 사제단에 간곡하게 말할 수밖에 없었다. 그때도 사제단과는 연락이 되고 있었다. 함세웅 신부가 서울대교구 홍보국장으로 있었는데, 나는 고영구 변호사의 부인 황국자(黃菊子) 여사와 딸 은영이를 통하여 구두 또는 편지로 수시로 연락을 취하고 있었다. 물론 이 사건과 관련해서도 추기경과 함세웅 신부에게는 그간의 정황을 그때그때 말한 것으로 기억한다. 그러나 발표해주십사 하는 어려운 부탁만은 죄송스러워

차마 못하고 있었던 것이다.

그때 함세웅 신부는 일요일이면 구파발성당에 와서 미사를 집전했기 때문에 어떤 때는 구파발성당으로 황국자 여사가 찾아가 뵙기도 했다. 5·18 특별미사를 명동성당에서 봉헌키로 했다는 얘기를 들었을 때, 나는 이것이 하늘이 섭리한 절묘한 기회라고 생각했다. 함세웅 신부에게 진정을 다한 간곡한 편지를 썼다. 이와 관련해 신부들이 여러 차례에 걸친 모임을 가진 것으로 알고 있다. 그리고 5·18 특별미사 때 성명을 발표키로 결정한 것은 거의 마지막 순간이 아니었나 싶다. 추기경도 이 문제와 관련해서는 매우 심각해했다고 들었다. 신부들의 결단이 없었더라면 이 사건의 진실은 밝혀지기 어려웠을 것이다. 사제단은 누구도 하기를 두려워하는 무겁고 힘든 시대의 짐을 떠맡았다. 5월 18일 미사에 나녀온 황국자 여사로부터 김승훈 신부가 절할 때 제의가 앞으로 젖혀질 만큼 경건한 모습으로 성명을 발표했다는 얘기를 듣고, 온 가족이 함께 환호했던 기억이 새롭다. 한참 동안 그것을 붙들고 고심했던 일이 내 손을 떠난 것이다. 처음에 경찰은 부인했다. 그러나 손바닥으로 하늘을 가릴 수 없었던지 숨죽이는 며칠이 지난 뒤인 22일에는 마침내 은폐조작을 시인하고, 사제단이 지적한 범인 세명을 추가 구속했다. 26일에는 총리를 비롯한 내각을 대폭 개편했다. 29일에는 검찰이 최종수사결과를 발표하면서 치안감을 비롯한 세명의 책임자를 구속했다. 그러나 사제단의 이름으로 발표된 6월 22일의 성명 '진실이 밝혀지기보다는 은폐되고 있다'에서 지적하고 있는 것처럼, 한편으로 시인하면서 다른 한편으로는 진실을 파묻는 그런 작업의 반복일 뿐이었다. 그래도 그것은 엄청난 진전이었다.

그러나 범인조작사실의 폭로는 민주화운동 진영에 활력을 제공했고, 국민을 또 한번 경악케 했다. 5월 23일에는 '박종철군 국민추도준비위원회'를 '박종철군 고문살인은폐조작규탄 범국민대회준비위원회'로 확대 개편하고, 규탄대회를 6월 10일에 갖기로 한다. 이것이 모체가 되어 5월 27일에는 민주헌법쟁취국민운동본부가 결성되고, 6·10 대회를 박종철 사건 조작규탄뿐만 아니라 4·13 조치의 철회, 민주화 조치의 철회 및 민주개헌쟁취로 초점을 맞춘다. 이렇게 하여 6월항쟁이 전개되고, 마침내 6·29 승리를 쟁취하게 된 것이다. 6월항쟁의 끝이라 할 6·29 이후 나는 긴 수배로부터 벗어났다. 김승훈 신부, 함세웅 신부, 이부영 등 알려진 사람은 물론이지만 보이지 않게 뒤에서 수고한 사람들이 많다. 고영구 변호사와 그 부인 황국자 여사와 딸, 일가족 모두가 많은 애를 썼고, 전병용과 아직도 이름을 밝힐 수 없는 몇몇 사람들이 없었다면 박종철 사건은 조작된 채로 은폐될 뻔했던 것이다. 그리고 사제단의 성명에도 언급하고 있지만, 의사 오연상(吳演相), 박동호(朴東皓)와 일선 기자들의 증언은 높이 평가되어야 한다. 박종철의 아버지와 어머니, 누이 등 그 가족들의 깨어있음이 또한 이 사건을 바로잡을 수 있게 했다.

많은 사람들이 있는 힘을 다하여 박종철의 진실을 밝히는 일에 참여했다. 그리하여 박종철은 조시의 끝구절처럼 우리 안에 다시 피어났다.

> 철아
> 마침내 그날
> 우리 모두가 자유의 춤을 추게 될 그날
> 척박한 이땅 마른 줄기에서 피어나는
> 눈물뿐인 이 나라의 꽃이 되어라.

6월항쟁, 그 장엄한 승리

박종철, 이한열 그리고 살아남은 사람들

우리는 뜨거운 눈물을 삼키며
솟아오르는 분노의 주먹을 쥔다
(…)
살아서 보지 못한 것, 살아서 얻지 못한 것
인간 자유 해방
죽어서 꿈꾸며 기다릴 너를 생각하며
찢어진 가슴으로 네게 약속한다
거짓으로 점철된 이땅
너의 죽음마저 거짓으로 묻히게 할 수는 없다.

1987년 1월 14일 치안본부 대공분실에서 조사를 받다 숨진 박종철 추모제가 1월 20일 서울대에서 열렸다. 이날 같은 언어학과 여학생이 낭독한 '우리는 결코 너를 빼앗길 수 없다'는 제목의 추모시는 장내를 숙연케 했는데, 위의 글은 그 처음과 마지막 구절이다. 이 시는 두고

두고 온 국민의 심금을 울렸다. 과연 박종철의 죽음은 거짓으로 묻히지 않았다. 더 나아가 박종철의 죽음은 머지 않아 전개될 저 장엄한 6월항쟁의 도화선이 되고, 고비고비마다 부활하여 민주화진영에 승기(勝機)를 안겨주었다.

숨길수록 드러나는 진실

심장마비에 의한 사망으로 소리없이 처리될 수도 있었던 이 사건이 1월 15일 중앙일보 법조출입기자에 의해 '경찰에서 조사받던 대학생 쇼크사'로 보도된 것부터가 기적이었다. 경찰은 이 변사사건을 시인하지 않을 수 없게 되었다. 강민창(姜玟昌) 치안본부장은 1월 15일 오후 6시 "밤 사이 술을 많이 마셔 갈증이 난다며 물을 여러컵 마신 뒤, 심문 시작 30분 만에 수사관이 책상을 '탁' 치며 추궁하자 갑자기 '억' 하며 쓰러져 긴급히 병원으로 옮기던 중 차 안에서 숨졌다"라고 발표했다. 그러나 기자들의 끈질긴 추적으로 '탁' 하고 치니 '억' 하고 쓰러진 것이 아니라 고문치사였고, 병원으로 옮기던 중 숨진 것이 아니라 의사가 현장에 갔을 때 이미 숨져 있었던 것이 밝혀졌다. 당시의 그 엄혹하던 상황 속에서 이 사실을 증언한 것은 중앙대 용산병원 의사 오연상이었다.

박종철이 고문치사했다는 사실이 알려지자 세상은 발칵 뒤집혔다. 신문의 칼럼은 "하늘이여 땅이여 사람들이여. 저 죽음을 응시해주기 바란다. 저 죽음을 끝내 지켜주기 바란다. (…) 그의 죽음과 삶은 그 한 젊은이만의 죽음과 삶일 수 없다. 우리 모두의 죽음과 삶이다"라고 썼다. 건국대사태 이후 전두환정권의 철권통치에 숨죽이고 있던 민주화운동 진영과 정치권은 떨쳐일어났다.

그러나 1월 17일 이른바 관계기관 대책회의는 "경찰에 대한 국민의 신뢰와 경찰의 명예를 위해 진상을 철저히 조사, 국민들의 의혹을 풀어주겠다"는 경찰의 요구에 따라 진상조사를 경찰에 맡겼다. 고양이에게 생선가게를 맡긴 것이다. 19일 오전 경찰총수는 "박종철군이 서울대 민추위사건 주요수배자인 박종운군의 소재를 알고 있음이 확실함에도 진술을 거부하자 사실을 알아내기 위해 위협수단으로 조한경 경위와 강진규 경사가 대공수사2단 5층 9호조사실에서 박군의 머리를 욕조물에 한차례 잠시 집어넣었다가 내놓았으나 계속 진술을 거부하면서 완강히 반항하여 다시 머리를 욕조물에 넣는 과정에서 급소인 목부위가 욕조턱에 눌려 질식 사망한 것으로 밝혀졌다"라고 진상을 공개하면서 경찰관 2명을 구속했다고 발표했다. 경찰이 이나마 고문사실을 밝히지 않을 수 없게 된 데는 박종철을 부검한 국립과학수사연구소 황적준(黃迪駿) 박사의 역할이 컸다. 그는 사인을 심장마비로 해달라는 경찰고위층의 압력을 끝까지 거부했다.

박종철의 고문치사 사실이 알려지자 그것이 기폭제가 되어 민주화운동은 급격히 범국민적인 차원으로 확대되어나갔다. 1월 19일 함석헌, 홍남순, 김영삼, 김대중 등 전국에서 각계 대표 9782명으로 '박종철군 국민추도회 준비위원회'가 발족했다. 이와같은 범국민적인 조직이 단시간 내에 발족할 수 있었던 것은 그동안 축적되어온 힘이 있었기 때문이다. 1985년 10월 김근태에 대한 고문사실이 밝혀지자 '고문, 용공조작저지 공동대책위원회'가 결성되었고, 그것이 성고문사건을 거치면서 더욱 확대 발전해 준비위원회의 모태가 된 것이다. 준비위원회측은 2월 7일 추도식을 갖기로 했다. 1월 26일 저녁 명동성당에서 있었던 '박종철군 추도 및 고문근절을 위한 인권회복미사'에서 김수환 추기경은 이례적으로 강한 어조의 강론을 통해 "이 정권의 뿌리에 양심과 도덕이 도대체 있느냐, 아니면 총칼의 힘뿐이냐 하는 회의가 근본적으로 야기되지 않을 수 없다. 이것은 다시 국민인 우리에게 이런 정권을 그대로 따라야 하는지 아닌지에 대한 중대한 양심문제를 던지고 있다"라고 전두환정권을 통렬하게 비판했다.

그러나 5공정부는 2·7 집회를 불법집회로 규정하고 원천봉쇄 3일작전을 벌였다. 당일에는 전국에서 2만5천명의 전경을 차출해 저지에 총력을 기울였지만, 박종철의 죽음에 항의하는 시민들은 집회 대신 시가전으로 곳곳에서 시위를 벌였다. 오후 2시 정각 명동성당에서 종이 울렸다. 박종철의 나이와 같은 21번이었다. 이날의 투쟁은 규모면에서는 결코 대단한 것이 아니었지만, 광범위한 시민들의 참여가 특히 눈에 띄었다. 수백대의 자동차가 일제히 경적을 울렸다. 연도와 빌딩 창가에 빽빽히 늘어선 시민들은 시위대에게 박수를 보내고 애국가와 「우리의 소원은 통일」 등의 노래를 같이 불렀다. 경찰이 시위대를 연행하면 시민들은 '우' 하는 야유를 보내는가 하면, 직접 경찰과 몸싸움을 벌여 이들을 구출해내기도 했다. 이날 서울에서만 아니라 부산, 대전, 광주, 마산, 전주 등에서도 추도시위가 열렸고, 연행된 사람은 798명에 달했다.

그때마다 민주화에 활력을

3월 3일 박종철 49재와 '고문추방 민주화 국민대행진'이 서울을 비롯하여 부산, 대구, 광주, 대전, 전주 등 주요 도시에서 추진되었다. 경찰은 6만여명을 동원하여 원천봉쇄에 나섰다. 불교 5단체의 승려와 신도 2백여명이 박종철의 영정을 앞세우고 조계사 부근에서 가두행진을 벌였고, 재야인사들과 신민당원들은 침묵을 상징하는 '+'자 모양의 검은 반창고가 붙은 마스크를 쓰고 시가지 진출을 시도했다. 풍선을 들고 행진하는 시위형태도 선보였다. 2월 7일의 추도회와 3월 3일의 49재는 전국에서 동시다발로 이루어졌고, 또 다수의 시민들이 동참했다는 점에서 6월항쟁의 전초전이자 예고편의 의미를 지닌다.

이러한 일련의 반정부 항의열기에 고무된 김영삼과 김대중은 4월 5일, 이민우 일파와 결별하고 독자적인 신당인 통일민주당 창당을 선언하는 것에 이어 13일 발기인대회, 5월 1일 창당대회의 수순을 밟아 나간다. 이는 전두환정권과의 타협을 배제하고 정면대결을 벌이겠다는 각오의 표시였다. 이와는 반대로 전두환정권은 2·7과 3·3을 효율적으로 진압했다고 보고, 4월 13일 국민의 개헌요구를 거부하는 이른바 4·13 호헌조치를 발표한다. 이로써 전두환정권과 민주진영과의 정면대결은 회피할 수 없게 되었다.

4·13 호헌조치는 한국문인협회, 한국노총, 무역협회, 상공회의소, 경총, 광복회 등으로부터는 "고뇌에 찬 영단" "민주화의 획기적인 이정표"라는 찬사를 들었다. 이들은 때마다 어용성 발언의 단골손님들이었다. 개인적으로는 일찍이 "하늘의 찬양이 두루 넘께로 오시나이다"라는 송시(頌詩)를 전두환에게 바친 서정주(徐廷柱)가 대표적이었다. 그러나 4·13 호헌조치는 즉각 범국민적인 반대열풍을 불러일으켰다. 결연히 반대하는 서명운동과 농성이 꼬리를 물고 계속되었다. 특히 사제단 신부들의 성당농성은 각 지역에 반대열풍을 확산시키는 진원이 되고 촉매가 되었다. 이제까지 방관자적 자세를 가졌던 사람들도 반독재의 대열에 합류했다.

이때 국민들의 분노를 다시 한번 결정적으로 촉발시키는 사건이 터졌다. 5월 18일 광주민주항쟁 7주년 추모미사에서 사제단의 김승훈 신부가 '박종철군 고문치사사건의 진상은 조작되었다'는 제목의 성명을 발표한 것이다. 박종철 고문치사사건의 진범은 따로 있다면서, 박종철의 고문에 가담한 나머지 세 경찰관의 명단을 공개했다. 처음에 전두환정권은 침묵했다. 그러나 진실을 더이상 가릴 수 없었던지, 다른 경찰관서로 빼돌렸던 세명의 경관을 5월 21일 구속했다. 그리고 범인은폐축소에 가담했던 박처원(朴處源) 치안감, 유정방 과장, 박원택 계장을 추가로 구속했다. 박종철 1주기 때 강민창 치안본부장이 사인을 은폐한 직무유기혐의로 구속되어, 박종철 고문치사사건은 그 모든 진실을 드러낸다. 이 사건은 진실은 그 자체의 힘으로 마침내 밝혀질 수 있다는 것을 보여주었다.

박종철과 이한열의 만남

국민들은 경악했다. 여론은 들끓었다. 5월 26일 전두환은 전면개각을 단행했다. 후계자로 물망에 오르던 노신영 총리와 5공정권의 2인자였던 장세동이 물러났다. 내무부장관과 법무부장관, 검찰총장도 바뀌었다. 그러나 그것으로 국민의 분노가 가라앉을 수는 없었다. 5월 27일 재야민주단체와 통일민주당을 망라해서 광범위한 민주세력이 결집된 민주헌법쟁취국민운동본부가 탄생했다. 국민운동본부는 2천2백명에 이르는 대규모 발기인으로 발족했다. 가톨릭 253명, 개신교 270명, 불교 160명, 정치인 213명, 노동자 39명, 농민 171명, 문화예술교육분야 155명, 빈민 18명, 민통련 35명, 기타 지역대표로 구성되었다. 그 모체는 당연히 '박종철군 국민추도회준비위원회'였다고 할

터져나오는 울음을 참고 있는 박종철의 어머니. 6월 민주항쟁 ©조문호

수 있다. 이들은 6월 10일 민정당의 대통령후보선출 전당대회에 맞추어 '박종철군 고문살인조작 범국민규탄대회'를 개최하기로 결정했다. 학생들도 5월 29일 서울지역대학생대표자협의회를 결성하고, 국민운동본부의 지침에 맞추어 6월 9일과 10일에 총궐기를 준비한다.

6월 9일 연세대생들이 전두환, 노태우 화형식을 끝내고 교문 앞으로 진출하려고 할 때 시위중이던 이한열이 경찰이 쏜 직격탄(최루탄)에 맞았다. 이한열이 피를 흘리며 동료에게 의지하고 있는 '쓰러지는 이한열'의 모습이 신문 사회면에 보도되었다. 이 한장의 사진이 학생과 시민의 일체감을 이끌어내는 데 큰 역할을 했다. 6월 10일 노태우는 잠실체육관에서 릴리 주한 미대사가 참석한 가운데 대통령후보로 선출되었다. 같은 시간에 서울을 비롯한 전국의 22개 도시에서는 24만명의 시민들이 '박종철군 고문살인 및 호헌철폐 시민대회'를 열고 "호헌철폐" "독재타도"를 외치고 있었다. 오후 6시 성공회 정동성당에서는 애국가가 울려퍼졌고, 분단과 독재의 세월을 의미하여 성당의 종이 42번 울리는 것을 신호로 성당구내 차량이 경적을 울리자 도심을 지나가던 차량도 합세했다. 역사적인 6월항쟁의 막이 오른 것이다.

이날 서울에서만 30여군데서 시가전 형태의 시위가 벌어졌고, 포악해진 경찰은 전국에서 3천8백여명을 연행했다. 서울 도심의 시위대 일부가 명동성당으로 들어가 농성투쟁을 시작했다. 이것이 6월항쟁의 기폭제가 된 5일간에 걸친 명동성당 농성투쟁의 시작이었다. 각 대학은 명동성당투쟁 지원출정식을 갖고 연일 도심으로 쏟아져나왔다. 명동은 모든 사람의 희망이었고 또 관심의 표적이었다. 시민들은 빵, 돈봉투, 의약품, 속옷, 우유 등을 던져넣었고, 시위에 박수와 환호 그리고 만세소리로 답했다. 시위대 옆에서는 울음이 터졌고, 감격의 순간이 이어졌다. 당국이 강제진압과 전원연행을 고집하자 추기경과

이한열 장례식 날, 서울시청 앞에는 일찍이 유례가 없던 1백만 군중이 운집했다.
이 군중의 숙연한 운집은 살인 정권에 대한 준엄한 경고이기도 했다. ⓒ박용수

사제단은 자신들을 딛고 들어가라고 요구하면서 몸으로 막았다. 당국은 안전귀가를 보장하는 선으로 후퇴하지 않을 수 없었다. 6월 15일 농성은 평화적으로 해산했다. 이는 명동성당측과 농성학생과 시민 그리고 경찰 모두의 승리였다. 그럼에도 전국적인 규모의 시위는 계속

되었다.

국민운동본부 간부 13명이 구속되었지만(6월 13일) 시민의 열기는 계속 높아만 갔다. 6월 18일 운동본부가 정한 '최루탄 추방대회의 날'에는 전국 16개 도시에서 150만명이 거리로 나와 시위에 참가했다. 전두환정권은 10만명의 경찰을 투입해서 1487명을 연행했다. 이 무렵부터 계엄설이 나돌면서, 군 수뇌부모임이 뒤따르고, 19일 주한 미대사가 대통령을 만난 것을 비롯, 미국 정부인사들의 발길이 잦아지기 시작했다. 이러한 군 투입설에도 불구하고 가장 과감하게 투쟁한 것은 부산시민이었다. 가톨릭쎈터에서 농성중인 학생들을 구출하기 위해 서면로터리에서 부산진시장에 이르는 5킬로미터가 인파로 메워졌다. 이것이 항쟁의 중대한 전환점이 되었다. 부산의 시위는 밤낮을 가리지 않고 며칠 동안 계속되었고 그것이 광주를 비롯한 전국으로 퍼지는 파급효과를 가져왔다.

6월 26일은 국민평화대행진의 날이었다. 전국 33개 시와 4개 군읍에서 180만명이 시위에 참가했다. 민정당 지구당사 4개소, 경찰서 2개소, 파출소 29개소, 경찰차량 수십대가 파손되었다. 6월 10일 이후 17일 동안 전국에서 벌어진 시위는 2145회였고 발사된 최루탄만도 35만발에 이르렀다. 전두환의 연출로 노태우가 발표한 6·29 선언은 이렇게 폭발한 민중의 힘에 무릎을 꿇는 항복선언이었다. 6·29 선언은 대통령직선제 수용, 김대중 사면복권, 시국사범 석방을 내용으로 하고 있었다. 전두환은 7월 1일 6·29 선언을 수용한다는 제스처의 담화를 발표했다. 마침내 민중이 승리한 것이다. 이같은 승리는 중산층이 행동에 나선 것이 결정적이었다. 중산층을 행동에 나서게 한 3대 원인으로 김영삼은 박종철 고문치사, 4·13 호헌조치, 최루탄 난사(이한열의 사진)를 꼽았다.

7월 3일 이한열이 사망했다. 7월 9일에 열린 장례식에서 어머니 배은심(裵恩深) 여사는 “이제 다 풀고 가라 (…) 한열아, 가자 광주로” 하면서 피끓는 통곡을 터뜨렸다. 10만으로 시작된 추모행렬은 신촌 네거리 노제 때는 30만으로, 시청앞 광장에 모였을 때는 1백만명에 이르러 그 절정에 달했다. 광주에서는 50만이, 부산에서는 30만이 이한열의 마지막 가는 길을 추모했다. 이한열은 밤 10시 20분 광주 망월동 묘역에 안장되었다.

박종철과 이한열의 죽음을 딛고 쟁취한 6·29 선언은 항복선언이면서 다른 한편으로는 항복을 가장한 권력연장을 위해 계산된 음모이기도 했다. 결과적으로 그 음모는 성공했다. 6·29 선언에 따른 사면복권 기자회견에서 김대중은 8개월 전의 ‘대통령 불출마선언’을 사실상 철회해 저들의 음모에 이미 빠져들고 있었다. 석방과 사면복권에서 이부영, 장기표, 김근태, 문부식 등은 교묘하게 제외되었다. 음모는 이미 진행되고 있었던 것이다.

1987년 7~9월 노동자대투쟁

울산 현대에서 발화, 전국으로

6월항쟁은 여러 가지 측면에서 새로운 신화를 창조했다. 천안에서는 3·1운동 이후 최초의 시위를 감행했고, 충주는 역사상 처음으로 시위를 경험했다. 1948년의 여수·순천사태 이후 오랜 피해의식으로 침묵을 지키고 있던 여수도 이번 궐기에는 참여했다. 1980년 광주민주화운동 당시 광주가 겪은 지역적 고립을 6월항쟁 때는 완전히 극복한 것이다.

또한 6월항쟁은 결코 6·29 선언 하나로 종식되지 않았다. 노동자와 농민을 비롯해서 6월항쟁에 직접 참여하거나 주도한 세력들은 도저히 자신들의 힘으로는 움직일 수 없을 것 같던 권력이 마침내 거대한 민중의 힘에 굴복하는 것을 두눈으로 확인했다. 이것은 민중으로서는 엄청난 체험이었다. 그들은 자신들의 힘을 깨닫기 시작한 것이다. 그리고 이내 자신감을 갖기 시작했다. 이러한 자신감은 각 부문에서 민중운동이 더욱 활기를 띠게 만들었다. 그것은 민중운동의 획기적 전진을 의미하는 것이었다. 특히 1987년 7월에서 9월까지의 노동자대투쟁은 6월항쟁의 불길이 노동현장에 옮겨붙으면서 전개된 것이었다.

울산 현대에서 불붙다

노동자대투쟁은 수많은 변화를 창조했다. 그 가운데 단연 돋보인 것은 현대그룹 노동자들의 연대투쟁이었다. 그동안 현대재벌에 의해 금기시되어온 노조결성이라는 장벽을 무너뜨린 것이다. 7월 5일 현대그룹 주력기업의 하나인 현대엔진에서 노동조합이 결성되었다. 뒤이어 7월 15일 현대미포조선에서 노동조합이 결성되면서 노조결성 움직임은 전체 현대그룹 계열사로 급격하게 파급되었다. 현대중공업에서는 어용노조를 물리치고 민주노조를 건설하기 위한 '현대중공업 노조개편대책위원회'가 7월 26일 결성되더니, 완강한 투쟁 끝에 마침내 8월 19일 민주노조를 건설했다. 현대자동차에서도 회사측에 의해 급조된 어용노조를 물리치고 7월 28일자로 민주노조를 창건했다. 7월 27일에는 현대중전기에서, 8월 1일에는 현대정공에서 각각 노조가 결성되었다. 연이어 금강개발과 한국프랜지에 노조가 결성되면서 현대계열사 모두가 노조를 갖게 되었다.

이같이 개별회사 단위로 노조 결성이 완료되자, 이제 현대계열사 노조들은 그룹 차원의 연대조직인 현대그룹노조협의회(현노협) 결성 투쟁에 돌입했다. 현노협의 결성은 현대그룹의 가부장적이며 중앙집권적인 지배질서에 대응하기 위한 불가피하고도 필연적인 요청이었다. 1987년 8월 8일 울산지역을 비롯한 11개 현대계열사 노조대표들이 모여 권용목(權容睦)을 의장으로 하는 현노협을 결성했다. 그러나 회사측은 8월 16일 6개사에 휴업조치를 취함으로써 현노협 결성에 대한 방해와 탄압을 가속화했다. 현노협측은 8월 17일 연합시위를 전개했고 18일에는 중장비를 앞세우고 4만여명의 노동자들이 대대적인 시위를 벌였다. 이를 통해 정부, 현대측과 노동자들은 현대중공업의 노조집행부를 인정하고 정주영(鄭周永) 회장이 계열사에 전권을 위임하는 내용의 합의서를 작성하기에 이른다.

이렇게 현노협 차원의 1차 연대투쟁이 마무리되었지만, 싸움은 여기서 끝난 것이 아니었다. 현대중공업에서 진행되던 임금협상을 회사측이 의도적으로 결렬시키자, 9월 2일에는 현노협 차원에서 가두투쟁을 전개했다. 이후에도 노동자를 폭력범으로 몰기 위한 계략, 노조간부들에 대한 연행과 공포분위기 조성, 휴업공고와 식당폐쇄 등의 탄압이 계속되었다. 이에 현대중공업 노동자들은 9월 5일부터 무려 17일간에 걸쳐 총파업을 결행하기에 이른다. 이러한 투쟁 끝에 노사합의가 이루어진 것은 9월 21일이었다. 뒷날 현대중전기의 한 노동자는 이때를 이렇게 회고했다.

노동조합은 꿈에서나 한번쯤 생각해볼 뿐이었습니다. “현대는 안된다” “정회장 눈에 흙이 들어가기 전에는 안된다더라”는 기만적인 말에 속아 패배감에만 젖어 있었기 때문에 (…) 가장 나쁜 침묵, 이것이 현대의 실정이었습니다.

이석규를 살려내라

울산 현대에서 불붙은 노동자대투쟁은 울산지역의 여타 사업장을

1987년 8월 거제군 옥포 대우조선소 노동자 이석규의 장례식. ⓒ박용수

거쳐, 8월 8일 거제의 대우조선에서 또다시 폭발했다. 이보다 앞서 1987년 1월 22일 대우조선에서는 노조결성투쟁이 전개되었다. 이때 뿌려진 '상고문'이라는 유인물은 엄청난 긴장과 반향을 일으켰다. 회사는 이 투쟁을 주도한 20여명의 노동자를 부서이동시키거나 계열사로 전보발령하고 일부는 해고했다. 노조결성투쟁과 해고가 반복되던 중 8월 8일 가두시위가 벌어지고 11일에는 노동조합신고필증이 발급되었다. 연좌농성 속에 진행된 노사합의를 거부하고, 노동자들은 8월 22일 교섭장인 옥포관광호텔로 몰려갔다. 경찰은 최루탄을 퍼부으며 해산에 나섰다. 쫓겨갔던 노동자들은 다시 옥포호텔로 진입하기 시작

했고, 경찰은 더욱 난폭하게 최루탄과 사과탄을 난사했다. 현장은 순식간에 아수라장으로 돌변했다. 백골단들에게 머리채를 잡히고 옷이 찢겨진 부녀자들과 경찰이 휘두르는 몽둥이에 맞아 피투성이가 된 노동자들로 그 참상은 이루 말로 표현할 수 없을 정도였다.

이러한 와중에서 노동자들은 대열을 정비하여 경찰과 치열한 공방전을 펼치기 시작했다. 그러자 경찰은 불과 수십미터도 되지 않는 거리에서 직격탄을 쏘며 공격해왔다. 그때 작업복 상의에 청바지 차림을 한 노동자가 가슴에 직격탄을 맞고 그 자리에서 쓰러졌다. 조립부에 근무하는 스물한살의 이석규(李錫圭)였다. 동료들은 서둘러 그를 4킬로미터 떨어진 옥포병원으로 옮겼으나 그때는 이미 숨을 거둔 뒤였다. 이제 투쟁은 "이석규를 살려내라"는 투쟁으로 발전했다. 위세당당하던 경찰병력도 거대하게 솟아오르는 노동자들의 투쟁열기를 잠재울 수는 없었다.

이내 '이석규열사 사망진상대책위원회'가 노조간부 6명, 일반 노동자 7명, 주민대표 2명 등 총 15명으로 구성되었다. 뒤이어 전태일의 어머니 이소선(李小仙) 여사, 이상수·노무현 변호사 등이 속속 도착했고 국민운동본부를 중심으로 장례준비위원회가 발족되었다. 장례준비위원회는 국민장으로 장례를 치르고 장지는 광주의 망월동으로 할 것을 결정했다. 그러나 당시 김정렬(金貞烈) 국무총리는 8월 26일 대우조선사건과 관련한 기자간담회를 열고 "쟁의 진압과정에서 근로자 1명이 목숨을 잃은 것은 가슴아프게 생각하지만, 외부세력이 개입하여 영령을 욕되게 하고 있다"라고 비난했다. 8월 28일 오전 7시부터 영결식이 시작되었고, 2만여명의 애도 속에 발인하여 영구차가 고성삼거리에 이르렀을 때 경찰은 영구차와 만장차만 통과시킨 채, 15톤 덤프트럭을 동원하여 도로를 차단했다. 그리고 집행위원 및 재야인사 등이 타고 있던 2대의 버스 창문을 박살내고는 타고 있던 이들을 집단구타하며 강제연행했다. 연행된 사람들 중 이상수, 노무현, 박용수(朴容秀)는 장례식방해혐의로 구속되었다. 이어 경찰은 전경버스로 이석규의 시신을 탈취하여 밤 9시경 폭우 속에 남원의 선산에 매장했다. 시신을 탈취당한 노동자들은 2시간에 걸쳐 항의투쟁을 전개한 후 옥포로 돌아와 사내운동장에 모여 철야농성에 돌입했다. 장례식투쟁 이후 전국적으로 추모제가 이어졌는데, 이 과정에서 총 933명이 연행되어 64명이 구속되었고, 이소선 여사 등 30여명에 대한 내사가 있었으며, 10여명이 수배조치되었다.

전국으로 번진 노동자대투쟁

울산 현대엔진의 노조설립 이후 울산 전역으로 투쟁의 불길이 번져갈 무렵, 부산지역에서도 투쟁이 시작되었다. 7월 13일 동아건설 현장노동자들이 하루 파업농성을 통해 임금 25퍼센트 인상, 상여금 연 4백퍼센트 지급 등 4개항의 요구사항을 쟁취하자, 이 지역에서도 노동자투쟁은 침묵을 깨기 시작한다. 7월 17일 르까프신발 제조업체인 풍영에서 어용노조 퇴진, 부당근로연장 취소 등을 요구하며 농성에 돌입했고, 7월 23일에는 태광산업 1천7백여명 노동자들이, 25일에는 대한조선공사 2천5백여명이, 27일에는 세신정밀 8백여명이, 28일에는 국제상사에서 파업투쟁을 전개했다.

때를 같이하여 마산·창원지역에서도 노동자투쟁의 불길이 번져갔다. 먼저 창원 현대정공이 7월 31일 노조를 결성하고, 8월 3일 노조결성대회와 농성을 통해 마산·창원지역 노동자대투쟁의 불길을 당겼다. 이어 한국중공업에서 노조민주화추진위원회가 결성되어 어용노조퇴진투쟁을 전개했다. 또한 7월 31일에는 효성중공업에서, 8월 1일에는 세신실업에서, 8월 7일에는 통일중공업에서 노동자투쟁이 전개되었다. 마창지역의 투쟁은 처음에는 사내중심으로 이루어졌지만, 금성사 노동자들과 통일중공업 노동자들이 본격적으로 투쟁에 뛰어들면서는 가두투쟁의 형태를 띠게 되었다. 8월 중순 이후 정치권력이 개입되면서, 노동자들에 대한 구속과 수배가 광범위하게 이루어졌다. 여기에서도 탄압과 연대투쟁이 반복되었다. 마창지역의 연대투쟁은 마침내 마창노련으로 발전하여, 노동자조직의 새로운 출발에 그 원동력이 되었다.

한편 대구지역에서의 노동자대투쟁은 운수업체에서 시작해 제조업체 노동자들의 파업농성으로 이어지면서 대구 전역으로 확산되었다. 구미지역의 투쟁은 금성전선으로부터 비롯되었다. 8월 11일 금성전선에서, 12일에는 금성사 구미공장과 전자부품 생산업체인 대아리드선에서 각각 기본급 및 상여금 인상, 퇴직금누진제, 가족 및 장기근속수당 신설 등을 내걸고 농성에 돌입했다. 비록 수적으로 적고 투쟁의 강도는 낮았지만, 대전·충남지역에서도 8월 하순 들어서는 연일 6~7건의 투쟁 건수가 발생했다. 인천지역에서는 7월 11일의 한독금속의 노동조합결성투쟁에서 시작해 8월 6일에는 대우중공업 1천5백여명이 파업투쟁을 벌이면서 전역으로 번져나갔다. 전 업종에 걸쳐 연쇄적인 파업이 일어난 것이다. 이같은 투쟁은 전북지역, 광주·전남지역, 성남지역, 부천지역, 서울지역, 광산지역에까지 동시다발적으로 번져갔다. 과연 일찍이 없었던 노동자대투쟁이 전개된 것이다.

지역적으로도 전국에 걸쳐 일어났으며, 업종별로도 제조업이 가장 큰 비중을 차지했지만 운수업, 광업, 사무·판매·써비스업에 이르기까지 폭넓게 확산되었다. 1백일 동안의 대투쟁을 전후해서 발생한 투쟁 건수는 총 3458건으로 제조업 1827건, 운수업 1265건, 광업 127건, 기타 239건이었다.

1987년 7월~9월 노동자대투쟁 기간에 새롭게 결성된 노동조합은 1060개였다. 이는 1980~86년 동안에 결성된 노조의 숫자를 능가하는 것이었다. 이 기간 노동쟁의는 하루 평균 40여건씩 터져나온 셈이었다. 이는 1986년의 하루 평균 0.76건에 비해 무려 50배 정도나 증가한 것이며, 1980년 봄의 노동자투쟁(총 407건)보다 8배나 증가한 것이었다. 실로 봇물 터지는 기세였다.

1987년 대투쟁을 통해 노동조합의 조직은 1986년 노동조합 2675개에 노조원 103만6000명이었던 것이, 1987년 12월 31일 노조 4103개에 조합원수 126만7000명으로 증가했다. 노조는 70퍼센트 가까이, 조합원수는 20만명 이상 늘어난 것이다.

노동자대투쟁의 빛과 그늘

대투쟁 과정에서 나타난 특징은, 전체 투쟁과정에서 중화학공업 분야의 대기업 남성 사업장이 투쟁의 주역으로 떠올랐다는 점이다. 종업원 1천명 이상 사업장의 쟁의발생률이 65퍼센트에 이른 사실이 이를 증명해준다. 대기업의 남성노동자들은 그 이전까지는 가족의 생계에 대한 책임감 때문에 투쟁에 소극적이었다. 그러나 6월항쟁을 계기로 단결의 기운이 높아지면서 상황은 돌변했다. 오히려 이제는 가족의 생계에 대한 책임감 때문에 더욱 치열한 투쟁을 전개한 것이다. 이와 함께 나타난 또 하나의 중요한 현상은 가족과 지역주민들의 열렬한 호응이었다. 이제까지 가족은 노동자들의 투쟁에 오히려 장애물이었다. 그러나 이 역시 단결의 기운이 높아지면서 완전히 뒤바뀌고 말았다. 노동조건의 개선이 가족들의 삶의 조건을 향상시킨다는 생각에 노동자들의 가족들이 투쟁에 적극 동참한 것이다. 지역주민들 역시 노동자투쟁을 적극 성원했다. 음료수를 날라다주거나 노동자들을 보호해주는 차원을 뛰어넘어 집회에 적극 동참하는 경우까지 나타났다. 이는 6월항쟁의 여파로 억압에 대한 저항을 긍정적으로 보는 분위기와도 관련이 있었다. 가족과 지역주민의 호응이 높아짐에 따라 투쟁은 폭발성을 지닐 수밖에 없었다.

1987년 7~9월의 노동자대투쟁은 일단 '노동자도 인간이다. 사람답게 살아보자'는 인간선언으로부터 출발했다. 그동안의 저임금, 장시간노동, 열악한 작업환경, 폭력적 노동통제 속에서 신음해온 데 대한 반발이었다. 노동에 대한 정당한 댓가와 인간적인 대우를 요구하는 것이었다. 그러나 투쟁은 거기에 머무르지 않고, 산업현장의 민주화와 사회민주화에 대한 열망으로 치달았다. 그러다보니 합법적인 절차를 밟은 쟁의는 5.9퍼센트에 불과했고 94.1퍼센트가 과감한 불법투쟁이었다. 쟁의수단으로는 작업거부가 1226건, 집단농성이 2428건으로 전년대비 20배가 넘는 파업농성투쟁이 펼쳐졌다. 투쟁 기간에는 '선파업후협상'이 일반적인 유형이었다. 합법적인 틀 내에서는 투쟁이 성공하기 어렵다는 측면도 부인할 수 없었지만, 어쨌든 불법투쟁의 전통이 이 기간에 확립된 것이다. 정부와 사용자에 대한 노동자들의 불신이 컸던 만큼 투쟁이 격렬했고 그에 맞선 탄압도 치열했으며, 이것이 노사간 대결의 투쟁문화를 정착시켰다고 할 수 있다.

노동자들은 이처럼 대담한 투쟁을 통해 1980년 이후 처음으로 전체노동자 평균실질임금인상률 13퍼센트를 쟁취할 수 있었다. 이같은 임금인상은 투쟁의 성과로서, 투쟁에 나선 기업에서만이 아니라 전 산업에서 급격한 인상압력을 불러일으켰다. 1987년의 노동자대투쟁 이전에 비해 그 이후에는 노동운동의 질적 변화가 필연적으로 뒤따랐으며, 한번 인상된 임금은 계속 상승곡선을 그리게 되었다. 이때의 급격한 임금인상과 그 이후 계속된 임금인상투쟁은 한국경제의 지속적인 성장과 발전에 적지 않은 부담이 되어온 것이 사실이다. 또한 1987년의 노동자대투쟁은 이후 한국의 노동운동이 강성, 경직, 정치지향으로 흐르는 결정적인 계기가 되었다. 이처럼 1987년의 노동자대투쟁은 긍정적인 측면과 함께 부담스런 측면도 동시에 가지게 되었다.

교육민주화선언에서 전교조까지

참담한 교육현실에 가슴을 뜯었다

민주주의는
교실로부터 시작되어야 한다
교사는 진실을 말해야 하고
학생들은 그 진실을 배워야 한다
교단은 비록 좁지만 천하를 굽어보는 곳
초롱한 눈들을 속여서는 안된다
자유로이 묻고
자유로이 대답하고
의문 속에서 창조되는 진리
'아니오' 속에서 만들어지는 민주주의

이 시는 누가 지은 시인지는 몰라도, 한때 이 나라 교육을 끌어안고 몸부림치던 교사들의 절절한 외침이다. 1970년대와 1980년대를 거쳐 오면서 우리의 선생님들은 이런 교실을 꿈꿔왔다. 그런 그들의 간절한 바람을 그들은 기회가 있을 때마다 글로, 때로는 행동으로 피력해 왔다. 교사된 양심으로는 도저히 묵과할 수 없는 교육의 문제점들을 지적한 글들을 모은 것 중 하나가 1985년 5월에 실천문학사에서 펴낸 『민중교육』이라는 무크지였다. 여기에는 '분단상황과 교육의 비인간화'를 주제로 한 교사들의 좌담, 교사들의 주장을 담은 '교육의 민주화' 특집 그리고 교사들이 고발하는 교육현장 등이 실렸다. 이러한 『민중교육』지사건으로 17명의 교사가 교육현장에서 쫓겨나고 2명의 교사와 출판사 편집인이 국가보안법 위반으로 구속기소되었다. 이것은 출판 탄압의 일환이면서 동시에 교사운동의 예봉을 꺾겠다는 5공 정권의 의지의 표현이었다. 한국의 교육이 피고인석에 앉게 된 것이다. 5공권력은 이들 교사들에게 용공의 굴레를 씌웠다. 검찰은 1985년 12월 10일 재판정에서 이렇게 물었다.

북한 공산괴뢰집단은 우리나라가 인정하지 않는 불법집단이며 대남적화전략 및 인민민주주의통일전술에 입각하여 선동을 일삼으며 미국을 미제국주의라고 비난하는 것을 아는가.

북괴는 우리의 반공교육 및 교련교육이 통일에 장애요인이 되고 따라서 노동자·농민·청년이 반제, 반독재투쟁에 나서야 한다고 선동하는 것을 아는가.

안다고 하면 북괴노선에 동조하는 것으로 몰고가려는 얄팍한 수였다. 이에 대해 함께 구속되었던 실천문학사의 편집인 송기원은 교사들을 변호하여 이렇게 말했다.

보다 나은 교육을 위해서 교육의 문제점을 지적한 글이 불순한 글일 수 없으며, 교육에 대해서 연구하고, 충정어린 비판을 하는 교사가 입을 다물고 있는 교사보다 훌륭한 교사라고 생각합니다.

『민중교육』에 실린 교사들의 시를 놓고 정권당국은 "공산주의자들이 감정에 호소하는 식의 민중봉기를 기대하는 것이 역력하다"라는 내용의 선전을 TV 등 매체를 통해 대대적으로 전개했다. 당시 교원단체로는 유일하게 대한교련(현 한국교총)이 있었지만, 이 교사들을 위해 그 흔한 성명서 한장 발표하지 못했다. 이처럼 대한교련은 참교육을 열망하는 교사들을 포용하지 않았고, 교사들의 보호막이 되지도 못했다. 『민중교육』지사건을 계기로 새로운 교사단체의 결성이 가장 시급한 과제 중 하나로 부상한 것은 결코 우연이 아니었다.

5·10 교육민주화선언

5공화국 아래서 심화되고 있던 사회모순, 1980년 5월 광주의 악몽, 그리고 교육을 황폐화하는 고교내신제 도입, 과열 입시경쟁, 보충·자율학습의 강제 실시, 사학재단의 비리 속출 등으로, 1980년대 중반을 넘어서면서 교육의 위기상황은 점점 깊어가고 있었다. 자연스럽게 교사들 사이에서, 학생은 비인간화되고 교사는 교육정책에서 소외되는 교육현실을 분석하고 진단하면서 참교육을 지향하는 움직임이 일었다. YMCA 중등교육자협의회, 바른교육실천회 등의 그룹활동이 바로 그것이다. 이들은 『의식화교육론』 『교사의 권리』 『자본주의 사회의 교육』 『학교는 죽었다』 같은 책들을 읽고 함께 토론했다. 이러한 교사들에게 교장을 비롯한 선배들은 "그런 식으로 세상을 살면 자네만 피곤하다"며 권고를 하거나 "다 남의 자식들인데 뭐 그렇게 안타까워하느냐"며 회유했다.

교장을 비롯한 학교측이나 권력당국은 이들이 폭력혁명을 획책한다는 식의 선전과 고발을 일삼았다. 그럼에도 불구하고 교사들은 입시 위주의 경쟁교육, 정치에 오염된 교육내용, 관료화된 교육행정에 대하여 반기를 들기 시작했다. 이처럼 교육이 파행으로 치닫고 있는 원인을 교사들은 교육주체들이 바로 서지 못한 데서 찾았다. 학생, 학부모, 교사 등 교육의 주체가 바로 서야 한다고 믿었다.

이들이 집단으로 자신들의 목소리를 세상에 대고 크게 외친 것이 1986년 5월 10일의 교육민주화선언이었다. 한국 YMCA 중등교육자협의회 산하 서울·부산·광주·춘천 지역 회원 8백여명은 제1회 교사의날 행사를 갖고 교육민주화선언을 발표했다. 전국에서 장학사, 교장 그리고 경찰의 봉쇄를 뚫고 교사들이 선언을 감행한 것이다. 이 선언에 477명의 교사가 서명했다. 서울사대부고 교사 김민곤(金旻坤)이 작성한 것으로 알려진 이 선언은 "학생들과 함께 진실을 추구해야 하는 우리 교사들은 오늘의 참담한 교육현실을 지켜보며 가슴을 뜯었다. 영원한 민족사 앞에 그 책임의 일단을 회피할 수 없음을 통감하게 된 우리는 더이상 강요된 침묵에 머무를 수 없다는 결심에 이르렀다. 우리 교사들을 믿고 따르는 학생들의 올곧은 시선은 도도한 역사의 흐름 속에서 방관자로 남아 있는 우리를 더없이 부끄럽게 만든다. 이제 우리는 맹랑한 꼭두각시의 허무한 몸짓을 그만 그쳐야 한다"로 시작하면서, 교육의 민주화를 위한 최소한의 조건을 다음과 같이 천명했다.

1. 헌법에 명시된 교육의 정치적 중립성은 실질적으로 보장되어야 한다.

교육은 정치에 엄정한 중립을 지켜 파당적 이해에 악용되어서는 안된다.

1. 교사의 교육관과 제반 시민적 권리는 침해되어서는 안되며 학생과 학부모의 교육권도 최대한 보장되어야 한다.

1. 자주적인 교원단체의 설립과 활동의 자유는 전면 보장되어야 하며, 이에 대한 당국의 부당한 간섭과 탄압은 배제되어야 한다.

1. 정상적 교육활동을 저해하는 온갖 비교육적 잡무는 제거되어야 하며, 교육의 파행성을 심화시키는 강요된 보충수업과 비인간화를 조장하는 심야학습은 즉각 철폐되어야 한다.

이 선언 이후 교사들은 학교라는 울타리를 스스로 벗어나 독자적인 교사운동을 벌이기 시작한다. 선언 직후인 5월 15일 교사들은 민주교육실천협의회 창립총회를 갖고, 이어 지역별로 민주교육실천결의대회를 열어나갔다. 한편 교육민주화선언과 관련하여 당국은 관련교사들에 대해 감봉·경고·주의 등의 징계조치를 내리고 이에 맞서 교사들은 징계철회투쟁을 벌였다. 이 과정에서 학생들의 응원도 적지 않은 몫을 했다. 마침 스승의날이었던 5월 15일, 서울시 교육위가 신일고 교사 이수호(李秀浩)에게 사직을 종용하고 있다는 소식이 전해지자 신일고 3학년 학생 4백여명은 징계철회를 요구하며 연좌농성을 벌였는데, 그때 한 일간지는 이렇게 보도했다.

스승의날인 15일, 서울 신일고등학교 교무실 3학년 5반 담임 이수호(38) 교사의 책상 위에는 큼직한 꽃다발이 놓여 있었다. 닷새 전에 있었던 교육민주화선언에 앞장선 이유로 서울시 교위로부터 사표종용을 받아온 이교사는 이날 출근하지 않았다. 이교사 사건으로 교사나 학생이나 모두들 마음 한구석이 어둑한 가운데 스승의날 기념 체육대회가 진행되었다. 11시 20분쯤 행사가 끝났다. 2백여명의 3학년 학생들은 그러나 누가 먼저랄 것도 없이 운동장에 주저앉았다. 누구도 집으로 돌아갈 생각을 하지 않았다. 10여분간의 침묵, 이윽고 한 학생이 벌떡 일어나 말문을 열었다. "저희들은 정치는 모릅니다. 그토록 자상하시던 선생님을 왜 그만두게 한다는 겁니까. 우리 선생님이 무슨 잘못이 있습니까?" 순식간에 학생들의 눈시울이 붉어졌다. 다시 안경을 쓴 과묵하게 생긴 다른 학생이 일어섰다. "우리들이 선생님을 살려냅시다. 비록 힘은 없지만, 한마음으로 뭉치면 선생님을 살려낼 수 있다고 생각합니다." 여기저기서 "옳소"라는 소리가 터져나왔다

교육주체로 우뚝 서기 위한 도정

이 무렵 입시교육에 지친 학생들의 자살사건이 속출했다. 어떤 여중생은 "행복은 성적순이 아니잖아요"라는 유서를 남기고 자살했다. 이들의 죽음은 교사들의 마음을 더욱 아프게 했고, 교육자로서의 책임을 더욱 절감케 했다. 350여 교사들은 5월 31일 명동성당 사도회관에서 위령제를 올리고 '이루지 못한 꿈을 위하여'라는 제목의 결의문을 채택했다. 당국의 교사들에 대한 징계와 탄압은 강온을 반복하면서 계속되었고, 이를 무릅쓴 교사들의 민주교육실천협의회 결성도 지역별로 계속 확대되었다. 7월 15일 당국은 민주교육실천협의회 사무국장 유상덕(劉相德)을 구속했고 9월 2일에는 광주에서 윤영규(尹永奎), 주진평, 김형옥을 집시법 위반으로 구속했다. 이러한 탄압에 맞서 민통련 등 13개 재야민주단체는 '민주교육탄압 공동대책위원회'를 발족하기도 했다. 민주교육실천협의회를 중심으로 '민주교육수호 범

국민서명운동'도 전개했다. 이 과정에서 백발이 성성한 윤영규, 김귀식(金貴植), 신맹순, 이규삼, 정해숙 등 선배교사들의 참여가 뒤따랐다. 탄압은 1986년에 이어 1987년에도 계속되었다. 박종철이 치안본부 대공분실에서 고문치사한 사건의 와중에도 투쟁과 탄압은 반복되었다. 1987년 2월 11일, YMCA 강당에 2백여명의 교사들이 모여 민주교육탄압규탄대회를 열었다. 당국은 서울과 부산에서 문제교사를 찍어 벽지나 낙도로 전보시키는 조치를 취해나갔다. 이것이 당시에는 세칭 백령도교사사건으로 불렸다. 유배형을 받은 교사들은 이것이 전례가 되어서는 안된다는 판단 아래 무기한 단식농성에 돌입했다. 나중에는 부당한 타도전출에 대한 대한교련의 입장을 요구하면서, 농성장을 대한교련으로 옮겨 복도에서 농성했다. 대한교련측은 '보호받을 수 없는 교권'이라며 방치했다.

1987년 9월 27일, 교사들은 '민주교육추진 전국교사협의회'를 창립하고 초대회장에 윤영규, 사무국장에 김민곤을 추대했다. 이는 해직교사 중심의 민주교육실천협의회와 현직교사 중심의 YMCA 교사협의회를 통합, 발전시킨 조직이었다. 이어서 각 지역별로 조직을 확산시켜나갔다. 충북지역의 경우 1987년 11월 21일, 신탄진 근교에 있는 매포수양관에서 1백여명의 교사가 참석한 가운데 '민주교육추진 충북교사협의회'를 결성했다. 노태우정부가 들어선 뒤인 1988년 11월 21일에는 1만여명이 여의도에 모여 '민주교육법쟁취 전국교사대회'를 열었다. 이 교사협의회가 1988년에 전국교사협의회로 확대 개편되더니, 1989년 5월 28일 마침내 전국교직원노동조합(전교조)으로 이어졌다. 전교조의 초대위원장으로 선출된 윤영규는 1989년 5월 28일 연세대 대강당 앞 광장에서 전교조 결성을 선포한다. 그리고 떨리는 음성으로 이렇게 말했다.

이제 우리나라 교육의 새로운 장이 열렸습니다. 우리나라 민주주의 역사는 이 날을 영원히 기억할 것입니다.

그리고 전교조 결성 선언문을 낭독한다.

겨레의 교육성업을 수임받은 우리 전국 40만 교직원은 오늘 역사적인 전국교직원노동조합의 결성을 선포한다. 오늘의 이 쾌거는 학생, 학부모와 함께 우리 교직원이 교육의 주체로 우뚝 서겠다는 엄숙한 선언이며, 민족·민주·인간화 교육 실천을 위한 참교육운동을 더욱 뜨겁게 전개해 나가겠다는 굳은 의지를 민족과 역사 앞에 밝히는 것이다. (…) 교육민주화를 위한 대장정은 독재정권의 가혹한 탄압의 물결을 헤치고 4·19 교원노조 선배들의 목숨을 건 눈물겨운 투쟁을 시발로 5·10 교육민주화선언, 사학민주화투쟁 그리고 전국교사협의회의 결성으로 이어져왔다. 작년 교원들의 교육법개정으로 뜨거웠던 열기는 올해 발기인대회로 이어져 드디어 교직원노동조합의 결성을 보게 된 것이다. (…) 그러나 보라! 민족사의 대의에 서서 진리와 양심에 따라 강철같이 단결한 40만 교직원의 대열은 저 간악한 무리들의 기도를 무위로 돌려놓을 것이다. 우리가 두려워하는 것은 저들의 협박과 탄압이 아니라 우리를 따르는 학생들의 해맑은 웃음과 초롱초롱한 눈빛 바로 그것이기 때문이다.

이때 발표한 전교조의 강령은 다음과 같다.

1. 우리는 교육의 자주성, 전문성 확립과 교육민주화 실현을 위해 굳게 단결한다.

2. 우리는 교직원의 사회, 경제적 지위 향상과 민주적 권리의 획득 및

교육여건 개선에 모든 노력을 기울인다.

3. 우리는 학생들이 민주시민으로서 자주적 삶을 누릴 수 있도록 민족, 민주, 인간화 교육에 앞장선다.

4. 우리는 자유, 평화, 민주주의를 사랑하는 국내 여러 단체 및 세계 교원단체와 연대한다.

과연 그것은 대장정이었다. 그러나 전교조가 결성되었다고 해서 장정이 끝나고 피안에 안착한 것은 아니었다. 그들을 기다리고 있는 것은 더 혹심한 탄압이었다. 구속과 수배, 파면과 해임이 그들을 기다리고 있었다. 전교조 결성 이후 그들은 지부와 분회 결성에 착수했다. 그 과정에서 공립학교 분회장들에 대한 대량구속과 파면 또는 해임이 이루어졌고, 윤영규 위원장과 이부영(李富榮) 수석부위원장, 각 시도 지부장은 구속 또는 수배되었다. 이러한 탄압에 대응하기 위하여 교사들은 7월 26일에서 8월 6일까지 12일 동안 명동성당에서 단식농성을 벌였다. 전교조를 결성하고 사수하는 싸움을 통해서, 그들은 많은 것을 잃고 더 많은 것을 얻었다고 말한다. 잃은 것은 굴종과 노예의 사슬이요, 얻은 것은 더 많은 사랑과 참교육의 열정이었다는 것이다.

전교조가 결성되자 당국은 탈퇴각서를 받아내는 데 혈안이 되었다. 그들은 탈퇴각서를 받아내는 것을 무슨 전공이나 세우는 것으로 생각했다. 그러다보니 전과는 부풀려 발표되었다. 그러자 탈퇴자로 분류된 교사들이 탈퇴공작의 비열함과 부도덕성을 폭로하며 탈퇴하지 않았다는 양심선언을 하는 일까지 벌어졌다. 전교조 결성과 관련하여 끝내 굴복치 않고 최종적으로 해직된 교사는 국가보안법 위반과 사학민주화 관련자를 포함해 1천5백여명에 이르렀다.

이때 학생들은 "선생님을 빼앗길 수 없어요"라고 소리쳤고, 교사들은 "그래, 너희들 곁으로 꼭 돌아가마"라고 답했다. 학생들은 또 "선생님을 사랑해요" "우리 선생님을 돌려주세요" "우리는 ○○○ 선생님한테 배우고 싶어요"라고 호소했다. 어떤 교사는 단식농성장에 찾아온 제자들에게 속으로 이렇게 말했다고 한다.

> 사람답게 산다는 건 말이다. 된다는 일, 하라는 일, 갈채받는 일만 하는 것이 아니라 시련 속에서도 옳은 일, 필요한 일을 위해 목숨을 거는 것. 얘들아, 사람답게 산다는 것은 이렇게 사는 거란다.

이때 교사들의 싸움은 눈물겨웠고, 그 뜻은 그만큼 진실하고 또 순수했다.

전향에서 준법서약서로

멀고먼 민주화의 여정

얼마나 긴 세월이었습니까
김선명 총각 할아버지
43년이나 가둬 둔 조국
얼마나 부끄러운 역사입니까
(…)
43년은 얼마나 긴 싸움이었습니까
몽둥이 찜질이야 기절해버리면 그만일 테지만
온몸 바늘로 찔러대는 쓰림과 싸우며 버텨내신
그 신념은 도대체 무엇입니까

—문익환 「43년 김선명 할아버지께 바치는 시」 중에서

김선명은 1993년 당시 세계에서 징역을 가장 오래 살고 있는 사람으로 기네스북에 올랐다고 한다. 그가 감옥에서 나온 것은 1995년이니까, 그의 장기수 기록은 45년인 셈이다. 그가 그렇게 오랫동안 감

옥에 있을 수밖에 없었던 것은 오직 전향하지 않았기 때문이다. 전향은 개인의 판단과 선택에 따라 결정되기보다는 집요한 강압에 의한 것이었다. 문익환 목사가 시에서 "몽둥이 찜질이야 기절해버리면 그만일 테지만/온몸 바늘로 찔러대는 쓰림과 싸우며 버텨내신"이라고 표현한 것은 전향공작의 집요함을 드러내주고 있다.

대통령 직속의 의문사진상규명위원회(의문사위)는 2004년 7월 1일, 1970년대 전향공작 과정에서 숨진 최석기, 박융서, 손윤규 등 세명을 '위법한 공권력에 의한 사망'으로 규정하고, 강제전향에 죽음으로 항거한 이들을 사상전향제도와 준법서약서를 없애는 데 기여함으로써 '민주화운동과 관련성 있음'을 인정했다. 이로써 비전향 장기수로 의문사 진정을 하여 인정을 받은 사람은 1기 때 인정된 변영만, 김용성을 합하여 5명으로 늘어났다.

그것을 과연 민주화운동으로 인정할 수 있느냐 하는 문제는 일단 차치하더라도, 적어도 이들이 강압적인 전향공작 과정에서 의문의 죽음을 당한 것만은 공식 인정된 것이다. 의문사위는 이들의 죽음을 "깡패동원, 강제급식, 고문 등 반인륜적 전향공작에 굴하지 않은 양심의 죽음"이라고 발표했다. 의문사위의 진상조사를 통하여 '좌익 수형자 전향공작 전담반 운영지침'(1973. 8. 2)에 따라 교도소마다 전향전담반을 두고, 특별채용된 전향교회사(전향을 설득하는 성직자)가 설득하게 했으며, 폭력재소자에게 비전향 장기수들에 대한 상시폭행, 강제급식 등 잔혹한 고문을 사주해 그들의 전향을 강요했다는 사실이 밝혀졌다. 그리고 그 과정에서 죽으면 심장마비나 비관자살 등으로 은폐, 조작한 사실도 드러났다.

정말 찢어버리고 싶은 역사

전향공작은 일반적으로 국가보안법 또는 반공법 위반의 실형이 확정되면서 시작된다. 그러나 1956~57년과 1970년대 7·4 공동성명, 6·23 선언 이후에는 이러한 일상적인 차원을 넘어, 집중적이고 계획적으로 추진되었다. 특히 1970년대의 전향공작은 남북관계의 진전과 함께 포로교환이나 송환문제가 불거질 것에 대비한 것이었다. 비전향에 따른 수형생활의 불이익은 엄청났다. 운동, 접견, 영치금수납, 서신왕래, 독서에서 현저하게 차별대우를 받았다. 여기에 의료혜택도 받지 못했다. 특히 1973년 전향공작 전담반이 가동되기 시작하면서는 "공산주의자는 단 한명도 있어서는 안된다"라는 박정희의 특명(?)에 따라 전향공작은 더욱 잔혹하게 진행되었다. 전향을 성공시키면 감옥에서 빨리 나가게 해주겠다는 감언이설에 따라 전향공작에 가담한 깡패들은 "이번에 전향하라. 죽느냐 사느냐가 전향 여부에 달려 있다"면서 무자비한 폭력을 행사했고, 그 과정에서 무수한 희생자가 속출했다.

1974년 4월 4일 광주교도소에 수감중이던 최석기는 6사에서 깡패방이 있는 2병사로 전방되었다. 이때 복도에서 깡패들이 떠벌리는 소리가 들려왔다. "오늘밤도 잠 못 자는구나. 초저녁에 해버리자." 그날 오후 8시 넘어서 최석기는 맞아죽었다. 그러나 교도소 당국은 목매달아 죽었다고 선전했다. 7월 20일에도 박융서가 깡패들에게 맞아죽었다. 밧줄로 꽁꽁 묶여서 구타는 물론 바늘로 수없이 찔리는 고문을 당했다. 교도소측은 동맥을 잘라 자살한 것으로 날조했고, 시체는 가마니에 둘둘 말아 교도소 뒷산에 묻었다. 피아니스트였던 최한석은 1976년 5월 어느날 교도관과 언쟁하다가 끌려가 매를 맞고 초죽음이 되어 돌아온 뒤, 연일 전향강제를 위한 매질을 당했다. 5월 15일 몸부림치는 소리와 비명소리를 듣고 옆방 사람이 교도관을 불렀으나 1시간 뒤 의무과 직원이 왔을 때는 이미 숨을 거둔 뒤였다. 손윤규는 강제 전향공작에 맞서 단식하다가 옥사했다.

교도소 안에서는 전향공작에 동원된 깡패들을 '떡공'이라 불렀는데, 이들이 자행하는 폭력은 무지막지했다. 몸을 꽁꽁 묶어 공중에 거꾸로 매달아놓는 비행고문으로 팔뚝의 살점이 패여나갔다. 다리 사이에 몽둥이를 넣고 짓누르기, 얼어붙은 세면장에 몰아넣고 옷을 벗기고 물을 뿌린 후 창문을 뜯어내어 찬바람에 몸이 얼어터지게 하기, 물수건을 입에 대고 물먹이기 등 그들은 할 수 있는 모든 방법을 동원했다. 폭력에 못 견뎌 전향을 생각해보겠다고 하면 금방 전향한 것으로 처리했다. 그것을 번복하기란 또 다른 국가보안법 위반사건을 일으키지 않고는 불가능했다. 1973년 11월에서 1974년 4월까지 광주교도소 특사에 있던 68명 중 28명을 제외한 40명이 이런 식으로 전향을 당했다. 또한 전향발표회라는 것을 열어 전향사실을 공개적으로 발표케 하기도 했다.

이러한 잔인한 전향공작 과정에서 스스로 목숨을 끊은 이도 적지 않았다. 평양에서 농민신문 주필을 지냈던 김규호는 징역을 살면서 위장이 나빠져 약 없이는 살 수 없게 되었다. 그러나 전향을 하지 않는다는 이유로 약을 주지 않자 고통을 견디다 못해 목을 매어 자살했다. 이용훈은 1985년 전향공작반의 테러가 계속되자 "내 몫까지 남은 동지들이 싸워주시오"라는 유언을 남기고 대전교도소에서 스스로 목숨을 끊었다. 이때 이용훈과 절친했던 황필규도 전향강요 테러에 항거하며 자살했다. 전향공작과 관련하여 자살하거나 강제급식, 굶주림, 폭행 등의 고문과 그 후유증으로 목숨을 잃은 사람은 확인된 것만

해도 79명에 이르고 있다.

가족 특히 어머니를 통한 회유는 이들을 더욱 못 견디게 했다. 만기 출소를 앞두고 가족이 찾아와 전향하지 않으면 집에 올 생각을 말라는 소리를 듣고 정신착란증세로 목 동맥을 잘라 자살한 사람도 있었다. 어머니의 회유를 눈물로 뿌리치면서 "어머니 용서하세요. 어머니 앞에서 저는 불효자이지만 조국 앞에서 저는 참된 아들로 남고 싶습니다. 어머니 불효자를 용서하세요"(양정호)라고 빈 사람도 있었다. 끝까지 전향을 거부한 사람들은 그 이유를 이렇게 말하고 있다.

> 첫째, 전향제도란 일제가 독립투사에게 가했던 고문의 일종으로 폐기 처분되어야 할 제도다. 둘째, 전향제도는 인간임을 포기하라는 것으로, 인간으로서의 마지막 긍지까지 내어줄 수는 없었다. 셋째, 먼저 간 동지들에 대한 최소한의 도리다. 혼자 살자고 동지들의 희생을 헛되게 하고, 또 양심을 저버릴 수는 없었다.(이공순)

> 육체적 생명은 버릴 수 있어도 정치적 생명은 버릴 수 없었으며, 인간답게 살고 싶어서 전향하지 않았다.(장병락)

비전향 장기수들은 1993년 3월에 이인모 노인이 북의 가족 품으로 돌아간 것을 비롯해, 2000년 9월에는 63명 전원이 북한으로 보내졌다. 강제 전향된 28명은 아직도 북으로의 송환을 주장하고 있다.

사상전향제도는 일제시대 독립투사를 상대로 시행되기 시작해서 해방후 미군정 아래에서도, 그리고 남한만의 단독정부 수립 이후에도 그대로 이어져왔다. 7·4 남북공동성명과 월남패망으로 위기의식을 느낀 박정희정권은 유신헌법과 사회안전법(1975. 7. 16)을 통하여 전향제도를 법제화했다. 그러나 이는 양심의 자유를 규정한 헌법정신과 국제인권 협약에 위배되는 것이었다. 이같은 악법과 그 제도가 폐기되기까지 실로 50여년의 세월이 걸렸다. 1989년에 사회안전법이 폐기되었고, 1998년에는 사상전향제도가, 그리고 2003년엔 사상전향제도의 대체입법이라 할 준법서약제도가 없어졌다. 그러나 사회안전법의 대체입법인 보안관찰법이 그대로 살아 있어 아직도 많은 사람들을 괴롭히고 있다.

사상전향제도 내지 사회안전법이 폐지되기까지는 실로 목숨을 건 저항과 투쟁이 있었다. 그 전반부의 저항과 투쟁을 비전향 장기수들이 온몸으로 감당해왔다면, 그 후반부는 재일동포 출신 서준식(徐俊植)의 눈물겨운 투쟁에 크게 힘입었다고 할 수 있다.

서준식의 외롭고 줄기찬 투쟁

서준식은 일본에서 고등학교에 들어갈 때 일본 이름을 버리고 우리 이름으로 입학해 1967년 고등학교를 졸업하고, 1968년 3월 고국에 와서 서울법대에 입학했다. 그는 고국에 와서 불합리한 노동조건과 거지, 창녀, 식모, 신문 파는 아이들의 삶을 목격하고 인간존엄성 회복과 사회정의의 열망을 갖기 시작한다. 1970년 여름방학 때 일본으로 건너간 서준식은 둘째형 서승(徐勝)과 함께 북한을 방문해 8일간 체류한다. 이 사실과 관련해서 서준식 형제는 1971년 4월 '모국 유학생 간첩단사건'으로 구속되었다. 유신체제를 꿈꾸던 박정희정권은 이 사건을 침소봉대해서 발표했다. 결국 이 사건으로 형 서승은 무기징역을, 서준식은 7년형을 선고받았으며, 서준식은 1978년 형기를 마친다. 그러나 서준식은 전향을 하지 않은 탓으로 사회안전법이 적용되어 '배보다 배꼽이 더 큰' 10년 동안 추가로 보안감호소에서 수감생활을 하게 된다. 서준식이 한국의 감옥에서 보낸 17년은, 그대로 전향제도에 대한 투쟁 그 자체였다고 해도 과언이 아니다. 그것은 어쩌면 그에게는 숙명이었던 것 같다.

실형이 확정된 서준식은 당국의 분산정책에 따라 1973년 9월 동료 20여명과 함께 대전교도소에서 광주교도소로 이감된다. 사상전향제도와 그에 따른 교도소 안의 비인간적인 차별대우가 세상에 처음 공개된 것은 서준식을 면회온 일본사회당 의원을 통해서였다. 1978년에 7년의 형기를 마친 서준식은 사회안전법으로 이제 청주보안감호소에 수감된다. 사회안전법은 국가보안법 등의 법으로 유죄판결을 받아 복역한 사람 가운데 '재범의 위험성'이 있다고 인정되는 사람들에게 법무부장관이 자의적으로 판단하여 보호관찰, 주거제한, 보안감호의 처분을 내릴 수 있도록 되어 있었다. 이는 죄형법정주의와 형벌불소급이라는 근대법의 원칙에도 어긋나는 것이다. 서준식은 전향을 하지 않았기 때문에 형기를 마치고도 보안감호소에 수감되었고, 2년씩으로 되어 있는 보안감호 기간 끝까지 전향서를 쓰지 않아 보안감호처분이 다섯번 갱신되어 감옥에서 10년을 더 산 것이다. 사회안전법이 발효되자 이미 출소했던 비전향 장기수들도 다시 청주보안감호소로 잡혀들어왔다. 이렇게 보안감호처분을 받아 들어온 사람들은 대개 재산이 없고, 독신이며, 가족이 북한에 있거나, 감옥에서 나온 뒤 사회에서 옥중동료를 만난 적이 있는 사람들이었다. 이들은 자신들이 재판을 통해 판결받은 형량대로 살 권리조차 없었다. 사회안전법 앞에서 인간은 다만 '처분대상'일 뿐이었다. 서준식이 청주보안감호소에서 사회안전법에 맞서 보안감호처분갱신처분 무효확인소송을 내거나 단식투쟁을 하면서 1987년 3월에 쓴 『나의 주장』에 의하면, 그와 함께 보안감호소에 갇혀 있는 사람들의 평균 나이는 63세요 대부분은 불구, 간암, 위장암, 뇌낭충증을 앓고 있는 환자들이었으며, 70세 이상의 노인만도 15~16명에 달했다.

서준식은 『나의 주장』에서 이렇게 말했다.

> 사회안전법 앞에 서본 인간이라면 누구나가 흡사 눈에 보이지 않는 거대한 괴물 앞에 알몸으로 선 절망감을 느끼지 않을 수가 없을 것이다. 비정한 관료체계는 내가 알 수 없는 때에 내가 알 수 없는 방법으로 나의 '동태'를 조사하고, 보고서를 작성한다. 나는 그것을 열람할 수가 없으므로 그 보고서가 나를 어떻게 표현하고 있는지도 모른다. (…) 심의위원들은 거의 뻔한 내용인 '동태보고서'를 건성건성 훑어보고는 아마도 그날 점심식사를 어느 식당에 가서 어떤 메뉴로 해결할 것인가를 결정하는 것보다 훨씬 쉽게 보안감호처분 2년 갱신을 의결할 것이다. 이리하여 나는 또다시 2년을 이 싸늘한 한평짜리 감방에 감금되어 있어야 한다.

서준식은 오직 '인간의 내심의 자유로서의 양심의 자유는 그 어떤 이유로서도 이를 제한할 수 없는 절대적 자유이며, 내심의 사상은 결코 법적 규제의 대상으로 삼을 수 없다'는 근대법의 대원칙에 입각하여 단호하게 투쟁했다. 1970년대에는 교도소에서, 1980년대에는 보안감호소에 갇혀 있으면서 그는 "이 보잘것없는 인간의 존엄 하나를 지키기 위하여" 투쟁한 것이다. 처분대상이었던 서준식이 드디어 석방된 것은 1988년이었다. 20대 초반의 앳된 대학생이었던 서준식은 40대의 중년이 되어 감옥에서 나왔다. 그러나 그가 감옥에 있는 동안 노모와 아버지는 이미 세상을 떠났다.

그는 두차례에 걸쳐 처분무효확인청구소송을 냈는데, 자신이 공산주의자가 아니라는 것을 개진하는 대신 "이국에서 어려서부터 소중히 간직해온 우리 민족에 대한 각서를 무슨 주의라는 몇마디로 안이하게 개념규정하지 말 것"을 호소하면서, 사상의 골자를 '인간에 대한 사랑'과 '민족에 대한 사랑'으로 나누어 개진함으로써 요령있는 승소보다는 떳떳한 패소를 선택했다. 석방되는 것을 목적으로 하기보다는 진리와 역사에 한점 부끄러움이 없을 것을 추구했다. 그러나 그 기간이 얼마나 고통스러웠을 것인가는, 아버지의 병환소식을 듣고 "굴뚝 같은 한가지 욕심, 나가고 싶다. 그 어떤 비열한 짓을 해서라도"라고 쓴 그의 옥중 기록이 말해주고 있다.

서준식이 석방된 이듬해(1989년) 사회안전법은 폐지되었고, 1998년에는 사상전향제도가 없어지고 대신 준법서약제도가 생겨났다. 말하자면 준법서약이 석방의 전제조건이 된 것이다. 사상전향제도의 잔영이라 할 준법서약제도가 없어진 것은 2003년의 일이다. 김대중정부는 전향서 대신 준법서약서를 요구했다. '까짓것 종이 한장'이지만, 그것은 양심에 대한 배신행위일 수밖에 없는 것이다. 구미유학생간첩단사건의 강용주는 끝까지 준법서약서를 거부해 그때마다 석방에서 제외되곤 해서 어머니로 하여금 눈물짓게 했다. 그러나 이러한 끈질긴 투쟁을 통해서 마침내 준법서약제도도 폐기될 수 있었던 것이다.

민주화의 역정은 이렇듯 길고도 험난한 것이다. 한번 태어난 잘못된 법과 제도는 여간해서는 저절로 없어지지 않는다. 정치권력은 그것이 잘못된 법과 제도라는 것을 알면서도, 그 제도를 계속 유지하려는 유혹으로부터 벗어나지 못한다. 일제시대의 사상전향제도가 전향의 내용을 달리하면서 바로 얼마 전까지도 존속할 수 있었던 것은 정치권력이 그 유혹으로부터 벗어날 수 없었기 때문이었다.

김영삼과 김대중의 배신

야권단일화의 실패와 좌절

80년 봄, 온 국민이 한결같이 열망하던 민주화의 길에서 우리는 당시 야당정치인들로서 하나로 되는 데 실패함으로써 수백수천의 민주국민이 무참히 살상당하는 사태에 이르게 되고, 계속 국민의 수난이 연속됨은 물론 민주화의 길을 더욱 멀게 한 사태를 막지 못한 데 대해 책임을 면할 길이 없습니다. 이제 국민 앞에 자책과 참회의 뜻에서, 그리고 온 국민의 민주화에 대한 열망 앞에서 우리 두사람은 백의종군하는 자세로 하나가 되어 손잡고 우리 민족사의 지상과제를 향하여 함께 나아가려 합니다. (…) 우리 두사람은 국민의 한사람으로서, 국민과 함께 그 뜻을 받들어 민족과 민주제단에 우리의 모든 것을 바칠 것을 엄숙히 맹세하는 바입니다. 그 성스러운 싸움과 승리의 현장에서 뜨겁게 만납시다. 우리는 승리할 것입니다.

1983년 8월 15일

워싱턴에서 김대중, 서울에서 김영삼

1983년 5월 김영삼은 5개항의 민주화 요구를 내걸고 23일에 걸친 단식투쟁을 감행했다. 그것이 전두환 군부독재 아래 짓눌려 있던 민주화운동 진영, 특히 정치권에 새로운 활력과 돌파구가 된 것은 사실이다. 그해 광복절을 맞아 워싱턴의 김대중과 서울의 김영삼은 공동성명을 발표했는데, 앞의 글은 그 성명의 마지막 부분이다. 1980년 봄 두사람이 하나되는 데 실패함으로써 민주화가 무산되고, 광주민주화운동으로 수많은 사람이 희생된 데 대해 국민 앞에 용서를 빌고 있는 것이다. 그리고 백의종군하는 자세로 하나가 되어 손잡고 민주화를 이루어내고야 말겠다는 결의를 밝히고 있다. 그러나 이 말이 거짓이었음은 1987년 대통령선거 때 그대로 드러났다. 1980년의 역사와 국민에 대한 배신을 다시 한번 반복한 것이다.

마음을 비운 것이 아니었다

김영삼은 1985년 3월 7일 한 신문과 인터뷰에서 "83년의 단식투쟁을 통해 대통령을 하겠다는 욕심을 완전히 버렸다"라고 말한 것을 비롯해, 이제 자신이 대통령병 환자가 아님을 여러 차례에 걸쳐 밝혀왔다. 1983년의 단식을 통하여 사람이 완전히 거듭 태어난 것 같은 느낌까지 풍겼다.

또한 1986년 10월 20일 김수환 추기경이 로마에서 "양 김씨 역시 대통령이 되겠다는 욕심을 포기해야 국가적 비극을 피할 수 있다"라는 발언을 한 것이 국내에 커다란 반향을 일으키자, 11월 5일 당시 민주화추진협의회 공동의장이었던 김대중은 "대통령직선제를 현정권이 수락한다면, 비록 사면복권이 되더라도 대통령선거에 출마하지 않겠다"라고 선언했다. 그는 한꺼번에 1천2백여명이 연행되고 9백여명이 구속된 건국대사태의 삼엄한 상황 속에서 자신의 결단은 오직 충정에서 비롯된 것으로 "나의 오늘의 결단이 지역과 지역, 부자와 가난한 사람, 그리고 민과 군의 대립과 갈등을 해소하는 민주화라는 공동의 기반 위에 전국민이 화해와 단결을 이룩하는 계기가 되기를 충심으로 바란다"라고 하여, 어떤 조건이 붙어 있지 않은 진심임을 분명히 했다. 그의 불출마선언은 한때나마 국민들에게 신선한 감동을 주었다. 양 김씨가 "마음을 비웠다"라고 하는 말은 한때 시대의 유행어가 되었고, 그만큼 그 말이 아름답게 들리기조차 했다.

그러나 6·29 선언으로 대통령직선제 개헌이 확실해지자, 그들은 자신들이 이미 국민 앞에서 한 기존 발언들을 바꾸며 서서히 복심(腹心)을 드러내기 시작했다. 7월 9일 6·29 선언에 따라 김대중은 사면복권되었다. 이날 김대중은 "현재로선 종래의 입장에 변화가 없지만, 국민여론에 따라 결정하게 될 것"이라고, 불출마선언을 번복할 수 있는 퇴로를 열어놓았다. 이어 그 이틀 뒤 가진 『신동아』와의 인터뷰에서는 "작년의 불출마선언은 전두환 대통령이 자발적으로 대통령직선제를 하면 불출마한다고 한 것이지, 이번처럼 국민의 압력에 의해 이루어진 것과는 아무런 상관이 없다. 전두환 대통령은 4·13 호헌선언으로 이미 내 제의를 거부한 것이다. 그런데 왜 그 약속에 내가 묶여 있어야 하느냐는 논리가 나온다"라고 하여 지난해의 불출마선언을 사실상 뒤집었다. 아무리 보아도 궁색한 변명이었다.

이후 전개된 야당후보 단일화를 위한 두사람 사이의 신경전은 선거 직전까지 계속된다. 7월 17일 김대중의 계보조직인 민권회는 11·5 불출마선언의 백지화를 결의했다. 이를 받아 김대중은 "불출마선언은 4·13 호헌조치와 함께 백지화된 것"이라는 논리를 내세우며 불출마선언의 무효를 공식화했다. 1980년에 김대중은 끝내 신민당 입당을 거부하고 독자적인 세력확대를 추구하다가, 야당의 힘이 분산되어 결국 5·17 사태가 발생했다. 1987년에도 김대중은 통일민주당 입당을 계속 미루다가 8월 8일 상임고문으로 입당했다. 이는 일단 후보단일화를 향한 희망적인 신호로 보였지만, 단일화로 이어지지는 않고 있었다. 이런 가운데 8월 31일 민정, 민주 양당은 정치회담을 통하여 5년 단임의 대통령직선제를 골자로 하는 개헌협상을 타결하고, 9월 18일 헌법개정안을 국회에 발의해, 10월 12일 국회의결을 거쳐 10월 27일 개헌안을 국민투표에 붙였다. 개표결과 개헌안은 93.1퍼센트의 압도적인 찬성을 얻었다. 여당인 민정당은 6월 10일 사실상 대통령후보를 확정한 상태에서 이미 막후 선거운동에 돌입했지만, 야당은 아직도 여전히 후보단일화 문제로 원점에서 맴돌고 있었다.

김영삼은 후보조정을 빨리 하자는 입장이었고, 김대중은 '급할 게 없다'는 입장이었다. 통일민주당은 창당 때부터 김영삼과 김대중이 각각 50 대 50의 지분을 갖고 출발했지만, 아무래도 총재로서 당을 이끌고 있는 김영삼이 유리한 고지에 있었다. 김영삼은 자신의 유리한 조건을 십분 활용하여 김대중의 양보를 얻어내려 했고, 김대중은 어떻게든 시간을 끌며 출마의 명분을 찾으려 했다.

김대중은 출마를 위한 준비를 착착 진행시키고 있었다. 자신을 지지하는 이른바 동교동계로 하여금 8월 27일에 김대중의 차기 대통령 후보 추대를 공식화하게 했다. 원내조직인 민권회와 외곽조직인 민헌연(民憲硏)을 통합해, 9월 1일 헌정민권회(민권회)로 조직을 일원화하고 자신의 비서실도 개편했다. 김대중은 한걸음 더 나아가 9월 8일 광주, 목포 등 호남지역 순회연설에 나섰다. 광주에서는 50만명에 달하는 인파의 열렬한 환영을 받았다. 순회방문은 광주민주항쟁에 연루되어 사형선고까지 받았던 자신의 광주시민에 대한 감사와 위문행사일 뿐이라고 김대중은 말했지만, 출마명분을 축적하기 위한 계산된 행각이었음은 물론이다. 또한 그것은 결과적으로 지역감정에 불을 붙이기도 했다. 김대중의 일련의 행각은 야권단일화를 더욱 멀어지게 만들었다. 이렇게 김대중은 자신의 지지세력으로 하여금 그를 후보로 출마하도록 분위기를 조성하게 하고, 그것을 들어 자신을 합리화, 정당화했다. 광주시민을 이용하여 세(勢)를 과시하면서 "열화와 같은 성원을 외면하면 나를 가만두지 않을 것"이라는 변설도 폈다.

그것은 김영삼도 마찬가지였다. 9월 12일 그의 산하조직인 민족문제연구소의 이사회가 김영삼을 대통령후보로 추대한다고 공식 발표했다. 일본의 『아사히신문』은 9월 19일자에서 "양 김씨 모두 자신이 국민의 지지를 절대적으로 받고 있다고 생각, 전혀 입후보를 사양할 기미가 없다"라고 보도했다. 김대중은 후보단일화는 늦어지면 늦어질수록 선거전략에 좋다면서 시간을 끌었다. 9월 21일과 29일 양 김씨는 단독대좌를 했다. 그러나 이 대좌로 후보단일화 협상은 사실상 결렬됐다. 김대중은 "이번의 대통령후보는 법적으로는 당에 의해 결정되더라도, 정치적으로는 국민이 정해야 한다"면서 "국민들이 나를 기대 이상 격려, 지지하고 있는 상황에서 내가 대통령후보로 나가지 않는다면 정치적 배신자가 될 것"이라는 논리를 내세웠다. 이것이 "김대중 당신은 민족의 지도자로, 나라의 민주화와 민족통일로 가는 희망으로 남아달라"며 양보를 압박하는 김영삼에 대응하는 김대중의 입장이었다. 김대중은 9월 26일과 27일에 인천과 고려대를 방문하면서 지지세를 과시했다. 그러는 와중에 '단일화 불필요론'이나 '4자필승론'이 김대중측에서 흘러나왔다. 1노3김이 싸우면 자신이 반드시 승리한다는 것이었다.

초조해진 김영삼은 10월 10일 중앙당사에서 내외신 기자회견을 갖고 대통령후보 출마를 공식 선언한다. "대통령선거가 2개월여밖에 남지 않은 현시점에서 더이상 거취표명을 늦출 수 없는 상황에 처하여 있으며, 이 나라의 민주화를 보다 확실히 실현해야 한다는 사명감과 십자가를 지는 심정으로 대통령후보 출마를 결심하기에 이르렀다"는 것이 선언의 변이었다. 그리고 대통령후보로서 첫 유세를 10월 17일 부산에서 가졌다. 수영만에 1백만이 넘는 인파가 몰렸다. 이제 지역감정이 더욱 굳게 자리잡아가고 있었다.

김영삼은 10월 22일 양김 회동을 통하여 그동안 김대중이 요구해온 미창당 지구당 결성요구를 전격 수용하면서, 김대중에게 최종적으로 당내경선을 제의했다. 그러나 김대중은 경선 제의를 거부했다. 더 나아가 10월 30일 그는 신당창당과 자신의 대통령후보 출마를 선언한다. 그리고 11월 12일에는 평화민주당의 창당대회를 통하여, 스스로 총재 및 대통령후보가 된다. 이로써 후보단일화는 완전히 물건너갔다. 당내에서 박찬종(朴燦鍾)을 비롯한 세칭 서명파 의원 12명의 단일화 움직임도 물거품이 되었다. 이렇게 하여 공화당의 김종필까지 뛰어든 1노3김의 선거전이 본격적으로 시작되었다. 6월항쟁의 결실이 양김의 분열에 의하여 이렇게 무산되고 있었다.

지역으로 갈리고, 민주진영도 찢어지고

김영삼측은 김대중에게는 군부세력을 비롯한 비토그룹이 있어서 당선되더라도 엄청난 혼란이 올 것이며, 또 영남의 노태우와 맞붙게 되므로 지역감정을 불러일으킬 수밖에 없어 나라가 분열될 것이라는 점을 들었다. 그러나 자신이 김대중을 밀면 비토그룹의 위협도 극복할 수 있으며, 염려하는 지역감정 문제도 크게 완화할 수 있다는 것은 몰랐다. 김대중측은 자신이 후보가 되어야 하는 이유로 김영삼은 무능하다는 것을 들었다. 그러나 양김이 하나가 되면 그것쯤이야 보완, 극복할 수 있다는 것은 애써 외면했다.

양김의 분열은 크게는 지역감정으로 국민을 분열시키는 결과를 가져왔고, 안으로는 민주화운동 세력 내부의 균열을 가져왔다. 민주진영은 크게 세가지의 흐름으로 나뉘었다. 하나는 김대중에 대한 '비판적 지지'였다. '비판적 지지'라는 말 자체가 어색하듯이, 그 논리 또한 궁색할 수밖에 없었다. 김대중을 비판은 하되 지지는 한다는 것이다. 이 주장을 편 이들은 대개가 호남 성향의 정치지향을 가진 사람들이었다. 이들의 대부분은 뒷날 김대중을 따라 평화민주당에 합류했다.

다른 일군은 양김의 후보단일화야말로 6월항쟁을 참다운 국민의 승리로 결실해낼 수 있는 유일한 길이라 믿고, 후보단일화 운동에 진력한 집단이었다. 그러나 이미 대권욕에 눈이 어두워진 두사람에게 단일화를 요구하는 것만으로는 아무런 실질적인 힘을 발휘할 수 없었다. 또 다른 한쪽은 독자적으로 민중후보를 냈다. 그들은 백기완을 후보로 추대하면서, 모든 민주세력의 단결에 근거한 민주연립정부수립을 제창했다. 이들은 양김에 실망한 사람들로부터 감성적인 호응을 얻기는 했지만, 이 역시 후보단일화를 성사시키기에는 역부족이었다.

선거일을 꼭 1주일 앞둔 12월 9일, 독자적인 민중후보를 자처하며 출마를 선언한 백기완과 13개 재야, 학생단체 대표단은 긴급회의를 갖고, 양김과 백기완 그리고 재야단체 대표가 참석하는 4자 비상정치협상을 제의했다. 그 이튿날 아침 김영삼과 백기완이 회동하여 군정종식을 위한 후보단일화와 민주연립정부 구성원칙에 합의했지만, 김대중의 거부로 후보단일화의 가능성은 완전히 깨지고 말았다. 백기완은 12월 14일 "민주세력의 대연대를 이룩하지 못한 책임을 지고" 대통령후보직을 사퇴했다. 이렇게 민주진영은 분열된 야권을 통합시키기는 고사하고, 자신들마저 쪼개지는 최악의 상태를 맞이했다. 실로 안타까운 일이었다.

선거전은 1백만이 넘는 인파를 동원하는 기세싸움으로 이어졌다. 여의도광장은 그런 세몰이 경쟁의 무대였다. 11월 29일에 있었던 김대중 유세에 130만, 12월 5일 김영삼 유세에도 130만명이 운집했다. 12월 12일 노태우 유세에는 무려 150만명이 몰렸다. 그러나 그 어느 쪽이나 군중은 대부분 동원된 것이었다. 노태우는 12·12 유세에서 '올림픽후 중간평가'를 공약으로 내세웠다. 김영삼은 초장에 전두환 군부에 의한 최대 피해자였던 전 육군참모총장 정승화를 영입하며 '군정종식'의 기치를 들고 기세를 올렸다. 김대중 역시 확실한 지지기반과 타고난 언변으로 후보단일화를 깬 상처를 딛고 3강의 반열에 올랐다.

그러나 예상한 대로 지역감정이 크게 작용한 선거전이었다. 11월 14일 김영삼의 광주유세는 극심한 폭력사태로 좌절되고 말았다. 군중들은 "김대중"을 연호하며 야유를 보냈고, '군정종식'이라는 피켓을 빼앗아 불태우는가 하면 철판조각과 각목, 돌 등을 마구 단상으로 던졌다. 이런 지역감정은 연쇄적으로 다른 지역에서 감정적 대응을 촉발시켰다. 후보단일화가 안된 데 따른 것이기도 했지만, 전두환정권의 교묘한 부채질도 한몫 했다.

이런 가운데 노태우는 이미 일찍부터 후보로 확정된데다가 풍부한 물량과 전두환의 엄호와 지원 아래에서 '보통사람의 시대' '안정이냐 혼란이냐' '대안없는 투쟁경력만으로는 나라를 이끌어갈 수 없다' 등의 논리로 진일보한 이미지 선거전을 펼쳤다. 거기다 아직까지도 의문으로 남아 있는 '대한항공 858 여객기 폭파사건'이 터졌다. 선거를 불과 18일 남겨놓고, 승객 115명이 탄 바그다드발 서울행 여객기가 미얀마의 벵골만 상공에서 폭발하여 실종된 것이다. KAL기 공중폭파사건은 선거에 결정적인 영향을 가져왔다. 유권자들의 불안심리를 크게 자극한 것이다. 투표를 앞둔 12월 15일, 전두환정권은 폭파범 마유미(한국명 김현희金賢姬)를 바레인에서 서울로 이송함으로써 노태우의 득표에 결정적으로 기여했다. 그리고 선거부정도 노태우 당선에 큰 몫을 했다.

12월 16일의 제13대 대통령선거는 노태우가 828만표, 김영삼이 633만표, 김대중이 611만표를 얻은 것으로 집계되었다. 이렇게 하여 노태우의 '5.5공화국'이 탄생했다. 이렇게 민주화는 아직도 갈 길이 멀었다.

창조적 변혁의 주체로

민족민주의 새로운 지평을 향하여

1987년 6월의 민주화대투쟁 과정에서 또는 대통령직선제 개헌을 관철해낸 이후 각 부문에 걸쳐 통합조직들이 속속 결성되기 시작했다. 그것은 한편으로는 대투쟁의 성과를 반영하는 것이었지만, 다른 한편으로는 새로운 시대와 창조적 변혁의 주체가 등장하는 과정이기도 했다. 그러한 움직임은 노동자·농민·도시빈민 등 민중운동부문에서뿐 아니라, 교육·문화·예술·언론·여성·학문·종교 등 전부문에 걸쳐 일어났다. 그것은 투쟁에서 창조로의 위대한 전환이기도 했다. 사회의 민주화는 부문운동의 자율화가 전제될 수밖에 없기 때문에, 그것은 자연스러운 도정이었다. 비록 제한적이기는 했지만, 민주화로 나아가는 도정에서 그들은 민주화에 대한 장애를 제거하고 나아가 자신들이 창조적 변혁의 주체로 서기 시작했다. 그것은 자성과 전진의 큰 흐름이었다.

노동자들은 단위사업장 틀을 넘어 지역 및 업종 단위, 나아가 전국적 차원에서 단결을 추구하며 자신들의 지위를 높여나갔다. 수적으로 절대 다수를 차지하는 생산직 노동자들을 중심으로 전국노동조합협의회(전노협)가 결성되었다. 전노협은 각 지역 단위민주노조의 협의조직을 바탕으로 1990년 1월에 결성되었는데, 출범 당시 456개 단위노조와 16만6천명의 노동자를 포괄하고 있었다. 이것이 모태가 되어 뒷날 민주노총이 탄생하는 것이다.

학생들은 1987년 8월 19일, 자민투 중심의 선도투쟁노선에 대한 반성 아래 대중노선을 지향하는 제1기 전대협을 발족시켰다. 이들은 이른바 조국통일투쟁을 전개하며 1988년 6월 10일에는 남북학생회담 출정식을 가지더니, 1989년 7월에는 전대협 대표자격으로 임수경(林琇卿)이 방북을 감행해 남북청년학생 공동선언을 발표한다. 농민들은 신·구 교회의 울타리를 벗어나 자주적인 군 단위 농민회를 결성하기 시작했고, 1987년 2월 26일에는 전국농민협회를, 1988년에는 범농민적 협의기구로 전국농민단체협의회를, 1989년 3월에는 이를 확대 개편한 전국농민연합을 결성하며 농축산물 수입개방저지 및 제값받기 투쟁을 전국단위로 전개하기 시작한다.

이러한 민중운동 진영의 자기정비는 '역사는 우리의 것'이라는 자각 위에서 꾸준히 지속되었고, 마침내 1989년 1월 21일 노동자, 농민 등 8개 부문단체와 12개 지역조직이 참여한 전국민족민주운동연합(전민련)의 결성으로 나아갔다. 전민련은 한국전쟁 이후 최대의 전선체 조직으로 평가되었다. 이렇게 민주운동 진영이 조직을 정비해나가는 것과 궤적을 같이하여, 문화·예술·학술 분야에서도 변화하는 시대에 대처하기 위한 조직이 출현하며, 민주화시대의 변혁주체로서 창조적 모색을 하기 시작한다.

민주화교수협의회의 창립

1986년에 재야와 정치권이 연대한 개헌투쟁이 본격화하면서 고려대와 한국신학대학을 필두로 학원자율화와 개헌을 요구하는 시국선언문이 연이어 발표되었다. 이는 전체 민주화운동에 큰 힘이 되었다. 이러한 교수 시국선언문의 총괄적 성격을 띤 것이 1986년 6월 2일 발표된 교수연합시국선언이었다. 여기서 교수들은 개헌논의 개방, 학원자율화 요구를 비롯해 각 사회부문별 민주개혁 요구를 전면적으로 제기했다. 그들은 이 시국선언에서 "우리 사회는 지금까지 잉태되어왔던 여러 모순과 갈등이 일시에 표출되어 점차 폭발의 방향으로 나아가고 있다"면서 정치 · 경제 · 사회 · 대학에서 제기되고 있는 문제들에 대한 교수들의 견해를 유려한 문체로 밝히고 있다.

1987년에도 박종철 고문치사사건과 직선제개헌을 둘러싸고 민주화운동이 크게 고양되면서 학교별로 교수들의 시국선언이 발표되었다. 그러다보니 교수들은 구체적 사안이 발생할 때마다 학교별로 일일이 성명을 발표하는 것에 번거로움과 함께 어려움을 느끼게 되었다. 또 그만큼 개별적으로 서명을 받는 데 따른 위험부담도 커질 수밖에 없었다. 여기서 학원 및 사회의 민주화를 위해 교수들의 조직화된 협의기구의 필요성이 제기되었다. 복직교수, 소장교수, 사회과학 분야의 교수들을 중심으로 조직화 시도가 계속되었고, 그것이 마침내는 '민주화를 위한 전국교수협의회'(민교협) 창립으로 이어졌다. 이들은 1987년 6월항쟁이 한창이던 6월 26일에 평창면옥에서 창립대회를 치르려 했으나, 경찰의 저지로 일단 연기했다가 7월 21일 성균관대학교에서 정식으로 창립대회를 가졌다. 민교협에는 42개 대학에서 664명의 교수가 가입했다. 창립선언문은 1년 전에 있었던 교수연합시국선언에 비해서는 아주 간결했지만 그 지향하는 바를 명료하게 제시했다.

이 시대 한국의 대학에 몸담고 있는 우리 교수들은 학문의 자유와 대학의 자율이 사회의 민주화와 표리관계에 있음을 직시하고, 이 양자의 동시 병행적 달성에 기여하기 위해서는 우리 모두의 공동노력이 절실함을 거듭 확인하여왔다. (…) 이러한 과거의 축적과 반성 위에서 우리 교수들은 일보 전진된 자세로, 대학과 사회의 민주화를 촉진하는 공동노력의 장으로서의 '민주화를 위한 전국교수협의회'를 창립하는 바이다.

민교협은 간사 체제로 운영되다가 1988년 8월 20일 의장 체제로 전환되어 운영되기 시작했는데, 초대 의장에는 김상기(金祥基), 송기숙, 김진균(金晋均) 교수가 추대되었다.

민족문학작가회의와 통일문제의 대두

6월항쟁이 6·29 선언을 통하여 민중의 승리로 귀결된 이후인 9월 17일, 일군의 작가들은 "지금이야말로 승리의 열매를 헤아릴 때가 아니라, 그간의 고귀한 희생 앞에 옷깃을 여미며 의로운 피와 땀으로 쟁취한 활동의 공간에 아낌없이 자신을 던지고 나설 때"라고 지적하면서, "이에 우리는 참다운 민족문학을 열망하는 모든 사람들의 구심점을 마련하고 민주화와 통일을 위한 싸움에 더욱 알차게 기여하고자, 기존의 자유실천문인협의회를 확대 개편하여 민족문학작가회의를 창립한다"라고 선언했다.

민족문학작가회의는 그 창립선언에도 밝힌 것처럼 1974년 11월

'문학인 101인 선언'으로 출범하여, 1970년대와 1980년대 범민중적 민주화항쟁의 일익을 담당했던 자유실천문인협의회를 확대 개편하며 창립되었다. '민족문학'이라는 말이 상징하듯이 민족문제와 통일문제를 문학과 문학인의 새로운 과제로 설정하고 있다. 창립선언에서 통일문제와 관련해서 밝힌 '우리의 결의'는 이렇게 되어 있다.

1. 민족의 사활이 걸린 통일문제는 한반도 민족성원들의 자주적 결단에 맡겨져야 하며, 정부당국과 일부 외국인들이 그 논의를 독점하는 사태부터 먼저 시정되어야 한다.

1. 민족통일과 민주주의 실현의 과제는 문학만으로는 풀 수 없는 역사의 큰 일감인 동시에 문학을 통한 생생한 현실점검과 뜨거운 북돋움, 인류문화의 공동유산에 대한 문학인의 개방적 자세와 민족전통에 대한 끈덕진 애착을 보태지 않고서는 이루지 못할 지난한 과제이기도 하다. 우리는 이러한 사명감과 긍지를 갖고, 무엇보다도 우리들 스스로의 이기주의, 타협주의, 도식주의와 준엄히 싸우며 참다운 민족문학의 건설에 헌신할 것을 다짐한다.

민족문학작가회의는 그 이듬해인 1988년 7월 2일, 7·4 공동성명 16주년을 맞아 남북작가회담의 개최를 제안한다. 회장 김정한, 부회장 고은, 백낙청의 이름으로 발표된 이 제안서에서 민족문학작가회의는 회담에서 남북간의 작품교류뿐 아니라 모국어와 민족정서의 동질성 보존을 위한 공동작업, 국문학 연구를 위한 현지답사반의 교환 등 지속적인 인적교류를 논의하자고 제의했다. 이러한 제의는 1988년 들어 봇물처럼 터져나오기 시작한 남북화해와 민족통일에 대한 열망이 학생운동권, 재야운동권을 거쳐 문화예술 부문까지 확장되었음을 반영하는 것이다. 또 이 제안은 문학이 갖는 독특한 정서와 영향력을 감안할 때, 이제 통일운동이 민주화운동에 뒤이은 절실한 과제임을 제시한 것이라는 점에서 주목할 만했다.

이 무렵 노태우정부는 이른바 7·7 선언을 발표했는데, 그것은 정치인·경제인·언론인·종교인·문화예술인·학자·체육인 및 학생 등 남북동포간의 상호교류를 추진한다는 내용을 핵심으로 하고 있었다. 이러한 7·7 선언에도 불구하고 노태우정부는 민족문학작가회의의 예비접촉 시도를 봉쇄함으로써, 7·7 선언이 단지 정치적 선전효과를 노린 것일 뿐 남북교류를 실질적으로 보장하려는 것이 아님을 스스로 드러냈다. 예비접촉을 시도했던 작가회의측 문인들을 연행, 억류, 입건한 일련의 탄압은 7·7 선언의 허구성을 보여주는 대표적인 증거로 역사에 남게 되었다.

민족민주운동의 문화적 결실—민예총

민족문학작가회의와 함께, 민족예술인총연합(민예총)의 창립은 6월항쟁 이후 민족민주운동 진영이 획득한 자신감의 표현이었다. 1980년대를 통해 문학·미술·음악·연극·춤·건축·사진 등 문화예술의 전 분야에서 성숙, 발전해온 민족적, 민중적 내용과 형식이 거대한 문화운동으로 구체화되어 나타난 것이다. 이 조직은 문화예술운동 단체의 결합조직이 아니라 예술인 개인의 연합조직으로 태동했다. 이제 새로운 문화운동의 출발을 알리는 창립선언의 몇구절을 보자.

길고 어려운 고난의 시대를 거치면서 언제나 싸움의 선봉에 섰던 사람

1989년 1월 28일 김윤수 의장(왼쪽)과 신경림 사무총장(오른쪽)이 민예총 현판식을 거행하고 있다. 사진제공: 민예총

들은 바로 이땅의 이름없는 민중이었으며, 그들은 대지처럼 묵묵히, 강물처럼 도도하게 우리 역사의 주체로서 살아왔다. 그러므로 그들이야말로 동세대의 예술가를 낳아준 당사자이며 창조된 예술작품의 주인인 것이다. (…) 이제 예술운동은 전체 민족운동 선상에서 스스로의 예술이념과 미학, 그리고 실천론으로 자신의 전선을 감당해야 될 때가 왔다. 이제 예술가가 민중의 올바른 삶에 대한 열망과 요구를 짊어지고 전선에 나선다는 것은 과감한 자기변신을 통하여 일정한 규율과 조직의 틀을 갖춰야 함을 의미한다. 이러한 결의를 토대로 자립하여 각계 예술분야를 연결하고 협력하며 동참함으로써 우리는 민중의 모든 문화적 권리를 쟁취해나가야만 한다. (…) 우리는 바로 그 자리에 서서 민중의 정서, 민중의 미의식을 배우고 민족민주운동, 통일조국 건설운동의 대의를 체현하며 끊임없이 자신의 기량을 갈고닦음으로써 소수의 예술가만이 아니라 민중 전체가

보다 높은 예술적 가치를 공유할 수 있는 참민중적 민족문화예술의 기틀을 건설해낼 것이다. 이러한 우리들의 예술운동에 대한 조직적인 자각과 실천의지를 대동통일하고 민중의 엄숙한 소명을 받아 이에 한국민족예술인총연합의 창립을 선언한다.

창립선언문은 그 안에 문학·미술·음악·연극·영화·춤·건축·사진 등 예술의 전분야에서 가꾸고 키워나가야 할 방향에 대해서 구체적으로 언급하고 있다. 민예총은 당시 유일한 문화예술기구인 예총에 맞서 민족예술, 민중예술의 민족적 대표성과 권력으로부터의 자주성을 드높였다는 점에서 지대한 의의를 갖는다. 예총에 대한 거부의 움직임이기도 했던 민예총은 1988년 12월 24일, 조성국(曺星國), 고은, 김윤수를 공동의장으로 하여 정식출범했다. 그러나 민예총이 정부로부터 공식적으로 사단법인 인가를 받고 당당히 예총과 병립하면서 이 나라 민족문화예술운동의 핵심축으로 우뚝 서기 시작한 것은 1993년 내가 대통령 교육문화수석으로 있을 때였다. 그때까지는 아직도 재야단체였다.

학술단체협의회

어떤 의미에서 1980년대는 변혁운동의 시기였다. 학문적으로도 1980년대의 한국사회를 어떻게 볼 것인지를 놓고 사회구성체논쟁이 벌어지기도 했다. 1980년대의 급격한 정치변동과 민중운동의 치열한 전개에 추동되어 한국사회에 대한 인식에 있어서도 진보적, 변혁적 인식이 광범위하게 확산되었다. 1980년대 초반과 중반에 걸쳐, 다양한 형태의 소규모 연구회, 연구소 활동이 전개되었다. 이를 통해 그동안 금기시되었던 여러 가지 연구주제들을 발굴, 연구하기 시작했다. 그리고 이 주제를 두고 여기저기서 토론이 이루어졌다. 이렇게 축적된 학문연구의 성과를 바탕으로 진보적인 신흥 연구단체들은 1988년 6월 제1회 학술단체 연합씸포지엄을 개최했다.

이때 발표된 소장학자 서관모(徐寬模) 교수의 논문을 문제삼아 검찰이 서관모 교수를 소환조치했다. 그러자 학계에서는 이를 학문과 사상의 자유에 대한 명백한 탄압으로 규정하고 공동대응에 나섰다. 이 사건을 계기로 정부로부터 학문연구에 대한 탄압이나 불이익을 받을 경우 공동대응, 공동투쟁이 필요하다는 인식이 팽배해 있었다. 아울러 학문과 학문 사이의 상호교류 및 차원 높은 공동연구의 필요성에 서로가 공감했다. 그러한 필요성에 따라, 이론적·실증적·실천적 연구를 지향하는 진보적인 연구회·학회·연구소들의 협의기구로 학술단체협의회가 창립되었다(1988년 11월 5일). 이들이 창립선언에서 주장한 내용은 다음과 같다.

> 우리의 구체적 현실을 망각한 서구 자본주의사회의 학문적 권위에 대한 맹목적 신앙은 단지 기성체제의 이익에 봉사하는 데 머물렀음을 부정하기 어렵다. 더구나 학문과 사상의 자유에 대한 가혹하고 집요한 탄압은 학문의 정상적 발전을 원천적으로 봉쇄해왔으며, 학문사회의 갖가지 그릇된 제도적 장치들과 더불어 학문연구가 역사적 전망을 잃어버리고 사회적 책임에 등을 돌리는 데 결정적 역할을 수행했다. 우리는 진리의 참된 구현을 가로막는 이러한 장애물을 남김없이 무너뜨리고, 학문과 사상의 자유를 억압하려는 모든 기도에 단호히 맞서야 한다. (…) 1980년대에 들어 이루어진 적지 않은 학술연구단체의 결성은 80년 이후 민중역량의

눈부신 고양에 힘입은 것이다. (…) 민중의 피땀으로 획득된 사회적 공간에서 이들 학술단체들의 학문연구와 학술활동은 결코 상아탑 속에 자족할 수 없는 것이다. 연구활동의 조직화를 통해 과학적 인식을 획득하고, 그것을 대중과 공유하는 일은 학술연구자의 역사적 임무인 것이다.

언론자유를 향한 도정

모든 자유를 자유케 하는 자유

한 나라의 민주화 척도는 언론의 자유와 함수관계에 있다. 쿠데타를 일으킨 집단은 동서양을 막론하고 예외없이 가장 먼저 방송사를 장악하고 언론을 통제한다. 독재체제가 물리적 폭력과 함께 침묵의 질서 속에서 사람들의 혼을 마비시키는 정신적인 폭력, 곧 언론 폭력을 함께 구사할 때, 그 체제는 유지될 수 있다. 그러므로 이 언론 폭력은 민주주의에 있어 가장 큰 적이다. 따라서 빼앗긴 언론의 자유를 되찾고, 빼앗긴 말을 되찾아 참다운 민주언론을 건설하는 것은 민주주의를 열망하는 모든 국민의 절박한 과제일 수밖에 없다.

전두환 군부가 12 · 12 쿠데타에 성공한 후 가장 먼저 착수한 것이 언론통제를 목적으로 한 언론기본법의 제정이었다. 1980년 12월 31일 이른바 계엄령하의 국가보위입법회의에서, 그들은 구미에 맞게 언론에 재갈을 물릴 수 있도록 언론기본법을 제정했다. 언론기본법은 한마디로 언론제작물에 대한 압수와 몰수는 물론, 나아가서 언론기관의 등록취소, 즉 폐간과 폐쇄까지도 행정부의 임의적인 판단과 결정에 따라 전횡할 수 있는 무소불위의 법률이었다. 1980년대 중반 전두환 정권은 이 언론기본법으로 『창작과비평』『실천문학』을 폐간시켰다. 이에 1985년 9월 3일, 자유실천문인협의회, 민중문화운동협의회, 민주언론운동협의회 등 3개 단체는 언론기본법 폐지운동을 전개한 바 있다.

또한 1981년 전두환정권은 문공부에 홍보조정실을 신설하면서, 언론에 보도금지 사항은 물론 기사의 제목과 내용, 단수, 사진의 크기와 구성까지 일일이 간섭하는 보도지침을 철저한 언론조작과 통제의 수단으로 이용하기 시작했다. 1986년 9월 민주언론운동협의회가 언론사에 시달된 보도지침을『말』특집호에 게재함으로써, 언론통제의 실상이 세상에 드러나게 되었다. 이를 통해 국민은 언론이 권력에 의해 어떻게 길들어지고 있는지를 확연히 알게 되었다. 그리고 언론의 자유야말로 '국민의 자유를 자유케 하는 자유'라는 사실을 깨닫게 되었다. 민주주의에 대한 타는 목마름은 곧 자유언론에 대한 갈망으로 이어졌고, 자유언론운동은 언론계 안팎에서 민주화운동과 궤를 같이하면서 전개되었다.

KBS 시청료납부 거부운동

1980년 9월 1일, 전두환이 대통령에 취임한 이후 KBS는 취임 1주년을 시작으로 해마다 대대적인 특집방송을 통해 그의 업적을 홍보해왔다. 그리고 '땡전뉴스'를 만들어 보도시간의 맨 앞에 전두환을 홍보하는 기사를 내보냈다. KBS는 이처럼 군부독재정권의 충실한 주구 노릇을 하고 있었다. 주구 노릇에 앞장선 간부들은 줄줄이 요직으로 승진했고, 그 대신 KBS는 관제 언론, 특히 전두환 군부의 충성스러운 하수인으로 전락했다.

TV 시청료납부 거부운동을 맨 처음 벌이기 시작한 것은 농민들이었다. 그들의 생존권투쟁을 왜곡보도하는 데 대한 항의와 분노의 표시였다. 이것이 점차 재야운동단체와 종교단체로 번졌고, 1985년 중반부터는 전국적인 운동으로 확산되었다. 1986년 1월에는 'KBS-TV 시청료 거부 기독교운동본부'가 발족하고, 2월 14일에는 'KBS-TV를 보지 않습니다'라는 글이 새겨진 스티커 5만매와 전단 1만부를 제작, 배포했다. 3월 25일에는 민추협에서 김대중, 김영삼 공동의장 명의로 '회직자(會職者)에게 드리는 서신'을 통해 "정권의 여론조작에 이용당하여 언론의 본질을 망각한 채 왜곡, 편파 보도를 일삼는 KBS, MBC-TV를 규탄하며, TV 시청료납부 거부운동이 범국민운동으로 확산되도록 하기 위하여 서신과 전화를 통한 캠페인의 전개"를 당부했다. 4월 8일에는 신민당 정무회의에서 'KBS 뉴스 안 보기'와 시청료납부 거부운동을 국민운동으로 확산시키기로 결의했다.

5월 15일 김수환 추기경은 기독교방송과의 대담에서 "언론의 자유를 떼어놓고는 신앙의 자유를 비롯해 모든 다른 자유도 완전할 수 없다"면서 "현재 정부는 공영방송인 KBS와 MBC의 보도태도 때문에 신뢰를 잃고 있으며, 정부가 참된 말을 전하고 싶어서 KBS를 통해 방송해도 국민들이 믿지 않아 큰 손해를 보고 있다"라고 지적했다. 정치권과 재야, 종교계 등 시청료납부 거부운동에 동참하던 단체들은 9월 29일, '시청료거부 및 자유언론 공동대책위원회'를 발족시킨다. 여기에는 기독교범국민운동본부, 천주교 정의평화위원회, 민주화추진협의회, 신한민주당, 민주통일민중운동연합, 민주언론운동협의회, 'KBS 시청료폐지운동 여성단체연합'이 참가했다. 이들은 이 선언에서 "KBS는 공영방송임을 자처하며, 국민의 시청료와 방대한 독점적 광고료 수입으로 운영하면서도 계속하여 현정권의 하수인으로 왜곡, 편향 보도를 일삼는 등 공정한 보도와 건강한 공영방송으로의 회귀를 포기하고 있다. 이에 국민적 분노로 일어난 KBS 시청료납부 거부운동은 각계에서 활화산처럼 퍼져온 것"이라고 지적하면서 "시청료는 공정보도를 하고 그 대가로 받는다는 국민과의 계약이며 의무로서 KBS가 이를 지키지 아니할 때 시청료납부를 거부하는 것은 원천적으로 정당한 국민적 권리"임을 확인했다. 또 "KBS 시청료납부 고지서를 이 시간 이후 각 운동단체에서 취합한다. 이는 범국민적 시청료납부 거부운동의 궁극적 책임을 개별 국민에게 전가하는 것이 아니라, 우리 운동단체 자신이 떠맡기 위함"이라 하여 시민불복종운동을 본격적으로 전개하기 시작했다. 이 운동은 광범위한 국민적인 지지를 얻었다. 이처럼 TV 시청료납부 거부운동은 국민 각자의 마음속에 공감대를 형성하며 1987년 6월항쟁의 밑거름이 되었다.

전국언론노동조합연맹의 결성까지

6월항쟁과 6·29 선언은 언론계에도 상당한 영향을 미쳤다. 우선 5공정부도 언론기본법을 더이상 존치시킬 수 없다는 것을 깨닫기 시작했다. 보도지침사건으로 그들의 언론정책은 심대한 도덕적 타격을 입었고, KBS 시청료납부 거부운동으로 나타난 국민의 힘을 두려워하지 않을 수 없었다. 언론기본법은 1987년 11월 11일 전두환 대통령의 결단이라는 형식을 빌어 국회에서 폐지된다. 이 무렵 기독교방송 직원들은 금지된 뉴스방송의 재개를 쟁취하기 위하여 투쟁하고 있었다.

그들은 8월 14일, 사흘 동안의 단식 및 철야기도회를 열고 뉴스방송 재개를 결의하여 마침내 그해 10월부터 뉴스방송을 내보내는 등 방송 기능을 정상화하는 데 성공했다.

한편 각 언론사 내부에서는 편집권 독립을 목표로 한 언론노조의 결성을 서두르기 시작한다. 회사의 방해와 탄압을 무릅쓰고, 1987년 10월 29일 한국일보에서 최초로 언론노조가 결성된다. 뒤를 이어 11월 18일 동아일보에서, 12월 1일에는 중앙일보에서, 이어서 지방과 중앙에서 언론노조 결성운동이 꾸준히 계속되었다. 기자들은 언론노조 결성에 이어, 편집권의 독립을 위해 편집국장 추천제를 추진했다. 1988년 4월, 부산일보 노동조합은 편집국장 후보 3인을 추천하기 위한 투쟁에 나섰다. 회사측이 완강히 버티자 이들은 6월 28일 파업투쟁에 돌입했다. 파업이 진행중인 7월 11일, 드디어 그들의 요구가 관철되었다. 이처럼 전 언론기관에서 내부 민주화운동이 전개되었고, 점차 편집국장 추천제 또는 선거제는 정착되어갔다.

방송계에서도 언론민주화의 바람은 불고 있었다. 1987년 7월 2일부터 시작된 MBC의 노조결성 움직임은 12월 9일 새벽 1시 반, 마침내 감격적인 창립선언으로 귀결되었다. MBC 노조 창립선언문은 "방송을 물이나 공기와 같은 환경요소 가운데 하나라고 볼 때 국민들은 맑은 물과 공기를 마실 권리가 있듯이 건전한 방송을 요구할 권리가 있음"을 지적하고 "그동안 왜곡, 굴절되어온 방송체제는 전면적으로 고쳐져야 하며, 방송의 고유기능은 시청자의 요구를 충족시킬 수 있도록 전적으로 방송인에게 맡겨져야 한다"라고 주장했다. 이어서 이들은 보도의 공정성을 확립하고, 편성과 제작의 명실상부한 자율성을 회복하며 나아가 사회민주화에 기여하는 언론의 사명에 충실할 것을 다짐했다. 이에 자극을 받은 KBS도 1988년 5월 20일 노조를 결성하기에 이른다.

KBS 노조와 MBC 노조는 각각 회사측과 단체교섭을 앞두고, 1988년 8월 17일 공동으로 '방송민주화를 위한 우리의 결의'를 발표했다. 여기서 이들은 "KBS와 MBC 노동조합 5천여 조합원은 지난날 언론의 사명을 망각하고 제도권방송으로 전락해 편파, 왜곡방송으로 국민 여러분의 올바른 눈과 귀가 되지 못했던 점을 심히 부끄럽게 생각한다"고 고백하면서, 단체교섭에 임하는 결의를 밝혔다. 국민의 신성한 알 권리를 존중, 보장하기 위한 공정방송 실현에 단체교섭의 최우선목표를 두고, 편성, 보도 및 제작 관련 책임자 추천제를 반드시 관철시켜 방송이 정치권력의 시녀로 전락하는 것을 제도적으로 방지하겠다고 다짐했다.

이렇게 각 언론사별로 조직된 노조들은 1988년 4월 전국 14개 노조가 참여한 가운데 전국언론노조협의회를 발족시킨다. 이어 11월 26일에는 전국 41개 노조에 1만3천여 언론노동자의 결집체인 전국언론노동조합연맹(언노련)을 창립한다. 이들은 창립선언에서 "지난해 10월부터 시작된 개별 언론노조의 사내 민주화 및 편집권독립 투쟁의 성과를 이어받고, 올해 4월에 결성됐던 전국언론노조협의회에 의한 공동투쟁의 경험을 발전적으로 계승한 언노련은 언론자유의 완벽한 실천을 통해 사회의 민주화에 이바지하는 것이 제1의 목표"임을 선언했다. 또 창립선언과 함께 발표한 강령에서 "언론의 역사적, 사회적 책임을 깊이 인식하여 보도자유의 확보와 민주언론실천에 전력"할 것과 "편집편성권에 대한 정치권력이나 자본 등 어떠한 세력의 간섭도 거부하며 언론과 노동 등 자유로운 활동을 가로막는 제반 악법의 개폐투쟁을 과감히 전개한다"는 것을 명기했다. 언노련의 초대위원장은 권영길(權永吉)이 맡았다.

이로써 1960~70년대 언론인들에 의해 시작되었던 자유언론실천운동은 이제 모든 언론종사자들이 참여하는 언론노동운동으로 그 폭이 넓어졌으며, 더 나아가 전국의 언론사 노조들이 하나의 조직체로 단결하는 단계에까지 이르게 되었다. 이는 한국노조운동 사상 최초의 업종별 연맹으로서 그동안의 개별노조의 한계를 극복하고 언론종사자 공동의 이해와 요구에 기초한 연대투쟁의 기틀을 마련하는 계기가 되었다. 특히 신문에서보다는 방송 쪽에서 노조를 중심으로 한 언론민주화운동이 더 적극적으로 전개되었다. 그것은 방송에 있어서 노조 역할이 강해지고 있음을 의미하는 것이다. 언론계도 이렇게 사회민주화에 따른 변혁의 파고를 넘고 있었다.

한겨레신문의 창간

1975년 동아일보와 조선일보에서 자유언론을 실천했던 일단의 기자들이 축출되어 나온 뒤, 이들은 비록 붓은 빼앗겼지만 민주화운동 진영에서 중요한 일익을 담당해왔다. 붓을 빼앗긴 언론인들은 물론이고 민주화운동 진영으로서는 진실을 알리는 언론에 너무나도 목말라 했다. '우리들의 언론'이 하나쯤 있었으면 하는 갈망은 1970~80년대를 통하여 더욱 절실해질 수밖에 없었다. 그러나 그것은 엄두도 낼 수 없는 일이었다. 신문사를 꾸리고 이끌어갈 수 있는 인적자원은 충분했지만, 신문사를 세울 수 있는 자금에는 아무도 자신이 없었다. '우리들의 언론'을 갖는다는 것은 다만 하나의 꿈에 머물고 있었다.

그러나 6월항쟁 이후, 민주화에 대한 전망이 보이기 시작하면서 상황은 달라졌다. 새로운 언론 건설을 맨 먼저 착안하고, 또 그것을 실행에 옮긴 이는 조선투위의 정태기였다. 그의 제안과 구상에 따라 동아·조선투위의 사람들이 하나둘씩 그 뜻에 공감하기 시작했다. 6·29선언이 있은 그해 여름 이들은 한겨레신문 창간을 구상하고, 10월부터는 창간준비소식 및 모금운동광고 형식을 통해 창간계획을 세상에 알리기 시작했다. 창간기금을 모은다는 소문이 퍼지자, 1987년 대통령선거 이전에 이미 10억원이 넘게 모금되었다. 대선이 끝나자 오히려 더 많은 창간기금이 들어왔다. 대선이 끝난 뒤 두달 동안 40여억원이 쏟아져들어왔다. 어떤 날은 하루에 2억원씩 들어오기도 했다. 야권의 후보단일화 실패로 노태우가 당선되자, 희망을 잃은 국민은 한겨레신문에 상당한 기대와 희망을 걸었다. 그것이 기금모금에 크게 작용한 것으로 보여진다. 창간기금은 50억원에서 마감했는데, 만약 거기서 마감하지 않았다면 훨씬 많은 금액을 모을 수 있었을 것이다. 그것은 기대 이상의 성과였다.

한겨레신문은 1988년 5월 15일, 국민주방식의 모금을 바탕으로 세상에 그 모습을 드러내었다. 한겨레신문은 정치·경제·사회·문화 등 모든 분야에서 민주화를 추구하는 '민주언론', 민족자주와 평화통일을 위해 진력하는 '민족언론', 이 나라 국민의 대종을 이루고 있는 소외당하고 고난받는 민중의 삶을 향상시키기 위해 노력하는 '민중언론'을 표방했다. 또 하나의 신문이 아니라 기존의 신문들과는 확연히 다른 신문이 될 것을 지향했다. 한겨레신문사의 윤전기가 창간호를 찍던 날의 광경을 뒷날 최일남(崔一男)은 이렇게 썼다.

> 그날 나는 보았다. 윤전기 주변을 둘러싸고 있던 그들의 눈이 벌겋게 충혈되다가 마침내 서서히 젖어드는 것을. 그중에는 물론 백발이 성성한 송건호 사장의 모습도 있었으며, 리영희 논설고문의 얼굴도 끼어 있었다.

임재경 부사장도 장윤환 편집위원장도 섞여 있었다. 고은 시인과 이부영 전민련 의장과 백낙청 교수도 손님으로 와 있었다. 특히 리영희 고문이 손수건을 눈으로 가져가다 말고 무척 멋쩍어하던 광경을 지금도 지울 수가 없다. 아마 77년 12월, 감옥에서 자당이 돌아가셨다는 말을 듣고 남몰래 흘렸을 절치부심의 눈물과는 다른, 감동의 눈물이었을 터이다.

그때 나는 거의 같은 시기에 출범한 평화신문 창간작업을 진행하고 있었다. 평화신문 역시 진실을 알리는 언론에 대한 천주교회의 갈망으로 태어난 주간신문이었다. 그때는 그렇게 언론다운 언론을 위해 많은 사람들이 열정을 불태우고 있었다.

민변의 탄생, 그리고 시민운동의 성장

더욱 성숙한 민주사회를 향하여

헐벗은 사람들에게 빛을 주고

목마른 사람들에게 물을 주고

쓰러진 사람들에게 꿈을 주면서

비바람 치는 들판에 나선

우리들 모두에게 용기를 주고

등대처럼, 파도 거친 외로운 섬에서

갈 길을 밝혀주는 등대처럼

빼앗는 자 앞장서 쫓아내고

짓밟는 자 몽둥이되어 물리치고

따뜻한 손길로 일으켜 세우면서

빼앗기고 짓밟히고 억눌린

우리들 모두에게 자유를 주고

(…)

큰 나무처럼, 꽃으로 마을을 뒤덮기도 하고
열매로 우리들을 살찌우는 큰 나무처럼

용기를 주어 우리를 말하게 하고
꿈을 주어 우리를 눈뜨게 하고
자유를 주어 우리를 일어서게 하면서
우리들에게 행복을 주고
우리들에게 기쁨을 주고

—신경림 「우리들에게 용기를 주고 행복을 주고, 큰 나무처럼」 중에서

이 시는 2004년 10월 7일, 홍남순 변호사 평전출판기념회에서 안숙선(安淑善)이 판소리로 부른 신경림의 시 「우리들에게 용기를 주고 행복을 주고, 큰 나무처럼」의 일부분이다. 물론 이 시는 홍남순 변호사를 기려 쓴 것이지만, 1970~80년대 인권변호사의 역할을 그대로 표현해내고 있다. 그때 그들은 법정에서만 변론한 것이 아니었다. 교도소를 찾아가 피고인들에게 용기를 주는 동지가 되어야 했으며, 자식을 감옥에 보낸 가족들에게는 위안을 주는 이웃집 아저씨의 역할을 해야 했다. 1970년대는 물론 1980년대에도 인권변호사들은 개별적으로 이런 시대적 역할을 수행했다. 그러나 1980년대 중반에 들어오면서는 개별단위로 이루어지던 변론이 여러 사람의 힘과 지혜를 모아 함께 대처해나가는 방식으로 바뀐다. 전두환정권하에서 개별단위로 정치범, 양심범의 변론을 감당하기에는 사건이 너무 자주, 많이 터졌고, 또 이때쯤에는 정의로운 부름에 응하는 젊은 변호사도 상당수에

이르고 있었다.

정법회의 결성과 발전

1980년대 중반, 구로공단에서는 여러 사업장의 노동자들이 연대해서 동시에 파업에 돌입하는 사건이 발생했다. 각 사업장에는 대학생들이 노동자로 취업해 노동현실을 몸으로 체험하고 있었다. 그래서 이 사건은 구로동맹파업사건 또는 노학연대사건이라고 불렸다. 이는 하나의 큰 사건임에도 불구하고, 검찰은 재판에서 공동대응을 우려하여 여러개의 사건으로 쪼개서 기소했다. 그것을 맡아야 할 인권변호사는 적어도 그때까지는 한정되어 있었다. 검찰의 이러한 계산된 작전에 대비하기 위하여 기존의 인권변호사와 신진기예(新進氣銳)의 젊은 변호사가 한팀이 되어 사건을 맡았다. 변론준비는 새로 참여한 젊은 변호사가 맡았고, 법정에서 변론은 기존의 인권변호사들이 맡았다. 이 과정에서 자연히 공동변론의 모델과 양식이 개발되었고, 변론의 방법과 논리도 익히게 되었다. 일련의 사건을 통해서 여러개의 신·구 변호사 조합이 형성되었고, 이를 통해 인권변호사로서의 일체감을 서로 확인했다. 이제 억압의 소산인 인권사건에 대해 공동대응 특히 조직적 변론의 필요성이 제기되었고, 이것이 모임의 결성을 서두르게 했다.

이렇게 하여 1986년 5월 19일 정의실천법조회(정법회)가 정식으로 발족되었다. 정법회는 간사체제로 운영되었는데 창립 대표간사는 조준희 변호사가 맡았다. 노장 그룹에는 강신옥, 고영구, 유현석, 이돈명, 이돈희(李敦熙), 이해진(李海鎭), 조준희, 최영도(崔永道), 하경철, 한승헌, 홍성우, 황인철 변호사 등이 있었고, 소장 그룹으로는 김동현(金洞玄), 김상철, 박성민(朴星民), 박용일(朴容逸), 박원순, 서예교(徐禮敎), 안영도(安泳燾), 유영혁(柳永赫), 이상수, 조영래, 하죽봉(河竹鳳), 박연철(朴淵徹), 박인제(朴仁濟), 박찬주(朴贊周), 최병모(崔炳模), 김충진(金忠鎭) 변호사 등이 참여했다.

정법회 회원들은 중요한 시국사건에서 정열적인 활동을 벌였다. 이때 이들이 벌인 법률구조활동은 서울 미문화원 점거사건, 망원동 수재사건, 구로동맹파업사건, 김근태 고문사건, 부천서 성고문사건, 보도지침사건, 이돈명 변호사 구속사건 등이었다. 정법회가 태어나서부터는 이제까지의 소극적, 방어적인 변론방식이 더욱 적극적이고 공격적인 방식으로 바뀌었다. 권인숙 사건에서처럼, 변호사들이 직접 고발장을 내고 사실조사에 나서는가 하면 기자회견을 여는 등 종래에는 생각할 수 없었던 다양한 변론양식이 활용된 것이다. 이들의 활동은 또한 침묵하던 대한변협을 흔들어깨우는 계기가 되었다. 이들은 대한변협에 인권위원으로 들어가 변협의 이름으로 고문 등의 사건을 조사했고, 1985년부터는 『인권보고서』를 발간해 주요사건의 배경과 경과를 세상에 알렸다. 또한 대한변협이 내는 법률이나 사법, 인권과 관련된 성명에도 일조했다. 이러한 일련의 정법회 활동을 가장 정열적으로 전개한 이는 조영래 변호사였다. 그는 일찍부터 망원동 수재사건과 같은 집단소송, 여성조기정년제 소송, 진폐증사건 등과 같은 환경소송을 맡아 한국의 소송문화를 한차원 끌어올렸다.

정법회는 한걸음 더 나아가 비록 개별적인 차원이기는 했지만, 수많은 민주단체와 연대하여 민주화운동의 중요한 일익을 담당하기도 했다. 1987년 6월항쟁을 이끄는 구심체였던 민주헌법쟁취국민운동본부에도 참여한다. 정법회라는 조직으로 참여한 것이 아니라 정법회

회원들이 적극적으로 참여하기로 한 결의를 바탕으로 개별적으로 참여한 것이었다. 정법회 회원을 포함해서 74명의 변호사가 참여한 것은 국민운동본부가 국민적 정당성을 갖는 데 크게 기여했다. 또 6월 10일에는 국민운동본부 집행부가 있던 성공회 성당으로 진입하기 위한 시위에도 변호사들이 나섰다. 1987년 대선에서는 일부가 김대중에 대한 비판적 지지의 편에 서기도 했으나, 대체적으로는 후보단일화의 입장에 섰다. 후보단일화 실패는 그들을 크게 실망시켰다.

위대한 탄생—민변

이 무렵 78학번에서 82학번에 이르는 젊은 변호사 그룹은 정법회보다 훨씬 더 전향적인 청년변호사회의 창립을 모색하고 있었다. 창립에 이르지는 않았지만, 그들의 발기선언문은 청년변호사회를 전체 민족민주운동의 한 부문으로 확실히 자기규정하면서, 자주화·민주화·민족통일의 목표를 향해 나아가는 변호사단체로 설정하고 있다. 그러나 상당한 내부논란 끝에 정법회와의 통합으로 귀결되었고, 그것이 다시 '민주사회를 위한 변호사모임'(민변)으로 거듭 태어난다.

1988년 5월 28일, 1970년대와 1980년대 각종 시국사건을 맡아 변론을 통해 민주화운동을 해온 인권변호사들이 마침내 새 변호사단체를 결성하고 창립총회를 가졌다. 대한변협과 각 지방변호사회는 변호사법에 따라 구성 및 가입이 강제되는 법정단체인데 반해 민변은 공개적 임의단체로 출범한 것이다. 민변의 탄생은 한국 인권변론사에서 각별한 의미를 갖는다. 이 역시 대통령직선제 관철 등 사회민주화의 진전에 따른 시대적 성과이면서 동시에 변화하는 시대에 대한 변호사들의 능동적 대응이기도 했다. 박원순 변호사는 민변 창립의 의미를 이렇게 평가한다.

> 첫째, 인권변론을 담당하던 변호사들이 민변이라는 조직을 갖게 됨으로써, 더 체계적이고 공개적이며 지속적인 변론을 펼칠 수 있게 되었다. 또한 민변은 변론의 수행뿐만 아니라 법률과 제도의 개폐, 연구와 조사 등 다양한 사회의 법률수요를 담당할 체계를 갖추게 되었다.
>
> 둘째, 과거 정법회는 노장년층이 결합되어 있었지만 민변에는 30대 변호사들이 대거 합류, 조직에 활력이 생겼다는 점이다. 이들 가운데는 80년대 학생운동의 경험을 가진 사람이 많았다. 법조 일반이 보수적인 데 반하여, 민변은 이제 사회를 체계적으로 이해하고 사회변화에 대해 전략적인 사고를 할 수 있는 젊은이들로 충원된 것이다. 이들은 처음부터 사회변화의 수단으로 법률을 인식하고, 이 사회의 변혁을 위해 법률가가 되기로 결심하고 투신한 사람들이었던 것이다.

바야흐로 법률운동이 시작되고 있었다. 그러나 나는 민변의 탄생은, 정의와 인권을 위해 변론만 하는 변호사단체가 아니라 성숙한 민주사회를 만들어나가는 변호사단체로의 위대한 변화라고 믿고 싶다. 실제로 민변 회칙 11조는 인권침해사건에 대한 법률활동 이외에 법률·법제도에 대한 연구와 조사, 민변의 목적과 관련된 사항의 실태조사 및 보고, 연구발표회, 강연회, 기타 필요한 계몽활동, 인권침해에 대한 보고회 개최, 기관지 발간 등의 활동을 규정하고 있다. 그런 점에서 민변이 1989년에 『악법개폐의견서』를 발간하고, 국가보안법에 대한 개폐투쟁을 끊임없이 전개한 것은 매우 의미있는 일이다. 또한 민변 내에 공익소송위원회가 탄생한 것도 성숙한 민주사회를 향한 민변의 창조적 노력의 표현이라고 볼 수 있다. 민주화가 진전됨에 따라 사회 각 분야에서 공익소송에 대한 욕구가 높아진 데 따라 민변이 '공익소송 있는 곳에 민변 있다'는 슬로건을 제시한 것은 시대의 징표를 정확히 읽고 있다는 믿음을 준다. 그리고 변론활동에 있어서 전문화가 진행되고 있는 것도 매우 바람직한 일이다. 요컨대 형사피고인의 변론에서 법정 안팎의 법률지원으로, 앉아 기다리는 변론에서 스스로 찾아나서는 변론으로, 새로운 모색과 변화를 일으키고 있다. 그러나 의욕이 지나친 탓인지, 최근에는 민변이 정치활동에 치우치고 권력집단화하고 있다는 얘기도 나오고 있다.

시민운동의 발전

우리나라 여성운동은 1984년까지만 하더라도 주로 종교와의 연대 아래에서 수행되었다. 그러나 1984년 서울지역에서 여대생 추행사건이 발생하면서 여성평우회, 여성의전화, 청년단체 여성부 등이 종교계 여성단체와 함께 대책협의회를 만들어 활동하기 시작하면서 새로운 궤도에 오르기 시작한다. 이들 여성단체들은 1985년부터 연대하여 활동을 전개했는데, KBS-TV 시청료납부 거부운동 및 부천서 성고문사건 등은 여성운동단체들을 결합시키는 데 중요한 계기가 되었다. 그후 사안별 연합이 아닌 좀더 조직적이고 체계적이며 지속적인 연합체의 필요성이 대두되어 1987년 2월에 한국여성단체연합이 발족되었다. 18개의 회원단체로 출범한 이 단체는 종교, 여성노동자, 여성농민 등 각계각층에 회원을 가진 조직으로 발전했다. 이들은 1987년 3월 8일, 발족후 최초로 '87 여성운동선언'을 발표했는데, 여기서 이들은 "민족의 자주화와 민주화에 앞장서는 여성운동으로, 생존권확보를 위한 치열한 운동으로, 남녀평등 쟁취를 위한 끊임없는 투쟁으로서만이 여성운동의 발전을 이룩할 수 있음을 확신한다"라고 하여 여성운동이 한차원 높은 단계로 진입하고 있음을 보여주었다.

이미 1970년대부터 서울지역 의대생들은 주말마다 농촌이나 빈민촌을 방문진료해왔다. 이 과정에서 주거지역의 공해문제를 연구하거나 주민들의 건강상태를 조사하여 보고서를 작성했는데, 이들이 의사로 사회에 진출하면서는 좀더 조직적인 연대를 필요로 하게 되었다. 1987년 4·13 호헌조치는 이런 의사들로 하여금 개헌서명운동에 참여하게 했고, 이 과정에서 공동조직이 논의되기 시작하면서 인도주의실천의사협의회(인의협)가 탄생했다. 인의협의 기본성격은 의사라는 전문인으로서 봉사와 참여를 동시에 하자는 데 있다. 따라서 기존의 의사단체들이 자신들의 권익옹호를 위하여 존립한다면, 인의협은 의사로서 사회적 책임을 다하기 위하여 존재한다고 말할 수 있다. 이들은 1987년 11월 21일의 발기취지문에서 "우리는 의사로서의 특수한 이익에만 집착하지 않고, 인도주의의 실천에 뜻을 함께하는 모든 지식인, 모든 국민들과 보조를 맞추어 일하려고 합니다. (…) 인의협이 우리 의학사에서 사위어가던 인류양심의 오랜 전통에 새로운 불을 당기는 용틀임이 될 수 있도록 힘과 지혜를 모아 다같이 노력합시다"라고 하여, 의사의 사회적 역할을 수행할 것을 다짐하고 있다.

1960~70년대 경제성장 위주의 근대화정책은 자연과 환경을 파괴하면서 진행되었다. 그 결과 1980년대 들어와 환경요염, 공해, 자연파괴, 직업병 등의 문제가 나타나기 시작했다. 우리나라에서 공해문제를 처음으로 제기하고 나선 것은 민청학련 출신의 최열이었다. 1982년 5월 공해문제연구소를 설립하기 이전부터 그는 공해문제를

는 입에 달고 다녔다. 1984년 12월에는 반공해운동협의회가, 1987년에는 공해문제를 사회구조적인 문제로 파악하며 사회운동의 차원에서 전개해야 한다는 취지로 공해추방운동청년협의회가, 그보다 앞서 1986년 9월 13일에는 여성 중심의 공해반대시민운동협의회가 결성되었는데, 이들 3개 단체가 중심이 되어 1988년 9월 10일 공해추방운동연합으로 통합 발족하게 되었다. 이로써 공해추방을 향한 본격적인 시민운동이 전개되기 시작한다. 이들의 기본 인식은 환경 및 공해문제는 피해당사자인 주민과 활동가들이 그 주체가 되어야 한다는 것이며, 공해와 핵의 위험으로부터 민족의 생존권을 보호하고 사회와 자연의 파괴를 막기 위해서는 각 사회운동단체와 연대해야 한다는 것이다. 이들의 활동은 공해문제를 사회운동사적 측면에서 새롭게 인식시키고, 환경정책에 민간인의 참여를 확대시키는 데 크게 기여했다.

경실련의 출범

우리 사회의 경제적 불의는 더이상 방치할 수 없는 상태에 이르렀다. (…) 우리는 모든 계층의 국민들의 선한 의지와 힘을 모으고 조직화하여 경제정의를 실천하기 위한 비폭력적이며 평화적인 시민운동을 힘차게 전개할 것이다. (…) 이제 우리 모두 과거의 안일한 이기주의를 떨쳐버리고 함께 일어나 경제정의의 실천을 위하여 발언하고 행동하자.

이는 1989년 11월 4일에 있었던 경제정의실천시민연합(경실련) 발족을 알리는 선언문이다. 이땅에 처음으로 시민운동다운 시민운동이 출범한 것이다. 경실련의 출범의의는 6월 민주화대투쟁 이후 다양해진 계급 및 계층운동이 일어나고 있는 가운데, 시민운동의 적절한 과제를 설정하고 그에 알맞은 조직틀을 마련했다는 데 있었다. 당시 국정감사 과정에서 밝혀진 바에 의하면, 토지소유자 5퍼센트가 우리나라 토지 전체의 62.5퍼센트를 소유하고 있었다. 이러한 상황 속에서 경제정의의 실천을 시민운동의 주제로 설정한 시민운동단체가 탄생한 것이다. 그후 수많은 시민단체가 우후죽순격으로 나타났지만, 민변 출신으로 우리시대의 탁월한 시민운동가 박원순이 주도한 참여연대가 탄생하기 전까지 상당 기간 경실련이 시민운동의 중심적인 지위를 누렸다.

86·88은 우리에게 무엇인가

도시빈민운동과 통일운동

서울에 저소득층의 집단거주지역이 형성된 것은 일제시대까지 거슬러올라간다. 농촌의 소작농들이 일제의 토지수탈정책으로 농사지을 땅을 빼앗기고 서울로 대거 이주해 산중턱이나 둑방에 움막을 지은 것이 무허가 불량주택의 효시인 셈이다. 이후 한국전쟁을 겪으면서 판자촌이 양산되었다. 이러한 무허가 빈민촌의 형성을 더욱 가속화한 것은 1960년대 이후 산업화과정에서 야기된 도시와 농촌의 불균형발전이었다. 상당수의 농민들이 생계를 위해 도시로 이주하는 이농현상 탓이었다. 그러나 도시정착을 위한 기지였던 빈민지역의 삶은 활기에 차 있었고, 상부상조하는 건강한 삶의 문화를 유지하고 있었다.

이들이 일차적으로 정착한 빈민지역이 도시미화와 불량주택 재개발, 공공시설 건립 등 각종 명목의 도시계획에 따라 철거지역으로 설정되면서 타의에 의한 집단이주가 강제되기 시작한다. 이주민들은 집단이주지역으로 옮겨 또다른 무허가촌을 이룬다. 그러나 이곳도 언젠가는 재개발사업지구로 확정되어 또다시 이주를 강요당한다. 이렇게 하여 빈민은 없어지는 것이 아니라 외곽으로 밀려나 또다시 빈민으로 남게 된다. 재개발은 말하자면 달동네 사람들의 주거복지를 위한 것이 아니라 도시빈민 밀어내기였던 것이다.

1980년대에 들어오면서 전두환 군부는 이른바 합동재개발이라는 명목으로 무허가 불량주거개발에 대규모 건설업체를 끌어들인다. 능률적 개발을 위해서라고 하지만, 건설업체들은 오직 이익 극대화만을 추구했을 뿐이다. 이는 복지투자가 절실한 빈민촌 재개발에 상업자본을 유치함으로써, 달동네 사람들의 희생을 댓가로 달동네를 중산층의 거주지역으로 탈바꿈시키는 것에 다름아니었다. 재개발 이후, 재개발된 아파트에 현지 주민들이 입주하는 경우는 극히 드물다. 중산층 수준의 삶을 유지할 수 없기 때문에 입주권 등을 팔고 떠나는 것이다. 여기에 입주하는 중산층 역시, 가난한 서민들이 소형 또는 임대아파트를 짓고 함께 사는 것에 반대한다. 합동재개발의 경우, 개발을 담당한 건설회사의 사주를 받은 이른바 재개발조합 임원들은 재개발사업의 조속한 진행을 도와 달동네의 공동체적 지역사회를 붕괴시키는 데 앞장선다. 그들은 그 댓가로 거기에 남을 수 있지만, 이미 어제의 달동네 사람들은 아닌 것이다. 아파트단지가 들어서고 나면 주민의 정당별 투표 경향이 이전과는 천양지차로 바뀌는 것이 이를 말해준다.

우리에게 용기와 힘을 주세요

재개발과정에서 가장 첨예하게 맞섰던 목동과 상계동의 철거반대투쟁은 여러 면에서 중요한 의미를 가진다. 먼저 목동의 경우를 보자. 목동은 1960년대초까지는 갈대밭이었다. 그러던 것이 서울시가

1963~65년에 후암동·대방동·이촌동 등지의 철거민들을 쓰레기차에 싣고와 이 갈대밭에 내동댕이쳐버렸다. 그러고는 당시 서울시장 윤치영(尹致暎)은 "이곳만은 손대지 않을 테니 재주껏 잘 살아보시오"라고 했다. 이렇게 버려진 사람들이 목동에 뿌리를 내리며 살았고, 여기에 1970년대 아현동에서 철거되어 쫓겨온 사람들이 뒤늦게 합류해 가난한 목동을 형성했다.

1983년 4월 12일, 서울시는 공영개발을 위해 목동지역 무허가주택 1천8백여가구를 철거한다는 계획을 발표했다. 2만2천여 주민들이 쫓겨나야 할 운명에 처하자 이들 주민들은 철거대책위원회를 결성하고, 1983년 5월 김수환 추기경을 비롯한 관계당국과 요로에 선입주 후철거, 주민 실정에 맞는 임대아파트 건설 등 현 연고지에서 계속 살 수 있도록 해달라는 진정을 냈다. 그러나 당국이 이를 묵살함으로써 아무 것도 이루어내지 못하자, 이들은 8월 24일 기존의 대책위원회를 해체하고, 더욱 강력한 기구로 목동지역철거대책추진위원회를 구성해 오직 자신들의 투쟁으로써만 자신들의 주거를 지켜낼 수 있다는 결심으로 집단시위에 나섰다. 8월 27일 이들은 양화교와 주변 순환도로의 점거농성에 돌입했다. 그러나 이들은 공권력에 의해 초전박살이 나, 농성 현장에서 한사람이 실신하고 1백여명이 연행되었다. 그로부터 2년 동안 이들은 1백여회에 걸쳐 주민시위를 결행했고 연인원 4백여명이 연행되었다. 이 투쟁과정에서 '도시빈민운동'이라는 용어가 처음으로 사용되어 정착되었다.

애초 목동 신시가지개발계획은 서민주택을 값싸게 대량으로 공급한다는 것이 목적이었다. 그러나 결과적으로 정부는 싼 땅에 고급아파트를 지어 1조원 이상의 차익을 남겼다. 부동산사업으로 사업의 성격과 목적이 변질된 것이다. 그렇게 번 돈은 올림픽 재원마련의 밑바탕이 되었다. 목동철거민들의 투쟁에 서울대생들도 한때 참가했으나 큰 힘이 되지는 못했다. 투쟁이 한창이었던 1985년 4월 18일에 구속자 가족들이 세상을 향해 던진 호소는 그 싸움이 얼마나 치열했는지를 잘 말해준다.

> 지금 우리의 보금자리가 있던 집이 헐리고 있는 실정에 목동주민의 생존권은 점점 상실돼가고 있습니다. 서울시에서 주었던 입주권(권리증, 평당 1백5만원씩 내고 들어가랍니다)은 그림의 떡이 되어버렸고, 현주민의 이사할 수 있는 기한은 무시한 채, 일방적인 서울시의 철거계획을 통보하여 무조건 기한 내에 집을 헐라고 으름장을 놓고 있는 상황입니다. 기한이 지나는 다음날에는 여지없이 포크레인과 무쇠망치와 쇠파이프로 무장한 강제철거반을 동원하여 기둥을 뽑고 지붕이 무너져내립니다. 이 처참한 광경을 입술을 꽉 물고 눈물을 흘리며 지켜보다 결국은 정신을 잃어 쓰러져간 주민의 뼈아픈 상처는 그 누구에게 호소를 해야만 합니까. (…) 도와주세요. 우리에게 용기와 힘을 주시고 목동 주민을 위하여 기도해주십시오. 엄마는 형사에 연행되어갔고, 아빠는 전경이 던진 최루탄에 정신이상을 일으켜 현재 병석에 누워 있고, 그것을 지켜보던 자식, 철이는 울음을 터뜨리며 집을 나가 행방불명이 됐답니다. (…) 가난하다고 그렇게 하시면 정말 사람이 아닙니다.

이땅은 누구의 땅인가

상계동의 빈민촌 역시 1960년대 중반 청계천 일대 불량촌을 철거할 때 쫓겨난 사람들이 정착해서 이루어졌다. 이들은 1980년대 재개발로 또다시 포천 등지로 밀려나는데, 이들 역시 상당 기간 철거거부 투쟁을 처절하게 벌였다. 이들 세입자들은 1년 이상, 도봉구 상계5동 재개발지역 내에서 철거반대 및 이주대책마련을 요구하며 철거를 거부했다. 1987년 4월 14일 아침, 태릉경찰서와 북부경찰서 경찰 1천여명과 도봉구청 직원 및 철거반원 2천여명이 2.5톤 트럭 73대와 포크레인 5대를 끌고 진입했다. 이보다 앞서 당국은 철거지역으로 통하는 모든 도로를 봉쇄했다. 상계동 주민 1백여명이 돌을 던지며 저항하자 이들은 한동안 후퇴했다. 그러나 경찰은 전열을 정비하고 밀어붙여, 주민들을 세입자대책위원회 천막사무실에 몰아넣었다. 그러고는 10여명의 철거반원들이 잔존세대 한가구씩을 분담하여 가재도구 등 살림살이를 준비된 트럭에 마구 적재하기 시작했다. 이제 주민들은 엄청난 물리력 앞에 속수무책이었다. 이런 틈을 타 나머지 철거반원들은 10시 30분경 포크레인과 쇠망치로 본격적으로 철거를 시작하더니 11시 30분경에는 세입자들의 세간을 트럭에 실어 시내 각지로 분산시킨 후, 세입자대책위원회 천막마저 무참히 파괴했다. 이들은 주민들의 간청에도 불구하고 유아원으로 쓰고 있는 천막마저 철거했다. 이 과정에서 격렬한 몸싸움과 투석전이 벌어졌다. 환자가 속출하고 20여명이 경찰에 연행되었다. 삽시간에 철거 현장은 잡혀가는 남편을 부르고 학교에서 돌아오지 않는 아이들을 찾는 아수라장으로 변했다. 이러한 철거 소식을 전해들은 양평동, 오금동, 창신3동 등의 도시빈민 60여명도 철거지역 주변에서 동조시위를 벌였다.

1987년 5월 4일, 상계초등학교 2학년 오동근 학생이 철거하다 방치한 슬래브벽이 무너지면서 거기에 깔려 숨지는 사건이 발생했다. 5월 6일에는 철거민과 시민 3백여명이 명동성당에서 시위를 벌이던 중 나병남(30세)이 나무 위에 올라가 군사독재타도를 외치며 투신자살

아시안게임과 올림픽을 위해 도시미관을 정비한다는 명목으로
상계동 재개발지역 주민들은 거리로 내몰렸다. ©박용수

을 기도했다. 이때 그가 써둔 유서는 도시빈민의 한과 증오로 가득 차 있었다.

이땅은 누구의 땅인가
(…)
대답하라 얼어붙은 동토의 땅이여
백주대로에 활개치는 깡패들은 눈감아주고
먹고살기 위해 발버둥치는 민중을 짓밟고
초가삼간 보금자리를 올림픽 핑계삼아 폭파시키고……
독재자여
민중의 애절한 소망을 아는가
민중의 간절한 소원을 아는가
민중의 피끓는 함성을 아는가
각성하라 독재자여!
내 작은 미물이 그대들에게 경고하노니
내 죽음으로써 그대들을 응징하노라

이같은 투쟁은 곳곳에서 일어났다. 그것은 전두환정권이 얼마의 돈을 줄 테니 떠나라고 하는 방식의 강제철거와 강제이주에 익숙해져 있었기 때문이다. 심지어 공해문제에 대해서도 강제이주 방식을 적용했다. 울산의 온산지역 공해대책이 바로 그 방식이었다. 이보다 앞선 1986년 10월 31일, 신당3동 강제철거 때에는 2명이 분신을 기도했고, 12월 4일에는 1명의 철거민이 자살했다. 철거 이유는 신라호텔 맞은편에 있어, 호텔에 투숙하는 외국인이 보기에 도시미관상 나빠서였다. 언제나 그렇듯이 강제철거는 대단히 폭력적이었다. 1986년 한해 동안 철거현장에서 숨진 사람이 5명이나 되었다. 1986년에서 1988년 2월까지 강제철거로 인한 사망자는 14명이었다.

사실상 재개발이 아니라 투기개발이었고, 언제나 재개발을 내세우는 명분은 86·88이었다. 86·88은 마법의 주문이었다. 그래서 "86·88이 사람 죽인다"는 말이 나돌았다. 노점상에 대한 단속도 이 마법의 주문을 내세웠다. 성남의 모란시장에 대해서도 86 아시안게임과 88 올림픽을 위해 폐쇄해야 한다는 것이었다. 당하는 사람들로서는 "86·88은 누구를 위한 것인가" "86·88에 오는 외국인만 사람이고, 서민들은 사람들도 아닙니까"라고 항의하지 않을 수 없었다.

이렇게 계속 당할 수만은 없다는 각성 위에 각 지역 철거민들을 중심으로 1987년 7월 17일 서울시철거민협의회가 만들어졌고, 10월에는 전국노점상연합회가 결성되었다. 이러한 움직임이 계속 확대되어 1989년 11월 11일에는 전국빈민연합이 창립된다. 이들은 전국빈민연합의 탄생이 갖는 의의로 "첫째, 도시빈민이 고립, 분산적으로 철거문제, 노점상문제에만 매달리는 것이 아니라 단일한 대열로 교육·의료·복지의 문제까지 통일적으로 요구하고 관철시켜가는 중심조직으로서의 의의를 지닌다. 둘째, 현재 빈민투쟁의 선봉격인 노점상과 철거민을 중심으로 모든 미조직 빈민대중들을 조직하는 구심체이다. 셋째, 도시빈민 정치세력화의 중심체로 발전하는 의의를 지닌다. 따라서 이러한 목적과 의의를 수행하는 대중조직은 전국노점상연합회나 서울철거민협의회 혹은 천주교도시빈민회, 기독교빈민협의회 등 6개 단체가 모이는 것이 아니라 그 단체를 중심으로 결집된 대중들이 모이는 것이어야 한다"라고 선언했다.

86·88은 누구를 위한 것인가

86·88은 이렇게 노점상과 철거민들에게 눈물을 안겨주었고, 다른

한편으로는 이땅에 통일운동을 불러일으켰다. 그와 함께 젊은이의 죽음도 불러왔다. 1988년 3월 29일, 서울대 총학생회 정·부회장 후보였던 김중기·유제석은 '김일성종합대학 청년학생에게 드리는 공개서한'에서 "특히 이번 88 올림픽은 한민족이 하나로 어우러지고 인류의 평화에 봉사해야 하는 평화의 대제전이 되어야 함에도 불구하고, 반도의 남단에서만 반쪽으로 진행되어 우리의 가슴을 더욱 안타깝게 하고 있습니다. 이에 우리 두 후보는 민족단결을 위한 남북한청년학생 체육대회를 제안합니다"라고 했다. 신문은 연일 관련기사를 대서특필했는데, 기사는 '해서는 안될 짓을 하고 있다'는 입장이었다. 김일성종합대학에서 제안을 수용한다고 답신이 오자 전대협도 통일운동을 중요한 사업의 하나로 설정했다.

이러한 청년학생 내부의 분위기가 무르익어가던 1988년 5월 15일, 명동성당내 가톨릭교육관 3층 옥상에서 서울대생 조성만이 양심수 전원석방과 미군축출, 그리고 올림픽 공동개최를 요구하는 유서를 남기고 할복 투신자살하는 사건이 일어났다. 유서는 "척박한 땅, 한반도에서 태어나 인간을 사랑하고자 했던 한 인간이 조국의 통일을 염원하며 이 글을 드립니다"로 시작하여 올림픽은 반드시 공동개최되어야 한다는 것을 역설하고 있었다.

제24회 올림픽이 서울에서 9월 17일부터 10월 2일까지 16일간 개최되었다. IOC 회원국 167개국 가운데 북한 등 일부를 제외한 160개국, 13304명의 선수와 임원이 참가한 올림픽 사상 최대 규모였다. 한국은 이 대회에서 금메달 12개, 은메달 10개, 동메달 11개 등 도합 33개의 메달을 획득해 소련, 동독, 미국에 이어 4위를 차지하는 대성과를 거두었다. 2년 전의 아시안게임에서는 중국에 이어 2위를 차지하기도 했다. 과연 국민들은 우리 민족의 우수성을 재확인했고, 선진국의 문턱에 들어선 나라의 국민으로서 자신감을 만끽했다. 많은 사람들이 감격의 눈물을 흘렸다. 그리고 올림픽 이후 국제적으로도 한국, 한국인의 위상도 많이 높아졌다.

올림픽 행사 현장에서 불렸던 '손에 손잡고 벽을 넘어서'는 감동적이었다. 그러나 그것은 온세계와 손에 손잡고 세계의 벽을 넘었는지는 몰라도 분단의 벽, 휴전선의 벽을 넘지는 못했고, 같은 민족인 북한과는 손을 잡지도, 잡으려 하지도 않았다. 그것은 반쪽만의 축제였다. 또한 올림픽이 코앞에 다가오기까지 '인류대화합'의 열기는 국민의 피부에 와닿지 않았다. 정부와 언론만 올림픽 이데올로기에 열을 올렸지, 대다수 국민은 올림픽을 시큰둥하게 바라볼 수밖에 없었다. 중고등학생은 동원되고, 대학생은 통제됐다. 정권을 반대하는 사람들이 일으킬지도 모르는 불상사를 대비하여 특정구역을 설정하고 경비를 강화했다. 그 결과 개막 직전까지 서울의 분위기는 축제의 분위기가 아니라 소외와 무관심의 찬바람이었다. 이렇게 국민 내부적으로도 반쪽만의 축제였던 것이다.

올림픽 때문에 큰 고통을 겪어야 했던 도시빈민 8백여명은 1988년 6월 29일 오후 3시, 명동성당에서 '반민중적 올림픽으로 탄압받는 도시빈민생존권 쟁취대회'를 갖고, 도시빈민공동투쟁준비위원회 이름으로 "반민중적 올림픽을 규탄하고, 빈민의 생존권을 짓밟는 현 군부독재에 대해 강력히 투쟁할 것"을 결의하고 있었다.

| 저자 후기 |

아주 오래전부터, 그리고 많은 사람들로부터 더 늦기 전에 민주화 운동과 관련한 기록을 정리해보라는 권고를 받아왔다. 사실 그것은 권고라기보다는 성화에 가까웠다. 가장 최근에는 우리시대의 가장 탁월한 시민운동 지도자이자 내가 경외하는 박원순 변호사로부터 '꼭 써야 한다'는 당부를 받았다. 그럼에도 한번도 그러마고 대답한 적은 없었다. 엄두가 나지 않고 자신도 없었기 때문이다.

누가 물어오면 "이건 이렇게 된 것이고, 저건 저렇게 된 것"이라고 대답해주면 될 일이라고 생각했다. 가톨릭 계통의 잡지 『생활성서』에 민주화운동의 역사라고 할까, 그런 글을 실어보라고 권고한 것도 그런 뜻에서였다. 그것이 거꾸로 내게 부담으로 돌아와 나는 1999년 2월부터 2004년 8월까지 「역정, 민주화 30년」이라는 글을 연재했다. 이렇게 연재한 글을 한 권에 묶은 것이 이 책이다.

연재한 글 가운데서 몇 편을 뺐다. 그 대신 몇 편을 새로 추가했다. 뺀 것은 한국의 민주화운동이라는 보편성에 비추어 그 균형을 맞추기 위함이었고, 새로 써넣은 것은 한국 민주화운동의 큰 흐름을 함께 이해하고 싶어서였다.

30년 동안의 한국 민주화운동을 빠짐없이 체계적으로 정리하는 것은 지난한 일이다. 더구나 통사(通史)가 아니라 사건 중심으로 쓰다 보니 그 경중을 가늠하기가 어려웠다. 기억력은 쇠퇴한데다 자료는 부실할 수밖에 없으니 더욱 그랬다.

나름대로는 균형을 맞추고 민주화의 큰 흐름을 기록하려고 노력했지만, 여기저기 구멍이 많고 엉성하기 짝이 없다. 언젠가 어떤 형태로든 보완할 생각이다. 내친 김에 가능하다면 '내가 겪은 민주화운동'이랄까 민주화운동에 얽힌 이야기들을 한번 정리해보고 싶다. 그것이 언제가 될지는 모르지만……

끝으로 이 글을 쓰면서 새삼 안타까웠던 것은 민주화운동 과정에서 너무나 많은 희생이 있었다는 사실이다. 이 나라의 민주화는 바로 이 분들의 희생 위에 이루어진 것임을 절감하지 않을 수 없었다. 그리고 글을 잡지에 연재하는 동안에도 민주화운동에 헌신했던 많은 분들이 타계했다. 한분 한분 작고하시는 것을 보면서 인생과 세월의 무상함을 느꼈다. 굳이 바친다면, 이 작은 책을 민주화운동에 희생하고 헌신하신 먼저 가신 분들께 바치고 싶다.

2005년 5월

김정남 근지

김정남

주요 사진 출처

60 박용수 『민중의 길』, 분도출판사 1989, 411면.

109 『동아투위 자유언론운동13년사』, 14면.

366 김용일 「5·18광주항쟁」, 민족사진가협회 엮음 『광복 60년, 사진 60년: 시대와 사람들』, 눈빛 2005, 127면.

432 경향신문.

480 박용수, 앞의 책 12면.

511 박용수, 앞의 책 111면.

530 박용수, 앞의 책 387면.

559 경향신문.

580 조문호 「6월 민주항쟁」, 민족사진가협회 엮음, 앞의 책 140면.

582 박용수, 앞의 책 59면.

588 박용수, 앞의 책 119면.

629 『민예총 10년사』, 105면.

657 박용수, 앞의 책 335면.

* 맨 앞의 면수는 이 책 본문의 면수입니다.
* 이 책에 사용된 사진은 해당 사진을 보유하거나 저작권을 가지고 있는 분들의 허락과 도움을 받아 게재한 것입니다.
* 저작권자를 찾지 못한 사진에 대해서는 저작권자가 확인되는 대로 게재 허락을 받고 통상의 기준에 따라 사용료를 지불하겠습니다.

| 찾아보기 |

ㅂ

ㅇ

진실, 광장에 서다

민주화운동 30년의 역정

초판 1쇄 발행 • 2005년 6월 10일
초판 4쇄 발행 • 2021년 1월 18일

지은이 • 김정남
펴낸이 • 강일우
편집 • 신채용 김경태 황혜숙 권나명 성경아
미술·조판 • 정효진 한충현
펴낸곳 • (주)창비
등록 • 1986년 8월 5일 제85호
주소 • 10881 경기도 파주시 회동길 184
전화 • 031-955-3333
팩시밀리 • 영업 031-955-3399 편집 031-955-3400
홈페이지 • www.changbi.com
전자우편 • human@changbi.com

ISBN 978-89-364-8531-3 03300